LES VOYAGES DE LA NOVVELLE FRANCE OCCIDENTALE, DICTE CANADA,

FAITS PAR LE Sr DE CHAMPLAIN Xainctongeois, Capitaine pour le Roy en la Marine du Ponant, & toutes les Descouuertes qu'il a faites en ce païs depuis l'an 1603. iusques en l'an 1629.

Où se voit comme ce pays a esté premierement descouuert par les François, sous l'authorité de nos Roys tres-Chrestiens, iusques au regne de sa Majesté à present regnante LOVIS XIII. Roy de France & de Nauarre.

Auec vn traitté des qualitez & conditions requises à vn bon & parfaict Nauigateur pour cognoistre la diuersité des Estimes qui se font en la Nauigation. Les Marques & enseignements que la prouidence de Dieu à mises dans les Mers pour redresser les Matiniers en leur routte, sans lesquelles ils tomberoient en de grands dangers, Et la maniere de bien dresser Cartes marines auec leurs Ports, Rades, Isles, Sondes, & autre chose necessaire à la Nauigation.

Ensemble vne Carte generalle de la description dudit pays faicte en son Meridien selon la declinaison de la guide Aymant, & vn Catechisme ou Instruction traduicte du François au langage des peuples Sauuages de quelque contrée, auec ce qui s'est passé en ladite Nouuelle France en l'année 1631.

A MONSEIGNEVR LE CARDINAL DVC DE RICHELIEV.

A PARIS.
Chez CLAVDE COLLET au Palais, en la Gallerie des Prisonniers, à l'Estoille d'Or.

M. DC. XXXII.
Auec Priuilege du Roy.

A MONSEIGNEVR L'ILLVSTRISS^{me} CARDINAL DVC DE RICHELIEV, Chef, Grand Maistre & Sur-Intendant General du Commerce & Nauigation de France.

MONSEIGNEVR,

Ces Relations se presentent à vous, comme à celuy auquel elles sont principalement deuës, tant à cause de l'eminente Puissance que vous auez en l'Eglise, & en l'Estat, comme en l'authorité de toute la Nauigation, que pour estre informé ponctuellement de la grandeur, la bonté, & la beauté des lieux qu'elles vous rapportent. Partant que ce

A ij

n'est pas sans grandes & preignantes causes que les Roys Predecesseurs de sa Majesté, & elle, non seulement y ont arboré l'estendart de la Croix, pour y planter la foy comme ils ont fait, ains encores y ont voulu adiouster le nom de la Nouuelle France. Vous y verrez les grands & perilleux Voyages qui y ont esté entreprins, les Descouuertes qui s'en sont ensuiuies, l'estendue de ces terres, non moins grandes quatre fois que la France, leur disposition, la facilité de l'asseuré et important Commerce qui s'y peut faire, la grande vtilité qui s'en peut retirer, la possession que nos Roys ont prinse d'vne bonne partie de ces Pays, la mission qu'ils y ont faite de diuers Ordres de Religieux, leur progrez en la conuersion de plusieurs Sauuages, celle du defrichement de quelques vnes de ces Terres, par lequel vous cognoistrez qu'elles ne cedent en aucune façon en bonté à celle de la France, et enfin les habitations et forts qui y ont esté construicts sous le nom François. A la conseruation desquels, comme en vne bonne partie de ces Descouuertes ayant ainsi que i'ay esté assiduement employé depuis trente ans, tant sous l'auctorité de nos Vicerois, que de celle de vostre Grandeur, c'est Monseigneur, ce qui excusera s'il vous plaist la liberté que ie prends de vous offrir ce petit Traitté: en ceste asseurance qu'il ne vous sera point desagreable. Non pour ma consideration propre; Mais

bien seulement pour celle du public : qui faict desia
retentir vostre nom en toute l'estendue des riuages
maritimes de la Terre habitable, par les accla-
mations des effects qu'il se promet de la continuation de la gloire de vos actions : & que
comme vostre Grandeur les a esleuées en terre
iusques au dernier degré, par la Paix qu'elle
a procurée en ce Royaume, apres tant & de si
heureuses victoires, aussi ne sera elle moins portée à se faire admirer durant la Paix aux choses qui la concernent. Sur tout au restablissement
du Commerce de France : dans les pays plus esloy-
gnez; comme le moyen plus asseuré qu'elle ait pour
reflorir de nouueau sous vos heureux auspices.
Mais entre ces nations estranges celles de la Nouuelle France, vous tendent principalement les
mains : se figurans auec toute la France que puisque Dieu vous a constitué d'vn costé Prince de
l'Eglise, et de l'autre esleué aux sureminantes di-
gnitez que vous tenez, non seulement vous leur
redonnerez la lumiere de la foy, laquelle ils respi-
rent continuellement, mais encores releuerez &
soustiendrez la possession de ceste Nouuelle Terre,
par les Peuplades et Colonies qui s'y trouueront
necessaires, et qu'en fin Dieu vous ayant choisy
expressement entre tous les hommes pour la perfection de ce grand Oeuure, il sera entierement accomply par vos mains. C'est le souhait que ie faits

A iii

sans cesse, auquel ie ioincts encores les offres que
ie vous presente du reste de mes ans, que ie tiendray
tres-heureusement et necessairement employez en
vn si glorieux dessein, si auec tous mes labeurs passez ie puis estre encores honoré des commandemens
qu'attend de vostre Grandeur,

MONSEIGNEVR,

Vostre tres-humble & tres-
affectionné seruiteur
CHAMPLAIN.

SVR LE LIVRE DES VOYAGES DV SIEVR
de Champlain Capitaine pour le Roy en la Marine.

Veux tu Voyageur hazardeux
Vers Canada tenter fortune?
Veux tu sur les flots escumeux
Recevoir l'ordre de Neptune?
Bien équipé fay chois soudain
D'vn temps propice à ton dessain,
Et tu verras qu'en son empire
Le vent plus violent & fort
Pressant les flancs de ton nauire
Te fera tost surgir au port.
  Que si le Pilote est mal duict
Aux routes qu'il luy conuient suiure
Il pourra estre mieux conduict,
S'il se gouuerne par le Liure
Qu'en sa faueur a fait Champlain,
A qui les Graces ont à plain
Prodigué tout leur heritage:
De qui Pithon a prins le soing
D'orner son elegant langage,
Afin qu'il t'aide à ton besoing.

Va donc Pilote sans frayeur
Ancrer en la Nouuelle France;
Ne crain de Thetis la fureur
Ny des Autans la violence:
Champlain comme s'il estoit fils,
Ou de Neptune, ou de Tiphys
Rendra ta nef si asseurée,
Que ny les monstres de la mer,
Ny tous les efforts de Borée
Ne la pourront faire abysmer.
    Que si quelqu'vn par vanité
Estime auoir cet aduantage
De porter quelque Deité
Et ne pouuoir faire naufrage;
Reproche luy qu'en ce qu'il croit
Tu es fondé en meilleur droict,
Si la raison trouue en toy place;
Car déferant aux bons aduis
DIEV fauorise de sa grace
Ceux qui tousiours les ont suiuis.

PIERRE TRICHET
Aduocat Bourdelois.

TABLE DES CHAPITRES
contenus en la premiere Partie.

LIVRE PREMIER.

Stenduë de la Nouuelle France, & la bonté de ses terres. Sur quoy fondé le dessein d'establir des Colonies à la Nouuelle France Occidentale. Fleuues, lacs, estangs, bois, prairies, & Isles de la Nouuelle France, sa fertilité, ses peuples. Chap. I. p. 1

Que les Roys & grands Princes doiuent estre plus soigneux d'augmenter la cognoissance du vray Dieu, & accroistre sa gloire parmy les peuples barbares, que de multiplier leurs Estats. Voyages des François faits és Terres neufues, depuis l'an 1504. Chap. II. p. 7.

Voyage en la Floride sous le regne du Roy Charles IX. par Iean Ribaus. Fit bastit vn Fort, appellé le Fort de Charles, sur la riuiere de May. Albert Capitaine qu'il y laisse, demeure sans viures, & est tué des soldats. Sont r'amenez en Angleterre par vn Anglois. Voyage du Capitaine Laudonniere. Court risque d'estre tué des siens : en fait pendre quatre. Est pressé de famine. Recompense de l'Empereur Charles V. à ceux qui firent la descouuerte des Indes. François chassez de la Riuiere de May par les Espagnols. Attaquent Laudonniere, François tuez, & pendus auec des escriteaux. Chap. III. p. 13

Le Roy de France dissimule pour vn temps l'iniure qu'il receut des Espagnols en la cruauté qu'ils exercerent enuers les François. La vengeance en fut reseruée au sieur Cheualier de Gourgues. Son voyage : son arriuée aux costes de la Floride. Est assailly des Espagnols, qu'il defait, & les traitte comme ils auoient fait les François. Ch. IIII. pag. 19

Voyage que fit faire le sieur de Roberual. Enuoye Alphonse Xainctongeois vers Labrador. Son partement : son arriuée. Retourne à cause des glaces. Voyages des estrangers au Nort, pour aller aux Indes Occidentales. Voyage du Marquis de la Roche sans fruict. Sa mort. Defaut remarquable en son entreprise. Chap. V. p. 30

Voyage du Sieur Chauuin. Son dessein. Remonstrances que luy fait du Pont Graué. Le Sieur de Mons voyage auec luy. Retour dudit Sieur Chauuin & du Pont en France. Second voyage de Chauuin : son entreprise blasmable. Chap. VI. p 34

Quatriesme entreprise en la Nouuelle France par le Commandeur de Chaste. Le sieur de Pont Graué esleu pour le voyage de Tadoussac.

L'Autheur se met en voyage auec ledit sieur Commandeur. Leur arriuée au Grand sault Sainct Louis. Sa difficulté à le passer. Leur retraite. Mort dudit Commandeur, qui rompt le 6. voyage. Chap. VII. p. 38

Voyage du Sieur de Mons Veut poursuiure le dessein du feu Commandeur de Chaste. Obtient commission du Roy pour aller descouurir plus auant vers Midy. S'associe auec les marchands de Roüen & de la Rochelle. L'Autheur voyage auec luy. Arriuent au Cap de Héue Descouurent plusieurs ports & riuieres. Le sieur de Poitrincourt va auec le sieur de Mons. Plaintes dudit sieur de Mons. Sa commission reuoquée. Chap. VIII. p. 42

Liure Second.

Description de la Héue. Du port au Mouton. Du port du Cap Negré. Du Cap & Baye de Sable. De l'isle aux Cormorans. Du Cap Fourchu. De l'isle Longue. De la Baye Saincte Marie. Du port de Saincte Marguerite, & de toutes les choses remarquables qui sont le long de la coste d'Acadie. Chap. I. p. 49

Description du Port Royal, & des particularitez d'iceluy. De l'isle Haute. Du port aux Mines. De la grande baye Françoise. De la riuiere sainct Iean, & ce que nous auons remarqué depuis le port aux Mines iusques à icelle. De l'isle appellée par les Sauuages Manthane. De la riuiere des Etechemins, & de plusieurs belles isles qui y sont. De l'isle de saincte Croix, & autres choses remarquables d'icelle coste. Ch. II. pag. 54

De la coste, peuples, & riuiere de Norembeque. Chap. III. p. 61

Descouuertures de la riuiere de Quinibequy, qui est de la coste des Almouchiquois, iusques au 42. degré de latitude, & des particularitez de ce voyage. A quoy les hommes & les femmes passent le temps durant l'hyuer. Chap. IIII. p. 67

Riuiere de Choüacoet. Lieux que l'Autheur y recognoist. Cap aux Isles. Canaux de ces peuples faits d'escorce de bouleau. Comme les Sauuages de ce pays là font reuenir à eux ceux qui tombent en syncope. Se seruent de pietres au lieu de couteaux. Leur Chef honorablement receu de nous. Chap. V. p. 74

Continuation des descouuertures de la coste des Almouchiquois, & de ce qu'y auons remarqué de particulier. Chap. VI. p. 80

Continuation des susdites descouuertures iusques au port Fortuné, & quelque vingt lieuës par de là. Chap. VII. p. 88

Descouuerture depuis le Cap de la Héue, iusques à Canseau, fort particulierement. Chap. VIII. p. 94

DES CHAPITRES.

Liure Troisiesme.

VOyages du sieur de Poitrincourt en la Nouuelle France, où il laisse son fils le sieur de Biencourt. Peres Iesuistes qui y sont enuoyez, & les progrés qu'ils y firent, y faisans fleurir la Foy Chrestienne. Chap. I. p. 98

Seconde entreprise du sieur de Mons. Conseil que l'Autheur luy donne. Obtient Commission du Roy. Son partement, Bastimens que l'Autheur fait au lieu de Quebec. Crieries contre le sieur de Mons. Chap. II. p. 114

Embarquement de l'Autheur pour aller habiter la grande riuiere Sainct Laurent. Description du port de Tadoussac. De la riuiere de Saguenay. De l'Isle d'Orleans. Chap. III. p. 118

Descouuerte de l'isle aux Lievres. De l'isle aux Couldres : & du sault de Montmorency. Chap. IIII. p. 121

Arriuée de l'Autheur à Quebec, où il fit ses logemens. Forme de viure des Sauuages de ce pays là. Chap. V. p. 124

Semences de vignes plantées à Quebec par l'Autheur. Sa charité enuers les pauures Sauuages. Chap. VI. p. 128

Partement de Quebec iusques à l'Isle Sainct Eloy, & de la rencontre que j'y fis des Sauuages Algomequins & Ochataiguins. Chap. VII. pag. 132

Retour à Quebec, & depuis continuation auec les Sauuages iusques au sault de la riuiere des Hiroquois. Chap. VIII. p. 136

Partement du sault de la riuiere des Hiroquois. Description d'vn grand lac. De la rencontre des ennemis que nous fismes audit lac, & de la façon & conduite qu'ils vsent en allant attaquer les Hiroquois. Chap. IX. pag. 141

Retour de la rencontre, & ce qui se passa par le chemin. Ch. X. p. 152

Deffaite des Hiroquois prés de l'emboucheure de ladite riuiere des Hiroquois. Chap. XI. p. 156

Description de la pesche des Baleines en la Nouuelle France. Chap. XII. p. 164

Partement de l'Autheur de Québec : du Mont Royal, & ses Rochers. Isles où se trouue la terre à potier. Isle de saincte Helene. Chap. XIII. p. 167

Deux cents Sauuages ramenent le François qu'on leur auoit baillé, & remmenerent leur Sauuage qui estoit retourné de France. Plusieurs discours de part & d'autre. Chap. XIIII. p. 173

B ij

TABLE

Liure Quatriefme.

PArtement de France : & ce qui fe paffa iufques à noftre arriueé au Sauk fainct Louys. Chap. I. p. 182

Continuation. Arriuée vers Teffouat, & le bon accueil qu'il me fit. Façon de leurs cimetieres. Les Sauuages me promirent quatre canaux pour continuer mon chemin. Toft aprés me les refufent. Harangue des Sauuages pour me diffuader mon entreprife, me remonftrans les difficultez. Refponfe à ces difficultez. Teffouat arguë mon conducteur de menfonge, & n'auoir efté où il difoit. Il leur maintient fon dire veritable. Ie les preffe de me donner des canaux. Plufieurs refus. Mon conducteur conuaincu de menfonge, & fa confeffion. Chap. II. p. 194

Noftre retour au Sault. Fauffe alarme. Ceremonie du fault de la Chaudiere. Confeffion de noftre menteur deuant vn chacun. Noftre retour en France. Chap. III. p. 206

Changement de Viceroy de feu Monfieur le Marefchal de Themines, qui obtient la charge de Lieutenant general du Roy en la Nouuelle France, de la Royne Regente. Articles du fieur de Mons à la Cōpagnie. Troubles qu'eut l'Autheur par fes enuieux. Ch. IIII. p. 211

L'Autheur va trouuer le fieur de Mons, qui luy commet la charge d'entrer en la focieté. Ce qu'il remonftre à Monfieur le Comte de Soiffons. Commiffion qu'il luy donne. L'Autheur s'addreffe à Monfieur le Prince, qui le prend en fa protection. Chap. V. p. 229

Embarquement de l'Autheur pour aller en la Nouuelle France. Nouuelles defcouuertures en l'an 1615. Chap. VI. p. 239

Noftre arriuée à Cahiagué. Defcription de la beauté du pays : naturel des Sauuages qui y habitent, & les incommoditez que nous receufmes. Chap. VII. p. 250

Comme les Sauuages trauerfent les glaces. Des peuples du petum. Leur forme de viure. Peuples appellez la nation neutre. Chap. VIII. pag. 270

TABLE DES CHAPITRES
contenus en la Seconde Partie.

LIVRE PREMIER.

Oyage de l'Autheur en la Nouuelle France auec sa famille. Son arriuée à Québec. Prend possession du pays, au nom de Monsieur de Montmorency. Chap. I.   p. 1

Arriuée des Capitaines du May & Guers en la Nouuelle France. Rencontre d'vn vaisseau Rochelois qui se sauua. Lettres de France apportées au sieur de Champlain. Chap. II.   p. 7

Arriuée du sieur du Pont à la Nouuelle France. Le sieur de May mis au Fort. Arriuée des Commis du sieur du Pont à Québec, & ce qui se passa sur ce qu'ils pretendoient. Chap. III.   p. 14

Arriuée du sieur du Pont à Québec & du Canau d'Halard, & du sieur de Caen qui apporte plusieurs despesches. Enuoy du pere George à Tadoussac. Dessein du sieur de Caen. Embarquement de l'Autheur pour aller à Tadoussac. Differents entr'eux. Sur l'arrest de sa Maiesté. Magazin de Québec acheué par l'Autheur. Armes pour le fort de Québec. Chap. IIII.   p. 19

L'Autheur faict trauailler au fort de Québec. Voye asseurée qu'il prepare aux Entrepreneurs des descouuertures. Est expedient d'attirer quelques sauuages. Arriuée du sieur Santin commis du sieur Dolu. Reünion des deux societés. Chap. V.   p. 32

L'Autheur s'est acquis vne parfaite cognoissance aux decouuertes. Aduis qu'il a souuent donnez à Messieurs du Conseil. Des commoditez qui reuiendroient de ces decouuertures. Paix que ces sauuages traittent auec les Yroquois. Forme de faire la paix entr'eux. Chap. VI.   p. 40

Arriuée du sieur du Pont & de la Ralde auec viures. L'Autheur leur raconte la paix faicte entre les sauuages. Lettre du Roy à l'Autheur. Arriuée du sieur de la Ralde à Tadoussac. Ce qui se passa le reste de l'année 1622. & aux premiers mois de 1623. Chap. VII.   p. 45

Arriuée de L'Autheur deuant la riuiere des Yroquois. Aduis du Pilote Doublet au sieur de Caen, de quelques Basques retirez en l'Isle S. Iean. Plaintes des Sauuages accordees. Le meurtrier est pardonné. Ceremonies obseruées en receuant le pardon du Roy de France. Accord entre ces nations sauuages & les François. Retour du sieur du Pont en France. L'Autheur fait faire de Nouueaux edifices. Chap. VIII.   p. 56

B iij

Liure Second.

MOnsieur le Duc de Ventadour Viceroy en la Nouuelle France, continuë la Lieutenance au sieur de Champlain. Commission qu'il luy fait expedier Retour du sieur de Caen de la Nouuelle France Trouble qu'il eut auec les anciens associez. Chap. I. 79

Description de l'Isle de terre Neufue. Isles aux Oyseaux. Ramees S. Iean, Enticosty, & de Gaspey, Bonauenture, Miscou, Baye de Chaleu, auec celle qui enuironne le Golfe S. Laurent, auec les Costes, depuis Gaspey, iusques à Tadoussac, & de là à Québec, sur le grand fleuue S. Laurent. Chap. II. p. 88

Les François sont sollicitez de faire la guere aux Yroquois. L'Autheur enuoye son beau frere aux trois riuieres. Chap. III. p. 119

Mort, & assassinat de Pierre Magnan, François, du chef des Sauuages appellé Reconcilié, & d'autres deux Sauuages. Retour d'Emery de Caën & du pere l'Allemand à Québec. Necessitez en la Nouuelle France. Chap. IV. p. 127

Guerre declarée par les Yroquois. Assemblée des sauuages. Assassinat de deux hommes appartenans aux François. Recherche de l'Autheur de ce crime. Le meurtrier amené, ce que les Sauuages offrent pour estre alliez auec les François. l'Autheur veut venger ce meurtre. Chap. V. p. 135

Defauts obseruez par L'Autheur au voyage du sieur de Roquemont. Sa preuoyance. Sa resolution contre tout euenement. Le Sauuage Erouachy arriue à Québec. Le recit qu'il nous fit de la punition Diuine sur le meurtrier. Erouachy conseille de faire la guerre aux Yrocois. Chap. VI. p. 164

Liure Troisiesme.

RApport du combat faict entre les François & les Anglois, Des François emmenez prisonniers à Gaspey. Retour de nos gens de guerre. Continuation de la disette des viures. Chomina fidelle amy des François promet les aduertir de toutes les menées des Sauuages. Comme l'Autheur l'entretient. Chap. I. 185

Arriuée de Desdames de Gaspey. Vn Capitaine Canadien offre toute courtoisie au sieur du Pont. quelques discours qu'eut l'Autheur auec luy, & ce que firent les Anglois. Chap. II. p. 199

Le sieur de Champlain. ayant eu aduis de l'arriuée des Anglois, donne ordre de n'estre surpris, se resould à composer auec eux.

Lettre qu'vn Gentil-homme Anglois luy apporte, & sa responſe. Articles de leur compoſition. Infidelles François prennent des commoditez de l'habitation. Anglois s'emparent de Quebec. Chap. III. pag. 213

Combat des François auec les Anglois. On fait parler L'Autheur au ſieur Emery. Voyage des François pour ſecourir Quebec. Le beau frere de l'Autheur luy compte ſon voyage. Emery taſchoit de ſe retirer. Chap. IV. p. 226

Voyages de Quer General Anglois à Quebec. Ce qu'il dit au ſieur de Champlain. Mauuais deſſein de Marſolet. Reſponſe de l'Autheur au General Quer. Le General refuſe à l'Autheur d'emmener en France deux filles Sauuageſſes par luy inſtruites en la Foy. Chap. V. p. 241

Le General Quer demande à l'Autheur certificat des armes & munitions du fort & de l'habitation de Quebec. Mort mal heureuſe de Iacques Michel. Plainte contre le General Quer. Chap. VI. p. 255

Partement des Anglois au port de Tadouſſac. General Quer craint l'arriuée du ſieur de Raſilly. Arriuée en Angleterre. L'Autheur y va treuuer monſieur l'Ambaſſadeur de France. Le Roy & le conſeil d'Angleterre promettent rendre Quebec. Arriuée de l'Autheur à Dieppe. Voyage du Capitaine Daniel Lettre du Reuerend pere l'Allemand de la compagnie de Ieſus. Arriuée de l'Autheur à Paris. Ch. VII. p. 265

Relation du Voyage fait par le Capitaine Daniel de Dieppe, en la Nouuelle France, la preſente année 1629. p. 271

ABrege des deſcouuertures de la Nouuelle France, tant de ce que nous auós deſcouuert cóme auſſi les Anglois, depuis les Virgines iuſqu'au Freton Dauis, & de ce qu'eux & nous pouuons pretendre, ſuiuant le rapport des Hiſtoriens qui en ont deſcrit, que ie rapporte cy deſſous, qui feront iuger à vn chacun du tout ſans paſſion. p. 290

TABLE DV TRAITE'
de la Marine, & du deuoir
d'vn bon Marinier.

DE la Nauigation. p. 3.
Que les cartes pour la nauigation font neceffaires. p. 17
Comme l'on doit vfer de la carte marine. p. 19
Comme les cartes font neceffaires à la nauigation, pour tous Mariniers qui peuuent fçauoir le moyen de les fabriquer pour s'en ayder, en figurant les coftes & autres chofes cy deffus dictes, & la façon côme l'on y doit proceder felon la Bouffole des Mariniers. p. 20
Des accidents qui arriuent à beaucoup de nauigateurs pour ce qui eft des eftimes, de quoy on ne fe donne garde. p. 24
premier que rapporter les diuerfes eftimes l'on verra vne chofe remarquable de la prouidence de Dieu, des moyens qu'il a donné aux hommes pour euiter les perils de la plus part des nauigations qui fe treuuent aux longitudes, puifqu il n'y a point de reigle bien affeurée, non plus qu'en l'eftime du marinier. p. 27
Comme l on doit dreffer la table des eftimes de iour en iour au papier iournal. p. 36
S'enfuit comme l'on peut fçauoir fi vn pilote a bien fait fon eftime, & pointer la carte. p. 38
De pointer la carte. p. 40
Autre maniere d'eftimer & arrefter le poinct fur la carte. p. 44
Autre maniere d'eftimer que font beaucoup de nauigateurs p. 46
Autre maniere de pointer apres l'eftime faicte. p. 47
Autre maniere d'eftimer, que i'ay veu pratiquer parmy aucuns Anglois bons nauigateurs, qui m'a femblé fort feure au refpect des eftimes que l'on fait ordinairement. p. 49
Autre maniere de fçauoir le lieu où fe treuue vn vaiffeau cinglant par quelque vent que ce foit. p. 53
Autre façon d'eftimer par fantaifie. p. 54

FIN.

LES VOYAGES
DV SIEVR DE
CHAMPLAIN.

LIVRE PREMIER.

Estenduë de la nouuelle France, & la bonté de ses terres. Sur quoy fondé le dessein d'establir des Colonies à la nouuelle France Occidentale. Fleuues, lacs, estangs, bois, prairies, & Isles de la nouuelle France, sa fertilité, ses peuples.

CHAPITRE PREMIER.

Es trauaux que le Sieur de Champlain a soufferts aux descouuertes de plusieurs terres, lacs, riuieres, & isles de la nouuelle France depuis vingt-sept ans, ne luy ont point fait perdre courage pour les difficultez qui s'y sont rencontrées: mais au contraire, les perils & hazards qu'il y a courus, le luy ont redoublé, au lieu de l'en destourner: & sur tout, deux puissantes

raisons qui ont porté l'Autheur à retourner en la nouuelle France.

A

considerations l'ont fait resoudre d'y faire de nouueaux voyages. La premiere, que souz le regne du Roy Louis le Iuste, la France se verra enrichie & accreuë d'vn païs dont l'estenduë excede plus de seize cents lieuës en longueur, & de largeur prés de cinq cents. La seconde, que la bonté des terres, & l'vtilité qui s'en peut tirer, tant pour le commerce du dehors, que pour la douceur de la vie au dedans, est telle, que l'on ne peut estimer l'auantage que les François en auront quelque iour, si les Colonies Françoises y estans establies, y sont protegées de la bien-veillance & authorité de sa Majesté.

Ces nouuelles descouuertes ont causé le dessein d'y faire ces Colonies, lesquelles quoy que d'abord elles ayent esté de petite consideration, neantmoins par succession de temps, au moyen du commerce, elles égalent les Estats des plus grands Rois. On peut mettre en ce rang plusieurs villes que les Espagnols ont edifiées au Perou, & autres parties du monde depuis six vingts ans en ça, qui n'estoient rien en leur principe. L'Europe peut rendre tesmoignage de celle de Venise, qui estoit à son commencement vne retraitte de pauures pescheurs. Gennes, l'vne des plus superbes villes du monde, edifiée dedans vn païs enuironné de montagnes, fort desert, & si infertile, que les habitans sont contraints de faire apporter la terre de dehors pour cultiuer leurs iardinages d'alentour, & leur mer est sans poisson. La ville de Marseille, qui autre-fois n'estoit qu'vn marescage, enuironné de collines & montagnes assez fascheuses, neantmoins par succession de temps a rendu son territoire fertile, & est de-

Bicoques accreuës en grandes villes.

uenuë fameufe, & grandement marchande. Ainfi plufieurs petites Colonies ayans la commodité des ports & des havres, fe font accreuës en richeffes & reputation.

Il fe peut dire auffi, que le pays de la nouuelle France eft vn nouueau monde, & non vn royaume, beau en toute perfection, & qui a des fcituations tres-commodes, tant fur les riuages du grand fleuue Sainct Laurent (l'ornement du pays) qu'és autres riuieres, lacs, eftangs, & ruiffeaux, ayant vne infinité de belles ifles accompagnées de prairies & boccages fort plaifans & agreables, où durant le Printemps & l'Efté fe voit vn grand nombre d'oifeaux, qui y viennent en leur temps & faifon: les terres tres-fertiles pour toutes fortes de grains, les pafturages en abondance, la communication des grandes riuieres & lacs, qui font comme des mers trauerfant les contrées, & qui rendent vne grande facilité à toutes les defcouuertes, dans le profond des terres, d'où on pourroit aller aux mers de l'Occident, de l'Orient, du Septentrion, & f'eftendre iufques au Midy.

Le pays eft remply de grandes & hautes forefts, peuplé de toutes les mefmes fortes de bois que nous auons en France; l'air falubre, & les eaux excellentes fur les mefmes paralleles d'icelle: & l'vtilité qui fe trouuera dans le païs, felon que le Sieur de Champlain efpere le reprefenter, eft affez fuffifant pour mettre l'affaire en confideration, puis que ce pays peut produire au feruice du Roy les mefmes aduantages que nous auons en France, ainfi qu'il paroiftra par le difcours fuiuant.

LES VOYAGES DV SIEVR

Les peuples sont divisés en leurs mœurs, & forme de viure.

Dans la nouuelle France y a nombre infiny de peuples sauuages, les vns sont sedentaires amateurs du labourage, qui ont villes & villages fermez de pallissades, les autres errans qui viuent de la chasse & pesche de poisson, & n'ont aucune cognoissance de Dieu. Mais il y a esperance que les Religieux qu'on y a menez, & qui commencent à s'y establir, y faisant des Seminaires, pourront en peu d'années y faire de beaux progrez pour la conuersion de ces peuples. C'est le principal soin de sa Majesté, laquelle leuāt les yeux au ciel, plustost que les porter à la terre, maintiendra, s'il luy plaist, ces entrepreneurs, qui s'obligent d'y faire passer des Ecclesiastiques, pour trauailler à ceste saincte moisson, & qui se proposent d'y establir vne Colonie, comme estant le seul & vnique moyen d'y faire recognoistre le nom du vray Dieu, & d'y establir la Religion Chrestienne, obligeant les François qui y passeront, de trauailler au labourage de la terre, auant toutes choses, afin qu'ils ayent sur les lieux le fondement de la nourriture, sans estre obligez de le faire apporter de France: & cela estant, le pays fournira auec abondance, tout ce que la vie peut souhaitter, soit pour la necessité, ou pour le plaisir, ainsi qu'il sera dit cy-aprés.

Dessein d'y faire fleurir la vraye Religion.

Chasse aux oiseaux.

Si on desire la vollerie, il se trouuera dans ces lieux de toutes sortes d'oiseaux de proye, & autant qu'on en peut desirer: les faucons, gerfauts, sacres, tiercelets, esperuiers, autours, esmerillons, mouschets, de deux sortes d'aigles, hiboux petits & grands, ducs grands outre l'ordinaire, pies griesches, piuerts, & autres sortes d'oiseaux de proye, bien que rares au respect des

DE CHAMPLAIN. 5

autres, d'vn plumage gris sur le dos, & blanc souz le ventre, estans de la grosseur & grandeur d'vne poulle, ayans vn pied comme la serre d'vn oiseau de proye, duquel il prend le poisson : l'autre est comme celuy d'vn canard, qui luy sert à nager dans l'eau lors qu'il s'y plonge pour prendre le poisson : oiseau qu'on croit ne s'estre veu ailleurs qu'en la nouuelle France. *Oiseaux d'estrange espece.*

Pour la chasse du chien couchant, les perdrix s'y trouuent de trois sortes; les vnes sont vrayes gelinotes, autres noires, autres blanches, qui viennent en hyuer, & qui ont la chair comme les ramiers, & d'vn tres-excellent goust. *Chasse du chien.*

Quant à l'autre chasse du gibbier, il y abóde grande quantité d'oiseaux de riuiere, de toutes sortes de canards, sarcelles, oyes blanches & grises, outardes, petites oyes, beccasses, beccassines, alloüettes grosses & petites, pluuiers, herons, gruës, cygnes, plongeons de deux ou trois façons, poulles d'eau, huarts, courlieux, griues, mauues blanches & grises; & sur les costes & riuages de la mer, les cormorans, marmettes, perroquets de mer, pies de mer, apois, & autres en nombre infiny, qui y viennent selon leur saison. *Du gibbier.*

Dans les bois, & en la contrée où habitent les Hiroquois, peuples de la nouuelle France, il se trouue nombre de cocs d'Inde sauuages, & à Quebec quantité de tourtres tout le long de l'Esté, merles, fauuis, alloüettes de terre, autres sortes d'oiseaux de diuers plumages, qui font en leur saison de tres-doux ramages. *Bestes qui se trouuent és bois.*

Aprés ceste sorte de chasse, y en a vne autre non moins plaisante & agreable, mais plus penible, y ayát audit pays des renards, loups communs, & loups cer-

A iij

LES VOYAGES DV SIEVR

Chasse aux bestes sauuages. uiers, chats sauuages, porcs-espics, castors, rats musquez, loutres, martres, foüines, especes de blereaux, lapins, ours, eslans, cerfs, dains, caribous de la grandeur des asnes sauuages, chevreux, escurieux vollans, & autres, des hermines, & autres especes d'animaux que nous n'auons pas en France. On les peut chasser, soit à l'affus, ou au piege, par huées dans les isles, où ils vont le plus souuent, & comme ils se jettent en l'eau entendant le bruit, on les peut tuer ailément, ou ainsi que l'industrie de ceux qui voudront y prendre le plaisir, le fera voir.

Pesche du poisson. Si on aime la pesche du poisson, soit auec les lignes, filets, parcs, nasses, & autres inuentions, les riuieres, ruisseaux, lacs, & estangs sont en tel nombre que l'on peut desirer, y ayant abondance de saumons, truittes tres-belles, bonnes & grandes de toutes sortes, esturgeons de trois grandeurs, aloses, bars fort bons, & tel se trouue qui pese vingt liures: carpes de toutes sortes, dont y en a de tres-grandes; & des brochets, aucuns de cinq pieds de long, barbus qui sont sans escaille, de deux à trois sortes grands & petits: poisson blanc d'vn pied de long: poisson doré, esplan, tanche, perche, tortuë, loups marins, dont l'huile est fort bonne, mesme à frire, marsoüins blancs, & beaucoup d'autres que nous n'auons point, & ne se trouuent dedans nos riuieres & estangs. Toutes ces especes de poissons se trouuent dans le grand fleuue Sainct Laurent: & d'auantage, molluës & baleines se peschent tout le long des costes de la nouuelle France presque en toute saison.

Ainsi de là on peut iuger le plaisir que les François

auront en ces lieux y estans habituez, viuans dans vne vie douce & tranquille, auec toute liberté de chasser, pescher, se loger & s'accommoder selon sa volonté, y ayans dequoy occuper l'esprit à faire bastir, défricher les terres, labourer des iardinages, y planter, enter, & faire pepinieres, semer de toutes sortes de grains, racines, legumes, sallades, & autres herbes potageres, en telle estenduë de terre, & en telle quantité que l'on voudra. La vigne y porte des raisins assez bons, bien qu'elle soit sauuage, laquelle estant transplantée, & labourée, portera des fruicts en abondance. Et celuy qui aura trente arpents de terre défrichée en ce pays là, auec vn peu de bestail, la chasse, la pesche, & la traitte auec les Sauuages, conformément à l'establissement de la Compagnie de la nouuelle France, il y pourra viure luy dixiesme, aussi bien que ceux qui auroient en France quinze à vingt mil liures de rente.

Que les Rois & grands Princes doiuent estre plus soigneux d'augmenter la cognoissance du vray Dieu, & accroistre sa gloire parmy les peuples barbares, que de multiplier leurs Estats. Voyages des François faits és Terres neufues, depuis l'an 1504.

CHAPITRE II.

Es palmes & les lauriers les plus illustres que les Rois & les Princes peuuent acquerir en ce monde, est que mesprisans les biens temporels, porter leur desir à acquerir les spirituels : ce qu'ils ne peuuent faire plus vtilement, qu'en attirant par leur trauail & pieté vn nombre infiny d'ames fauuages (qui viuent fans foy, fans loy, ny cognoiffance du vray Dieu) à la profeffion de la Religion Catholique, Apoftolique & Romaine. Car la prife des fortereffes, ny le gain des batailles, ny la conquefte des pays, ne font rien en cõparaifon ny au prix de celles qui fe preparent des coronnes au ciel, fi ce n'eft contre les Infideles, où la guerre eft non feulement neceffaire, mais iufte & fainɕte, en ce qu'il y va du falut de la Chreftienté, de la gloire de Dieu, & de la defenfe de la foy, & ces trauaux font de foy loüables & tres-recommandables, outre le commandement de Dieu, qui dit, *Que la conuerfion d'vn infidele vaut mieux que la conquefte d'vn Royaume.* Et fi tout cela ne nous peut efmouuoir à rechercher les biens du ciel auffi paffionnément du moins que ceux de la terre, d'autant que la conuoitife des hommes pour les biens du monde eft telle, que la plus-part ne fe foucient de la conuerfion des infideles, pourueu que la fortune correfponde à leurs defirs, & que tout leur vienne à fouhait. Auffi eft-ce cefte conuoitife qui a ruiné, & ruine entierement le progrez & l'aduancement de cefte fainɕte entreprife, qui ne f'eft encores bien auancée, & eft en danger de fuccomber, fi fa Majefté n'y apporte vn ordre tres-fainɕt, charitable, & jufte, comme elle eft, & qu'elle mefme ne prenne plaifir d'entendre ce qui fe peut faire pour l'accroiffement de la gloire de Dieu, & le bien de fon Eftat, repouffant l'enuie qui fe met par ceux qui deuroient maintenir cefte affaire, lefquels en cherchent pluftoft la ruine que l'effeɕt.

Ce

Ce n'est pas chose nouuelle aux François d'aller par mer faire de nouuelles conquestes : car nous sçauons assez que la descouuerte des Terres neufues, & les entreprises genereuses de mer ont esté commencées par nos deuanciers.

Ce furent les Bretons & les Normands, qui en l'an 1504. descouurirent les premiers des Chrestiens, le grand Banc des Moluques, & les Isles de Terre neufue, ainsi qu'il se remarque és histoires de Niflet, & d'Antoine Maginus. *Voyages des Bretons & Normās.*

Il est aussi tres-certain que du temps du Roy François premier en l'an 1523. il enuoya Verazzano Florentin descouurir les terres, costes, & havres de la Floride, comme les relations de ses voyages font foy : où aprés auoir recognu depuis le 33. degré, iusques au 47. de pays, ainsi comme il pensoit s'y habituer, la mort luy fit perdre la vie auec ses desseins.

Du depuis, le mesme Roy François, à la persuasion de Messire Philippes Chabot Admiral de France, dépescha Iacques Cartier, pour aller descouurir nouuelles terres : & pour ce sujet il fit deux voyages és années 1534. & 35. Au premier il descouurit l'Isle de Terre neufue, & le golphe de Sainct Laurent, auec plusieurs autres Isles de ce golphe; & eust fait dauantage de progrés, n'eust esté la saison rigoureuse qui le pressa de s'en reuenir. Ce Iacques Cartier estoit de la ville de Sainct Malo, fort entendu & experimenté au faict de la marine, autant qu'autre de son temps : aussi Sainct Malo est obligée de conseruer sa memoire, tout son plus grand desir estant de descouurir nouuelles terres: & à la sollicitation de Charles de Mouy sieur de la *Voyages de Iacques Cartier.*

B

Mailleres, lors Vice-Admiral, il entreprint le mesme voyage pour la deuxiesme fois : & pour venir à chef de son dessein, & y faire jetter par sa Majesté le fondement d'vne Colonie, afin d'y accroistre l'honneur de Dieu, & son authorité Royale, pour cét effect il donna ses commissions, auec celle dudit sieur Admiral, qui auoit la direction de cét embarquement, auquel il contribua de son pouuoir. Les commissions expédiées, sa Majesté donna la charge audit Cartier, qui se met en mer auec deux vaisseaux le 16. May 1535. & nauige si heureusement, qu'il aborde dans le golfe Sainct Laurent, entre dans la riuiere auec ses vaisseaux du port de 800. tonneaux, & fait si bien qu'il arriue iusques à vne isle, qu'il nomma l'isle d'Orleans, à cent vingt lieuës à mont le fleuue. De là va à quelque dix lieuës du bout d'amont dudit fleuue hyuerner à vne petite riuiere qui asseche presque de basse mer, qu'il nomma Saincte Croix, pour y estre arriué le iour de l'Exaltation de saincte Croix : lieu qui s'appelle maintenant la riuiere sainct Charles, sur laquelle à present sont logez les Peres Recollets, & les Peres Iesuites, pour y faire vn Seminaire à instruire la ieunesse.

Le Roy donne la charge de la flotte à Cartier.

Arriuee de Cartier au golfe de S. Laurent.

Isle d'Orleans.

Isle de Saincte Croix.

Riuiere de S. Charles.

De là ledit Cartier alla à mont ledit fleuue quelques soixante lieuës, iusques à vn lieu qui s'appelloit de son temps *Ochelaga*, & qui maintenant s'appelle Grand-Sault sainct Louis, lesquels lieux estoient habitez de Sauuages, qui estans sedentaires, cultiuoient les terres. Ce qu'ils ne font à present, à cause des guerres qui les ont fait retirer dans le profond des terres.

Grandsault de S. Louis.

Cartier ayant recognu, selon son rapport, la difficulté de pouuoir passer les Sauts, & comme estant impossible, s'en retourna où estoient ses vaisseaux, où le temps & la saison le presserent de telle façon, qu'il fut contraint d'hyuerner en la riuiere Saincte Croix, en vn endroit où maintenant les Peres Iesuites ont leur demeure, sur le bord d'vne autre petite riuiere qui se descharge dans celle de Saincte Croix, appellée la riuiere de Iacques Cartier, comme ses relatiōs font foy.

Riuiere de Iacques Cartier.

Cartier receut tant de mescontentement en ce voyage, qu'en l'extreme maladie du mal de scurbut, dont ses gens la plus part moururent, que le printemps reuenu il s'en retourna en France assez triste & fasché de ceste perte, & du peu de progrés qu'il s'imaginoit ne pouuoir faire, pensant que l'air estoit si contraire à nostre naturel, que nous n'y pourrions viure qu'auec beaucoup de peine, pour auoir esprouué en son hyuernement le mal de scurbut, qu'il appelloit mal de la terre. Ainsi ayant fait sa relation au Roy, & audit Sieur Admiral, & de Mailleres, lesquels n'approfondirent pas ceste affaire, l'entreprise fut infructueuse. Mais si Cartier eust peu iuger les causes de sa maladie, & le remede salutaire & certain pour les euiter, bien que luy & ses gens receurent quelque soulagemēt par le moyen d'vne herbe appellée *aneda*, comme nous auons fait à nos despens aussi bien que luy, il n'y a point de doute que le Roy dés lors n'auroit pas negligé d'assister ce dessein, comme il auoit desia fait: car en ce temps là le pays estoit plus peuplé de gens sedentaires qu'il n'est à present : qui occasionna sa Majesté à faire ce second voyage, & poursuiure ceste entreprise, ayant vn sainct desir d'y enuoyer des peuplades. Voila ce qui en est arriué.

La plus-part de ses gēs morts.

S'en reuiēt en France.

Mal de scurbut frequēt aux Indes.

D'autres que Cattier eussent bien peu entreprendre ceste affaire, qui ne se fussent si promptement estonnez, & n'eussent pour cela laissé de poursuiure l'entreprise, estant si bien commécée. Car, à dire vray, ceux-là qui ont la conduitte des descouuertures, sont souuentefois ceux qui peuuent faire cesser vn loüable dessein, quand on s'arreste à leurs relations : car y adioustant foy, on le iuge comme impossible, ou tellement trauersé de difficultez, qu'on n'en peut venir à bout qu'auec des despenses & difficultez presque insupportables. Voila le sujet qui a empesché dés ce temps là que ceste entreprise sortist effect : outre que dans vn Estat se presentent quelquefois des affaires importantes, qui font que celles-cy se negligent pour vn temps : ou bien que ceux qui ont bonne volonté de les poursuiure, viennent à mourir, & ainsi les années se passent sans rien faire.

Relations qui empeschent la poursuitte de ce bon dessein.

Voyage en la Floride souz le regne du Roy Charles IX. par Iean Ribaus. Fit bastir vn Fort, appellé le Fort de Charles, sur la riuiere de May. Albert Capitaine qu'il y laisse, demeure sans viures, & est tué des soldats. Sont r'amenez en Angleterre par vn Anglois. Voyage du Capitaine Laudonniere. Court risque d'estre tué des siens : en fait pendre quatre. Est pressé de famine. Recompense de l'Empereur Charles V. à ceux qui firent la descouuerte des Indes. François chassez de la riuiere de May par les Espagnols. Attaquent Laudonniere. François tuez, & pendus auec des escriteaux.

CHAPITRE III.

Sovz le regne du Roy Charles IX. & à la poursuitte de l'Admiral de Chastillon, Iean Ribaus se met en mer le 18. Feurier 1562. auec deux vaisseaux equipez de ce qui luy estoit necessaire pour aller jetter les fondemens d'vne Colonie. Passant par les Isles du golphe de Mexique, vint ranger la coste de la Floride, où il recognut vne riuiere, qu'il appella la riuiere de May, & y fit edifier vn fort, qu'il nóma du nom de Charles, y laissant pour y cōmander le Capitaine Albert, fourny & muny de tout ce qu'il iugeoit estre necessaire. Cela fait, il met la voile au vent, & s'en reuint en France le 20. de Iuillet, & fut prés de six mois à son voyage.

Voyage de Iea Ribaus.

Son retour en France.

Cependant le Capitaine Albert ne se soucie de faire défricher les terres, pour ensemencer & euiter les necessitez, mangent leurs viures sans y apporter l'ordre necessaire en telles affaires : ce que faisant, ils se trouuerent courts de telle façon, que la disette fut extreme. Sur ce, les soldats & autres qui estoiét souz son obeïssance, ne voulans luy obeir, en fit pendre vn pour vn bien petit sujet, ce qui fut cause que quelques iours après la mutinerie s'y esmeut si violente, & la desobeïssance fut telle, qu'ils tuerent leur chef, & en esleurent vn autre, appellé Nicolas Barré, homme de conduitte. Et voyans que nul secours ne leur venoit de France, ils firent edifier vne petite barque pour s'y en retourner, & se mettent en mer auec fort peu de viures. L'histoire dit que la famine fut si cruelle, qu'ils

Albert Capitaine tué.

B iij

mangerét vn de leurs compagnons. Mais Dieu ayant pitié de ceste troupe miserable, leur fit tant de grace, qu'ils furent rencontrez d'vn Anglois, qui les secourut & emmena en Angleterre, où ils se rafraischirent. Voila le peu de soin que l'on eut à les secourir, pour les guerres qui estoient entre la France & l'Espagne.

Famine extreme, qui leur fait manger vn de leurs compagnons.

Cependant c'estoit vne grande cruauté de laisser mourir des hommes de faim, & reduits à tel poinct que de s'entre-manger, faute d'enuoyer vne petite barque au risque de la mer, qui les pouuoit secourir. Ce fut vn retardement pour la Colonie, & vn presage d'vne plus mauuaise fin, puis que le commencement auoit esté mal conduit en toutes choses.

La paix se fait entre la France & l'Espagne, qui donne loisir de faire nouueaux desseins & embarquemés. Ledit Sieur Admiral de Chastillon fit equipper d'autres vaisseaux souz la charge du Capitaine Laudonniere, qui fut accommodé de toutes choses pour sa peuplade. Il partit le 22. d'Auril 1564. & arriua à la coste de la Floride par le 32. degré, au lieu de la riuiere de May, où estant, & ayant mis tous ses compagnons à terre, & autres commoditez, il fit edifier vn fort, qu'il nomma la Caroline.

Voyage du Capitaine Laudoniere l'an 1564.

Fait vn fort à la riuiere de May.

Pendant le temps que les vaisseaux estoient en ce lieu, se firent des conspirations contre Laudonniere, qui furent descouuertes : & toutes choses remises, Laudonniere se delibere de renuoyer ses vaisseaux en France, & laissa pour y commander le Capitaine Bourdet, lequel singlant en haute mer pour acheuer son voyage, laissant là Laudonniere, auec ses compagnons, partie desquels se mutinerent de telle façon,

Retourne en France.

qu'ils menacerent de faire mourir leur Capitaine, s'il ne leur permettoit d'aller rauager vers les Isles des Vierges, & Sainct Dominique, force luy fut leur permettre, & donner congé. Ils se mettent en mer en vne petite barque, font quelque proye sur les vaisseaux Espagnols, & aprés qu'ils eurent bien couru toutes ces Isles, ils furent contraints s'en retourner au fort de la Caroline, où estans arriuez, Laudonniere fit prendre quatre des principaux seditieux, qui furent executez à mort. En suitte de ces malheurs, les viures venans à leur manquer, ils souffrirent beaucoup iusques en May, sans auoir aucun secours de France; & estans contraints d'aller chercher des racines dans les bois l'espace de six sepmaines, en fin ils se resolurent de bastir vne barque pour estre preste au mois d'Aoust, & auec icelle retourner en France.

Landōniere court risque d'estre tué des siens.

En fait pēdre quatre.

Famine extreme.

Cependant la famine croissoit de plus en plus, & ces hommes deuenoient si foibles & debiles, qu'ils ne pouuoient presque paracheuer leur trauail; qui les occasionna d'aller chercher à viure parmy les Sauuages, qui les traittoient fort mal, leur suruendant les viures beaucoup plus qu'ils ne valloient, se rians & moquans des François, qui ne souffroient ces moqueries qu'à regret. Laudonniere les appaisoit le plus doucement qu'il pouuoit: mais quoy qu'il fist, il fallut venir à la guerre auec les Sauuages, pour auoir dequoy se substanter, & firent si bien qu'ils recouurerent du bled d'Inde, qui leur donna courage de paracheuer leur vaisseau: cela fait, ils se mirent à ruiner & démolir le fort, pour s'en retourner en France. Comme ils estoient sur ces entre-faites, ils apperceurent quatre

Se sōt trouuer des blés d'Inde.

voiles;& craignans au commencement que ce ne fuſſent Eſpagnols, en fin ils furent recognus eſtre Anglois, leſquels voyans la neceſſité des François, les aſſiſterent de commoditez,& meſmes les accommoderent de leurs vaiſſeaux. Ceſte courtoiſie remarquable fut faite par le chef de cét embarquement, qui s'appelloit Iean Hanubins. Les ayant accommodez au mieux qu'il peut, leue les anchres, met à la voile, pour paracheuer le deſſein de ſon voyage.

Sont ſoulagez des Anglois en leur retour.

Comme Laudonniere eſtoit preſt de s'embarquer auec ſes compagnons, il apperceut des voiles en mer; & eſtant en impatience de ſçauoir qui ils eſtoient, on recognut que c'eſtoit le Capitaine Ribaus, qui venoit donner ſecours à Laudonniere. Les reſiouïſſances de part & d'autre furét grádes, voyás renaiſtre leur eſperance, qui ſembloit auparauant eſtre du tout perduë, mais fort faſchez d'auoir fait démolir leur fort. Ledit Ribaus fit entédre à Laudonniere que pluſieurs mauuais rapports auoient eſté faits de luy, ce qu'il recognoiſſoit eſtre faux, & euſt eu ſujet de faire ce qui luy eſtoit commandé, s'il en euſt eſté autrement.

C'eſt touſiours l'ordinaire que la vertu eſt opprimée par la meſdiſance des meſchans, qui en fin les fait recognoiſtre pour tels, & meſpriſez d'vn chacun: l'on ſçait aſſez combié cela a apporté de troubles aux conqueſtes des Indes, tant enuers Chriſtoſle Colomb, que depuis côtre Ferdinád Cortais, & autres, qui blaſmez à tort, ſe iuſtifierent en fin deuant l'Empereur. C'eſt pourquoy l'on ne doit adiouſter foy legerement, premier que les choſes n'ayent eſté bien examinées, recognoiſſant touſiours le merite & la valeur des genereux

reux courages, qui se sacrifient pour Dieu, leur Roy & leur patrie, comme firent ceux-cy, qui estans recognus de l'Empereur, mal-gré l'enuie, les honora de biens, & de belles & honorables charges, pour leur donner courage de bien faire, à d'autres l'enuie de les imiter, & au meschant de s'amender.

l'Empereur Charles V. recognoist la valeur de ceux qui firent la descouuerte des Indes.

Cependant que Laudonniere & Ribaus estoient à consulter pour faire descharger leurs viures, voicy que le 4. Septembre 1565. l'on apperceut six voiles, qui sembloient estre grands vaisseaux, & furent recognus pour estre Espagnols, qui vinrent moüiller l'anchre à la rade où les quatre vaisseaux de Ribaus estoient, asseurant les François de leur amitié: & recognoissans que partie des soldats estoient à terre, ils tirerent des coups de canon sur les nostres: qui fit qu'estans auec peu de force, couperent le cable sur les ecubiers, & mettent à la voile: ce que font aussi les Espagnols, qui les chassent tous le lendemain. Et comme nos vaisseaux estoient meilleurs voliers qu'eux, ils retournerent à la coste, prennent port à vne riuiere distante de huict lieuës du fort de la Caroline, & nos vaisseaux retournerent à la riuiere de May. Cependant trois des vaisseaux Espagnols estoient venus à la rade, où ils firent descendre leur infanterie, viures, & munitions.

Espagnols chassent les François de leur coste.

Mais la regaignent.

Le Capitaine Ribaus, contre l'aduis de Laudonniere, qui luy representoit les inconueniens qui pouuoiét arriuer, tant pour les grands vents qui regnoient ordinairement en ce temps là, que pour autre sujet, quoy que ce soit vn traict d'opiniastre, ne voulant faire qu'à sa volonté, sans conseil, chose tres-mauuaise en telles affaires, il se delibere de voir l'Espagnol, &

C

le combatre à quelque prix que ce fust. A cét effect il fit equiper ses vaisseaux d'hommes, & de tout ce qui luy estoit necessaire, s'embarqua le 8. Septembre, laissant les siens fort incommodez de toutes choses, & Laudonniere assez malade, qui ne laissoit pas de donner courage tant qu'il peut à ses soldats, & les exhorter à se fortifier au mieux qu'ils pourroiét, pour resister aux forces de leur ennemy, lequel se mit en estat de venir attaquer Laudonniere le 20. Septembre, auquel temps il fit vne pluye fort violente, & si continuelle, que les nostres fatiguez d'estre en sentinelle, se retirerent de leur faction, croyans aussi que les ennemis ne viendroient durant vn temps si mauuais & impetueux. Quelques-vns allans sur le rampart apperceuans les Espagnols venir à eux, crient *allarme, allarme, l'ennemy vient*. A ce cry Laudonniere se met en estat de les attendre, & encourage les siens au combat, qui voulurent soustenir deux bresches qui n'estoient encores remparées : mais en fin ils furent forcez, & tuez. Laudonniere voyant ne pouuoir plus soustenir, en esquiuát pensa estre tué, & se sauue dans les bois auec les Sauuages, où il trouua nombre de ses soldats, qu'il r'allia auec beaucoup de peine. S'acheminant par des palus & marescages difficiles, fait tant qu'il arriue à l'entree de la riuiere de May, où estoit vn vaisseau, y commandant vn Nepueu du Capitaine Ribaus, qui n'auoit peu gaigner que ce lieu, pour la grande tourmente. Les autres vaisseaux furent perdus à la coste ; comme aussi plusieurs soldats & mariniers, Ribaus pris, auec beaucoup d'autres, qu'ils firét mourir cruellement & inhumainement ; & en pendi-

Espagnols viennét attaquer Laudonniere.

François tuez, & hóteusement traittez.

rent aucuns, auec vn eſcriteau ſur le dos, portant ces mots: *Nous n'auõs pas fait pendre ceux-cy comme Fran-çois, mais comme Lutheriens, ennemis de la foy.*

<small>Eſcriteaux mis ſur le dos des François,</small>

Laudonniere voyant tant de deſaſtres, delibere s'en retourner en France, le 25. Septembre 1565. Il fait leuer les anchres, met ſouz voile le 11. de Nouembre, & arriue proche de la coſte d'Angleterre, où ſe trouuant malade, ſe fit mettre à terre pour recouurer ſa ſanté, & de là venir en France faire ſon rapport au Roy. Cependant les Eſpagnols ſe fortifient en trois endroits, pour s'aſſeurer contre tout euenement. Nous verrons au chapitre ſuiuant le chaſtiment que Dieu rendit aux Eſpagnols, pour l'iniuſtice & cruauté dont ils vſerent enuers les François.

Le Roy de France diſſimule pour vn temps l'iniure qu'il receut des Eſpagnols en la cruauté qu'ils exercerent enuers les François. La vengeance en fut reſeruée au ſieur Cheualier de Gourgues. Son voyage: ſon arriuée aux coſtes de la Floride. Eſt aſſailly des Eſpagnols, qu'il défait, & les traitte comme ils auoient fait les François.

CHAPITRE IIII.

LE Roy ſçachant l'iniuſtice & les ignominies faites aux François ſes ſubiects par les Eſpagnols, comme i'ay dit cy deſſus, eut raiſon d'en demander iuſtice & ſatisfaction à Charles V. Empereur & Roy d'Eſpagne, comme eſtant vn outrage fait au preiudice de ce que les Eſpagnols leur auoient promis, de ne les inquieter

<small>Le Roy demande iuſtice à l'Empereur du maſſacre de ſes ſubiects.</small>

C ij

ny molester en la conseruation de ce qu'auec tant de trauail ils s'estoient acquis en la nouuelle France, suiuant les commissions du Roy de France leur maistre, que les Espagnols n'ignoroient point; & neantmoins les firent mourir ainsi ignominieusement, souz le pretexte specieux qu'ils estoient Lutheriens, à leur dire, quoy qu'ils fussent meilleurs Catholiques qu'eux, sans hypocrisie, ny superstition, & initiez en la foy Chrestienne plusieurs siecles deuant que les Espagnols.

Sa Majesté dissimula ceste offense pour vn temps, pour auoir les deux Coronnes quelques differents à vuider auparauant, & principalement auec l'Empereur, qui empescha que l'on ne tirast raison de telles inhumanitez.

Mais comme Dieu ne delaisse iamais les siens, & ne laisse impunis les traittemens barbares qu'on leur fait souffrir, ceux-cy furent payez de la mesme monnoye qu'ils auoient payé les François.

Voyage du Cheualier de Gourgues l'an 1567.

Car en l'an 1567. se presenta le braue Cheualier de Gourgues, qui plein de valeur & de courage, pour venger cét affront fait à la nation Françoise; & recognoissant qu'aucun d'entre la Noblesse, dont la France foisonne, ne s'offroit pour tirer raison d'vne telle iniure, entreprint de le faire. Et pour ne faire cognoistre du commencement son dessein, fit courir le bruit qu'vn embarquemét se faisoit pour quelque exploict qu'il vouloit faire en la coste d'Afrique. Pour ce sujet nombre de matelots & soldats s'assemblent à Bourdeaus, où se faisoit tout l'appareil de mer: il se pourueut & fournit de toutes les choses qu'il iugea estre necessaires en ce voyage.

Son embarquement se fit le 23. Aoust de la mesme année en trois vaisseaux, ayant auec luy 250. hommes. Estant en mer, il relascha à la coste d'Afrique, soit pour se rafraischir, ou autrement, mais ce ne fut pas pour long temps : car incontinent il fit voile, & fait publier par quelques siens amis affidez, qu'il auoit changé son premier dessein en vn autre plus honorable que celuy de la coste d'Afrique, moins perilleux, & plus facile à executer : & au lieu où il auoit relasché, il eut aduis que ce qu'il disoit desplaisoit à plusieurs des siens, qui croyoiét que le voyage estoit rompu, & qu'il faudroit s'en retourner sans rien faire : toutesfois ils auoient tous grand desir de tenter quelque autre dessein. *Dissimule son dessein.*

Le Sieur de Gourgues sçachant la volonté de ses compagnons, qui ne perdoiét point courage, & estant asseuré de son equipage, trouua à propos d'assembler son conseil, auquel il fit entendre la raison pourquoy il ne pouuoit executer ce qu'il auoit entrepris, qu'il ne falloit plus songer à ce dessein : mais aussi que de retourner en Fráce sans auoir rien fait, il n'y auoit point d'apparence. Qu'il sçauoit vne autre entreprise non moins glorieuse que profitable, à des courages tels qu'ils en auoit en ses vaisseaux, & de laquelle la memoire seroit immortelle, qui estoit vn exploict des plus signalez qui se puisse faire : chacun brusloit d'ardeur & de desir de voir l'effect dë ce qu'il disoit;& leur fit entendre que s'il estoit bien assisté en ceste loüable entreprise, il se sentiroit fort glorieux de mourir en l'executant. Et voulant ledit Sieur de Gourgues leur declarer son dessein, les ayant tous fait assembler, parla ainsi. *Le declare aux siens.*

C iij

La remonstrāce qu'il leur fait.

„ Mes compagnons & fideles amis de ma fortune,
„ vous n'estes pas ignorans combien ie cheris les braues
„ courages comme vous, & l'auez assez tesmoigné par
„ la belle resolution que vous auez prise de me suiure
„ & assister en tous les perils & hazards honorables que
„ nous aurons à souffrir & essuyer, lors qu'ils se presen-
„ teront deuant nos yeux, & l'estat que ie fais de la con-
„ seruation de vos vies ; ne desirant point vous embar-
„ quer au risque d'vne entreprise que ie sçaurois reüssir
„ à vne ruine sans honneur : ce seroit à moy vne trop
„ grande & blasmable temerité, de hazarder vos per-
„ sonnes à vn dessein d'vn accez si difficile ; ce que ie ne
„ croy pas estre, bien que i'aye employé vne bonne par-
„ tie de mon bien & de mes amis, pour equiper ces vais-
„ seaux, & les mettre en mer, estant le seul entrepreneur
„ de tout le voyage. Mais tout cela ne me donne pas
„ tant de sujet de m'affliger, comme i'en ay de me res-
„ iouir, de vous voir tous resolus à vne autre entreprise,
„ qui retournera à vostre gloire, sçauoir d'aller venger
„ l'iniure que nostre nation a receuë des Espagnols, qui
„ ont fait vne telle playe à la France, qu'elle saignera à
„ iamais, par les supplices & traictemens infames qu'ils
„ ont fait souffrir à nos François, & exercé des cruautez
„ barbares & inoüies en leur endroit. Les ressentimens
„ que i'en ay quelquefois, m'en font ietter des larmes de
„ compassion, & me releuent le courage de telle sorte,
„ que ie suis resolu, auec l'assistance de Dieu, & la vostre,
„ de prendre vne iuste vengeance d'vne telle felonnie
„ & cruauté Espagnolle, de ces cœurs lasches & poltrós,
„ qui ont surpris mal-heureusement nos compatriotes,
„ qu'ils n'eussent osé regarder sur la defense de leurs ar-

mes. Ils sont assez mal logez, & les surprendrons aisé- "
ment. I'ay des hommes en mes vaisseaux qui cognois- "
sent tres-bien le païs, & pouuons y aller en seureté. "
Voicy, chers compagnons, vn subiect de releuer nos "
courages, faites paroistre que vous auez autát de bon- "
ne volonté à executer ce bon dessein, que vous auez "
d'affection à me suiure : ne serez vous pas contents de "
remporter les lauriers triomphans de la despoüille de "
nos ennemis ? "

Il n'eut pas plustost acheué de parler, que chacun de ioye s'escrierent: Allons où il vous plaira, il ne nous pouuoit arriuer vn plus grand plaisir & honneur que celuy que vous nous proposez, & mille fois plus honorable qu'on ne se peut imaginer, aimans beaucoup mieux mourir en la poursuitte de ceste iuste vengeance de l'affront qui a esté fait à la France, que d'estre blessez en vne autre entreprise; tout nostre plus grand souhait est de vaincre ou mourir, en vous tesmoignát toute sorte de fidelité : commandez ce que vous iugerez estre plus expedient, vous auez des soldats qui ont du courage de reste pour effectuer ce que vous direz: nous n'aurons point de repos iusques à ce que nous nous voyons aux mains auec l'ennemy.

Les soldats du sieur de Gourgues luy tesmoignent leur bonne volonté de le suiure.

La ioye creut plus que iamais dans les vaisseaux. Le sieur de Gourgues fait changer la roustre, & tirer quelques coups de canon, pour commencer la resioüissance, & donner courage à tous les soldats : & alors ce genereux Cheualier fait singler vers les costes de la Floride, & fut tellement fauorisé du beau temps, qu'en peu de iours il arriua proche du fort de la Caroline, & le iour apperceu, les Sauuages du pays firent voir force

Il fait tirer quelques coups de canon en resioüissance.

fumées, iusques à ce que le Sieur de Gourgues eust fait abbaisser les voiles, & mouiller l'anchre. Il enuoya à terre s'informer des Sauuages de l'estat des Espagnols, qui estoient fort aises de voir le Sieur de Gourgues resolu de les attaquer. Ils asseurerent qu'ils estoient en nombre de 400. tres bien armez, & pourueus de tout ce qui leur estoit necessaire. Puis s'estant fait instruire de la façon en laquelle les Espagnols estoient campez, il commença d'ordonner ses gens de guerre pour les assaillir. Voyons s'ils auront le courage de soustenir le Sieur de Gourgues, comme ils firent Laudonniere, mal pourueu de munitions, & de ce qui luy estoit necessaire.

Sauuages font voir force fumées.

Le Sieur de Gourgues s'informe par eux de l'estat des Espagnols.

Ordonne ses gens pour les assaillir.

Doncques le Sieur de Gourgues se faisant conduire par ses hommes, & de quelques Sauuages par l'espaisseur des bois, sans estre apperceu des Espagnols, fait recognoistre les places, & l'estat auquel elles estoient : & le Samedy d'auparauant *Quasimodo*, au mois d'Auril 1568. attaque furieusement les deux forts, & se dispose de les auoir par escallade, en quoy il trouua grande resistance : & le combat s'eschauffant, ce fut alors que parut le courage de nos François, qui se jettoient à corps perdu parmy les coups, tantost repoussez, puis reprenans cœur retournent au combat auec plus de valeur qu'auparauât. Bien attaqué, mieux defendu. La mort ny les blesseures ne les fait point paslir, ny ne leur fait perdre le sens, ny la vaillance.

Attaque les deux forts.

Nostre genereux Cheualier de Gourgues le coutelas à la main, leur enflamme le courage, & comme vn lion hardy à la teste des siens gaigne le dessus du rampart, repousse les Espagnols, se fait voye parmy eux.

Gaignent le dessus du rampart.

Ses

Ses soldats le suiuent, & combattent vaillamment, entrent de force dans les deux forts, tuent tout ce qu'ils rencontrent: de sorte que le reste de ceux qui y moururent & s'enfuirent, demeurerent prisonniers des François; & ceux qui pensoient se sauuer dans les bois, furent taillez en pieces par les Sauuages, qui les traitterent comme ils auoient fait les nostres. Deux iours après le Sieur de Gourgues se rend maistre du grand fort, que les ennemis auoiét abandonné, après quelque resistance, desquels partie furent tuez, les autres prisonniers. *Les deux forts pris, & les Espagnols tuez, & pris.* *Prinse du grand fort.*

Ainsi demeurant victorieux, & estant venu à bout d'vne si glorieuse entreprise, se ressouuenant de l'iniure que les Espagnols auoient faite aux François, en fit pendre quelques-vns, auec des escriteaux sur le dos, portans ces mots: *Ie n'ay pas fait pendre ceux-cy comme Espagnols, mais comme pirates, bandoliers, & escumeurs de mer.* Après ceste execution, il fit démolir & ruiner les forts, puis s'embarque pour reuenir en France, laissant au cœur des Sauuages vn regret immortel de se voir priuez d'vn si magnanime Capitaine. Son partement fut le 30. de May 1568. & arriua à la Rochelle le 6. de Iuin, & de là à Bourdeaus, où il fut receu aussi honorablement, & auec autant de ioye, que iamais Capitaine auroit esté. *Le Sieur de Gourgues fait pendre quelques Espagnols, auec des escriteaux sur le dos.* *Fait ruiner les forts, & reuient en France.*

Mais il n'est si tost arriué en France, que l'Empereur enuoya au Roy demander iustice de ses subiects, que le Sieur de Gourgues auoit fait pendre en l'Inde Occidentale: dequoy sa Majesté fut tellement irritée, qu'elle menaçoit ledit Sieur de Gourgues de luy faire trencher la teste, & fut contraint de s'absenter pour *l'Empereur demáde au Roy iustice de ses sujets mal traittez par le sieur de Gourgues.*

D

Qui est contraint de s'absenter. quelque temps, pendant lequel la colere du Roy se passa: & ainsi ce genereux Cheualier repara l'honneur de la nation Françoise, que les Espagnols auoient offensee : ce qu'autrement eust esté vn regret à iamais pour la France, s'il n'eust vengé l'affront receu de la nation Espagnolle. Entreprise genereuse d'vn Gentil-homme, qui l'executa à ses propres cousts & despens, seulement pour l'honneur, sans autre esperance: ce qui luy a reüssi glorieusement, & ceste gloire est plus à priser que tous les tresors du monde.

Defauts remarquez aux voyages de Ribaus & Laudonniere. On a remarqué aux voyages de Ribaus & de Laudonniere de grands defauts & manquemens. Ribaus fut blasmé au sien, pour n'auoir porté des viures que pour dix mois, sans donner ordre de faire défricher *Le premier* les terres, & les rendre aptes au labourage, pour remedier aux disettes qui peuuent suruenir, & aux perils que courent les vaisseaux sur mer, ou bien pour le retardement de leur arriuée en saison conuenable, pour soulager les necessitez, qui en fin reduisent les entrepreneurs à de grandes extremitez, iusques à estre homicides les vns des autres, pour se nourrir de chair humaine, comme ils firent en ce voyage, qui causerent de grandes mutineries des soldats contre leur chef; & ainsi le desordre & la desobeïssance regnant parmy eux, en fin ils furent contraints (quoy qu'auec vn regret incroyable, & aprés vne perte notable d'hommes & de biens) d'abandóner les terres & possessions qu'ils auoient acquises en ce pays, & tout cela, faute d'auoir pris leurs mesures auec iugement & raison.

Second defaut. L'experience fait voir qu'en tels voyages & embarquemens les Roys & les Princes, & les gens de leur conseil qui les ont entrepris, auoient trop peu de cognoissance és executions de leurs desseins. Que s'il y en a eu d'experimentez en ces choses, ils ont esté en petit nombre; pource que la plus-part ont tenté telles entreprises sur les vains rapports de quelques cajoleurs, qui faisoient les entendus en telles affaires, dont ils estoient tres-ignorans, seulement pour se rendre considerables: car pour les commencer, & terminer auec honneur & vtilité, faut consommer de longues années aux voyages de mer, & auoir l'experience de telles descouuertes. Faux rapports pernicieux.

La plus grande faute que fit Laudonniere, qui y alloit à dessein d'y hyuerner, fut de n'estre fourny que de peu de viures, au lieu qu'il se deuoit gouuerner sur l'exemple de l'hyuernement du Capitaine Albert à Charles-fort, que Ribaus laissa si mal pourueu de toutes choses; & ces manquemens arriuent ordinairement en telles entreprises, pour s'imaginer que les terres de ces pays là rapportent sans y semer; joint à cela, qu'on entreprend mal à propos tels voyages sans practique ny experience. Il y a bien de la difference à bastir de tels desseins en des discours de table, parler par imagination de la scituation des lieux, de la forme de viure des peuples qui les habitent, des profits & vtilitez qui s'en retirent; enuoyer des hommes au delà des mers en des pays loingtains, trauerser des costes & des isles incognuës, & se former ainsi telles chimeres en l'esprit, faisans des voyages & des nauigations ideales & imaginaires; ce n'est pas là le chemin de sortir à l'honneur de l'execution des descouuertes: il faut auparauant meurement considerer les Faute de Laudonniere.

choses qui se presentent en telles affaires, communiquer auec ceux qui s'en sont acquis de grandes cognoissances, qui sçauent les difficultez & les perils qui s'y rencontrēt, sans s'embarquer ainsi incōsiderémēt sur de simples rapports & discours. Car il sert de peu de discourir des terres lointaines, & les aller habiter, sans les auoir premierement descouuertes, & y auoir demeuré du moins vn an entier, afin d'apprendre la qualité des pays, & la diuersité des saisons, pour par après y jetter les fondemens d'vne Colonie. Ce que ne font pas la plus-part des entrepreneurs & voyageurs, qui se contentent seulement de voir les costes & les éleuations des terres en passant, sans s'y arrester.

Ce qu'il faut faire pour faire reüssir les entreprises auec honneur.

Imprudēce de la plus-part des entrepreneurs.

D'autres entreprennent telles nauigations sur de simples relations, faites à des personnes, qui, quoy que bien entenduës dans les affaires du monde, & ayent de grandes & longues experiences, neantmoins estans ignorans en celles-cy, croyent que toutes choses se doiuent gouuerner selon les éleuations des lieux où ils sont, & c'est en quoy ils se trouuent grandement trompez: car il y a des changemens si estranges en la nature, que ce que nous en voyons nous fait croire ce qui en est. Les raisons de cela sont fort diuerses & en grand nombre, qui est cause que ie les passeray souz silence. I'ay dit cecy en passant, afin que ceux qui viendront après nous, & qui bastiront de nouueaux desseins, s'en seruent, & les considerent: de sorte que lors qu'ils s'y embarqueront, la ruine & la perte d'autruy leur serue d'exemple, & d'apprentissage.

Changemens estrāges en la nature.

Le troisiesme defaut, & le plus preiudiciable, est en ce que fit Ribaus, de n'auoir fait descharger les viures & munitions qu'il auoit apportez pour Laudonniere & ses compagnons, auant que s'exposer au risque de perdre tout, comme il fit (quoy qu'il n'y allast pas pour combatre l'ennemy) mais demeurer tousiours sur la defensiue, aider auec ses hommes à Laudonniere, se fortifier, & attendre de pied ferme ceux qui le viendroient assaillir: pouuant bien iuger que puis que son dessein estoit de prendre le Fort, qu'il deuoit estre plus fort que ceux qui le gardoient, sans s'exposer inconsiderément au peril & à la fortune ; & eust mieux fait de recognoistre les forces de l'ennemy auant qu'il l'allast attaquer, & qu'il ne fust asseuré de la victoire. Mais au contraire ayant mesprisé les conseils de Laudonniere, qui estoit plus experimenté que luy en la cognoissance des lieux, il luy en prit tres-mal.

Troisiesme defaut.

Dauantage, en telles entreprises les vaisseaux qui portent les viures & les munitions de guerre pour vne Colonie, doiuent tousiours faire leur routte le plus droit qu'il est possible, sans se détourner pour donner la chasse à quelque autre vaisseau ; d'autant que s'il se faut battre, & qu'ils viennent à se perdre, ce mal-heur ne leur sera pas seulement particulier, mais ils mettent la Colonie en danger d'estre perduë, & les hommes contraints d'abandonner toutes choses, se voyans reduits à souffrir vne mort miserable, causée par la faim, qui les assailliroit faute de viures, pour ne s'estre pourueus & munis du moins pour deux ans, en attendant que la terre soit défrichée, pour nourrir ceux qui sont dans le pays. Fautes tres-grandes, qui sont semblables à celles qu'ont faites ces nouueaux entrepreneurs, qui n'ont fait défricher aucunes terres, ny trouué moyen de le faire depuis vingt-deux ans que le pays est habité ; n'ayans eu autre pensée qu'à tirer profit des pelleteries : & vn iour arriuera qu'ils perdront tout ce que nous y possedons. Ce qui est aisé à iuger, si le Roy n'y fait ordonner vn bon reglement.

Ce sont les plus grands defauts qui se peuuent remarquer és premiers voyages, & les suiuans n'ont esté gueres plus heureux.

Voyage que fit faire le Sieur de Roberual. Enuoye Alphonse Sainctongeois vers Labrador. Son partement: son arriuée. Retourne à cause des glaces. Voyages des estrangers au Nort, pour aller aux Indes Occidentales. Voyage du Marquis de la Roche sans fruict. Sa mort. Defaut remarquable en son entreprise.

CHAPITRE V.

Alphonse de Sainctonge enuoyé vers Labrador par le Sieur de Roberual.

L'AN 1541. le Sieur de Roberual ayant renouuellé ceste saincte entreprise, enuoya Alphonse Sainctongeois (homme des plus entendus au faict de la nauigation qui fust en Fráce de son temps) qui voulut par les descouuertes voir & rencontrer plus au Nort vn passage vers Labrador. Il fit equiper deux bons vaisseaux de ce qui luy estoit necessaire pour ceste descouuerte, &

partit audit an 1541. Et aprés auoir nauigé le long des coftes du Nort, & terres de Labrador, pour trouuer vn paffage qui peuft faciliter le cómerce auec les Orientaux, par vn chemin plus court que celuy que l'on fait par le Cap de bonne efperance, & deftroit de Magellan ; les obftacles fortunez, & le rifque qu'il courut à caufe des glaces, le fit retourner fur fes brifées, & n'eut pas plus dequoy fe glorifier que Cartier. Son partement. Arriue aux terres de Labrador. Les glaces & les rifques le cótraignét de retourner.

Cefte feconde entreprife n'eftoit que pour defcouurir vn paffage, mais l'autre eftoit pour le profond des terres, & y habiter, s'il fe pouuoit ; & ainfi ces deux voyages n'ont pas reüffi. Pour le paffage, ie n'allegueray point le difcours au long des nations eftrangeres qui ont tenté fortune de trouuer paffage par le Nort, pour aller aux Indes Oriétales, comme és années 1576. 77. & 78. Meffire Martin Forbichet fit trois voyages: fept ans aprés Hunfroy Gilbert y fut auec 5. vaiffeaux, qui fe perdit fur l'ifle de Sable, où il demeura deux ans. Aprés Iean Dauis Anglois fit trois voyages, penetra fouz le 72. degré, paffa par vn deftroit appellé auiourd'huy de fon nom. Vn autre appellé le Capitaine Georges, en l'an 1590. fit ce voyage, & fut contraint à caufe des glaces de s'en retourner fans effect: & quelques autres qui l'ont entrepris, ont eu pareille fortune. Eftrangers qui ont trouué le paffage du Nort pour aller en Oriēt, 1576. Voyages de Martin Forbichet, & de Hunfroy Gilbert. Voyage de Iean Dauis Anglois: L'an 1590. Du Capitaine Georges

Quant aux Efpagnols & Portugais, ils y ont perdu leur temps. Les Hollandois n'en ont pas eu plus certaine cognoiffance par la nouuelle Zamble du cofté de l'Eft, pour trouuer ce paffage, que les autres ont perdu tant de temps pour le chercher par l'Occident, au deffus des terres dites Labrador. Voyages des Efpagnols, Portugais, & Hollādois.

LES VOYAGES DV SIEVR

Tout cecy n'est que pour faire cognoistre que si ce passage tant desiré se fust trouué, combien cela eust apporté d'honneur à celuy qui l'eust rencontré, & de biens à l'Estat ou Royaume qui l'eust possedé. Puis donc que nous seuls auons iugé ceste entreprise d'vn tel prix, elle n'est pas moins à mespriser en ce temps cy, & ce qui ne s'est peu faire par vn lieu, se peut recouurer par vn autre auec le temps, pourueu que sa Majesté vueille assister les entrepreneurs d'vn si loüable dessein. Ie laisseray ce discours, pour retourner à nos nouueaux conquerans au pays de la nouuelle France.

Bien qu'eust causé le passage trouué.

Le Sieur Marquis de la Roche de Bretagne poussé d'vne saincte enuie d'arborer l'estédart de Iesus Christ, & y planter les armes de son Roy, en l'an 1598. prit commission du Roy Henry le Grand (d'heureuse memoire) qui auoit de l'amour pour ce dessein, fit equiper quelques vaisseaux, auec nombre d'hommes, & vn grand attirail de choses necessaires à vn tel voyage: mais comme ledit Sieur Marquis de la Roche n'auoit aucune cognoissance des lieux, que par vn pilote de nauire appellé Chédotel, du pays de Normandie, il mit les gens dudit Sieur Marquis sur l'isle de Sable, distante de la terre du Cap Breton de 25. lieues au Sud, où cependant les hommes qui resterét en ce lieu auec fort peu de commoditez, furent sept ans abandonnez sans secours que de Dieu, & furent contraints de se tenir comme les renards dans la terre, pour n'y auoir ny bois, ny pierre en ceste isle propre à bastir, que le débris & fracas des vaisseaux qui viennent à la coste de ladite isle; & vescurent seulement de la chair des bœufs

Voyages du Marquis de la Roche souz le regne du feu Roy Henry IIII. l'an 1598.

Sans fruict.

Met ses gés en l'isle de Sable.

Sont contraints de demeurer souz terre.

bœufs & vaches, qu'ils y trouuerent en quantité, s'y *Viuent de chairs de bœufs & de vaches.*
estans sauuez par la perte d'vn vaisseau Espagnol qui
s'estoit perdu voulant aller habiter l'isle du Cap Breton; & se vestirent de peaux de loups marins, ayans vsé *Se vestét de peaux de loups marins.*
leurs habits, & conseruerent les huiles pour leur vsage, auec la pescherie de poisson, qui est abondante autour de ladite isle; iusques à ce que la Cour de Parlement de Roüen par arrest condamna ledit Chédotel *Chédotel est códamné de les repasser.*
d'aller repasser ces pauures miserables, à la charge qu'il
auroit la moitié des commoditez de ce qu'ils auroient
peu practiquer pendant leur sejour en ceste isle, comme cuirs de bœufs, peaux de loups marins, huile, renards noirs, ce qui fut executé : & reuenans en France
au bout de sept ans, partie vint trouuer sa Majesté à
Paris, qui commanda au Duc de Suilly de leur donner *Le Roy leur fait donner quelques argents.*
quelques commoditez, comme il fit, iusques à la somme de 50. escus, pour les encourager de s'en retourner.

Cependant le Marquis de la Roche estant à poursuiure en Cour les choses que sa Majesté luy auoit *Le Marquis de la Roche ne peut iouyr de ce que le Roy luy auoit promis.*
promises pour son dessein, elles luy furent déniées par
la sollicitation de certaines personnes qui n'auoient
desir que le vray culte de Dieu s'accreust, ny d'y voir
florir la Religion Catholique, Apostolique & Romaine. Ce qui luy causa vn tel desplaisir, que pour cela, & *Tombe malade, dont il meurt.*
autre chose, il se trouua assailly d'vne forte maladie,
qui l'emporta, aprés auoir consommé son bien & son
trauail, sans en ressentir aucun fruict.

En ce sien dessein se remarquent deux defauts ; le *Defauts en son dessein.*
premier, en ce que ledit Marquis n'auoit fait descouurir & recognoistre le lieu par quelque homme entendu en telle affaire, le lieu où il deuoit aller habiter,

E

premier que s'obliger à vne despense excessiue. L'autre, que les enuieux qui estoient en ce temps prés du Roy en son Conseil, empescherent l'effect & la bonne volonté qu'auoit sa Majesté de luy faire du bien. Voila comme les Roys sont souuent deçeus par ceux en qui ils ont quelque confiance. Les histoires du temps passé le font assez cognoistre, & ceste-cy nous en peut fournir d'eschantillon. Voicy vn quatriesme voyage rompu, venons au cinquiesme.

Ialoux des bōs desseins retiennent les Rois de recognoistre les entrepreneurs

---

Voyage du Sieur de Sainct Chauuin. Son dessein. Remonstrances que luy fait du Pont Graué. Le Sieur de Mons voyage auec luy. Retour de S. Chauuin & du Pont en France. Second voyage de Chauuin : son entreprise blasmable.

CHAPITRE VI.

VN an aprés, l'an 1599. le Sieur Chauuin de Normandie, Capitaine pour le Roy en la marine, homme tres-expert & entendu au faict de la nauigation (qui auoit seruy sa Majesté aux guerres passées, quoy qu'il fust de la religion pretenduë reformée) entreprit ce voyage souz la commission de sadite Majesté, à la sollicitation du Sieur du Pont Graué, de Sainct Malo (fort entendu aux voyages de mer, pour en auoir faict plusieurs) accompagnez d'autres vaisseaux, iusques à Tadoussac, quatre vingts dix lieuës à mont la riuiere, lieu où ils faisoient trafic de pelleterie & de castors, auec les Sauuages du pays, qui s'y rendoient tous les printemps:

Voyage du Sieur de S. Chauuin, l'an 1599.

A la sollicitation du sieur du Pōt Graué.

DE CHAMPLAIN.

ledit du Pont defireux de trouuer moyen de rendre ce trafic particulier, va en Cour rechercher quelqu'vn d'authorité & pouuoir eminent auprés du Roy, pour obtenir vne commiſſion, portant que le trafic de ceſte riuiere ſeroit interdit à toutes perſonnes, ſans la permiſſion & conſentement de celuy qui ſeroit pourueu de ladite commiſſion, à la charge qu'ils habiteroient le pays, & y feroient vne demeure. Voila vn commencement de bien faire, ſans qu'il en couſte rien au Roy, ſi ce qui eſt en ladite commiſſion ſ'effectuë; ayant deſſein d'y mener cinq cents hommes, pour ſ'y fortifier & defendre le pays. Le Roy qui auoit grande confiáce en cét entrepreneur, qui neátmoins pretendoit n'y faire que la moindre deſpenſe qu'il pourroit, pour ſouz le pretexte d'habiter, & executer tout ce qu'il promettoit, vouloit priuer tous les ſujects du Royaume de ce trafic, & retirer luy ſeul les caſtors. Et pour donner vn eſclat à ceſte affaire, ſe met en deuoir de l'executer. Les vaiſſeaux ſ'equipent de choſes les plus neceſſaires qu'il croit eſtre propres à ſon entrepriſe. Tout ira aſſez bien, horſmis qu'il n'y aura que des Miniſtres & Paſteurs Caluiniſtes.

Va en Cour pour obtenir commiſſion du Roy.

Deſſein de l'entrepreneur.

Ses vaiſſeaux hors, il met ledit Pont Graué pour ſon Lieutenant en l'vn d'iceux: tous eſtoient Catholiques, mais le chef eſtant de contraire religion, ce n'eſtoit pas le moyen de bien planter la foy parmy des peuples qu'on veut reduire, & c'eſtoit à quoy l'on ſongeoit le moins. Ils nauigent iuſques au port de Tadouſſac, lieu de la traitte, & fut ceſte affaire aſſez mal conduite pour y faire grand progrés. Ils ſe deliberent d'y faire vne habitatió; lieu le plus deſagreable & infructueux

N'eſtant le chef Catholique, ce n'eſtoit le moyen d'y planter la vraye foy.

E ij

qui soit en ce pays, qui n'estant remply que de pins, sapins, bouleaux, montagnes, & rochers presque inaccessibles, & la terre tres-mal disposée pour y faire aucun bon labourage, & où les froidures sont si excessiues, que s'il y a vne once de froid à 40. lieuës à mont la riuiere, il y en a là vne liure : aussi combien de fois me suis-ie estonné, ayant veu ces lieux si effroyables sur le printemps?

<small>Froidures excessiues qui y regnent.</small>

Or côme ledit Sieur Chauuin y vouloit bastir, & y laisser des hômes, pour se couurir côtre la rigueur des froidures extremes, ayát sceu du Pont Graué que son opinion n'estoit que l'on y deust bastir, remonstra audit Sieur Chauuin plusieurs fois qu'il falloit aller à mont ledit fleuue, où le lieu est plus commode à habiter, ayant esté en vn autre voyage iusques aux trois riuieres, pour trouuer les Sauuages, afin de traitter auec eux.

<small>Remonstrance du Pont Graué au Sieur Chauuin.</small>

Le Sieur de Mons fit le mesme voyage pour son plaisir, auec ledit Sieur Chauuin, qui estoit de la mesme opinion que Graué, qui recognoissant ce lieu estre fort desagreable, eust bien voulu voir plus à mont ledit fleuue. Mais quoy que c'en soit, ou le téps ne le permettát pour lors, ou autres considerations qui estoiét en l'esprit de l'entrepreneur, fut cause qu'il employa quelques ouuriers à edifier vne maison de plaisance, de quatre toises de long, sur trois de large, de huict pieds de haut, couuerte d'ais, & vne cheminée au milieu, en forme d'vn corps de garde, entouré de clayes, (laquelle i'ay veuë en ce lieu là) & d'vn petit fossé fait dans le sable. Car en ce pays là où il n'y a point de rochers, ce sont to^9 sables fort mauuais. Il y auoit vn petit

<small>Le Sieur de Mons voyageauec le sieur Chauuin.</small>

<small>Maison de plaisance.</small>

ruisseau au dessous, où ils laisserent 16. hômes, fournis de peu de cômoditez, qu'ils pouuoient retirer dans le mesme logis, où ce peu qu'il y auoit estoit à l'abandon des vns & des autres, ce qui dura peu. Les voila bien chaudement pour leur hyuer. Ce qui fut cause que le Sieur Chauuin s'en retourna, ne voulant voir, ny descouurir plus auant, comme aussi fit ledit du Pont. Les Sieurs Chauuin & du Pont reuiennêt en France.

Pendant qu'ils sont en France, nos hyuernans consomment en bref ce peu qu'ils auoient, & l'hyuer suruenant, leur fit bien cognoistre le changement qu'il y auoit entre la France & Tadoussac : c'estoit la cour du Roy Petault, chacun vouloit commander; la paresse & faineantise, auec les maladies qui les surprirent, ils se trouuerent reduits en de grandes necessitez, & contraints de s'abandonner aux Sauuages, qui charitablement les retirerent auec eux, & quitterent leur demeure; les vns moururent miserablement, les autres patissans fort, attendans le retour des vaisseaux. Misere de ceux qui y passent l'hyuer.

Le Sieur Chauuin voyant ses gens humer le vent du Saguenay, fort dágereux, poursuit ses affaires pour refaire vn second voyage, qui fut aussi fructueux que le premier. Il en veut faire vn troisiesme mieux ordóné; mais il n'y demeure long temps sans estre saisi de maladie, qui l'enuoya en l'autre monde. Le Sieur Chauuin desseigne vn second voiage aussi vtile que le premier.

Ce qui fut à blasmer en ceste entreprise, est d'auoir donné vne commission à vn homme de contraire religion, pour pulluler la foy Catholique, Apostolique & Romaine, que les heretiques ont tant en horreur, & abhomination. Voila donc les defaurs que i'auois à dire sur ceste entreprise. Ce qui est blaimable en ceste entreprise.

E iij

Quatriefme entreprife en la nouuelle France, par le Commandeur de Chaſte. Le Sieur de Pont Graué eſleu pour le voyage de Tadouſſac. L'Autheur ſe met en voyage auec ledit Sieur Commandeur. Leur arriuée à Grandſault Sainct Louys. Sa difficulté à le paſſer. Leur retraite. Mort dudit Commandeur, qui rompt le 6. voyage.

CHAPITRE VII.

Quatriéme entreprife par le ſieur Commandeur de Chaſte.

A quatriéme entreprife fut celle du Sieur Commandeur de Chaſte, gouuerneur de Dieppe, qui eſtoit homme tres-honorable, bon Catholique, grand ſeruiteur du Roy, qui auoit dignement & fidelement ſeruy ſa Majeſté en pluſieurs occaſions ſignalées. Et bien qu'il euſt la teſte chargée autant de cheueux gris que d'années, vouloit encores laiſſer à la poſterité par ceſte loüable entrepriſe, vne remarque tres-charitable en ce deſſein, & meſmes ſ'y porter en perſonne, pour conſommer le reſte de ſes ans au ſeruice de Dieu & de ſon Roy, en y faiſant vne demeure arreſtée, pour y viure & mourir glorieuſement, comme il eſperoit, ſi Dieu ne l'euſt retiré de ce monde pluſtoſt qu'il ne penſoit; & ſe pouuoit-on bien aſſeurer que ſouz ſa conduite l'hereſie ne ſe fuſt iamais plantée aux Indes: car il auoit de tres-chreſtiens deſſeins, dont ie pourrois rendre de bons teſmoignages, pour m'auoir fait l'hôneur de m'en communiquer quelque choſe.

Souz luy l'hereſie ne pouuoit prendre racine en la nouuelle France.

Donc aprés la mort dudit Sieur Chauuin, il obtint nouuelle commiſſion de ſa Majeſté. Et d'autant que

Obtient commiſſió du Roy.

la despense estoit fort grande, il fit vne societé auec plusieurs Gentils-hommes, & principaux marchands de Roüen, & d'autres lieux, sur certaines conditions. Ce qu'estant fait, ils font equiper vaisseaux tant pour l'execution de ceste entreprise, que pour descouurir & peupler le pays. Ledit Pont Graué auec commission de sa Majesté (comme personne qui auoit desia fait le voyage, & recognu les defauts du passé) fut éleu pour aller à Tadoussac, & promet d'aller iusques au Sault Sainct Louys, le descouurir, & passer outre, pour en faire son rapport à son retour, & donner ordre à vn second embarquement ; & ledit Sieur Commandeur quitter son gouuernement, auec la permission de sa Majesté, qui l'aimoit vniquement, s'en aller au pays de la nouuelle France. *Le Sieur de Pont Graué esleu pour faire le voyage de Tadoussac.*

Sur ces entre-faites, ie me trouuay en Cour, venu fraischement des Indes Occidentales, où i'auois esté prés de deux ans & demy, aprés que les Espagnols furent partis de Blauet, & la paix faite en France, où pendāt les guerres i'auois seruy sadite Majesté souz Messeigneurs le Mareschal d'Aumont, de Sainct Luc, & Mareschal de Brissac. Allant voir de fois à autre ledit Sieur Commādeur de Chaste, iugeant que ie luy pouuois seruir en son dessein, il me fit ceste faueur, comme i'ay dit, de m'en communiquer quelque chose, & me demanda si i'aurois agreable de faire le voyage, pour voir ce pays, & ce que les entrepreneurs y feroient. Ie luy dis que i'estois son seruiteur : que pour me licencier de moy-mesme à entreprendre ce voyage, ie ne le pouuois faire sans le commandement de sadite Majesté, à laquelle i'estois obligé tant de naiſ- *Le Cōmandeur de Chaste desire auoir l'Autheur pour faire voyage auec lui.*

Ne le peut faire sans commandement du Roy.

sance, que d'vne pension de laquelle elle m'honoroit, pour auoir moyen de m'entretenir prés d'elle; & que s'il luy en plaisoit parler, & me le commander, que ie l'aurois tres-agreable. Ce qu'il me promit, & fit, & receut commandemét de sa Majesté pour faire ce voyage, & luy en faire fidel rapport : & pour cét effect Mósieur de Gesvre Secretaire de ses commandemens,

Est expedié par Mósieur de Gesvre, Secretaire des cómandemens.

m'expedia, auec lettre addressante audit Pont-Graué, pour me receuoir en son vaisseau, & me faire voir & recognoistre tout ce qui se pourroit en ces lieux, en m'assistant de ce qui luy seroit possible en ceste entreprise.

Me voila expedié, ie pars de Paris, & m'embarque

Il cómence son voyage pour Tadoussac, l'an 1603.

dans le vaisseau dudit du Pont l'an 1603. nous faisons heureux voyage iusques à Tadoussac, auec de moyennes barques de 12. à 15. tonneaux, & fusmes iusques à vne lieuë à mont le Grand-sault Sainct Louis. Le Pont

Arriue prés le grádsault S. Louis.

Graué & moy nous nous mettons dans vn petit bateau fort leger, auec cinq matelots, pour n'en pouuoir faire nauiger de plus grand, à cause des difficultez. Ayans fait vne lieuë auec beaucoup de peine dans vne forme de lac, pour le peu d'eau que nous y trouuasmes, & estans paruenus au pied dudit Sault, qui se

Difficulté à passer ce Sault de S. Louis.

descharge en ce lac, nous iugeasmes impossible de le passer auec nostre esquif, pour estre si furieux, & entre-meslé de rochers, que nous nous trouuasmes contraints de faire presque vne lieuë par terre, pour voir le dessus de ce Sault, n'en pouuans voir d'auantage; &

Recognoist le pays, & le long de la riuiere.

tout ce que nous peusmes faire fut de remarquer les difficultez, tout le païs, & le long de ladite riuiere, auec le rapport des Sauuages de ce qui estoit dedans les terres, des res, des peuples, des lieux, & origines des principales riuieres, & notamment du grand fleuue S. Laurent.

Ie fis dés lors vn petit discours, auec la carte exacte de tout ce que i'auois veu & recognu, & ainsi nous nous en retournasmes à Tadoussac, sans faire que fort peu de progrés : auquel lieu estoient nos vaisseaux qui faisoient la traitte auec les Sauuages, ce qu'estant fait, nous nous embarquasmes, mettant les voiles au vent, iusques à ce que nous fussions arriuez à Honnefleur, où sceusmes les nouuelles de la mort du Sieur Commandeur de Chaste, qui m'affligea fort, recognoissant que mal-aisément vn autre pourroit entreprendre ceste entreprise, qu'il ne fust trauersé, si ce n'estoit vn Seigneur de qui l'authorité fust capable de repousser l'enuie. *Remarque sur vne carte ce qu'il auoit veu. Leur retraite apres peu de progrés. Reçoiuent nouuelles à Honefleur de la mort du Comandeur de Chaste.*

Ie n'aresté gueres en ce lieu de Honnefleur, que i'allay trouuer sa Majesté, à laquelle ie fis voir la carte dudit pays, auec le discours fort particulier que ie luy en fis, qu'elle eut fort agreable, promettant de ne laisser ce dessein, mais de le faire poursuiure, & fauoriser. Voila le cinquiesme voyage rompu par la mort dudit Sieur Commandeur. *Cinquiéme voyage rompu par la mort dudit Comādeur.*

En ceste entreprise ie n'ay remarqué aucun defaut, pour auoir esté bien commencé : mais ie sçay qu'aussi tost plusieurs marchands de France qui auoient interest en ce negoce, commençoient à faire des plaintes de ce qu'on leur interdisoit le trafic des pelleteries, pour le donner à vn seul. *Nul defaut en ceste entreprise.*

Voyage du Sieur de Mons. Veut pourfuiure le deſſein du feu Commandeur de Chaſte. Obtient commiſſion du Roy pour aller deſcouurir plus auant vers Midy. S'aſſocie auec les marchands de Roüen & de la Rochelle. L'Autheur voyage auec luy. Arriuent au Cap de Héue. Deſcouurent pluſieurs ports & riuieres. Le Sieur de Poitrincourt va auec le Sieur de Mons. Plaintes dudit Sieur de Mons. Sa commiſſion reuoquée.

CHAPITRE VIII.

APRE's la mort du Sieur Commandeur de Chaſte, le Sieur de Mons, de Sainctonge, de la religion pretenduë reformée, Gentil-homme ordinaire de la chambre du Roy, & Gouuerneur de Pons, qui auoit rendu de bons ſeruices à ſa Majeſté durant toutes les guerres paſſées, en qui elle auoit vne grande confiance, pour ſa fidelité, comme il a touſiours fait paroiſtre iuſques à ſa mort; porté d'vn zele & affectiō d'aller peupler & habiter le pays de la nouuelle France, & y expoſer ſa vie & ſon bien, voulut marcher ſur les briſées du feu ſieur Commandeur audit pays, où il auoit eſté, comme dit eſt, auec le ſieur Chauuin, pour le recognoiſtre, bien que ce peu qu'il auoit veu, luy auoit fait perdre la volonté d'aller dans le grand fleuue Sainct Laurent, n'ayant veu en ce voyage qu'vn faſcheux pays, luy qui deſiroit aller plus au Midy, pour iouïr d'vn air plus doux & agreable. Et ne ſ'arreſtant aux relations

Deſſein du Sieur de Mons, de pourſuiure celuy du feu Commandeur de Chaſte.

Il auoit ja eſté au voiage auec le ſieur Chauuin.

que l'on luy en auoit faites, vouloit chercher vn lieu duquel il ne sçauoit l'assiette ny la temperature que par l'imagination & la raison, qui trouue que plus vers le Midy il y fait plus chaud. Estant en volonté d'executer ceste genereuse entreprise, il obtiét commission du Roy l'an 1623. pour peupler & habiter le pays, à condition d'y planter la foy Catholique, Apostolique & Romaine, permettant de laisser viure chacun selon sa religion. Cela estant, il continuë sa societé auec les marchands de Roüen, de la Rochelle, & autres lieux, à qui la traitte de pelleterie estoit accordée par ladite cómission priuatiuemét à tous les subiects de sa Majesté. Toutes choses ordonnées, ledit Sieur de Mons fait son embarquement au Hayre de Grace, faisant equiper plusieurs vaisseaux tant pour ledit trafic de pelleterie de Tadoussac, que des costes de la nouuelle France. Il assembla nombre de Gentils-hommes, & de toutes sortes d'artisans, soldats & autres, tant d'vne que d'autre religion, Prestres & Ministres.

Ledit Sieur de Mons me demanda si i'aurois agreable de faire ce voyage auec luy. Le desir que i'auois eu au dernier s'estoit accreu en moy, qui me fit luy accorder, auec la licence que m'en donneroit sa Majesté, qui me le permit, pour tousiours en voyant & descouurant, luy en faire fidel rapport. Estans tous à Dieppe, on s'embarque, vn vaisseau va à Tadoussac, ledit du Pót auec la cómissió dudit sieur de Mons à Cansseau, & le long de la coste vers l'Isle du Cap Breton, voir eeux qui cótreuiendroiét aux defenses de sa Majesté. Le sieur de Mons prend sa routte plus à val vers les costes de l'Acadie ; & le temps nous fut si fauorable,

Obtient cómission du Roy pour aller descouurir plus auant vers Midy.

S'associe auec des marchands de Roüen & de la Rochelle.

S'embarque au Hayre de Grace.

Assemble nombre de Gentilshommes, d'artisans, & soldats.

L'Autheur auec permission du Roy voyage auec luy.

S'embarquent à Dieppe.

Chacun prend sa routte.

F ij

que nous ne fusmes qu'vn mois à paruenir iusques au Cap de la Héue, où estans, nous passasmes plus outre, cherchans lieu pour y habiter, ne trouuans celuy-cy agreable. Le Sieur de Mons me commit à la recherche de quelque lieu qui fust propre : ce que ie fis auec quelque pilote que ie m'enay auec moy, où descouurismes plusieurs ports & riuieres, iusques à ce que ledit Sieur de Mons s'arresta en vne isle, qu'il iugea d'assiette forte, & le terroir d'alentour tres-bon, la temperature douce, sur la hauteur de 45. ⅓ de latitude, côme Saincte Croix. Il y fait venir ses vaisseaux, employe chacun selon sa condition, & mestier, tant pour les descharger, que pour se loger promptement. Ses vaisseaux deschargez, il les renuoye au plustost, & le sieur de Poitrincourt (qui estoit venu auec ledit sieur de Môs pour voir le pays, afin de l'habiter, & auoir quelque lieu de luy, en vertu de sa cômissiô) s'en retourna.

Mais laissons-le aller, en attendant si nous aurons meilleur marché des froidures, que ceux qui hyuernerent à Tadoussac. Nos vaisseaux estans retournez en France, oüirent vn nombre infiny de plaintes tant des Bretons, Basques, que autres, de l'excez & mauuais traittement qu'ils receuoient aux costes, par les Capitaines dudit Sieur de Mons, qui les prenoit, & empeschoit de faire leur pesche, les priuans de l'vsage des choses qui leur auoient tousiours esté libres : de sorte que si le Roy n'y apportoit vn reglement, toute ceste nauigation s'en alloit perdre, & ses doüanes par ce moyen diminuées, leurs femmes & enfans pauures & miserables, & contraints à mendier leurs vies. Requestes sont presentées à ce sujet, mais l'enuie & les crie-

ries ne ceſſent point; il ne manque en Cour de per- *Crieries*
ſonnes qui promettent que pour vne ſomme de de- *côtre luy.*
niers l'on feroit caſſer la commiſſion du Sieur de
Mons. Ceſte affaire ſe practique en telle façon, que
ledit Sieur de Mons ne ſçeut ſi bien faire, que la volonté du Roy ne fuſt deſtournée par quelques per-
ſonnages qui eſtoiét en credit, qui luy auoient promis
d'entretenir trois cents hommes audit pays. Doncques en peu de temps la commiſſion de ſa Majeſté fut
reuoquée, pour le prix de certaine ſomme qu'vn cer- *Commiſſiõ*
tain perſonnage eut, ſans que ſadite Majeſté en ſceuſt *du ſieur de*
rien. Cependant, pour recompenſe de trois ans que *Mons re-*
uoquée par
le Sieur de Mons auoit conſommez, auec vne deſpen- *argent.*
ſe de plus de 100000. liures, en la premiere deſquelles
trois années il ſouffrit beaucoup, & endura de grandes incommoditez à cauſe des rigueurs du froid, & la *Le ſieur de*
Mons ſouf-
longue durée des neges de trois pieds de haut, durant *frit beau-*
cinq mois, bien que l'on puiſſe aborder en tout temps *coup en la*
premiere
aux coſtes où la mer ne gele point, ſi ce n'eſt à l'entrée *année de*
des riuieres qui charrient des glaces qui vont ſe deſ- *ſon voiage.*
charger en la mer. Outre cela, preſque la moitié de ſes *La pluſpart*
de ſes hom-
hommes moururent de la maladie de la terre, & fut *mes meurẽt*
contraint de faire reuenir le reſte de ſes gens, auec le *de maladie.*
Sieur de Poitrincourt, qui en ceſte année eſtoit ſon *1607.*
Lieutenant: car le Pont Graué l'auoit eſté l'an pre- *Retour du*
ſieur de Poi-
cedent. *trincourt.*

Voila tous les deſſeins du Sieur de Mons rompus, *Deſſeins du*
lequel ſ'eſtoit promis d'aller plus au Midy pour faire *Sieur de*
Mons tous
vne habitation plus ſaine & temperée que l'Iſle de *rompus.*
Sainte Croix, où il auoit hyuerné; & depuis l'on fut
au port Royal, où l'on ſe trouua vn peu mieux, pour

F iij

n'auoir trouué l'hyuer si aspre, souz la hauteur de 45. degrez de latitude. Pour recompense de ses pertes, luy fut ordonné par le Conseil de sa Majesté 6000. liures, à prendre sur les vaisseaux qui iroient trafiquer des pelleteries.

Est recompensé du Roy.

Mais quelle despense luy eust-il fallu faire en tous les ports & havres, pour recouurer ceste somme, s'informer de ceux qui auroient traitté, & le departemét qu'il faudroit, sur plus de quatre vingts vaisseaux qui frequentent ces costes? c'estoit luy donner la mer à boire, en faisant vne despense qui eust surmonté la recepte, comme il en a bien apparu. Car ledit Sieur de Mons n'en a presque rien retiré, & a esté contraint de laisser aller cét arrest comme il a peu. Voila comme ces affaires furét mesnagées au Conseil de sa Majesté: Dieu face pardon à ceux qu'il a appellez, & amender ceux qui sont viuans. Hé bon Dieu! qu'est-ce que l'on peut plus entreprendre, si tout se reuoque de la façon, sans iuger meurement des affaires, premier que d'en venir là? ceux qui ont le moins de cognoissance crient le plus fort, & en veulent plus sçauoir que ceux qui en auront vne parfaite experience; & ne parlent que par enuie, ou pour leur interest particulier, sur de faux rapports & apparences, sans s'en informer dauantage.

Despense excessiue qu'il a faite.

Grand mal de cómettre telles affaires à gens qui ont peu de cognoissance.

Il se trouue quelque chose à redire en ceste entreprise, qui est, en ce que deux religions contraires ne font iamais vn grand fruict pour la gloire de Dieu parmy les Infideles, que l'on veut conuertir. I'ay veu le Ministre & nostre Curé s'entre-battre à coups de poing, sur le differend de la religion. Ie ne sçay pas qui estoit le plus vaillant, & qui donnoit le meilleur

Deux religions contraires en faict de voyages, ne fait grand fruict pour la gloire de Dieu.

coup, mais ie sçay tres-bié que le Ministre se plaignoit quelquefois au Sieur de Mons d'auoir esté battu, & vuidoient en ceste façon les poincts de controuerse. Ie vous laisse à penser si cela estoit beau à voir; les Sauuages estoient tantost d'vn costé, tantost de l'autre, & les François meslez selon leur diuerse croyance, disoient pis que pendre de l'vne & de l'autre religion, quoy que le Sieur de Mons y apportast la paix le plus qu'il pouuoit. Ces insolences estoient veritablement vn moyen à l'infidele de le rendre encore plus endurcy en son infidelité.

Or puis que ledit Sieur de Mons n'auoit voulu aller habiter au fleuue Sainct Laurent, il deuoit enuoyer recognoistre vn lieu propre pour y jetter les fondemés d'vne Colonie, qui ne fust subiecte à estre delaissee, comme celle de Saincte Croix, & Port Royal, où personne n'y cognoissoit rien, & deuoit faire vne despense de quatre à cinq mille liures, pour estre asseuré du lieu, & mesme dóner charge d'y passer vn hyuer, pour cognoistre ce climat. Cela estant, il n'y a point de doute que le terroir, & la chaleur correspondans à quelque bonne temperature, l'on s'y fust aresté. Et bien que la commission dudit sieur de Mons eust esté reuoquée, l'on n'eust pas laissé d'habiter le pays en trois ans & demy, comme l'on auoit fait en l'Acadie, & eust-on assez défriché de terre, pour sé pouuoir passer des commoditez de France. Que si ces choses eussent esté bien ordonnées, peu à peu l'on s'y fust habitué, & les Anglois & Flamens n'auroiét iouy des lieux qu'ils ont surpris sur nous, qui s'y sont establis à nos despens.

Despense necessaire au Sieur de Mons, à s'asseurer des lieux, pour hyuerner.

Il ne sera hors de propos pour contenter le lecteur curieux, & principalement les voyageurs de mer, de descrire les descouuertes de ces costes, pendant trois ans & demy que ie fus à l'Acadie, tant à l'habitation de Saincte Croix, qu'au port Royal, où i'eus moyen de voir & descouurir le tout, comme il se verra au Liure suiuant.

Fin du premier Liure.

LES VOYAGES
DV SIEVR DE
CHAMPLAIN.
LIVRE SECOND.

Description de la Héue. Du port au Mouton. Du port du Cap Negré. Du Cap & Baye de Sable. De l'isle aux Cormorans. Du Cap Fourchu. De l'isle Longue. De la Baye Saincte Marie. Du port de Saincte Marguerite, & de toutes les choses remarquables qui sont le long de la coste d'Acadie.

CHAPITRE PREMIER.

LE Cap de la Héue est vn lieu où il y a vne Baye, où sont plusieurs isles couuertes de sapins, & la grande terre de chesnes, ormeaux, & bouleaux. Il est à la coste d'Acadie par les 44. degrez, & cinq minutes de latitude, & 16. degrez 15. minutes de declinaison de la Guide-aymant, distant à l'Est nordest du Cap Breton 75. lieues.

Baye du Cap de la Héue.

G

LES VOYAGES DV SIEVR

Port au Mouton.

A sept lieuës de cestuy-cy s'en trouue vn autre appellé le Port au Mouton, où sont deux petites riuieres par la hauteur de 44. degrez, & quelques minutes de latitude, dont le terroir est fort pierreux, remply de taillis & de bruyeres. Il y a quantité de lapins, & bon nombre de gibbier, à cause des estangs qui y sont.

Cap Negré.

Allant le long de la coste, se voit aussi vn port tresbon pour les vaisseaux, & au fonds vne petite riuiere, qui entre assez auant dans les terres, que ie nommay le port du Cap Negré, à cause d'vn rocher qui de loin en a la semblance, lequel est esleué sur l'eau proche d'vn cap où nous passasmes le mesme iour, qui en est à quatre lieuës, & à dix du port au Mouton. Ce cap est fort dangereux, à raison des rochers qui iettent à la mer. Les costes que ie veis iusques là sont fort basses, couuertes de pareil bois qu'au cap de la Héue, & les isles toutes remplies de gibbier. Tirant plus outre, nous fusmes passer la nuict à la Baye de Sable, où les vaisseaux peuuent moüiller l'anchre, sans aucune crainte de danger.

Du Cap de Sable.

Le cap de Sable, distant de deux bonnes lieuës de la Baye de Sable, est aussi fort dangereux, pour certains rochers & batteures qui iettent presque vne lieuë à la mer. De là on va en l'isle aux Cormorans, qui en est à vne lieuë, ainsi appellée à cause du nombre infini qu'il y a de ces oiseaux, & remplismes vne barrique de leurs œufs: & de ceste isle faisant l'ouest enuiron six lieuës trauersant vne baye qui fuit au nort deux ou trois lieuës, l'on rencõtre plusieurs isles qui iettent deux ou trois lieuës à la mer, lesquelles peuuent contenir les vnes deux, les autres trois lieuës, & d'autres moins, se-

Isle des Cormorans.

lon'que i'ay peu iuger. Elles sont la plus-part fort dangereuses à aborder aux grands vaisseaux, à cause des grandes marées, & des rochers qui sont à fleur d'eau. Ces isles sont remplies de pins, sapins, bouleaux, & de trembles. Vn peu plus outre, il y en a encores quatre. En l'vne y a si grande quantité d'oiseaux appellez tangueux, qu'on les peut tuer aisément à coups de bâton. En vne autre y a des loups marins. Aux deux autres il y a vne telle abondance d'oiseaux de differentes especes, qu'on ne pourroit se l'imaginer, si l'on ne l'auoit veu, comme cormorans, canards de trois sortes, oyes, marmettes, outardes, perroquets de mer, beccacines, vaultours, & autres oiseaux de proye : mauues, allouëtes de mer de deux ou trois especes : herons, goillans, courlieux, pies de mer, plongeons, huats, appoils, corbeaux, grües, & autres sortes, lesquels y font leurs nids. Ie les nommay isles aux loups marins. Elles sont par la hauteur de 43. degrez & demy de latitude, distantes de la terre ferme, ou cap de Sable, de quatre à cinq lieues. De là l'on va à vn cap que i'appellay le port Fourchu, d'autant que sa figure est ainsi, distant des isles aux loups marins cinq à six lieues. Ce port est fort bon pour les vaisseaux en son entrée, mais au fonds il asseche presque tout de basse mer, fors le cours d'vne petite riuiere, toute enuironnée de prairies, qui rendent ce lieu assez agreable. La pesche de morües y est bonne auprés du port ; faisant le nort dix ou douze lieues sans trouuer aucun port pour les vaisseaux, sinõ quantité d'ances, ou playes tres-belles, dont les terres semblent estre propres pour cultiuer. Les bois y sont tres-beaux, mais il y a bien peu de pins & de sapins.

Isles peuplees de pins, sapins, bouleaux, & de trembles.

Oyseaux en grande abondance.

Leur hauteur & largeur.

Port Fourchu.

Pesche de morues.

Bois tres-beaux.

G ij

LES VOYAGES DV SIEVR

Ceste coste est fort saine, sans isles, rochers, ne bases: de sorte que selon mon iugement les vaisseaux y peuuent aller en asseurance. Estans esloignez vn quart de lieue de la coste, ie fus à vne isle, qui s'appelle l'isle Lon-gue, qui gist nort nordest, & sur surouest, laquelle fait passage pour aller dedans la grande baye Françoise, ainsi nommée par le sieur de Mons.

Isle Lon-gue.

Ceste isle est de six lieues de long, & a en quelques endroits prés d'vne lieue de large, & en d'autres vn quart seulement. Elle est remplie de quantité de bois, comme pins, & bouleaux. Toute la coste est bordée de rochers fort dangereux, & n'y a point de lieu propre pour les vaisseaux, qu'au bout de l'isle quelques petites retraites pour des chaloupes, & trois ou quatre islets de rochers, où les Sauuages prennét force loups marins. Il y court de grandes marées, & principalement au petit passage de l'isle, qui est fort dangereux pour les vaisseaux, s'ils vouloient se mettre au hazard de le passer.

Sa lögueur.

Abonde en bois & bou-leaux.

Du passage de l'isle Longue faisant le nordest deux lieues, y a vne ance où les vaisseaux peuuent anchrer en seureté, laquelle a vn quart de lieue ou enuiron de circuit. Le fonds n'est que vase, & la terre qui l'enui-ronne est toute bordée de rochers assez hauts. En ce lieu il y a vne mine d'argent tres-bonne, selon le rap-port d'vn Mineur appellé maistre Simon, qui estoit auec moy. A quelques lieues plus outre est aussi vne petite riuiere, nommé du Boulay, où la mer monte de-mie lieue dans les terres, à l'entrée de laquelle il y peut librement surgir des nauires du port de cent tóneaux. A vn quart de lieue d'icelle il y a vn port bon pour les

Mine d'ar-gent dans vne ance.

vaisseaux, où nous trouuasmes vne mine de fer, que le Mineur iugea rendre cinquante pour cent. Tirant trois lieues plus outre au nordest, y a vne autre mine de fer assez bonne, proche de laquelle il y a vne riuiere enuironnée de belles & agreables prairies. Le terroir d'alentour est rouge comme sang. Quelques lieues plus auant il y a encores vne autre riuiere qui asseche de basse mer, horsmis son cours qui est fort petit, qui va proche du port Royal. Au fonds de ceste baye y a vn achenal qui asseche aussi de basse mer, autour duquel y a nombre de prez, & de bonnes terres pour cultiuer, toutesfois remplies de quantité de beaux arbres de toutes les sortes que i'ay dit cy dessus. Ceste baye peut auoir depuis l'isle Longue iusques au fonds enuiron six lieues. Toute la coste des mines est terre assez haute, decoupée par caps, qui paroissent ronds, aduançans vn peu à la mer. De l'autre costé de la baye au suest, les terres sont basses & bonnes, où il y a vn fort bon port, & en son entrée vn banc par où il faut passer, qui a de basse mer brasse & demie d'eau, & l'ayant passé, on en trouue trois, & bon fonds. Entre les deux pointes du port il y a vn islet de cailloux qui couure de plaine mer. Ce lieu va demie lieue dans les terres. La mer y baisse de trois brasses, & y a force coquillages, comme moules, coques, & bregaux. Le terroir est des meilleurs que i'aye veu : & nommay ce port, le port Saincte Marguerite. Toute ceste coste du suest est terre beaucoup plus basse que celle des mines, qui ne sont qu'à vne lieue & demie de la coste du port de Saincte Marguerite, de la largeur de la baye, laquelle a trois lieues en son entrée. Ie

Mine de fer.

Terroir rouge comme sang.

Prairies pleines de beaux arbres.

Islet de cailloux.

Port de S. Marguerite.

G iij

pris la hauteur en ce lieu, & la trouuay par les 45. degrez & demy, & vn peu plus de latitude, & 17. degrez 16. minutes de declinaison de la Guide-aymant. Ceste baye fut nommée la baye Saincte Marie.

Description du Port Royal, & des particularitez d'iceluy. De l'isle Haute. Du port aux mines. De la grande baye Françoise. De la riuiere sainct Iean, & ce que nous auons remarqué depuis le port aux mines iusques à icelle. De l'isle appellée par les Sauuages Manthane. De la riuiere des Etechemins, & de plusieurs belles isles qui y sont. De l'isle de Saincte Croix, & autres choses remarquables d'icelle coste.

CHAPITRE II.

DV passage de l'Isle Longue, mettant le cap au nordest 6 lieues, il y a vne ance où les vaisseaux peuuent mouiller l'anchre à 4. 5. 6. & 7. brasses d'eau. Le fonds est sable. Ce lieu n'est que comme vne rade. Continuant au mesme vent deux lieues, l'on entre en l'vn des beaux ports qui soit en toutes ces costes, où il pourroit grand nombre de vaisseaux en seureté. L'entrée est large de 800. pas, & sa profondeur de 25. brasses d'eau; a deux lieues de long, & vne de large, que ie nommay port Royal, où descendent trois riuieres, dont il y en a vne assez grande, tirant à l'est, appellée la riuiere de l'Esquille, qui est vn petit poisson de la grãdeur d'vn esplan, qui s'y pesche en quantité; comme aussi on fait du haranc, & plusieurs autres sortes de poissons qui y sont en abõ-

Port royal, où descendent trois riuieres.

Riuiere de l'Esquille.

dance en leurs saisons. Ceste riuiere a prés d'vn quart de lieue de large en son entrée, où il y a vne isle, laquelle peut contenir demie lieue de circuit, remplie de bois ainsi que tout le reste du terroir, comme pins, sapins, pruches, bouleaux, trembles, & quelques chesnes qui sont parmy les autres bois en petit nombre. Il y á deux entrées en ladite riuiere, l'vne du costé du nort, l'autre au sud de l'isle. Celle du nort est la meilleure, où les vaisseaux peuuent moüiller l'anchre à l'abry de l'isle à 5. 6. 7. 8. & 9 brasses d'eau : mais il faut se donner garde de quelques bases qui sont tenát à l'isle, & à la grande terre, fort dangereuses, si on n'a recogneu l'achenal.

Ie fus 14. ou 15. lieues où la mer monte, & ne va pas beaucoup plus auant dedans les terres pour porter bateaux. En ce lieu elle contient 60. pas de large, & enuiron brasse & demie d'eau. Le terroir de ceste riuiere est remply de force chesnes, fresnes, & autres bois. De l'entrée de la riuiere iusques au lieu où nous fusmes, y a nombre de prairies, mais elles sont inondées aux grandes marées, y ayant quantité de petits ruisseaux qui trauersent d'vne part & d'autre, par où des chaloupes & bateaux peuuent aller de plaine mer. Dedans le port y a vne autre isle, distante de la premiere prés de deux lieuës, où il y a vne autre petite riuiere qui va assez auant dans les terres, que i'ay nommée la riuiere Sainct Antoine. Son entrée est distante du fonds de la baye Saincte Marie d'enuiron quatre lieues par le trauers des bois. Pour ce qui est de l'autre riuiere, ce n'est qu'vn ruisseau remply de rochers, où on ne peut monter en aucune façon que ce soit, pour le peau d'eau. Ce

Son terroir remply de chesnes, fresnes, & autres bois.

Riuiere S. Antoine.

LES VOYAGES DV SIEVR

lieu est par la hauteur de 45. degrez de latitude, & 17. degrez 8. minutes de declinaison de la Guide-aimant.

Partant du port Royal, mettant le cap au nordest 8. ou 10. lieues, rangeant la coste du port Royal, ie trauersay vne partie de la Baye, comme de quelque 5. ou 6. lieues, iusques à vn lieu qu'ay nommé le Cap des deux Bayes, & passay par vne isle qui en est à vne lieue, laquelle contient autant de circuit, esleuée de 40. ou 45. toises de haut, toute entourée de gros rochers, horsmis en vn endroit qui est en talus, au pied duquel y a vn estang d'eau salée, qui vient par dessous vne pointe de cailloux, ayant la forme d'vn esperon. Le dessus de l'isle est plat, couuert d'arbres, auec vne fort belle source d'eau. En ce lieu y a vne mine de cuiure. De là i'allay à vn port qui en est à vne lieue & demie, où il y a aussi vne mine de cuiure. Ce port est souz les 45. degrez deux tiers de latitude, lequel asseche de basse mer. Pour entrer dedãs il faut ballizer & recognoistre vne batture de sable qui est à l'entrée, laquelle va rangeant vn canal, suiuant l'autre costé de terre ferme, puis on entre dans vne Baye qui contient prés d'vne lieue de long, & demie de large. En quelques endroits le fonds est vaseux & sablonneux, & les vaisseaux y peuuent eschoüer. La mer y pert & croist de 4. à 5. brasses. Ce Cap des deux Bayes où est le port aux mines est ainsi appellé, parce qu'au nort & sud dudit cap y a deux Bayes qui courent vers l'est nordest, & nordest quelques 12. à 15. lieues; & y a vn destroit à chaque Baye qui ne contient pas plus de demie lieue de large. Cela passé, il s'eslargit tout d'vn coup d'enuiron 3. 4. à 5. lieues. Il y a aussi quelques isles en ceste Baye,

Cap des 2. bayes.

Isles entourees de gros rochers.

où

où il y a des estangs, & deux ou trois petites riuieres qui y descendent auec les canaux des Sauuages, qui y vont à Tregaté, & Misamichy dans le golphe Sainct Laurent, partie par eau, partie par terre.

Tout le pays que i'ay veu depuis le petit passage de l'isle Longue rangeant la coste, ne sont que rochers, où il n'y a aucun endroit où les vaisseaux se puissent mettre en seureté, sinon le port Royal. Le pays est remply de quantité de pins & bouleaux, & à mon aduis n'est pas trop bon. Ce pays est plein de pins & de bouleaux.

Nous fismes l'ouest deux lieues iusques au Cap des deux Bayes, puis le nort cinq ou six lieues, & trauersasmes l'autre Baye. Faisant l'ouest quelques six lieues, y a vne petite riuiere, à l'entrée de laquelle y a vn cap assez bas, qui aduance à la mer, & vn peu dans les terres vne montagne qui a la forme d'vn chapeau de Cardinal. En ce lieu y a vne mine de fer, & n'y a anchrage que pour des chaloupes. A quatre lieues à l'ouest suroüest y a vne pointe de rocher qui aduance vn peu vers l'eau, où il y a de grandes marées, qui sont fort dangereuses. Proche de la pointe y a vne ance qui a enuiron demie lieue de circuit, en laquelle est vne autre mine de fer, qui est tresbonne. A quatre lieues encores plus auant y a vne belle Baye qui entre dans les terres, où au fonds y a trois isles & vn rocher; deux sont à vne lieue du cap tirant à l'ouest, & l'autre est à l'embocheure d'vne riuiere des plus grandes & profondes que i'eusse encores veu, que ie nommay la riuiere Sainct Iean, pource que ce fut ce iour là que j'y arriuay, & des Sauuages elle est appellée Ouygoudy. Ceste riuiere est dangereuse, si on ne recognoist bien

H

certaines pointes & rochers qui sont des deux costez. Elle est estroite en son entrée, puis vient à s'ellargir, & ayant doublé vne pointe elle estressit derechef, & fait comme vn sault entre deux grands rochers, où l'eau y court d'vne si grande vistesse, qu'en y jettant du bois il enfonce en bas, & ne le voit on plus: mais attendant la plaine mer, l'on peut passer fort aisément ce destroit, & lors elle s'ellargit enuiron vne lieuë par aucuns endroits, où il y a trois isles, ausquelles y a grande quantité de prairies & beaux bois, comme chesnes, hestres, noyers, & lambruches de vignes sauuages. Les habitans du pays vont par icelle riuiere iusques à Ta-

Tadoussac est en la grande riuiere sainct Laurent.

doussac, qui est dans la grande riuiere de Sainct Laurent, & ne passent que peu de terre pour y paruenir. De la riuiere Sainct Iean iusques à Tadoussac y a 65. lieues. A l'entrée d'icelle, qui est par la hauteur de 45. degrez deux tiers, y a vne mine de fer. Les chaloupes ne peuuent aller plus de quinze lieues dans ceste riuiere, à cause des saults qui ne se peuuent nauiger que par les canaux des Sauuages.

De la riuiere Sainct Iean ie fus à quatre isles, en l'vne desquelles y a grande quantité d'oiseaux appellez

Oiseaux appellez margos.

margos, dont les petits sont aussi bons que pigeonneaux. Ceste isle est esloignée de la terre ferme de trois lieues. Plus à l'ouest y a d'autres isles: entre autres vne contenant six lieues, qui s'appelle des Sauuages Me-

L'isle de Manthane.

nane, au sud de laquelle il y a entre les isles plusieurs ports, bons pour les vaisseaux. Des isles aux Margos ie fus à vne riuiere en la grande terre, qui s'appelle la riuiere des Etechemins, nation de Sauuages ainsi nommée en leur pays, & passe-t'on par si grande quantité d'isles, assez belles, que ie n'en ay peu sçauoir le nombre; les vnes contenans deux lieues, les autres trois, les autres plus ou moins. Elles sont toutes en vn cul de sac, qui contient à mon iugemét plus de quinze lieues de circuit, y ayát plusieurs endroits bons pour y mettre tel nombre de vaisseaux que l'on voudra; autour desquelles y a bonne pescherie de molluës, saulmons, bars, harancs, flaitans, & autres poissons en grand nombre. Faisant l'ouest norouest trois lieues par les isles, l'on entre dans vne riuiere qui a presque demie lieue de large en son entrée, où ayant fait vne lieue ou deux, il y a deux isles; l'vne fort petite proche de la terre de l'ouest; & l'autre au milieu, qui peut auoir huict ou neuf cents pas de circuit, éleuée de tous costez de trois à quatre toises de rochers, fors vn petit endroit d'vne pointe de sable & terre grasse, laquelle peut seruir à faire briques, & autres choses necessaires. Il y a vn autre lieu à couuert pour mettre des vaisseaux de quatre vingts à cent tonneaux, mais il asseche de basse mer. L'isle est remplie de sapins, bouleaux, erables, & chesnes. De soy elle est en fort bonne scituation, & n'y a qu'vn costé où elle baisse d'enuiron 40. pas, qui est aisé à fortifier: les costes de la terre ferme en estans des deux costez éloignées d'enuiron neuf cents à mille pas, les vaisseaux ne pourroient passer sur la riuiere qu'à la mercy du canon d'icelle, qui est le lieu que l'on iugea le meilleur, tant pour la scituation, bon pays, que pour la communication que l'on pretendoit auec les Sauuages de ces costes, & du dedans des terres, estans au milieu d'eux, lesquels auec le temps on esperoit pacifier, & amortir les guerres qu'ils ont les

Cul de sac de quinze lieues.

LES VOYAGES DV SIEVR

vns contre les autres, pour en tirer à l'aduenir du seruice, & les reduire à la foy Chrestienne. Ce lieu fut nommé par le sieur de Mons l'isle Saincte Croix. Passant plus outre, on voit vne grande baye en laquelle y a deux isles, l'vne haute, & l'autre platte, & trois riuieres, deux mediocres, dont l'vne tire vers l'Orient, & l'autre au nort, & la troisiesme grande, qui va vers l'Occident : c'est celle des Etechemins. Allant dedans icelle deux lieuës, il y a vn sault d'eau, où les Sauuages portent leurs canaux par terre enuiron 500. pas, puis r'entrent dedans icelle, d'où en aprés en trauersant vn peu de terre, on va dans la riuiere de Norembegue & de Sainct Iean. En ce lieu du sault les vaisseaux ne peuuent passer, à cause que ce ne sont que rochers, & qu'il n'y a que 4. à 5. pieds d'eau. En May & Iuin il s'y prend si grande abondance de harancs & bars, que l'on y en pourroit charger des bateaux. Le terroir est des plus beaux, & y a 15. ou 20. arpents de terre défrichée. Les Sauuages s'y retirent quelquefois cinq ou six sepmaines durant la pesche. Tout le reste du pays sont forests fort espoisses Si les terres estoiét défrichées, les grains y viendroient fort bien. Ce lieu est par la hauteur de 45. degrez vn tiers de latitude, & 17. degrez 32. minutes de declinaison de la Guide-aymant. En cét endroit y fut faite l'habitation en l'an 1604.

Isle de Saincte Croix.

Vaisseaux ne peuuent passer au sault d'eau de ceste isle à cause des rochers.

De la coste, peuples, & riuiere de Norembeque.

CHAPITRE III.

DE ladite riuiere de Saincte Croix continuant le long de la coste faisant enuiron 25. lieues, passasmes par vne grande quantité d'isles, bancs, battures, & rochers, qui jettent plus de 4. lieues à la mer par endroits, que ie nommay les isles rangées, la plus-part desquelles sont couuertes de pins & sapins, & autres meschans bois. Parmi ces isles y a force beaux & bons ports, mais mal agreables; & passay proche d'vne isle qui contient enuiron 4. ou 5. lieues de long. De ceste isle iusques au nort de la terre ferme il n'y a pas cent pas de large. Elle est fort haute, & coupée par endroits, qui paroissent, estant en la mer, comme 7. ou 8. montagnes rangées les vnes proches des autres. Le sommet de la plus-part d'icelles est desgarni d'arbres, parce que ce ne sont que rochers. Les bois ne sont que pins, sapins, & bouleaux. Ie l'ay nommée l'isle des Monts-deserts. La hauteur est par les 44. degrez & demy de latitude.

Force ports dans ces isles.

Isle des Monts-deserts.

Les Sauuages de ce lieu ayás fait alliance auec nous, ils nous guiderét en leur riuiere de Pemetegoit, ainsi d'eux appellée, où ils nous dirent que leur Capitaine nommé Bessabez, estoit chef d'icelle. Ie croy que ceste riuiere est celle que plusieurs Pilotes & Historiens appellent Norembegue, & que la plus-part ont escrit estre grande & spacieuse, auec quantité d'isles, & son entrée par la hauteur de 43. & ½ & demy, & d'autres

Riuiere de Norembegue.

H iij

par les 44. degrez, plus ou moins de latitude. Pour la declinaison, ie n'en ay leu ny ouy parler à personne. On descrit aussi qu'il y a vne grande ville fort peuplée de Sauuages adroits & habiles, ayans du fil de cotton. Ie m'asseure que la plus-part de ceux qui en font mention ne l'ont veuë, & en parlent pour l'auoir ouy dire à gens qui n'en sçauoient pas plus qu'eux. Ie croy bien qu'il y en a qui ont peu en auoir veu l'emboucheure, à cause qu'en effect il y a quantité d'isles, & qu'elle est par la hauteur de 44. degrez de latitude en son entrée, comme ils disent : mais qu'aucun y ait iamais entré, il n'y a point d'apparence, car ils l'eussent descrit d'vne autre façon, afin d'oster beaucoup de gens de ce doute. Ie diray donc au vray ce que j'en ay recognu & veu depuis le commencement iusques où j'ay esté.

 Premierement en son entrée il y a plusieurs isles esloignées de la terre ferme 10 ou 12. lieues, qui sont par la hauteur de 44. degrez de latitude, & 18. degrez & 40. minutes de declinaison de la Guide-aymant.

L'isle des Monts-deserts fait v-ne pointe de l'embouchure de ceste riuie-re.

L'Isle des Monts-deserts fait vne des pointes de l'embouchure, tirant à l'est ; & l'autre est vne terre basse appellée des Sauuages Bedabedec, qui est à l'ouest d'icelle, distantes l'vne de l'autre neuf ou dix lieues : & presque au milieu à la mer y a vne autre isle fort haute & remarquable, laquelle pour ceste raison i'ay nommée l'isle haute. Tout autour il y en a vn nombre infiny de plusieurs grandeurs & largeurs, mais la plus grande est celle des Monts-deserts. La pesche du poisson de diuerses sortes y est fort bonne, comme aussi la chasse du gibbier. A deux ou trois lieues de la pointe

La pesche du poisson y est fort bonne.

DE CHAMPLAIN. 63

de Bedabedec, rangeant la grande terre au nort, qui va dedans icelle riuiere, ce sont terres fort hautes qui paroissent à la mer en beau temps 12. à 15. lieues. Venant au sud de l'isle haute, en la rangeat comme d'vn quart de lieuë, où il y a quelques battures qui sont hors de l'eau, mettant le cap à l'ouest iusques à ce que l'on ouure toutes les montagnes qui sont au nort d'icelle isle, vous vous pouuez asseurer qu'en voyant les huict ou neuf decoupées de l'isle des Monts-deserts, & celle de Bedabedec, l'on fera le trauers de la riuiere de Norembegue, & pour entrer dedans il faut mettre le cap au nort, qui est sur les plus hautes montagnes dudit Bedabedec, & ne verrez aucunes isles deuat vous, & pouuez entrer seurement, y ayant assez d'eau, bien que voyez quantité de brisans, isles & rochers à l'est & ouest de vous. Il faut les euiter la sonde en la main, pour plus grande seureté; & croy, à ce que j'en ay peu iuger, que l'on ne peut entrer dedans icelle riuiere par autre endroit, sinon auec des petits vaisseaux ou chaloupes: car (comme i'ay dit cy-dessus) la quantité des isles, rochers, bases, bancs & brisans y sont de toutes parts en sorte, que c'est chose estrange à voir.

Moyē d'entrer en ceste riuiere.

Or pour reuenir à la continuation de nostre routte, entrant dans la riuiere il y a de belles isles qui sont fort agreables, comme des prairies. Ie fus iusques à vn lieu où les Sauuages nous guiderent, qui n'a pas plus de demy quart de lieuë de large, & à quelque deux cents pas de la terre de l'ouest y a vn rocher à fleur d'eau, qui est dangereux. De là à l'isle haute y a quinze lieuës: & depuis ce lieu estroit (qui est la moindre largeur que nous eussions trouuée) aprés auoir fait enui-

Belles isles autour d'icelle.

64 LES VOYAGES DV SIEVR

ron 7. ou 8. lieues, nous rencontrasmes vne petite riuiere, où auprés il fallut moüiller l'anchre; d'autát que deuant nous y vismes quantité de rochers qui descouurent de basse mer ; & aussi que quand nous eussions voulu passer plus auant, il eust esté impossible de faire demie lieuë, à cause d'vn sault d'eau qu'il y a, qui vient en talus de quelque 7. à 8. pieds, que ie veis allant dedans vn canau, auec les Sauuages que nous auions, & n'y trouuasmes de l'eau que pour vn canau: mais passé le sault, qui a enuiron deux cents pas de large, la riuiere est belle & plaisante, iusques au lieu où nous auiós moüillé l'anchre. Ie mis pied à terre pour voir le pays, & allant à la chasse ie le trouuay fort plaisant & agreable en ce que j'y fis de chemin, & semble que les chesnes qui y sont ayent esté plantez par plaisir. I'y veis peu de sapins, mais bien quelques pins à vn costé de la riuiere ; tous chesnes à l'autre, & vn peu de bois taillis qui s'estendent fort auant dans les terres : & diray que depuis l'entrée où ie fus, qui sont enuiron 25. lieues, ie ne veis aucune ville, ny village, ny apparence d'y en auoir eu, mais bien vne ou deux cabannes de Sauuages, où il n'y auoit personne, lesquelles estoient faites de la mesme façon que celles des Souriquois, couuertes d'escorces d'arbres ; & à ce que i'ay peu iuger, il y a peu de Sauuages en icelle riuiere, qu'on appelle aussi Pemetegoit. Ils n'y viennent non plus qu'aux isles, que quelques mois en esté durant la pesche du poisson, & la chasse du gibbier, qui y est en quantité. Ce sont gens qui n'ont point de retraite arrestée, à ce que i'ay recognu, & appris d'eux : car ils hyuernent tantost en vn lieu, & tantost à vn autre, où ils voyent que la

Ce que l'Autheur veit au pays, où il mouilla l'ancre prés cette riuiere.

Sauuages n'ont point de retraite asseuree.

chasse

chasse des bestes est meilleure, dont ils viuent quand la necessité les presse, sans mettre rien en reserue pour subuenir aux disettes qui sont grandes quelquefois.

Or il faut de necessité que ceste riuiere soit celle de Norembegue : car passé icelle iusques au 41. degré que i'ay costoyé, il n'y en a point d'autre sur les hauteurs cy dessus dites, que celle de Quinibequy, qui est presque en mesme hauteur, mais non de grande estenduë. D'autre part, il ne peut y en auoir qui entrent auant dans les terres, dautant que la grande riuiere Sainct Laurent costoye la coste d'Acadie & de Norembegue, où il n'y a pas plus de l'vne à l'autre par terre de 45. lieues, ou 60. au plus large en droite ligne. *Riuiere de Quinibequy.*

Or ie laisseray ce discours, pour retourner aux Sauuages qui m'auoient conduit aux saults de la riuiere de Norembegue, lesquels furent aduertir Bessabez leur chef, & d'autres Sauuages, qui allerent en vne autre petite riuiere aduertir aussi le leur, nommé Cabahis, & luy donner aduis de nostre arriuée. *Bessabez chef des Sauuages.*

Le 16. du mois il vint à nous enuiron trente Sauuages, sur l'asseurance que leur donnerēt ceux qui nous auoient seruy de guide. Vint aussi ledit Bessabez nous trouuer ce mesme iour auec six canaux. Aussi tost que les Sauuages qui estoient à terre le veirent arriuer, ils se mirent tous à chanter, dancer, & sauter, iusques à ce qu'il eust mis pied à terre : puis aprés s'assirent tous en rond contre terre, suiuant leur coustume, lors qu'ils veulent faire quelque harangue, ou festin. Cabahis l'autre chef peu aprés arriua aussi auec vingt ou trente de ses compagnons, qui se retirerent à part, & se resiouirent fort de nous voir, dautant que c'estoit la *Sauuages chantent à l'arriuee de leur chef.*

I

premiere fois qu'ils auoient veu des Chrestiens. Quelque temps aprés ie fus à terre auec deux de mes compagnons, & deux de nos Sauuages, qui nous seruoient de truchement, & donnay charge à ceux de nostre barque d'approcher prés des Sauuages, & tenir leurs armes prestes pour faire leur deuoir s'ils apperceuoiēt quelque émotion de ces peuples contre nous. Bessabez nous voyant à terre nous fit asseoir, & commença à petuner auec ses compagnons, comme ils font ordinairement auparauāt que faire leur discours, & nous firent present de venaison & de gibbier. Tout le reste de ce iour & la nuict suiuante, ils ne firent que chanter, dancer, & faire bonne chere, attendant le iour. Par aprés chacun s'en retourna, Bessabez auec ses compagnons de son costé, & nous du nostre, fort satisfaits d'auoir eu cognoissance de ces peuples.

Voyage de l'Autheur en la riuiere de Quinibequi.

Le 17. du mois ie prins la hauteur, & trouuay 45. degrez, & 25. minutes de latitude. Ce fait, ie partis pour aller à vne autre riuiere appellée Quinibequy, distante de ce lieu de 35. lieues, & prés de 15. de Bedabedec. Ceste nation de Sauuages de Quinibequy s'appelle Etechemins, aussi bien que ceux de Norembegue.

Le 18. du mois ie passay prés d'vne petite riuiere où estoit Cabahis, qui vint auec nous dedans nostre barque enuiron 12. lieues. Et luy ayant demandé d'où venoit la riuiere de Norembegue, il me dit qu'elle passe le sault dont i'ay fait cy-dessus mention, & que faisant quelque chemin en icelle, on entroit dans vns lac par où ils vont à la riuiere de Saincte Croix, quelque peu par terre, puis entrēt dans la riuiere des Etechemins. Plus au lac descend vne autre riuiere par où ils vont quelques iours, en aprés entrent en vn autre lac, & passent par le milieu; puis estans paruenus au bout, ils font encore quelque chemin par terre, & aprés entrent dans vne autre petite riuiere qui va se descharger dans le grand fleuue Sainct Laurent. Tous ces peuples de Norembegue sont fort basannez, habillez de peaux de castors, & autres fourrures, comme les Sauuages Canadiens & Souriquois, & ont mesme façon de viure.

Voila au vray tout ce que i'ay remarqué tant des costes, peuples, que riuiere de Norembegue, & ne sont les merueilles qu'aucuns en ont escrites. Ie croy que ce lieu est aussi mal agreable en hyuer, que celuy de Saincte Croix.

Descouuertures de la riuiere de Quinibequy, qui est de la coste des Almouchiquois, iusques au 42. degré de latitude, & des particularitez de ce voyage. A quoy les hommes & les femmes passent le temps durant l'hyuer.

CHAPITRE IIII.

Rangeant la coste de l'ouest, l'on passe les montagnes de Bedabedec, & cogneusmes l'entrée de la riuiere, où il peut aborder de grands vaisseaux, mais dedans il y a quelques battures qu'il faut euiter la sonde en la main. Faisant enuiron 8. lieuës, rangeant la coste de l'ouest, passasmes par quantité d'isles & rochers qui jettent vne lieuë à la mer, iusques à vne isle distante de Quinibequy dix lieuës, où à l'ouuert d'icelle il y a vne isle assez

I ij

haute, qu'auons nommée la Tortuë, & entre icelle & la grāde terre y a quelques rochers espars, qui courent de pleine mer : neantmoins on ne laisse de voir briser la mer par dessus. L'isle de la Tortuë & la riuiere sont sud suest, & nort norouest. Comme l'on y entre, il y a deux moyennes isles, qui font l'entrée, l'vne d'vn costé, & l'autre de l'autre, & à quelques 300. pas au dedans il y a deux rochers où il n'y a point de bois, mais quelque peu d'herbes. Nous mouillasmes l'anchre à 300. pas de l'entrée, à cinq & six brasses d'eau. Ie me resolus d'entrer dedans pour voir le haut de la riuiere, & les Sauuages qui y habitent. Ayans fait quelques lieues, nostre barque pensa se perdre sur vn rocher que nous frayasmes en passant. Plus outre rencontrasmes deux canaux qui estoiēt venus à la chasse aux oiseaux, qui la plus-part muent en ce temps, & ne peuuent voler. Nous accostasmes ces Sauuages, qui nous guiderent. Et allans plus auant pour voir leur Capitaine, appellé Manthoumermer, comme nous eusmes fait 7. à 8. lieues, nous passasmes par certaines isles, destroits, & ruisseaux qui se deschargent dans la riuiere, où ie veis de belles prairies : & costoyant vne isle qui a enuiron 4. lieues de long, ils nous menerent où estoit leur chef, auec 15. ou 30 Sauuages, lequel aussi tost que nous eusmes mouillé l'anchre, vint à nous dedans vn canau vn peu separé de dix autres, où estoient ceux qui l'accompagnoient. Approchant prés de nostre barque il fit vne harangue, où il faisoit entendre l'aise qu'il auoit de nous voir, & qu'il desiroit auoir nostre alliance, & faire paix auec leurs ennemis par nostre moyen, disant que le lendemain il enuoyeroit à

Scituation de l'isle de la Tortue, & de la riuiere.

Harangue du Capitaine des Sauuages à nos François.

deux autres Capitaines Sauuages qui eſtoient dedans les terres, l'vn appellé Marchim, & l'autre Sazinou, chef de la riuiere de Quinibequy.

Le lendemain ils nous guiderent en deſcendant la riuiere par vn autre chemin que n'eſtions venus, pour aller à vn lac; & paſſans par des iſles, ils laiſſerent chacun vne fleſche proche d'vn cap, par où tous les Sauuages paſſent, & croyent que s'ils ne le faiſoient, il leur arriueroit du mal-heur, ainſi que leur perſuade le diable, & viuent en ces ſuperſtitions, comme ils font en beaucoup d'autres. *Sauuages grandemēt ſuperſtitieux.*

Par delà ce cap nous paſſaſmes vn ſault d'eau fort eſtroit, mais ce ne fut pas ſans grande difficulté: car encores qu'euſſions le vent bon & frais, & que le fiſſions porter dans nos voiles le plus qu'il nous fut poſſible, ſi ne le peuſmes nous paſſer de la façon, & fuſmes contraints d'attacher à terre vne hauſſiere à des arbres, & y tirer tous. Ainſi nous fiſmes tant à force de bras, auec l'aide du vent qui nous fauoriſoit, que le paſſaſmes. Les Sauuages qui eſtoient auec nous porterent leurs canaux par terre, ne les pouuans paſſer à la rame. Aprés auoir franchi ce ſault, nous veiſmes de belles prairies. Ie m'eſtonnay ſi fort de ce ſault, que deſcendant auec la marée nous l'auions fort bonne, & eſtans au ſault nous la trouuaſmes contraire, & aprés l'auoir paſſé elle deſcendoit comme auparauant, qui nous donna grand contentement. *Belles prairies qui ſe deſcouurēt.*

Pourſuiuans noſtre routte, nous vinſmes au lac, qui a trois à quatre lieues de long, où il y a quelques iſles, & y deſcend deux riuieres, celle de Quinibequy qui vient du nort nordeſt, & l'autre du noróueſt, par où *Lac de 4 lieues.*

LES VOYAGES DV SIEVR

deuoient venir Marchim & Sasinou, qu'ayant attendu tout ce iour, & voyant qu'ils ne venoient point, resolusmes d'employer le temps. Nous leuasmes donc l'anchre, & vint auec nous deux Sauuages de ce lac pour nous guider, & ce iour vinsmes moüiller l'anchre à l'emboucheure de la riuiere, où nous peschasmes quantité de plusieurs sortes de bons poissons: cependant nos Sauuages allerét à la chasse, mais ils n'en reuindrent point. Le chemin par où nous descendismes ladite riuiere est beaucoup plus seur & meilleur que celuy par où nous auions esté. L'isle de la Tortuë, qui est deuant l'entrée de ladite riuiere, est par la hauteur de 44. degrez de latitude, & 19. degrez 12. minutes de declinaison de la Guide-aymant. Il y a enuiron 4. lieues de là en mer, vers le suest trois petites isles, où les Anglois font pesche de moluës. L'on va par ceste riuiere au trauers des terres iusques à Quebec quelque 50. lieues, sans passer qu'vn trajet de terre de 2. lieues, puis on entre dedans vne autre petite riuiere qui vient descendre dedans le grand fleuue Sainct Laurent. Ceste riuiere de Quinibequy est fort dangereuse pour les vaisseaux à demie lieue au dedans, pour le peu d'eau, grandes marées, rochers, & bases qu'il y a, tant dehors que dedans. Il n'y laisse pas d'y auoir bon achenal s'il estoit bien recognu. Si peu de païs que i'ay veu le long des riuages est fort mauuais: car ce ne sont que rochers de toutes parts. Il y a quantité de petits chesnes, & fort peu de terres labourables. Ce lieu est abondant en poisson, comme sont les autres riuieres cy dessus dites. Les peuples viuent comme ceux de nostre habitation, & nous dirent, que les Sauuages qui semoiét

Riuiere de Quinibequy fort dangereuse.

DE CHAMPLAIN. 71

le bled d'Inde, eſtoient fort auant dans les terres, & qu'ils auoient delaiſſé d'en faire ſur les coſtes, pour la guerre qu'ils auoient auec d'autres, qui leur venoient prendre. Voila ce que i'ay peu apprendre de ce lieu, lequel ie croy n'eſtre meilleur que les autres.

Les Sauuages qui habitent en toutes ces coſtes ſont en petite quantité. Durant l'hyuer au fort des neges ils vont chaſſer aux eſlans, & autres beſtes, dequoy ils viuent la plus-part du temps: & ſi les neges ne ſont grandes, ils ne font gueres bien leur profit, dautant qu'ils ne peuuent rien prendre qu'auec vn grandiſſime trauail, qui eſt cauſe qu'ils endurent & patiſſent fort. Lors qu'ils ne vont à la chaſſe, ils viuent d'vn coquillage qui ſ'appelle coque. Ils ſe veſtent l'hyuer de bonnes fourrures de caſtors & d'eſlans. Les femmes font tous les habits, mais non pas ſi propremẽt qu'on ne leur voye la chair au deſſouz des aiſſelles, pour n'auoir pas l'induſtrie de les mieux accommoder. Quand ils vont à la chaſſe ils prennent de certaines raquetes, deux fois auſſi grandes que celles de pardeça, qu'ils ſ'attachent ſouz les pieds, & vont ainſi ſur la nege ſans enfoncer, auſſi bien les femmes & enfans, que les hõmes, leſquels cherchent la piſte des animaux; puis l'ayant trouuée ils la ſuiuent, iuſques à ce qu'ils apperçoiuent la beſte, & lors ils tirent deſſus auec leurs arcs, ou la tuent auec coups d'eſpées emmanchées au bout d'vne demie pique, ce qui ſe fait fort aiſément, d'autant que ces animaux ne peuuent aller ſur les neges ſans enfoncer dedans; & lors les femmes & enfans y viennent, & là cabannent, & ſe donnẽt la curée: aprés ils retournent voir ſ'ils en trouueront d'autres.

Chaſſe des Sauuages qui habitẽt ces coſtes durant l'hyuer.

Viuent de coque quãd ils ne chaſſent.

Forme de leur chaſſe.

72   LES VOYAGES DV SIEVR

Coſtoyant la coſte, fuſmes moüiller l'anchre derriere vn petit iſlet proche de la grande terre, où nous veiſmes plus de quatre vingts Sauuages qui accouroient le long de la coſte pour nous voir, dançans, & faiſans ſigne de la reſiouiſſance qu'ils en auoient. Ie fus viſiter vne iſle, qui eſt fort belle de ce qu'elle contient, y ayant de beaux cheſnes & noyers, la terre défrichée, & force vignes, qui apportent de beaux raiſins en leur ſaiſon : c'eſtoit les premiers que i'euſſe veu en toutes ces coſtes depuis le cap de la Héue : nous la nommaſmes l'iſle de Bacchus. Eſtans de pleine mer nous leuaſmes l'anchre, & entraſmes dedans vne petite riuiere, où nous ne peuſmes pluſtoſt, dautant que c'eſt vn havre de barre, n'y ayant de baſſe mer que demie braſſe d'eau, de plaine mer braſſe & demie, & du grand de l'eau deux braſſes : quand on eſt dedans il y en a trois, quatre, cinq, & ſix. Comme nous euſmes moüillé l'anchre, il vint à nous quantité de Sauuages ſur le bord de la riuiere, qui commencerent à dancer. Leur Capitaine pour lors n'eſtoit auec eux, qu'ils appelloient Honemechin. Il arriua enuiron deux ou trois heures aprés auec deux canaux, puis ſ'en vint

Comme les Sauuages de ces lieux ſe razent. tournoyant tout autour de noſtre barque. Ces peuples ſe razent le poil de deſſus le crane aſſez haut, & portent le reſte fort long, qu'ils peignent & tortillent par derriere en pluſieurs façons fort propremét, auec des plumes qu'ils attachent ſur leur teſte. Ils ſe pein-

Se peindét le viſage de noir & rouge. dent le viſage de noir & rouge, comme les autres Sauuages que i'ay veus. Ce ſont gens diſpoſts, bien formez de leur corps. Leurs armes ſont piques, maſſuës,

Leurs armes. arcs, & fleſches, au bout deſquelles aucuns mettent la queuë

DE CHAMPLAIN. 73

queuë d'vn poiſſon appellé ſignoc : d'autres y accommodent des os, & d'autres en ont toutes de bois. Ils labourent & cultiuent la terre, ce que n'auions encores veu. Au lieu de charruës ils ont vn inſtrument de bois fort dur, fait en façon d'vne beſche. Ceſte riuiere ſ'appelle des habitans du pays Chouacoet.

<small>Inſtrument duquel ils labourent.</small>

Ie fus à terre pour voir leur labourage ſur le bord de la riuiere, & veis leurs bleds, qui ſont bleds d'Inde, qu'ils font en jardinages, ſemás trois ou quatre grains en vn lieu, aprés ils aſſemblent tout autour auec des eſcailles du ſuſdit ſignoc quantité de terre, puis à trois pieds de là en ſement encore autant, & ainſi conſecutiuement. Parmy ce bled à chaſque touffeau ils plantent 3. ou 4. febves de Breſil, qui viennent de diuerſes couleurs. Eſtans grandes elles ſ'entrelacent autour dudit bled, qui leue de la hauteur de 5. à 6. pieds, & tiennent le champ fort net de mauuaiſes herbes. Nous y veſmes force citrouilles, courges, & petum, qu'ils cultiuét auſſi. Le bled d'Inde que j'y veis pour lors eſtoit de deux pieds de haut : il y én auoit auſſi de trois. Ils le ſement en May, & le recueillent en Septembre. Pour les febves, elles commençoient à entrer en fleur, comme auſſi les courges & citroüilles. I'y veis gráde quantité de noix, qui ſont petites, & ont pluſieurs quartiers. Il n'y en auoit point encores aux arbres, mais nous en trouuaſmes aſſez deſſouz, qui eſtoient de l'année precedente. Il y a auſſi force vignes, auſquelles y auoit de fort beau grain, dont nous fiſmes de tres-bon verjus, ce que n'auions point encores veu qu'en l'iſle de Bacchus, diſtante d'icelle riuiere prés de deux lieues. Leur demeure arreſtée, le labourage, & les beaux arbres,

<small>Ont des bleds d'Inde.

Comme ils les ſement.

Hauteur de ce bled.

En quel temps ſe ſeme.</small>

K

me fit iuger que l'air y est plus temperé & meilleur que celuy où nous hyuernasmes, ny que les autres lieux de la coste. Les forests dans les terres sont fort claires, mais pourtant remplies de chesnes, hestres, fresnes, & ormeaux. Dans les lieux aquatiques il y a quantité de saules. Les Sauuages se tiennent tousiours en ce lieu, & ont vne grande cabanne entourée de pallissades faites d'assez gros arbres rangez les vns contre les autres, où ils se retirent lors que leurs ennemis leur viennent faire la guerre ; & couurent leurs cabannes d'escorce de chesnes. Ce lieu est fort plaisant, & aussi agreable que l'on en puisse voir : la riuiere abondante en poisson, enuironnée de prairies. A l'entrée y a vn islet capable d'y faire vne bonne forteresse, où l'on seroit en seureté.

Les forests dans les terres sont fort claires.

Saules en quantité és lieux aquatiques.

Riuiere de Choüacoet. Lieux que l'Autheur y recognoist. Cap aux Isles. Canots de ces peuples faits d'escorce de bouleau. Comme les Sauuages de ce pays là font reuenir à eux ceux qui tombent en syncope. Se seruent de pierres au lieu de couteaux. Leur Chef honorablement receu de nous.

CHAPITRE V.

LE Dimanche 12. du mois nous partismes de la riuiere appellée Choüacoet, & rangeant la coste, après auoir fait enuiron 6. ou 7. lieues, le vent se leua contraire, qui nous fit moüiller l'anchre & mettre pied à terre, où nous veismes deux prairies, chacune desquelles contient vne lieue de long, & demie de large. Depuis Choüacoet iusques en ce lieu (où veismes de petits oiseaux, qui ont le chant comme merles, noirs horsmis le bout des aisles, qui sont orengées) il y a quantité de vignes & noyers. Ceste coste est sablonneuse en la plus-part des endroits depuis Quinibequy. Ce iour nous retournasmes 2. ou 3. lieues deuers Choüacoet, iusques à vn cap qu'auons nommé le port aux isles, bon pour des vaisseaux de cent tonneaux, qui est parmy trois isles.

Oiseaux qui chantent comme les merles.

Port aux isles.

Mettant le cap au nordest quart du nort proche de ce lieu, l'on entre en vn autre port où il n'y a aucun passage (bien que ce soient isles) que celuy par où on entre, où à l'entrée y a quelques brisans de rochers qui sont dangereux. En ces isles y a tant de groiselles rouges, que l'on ne voit autre chose en la plus-part, & vn nombre infiny de tourtes, dont nous en prismes bonne quantité. Ce port aux isles est par la hauteur de 43. degrez 25. minutes de latitude.

Costoyans la coste nous apperceusmes vne fumée sur le riuage de la mer, dont nous approchasmes le plus qu'il nous fut possible, & ne veismes aucun Sauuage, ce qui nous fit croire qu'ils s'en estoient fuïs. Le Soleil s'en alloit bas, & ne peusmes trouuer lieu pour nous loger icelle nuict, à cause que la coste estoit platte, & sablonneuse. Mettant le cap au sud pour nous esloigner, afin de moüiller l'anchre, ayans fait enuiron deux lieuës, nous apperceusmes vn cap à la grande terre au sud quart du suest de nous, où il pouuoit auoir six lieues : à l'est deux lieues apperceusmes trois ou quatre isles assez hautes, & à l'ouest vn grand cul de

Cap qu'ils apperçoiuent à la grãde terre.

K ij

sac. La coste de ce cul de sac toute rangée iusques au cap, peut entrer dãs les terres du lieu où nous estiõs enuiron 4. lieues: il en a 2. de large nort & sud, & 3. en son entrée. Et ne recognoissant aucun lieu propre pour nous loger, nous resolusmes d'aller au cap cy-dessus à petites voiles vne partie de la nuict, & en approchasmes à 16. brasses d'eau, où nous mouillasmes l'anchre attendant le poinct du iour.

Prés ce cap sont 3. isles, à cause de ce appelé cap aux isles.

Le lendemain nous fusmes au susdit cap, où il y a trois isles prochés de la grande terre, pleines de bois de differentes sortes, comme à Choüacoet, & par toute la coste; & vne autre platte, où la mer brise, qui jette vn peu plus bas à la mer que les autres où il n'y en a point. Nous nommasmes ce lieu le cap aux isles, proche duquel apperceusmes vn canau où il y auoit 5. ou 6. Sauuages qui vindrent à nous, lesquels estans prés de nostre barque, s'en allerent danser sur le riuage. Ie fus à terre pour les voir, & leur donner à chacun vn couteau, & du biscuit; ce qui fut cause qu'ils redancerent mieux qu'auparauant. Cela fait, ie leur fis entendre le mieux qu'il me fut possible, qu'ils me monstrassent comme alloit la coste. Aprés leur auoir dépeint auec vn charbon la baye & le cap aux isles, où nous estions, ils me figurerent auec le mesme crayon vne autre baye, qu'ils representoient fort grande, où ils mirent six cailloux d'égale distance; me donnans par là à entendre que chacune de ces marques estoient autant de chefs & peuplades: puis figurerent dedans ladite baye vne riuiere que nous auions passée, qui s'estend fort loin, & est batturiere. Nous trouuasmes en cét endroit des vignes en quantité, dont le verjus

DE CHAMPLAIN.

estoit vn peu plus gros que des pois, & force noyers, dont les noix n'estoient pas plus grosses que des balles d'harquebuze. Ces Sauuages nous dirent, que tous ceux qui habitoient en ce pays cultiuoient & ensemençoient la terre comme les autres qu'auions veus auparauant. Ce lieu est par la hauteur de 43. degrez,& quelques minutes de latitude.

Doublant le cap, nous entrasmes en vne ance où il y auoit force vignes, pois de Bresil, courges, citrouilles, & des racines qui sont bonnes, tirans sur le goust de cardes, que les Sauuages cultiuent.

Ce lieu, qui est assez agreable, est fertile en quantité de noyers, cyprés, chesnes, fresnes, & hestres, qui sont tres-beaux. *Ance fort fertile.*

Nous veismes là vn Sauuage qui se blessa tellement au pied, & perdit tant de sang, qu'il en tomba en syncope; autour duquel vindrent nombre d'autres chantans quelque temps auant qu'ils le touchassent: puis faisans certaines gestes des pieds & des mains, luy remuoient la teste, & le soufflant il reuint à soy. Nostre Chirurgien le pensa, & ne laissa pour cela de s'en aller gayement. *Comme les Sauuages font reuenir à eux ceux qui tombent en syncope.*

Ayás fait demie lieuë nous apperceusmes plusieurs Sauuages sur la pointe d'vn rocher, qui couroient le long de la coste, en dançant, vers leurs compagnons, pour les aduertir de nostre venuë. Nous ayans monstré le quartier de leur demeure, ils firent signal de fumées, pour nous monstrer l'endroit de leur habitation, & fusmes moüiller l'anchre proche d'vn petit islet, ou l'on enuoya nostre canau pour leur porter des couteaux & des gallettes, & apperceusmes

K iij

à la quantité qu'ils estoient, que ces lieux sont plus habitez que les autres que nous auions veus. Aprés auoir arresté deux heures pour considerer ces peuples, qui ont leurs canaux faits d'escorce de bouleau, comme les Canadiens, Souriquois, & Etechemins, nous leuasmes l'anchre, & auec apparence de beau temps nous nous mismes à la voile. Poursuiuant nostre routte à l'ouest suroüest, nous y veismes plusieurs isles à l'vn & l'autre bord. Ayant fait 7. à 8. lieues, nous mouillasmes l'anchre proche d'vne isle, où apperceusmes force fumées tout le long de la coste, & beaucoup de Sauuages qui accouroient pour nous voir. L'on enuoya 2. ou 3. hommes vers eux dedans vn canau, ausquels on bailla des couteaux & patenostres pour leur presenter, dont ils furent fort aises, & danserét plusieurs fois en payement. Nous ne peusmes sçauoir le nom de leur chef, à cause que nous n'entendions pas leur langue. Tout le long du riuage y a quantité de terre défrichée, & semée de bled d'Inde. Le pays est fort plaisant & agreable, y ayant force beaux bois. Ceux qui l'habitent ont leurs canaux faits tout d'vne piece, fort subjets à tourner, si on n'est bien adroit à les gouuerner, & n'en auions point encores veu de ceste façon. voicy comme ils les font. Aprés auoir eu beaucoup de peine, & esté long temps à abatre vn arbre le plus gros & le plus haut qu'ils ont peu trouuer, auec des haches de pierre (car ils n'en ont point en ce temps d'autres, si ce n'est que quelques vns d'eux en recouurent par le moyen des Sauuages de la coste d'Acadie, ausquels on en porte pour traicter de pelleterie) ils ostent l'escorce, & l'arrondissent, horsmis d'vn costé, où ils mettent

DE CHAMPLAIN. 79

du feu peu à peu tout le long de la piece; & prennent quelquefois des cailloux rouges & enflammez, qu'ils posent aussi dessus, & quand le feu est trop aspre, ils l'esteignent auec vn peu d'eau, non pas du tout, mais seulement de peur que le bord du canau ne brusle. Estant assez creux à leur fantasie, ils le raclent de toutes parts auec ces pierres. Les cailloux dequoy ils font leurs trenchans sont semblables à nos pierres à fuzil.

Se seruent de pierres au lieu de couteaux.

Le lendemain 17. dudit mois nous leuasmes l'anchre pour aller à vn cap, que nous auions veu le iour precedant, qui nous demeuroit comme au sud surouest. Ce iour nous ne peusmes faire que 5. lieues, & passasmes par quelques isles remplies de bois. Ie recognus en la baye tout ce que m'auoient depeint les Sauuages au cap des isles. Poursuiuant nostre routte, il en vint à nous grand nombre dans des canaux, qui sortoient des isles, & de la terre ferme. Nous fusmes anchrer à vne lieue du cap qu'ay nommé Sainct Louys, où nous apperceusmes plusieurs fumées: & y voulant aller, nostre barque eschoua sur vne roche, où nous fusmes en grand danger: car si nous n'y eussiós promptement remedié, elle eust bouleuersé dans la mer, qui perdoit tout à l'entour, où il y auoit 5. à 6. brasses d'eau: mais Dieu nous preserua, & fusmes mouiller l'anchre proche du susdit cap, où vindrent 15. ou 16. canaux de Sauuages, & en tel y en auoit 15. ou 16. qui cómencerent à monstrer grands signes de resiouissance, & faisoient plusieurs sortes de harangues, que nous n'entendions nullement. L'on enuoya 3. ou 4. hommes à terre dans nostre canau, tant pour auoir de l'eau, que pour voir leur chef nommé Honabetha, qui eut

Les nostres en grand danger d'estre perdus.

quelques couteaux, & autres joliuetez, que trouuay à propos luy donner, lequel nous vint voir iusques en nostre bord, auec nóbre de ses cópagnons, qui estoiét tant le long de la riue, que dans leurs canaux. L'on receut le chef fort humainement, & luy fit-on bonne chere : & y ayant esté quelque espace de temps, il s'en retourna. Ceux que nous auions enuoyez deuers eux, nous apporterent de petites citroüilles de la grosseur du poing, que nous mangeasmes en sallade comme concombres, qui sont tres-bonnes; & du pourpié, qui vient en quantité parmy le bled d'Inde, dont ils ne font non plus d'estat que de mauuaises herbes. Nous veismes en ce lieu grande quantité de petites maisonnettes, qui sont parmy les champs où ils sement leur bled d'Inde.

Chef des Sauuages honorablement receu de nous.

Citrouilles qui se mangét en forme de sallade.

Quantité de maisonnettes dans les champs.

Plus y a en icelle baye vne riuiere qui est fort spacieuse, laquelle auons nommé la riuiere du Gas, qui, à mon iugement, va rendre vers les Hiroquois, nation qui a guerre ouuerte auec les montagnars qui sont en la grande riuiere Sainct Laurent.

Riuiere du Gas.

Continuation des descouuertures de la coste des Almouchiquois, & de ce qu'y auons remarqué de particulier.

CHAPITRE VI.

LE lendemain doublasmes le cap S. Louys, que nous auons ainsi nommé, terre mediocrement basse, souz la hauteur de 42. degrez 3. quarts de latitude, & fismes ce iour 2. lieues de coste sablonneuse; & passant le long d'icelle, nous y veismes veifmes quantité de cabannes & jardinages, & entrafmes dedans vn petit cul de fac. Il vint à nous 2. ou 3. canaux, qui venoient de la pefche des moruës, & autres poiffons, qui font là en quantité, qu'ils pefchent auec des haims faits d'vn morceau de bois, auquel ils fichent vn os, qu'ils forment en façon de harpon, & lient fort proprement, de peur qu'il ne forte, le tout eftant en forme d'vn petit crochet. La corde qui y eft attachée eft de chanvre, à mon opinion, comme celuy de France; & me dirent qu'ils en cueilloient l'herbe dans leur terre fans la cultiuer, en nous monftrant la hauteur comme de 4. à 5. pieds. Ledit canau s'en retourna à terre aduertir ceux de fon habitation, qui nous firent des fumées, & apperceufmes 18. ou 20. Sauuages qui vindrent fur le bord de la cofte, & fe mirent à dancer. Noftre canau fut à terre pour leur donner quelques bagatelles, dont ils furent fort côtents. Il en vint aucuns deuers nous qui nous prierent d'aller en leur riuiere. Nous leuafmes l'anchre pour ce faire: mais nous n'y peufmes entrer à caufe du peu d'eau que nous y trouuafmes eftans de baffe mer, & fufmes contraints de mouiller l'anchre à l'entrée d'icelle. Ie defcendis à terre, où j'en veis quantité d'autres qui nous receurent fort gracieufement, & fus recognoiftre la riuiere, où ie n'y veis autre chofe qu'vn bras d'eau qui s'eftend quelque peu dans les terres, qui font en partie defertées, dedans lequel il n'y a qu'vn ruiffeau qui ne peut porter bateaux, finon de pleine mer. Ce lieu peut auoir vne lieuë de circuit; en l'vne des entrées duquel y a vne maniere d'ifle couuerte de bois, & principalement de pins, qui

Haims defquels ils fe feruent à la pefche.

L

tient d'vn costé à des dunes de sable, qui sont assez longues : l'autre costé est vne terre assez haute. Il y a deux islets dans ladite baye, qu'on ne voit point si l'on n'est dedans, & autour d'icelle la mer asseche presque toute de basse marée. Ce lieu est fort remarquable de la mer, d'autant que la coste est fort basse, horsmis le cap de l'entrée de la baye, qu'auons nommé le port du cap Sainct Louys, distant dudit cap deux lieues, & dix du cap aux isles. Il est enuiron par la hauteur du cap Sainct Louys.

Deux isles en ceste baye.

Nous partismes de ce lieu, & rangeát la coste comme au sud, nous fismes 4. à 5. lieues, & passasmes proche d'vn rocher qui est à fleur d'eau. Continuant nostre routte, nous apperceusmes des terres que iugions estre isles ; mais en estans plus prés, nous recogneusmes que c'estoit terre ferme, qui nous demeuroit au nort norouest, qui estoit le cap d'vne grande baye cótenant plus de 18. à 19. lieues de circuit, où nous nous engouffrasmes tellement, qu'il nous fallut mettre à l'autre bord pour doubler le cap qu'auions veu, lequel nous nommasmes le cap Blanc, pource que c'estoient sables & dunes, qui paroissent ainsi. Le bon vent nous seruit beaucoup en ce lieu, car autrement nous eussions esté en danger d'estre iettez à la coste. Ceste baye est fort saine, pourueu qu'on n'approche la terre que d'vne bonne lieue, n'y ayant aucunes isles ny rochers que celuy dont i'ay parlé, qui est proche d'vne riuiere, qui entre assez auant dans les terres, que nommasmes Saincte Suzanne du cap Blanc, d'où iusques au cap Sainct Louys y a dix lieues de trauerse. Le cap Blanc est vne pointe de sable qui va en tournoyant vers le sud

Cap d'vne gráde baye.

Cap Blanc.

Riuiere de Saincte Suzanne.

enuiron six lieues. Ceste coste est assez haute esleuée de sables, qui sont fort remarquables venāt de la mer, où on trouue la sonde à prés de 15. ou 18. lieues de la terre à 30. 40. 50. brasses d'eau, iusques à ce qu'on vienne à dix brasses en approchant de la terre, qui est tressaine. Il y a vne grande estenduë de pays descouuert sur le bord de la coste deuant que d'entrer dans les bois, qui sont fort agreables, & plaisans à voir. Nous mouillasmes l'anchre à la coste, & veismes quelques Sauuages, vers lesquels furent 4. de nos gens, qui cheminans sur vne dune de sable, aduiserent comme vne baye & des cabannes qui la bordoient tout à l'entour. Estans enuiron vne lieue & demie de nous, vint à eux dançant (comme ils nous rapporterent) vn Sauuage, qui estoit descendu de la haute coste, lequel s'en retourna peu aprés donner aduis de nostre venue à ceux de son habitation.

Le lendemain nous fusmes en ce lieu que nos gens auoient apperceu, que trouuasmes estre vn port fort dangereux, à cause des bases & bancs, où nous voyons briser de toutes parts. Il estoit presque de basse mer lors que nous y entrasmes, & n'y auoit que 4. pieds d'eau par la passée du nort; de haute mer il y a 2. brasses. Comme nous fusmes dedans, nous veismes ce lieu assez spacieux, pouuant contenir 3. à 4. lieues de circuit, tout entouré de maisonnettes, à l'entour desquelles chacun a autāt de terre qu'il luy est necessaire pour sa nourriture. Il y descend vne petite riuiere qui est assez belle, où de basse mer y a enuiron 3. pieds & demy d'eau, & y a 2. ou 3. ruisseaux bordez de prairies. Ce lieu est tres-beau, si le havre estoit bon. I'en prins la

Port fort dangereux.

L ij

hauteur, & trouuay 42. degrez de latitude, & 18. degrez 40. minutes de declinaison de la Guide-aymant. Il vint à nous quantité de Sauuages, tant hommes que femmes, qui accouroient de toutes parts en dançant. Nous nommasmes ce lieu le port de Mallebarre.

Port de Mallebarre.

Le lendemain nous fusmes voir leur habitation auec nos armes, & fismes enuiron vne lieuë le long de la coste. Deuant que d'arriuer à leurs cabannes, nous entrasmes dans vn champ semé de bled d'Inde, à la façon que nous auons dit cy-dessus. Il estoit en fleur, & auoit de haut 5. pieds & demy, & d'autre moins aduancé, qu'ils sement plus tard. Nous veismes aussi force féves de Bresil, & des citroüilles de plusieurs grosseurs, bonnes à manger; du petum & des racines qu'ils cultiuent, lesquelles ont le goust d'artichaut. Les bois sont remplis de chesnes, noyers, & de tres beaux cyprés, qui sont rougeastres, & ont fort bonne odeur. Il y auoit aussi plusieurs champs qui n'estoient point cultiuez, d'autant qu'ils laissent reposer les terres; & quand ils y veulent semer, ils mettent le feu dans les herbes, & puis labourent auec leurs besches de bois.

Bois peuplez de chesnes, noyers, & cyprés rougeastres

Leurs cabannes sont rondes, couuertes de grosses nattes faites de roseaux, & par en haut il y a au milieu enuiron vn pied & demy de descouuert, par où sort la fumée du feu qu'ils y font. Nous leur demandasmes s'ils auoient leur demeure arrestée en ce lieu, & s'il y negeoit beaucoup : ce que ne peusmes bien sçauoir, pour ne pas entendre leur langage, bien qu'ils s'y efforçassent par signes, en prenāt du sable en leur main, puis l'espandant sur la terre, & monstrant estre de la couleur de nos rabats, & qu'elle venoit sur la terre de

Forme des cabannes des peuples de ce pays là.

la hauteur d'vn pied, & d'autres nous monstroient moins ; nous donnans aussi à entendre que le port ne geloit iamais: mais nous ne peusmes sçauoir si la nege estoit de lôgue durée. Ie tiens neantmoins que le pays est temperé, & que l'hyuer n'y est pas rude.

Tous ces Sauuages depuis le cap aux isles ne portent point de robbes, ny de fourrures, que fort rarement, & sont icelles robbes faites d'herbe & de chanvre, qui à peine leur couurent le corps, & leur vont iusques aux jarrets. Ils ont seulement la nature cachée d'vne petite peau, & les femmes aussi, qui leur descendét vn peu plus bas qu'aux hommes par derriere, tout le reste du corps estant nud : & lors qu'elles nous venoient voir, elles prenoient des robbes ouuertes par le deuant Les hômes se coupent le poil dessus la teste, comme ceux de la riuiere de Choüacoet. Ie vey entre autres choses vne fille coiffée assez proprement, d'vne peau teinte de couleur rouge, brodée par dessus de petites patenostres de porceline ; vne partie de ses cheueux estoiét pendans par derriere, & le reste entre-lacé de diuerses façons. Ces peuples se peindent le visage de rouge, noir, & jaulne. Ils n'ont presque point de barbe, & se l'arrachent à mesure qu'elle croist, & sont bien proportionnez de leurs corps. Ie ne sçay quelle loy ils tiennent, & croy qu'en cela ils ressemblent à leurs voisins, qui n'en ont point du tout, & ne sçauent adorer, ny prier. Pour armes, ils n'ont que des picques, massuës, arcs, & flesches. Il semble à les voir qu'ils soiét de bon naturel, & meilleurs que ceux du nort, mais à dire vray ils sont de peu d'estime, & si peu de frequentation que l'on a auec eux, les fait aisémét cognoistre.

Les robbes de ces Sauuages sont faites d'herbes, & de chanvre.

Vestement des hômes, & des femmes.

Ils se peindent le visage.

Leurs armes.

L iij

Ils font grands larrons, & s'ils ne peuuent attraper auec les mains, ils tafchent de le faire auec les pieds, comme nous l'auons esprouué souuentefois: & se faut dõner garde de ces peuples, & viure en méfiance auec eux, sans toutefois leur faire apperceuoir. Ils nous troquerent leurs arcs, flesches, & carquois, pour des espingles & des boutons; & s'ils eussent eu autre chose de meilleur, ils en eussent fait autant. Ils nous donnerent quantité de petum, qu'ils font secher, puis le reduisent en poudre. Quand ils mangent le bled d'Inde ils le font bouillir dedãs des pots de terre, qu'ils font d'autre maniere que nous. Ils le pilent auſſi dans des mortiers de bois, & le reduisent en farine, puis en font des gasteaux & galettes, comme les Indiens du Perou.

Forme de manger le bled d'Inde entr'eux.

Il y a quelques terres défrichées, & en défrichoient tous les iours. en voicy la façon. Ils coupent les arbres à la hauteur de trois pieds de terre, puis font brusler les branchages sur le tronc, & sement leur bled entre ces bois coupez, & par succession de temps ostent les racines. Il y a aussi de belles prairies pour y nourrir nombre de bestail. Ce port est tres-beau & bon, où il y a de l'eau assez pour les vaisseaux, & où on se peut mettre à l'abry derriere des isles. Il est par la hauteur de 43. degrez de latitude, & l'auons nommé le Beau-port.

Partement de l'Auteur du beau port.

Le dernier de Septembre nous partismes du Beau-port, & passasmes par le cap Sainct Louys, & fismes porter toute la nuict pour gaigner le cap Blanc. Au matin vne heure deuant le iour nous nous trouuasmes à vau le vent du cap Blanc en la baye blanche à huict pieds d'eau, esloignez de la terre vne lieuë, où nous mouillasmes l'anchre, pour n'en approcher de plus prés, en attendant le iour, & voir comme nous eſtions de la marée. Cependant enuoyaſmes ſonder auec noſtre chaloupe, & ne trouua-on plus de 8. pieds d'eau, de façon qu'il fallut deliberer attendant le iour ce que nous pourrions faire. L'eau diminua iuſques à 5. pieds, & noſtre barque talonnoit quelquefois ſur le ſable, ſans toutesfois ſ'offenſer, ny faire aucun dommage, car la mer eſtoit belle, & n'euſmes point moins de 3. pieds d'eau ſouz nous, lors que la mer commença à croiſtre, qui nous donna grande eſperance.

Le iour eſtant venu, nous apperceuſmes vne coſte de ſable fort baſſe, où nous eſtions le trauers plus à val le vent, & d'où on enuoya la chaloupe pour ſonder vers vn terroir qui eſt aſſez haut, où on iugeoit y auoir beaucoup d'eau; & de faict on y en trouua 7. braſſes. Nous y fuſmes moüiller l'anchre, & auſſi toſt appareillaſmes la chaloupe auec neuf ou dix hommes, pour aller à terre voir vn lieu où iugions y auoir vn beau & bon port pour nous pouuoir ſauuer ſi le vent ſe fuſt eſleué plus grand qu'il n'eſtoit. Eſtant recogneu, nous y entraſmes à 2. 3. & 4. braſſes d'eau. Quand nous fuſmes dedans, nous en trouuaſmes 5. & 6. Il y auoit force huiſtres qui eſtoient tresbonnes, ce que n'auions encores apperceu, & le nommaſmes le port aux Huiſtres, & eſt par la hauteur de 42. degrez de latitude. Il y vint à nous trois canaux de Sauuages. Ce iour le vent nous fut fauorable, qui fut cauſe que nous leuaſmes l'anchre pour aller au cap Blanc, diſtant de ce lieu de 5. lieuës, au nort vn quart du nordeſt, & le doublaſmes.

Le lendemain 2. d'Octobre arriuaſmes deuant Ma-

Deſcouurt vn beau port.

Force huiſtres tresbonnes en ce port, appellé à cauſe de cela le port aux huiſtres.

74　　　Les voyages dv sievr

lebarre, où sejournasmes quelque temps, pour le mauuais vent qu'il faisoit, durant lequel le sieur de Poitrincourt auec la chaloupe, accompagné de 12. à 15. hommes, fut visiter le port, où il vint au deuant de luy 150. Sauuages, en chantant & dançant, selon leur coustume. Aprés auoir veu ce lieu, nous nous en retournasmes en nostre vaisseau, où le vent venant bon, fismes voile le long de la coste courant au sud.

Continuation des susdites descouuertures iusques au port Fortuné, & quelque vingt lieuës par delà.

CHAPITRE VII.

Omme nous fusmes à six lieuës de Malebarre, nous moüillasmes l'anchre proche de la coste, dautant que n'auions bon vent. Le long d'icelle nous aduisasmes des fumées que faisoient les Sauuages, ce qui nous fit deliberer de les aller voir, & pour cét effect on equipa la chaloupe. Mais quand nous fusmes proche de la coste qui est areneuse, nous ne peusmes l'aborder, car la houlle estoit trop grande. Ce que voyans les Sauuages, ils mirent vn canau à la mer, & vindrent à nous 8. ou 9. en chantant, & faisans signe de la ioye qu'ils auoient de nous voir, & nous monstrerent que plus bas il y auoit vn port, où nous pourrions mettre nostre barque en seureté. Ne pouuant mettre pied à terre, la chaloupe s'en reuint à la barque, & les Sauuages retournerent à terre, aprés les auoir traicté humainement.

Port enseigné aux nostres par les Sauuages.

Le len-

Le lendemain le vent eſtant fauorable, nous continuaſmes noſtre routte au nort 5. lieues, & n'euſmes pas pluſtoſt fait ce chemin, que nous trouuaſmes 3. & 4. braſſes d'eau, eſtans eſloignez vne lieuë & demie de la coſte. Et allans vn peu de l'auant, le fonds nous hauſſa tout à coup à braſſe & demie, & deux braſſes, ce qui nous donna de l'apprehenſion, voyant la mer briſer de toutes parts, ſans voir aucun paſſage par lequel nous peuſſions retourner ſur noſtre chemin, car le vent y eſtoit entierement contraire.

De façon qu'eſtans engagez parmy des briſans & bancs de ſable, il fallut paſſer au hazard, ſelon que l'on pouuoit iuger y auoir plus d'eau pour noſtre barque, qui n'eſtoit que 4. pieds au plus, & vinſmes parmy ces briſans iuſques à quatre pieds & demy. En fin nous fiſmes tant, auec la grace de Dieu, que nous paſſaſmes par deſſus vne pointe de ſable, qui jette prés de trois lieuës à la mer, au ſud ſueſt, lieu fort dangereux. Doublant ce cap, que nous nommaſmes le cap Batturier, *Cap Batturier.* qui eſt à douze ou treize lieues de Mallebarre, nous moüillaſmes l'anchre à deux braſſes & demie d'eau, d'autant que nous nous voiyons entourez de toutes parts de briſans & battures, reſerué en quelques endroits où la mer ne fleuriſſoit pas beaucoup. On enuoya la chaloupe pour trouuer vn achenal, afin d'aller à vn lieu que iugions eſtre celuy que les Sauuages nous auoient donné à entendre; & creuſmes auſſi qu'il y auoit vne riuiere, où nous pourrions eſtre en ſeureté.

Noſtre chaloupe y eſtant, nos gens mirent pied à terre, & conſidererent le lieu, puis reuindrent auec vn

M

Sauuage qu'ils amenerent, & nous dirent que de plaine mer nous y pourrions entrer, ce qui fut resolu; & aussi tost leuasmes l'anchre, & fusmes par la conduite du Sauuage, qui nous pilota, moüiller l'anchre à vne rade qui est deuant le port à six brasses d'eau, & bon fonds:car nous ne peusmes entrer dedans à cause que la nuict nous surprint.

Le lendemain on enuoya mettre des balises sur le bout d'vn banc de sable qui est à l'emboucheure du port; puis la plaine mer venant y entrasmes à 2. brasses d'eau. Comme nous y fusmes, nous loüasmes Dieu d'estre en lieu de seureté. Nostre gouuernail s'estoit rompu, que l'on auoit accommodé auec des cordages, & craignions que parmy ces bases & fortes marées il ne rompist derechef, qui eust esté cause de nostre perte.

Hazard que court l'Autheur auec les siens.

Dedans ce port il n'y a qu'vne brasse d'eau, & de plaine mer deux; à l'est y a vne baye qui refuit au nort enuiron trois lieues, dans laquelle se voyent vne isle & deux autres petits culs de sac, qui decorent le pays: là sont beaucoup de terres défrichées, & force petits costaux, où ils font leur labourage de bled & autres grains, dont ils viuent. Il y a aussi de tresbelles vignes, quantité de noyers, chesnes, cyprés, & peu de pins. Tous les peuples de ce lieu sont fort amateurs du labourage, & font prouision de bled d'Inde pour l'hyuer, lequel ils conseruent en la façon qui ensuit.

Peuples de ce pays amateurs du labourage.

Ils font des fosses sur le penchant des costaux dans le sable 5. à 6. pieds plus ou moins, & prennent leurs bleds & autres grains, qu'ils mettent dans de grands sacs d'herbe, qu'ils jettent dedans lesdites fosses, & les

Comme ils conseruent leurs bleds.

couurent de fable 3. ou 4. pieds par deſſus le ſuperfice de la terre, pour en prendre à leur beſoin, & ſe conſerue auſſi bien qu'il ſçauroit faire en nos greniers.

Nous veiſmes en ce lieu cinq à ſix cents Sauuages, qui eſtoient tous nuds, horſmis leur nature, qu'ils couurent d'vne petite peau de faon, ou de loup marin. Les femmes auſſi couurent la leur auec des peaux, ou des fueillages, & ont les cheueux tant l'vn que l'autre bien peignez, & entrelacez en pluſieurs façons, à la maniere de ceux de Choüacoet, & ſont bien proportionnez de leurs corps, ayans le teint oliuaſtre. Ils ſe parent de plumes, de patenoſtres de porceline, & autres joliuetez, qu'ils accommodent fort proprement en façon de broderie. Ils ont pour armes des arcs, fleſches, & maſſuës: & ne ſont pas ſi grands chaſſeurs comme bons peſcheurs & laboureurs. *Sauuages tous nuds. Leurs cheueux. Leur parure.*

Pour ce qui eſt de leur police, gouuernement, & croyance, ie n'en ay peu que iuger, & croy qu'ils n'en ont point d'autre que nos Sauuages Souriquois & Canadiens, leſquels n'adorent ny le Soleil, ny la Lune, ny aucune choſe, & ne prient non plus que les beſtes. Bien ont-ils parmy eux quelques gens qu'ils diſent auoir intelligence auec le diable, à qui ils ont grãde croyance, leſquels leur diſent tout ce qui leur doit aduenir, encores qu'ils mentẽt le plus ſouuent: c'eſt pourquoy ils les tiennent comme Prophetes, bien qu'ils les enjaulent comme les Egyptiens & Bohemiens font les bõnes gens de village. Ils ont des chefs à qui ils obeïſſent en ce qui eſt de la guerre, mais non autrement, leſquels trauaillent, & ne tiennent non plus de rang que leurs compagnons. *Leur police & croyance. Leurs chefs de guerre.*

M ij

Leurs logemens.

Leur mesnage, & vtencilles.

Sont fort trauaillez de pulces en esté.

Ports remplis de poisson.

Le pays fort propre pour y bastir.

Port Fortuné.

Leurs logemens sont separez les vns des autres selon les terres que chacun d'eux peut occuper, & sont grands, faits en rond, couuerts de natte, ou fueille de bled d'Inde, garnis seulement d'vn lict ou deux, esleuez vn pied de terre, faits auec quantité de petits bois qui sont pressez les vns contre les autres, dessus lesquels ils dressent vn estaire à la façon d'Espagne (qui est vne maniere de natte espoisse de deux ou trois doigts) sur quoy ils se couchent. Ils ont grand nombre de pulces en esté, mesmes parmy les champs. En nous allans pourmener nous en fusmes remplis en telle quantité, que nous fusmes contraints de changer d'habits.

Tous les ports, bayes & costes depuis Choüacoet sont remplis de toutes sortes de poisson, semblable à celuy qui est aux costes d'Acadie, & en telle abondance, que ie puis asseurer qu'il n'estoit iour ne nuict que nous ne veissions & entendissions passer aux costez de nostre barque plus de mille marsoüins, qui chassoient le menu poisson. Il y a aussi quantité de plusieurs especes de coquillages, & principalement d'huistres. La chasse des oiseaux y est fort abondante.

C'est vn lieu fort propre pour y bastir, & jetter les fondemens d'vne Republique, si le port estoit vn peu plus profond, & l'entrée plus seure qu'elle n'est. Il fut nommé le port Fortuné, pour quelque accident qui y arriua. Il est par la hauteur de 41. & vn tiers de latitude, à 13. lieues de Mallebarre. Nous visitasmes tout le pays circonuoisin, lequel est fort beau, comme i'ay dit cy-dessus, où nous veismes quantité de maisonnettes çà & là.

Partás du port Fortuné, ayans fait six ou sept lieuës, nous eusmes cognoissance d'vne isle, que nous nommasmes la Soupçonneuse, pour auoir eu plusieurs fois croyance de loing que ce fust autre chose qu'vne isle. Rangeant la coste au surouest prés de douze lieuës, passasmes proche d'vne riuiere qui est fort petite, & de difficile abord, à cause des bases & rochers qui sont à l'entrée, que i'ay nommée de mon nom. Ce que nous veismes de ces costes sont terres basses & sablonneuses, qui ne laissent d'estre belles & bonnes, toutesfois de difficile abord, n'ayans aucunes retraites, les lieux fort batturiers, & peu d'eau à prés de deux lieues de terre. Le plus que nous en trouuasmes, ce fut en quelques fosses sept à huict brasses, encores cela ne duroit que la lōgueur du cable, aussi tost l'on reuenoit à deux ou trois brasses, & ne s'y fie qui voudra qu'il ne l'aye bien recognüe la sonde à la main.

Voila toutes les costes que nous descouurismes tant à l'Acadie, que és Etechemins & Almouchiquois, desquelles ie fis la carte fort exactement de ce que ie veis, que ie fis grauer en l'an 1604. qui depuis a esté mise en lumiere aux discours de mes premiers voyages.

M iij

Defcouuerture depuis le Cap de la Héue, iufques à Canfeau, fort particulierement.

CHAPITRE VIII.

PArtant du cap de la Héue iufques à Sefambre, qui eſt vne iſle ainſi appellée par quelques Mallouins, diſtante de la Héue de 15. lieuës, ſe trouuent en ce chemin quantité d'iſles, qu'auons nommées les Martyres, pour y auoir eu des François autrefois tuez par les Sauuages. Ces iſles ſont en pluſieurs culs de ſac & bayes; en l'vne deſquelles y a vne riuiere appellée ſainéte Marguerite, diſtante de Sefambre de 7. lieues, qui eſt par la hauteur de 44 degrez, & 25. minutes de latitude. Les iſles & coſtes ſont remplies de quantité de pins, ſapins, bouleaux, & autres meſchans bois. La peſche du poiſſon y eſt abondante, comme auſſi la chaſſe des oiſeaux.

De Sefambre paſſaſmes vne baye fort ſaine contenant 7. à 8. lieues, où il n'y a aucunes iſles ſur le chemin horſmis au fonds, qui eſt à l'entrée d'vne petite riuiere de peu d'eau, & fuſmes à vn port diſtant de Sefambre de 8. lieuës, mettant le cap au nordeſt quart d'eſt, qui eſt aſſez bon pour des vaiſſeaux du port de cent à ſix vingts tonneaux. En ſon entrée y a vne iſle de laquelle on peut de baſſe mer aller à la grande terre. Nous auons nommé ce lieu le port Sainéte Heleine, qui eſt par la hauteur de 44. degrez 40. minutes peu plus ou moins de latitude.

Iſles des Martyrs, pourquoy ainſi appellées.

Riuiere de Sainéte Marguerite.

Port de Sainéte Heleine.

De ce lieu fusmes à vne baye appellée la baye de toutes isles, qui peut contenir 14. à 15. lieues: lieux qui sont dangereux à cause des bancs, bases & battures qu'il y a. Le pays est tres mauuais à voir, remply de mesmes bois que i'ay dit cy-dessus. *Baye de toutes isles.*

De là passasmes proche d'vne riuiere qui en est distante de six lieues, qui s'appelle la riuiere de l'isle verte, pour y en auoir vne en son entrée. Ce peu de chemin que nous fismes est remply de quantité de rochers qui jettent prés d'vne lieuë à la mer, où elle brise fort, & est par la hauteur de 45. degrez vn quart de latitude. *Riuiere de l'isle verte.*

De là fusmes à vn lieu où il y a vn cul de sac, & deux ou trois isles, & vn assez beau port, distant de l'isle verte trois lieues. Nous passasmes aussi par plusieurs isles qui sont rangées les vnes proches des autres, & les nommasmes les isles rangées, distantes de l'isle verte de 6. à 7. lieues. En aprés passasmes par vne autre baye où il y a plusieurs isles, & fusmes iusques à vn lieu où trouuasmes vn vaisseau qui faisoit pesche de poisson entre des isles qui sont vn peu esloignées de la terre, distantes des isles rangées 4. lieues, & appellasmes ce lieu le port de Saualette, qui estoit le maistre du vaisseau qui fasoit pesche, qui estoit Basque. *Isles rangees. Port de Saualette.*

Partant de ce lieu arriuasmes à Canseau le 27. du mois, distant du port de Saualette six lieues, où passasmes par quantité d'isles iusques audit Canseau, ausquelles y a telle abondance de framboises, qu'il ne se peut dire plus. *Canseau.*

Toutes les costes que nous rangeasmes depuis le cap de Sable iusques en ce lieu, sont terres mediocrement hautes, & costes de rochers, en la plus-part des endroits bordées de nombre d'isles & brisans qui jettent à la mer par endroits prés de deux lieuës, qui sont fort mauuais pour l'abord des vaisseaux : neantmoins il ne laisse d'y auoir de bons ports & rades le long des costes & isles. Pour ce qui est de la terre, elle est plus mauuaise, & mal agreable qu'en autres lieux qu'eussions veus, excepté en quelques riuieres ou ruisseaux, où le pays est assez plaisant : & ne faut douter qu'en ces lieux l'hyuer n'y soit froid, y durant prés de six mois.

L'hyuer est long en ce pays là.

Ce port de Canseau est vn lieu entre des isles, qui est de fort mauuais abord, si ce n'est de beau temps, pour les rochers & brisans qui sont autour. Il s'y fait pesche de poisson verd & sec.

Port de Cāseau quel.

De ce lieu iusques à l'isle du cap Breton, qui est par la hauteur de 45. degrez trois quarts de latitude, & 14. degrez 50. minutes de declinaison de l'Aymant y a huict lieues, & iusques au cap Breton 25. où entre les deux y a vne grande baye qui entre enuiron 9. ou 10. lieues dans les terres, & fait passage entre l'isle du cap Breton, & la grand'terre qui va rendre en la grande baye Sainct Laurent, par où on va à Gaspé & isle Percée, où se fait pesché de poisson. Ce passage de l'isle du cap Breton est fort estroit. Les grands vaisseaux n'y passent point, bien qu'il y aye de l'eau assez, à cause des grands courans & transports de marées qui y sont ; & auons nommé ce lieu le passage courant, qui est par la hauteur de 45. degrez trois quarts de latitude.

Isle du cap Breton.

Ceste isle du cap Breton est en forme triangulaire, qui a 80. lieuës de circuit, & est la plus-part terre montagneuse,

tagneuse, toutesfois en quelques endroits agreable.
Au milieu d'icelle y a vne maniere de lac, où la mer entre par le costé du nort quart du nordest, & du sud quart du suest, & y a quantité d'isles remplies de grand nombre de gibbier, & coquillages de plusieurs sortes, entre autres des huistres qui ne sont de grande saueur. En ce lieu y a plusieurs ports & endroits où l'on fait pesche de poisson, sçauoir le port aux Anglois, distant du cap Breton enuiron deux à trois lieues: & l'autre, Niganis, 18 ou 20. lieues plus au nort. Les Portugais autrefois voulurent habiter ceste isle, & y passerent vn hyuer: mais la rigueur du temps & les froidures leur firent abandonner leur habitation. Toutes ces choses veuës, ie repassay en France, aprés auoir demeuré quatre ans tant à l'habitation de Sainéte Croix, qu'au port Royal.

A quantité d'isles, & ports.

Fin du second Liure.

LES VOYAGES
DV SIEVR DE CHAMPLAIN.
LIVRE TROISIESME.

Voyages du Sieur de Poitrincourt en la nouuelle France, où il laisse son fils le Sieur de Biencourt. Peres Iesuites qui y sont enuoyez, & les progrés qu'ils y firent, y faisans fleurir la Foy Chrestienne.

CHAPITRE PREMIER.

LE feu Sieur de Poitrincourt pere ayant obtenu vn don du Sieur de Mons, en vertu de sa commission, de quelques terres adjacentes au port Royal, qu'il auoit abãdonnées, l'habitation demeurant en son entier, ledit Sieur de Poitrincourt fait tout deuoir de l'habiter, & y laisse son fils le Sieur de Biencourt, lequel pendant qu'il excogite les moyens de s'y pouuoir establir, les Rochelois & les Basques l'assistent en la plus grande partie des embarquemens, souz esperance d'auoir les

Le Sieur de Poitrincourt laisse son fils le Sieur de Biécourt en la nouuelle France.

pelleteries par leur moyen : mais son dessein ne luy reüssit pas comme il desiroit. Car Madame de Guercheuille tres-charitable, s'entremet en ceste affaire en faueur & consideration des Peres Iesuites. en voicy le discours.

Ledit sieur Iean de Poitrincourt, auant que le sieur de Mons partist de la nouuelle France, luy demanda en don le Port Royal, qu'il luy accorda, à condition que dans deux ans en suitte ledit sieur de Poitrincourt s'y transporteroit auec plusieurs autres familles, pour cultiuer, & habiter le pays ; ce qu'il promit faire, & en l'an 1607. le feu Roy Henry le Grand luy ratifia & confirma ce don, & dit au feu Reuerend Pere Coton qu'il vouloit se seruir de leur Compagnie en la conuersion des Sauuages, promettant deux mille liures pour leur entretien. Le Pere Coton obeït au commandement de sa Majesté ; & entre autres de leurs Peres se presenta le pere Biard, pour estre employé en vn si sainct voyage : & l'an 1608. il fut enuoyé à Bordeaux, où il demeura long temps sans entédre aucunes nouuelles de l'embarquement pour Canada. *Le P. Biard Iesuite est éleu pour y aller.*

L'an 1609. le sieur de Poitrincourt arriua à Paris : le Roy en estant aduerty, & ayant sceu que contre l'opinion de sa Majesté il n'auoit bougé de France, se fascha fort contre luy. Mais pour contenter ladite Majesté, il s'equipe pour faire le voyage. Sur ceste resolution le Pere Coton offre luy donner des Religieux : sur quoy ledit sieur de Poitrincourt luy dit qu'il seroit meilleur d'attendre iusques en l'an suiuant, promettát qu'aussi tost qu'il seroit arriué au port Royal, il renuoyeroit son fils, auec lequel les PP. Iesuites viédroiét. *1609. Arriuee du sieur de Poitrincourt à Paris.*

De faict l'an 1610. ledit sieur de Poitrincourt s'embarqua sur la fin de Feurier, & arriua au port Royal au mois de Iuin suiuant, où ayant assemblé le plus de Sauuages qu'il peut, il en fit baptiser enuiron 25. le iour de sainct Iean Baptiste, par vn Prestre appellé Messire Iosué Fleche, surnommé le Patriarche.

1610. Son retour en la nouuelle Fráce.

Peu de temps après il renuoya en France le sieur de Biencourt son fils, aagé d'enuiron 19. ans, pour apporter les bonnes nouuelles du baptesme des Sauuages, & faire en sorte qu'il fust en brief secouru de viures, dont il estoit mal pourueu, pour y passer l'hyuer.

Renuoye son fils en France.

Le Reuerend pere Christofle Balthazar prouincial, commit pour aller auec le sieur de Biencourt, les Peres Pierre Biart, & Remond Masse; le Roy Louys le Iuste leur ayant fait deliurer cinq cents escus promis par le feu Roy son pere, & plusieurs riches ornemés donnez par les Dames de Guercheuille & de Sourdis. Estans arriuez à Dieppe, il y eut quelque contestation entre les Peres Iesuites, & des marchands, ce qui fut cause que lesdits Peres se retirerent en leur College d'Eu.

Peres Iesuites y enuoyez.

Quelques marchands les offensét à Dieppe.

Ce qu'ayant sceu Madame de Guercheuille, fut fort indignée de ce que de petits marchands auoient esté si outrecuidez d'auoir offensé, & trauersé ces Peres, dit qu'ils deuoient estre punis, mais tout leur chastiement fut qu'ils ne furent receus à l'embarquement. Et ayant sceu que l'equipage ne se monteroit qu'à quatre mil liures, elle fit vne queste en la Cour, & par cét office charitable elle recueillit ladite somme, dont elle paya les marchands qui auoient troublé lesdits Peres, & les fit casser de toute association: & du reste de ceste somme, & d'autres grands biens, fit vn fonds pour l'entre-

Soin de la Dame de Guercheuille pour ceste entreprise.

tien desdits Peres, ne voulant qu'ils fussent à charge au sieur de Poitrincourt; & faire en sorte que le profit qui reuiendroit des pelleteries & des pesches que le nauire remporteroit, ne reuiendroit point au profit des associez, & autres marchands, mais retourneroit en Canada, en la possession des Sieurs Robin & de Biencourt, qui l'employeroient à l'entretien du port Royal & des François qui y resident.

Fait vn fōds pour l'entretien desdits Peres.

A ce subiect fut conclu & arresté que cét argent de Madame de Guercheuille, ayant esté destiné pour le profit de Canada, les Iesuites auroient part aux emoluments de l'association desdits sieurs Robin & de Biencourt, & y participeroient auec eux.

C'est ce contract d'association qui a fait tant semer de bruits, de plaintes, & de crieries contre les Peres Iesuites, qui en cela, & en toute autre chose se sont equitablement gouuernez selon Dieu & raison, à la honte & confusion de leurs enuieux & mesdisans.

Le 26. Ianuier 1611. les mesmes Peres s'embarquerent auec ledit sieur de Biencourt, lequel ils assisterent d'argent pour mettre le vaisseau hors, & soulager les grandes necessitez qu'ils auoient eües en ceste nauigation; d'autant que costoyans les costes ils s'arresterent & sejournerét en plusieurs endroits auant qu'arriuer au port Royal, qui fut le 12. Iuin 1611. le iour de la Pentecoste; & pendant ce voyage lesdits Peres eurent grande disette de viures, & d'autres choses, ainsi que rapporterent les pilotes Dauid de Bruges, & le Capitaine Iean Daune, tous deux de la religion pretenduë reformée, confessans qu'ils auoient trouué ces bons Peres tout autres que l'on les leur auoit dépeint.

1611. Embarquemét des Peres Iesuites auec lesieur de Biécourt

Leur arriuee au port Royal.

Le sieur de Poitrincourt desirât retourner en France, pour mieux donner ordre à ses affaires, laissa son fils le sieur de Biécourt, & les Peres Iesuites auprés luy, qui faisoient tous ensemble enuiron 20. personnes. Il partit la my-Iuillet de la mesme année 1611. & arriua en France sur la fin du mois d'Aoust.

Retour en France du sieur de Poitrincourt.

Pendant l'hyuernement led. sieur de Biencourt fit encores quelques fascheries aux gens du fils dudit Pontgraué, appellé Robert Graué, qu'il traitta assez mal: mais en fin par le trauail des Peres Iesuites, le tout fut appaisé, & demeurerent bons amis.

Le sieur de Poitrincourt cherchant en France tous moyens d'aller secourir son fils, Madame de Guercheuille, pieuse, vertueuse, & fort affectionée à la conuersion des Sauuages, ayant desia recueilly quelques charitez, en communiqua auec luy, & dit que tres-volontiers elle entreroit en la compagnie, & qu'elle enuoyeroit auec luy des Peres Iesuites, pour le secours de Canada.

Contract de la Dame de Guercheuille auec le sieur Robin pour le secours de Canada.

Le côtract d'associatiõ fut passé auec lad. Dame, authorisée de Mr de Liencour, premier Escuyer du Roy, & Gouuerneur de Paris, son mary. Par ce contract fut arresté, Que presentement elle donneroit mil escus pour la cargaison d'vn vaisseau, moyennant quoy elle entreroit au partage des profits que ce nauire rapporteroit, & des terres que le Roy auoit données au sieur de Poitrincourt, ainsi qu'il est porté en la minute de ce contract. Lequel sieur de Poitrincourt se reseruoit le port Royal, & ses terres; n'entendant point qu'elles entrassent en la communauté des autres Seigneuries, Caps, Havres, & prouinces qu'il dit auoir audit pays contre le port Royal. Ladite Dame luy demanda qu'il eust à faire paroistre tiltres par lesquels ces Seigneuries & terres luy appartenoient, & comme il possedoit tant de domaine. Mais il s'en excusa, disant que ses tiltres & papiers estoiét demeurez en la nouuelle Fráce. *Differend entre elle, & le sieur de Poitrincourt.*

Ce qu'entendát ladite Dame, se mesfiant de ce que disoit le sieur de Poitrincourt, & voulant se garder d'estre surprise, elle traicta auec le sieur de Mons, à ce qu'il luy retrocedast tous les droicts, actions, & pretentiós qu'il auoit iamais eu en la nouuelle France, à cause de la donation à luy faite par feu Henry le Grand. La Dame de Guercheuille obtient lettres de sa Majesté à present regnant, par lesquelles donation nouuelle luy est faite de toutes les terres de la nouuelle France, depuis la grande riuiere, iusques à la Floride, horsmis seulement le port Royal, qui estoit ce que ledit sieur de Poitrincourt auoit premierement, & non autre chose. *Elle traitte auec le sieur de Mons. Elle obtiét lettres du Roy pour les terres de la nouuelle France.*

Ladite Dame donna l'argét aux Peres Iesuites pour le mettre entre les mains de quelque marchád à Dieppe: mais ledit sieur de Poitrincourt fit tant auec les mesmes Peres, que de ces mille escus il en tira quatre cents.

Il commit à cét embarquement vn sien seruiteur appellé Simon Imbert Sandrier, qui s'acquitta assez mal de l'administration de ce nauire equipé & freté. Il partit de Dieppe le 31. de Decembre au fort de l'hyuer, & arriua au port Royal le 23. de Ianuier l'an suiuant 1612. *Simon Imbert administre mal.*

Le sieur de Biencourt fort aise d'vne part de voir ce nouueau secours arriué, & d'autre fasché de voir Ma- 1612.

dame de Guercheuille hors de ceste compagnie, suiuant ce que ledit Imbert luy auoit dit, & des plaintes que luy firent les peres Iesuites du mauuais mesnage fait en tel embarquement par cét Imbert, qui à tort & sans cause accusoit les peres, lesquels neantmoins le contraignirēt de confesser qu'il estoit gaillard quand il parla audit sieur de Biencourt.

Plaintes que les Iesuites font d'Imbert.

En fin toutes ces choses estans appaisées & pardonnées, le Pere Masse estant auec les Sauuages pour apprendre leur langue, il deuint malade en vn lieu, où il eut grande disette, car tout estoit en desordre en ceste demeure. Le Pere Biart demeura au port Royal, où il souffrit plusieurs fatigues, & de grandes necessitez quelques iours durant, à amasser du gland, & chercher des racines pour son viure.

Pendant ce temps on dressoit en France vn equipage pour retirer les Iesuites du port Royal, & fonder vne nouuelle demeure en vn autre endroit. Le chef de cét equipage estoit la Sauſſaye, ayant auec luy trente personnes qui y deuoient hyuerner, y compris deux Iesuites & leur seruiteur, qui se prendroient au port Royal. Il auoit desia auec luy deux autres Peres Iesuites, sçauoir le Pere Quentin, & le Pere Gilbert du Thet, mais ils deuoient reuenir en France auec l'equipage des matelots, qui estoient 38. La Royne auoit contribué à la despense des armes, des poudres, & de quelques munitions. Le vaisseau estoit de cent tonneaux, qui partit de Honnefleur le 12. Mars l'an 1613. & arriua à la Héue à l'Acadie le 16. de May, où ils mirent pour marque de leur possession les armes de Madame de Guercheuille. Ils vindrent au port Royal, où ils

Equipage qui se fait en France, pour retirer les Iesuites du port Royal.

1613.
Voyage de la Sauſſaye en l'Acadie.

ils ne trouuerent que 5. personnes, deux Peres Iesuites, Hebert Apoticaire (qui tenoit la place du Sieur de Biencourt, pendant qu'il estoit allé bien loin chercher dequoy viure) & deux autres personnes. Ce fut à luy qu'on presenta les lettres de la Royne, pour relascher les Peres, & leur permettre aller où bon leur sembleroit; ce qu'il fit : & ces Peres retirerent leurs commoditez du pays, & laisserent quelques viures audit Hebert, afin qu'il n'en eust necessité.

Lettres de la Royne, pour relascher les Iesuites.

Ils sortirent de ce lieu, & furent habiter les monts deserts à l'entrée de la riuiere de Pemetegoet. Le pilote arriua au costé de l'est de l'isle des môts deserts, où les Peres logerent, & rendirent graces à Dieu, esleuans vne croix, & firent le sainct sacrifice de la Messe : & fut ce lieu nommé Sainct Sauueur, à 44. degrez & vn tiers de latitude.

Võt habiter les monts deserts.

Là à peine commençoient-ils à s'accommoder, & deserter le lieu, que l'Anglois suruint, qui leur donna bien d'autre besongne.

Sont surpris des Anglois.

Depuis que ces Anglois se sont establis aux Virgines, afin de se pourueoir de moluës, ont accoustumé de venir faire leur pesche à seize lieuës de l'isle des monts deserts : & ainsi y arriuans l'an 1613. estans surpris des bruïnes, & jettez à la coste des Sauuages de Pemetegoet, estimans qu'ils estoient François, leur dirent qu'il y en auoit à Sainct Sauueur. Les Anglois estans en necessité de viures, & tous leurs hommes en pauuré estat, deschirez, & à demy nuds, s'informent diligemment des forces des François : & ayans eu response conforme à leur desir, ils vont droit à eux, & se mettét en estat de les combattre. Les François voyans

Vont attaquer les François.

O

venir vn seul nauire à pleines voiles, sans sçauoir que dix autres approchoient, recogneurent que c'estoient Anglois. Aussi tost le sieur de la Motte le Vilin, Lieutenant de la Saussaye, & quelques autres, accourent au bord pour le defendre. La Saussaye demeure à terre auec la plus part de ses hommes: mais en fin l'Anglois estant plus fort que les François, aprés quelque combat prirent les nostres. Les Anglois estoient en nombre de 60. soldats, & auoient 14. pieces de canon. En ce combat Gilbert du Thet fut tué d'vn coup de mousquet, quelques autres blessez, & le reste furent pris, excepté Lamets, & quatre autres, qui se sauuerent. par aprés ils entrent au vaisseau des François, s'en saisissent, pillent ce qu'ils y trouuent, desrobent la Commission du Roy que la Saussaye auoit en son coffre. Le Capitaine qui commandoit en ce vaisseau s'appelloit Samuel Argal.

Sont partie tuez, & partie prisonniers des Anglois.

Desrobent la Cómissió du Roy.

Les ennemis mettent pied à terre, cherchét la Saussaye, qui s'estoit retiré dans les bois. Le lendemain il vint trouuer l'Anglois, qui luy fit bonne reception: & luy demandant sa Commission, il va à son coffre pour la prendre, croyant qu'on ne l'auroit point ouuert. Il y trouue toutes ses hardes & commoditez, horsmis la Commission, dont il demeura fort estonné. Et alors l'Anglois faisant le fasché, luy dit: *Quoy? vous nous donnez à entendre que vous auez Commission du Roy vostre Maistre, & ne la pouuez produire? vous estes donc des forbanis & pirates, qui meritez la mort.* Dés lors les Anglois partirent le butin entr'eux.

La Saussaye les vient trouuer.

L'Anglois demande la Commissió desrobée.

Les peres Iesuites voyás le peril auquel les François estoient reduits, font en sorte auec Argal, qu'ils appaiferent les Anglois, & par des raisons puissantes que luy donna le Pere Biart, il prouue que tous leurs hommes estoient gens de bien, & recommandez par sa Majesté Tres-chrestienne. L'Anglois fit mine de s'accorder, & croire aux raisons des Peres, & dirent au sieur de la Saussaye; *Il y a bien de vostre faute de laisser ainsi perdre vos lettres.* Et par aprés firent disner lesdits Peres à leur table.

Les Iesuites appaisét les Anglois.

Il fut parlé de renuoyer les François en France, mais on ne leur vouloit donner qu'vne chaloupe à 30. qu'ils estoient, pour aller trouuer passage le long des costes. Les Peres leur remonstrerent qu'il estoit impossible qu'vne chaloupe peust suffire à les conduire sans peril. Et alors Argal dit: *I'ay trouué vn autre expedient pour les conduire aux Virgines.* Les artisans, souz promesse qu'on ne les forceroit point au faict de leur religion, & qu'aprés vn an de seruice on les feroit repasser en France, trois accepterent cét offre: aussi le sieur de la Motte auoit dés le commencement consenty de s'en aller à la Virgine, auec ce Capitaine Anglois, lequel l'honoroit pour l'auoir trouué faisant son deuoir; & luy permit d'amener quelques vns des siens auec luy, & le Pere Biart: que quatre qu'ils estoiét, sçauoir deux Peres, & deux autres, fussent conduits aux isles où les Anglois faisoient la pesche des moluës, & qu'il leur mandast que par leur moyen il peust passer en France: ce que le Capitaine Anglois luy accorda tres-volontiers.

Anglois offrent vne chaloupe pour les François.

De ceste façon la chaloupe se trouua capable de porter les hommes diuisez en trois bandes. Quinze estoient auec le pilote qui s'estoit eschapé: quinze

O ij

auec l'Anglois, & quinze en la chaloupe accordée, où estoit le pere Masse, & fut deliurée entre les mains de la Saussaye, & du mesme pere Masse, auec quelques viures, mais il n'y auoit aucuns mariniers, & de bonne fortune le pilote la rencontra, qui fut vn grand bien pour eux, & furent iusques à Selembre, par delà la Héue, où estoit le vaisseau de Robert Graué, & vn autre. Ils diuiserent les François en deux bandes, pour les repasser en France, & arriuerét à Sainct Malo, sans auoir couru aucun peril par les tempestes.

François diuisez en deux bandes pour retourner en France.

Le Capitaine Argal mena les quinze François & les Peres Iesuites aux Virgines, où estans, le chef d'icelle appellé le Mareschal, commandant au pays, menaçoit de faire mourir les Peres, & tous les François : mais Argal se banda contre luy, disant qu'il leur auoit donné la parole. Et se voyant trop foible pour les soustenir & defendre, se resolut de monstrer les Commissiós qu'il auoit dérobés; & le Mareschal les voyant s'appaisa, & promit que la parole qu'on leur auoit donnée leur seroit tenuë.

Les François menez par Argal aux Virgines.

Ce Mareschal fait assembler son conseil, & se resoult d'aller à la coste d'Acadie, & y razer toutes les demeures & forteresses iusques au 46. degré, pretendant que tout ce pays luy appartenoit.

Mareschal Gouuerneur de ces isles resolu d'aller ruiner l'Acadie.

Sur ceste resolution du Mareschal, Argal reprend la routte auec trois vaisseaux, diuise les François en iceux, & retournét à Sainct Sauueur; où croyás y trouuer la Saussaye, & vn nauire nouuellement arriué, ils sceurent qu'il estoit retourné en France. Ils y planterent vne croix, au lieu de celle que les Peres y auoient plantée, qu'ils rompirent, & sur la leur ils escriuirent le

Anglois rópét la saincte croix.

le nom du Roy de la grand'Bretagne, pour lequel ils prenoient possession de ce lieu.

De là il fut à la Saincte Croix, qu'il brusla, osta toutes les marques qui y estoient, & print vn morceau du sel qu'il y trouua.

Par après il fut au port Royal, conduit d'vn Sauuage qu'il print par force, les François ne le voulant enseigner; met pied à terre, entre dedans, visite la demeure, & n'y trouuant personne, prend ce qui y estoit de butin, la fit brusler, & en deux heures le tout fut reduit en cendres, & osta toutes les marques que les François y auoient mises: de sorte que ceux qui y estoient furent contraints d'abandonner ceste demeure, & s'en aller auec les Sauuages. Bruslent tout au port royal.

Vn François meschant & desnaturé, qui estoit auec ceux qui s'estoient sauuez dans les bois, approchant du bord de l'eau, cria tout haut, & demanda à parlementer, ce qui luy fut accordé, & lors il dit: *Ie m'estonne qu'y ayant auec vous vn Iesuite Espagnol, appellé le Pere Biart, vous ne le faites mourir comme vn meschant homme, qui vous fera du mal s'il peut, si le laissez faire.* Est-il possible que la nation Françoise produise de tels monstres d'hommes detestables, semeurs de faussetez calomnieuses, pour faire perdre la vie à ces bons Peres? François desloyal, qui calomnie les PP.

Les Anglois partent du port Royal le 9. Nouembre 1613. pour retourner aux Virgines. En ce voyage la contrarieté des vents & des tempestes fut telle, que les trois vaisseaux se separerent. La barque où estoient six Anglois ne s'est peu recouurer du depuis; & le vaisseau du Capitaine Argal abordant les Virgines, qui fit entédre au Mareschal ce qu'estoit le Pere Biart, Appelle le Pere Biart Espagnol.

qu'il tenoit pour Espagnol, & qui l'attendoit pour le faire mourir. Il estoit alors au troisiesme vaisseau, où commandoit vn Capitaine nommé Turnel, ennemy mortel des Iesuites; & ce vaisseau fut tellement battu du vent de surouest, que mettant à contre-bord, il fut contraint de relascher aux Esores, à 500. lieuës des Virgines, où l'on tua tous les cheuaux qui auoient esté pris au port Royal, qu'ils mangerent au defaut d'autres viures. En fin ils arriuerent à vne isle des Esores, & alors il dit au Pere: *Dieu est courroucé contre nous, & nous contre vous, pour le mal que nous vous auons fait souffrir iniustement. Mais ie m'estonne comme des François estans dans les bois, au milieu de tant de miseres & apprehensions, ayent fait courir le bruit que vous estes Espagnol: & l'ont non seulement dit & asseuré, mais l'ont signé?* Monsieur (dit le Pere) *vous sçauez que pour toutes les calomnies & mesdisances, ie n'ay iamais mal parlé de ceux qui m'accusoient, vous estes tesmoin de la patience que i'ay euë contre tant d'aduersitez, mais Dieu cognoist la verité. Non seulement ie n'ay iamais esté en Espagne, ny aucun de mes parents, mais ie suis bon & fidele François pour le seruice de Dieu, & de mon Roy, & feray tousiours paroistre au peril de ma vie que c'est à tort que l'on m'a calomnié, & que l'on m'appelle Espagnol. Dieu leur pardonne, & qu'il luy plaise nous deliurer d'entre leurs mains, & vous particulierement, pour nostre bien, & oublions le passé.*

De là ils vont moüiller l'anchre à la rade de l'isle du Fayal, qui est vne des Esores, & furẽt contraints d'anchrer en ce port, & cacher les Peres en quelque endroit au fonds du vaisseau, & tirerent parole d'eux qu'ils ne se descouuriroient point, ce qu'ils firent.

Marginalia:
Ce que l'Anglois dit au Pere Biart.

Sa response.

DE CHAMPLAIN. iii

La visite du vaisseau fut faite par les Portugais, qui descendirent au bas où les Peres estoient, & qui les voyoient sans faire aucun signe; & neantmoins s'ils se fussent donnez à cognoistre aux Portugais, ils eussent esté aussi tost delivrez, & tous les Anglois pendus: mais ces visiteurs pour ne chercher exactement, ne veirent point les Peres Iesuites, & s'en retournerent à terre ; & ainsi les Anglois furent delivrez du hazard qu'ils couroient d'estre pendus, allerent querir tout ce qui leur estoit necessaire, puis levans l'anchre, mettent en mer, & font mille remerciemens aux Peres, qu'ils caressent, & n'ayans plus opinion qu'ils fussent Espagnols, les traittent le plus humainement qu'ils peuuét, admirent leur grande constance & vertu à souffrir les paroles qu'ils auoiét dites d'eux, & ne furent que bienveillances & tesmoignages de bonne amitié, iusques à ce qu'ils fussent arriuez en Angleterre: leur monstràs par là que c'estoit contre l'opinion de plusieurs ennemis de l'Eglise Catholique & au preiudice de la verité, qu'ils leur imposent que leur doctrine enseigne qu'il ne faut garder la foy aux Heretiques.

Anglois en danger d'estre pendus par les Portugais.

Traittent fort bien les Iesuites.

En fin Argal arrive au port de Milfier l'an 1614. en la Prouince de Galles, où le Capitaine fut emprisonné, pour n'auoir passe-port, ny commission, son General l'ayant, & s'estant esgaré, comme auoit fait son Vice-Admiral.

1614. Leur arriuee en Angleterre.

Les Peres Iesuites raconterent comme le tout s'estoit passé, & par après le Capitaine Argal fut delivré, & retourna en son vaisseau, & les Peres furent retenus à terre, aimez & caressez de plusieurs personnes. Et sur le discours que le Capitaine de leur vaisseau faisoit de ce qui se passa aux Esores, la nouuelle vint à Londres à la Cour du Roy de la grand' Bretagne, l'Ambassadeur de sa Majesté Tres-chrestienne poursuiuit la deliurā-

Deliurance des Peres. ce des Peres, qui furent conduits à Douure, & de là passerent en France, & se retirerent en leur College d'Amiens, après auoir esté neuf mois & demy entre les mains des Anglois.

Le sieur de la Motte arriua aussi au mesme temps en Angleterre, dās vn vaisseau qui estoit de la Bermude, ayant passé aux Virgines. Il fut pris en son vaisseau, & arresté, mais deliuré par l'entremise de Monsieur du Biseau, pour lors Ambassadeur du Roy en Angleterre.

Madame de Guercheuille ayant aduis de tout cecy,

La Saussaye enuoyé à Londres, pour faire rendre le vaisseau du sieur de la Motte. enuoya la Saussaye à Londres, pour solliciter la restitution du nauire, & fut tout ce que l'on peut retirer pour lors. Trois François moururent à la Virginie, & 4. y resterēt, pendāt qu'on trauailloit à leur deliurāce.

Les Peres y baptiserent 30. petits enfans, excepté trois, qui furent baptisez en necessité.

Il faut aduoüer que ceste entreprise fut trauersée de

Ceste entreprise suiuie de plusieurs malheurs. beaucoup de malheurs, qu'on eust bien peu euiter au commencemēt, si Madame de Guercheuille eust donné trois mil six cents liures au sieur de Mons, qui desiroit auoir l'habitation de Quebec, & de toute autre chose. I'en portay parole deux ou trois fois au R. P. Coton, qui mesnageoit cét affaire, lequel eust bien desiré que le traicté se fust fait auec de moindres conditions, ou par d'autres moyens, qui ne pouuoit estre à l'auantage dudit sieur de Mons, qui fut le sujet pourquoy rien ne se fit, quoy que ie peusse representer audit Pere, auec les auantages qu'il pourroit auoir en la

conuersion

conuersion des infideles, que pour le commerce & trafic qui s'y pouuoit faire par le moyen du grand fleuue Sainct Laurent, beaucoup mieux qu'en l'Acadie, mal aifée à conferuer, à caufe du nombre infiny de fes ports, qui ne fe pouuoient garder que par de grandes forces; ioint que le terroir y eft peu peuplé de Sauuages; outre que l'on ne pourroit penetrer par ces lieux dans les terres, où font nombre d'habitans fedentaires, comme on pourroit faire par ladite riuiere Sainct Laurent, pluftoft qu'aux coftes d'Acadie.

Ce que l'Autheur reprefenta au Pere Cotõ.

D'auantage, que l'Anglois qui faifoit alors fes pefches en quelques ifles efloignées de 13. à 14. lieues de l'ifle des monts deferts, qui eft l'entrée de la riuiere de Pemetegoet, feroit ce qu'il pourroit pour endõmager les noftres, pour eftre proche du port Royal & autres lieux. Ce que pour lors ne fe pouuoit efperer à Quebec, où les Anglois n'auoient aucune cognoiffance. Que fi ladite Dame de Guercheuille euft en ce temps là entré en poffeffion de Quebec, on fe fuft peu affeurer que par la vigilance des Peres Iefuites, & les inftructions que ie leur pouuois donner, le pays fe fuft beaucoup mieux accommodé, & l'Anglois ne l'euft trouué dénué de viures & d'armes, & ne s'en fuft emparé, comme il a fait en ces dernieres guerres. Ce qu'il a fait par l'induftrie de quelques mauuais François, joint qu'alors lefdits Peres n'auoient auec eux aucun homme pour conduire leur affaire, excepté la Sauffaye, peu experimenté en la cognoiffance des lieux. Mais on a beau dire & faire, on ne peut euiter ce qu'il plaift à Dieu de difpofer.

P.

Voila comme les entreprises qui se font à la haste, & sans fondement; & faites sans regarder au fonds de l'affaire, reüssissent tousiours mal.

Seconde entreprise du Sieur de Mons. Conseil que l'Autheur luy donne. Obtient Commission du Roy. Son partement. Bastimens que l'Autheur fait au lieu de Quebec. Crieries contre le Sieur de Mons.

CHAPITRE II.

Retournons & poursuiuons la seconde entreprise du Sieur de Mons, qui ne perd point courage, & ne veut demeurer en si beau chemin. Le R. P. Coton ayant refusé de conuenir auec luy des 3600. liures, il me discourut particulierement de ses desseins. Ie le conseillay, & *Conseilque l'Autheur donne au Sieur de Mons.* luy donnay aduis de s'aller loger dans le grand fleuue Sainct Laurent, duquel i'auois vne bonne cognoissance par le voyage que j'y auois fait, luy faisant gouster les raisons pourquoy il estoit plus à propos & conuenable d'habiter ce lieu qu'aucun autre. Il s'y resolut; & pour cét effect il en parle à sa Majesté, qui luy *Obtient commissiō du Roy.* accorde, & luy donne Commission de s'aller loger dans le pays. Et pour en supporter plus facilement la despense, interdit le trafic de pelleterie à tous ses subjects, pour vn an seulement.

Pour cét effect il fait equiper 2. vaisseaux à Hōne- *Voyage de l'Autheur.* fleur, & me donna sa lieu-tenance au pays de la nouuelle France l'an 1608. Le Pont Graué prit le deuant pour aller à Tadoussac, & moy aprés luy dans vn vaisseau chargé des choses necessaires & propres à vne habitation. Dieu nous fauorisa si heureusement, que nous arriuasmes dans ledit fleuue au port de Tadoussac; auquel lieu ie fais descharger toutes nos commoditez, auec les hommes, manouuriers, & artisans, pour aller à mont ledit fleuue trouuer lieu commode & propre pour habiter. Trouuant vn lieu le plus estroit de la riuiere, que les habitans du pays appellent Quebec, j'y fis bastir & edifier vne habitation, & défricher des terres, & faire quelques jardinages. Mais pendant que nous trauaillons auec tant de peine, voyons ce qui se passe en France pour l'execution de ceste entreprise.

Fait bastir à Quebec.

Le Sieur de Mons qui estoit demeuré à Paris pour quelques siennes affaires, & esperant que sa Majesté luy continueroit sadite Commission, il ne demeura pas beaucoup en repos que l'on ne crie plus que iamais qu'il faut aller au Conseil. Les Bretons, Basques, Rochelois & Normands renouuellent les plaintes; & estans oüis de ceux qui les veulent fauoriser, disent que c'est vn peuple, c'est vn bien public. Mais l'on ne recognoist pas que ce sont peuples enuieux, qui ne demandēt pas leur bien, ains plustost leur ruine, comme il se verra en la suitte de ce discours.

Quoy que c'en soit, voila pour la seconde fois la Commission reuoquée, sans y pouuoir remedier. Il s'en faudra retourner de Quebec au printemps prochain; de sorte que qui plus y aura mis, plus y aura perdu, comme sera sans doute ledit Sieur de Mons, lequel me r'escriuit ce qui s'estoit passé, qui me donna sujet de retourner en France voir ces remuemens, &

comme l'habitation demeuroit au sieur de Mons, qui en conuint quelque temps de là auec ses associez ; lequel cependant la met entre les mains de quelque marchand de la Rochelle, à certaines cõditions, pour leur seruir de retraitte à retirer leurs marchandises, & traicter auec les Sauuages. C'estoit en ce temps là que ie fis l'ouuerture aud. Reuerend Pere Coton, pour Madame de Guercheuille, si elle le vouloit auoir, ce qui ne se pût, comme i'ay dit cy-dessus, puis que la traicte estoit permise, iusques à ce qu'il renouuellast vne autre commission, qui apportast vn meilleur reglement que par le passé.

L'Autheur representẽ au sieur de Mons son hyuernement en la nouuelle France.

I'allay trouuer le Sieur de Mons, auquel ie representay tout ce qui s'estoit passé en nostre hyuernement, & ce que i'auois peu cognoistre & apprendre des commoditez que l'on pouuoit esperer dans le grand fleuue Sainct Laurent, qui m'occasionna de voir sa Majesté pour luy en faire particulierement le recit, auquel elle y prit grand plaisir. Cependant le sieur de Mons porté d'affection d'embrasser cét affaire à quelque prix que ce fust, fait derechef ce qu'il

Le sieur de Mõs poursuit vne nouuelle commissiõ.

peut pour auoir nouuelle commission. Mais ses enuieux, au moyen de la faueur, auoient mis si bon ordre, que son trauail fut en vain. Ce que voyant, pour le desir qu'il auoit de voir ses terres peuplées, il ne

Mais les enuieux de sõ bien le priuent des moyens de l'obtenir.

laissa, sans commission, de vouloir continuer l'habitation, & faire recognoistre plus particulierement le dedans des terres à mont ledit fleuue. Et pour l'execution de ceste entreprise, il fait equiper auec la Societé des vaisseaux, comme font plusieurs autres, à qui le trafic n'estoit pas interdit, qui couroient sur nos brisées, qui emporterent le lucre des peines de nostre trauail, sans qu'ils voulussent contribuer à ses entreprises.

Les vaisseaux estans prests, le Pont Graué & moy nous embarquasmes pour faire ce voyage l'an 1610. auec artisans & autres manouuriers, & fusmes trauersez de mauuais temps. Arriuans au port de Tadoussac, & de là à Quebec, nous y trouuasmes chacun en bonne disposition.

Premier que passer plus outre, i'ay pensé qu'il ne seroit hors de sujet de descrire la description de la grande riuiere, & de quelques descouuertes que i'ay faites à mont ledit fleuue Sainct Laurent, de sa beauté & fertilité du pays, & de ce qui s'est passé és guerres contre les Hiroquois.

P iij

Embarquement de l'Autheur pour aller habiter la grande riuiere Sainct Laurent. Description du port de Tadoussac. De la riuiere de Saguenay. De l'Isle d'Orleans.

CHAPITRE III.

Prés auoir raconté au feu Roy tout ce que j'auois veu & descouuert, ie m'embarquay pour aller habiter la grande riuiere Sainct Laurent, au lieu de Quebec, comme Lieutenant pour lors du sieur de Mons. Ie partis de Houneffleur le 13. d'Auril 1608. & le 3. de Iuin arriuasmes deuant Tadoussac, distant de Gaspé 80. ou 90. lieues, & mouillasmes l'anchre à la rade du port de Tadoussac, qui est à vne lieuë du port, qui est comme vne ance à l'entrée de la riuiere du Saguenay, où il y a vne marée fort estrange pour sa vistesse, où quelquefois se leuent des vents impetueux qui ameinent de grandes froidures. L'on tient que ceste riuiere a 45. ou 50. lieues du port de Tadoussac iusques au premier sault, qui vient du nort norouest. Ce port est petit, & n'y pourroit qu'enuiron 20. vaisseaux. Il y a de l'eau assez, & est à l'abry de la riuiere de Saguenay, & d'vne petite isle de rochers qui est presque coupée de la mer. Le reste sont montagnes hautes esleuées, où il y a peu de terre, sinon rochers & sables remplis de bois, comme sapins & bouleaux. Il y a vn petit estang proche du port renfermé de montagnes couuertes de bois. A l'entrée sont deux pointes, l'vne du costé du suroucit, contenant prés d'vne lieuë en la mer, qui s'appelle la pointe

Port de Tadoussac, & sa description.

aux Alloüettes; & l'autre du cofté du nordoueft, con- *Pointe aux Alloüettes.*
tenant demy quart de lieuë, qui s'appelle la pointe
aux roches. Les vents du fud fueft frapét dans le port, *Pointe aux Rochers.*
qui ne font point à craindre, mais bien celuy du Sa-
guenay. Les deux pointes cy deffus nommées, affe-
chent de baffe mer.

En ce lieu y auoit nóbre de Sauuages, qui y eftoiét *Nombre de Sauuages venus prés ce port à cause des pelleteries.*
venus pour la traicte de pelleterie, plufieurs defquels
vindrent à noftre vaiffeau auec leurs canaux, qui font
de 8. ou 9. pas de long, & enuiron vn pas, ou pas & demy de large par le milieu, & vont en diminuant par
les deux bouts Ils font fort fubiects à tourner fi on ne *Canaux de Sauuages comment faits.*
les fçait bié gouuerner, & font faits d'efcorce de bou-
leau, renforcez par dedans de petits cercles de cedre
blanc, bien proprement arrangez, & font fi legers,
qu'vn homme en porte aifément vn. Chacun peut
porter la pefanteur d'vne pipe. Quand ils veulent tra-
uerfer la terre pour aller en quelque riuiere où ils ont
affaire, ils les portent auec eux. Depuis Choüacoet le
long de la cofte iufques au port de Tadouffac, ils font
tous femblables.

Ie fus vifiter quelques endroits de la riuiere du Sa- *Riuiere de Saguenay*
guenay, qui eft vne belle riuiere, & d'vne grande pro-
fondeur, comme de 80. & 100. braffes. A 50. lieues de
l'entrée du port, comme dit eft, y a vn grand fault
d'eau, qui defcend d'vn fort haut lieu, & de grande
impetuofité. Il y a quelques ifles dedans cefte riuiere *Ifles d'au- prés cefte riuiere font fort defer- tes.*
fort defertes, n'eftans que rochers, couuertes de petits
fapins & bruyeres. Elle contient de large demie lieue
en des endroits, & vn quart en fon entrée, où il y a vn
courant fi grand, qu'il eft trois quarts de marée couru

dedans la riuiere, qu'elle porte encores hors: & en toute la terre que j'y aye veuë, ce ne sont que montagnes & promontoires de rochers, la plus-part couuerts de sapins & bouleaux; terre fort mal plaisante, tant d'vn costé que d'autre : en fin ce sont de vrais deserts inhabitez. Allant chasser par les lieux qui me sembloiét les plus plaisans, ie n'y trouuois que de petits oiselets, comme arondelles, & quelques oiseaux de riuiere, qui y viennent en esté ; autrement il n'y en a point, pour l'excessiue froidure qu'il y fait. Ceste riuiere vient du norouest.

Rapport des Sauuages à l'Autheur.

Les Sauuages m'ont fait rapport qu'ayans passé le premier sault ils en passent huict autres, puis vont vne iournée sans en trouuer, & derechef en passent dix autres, & vont dans vn lac, où ils font trois iournées, & en chacune ils peuuent faire à leur aise dix lieuës en montant. Au bout du lac y a des peuples qui viuent errans. Il y a 3. riuieres qui se deschargent dans ce lac, l'vne venát du nort, fort proche de la mer, qu'ils tiennent estre beaucoup plus froide que leur pays ; & les autres deux d'autres costés par dedans les terres, où il

Peuples qui viuent errans, & ne se nourrissent que de la chasse.

y a des peuples Sauuages errans, qui ne viuent aussi que de la chasse, & est le lieu où nos Sauuages vont porter les marchandises que nous leur donnons pour traicter les fourrures qu'ils ont, comme castors, martres, loups ceruiers, & loutres, qui y sont en quantité, & puis nous les apportent à nos vaisseaux. Ces peu-

Voyent la mer salée.

ples Septentrionaux disent aux nostres qu'ils voyent la mer salée ; & si cela est, comme ie le tiens pour certain, ce ne doit estre qu'vn gouffre qui entre dans les terres par les parties du nort. Les Sauuages disent

qu'il

qu'il peut y auoir de la mer du nort au port de Tadouſſac 40. à 50. iournées, à cauſe de la difficulté des chemins, riuieres, & pays qui eſt fort montueux, où la plus grande partie de l'année y a des neges. Voila au vray ce que i'ay appris de ce fleuue. I'ay ſouuent deſiré faire ceſte deſcouuerte, mais ie ne l'ay peu faire ſans les Sauuages; qui n'ont voulu que j'allaſſe auec eux, ny aucuns de nos gens; toutesfois ils me l'auoiét promis.

Deſcouuerte de l'iſle aux Lievres. De l'iſle aux Couldres: & du ſault de Montmorency.

CHAPITRE IIII.

IE partis de Tadouſſac pour aller à Quebec, & paſſaſmes prés d'vne iſle qui s'appelle l'iſle aux Lievres, diſtante de 6. lieuës dudit port, & eſt à deux lieuës de la terre du nort, & à prés de 4 lieues de la terre du ſud. De l'iſle aux Lievres, nous fuſmes à vne petite riuiere qui aſſeche de baſſe mer, où à quelque 700. à 800. pas dedans y a deux ſauts d'eau. Nous la nommaſmes la riuiere aux Saulmõs, à cauſe que nous y en priſmes. Coſtoyát la coſte du nort, nous fuſmes à vne pointe qui aduance à la mer, qu'auons nommé le cap Dauphin, diſtant de la riuiere aux Saulmons trois lieuës. De là fuſmes à vn autre cap que nommaſmes le cap à l'Aigle, diſtant du cap Dauphin 8. lieues. Entre les deux y a vne grande ance, où au fonds y a vne petite riuiere qui aſſeche de baſſe mer, & peut tenir enuiron lieue & demie. Elle eſt quelque peu vnie, venant en diminuant par

L'iſle aux Lieures.

Riuiere aux Saulmons.

Cap Dauphin.

Cap à l'Aigle.

Q

les deux bouts. A celuy de l'ouest y a des prairies & pointes de rochers, qui aduancent quelque peu dans la riuiere : & du costé du surouest elle est fort batturiere; toutesfois assez agreable, à cause des bois qui l'enuironnent, distante de la terre du nort d'enuiron demie lieuë, où il y a vne petite riuiere qui entre assez auant dedans les terres, & l'auons nommée la riuiere platte, ou malle baye, d'autant que le trauers d'icelle la marée y court merueilleusement : & bien qu'il face calme, elle est tousiours fort emeuë, y ayant grande profondeur: mais ce qui est de la riuiere est plat, & y a force rochers en son entrée, & autour d'icelle. De l'isle aux Couldres costoyans la coste, fusmes à vn cap, que nous auons nommé le cap de Tourmente, qui en est à sept lieues, & l'auons ainsi appellé, d'autát que pour peu qu'il face de vent, la mer y esleue comme si elle estoit pleine. En ce lieu l'eau commence à estre douce. De là fusmes à l'isle d'Orleans, où il y a deux lieues, en laquelle du costé du sud y a nombre d'isles, qui sont basses, couuertes d'arbres, & fort agreables, remplies de grandes prairies, & force gibbier, contenans à ce que i'ay peu iuger, les vnes deux lieues, & les autres peu plus ou moins. Autour d'icelles y a force rochers, & bases fort dangereuses à passes, qui sont esloignez d'enuiron deux lieues de la grande terre du sud. Toute ceste coste, tant du nort, que du sud, depuis Tadoussac, iusques à l'isle d'Orleans, est terre montueuse, & fort mauuaise, où il n'y a que des pins, sapins, & bouleaux, & des rochers tres-mauuais, & ne sçauroit-on aller en la plus-part de ces endroits.

 Or nous rangeasmes l'isle d'Orleans du costé du

L'isle aux Couldres.

L'isle d'Orleans.

sud, distante de la grande terre vne lieue & demie ; & du costé du nort demie lieue, contenant de long six lieues, & de large vne lieue, ou lieue & demie par endroits. Du costé du nort elle est fort plaisante, pour la quantité des bois & prairies qu'il y a, mais il y fait fort dangereux passer, pour la quantité de pointes & rochers qui sont entre la grand terre & l'isle, où il y a quantité de beaux chesnes, & des noyers en quelques endroits, & à l'emboucheure des vignes & autres bois comme nous auons en France.

Ce lieu est le commencement du beau & bon pays de la grande riuiere, où il y a de son entrée 120. lieues. Au bout de l'isle y a vn torrent d'eau du costé du nort, que i'ay nommé le sault de Montmorency, qui vient d'vn lac qui est enuiron dix lieues dedans les terres, & descend de dessus vne coste qui a prés de 25. toises de haut, au dessus de laquelle la terre est vnie & plaisante à voir, bien que dans le pays on voye de hautes montagnes, qui paroissent de 15 à 20. lieues. {Sault de Montmorency.}

Q ij

Arriuée de l'Autheur à Quebec, où il fit ses logemens. Forme de viure des Sauuages de ce pays là.

CHAPITRE V.

DE l'isle d'Orleans iusques à Quebec y a vne lieuë, & y arriuay le 3. Iuillet, où estant, ie cherchay lieu propre pour nostre habitation: mais ie n'en peus trouuer de plus cõmode, ny mieux scitué que la pointe de Quebec, ainsi appellé des Sauuages, laquelle estoit réplie de noyers & de vignes. Aussi tost, j'employay vne partie de nos ouuriers à les abbatre, pour y faire nostre habitation, l'autre à scier des aix, l'autre à foüiller la caue, & faire des fossez, & l'autre à aller querir nos commoditez à Tadoussac auec la barque. La premiere chose que nous fismes fut le magazin pour mettre nos viures à couuert, qui fut promptement fait par la diligence d'vn chacun, & le soin que j'en eu. Proche de ce lieu est vne riuiere agreable, où anciennement hyuerna Iacques Cartier.

Pendant que les Charpentiers, Scieurs d'aix, & autres ouuriers trauailloient à nostre logement, ie fis mettre tout le reste à défricher autour de l'habitation, afin de faire des iardinages pour y semer des grains & graines, pour voir comme le tout succederoit, d'autant que la terre paroissoit fort bonne.

L'Autheur fait défricher le lieu de leur demeure.

Cependant quantité de Sauuages estoient cabannez proche de nous, qui faisoient pesche d'anguilles, qui commencent à venir comme au 15. de Septembre,

& finit au 15 Octobre. En ce temps tous les Sauuages se nourrissent de ceste manne, & en font secher pour l'hyuer iusques au mois de Feurier, que les neges sont grandes, comme de deux pieds & demy, & trois pieds pour le plus, qui est le temps que quand leurs anguilles, & autres choses qu'ils font chercher, sont accommodées, ils vōt chasser aux castors, où ils sont iusques au commencement de Ianuier. Ils ne firent pas grand chasse de castors, pour estre les eaües trop grandes, & les riuieres desbordées, ainsi qu'ils nous dirent. Quand leurs anguilles leur faillent, ils ont recours à chasser aux eslans & autres bestes sauuages, qu'ils peuuent trouuer en attendant le printemps, où j'eus moyen de les entretenir de plusieurs choses. Ie consideray fort particulierement leurs coustumes. *Sauuages se nourrissent de manne. Temps de leurs chasses.*

Tous ces peuples patissent tant, que quelquefois ils sont contraints de viure de certains coquillages, & manger leurs chiens, & peaux, dequoy ils se couurent contre le froid. Qui leur monstreroit à viure, & leur enseigneroit le labourage des terres, & autres choses, ils apprendroient fort bien : car il s'en trouue assez qui ont bon iugement, & respondent à propos sur ce qu'on leur demande. Ils ont vne meschanceté en eux, qui est d'vser de vengeāce, d'estre grands menteurs, & ausquels il ne se faut pas trop asseurer, sinon auec raison, & la force en la main. Ils promettent assez, mais ils tiennent peu, la plus-part n'ayans point de loy, selon que i'ay peu voir, auec tout plein d'autres faulses croyances. Ie leur demanday de quelle sorte de ceremonies ils vsoient à prier leur Dieu; ils me dirent qu'ils n'en vsoient point d'autres, sinon qu'vn chacun *Ces peuples patissent fort. Ils sont capables d'apprendre. Sont vindicatifs, & menteurs. Forme de leurs prieres.*

Q iij

le prioit en son cœur comme il vouloit. Voila pourquoy il n'y a aucune loy parmy eux, & ne sçauent que c'est d'adorer & prier Dieu, viuás comme bestes brutes; mais ie croy qu'ils seroient bien tost reduits au Christianisme, si on habitoit & cultiuoit leur terre, ce que la plus-part desirent. Ils ont parmy eux quelques Sauuages qu'ils appellent Pilotois, qu'ils croyent parler au diable visiblemét, leur disant ce qu'il faut qu'ils facent, tant pour la guerre, que pour autres choses; & s'ils leur commandoiét qu'ils allassent mettre en execution quelque entreprise, ils obeïroient aussi tost à son commandement. Comme aussi ils croyent que tous les songes qu'ils ont, sont veritables: & de faict, il y en a beaucoup qui disent auoir veu & songé choses qui aduiennent ou aduiendront. Mais pour en parler auec verité, ce sont visions diaboliques, qui les trompe & seduit. Voila tout ce que i'ay peu apprendre de leur croyance bestiale.

Sauuages appellez Pilotois.

Croyent au diable.

Tous ces peuples sont bien proportiōnez de leurs corps, sans difformité, & sont dispos. Les femmes sont aussi bien formées, potelées, & de couleur bazannée, à cause de certaines peintures dont elles se frotent, qui les fait paroistre oliuastres. Ils sont habillez de peaux: vne partie de leur corps est couuerte, & l'autre partie descouuerte: mais l'hyuer ils remedient à tout, car ils sont habillez de bonnes fourrures, comme de peaux d'eslan, loutres, castors, ours, loups marins, cerfs, & biches, qu'ils ont en quantité. L'hyuer quand les neges sont grandes, ils font vne maniere de raquettes, qui sont grādes deux ou trois fois plus que celles de France; qu'ils attachent à leurs pieds, & vont ainsi dans les

Ont le corps bien proportionné.

Leurs habits.

DE CHAMPLAIN. 127

neges, sans enfoncer : car autrement ils ne pourroient chasser, ny aller en beaucoup de lieux. Ils ont aussi vne façon de mariage, qui est, Que quand vne fille est en l'aage de 14. ou 15. ans, & qu'elle a plusieurs seruiteurs, elle a compagnie auec tous ceux que bon luy semble : puis au bout de 5. ou 6. ans elle prend lequel il luy plaist pour son mary, & viuent ensemble iusques à la fin de leur vie: sinon qu'aprés auoir demeuré quelque temps ensemble, & elles n'ont point d'enfans, l'homme se peut démarier, & prendre vne autre femme, disant que la sienne ne vaut rien. Par ainsi les filles sont plus libres que les femmes. *Marchent parmy les neges auec des raquettes aux pieds. Leurs mariages estranges. Filles sont plus libres que les femes.*

Depuis qu'elles sont mariées elles sont chastes, & leurs maris sont la plus part ialoux, lesquels donnent des presens aux peres ou parents des filles qu'ils ont espousées. Voila les ceremonies & façons dont ils vsent en leurs mariages.

Pour ce qui est de leurs enterremens, quand vn hômme ou vne femme meurt, ils font vne fosse, où ils mettent tout le bien qu'ils ont, comme chaudieres, fourrures, haches, arcs, flesches, robbes, & autres choses : puis ils mettent le corps dans la fosse, & le couurent de terre, & mettent quantité de grosses pieces de bois dessus, & vne autre debout, qu'ils peindent de rouge par en haut. Ils croyent l'immortalité des ames, & disent qu'ils vont se resioüir en d'autres pays, auec leurs parents & amis qui sont morts. Si ce sont Capitaines ou autres d'auctorité, ils võt aprés leur mort 3. fois l'an faire vn festin, chantans & dançans sur leur fosse. *Leurs enterremens. Enterrent tous leurs vstanciles auec le corps. Croyent l'immortalité des ames.*

Ils sont fort craintifs, & apprehendent infiniment leurs ennemis, & ne dormét presque point en repos en quelque lieu qu'ils soient, bien que ie les asseurasse tous les iours de ce qu'il m'estoit possible, en leur remonstrant de faire comme nous, sçauoir, veiller vne partie, tandis que les autres dormirõt, & chacun auoir ses armes prestes, comme celuy qui fait le guet, & ne tenir les songes pour verité, sur quoy ils se reposent. Mais peu leur seruoient ces remonstrances, & disoiét que nous sçauions mieux nous garder de toutes ces choses qu'eux, & qu'auec le temps si nous habitions leur pays, ils le pourroient apprendre.

Semences de vignes plantées à Quebec par l'Autheur. Sa charité enuers les pauures Sauuages..

CHAPITRE VI.

L'Autheur fait semer du bled, & planter des vignes.

LE premier Octobre ie fis semer du bled, & au 15. du seigle.

Le 3. du mois il fit quelques gelées blaches, & les fueilles des arbres commencerent à tomber au 15.

Le 24. du mois, ie fis planter des vignes du pays, qui vindrent fort belles. Mais aprés que ie fus party de l'habitation pour venir en France, on les gasta toutes, sans en auoir eu soin, ce qui m'affligea beaucoup à mon retour.

Le 18 de Nouembre tomba quãtité de neges, mais elles ne durerent que deux iours sur la terre.

Le 5. Feurier il negea fort.

Le 20. du mois il apparut à nous quelques Sauuages qui estoient au delà de la riuiere, qui crioient que nous

nous les allassions secourir : mais il estoit hors de nostre puissance, à cause de la riuiere qui charrioit vn grand nombre de glaces. car la faim pressoit si fort ces pauures miserables, que ne sçachans que faire, ils se resolurent de mourir, hommes, femmes, & enfans, ou de passer la riuiere, pour l'esperáce qu'ils auoient que ie les assisterois en leur extréme necessité. Ayant donc prins ceste resolutiõ, les hommes & les femmes prindrent leurs enfans, & se mirent en leurs canaux, pensans gaigner nostre coste par vne ouuerture de glaces que le vent auoit faite: mais ils ne furent si tost au milieu de la riuiere, que leurs canaux furent prins & brisez entre les glaces en mille pieces. Ils firent si bien qu'ils se ietterent auec leurs enfanss, que les femmes portoient sur leur dos, dessus vn grand glaçon. Comme ils estoient là dessus, on les entendoit crier, tant que c'estoit grand pitié, n'esperans pas moins que de mourir. Mais l'heur en voulut tant à ces pauures miserables, qu'vne grande glace vint choquer par le costé de celle où ils estoient, si rudement, qu'elle les jetta à terre. Eux voyans ce coup si fauorable, furent à terre auec autant de ioye que iamais ils en receurent, quelque grande famine qu'ils eussent eu. Ils s'en vindrent à nostre habitation si maigres & défaits, qu'ils sembloient des anatomies, la plus-part ne se pouuans soustenir. Ie m'estonnay de les voir, & de la façon qu'ils auoient passé, veu qu'ils estoient si foibles & debiles. Ie leur fis donner du pain & des febves, mais ils n'eurent pas la patiéce qu'elles fussent cuites pour les máger: & leur prestay des escorces d'arbres pour couurir leurs cabanes. Cóme ils se cabanoiét, ils aduiserõt

Misere de ces peuples en hyuer.

Charité de l'Autheur enuers eux.

R

vne charongne qu'il y auoit prés de deux mois que j'auois fait jetter pour attirer des regnards, dont nous en preniõs de noirs & de roux, comme ceux de France, mais beaucoup plus chargez de poil. Ceste charongne estoit vne truye & vn chien, qui auoient esté exposés durãt la chaleur & le froid. Quand le temps s'adoucissoit, elle puoit si fort que l'on ne pouuoit durer auprés; neantmoins ils ne laisserent de la prendre & emporter en leur cabanne, où aussi tost ils la deuorerent à demy cuite, & iamais viande ne leur sembla de meilleur goust. I'enuoyay deux ou trois hommes les aduertir qu'ils n'en mãgeassent point, s'ils ne vouloient mourir. Comme ils approcherent de leur cabanne, ils sentirent vne telle puanteur de ceste charongne à demy eschauffée, dont ils auoient chacun vne piece en la main, qu'ils penserent rendre gorge, qui fit qu'ils n'y arresterent gueres. Ie ne laissay pourtant de les accommoder selon ma puissance, mais c'estoit pour la quantité qu'ils estoient, & dans vn mois ils eussent bien mangé tous nos viures, s'ils les eussent eus en leur pouuoir, tant ils sont gloutons. Car quand ils en ont, ils ne mettent rien en reserue, & en font chere continuelle iour & nuict, puis après ils meurẽt de faim.

Enleuent vne chorõgne puãte, qu'ils deuorent.

Sont fort gloutons.

Ils firent encores vne autre chose aussi miserable que la premiere. I'auois fait mettre vne chienne au haut d'vn arbre, qui seruoit d'appast aux martres & oiseaux de proye, où ie prenois plaisir, d'autãt qu'ordinairement ceste charongne en estoit assaillie. Ces Sauuages furent à l'arbre, & ne pouuans monter dessus à cause de leur foiblesse, ils l'abbatirent, & aussi

Enleuent vn chiẽ qui n'auoit que la peau & les os.

tost enleuerent le chien, où il n'y auoit que la peau & les os, & la teste puante & infecte, qui fut incontinét deuoré.

Voila le plaisir qu'ils ont le plus souuent en hyuer: car en esté ils ont assez dequoy se maintenir, & faire des prouisions, pour n'estre assaillis de ces extremes necessitez, les riuieres abondantes en poisson, & chasse d'oiseaux, & autres bestes sauuages. La terre est fort propre & bonne au labourage, s'ils vouloient prendre la peine d'y semer des bleds d'Inde, comme font tous leurs voisins Algomequins, Hurens, & Hiroquois, qui ne sont attaquez d'vn si cruel assaut de famine, pour y sçauoir remedier par le soin & preuoyance qu'ils ont, qui fait qu'ils viuent heureusement au prix de ces Montaignets, Canadiens, & Souriquois, qui sont le long des costes de la mer. Les neges y sont 5. mois sur la terre, qui est depuis le mois de Decembre, iusques vers la fin d'Auril, qu'elles sont presque toutes fonduës. Depuis Tadoussac iusques à Gaspé, cap Breton, isle de terre neufue, & grand baye, les glaces & neges y sont encores en la plus part des endroits iusques à la fin de May: auquel temps quelquefois l'entrée de la grande riuiere est seellée de glaces, mais à Quebec il n'y en a point, qui monstre vne estrange difference pour 120. lieues de chemin en longitude: car l'entrée de la riuiere est par les 49. 50. & 51. degré de latitude, & nostre habitation par les 46. & demy. Pour ce qui est du pays, il est beau & plaisant, & apporte toutes sortes de grains & graines à maturité, y ayant de toutes les especes d'arbres que nous auons en nos forests par deçà, & quantité de ●●●●●ts, bien

Ils ont les neges cinq mois de l'annee.

Fruicts y viennēr en abondance.

132   LES VOYAGES DV SIEVR

qu'ils soient sauuages, pour n'estre cultiuez: comme noyers, cerisiers, pruniers, vignes, framboises, fraises, groiselles vertes & rouges, & plusieurs autres petits fruicts qui y sont assez bons. Aussi y a-il plusieurs sortes de bonnes herbes & racines. La pesche de poisson y est en abondance dans les riuieres, où il y a quantité de prairies & gibbier, qui est en nombre infiny.

Pesche de poisson y abonde.

Le 8. d'Auril en ce temps les neges estoient toutes fonduës, & neantmoins l'air estoit encores assez froid iusques en May, que les arbres commencent à jetter leurs fueilles.

Partement de Quebec iusques à l'isle Sainct Eloy, & de la rencontre que j'y fis des Sauuages Algomequins & Ochataiguins.

CHAPITRE VII.

Our cét effect ie partis le 18. dudit mois, où la riuiere commence à s'eslargir quelquefois d'vne lieuë, & lieuë & demie en tels endroits. Le pays va de plus en plus en embellissant. Ce sont costaux en partie le long de la riuiere, & terres vnies sans rochers que fort peu. Pour la riuiere elle est dangereuse en beaucoup d'endroits, à cause des bancs & rochers qui sont dedans, & n'y fait pas bon nauiger, si ce n'est la sonde à la main. La riuiere est fort abondante en plusieurs sortes de poisson, tant de ceux qu'auons par deçà, comme d'autres que n'auons pas. Le pays est tout couuert de grandes & hautes forests des mesmes sortes qu'auons vers

DE CHAMPLAIN. 133

noſtre habitatiõ. Il y a auſſi pluſieurs vignes & noyers qui ſont ſur le bord de la riuiere, & quantité de petits ruiſſeaux & riuieres, qui ne ſont nauigeables qu'auec des canaux. Nous paſſaſmes proche de la pointe Sain- Pointe de
cte Croix. Ceſte pointe eſt de ſable, qui aduance quel- S. Croix.
que peu dans la riuiere, à l'ouuert du noroueſt, qui bat deſſus. Il y a quelques prairies, mais elles ſont innon- dées des eauës à toutes les fois que viẽt la plaine mer, qui pert de prés de deux braſſes & demie. Ce paſſage eſt fort dangereux à paſſer pour la quátité de rochers qui ſont au trauers de la riuiere, bien qu'il y aye bon achenal, lequel eſt fort tortu, où la riuiere court com- me vn ras, & faut bien prẽdre le temps à propos pour le paſſer. Ce lieu a tenu beaucoup de gens en erreur, qui croyoient ne le pouuoir paſſer que de plaine mer, pour n'y auoir aucun achenal: maintenát nous auons trouué le contraire: car pour deſcendre du haut en bas, on le peut de baſſe mer: mais de monter, il ſeroit mal-aiſé, ſi ce n'eſtoit auec vn grand vent, à cauſe du grand courant d'eau; & faut par neceſſité attendre vn tiers de flot pour le paſſer, où il y a dedans le courant 6.8.10.12.15. braſſes d'eau en l'achenal.

 Continuant noſtre chemin, nous fuſmes à vne ri- uiere qui eſt fort agreable, diſtante du lieu de Saincte Riuiere de
Croix de neuf lieuës, & de Quebec 24. & l'auõs nom- Saincte Ma-
mée la riuiere Saincte Marie. Toute ceſte riuiere de- rie fort a-
puis Saincte Croix eſt fort plaiſante & agreable. greable.

 Continuant noſtre routte, ie fis rencontre de deux ou trois cents Sauuages, qui eſtoient cabannez pro- che d'vne petite iſle appellée S. Eloy, diſtante de Sain- Iſle de S.
cte Marie d'vne lieuë & demie, & là les fuſmes reco- Eloy.

R iij

134 LES VOYAGES DV SIEVR

gnoiſtre, & trouuaſmes que c'eſtoit des nations de Sauuages appellez Ochateguins & Algoumequins, qui venoient à Quebec, pour nous aſſiſter aux deſcouuertures du pays des Hiroquois, contre leſquels ils ont guerre mortelle, n'eſpargnant aucune choſe qui ſoit à eux.

Sauuages Ochateguins & Algoumequins.

Aprés les auoir recognus, ie fus à terre pour les voir, & m'enquis qui eſtoit leur chef. Ils me dirét qu'il y en auoit deux, l'vn appellé Yroquet, & l'autre Ochaſteguin, qu'ils me monſtrerent: & fus en leur cabane, où ils me firent bonne reception, ſelon leur couſtume. Ie commençay à leur faire entendre le ſujet de mon voyage, dont ils furent fort reſiouis; & aprés pluſieurs diſcours ie me retiray. Quelque temps aprés ils vindrent à ma chaloupe, où ils me firent preſent de quelque pelleterie, en me monſtrant pluſieurs ſignes de reſiouiſſance, & de la ſ'en retournerent à terre.

Leur chef.

Le lendemain les deux chefs ſ'en vindrét me trouuer, où ils furent vne eſpace de temps ſans dire mot, en ſongeant & petunant touſiours. Aprés auoir bien penſé, ils commencerent à haranguer hautement à tous leurs compagnons qui eſtoient ſur le bord du riuage auec leurs armes en la main, eſcoutans fort ententiuement ce que leurs chefs leur diſoient, ſçauoir, Qu'il y auoit prés de dix lunes, ainſi qu'ils comptent, que le fils d'Yroquet m'auoit veu, & que ie luy auois fait bonne reception, & deſirions les aſſiſter contre leurs ennemis, auec leſquels ils auoiét dés long temps la guerre, pour beaucoup de cruautez qu'ils auoient exercées contre leur nation, ſouz pretexte d'amitié; & qu'ayans touſiours depuis deſiré la vengeance, ils

Les deux chefs viennét trouuer l'Autheur.

DE CHAMPLAIN. 135

auoient sollicité tous les Sauuages sur le bord de la riuiere, de venir à nous, pour faire alliance auec nous, & qu'ils n'auoient iamais veu de Chrestiens, ce qui les auoit aussi meus de nous venir voir, & que d'eux & de leurs compagnons j'en ferois tout ainsi que ie voudrois. Qu'ils n'auoient point d'enfans auec eux, mais gens qui sçauoient faire la guerre, & pleins de courage, sçachans le pays & les riuieres qui sont au pays des Hiroquois, & que maintenant ils me prioient de retourner en nostre habitation, pour voir nos maisons: que trois iours aprés nous retournerions à la guerre tous ensemble: & que pour signe de grande amitié & resiouissance ie fisse tirer des mousquets & harquebuses, & qu'ils seroient fort satisfaits: ce que ie fis. Ils jetterent de grands cris auec estonnement, & principalement ceux qui iamais n'en auoient ouy ny veus.

Sujet pourquoy ils le veulét voir

Veulét entendre les coups de mousquets, & d'harquebuses.

Aprés les auoir oüis, ie leur fis responce, que pour leur plaire, ie desirois bien m'en retourner à nostre habitation, pour leur donner plus de contentement, & qu'ils pouuoient iuger que ie n'auois autre intention que d'aller faire la guerre, ne portant auec moy que des armes, & non des marchandises pour traicter, cóme on leur auoit donné à entendre. Que mon desir n'estoit que d'accomplir ce que ie leur auois promis: & si j'eusse sceu qu'on leur eust rapporté quelque chose de mal, que ie tenois ceux là pour ennemis plus que les leur mesme. Ils me dirent qu'ils n'en croyoiét rien, & que iamais ils n'en auoient ouy parler, neantmoins c'estoit le contraire: car il y auoit quelques Sauuages qui le dirent aux nostres. Ie me contentay, attendant l'occasion de leur pouuoir monstrer par effect autre chose qu'ils n'eussent peu esperer de moy.

Responce qu'il leur fait.

*Retour à Quebec, & depuis continuation auec les Sauua-
ges iusques au sault de la riuiere des Hiroquois.*

CHAPITRE VIII.

LE lendemain nous partismes tous ensemble pour aller à nostre habitation, où ils se resiouirent cinq ou six iours, qui se passeret en dances & festins, pour le desir qu'ils auoient que nous fussions à la guerre.

Arriuee du Pont auec desbarques pleines d'hommes.

Le Pont vint aussi tost de Tadoussac auec deux petites barques pleines d'hommes, suiuant vne lettre où ie le priois de venir le plus promptement qu'il luy seroit possible.

Les Sauuages le voyans arriuer se resiouirent encores plus que deuant, d'autant que ie leur dis qu'il me donnoit de ses gens pour les assister, & que peut estre nous irions ensemble.

Le 28. du mois ie partis de Quebec pour assister ces Sauuages. Le premier Iuin arriuasmes à saincte Croix, distant de Quebec de 15. lieuës, auec vne chaloupe equipée de tout ce qui m'estoit necessaire.

Partement de l'Auth. de Saincte Croix.

Ie partis de Saincte Croix le 3. de Iuin auec tous les Sauuages, & passasmes par les trois riuieres, qui est vn fort beau pays, remply de quantité de beaux arbres. De ce lieu à Saincte Croix y a 15. lieuës. A l'entrée d'icelle riuiere y a six isles, trois desquelles sont fort petites, & les autres de 15. à 1600. pas de long, qui sont fort plaisantes à voir: & proche du lac Sainct Pierre, faisant enuiron deux lieues dans la riuiere y a vn petit sault

sault d'eau, qui n'est pas beaucoup difficile à passer. Ce lieu est par la hauteur de 46. degrez quelques minutes moins de latitude. Les Sauuages du pays nous donnerent à entendre, qu'à quelques iournees il y a vn lac par où passe la riuiere, qui a dix iournées, & puis on passe quelques sauts, & aprés encore 3. ou 4. autres lacs de 5. ou 6. iournées: & estans paruenus au bout, ils font 4. ou 5. lieues par terre, & entrent derechef dans vn autre lac, où le Saguenay prend la meilleure part de sa source. Les Sauuages viennent dudit lieu à Tadoussac. Les trois riuieres vont 20. iournées des Sauuages; & disent qu'au bout d'icelle riuiere il y a des peuples qui sont grands chasseurs, n'ayás de demeure arrestée, & qu'ils voyent la mer du nort en moins de six iournées. Ce peu de terre que i'ay veu est sablonneuse, assez esleuée en costaux, chargée de quantité de pins & sapins sur le bord de la riuiere: mais entrant dans la terre enuiron vn quart de lieue, les bois y sont tres-beaux & clairs, & le pays vny.

Continuant nostre routte iusques à l'entrée du lac Sainct Pierre, qui est vn pays fort plaisant & vny, & trauersant le lac à 2. 3. & 4. brasses d'eau, lequel peut contenir de long 8. lieues, & de large 4. Du costé du nort nous veismes vne riuiere qui est fort agreable, qui va dans les terres 50. lieues, & l'ay nommée saincte Suzanne: & du costé du sud il y en a deux, l'vne appellée la riuiere du Pont, & l'autre de Gennes, qui sont tres-belles, & en beau & bon pays. L'eau est presque dormante dans le lac, qui est fort poissonneux. Du costé du nort il paroist des terres à 12. ou 15. lieues du lac, qui sont vn peu montueuses. L'ayant trauersé,

Lac de S. Pierre, où est vn lieu fort plaisant.

Riuieres de Saincte Suzanne, & de Gennes.

S

nous passasmes par vn grand nombre d'isles, qui sont de plusieurs grandeurs, où il y a quantité de noyers, & vignes, & de belles prairies, auec force gibbier, & animaux sauuages, qui vont de la grand terre ausdites isles. La pescherie du poisson y est plus abondante qu'en aucun autre lieu de la riuiere qu'eussions veu. De ces isles fusmes à l'entrée de la riuiere des Hiroquois, où nous sejournasmes deux iours, & nous rafraischismes de bônes venaisons, oiseaux & poissons, que nous donnoient les Sauuages, & où il s'esmeut entre eux quelque differend sur le sujet de la guerre, qui fut occasion qu'il n'y en eut qu'vne partie qui se resolurent de venir auec moy, & les autres s'en retournerent en leur pays auec leurs femmes & marchandises, qu'ils auoient traictées.

Riuiere des Hiroquois.

Partant de ceste entrée de riuiere (qui a enuiron 4. à 500. pas de large, & est fort belle, courant au sud) nous arriuasmes à vn lieu qui est par la hauteur de 45. degrez de latitude, à 22. ou 23. lieues des trois riuieres. Toute ceste riuiere depuis son entrée iusques au premier sault, où il y a 15. lieues, est fort platte & enuironnée de bois, comme sont tous les autres lieux cy-dessus nommez, & des mesmes especes. Il y a neuf ou dix belles isles iusques au premier sault des Hiroquois, lesquelles tiennent enuiron lieue, ou lieue & demie, remplies de quantité de chesnes & noyers. La riuiere tient en des endroits prés de demie lieuë de large, qui est fort poissonneuse. Nous ne trouuasmes point moins de 4. pieds d'eau. L'entrée du sault est vne maniere de lac où l'eau descend, qui contient enuiron trois lieues de circuit, & y a quelques prairies où il n'y

Premier sault des Hiroquois.

habite aucuns Sauuages, pour le sujet des guerres. Il y a fort peu d'eau au sault, qui court d'vne grande vitesse, & quantité de rochers & cailloux, qui font que les Sauuages ne les peuuent surmonter par eau: mais au retour ils les descendent fort bien. Tout cedit pays est fort vny, remply de forests, vignes & noyers. Aucuns Chrestiens n'estoient encores paruenus iusques en cedit lieu, que nous, qui eusmes assez de peine à monter la riuiere à la rame.

Aussi tost que ie fus arriué au sault, ie prins 5. hommes, & fusmes à terre voir si nous pourrions passer ce lieu, & fismes enuiron lieue & demie sans en voir aucune apparence, sinon vne eau courante d'vne grande impetuosité, où d'vn costé & d'autre y auoit quantité de pierres, qui sont fort dangereuses, & auec peu d'eau. Le sault peut contenir 600. pas de large. Et voyant qu'il estoit impossible couper les bois, & faire vn chemin auec si peu d'hommes que i'auois, ie me resolus auec le conseil d'vn chacun, de faire autre chose que ce que nous nous estions promis, d'autant que les Sauuages m'auoiét asseuré que les chemins estoiét aisez: mais nous trouuasmes le contraire, comme i'ay dit cy-dessus, qui fut l'occasion que nous en retournasmes en nostre chaloupe, où i'auois laissé quelques hommes pour la garder, & donner à entendre aux Sauuages quand ils seroient arriuez, que nous estions allez descouurir le long dudit sault.

Combien ce sault contient.

Aprés auoir veu ce que desirions de ce lieu, en nous en retournant nous fismes rencontre de quelques Sauuages, qui venoient pour descouurir comme nous auions fait, qui nous dirent que tous leurs com-

Sauuages arriuez à la chaloupe de l'Auth.

pagnons estoient arriuez à nostre chaloupe, où nous les trouuasmes fort contents & satisfaits de ce que nous allions de la façon sans guide, sinon que par le rapport de ce que plusieurs fois ils nous auoient fait.

Estant de retour, & voyāt le peu d'apparence qu'il y auoit de passer le sault auec nostre chaloupe, cela m'affligea, & me dōna beaucoup de desplaisir de m'en retourner sans auoir veu vn grand lac remply de belles isles, & quantité de beau pays, qui borne le lac où habitent leurs ennemis, comme ils me l'auoient figuré. Aprés auoir bien pensé en moy mesme, ie me resolus d'y aller pour accomplir ma promesse, & le desir que i'auois, & m'embarquay auec les Sauuages dans leurs canaux, & prins auec moy deux hommes de bōne volonté. Car quand ce fut à bon escient que nos gens veirent que ie me deliberay d'aller auec leurs canaux, ils saignerent du nez, ce qui me les fit renuoyer à Tadoussac.

Ses gens ne le veulent suiure.

L'Autheur parle aux Capitaines des Sauuages.

Aussi tost ie fus parler aux Capitaines des Sauuages, & leur donnay à entendre comme ils nous auoiēt dit le contraire de ce que j'auois veu au sault, sçauoir, qu'il estoit hors nostre puissance d'y pouuoir passer auec la chaloupe, toutesfois que cela ne m'empescheroit de les assister comme ie leur auois promis. Ceste nouuelle les attrista fort, & voulurent prendre vne autre resolution: mais ie leur dis, & les y sollicitay, qu'ils eussent à continuer leur premier dessein, & que moy troisiesme, ie m'en irois à la guerre auec eux dans leurs canaux, pour leur monstrer que quant à moy ie ne voulois manquer de parole en leur endroit, bien que ie fusse seul, & que pour lors ie ne voulois forcer per-

Il les console.

sonne de mes compagnons de s'embarquer, sinon ceux qui en auroient la volonté, dont j'en auois trouué deux, que ie menerois auec moy.

Ils furent fort contents de ce que ie leur dis, & d'entendre la resolution que j'auois, me promettant tousiours de me faire voir choses belles.

Partement du sault de la riuiere des Hiroquois. Description d'vn grand lac. De la rencontre des ennemis que nous fismes audit lac, & de la façon & conduite qu'ils vsent en allant attaquer les Hiroquois.

CHAPITRE IX.

IE partis dudit Sault de la riuiere des Hiroquois le 2. Iuillet. Tous les Sauuages commencerent à apporter leurs canaux, armes & bagage par terre enuiron demie lieue, pour passer l'impetuosité & la force du sault, ce qui fut promptement fait.

Aussi tost ils les mirent tous en l'eau, & deux hommes en chacun, auec leur bagage, & firent aller vn des hommes de chasque canot par terre enuiron 1. lieue ½ que peut contenir ledit sault, mais non si impetueux comme à l'entrée, sinon en quelques endroits de rochers qui barrent la riuiere, qui n'est pas plus large de trois à quatre cents pas. Aprés que nous eusmes passé le sault, qui ne fut sans peine, tous les Sauuages qui estoient allez par terre, par vn chemin assez beau & pays vny, bien qu'il y aye quantité de bois, se r'embarquerét dans leurs canaux. Les hommes que j'auois

Son embarquement auec les Sauuages.

furent aussi par terre, & moy par eau; dedans vn canau. Ils firent reueuë de tous leurs gens, & se trouua 24. canaux, où il y auoit 60. hommes. Aprés auoir fait leur reueuë, nous continuasmes le chemin iusques à vne isle qui tient trois lieues de long, remplie des plus beaux pins que j'eusse iamais veu. Ils firent la chasse, & y prindrent quelques bestes sauuages. Passant plus outre enuiron trois lieues de là, nous y logeasmes pour prendre le repos la nuict ensuiuant.

Les Sauuages coupét du bois pour se mettre à couuert.

Incontinent vn chacun d'eux commença l'vn à couper du bois, les autres à prendre des escorces d'arbre pour couurir leurs cabanes, pour se mettre à couuert: les autres à abbatre de gros arbres pour se barricader sur le bord de la riuiere autour de leurs cabanes; ce qu'ils sçauent si proprement faire, qu'en moins de deux heures cinq cents de leurs ennemis auroiét bien de la peine à les forcer, sans qu'ils en fissent beaucoup mourir. Ils ne barricadent point le costé de la riuiere où sont leurs canaux arrangez, pour s'embarquer si l'occasion le requeroit.

Aprés qu'ils furent logez, ils enuoyerent trois canaux auec neuf bons hommes, comme est leur coustume, à tous leurs logemens, pour descouurir deux ou trois lieues s'ils n'apperceuront rien, qui aprés se retirent. Toute la nuict ils se reposent sur la descouuerture des auant-coureurs, qui est vne tres-mauuaise coustume en eux: car quelquefois ils sont surpris de leurs ennemis en dormant, qui les assomment, sans qu'ils ayent le loisir de se mettre sur pieds pour se defendre.

Recognoissant cela, ie leur remonstrois la faute

qu'ils faisoient, & qu'ils deuoient veiller, comme ils nous auoient veu faire toutes les nuicts, & auoir des hommes aux aguets, pour escouter & voir s'ils n'apperceuroient rien; & ne point viure de la façon, comme bestes. Ils me dirent qu'ils ne pouuoient veiller, & qu'ils trauailloient assez de iour à la chasse; d'autant que quand ils vont en guerre ils diuisent leurs trouppes en trois, sçauoir, vne partie pour la chasse separée en plusieurs endroits: vne autre pour faire le gros, qui sont tousiours sur leurs armes: & l'autre partie en auant-coureurs, pour descouurir le long des riuieres, s'ils ne verront point quelque marque ou signal par où ayent passé leurs ennemis, ou leurs amis: ce qu'ils cognoissent par de certaines marques que les Chefs se donnent d'vne nation à l'autre, qui ne sont tousiours semblables, s'aduertissans de temps en temps quand ils en changét; & par ce moyen ils recognoissent si ce sont amis ou ennemis qui ont passé. Les chasseurs ne chassent iamais de l'auant du gros, ny des auant-coureurs, pour ne donner d'allarme ny de desordre, mais sur la retraite & du costé qu'ils n'apprehendent leurs ennemis, & continuent ainsi iusques à ce qu'ils soient à deux ou trois iournees de leurs ennemis, qu'ils vont de nuict à la desrobee, tous en corps, horsmis les coureurs, & le iour se retirent dans le fort des bois, où ils reposent, sans s'esgarer ny mener bruit, ni faire aucun feu, afin de n'estre apperceus, si par fortune leurs ennemis passoiét, ny pour ce qui est de leur manger durant ce temps. Ils ne font du feu que pour petuner; & mangent de la farine de bled d'Inde cuite, qu'ils destrempent auec de l'eau, comme boüillie.

Ils conseruēt ces farines pour leur necessité, & quand ils sont proches de leurs ennemis, ou quand ils sont retraitte aprés leurs charges, ils ne s'amusent à chasser, se retirant promptement.

Ont leur Pilotois.

A tous leurs logemēs ils ont leur Pilotois, ou Ostemouy (qui sont manieres de gens qui sont les deuins, en qui ces peuples ont croyance) lequel fait vne cabanne entourée de petits bois, & la couure de sa robbe. Aprés qu'elle est faite, il se met dedans en sorte qu'on ne le voit en aucune façon, puis prend vn des

Comme ce Pilotois les abuse.

piliers de sa cabanne, & la fait bransler, marmotant certaines paroles entre ses dents, par lesquelles il dit qu'il inuoque le diable, & qu'il l'apparoist à luy en forme de pierre, & luy dit s'ils trouueront leurs ennemis, & s'ils en tueront beaucoup. Ce Pilotois est prosterné en terre, sans remuer, ne faisant que parler au diable; puis aussi tost se leue sur les pieds, en parlant & se tourmentant d'vne telle façon, qu'il est tout en eau, bien qu'il soit nud. Tout le peuple est autour de la cabanne assis sur leur cul comme des singes. Ils me disoient souuent que le branslement que ie voyois de la cabanne, estoit le diable qui la faisoit mouuoir, & non celuy qui estoit dedans, bien que ie veisse le contraire: car c'estoit (comme i'ay dit cy-dessus) le Pilotois qui prenoit vn des bâtons de sa cabanne, & la faisoit ainsi mouuoir. Ils me dirent aussi que ie verrois sortir du feu par le haut, ce que ie ne veis point. Ces drosles contrefont aussi leur voix grosse & claire, parlant en langage incogneu aux autres Sauuages; & quand ils la representent cassée, ils croyent que c'est le diable qui parle, & qui dit ce qui doit arriuer en leur guerre, & ce

qu'il

qu'il faut qu'ils facent. Neantmoins tous ces garni-
mens qui font les deuins, de cent paroles n'en disent
pas deux veritables, & vont abusans ces pauures gens, *Sont fort*
comme il y en a assez parmy le monde, pour tirer *menteurs,*
quelque denrée du peuple. Ie leur remonstrois sou- *&abuseurs.*
uent que tout ce qu'ils faisoient n'estoit que folie, &
qu'ils ne deuoient y adiouster foy.

Or aprés qu'ils ont sceu de leurs deuins ce qui leur *Ce qu'ils*
doit succeder, les Chefs prennét des bâtons de la lon- *font pour*
gueur d'vn pied autát en nombre qu'ils sont, & signa- *voir ce qui leur doit*
lent par d'autres vn peu plus grands, leurs Chefs : puis *succeder.*
vont dans le bois, & esplanadent vne place de cinq ou
six pieds en quarré, où le chef, comme Sergent ma-
jor, met par ordre tous ces bâtons comme bon luy
semble ; puis appelle tous ses compagnons, qui viennét tous armez, & leur monstre le rang & ordre qu'ils
deuront tenir lors qu'ils se battront auec leurs ennemis : ce que tous ces Sauuages regardent attentiue-
ment, remarquans la figure que leur chef a faite auec *Regle qu'ils*
ces bâtons, & aprés se retirent de là, & commencent *tiennent à*
à se mettre en ordre, ainsi qu'ils ont veu lesdits bâ- *la guerre.*
tons, puis se meslent les vns parmy les autres, & retournent derechef en leur ordre, continuans deux
ou trois fois, & font ainsi à tous leurs logemens, sans
qu'il soit besoin de Sergent pour leur faire tenir leurs
rangs, qu'ils sçauent fort bien garder, sans se mettre
en confusion. Voila la regle qu'ils tiennent à leur
guerre.

Nous partismes le lendemain, continuant nostre
chemin dans la riuiere iusques à l'entrée du lac. En
icelle y a nóbre de belles isles, qui sont basses, remplies

de tres-beaux bois & prairies, où il y a quantité de gibbier, & chasse d'animaux, comme cerfs, daims, faons, chevreuls, ours, & autres sortes d'animaux qui viennent de la grand' terre ausdites isles. Nous y en prismes quantité. Il y a aussi grand nombre de castors tant en la riuiere, qu'en plusieurs autres petites qui viennent tomber dans icelle. Ces lieux ne sont habitez d'aucuns Sauuages, bien qu'ils soiét plaisans, pour le sujet de leurs guerres, & se retirent des riuieres le plus qu'ils peuuent au profond des terres, afin de n'estre si tost surpris.

Le lendemain entrasmes dans le lac, qui est de grande estenduë, comme de 50. ou 60. lieuës, où j'y veis 4. belles isles, contenans 10. 12. & 15. lieues de long, qui autrefois ont esté habitées par les Sauuages, comme aussi la riuiere des Hiroquois: mais elles ont esté abandonnées depuis qu'ils ont eu guerre les vns contre les autres: aussi y a-il plusieurs riuieres qui viennét tomber dedans le lac, enuironnées de nombre de beaux arbres, de mesmes especes que nous auons en France, auec force vignes, plus belles qu'en aucun lieu que j'eusse veu: force chastaigniers, & n'en auois encores point veu que dessus le bord de ce lac, où il y a grande abondance de poisson de plusieurs especes. Entre autres y en a vn, appellé des Sauuages du pays *chaousarou*, qui est de plusieurs longueurs: mais les plus grāds contiennent, à ce que m'ont dit ces peuples, huict à dix pieds. I'en ay veu qui en contenoient 5. qui estoiét de la grosseur de la cuisse, & auoient la teste grosse cōme les deux poings, auec vn bec de deux pieds & demy de long, & a double rang de dents fort aiguës &

Riuieres des Hiroquois abandonnées depuis leurs guerres.

Poisson appellé chaousarou. Sa forme.

dangereufes. Il a toute la forme du corps tirant au brochet, mais il eft armé d'efcailles fi fortes, qu'vn coup de poignard ne les fçauroit percer, & eft de couleur de gris argenté. Il a auffi l'extremité du bec comme vn cochon Ce poiffon fait la guerre à tous les autres qui font dans ces lacs & riuieres, & a vne induftrie merueilleufe, à ce que m'ont affeuré ces peuples, qui eft, que quand il veut prendre quelques oifeaux, il va dedans des joncs ou rofeaux, qui font fur les riues du lac en plufieurs endroits, & met le bec hors l'eau fans fe bouger: de façon que lors que les oifeaux viennent fe repofer fur le bec, penfans que ce foit vn tronc de bois, il eft fi fubtil, que ferrât le bec qu'il tient ent'rouuert, il les tire par les pieds fouz l'eau. Les Sauuages m'en donnerent vne tefte, dont ils font grand eftat, difans que lors qu'ils ont mal à la tefte, ils fe faignent auec les dents de ce poiffon à l'endroit de la douleur, qui fe paffe foudain.

Fais la guerre aux autres.

Continuant noftre routte dans ce lac du cofté de l'Occident, confiderant le pays, ie veis du cofté de l'Orient de fort hautes montagnes, où fur le fommet y auoit de la nege. Ie m'enquis aux Sauuages fi ces lieux eftoient habitez. ils me refpondirent qu'ouy, & que c'eftoient Hiroquois, & qu'en ces lieux y auoit de belles vallées, & campagnes fertiles en bleds, comme j'en ay mangé aud. pays, auec infinité d'autres fruicts; & que le lac alloit proche des montagnes, qui pouuoient eftre efloignées de nous, à mon iugement, de 15. lieues. l'on veis au midy d'autres qui n'eftoient moins hautes que les premieres, horfmis qu'il n'y auoit point de nege. Les Sauuages me dirent que c'e-

Lieux où habitét les Hiroquois.

T ij

Les Sauuages monstret à l'Autheur le lieu propre pour aller aux Hiroquois.

stoit où nous deuions aller trouuer leurs ennemis, & qu'elles estoient fort peuplées, & qu'il falloit passer par vn sault d'eau que ie veis depuis, & de là entrer dans vn autre lac qui contient trois à quatre lieuës de long, & qu'estans paruenus au bout d'iceluy, il falloit faire 4. lieuës de chemin par terre, & passer vne riuiere, qui va tōber en la coste des Almouchiquois, tenāt à celle des Almouchiquois, & qu'ils n'estoiét que deux iours à y aller auec leurs canaux, comme ie l'ay sceu depuis par quelques prisonniers que nous prismes, qui me discoururent fort particulierement de tout ce qu'ils en auoient recogneu, par le moyen de quelques truchemens Algoumequins, qui sçauoient la langue des Hiroquois.

Or comme nous commençasmes à approcher à deux ou trois iournées de la demeure de leurs ennemis, nous n'allions plus que la nuict, & le iour nous nous reposions, neantmoins ne laissoient tousiours de faire leurs superstitions accoustumées, pour sçauoir ce qui leur pourroit succeder de leurs entreprises, & souuent me venoient demander si i'auois songé, & auois veu leurs ennemis. Ie leur respondois que non, & leur donnois courage, & bonne esperance. La nuict venuë, nous nous mismes en chemin iusques au lendemain, où nous nous retirasmes dans le fort du bois, pour y passer le reste du iour. Sur les dix ou vnze heures, apres m'estre quelque peu proumené autour de nostre logement, ie me fus reposer, & en dormant, *Songe de l'Autheur.* ie songeay que ie voyois les Hiroquois nos ennemis dedans le lac, proche d'vne montagne, qui se noyoiét à nostre veuë; & les voulant secourir, nos Sauuages alliez me disoient qu'il les falloit tous laisser mourir, & qu'ils ne valloient rien. Estant esueillé, ils ne faillirent comme à l'accoustumée, de me demander si j'auois songé quelque chose. Ie leur dis en effect ce que j'auois songé. Cela leur apporta vne telle croyance, qu'ils ne douterent plus de ce qui leur deuoit aduenir pour leur bien. *Leur raconte son songe.*

Le soir estant venu, nous nous embarquasmes en nos canaux pour continuer nostre chemin : & comme nous allions fort doucement, & sans mener bruit, le vingt-neufiesme du mois nous fismes rencontre des Hiroquois sur les dix heures du soir au bout d'vn cap qui aduance dans le lac du costé de l'Occident, lesquels venoient à la guerre. Eux & nous commençasmes à jetter de grands cris, chacun se parant de ses armes. Nous nous retirasmes vers l'eau, & les Hiroquois mirent pied à terre, & arrangerent tous leurs canaux les vns contre les autres, & commencerent à abbatre du bois auec de meschantes haches qu'ils gaignent quelquefois à la guerre, & d'autres de pierre, & se barricaderent fort bien. *Il rencôtre les Hiroquois venans à la guerre.* *Abbatent du bois.*

Aussi les nostres tindrent toute la nuict leurs canaux arrangez les vns contre les autres attachez à des perches pour ne s'esgarer, & combattre tous ensemble s'il en estoit de besoin ; & estions à la portée d'vne flesche vers l'eau du costé de leurs barricades. *Canaux arrangez de part & d'autre.*

Comme ils furét armez & mis en ordre, ils enuoyerét deux canaux separez de la troupe, pour sçauoir de leurs ennemis s'ils vouloiét combatre, lesquels respódirent qu'ils ne desiroient autre chose : mais que pour

T iij

l'heure, il n'y auoit pas beaucoup d'apparence, & qu'il falloit attendre le iour pour se cognoistre, & qu'aussi tost que le Soleil se leueroit, ils nous liureroient le cō-bat : ce qui fut accordé par les nostres; & en attendant toute la nuict se passa en dances & chansons, tant d'vn costé que d'autre, auec vne infinité d'iniures, & autres propos, comme, du peu de courage qu'ils auoient, auec le peu d'effect & resistance contre leurs armes, & que le iour venant ils le sentiroient à leur ruine. Les nostres aussi ne manquoient de repartie, leur disant qu'ils verroient des effects d'armes que iamais ils n'auoient veus; & tout plein d'autres discours, comme on a accoustumé à vn siege de ville. Aprés auoir bien chanté, dancé & parlementé les vns aux autres, le iour venu, mes compagnōs & moy estions tousiours couuerts, de peur que les ennemis ne nous veissent, preparans nos armes le mieux qu'il nous estoit possible, estans toutesfois separez, chacun en vn des canaux des Sauuages montagnars. Aprés que nous fusmes armez d'armes legeres, nous prismes chacun vne harquebuse, & descendismes à terre. Ie vey sortir les ennemis de leur barricade, qui estoiét prés de 200. hommes forts & robustes à les voir, qui venoient au petit pas au deuant de nous, auec vne grauité & asseurance, qui me contenta fort, à la teste desquels y auoit trois chefs. Les nostres aussi alloient en mesme ordre, & me dirent que ceux qui auoient trois grands pennaches estoient les chefs, & qu'il n'y en auoit que ces trois, & qu'on les recognoissoit à ces plumes, qui estoiét beaucoup plus grandes que celles de leurs compagnons, & que ie fisse ce que ie pourrois pour les tuer. Ie leur

S'iniurient.

Comme l'Autheur arme les siens.

Leurs chefs portent de grands pénaches.

promis de faire ce qui seroit de ma puissance, & que i'estois bien fasché qu'ils ne me pouuoient bien entendre, pour leur donner l'ordre & façon d'attaquer leurs ennemis, & qu'indubitablement nous les desferions tous, mais qu'il n'y auoit remede : que i'estois tres-aise de leur donner courage, & leur monstrer la bonne volonté qui estoit en moy, quand serions au combat.

Aussi tost que fusmes à terre ils commencerent à courir enuiron deux cents pas vers leurs ennemis qui estoient de pied ferme, & n'auoient encores apperceu mes compagnons, qui s'en allerent dans les bois auec quelques Sauuages. Les nostres cómencerent à m'appeller à grands cris; & pour me donner passage ils s'ouurirent en deux, & me mis à la teste, marchant enuiron 20. pas deuant, iusqu'à ce que ie fusse à 30. pas des ennemis, où aussi tost ils m'apperceurent, & firent alte en me contemplant, & moy eux. Comme ie les veis esbranler pour tirer sur nous, ie couchay mon harquebuse en iouë, & visay droit à vn des trois chefs, duquel coup il en tomba deux par terre, & vn de leurs compagnons qui fut blessé, qui quelque temps aprés en mourut. I'auois mis 4. balles dedans mon harquebuse. Les nostres ayans veu ce coup si fauorable pour eux, ils commencerent à jetter de si grands cris, qu'on n'eust pas ouy tonner; & cependant les flesches ne manquoient de part ne d'autre. Les Hiroquois furent fort estonnez, que si promptement deux hommes auoient esté tuez, bien qu'ils fussent armez d'armes tissuës de fil de cotton, & de bois, à l'espreuue de leurs flesches; ce qui leur donna vne grande apprehension.

L'auth. fait marcher les siens au cóbat.

En tue 2. d'vne seule harquebuzade.

Hiroquois s'espouuétent.

Comme ie rechargeois, l'vn de mes compagnons tira vn coup de dedans le bois, qui les estonna derechef de telle façon, voyans leurs chefs morts, qu'ils perdirent courage, se mirent en fuitte, & abandonnerent le champ, & leur fort, s'enfuyans dedans le profond des bois, où les poursuiuant, j'en fis demeurer encores d'autres. Nos Sauuages en tuerent aussi plusieurs, & en prindrent dix ou douze prisonniers. Le reste se sauua auec les blessez. Il y en eut des nostres quinze ou seize de blessez de coups de flesches, qui furent promptement gueris.

Se mettent en fuitte.

Aprés que nous eusmes eu la victoire, ils s'amuserent à prendre force bled d'Inde, & les farines des ennemis, & aussi leurs armes, qu'ils auoient laissées pour mieux courir. Et ayans fait bonne chere, dancé & chanté, trois heures aprés nous en retournasmes auec les prisonniers.

Ce lieu où se fit ceste charge est par les 43. degrez & quelques minutes de latitude, & le nommay le lac de Champlain.

Retour de la rencontre, & ce qui se passa par le chemin.

CHAPITRE X.

Prés auoir cheminé huict lieuës, sur le soir ils prindrent vn des prisonniers, à qui ils firent vne harangue des cruautez que luy & les siens auoiét exercées en leur endroit, sans auoir eu aucun égard, & qu'au semblable il deuoit se resoudre d'en receuoir autant, & luy commanderent

DE CHAMPLAIN. 143

derent de chanter, s'il auoit du courage; ce qu'il fit, mais auec vn chant fort triste à ouïr.

Cependant les nostres allumerent vn feu, & comme il fut bien embrazé, ils prindrent chacun vn tizon, & faisoiét brusler ce pauure miserable peu à peu pour luy faire souffrir plus de tourmens. Ils le laissoiét quelquefois, luy jettant de l'eau sur le dos, puis luy arracherent les ongles, & luy mirent du feu sur les extremitez des doigts, & de son membre. Aprés ils luy escorcherent le haut de la teste, & luy firent degoutter dessus certaine gomme toute chaude: puis luy percerent les bras prés des poignets, & auec des bâtons tiroient les nerfs, & les arrachoient à force: & comme ils voyoient qu'ils ne les pouuoient r'auoir, ils les coupoient. Ce pauure miserable jettoit des cris estranges, & me faisoit pitié de le voir traitter de la façon; toutesfois il estoit si constant, qu'on eust dit qu'il ne sentoit par fois aucune douleur. Ils me sollicitoiét fort de prendre du feu, pour faire comme eux: mais ie leur remóstrois que nous n'vsions point de ces cruautez, & que nous les faisions mourir tout d'vn coup, & que s'ils vouloient que ie luy donnasse vn coup d'harquebuze, j'en serois content. Ils dirent que non, & qu'il ne sentiroit point de mal. Ie m'en allay d'auec eux comme fasché de voir tát de cruautez qu'ils exerçoient sur ce corps. Comme ils veirent que ie n'en estois content, ils m'appellerent, & me dirent que ie luy donnasse vn coup d'harquebuze: ce que ie fis sans qu'il en veist rien. Aprés qu'il fut mort, ils ne se contenterent pas: car ils luy ouurirent le ventre, & jetterent les entrailles dedans le lac, puis luy couperent la

Prisonnier que les sauuages traictent mal.

L'Autheur leur remóstre.

V

teste, les bras, & les jambes, qu'ils separerēt d'vn costé & d'autre, & reseruerēt la peau de la teste, qu'ils auoiēt escorchée, comme ils auoient fait de tous les autres qu'ils auoient tuez à la charge.

<small>Autre meschanceté qu'ils firēt.</small>

Ils firent encores vne autre meschanceté, qui fut, de prendre le cœur, qu'ils couperent en plusieurs pieces, & le donnerent à manger à vn sien frere, & autres de ses compagnons qui estoient prisonniers, lesquels en mirent en leur bouche, mais ils ne le voulurēt aualer. Quelques Sauuages Algoumequins qui les auoiēt en garde, le firent recracher à aucuns, & le jetterent dans l'eau. Voila comme ces peuples traittent ceux qu'ils prennent en guerre; & vaudroit mieux pour eux mourir en combatant, ou se faire tuer à la chaude, cōme il y en a beaucoup qui font, plustost que de tomber entre les mains de leurs ennemis. Aprés ceste execution faite, nous nous mismes en chemin pour nous en retourner auec le reste des prisonniers, qui alloiēt tousiours chantás, sans autre esperāce d'estre mieux traittez que l'autre. Estans aux sauts de la riuiere des Hiroquois, les Algoumequins s'en retournerent en leur pays, & aussi les Ochatequins, auec vne partie des prisonniers, fort contents de ce qui s'estoit passé en la guerre, & de ce que librement j'estois allé auec eux. Nous nous departismes donc les vns des autres auec de grandes protestations d'amitié, & me dirent si ie ne desirois pas aller en leur pays, pour les assister tousiours comme frere: ie le leur promis, & m'en reuins auec les Montagnets.

<small>Retour de l'Auth. de ceste guerre.</small>

Aprés m'estre informé des prisonniers de leurs païs, & de ce qu'il pouuoit y en auoir, nous ployasmes bagage pour nous en reuenir:ce que fifmes auec telle diligéce, que chacun iour nous faifions 25. & 30. lieues dans leurs canaux, qui eft l'ordinaire. Comme nous fufmes à l'entrée de la riuiere des Hiroquois, il y eut quelques Sauuages qui fongerent que leurs ennemis les pourfuiuoient. Ce fonge leur fit auffi toft leuer le fiege, encores que cefte nuict fuft fort mauuaife, à caufe des vents & de la pluye qu'il faifoit, & furét paſſer la nuict dedans de grands rofeaux, qui font dans le lac Sainct Pierre, iufqu'au lédemain. Deux iours après arriuafmes à noftre habitation, où ie leur fis donner du pain, des pois, & des patenoftres, qu'ils me demáderent pour parer la tefte de leurs ennemis, pour faire des refioüiffances à leur arriuée. Le lendemain ie fus auec eux dans leurs canaux à Tadouffac, pour voir leurs ceremonies. Approchans de la terre, ils prindrét chacun vn baton, où au bout eftoient penduës les teftes de leurs ennemis, auec ces patenoftres, chantans les vns & les autres. Comme ils en furét prés, les femmes fe defpoüillerent toutes nuës, & fe jetterent en l'eau, allans au deuant des canaux pour prendre ces teftes, pour aprés les pendre à leur col, comme vne chaifne precieufe. Quelques iours aprés ils me firent prefent d'vne de ces teftes, & d'vne paire d'armes de leurs ennemis, pour les conferuer, afin de les monftrer au Roy:ce que ie leur promis, pour leur faire plaifir.

Songe des Sauuages.

L'Autheur veut voir leurs ceremonies.

V ij

Désfaite des Hiroquois prés de l'emboucheure de ladite riuiere des Hiroquois.

CHAPITRE XI.

L'An 1610 estant allé dans vne barque & quelques hommes de Quebec à l'entrée de la riuiere des Hiroquois, attendre 400. Sauuages qui deuoient me venir trouuer pour les assister en vne autre guerre qui se presenta plus proche que nous ne pensions, vn Sauuage Algomequin auec son canot vint en diligéce aduertir que les Algoumequins auoient fait rencontre des Hiroquois, qui estoient au nombre de cent, & qu'ils estoiét fort bien barricadez, & qu'il seroit mal aisé de les emporter, si les Misthigosches ne venoient promptemér, (ainsi nous appellent-ils.)

Aussi tost l'allarme commença parmy quelques Sauuages, & chacun se mit en son canot auec ses armes. Ils furent promptement en estat, mais auec confusion; car ils se precipitoient si fort, qu'au lieu d'aduancer ils se retardoient. Ils vindrét à nostre barque, me prians d'aller auec eux dans leurs canaux, & mes compagnons aussi, & me presserent si fort, que ie m'y embarquay moy cinquiésme. Ie priay la Routte, qui estoit nóstre pilote, de demeurer en la barque, & m'enuoyer encores 4. ou 5. de mes compagnons.

Sauuages mettét pied à terre & prennent leurs armes.

Ayant fait enuiron demie lieuë en trauersant la riuiere, tous les Sauuages mirent pied à terre, & abandonnans leurs canaux prindrét leurs rondaches, arcs, flesches, massuës, & espées, qu'ils emmanchét au bout de grands batons, & commencerent à prendre leur course dans les bois de telle façon, que nous les eusmes bien tost perdus de veüe, & nous laisserent, que nous estions sans guide : neantmoins nous les suiuismes tousiours. Comme nous eusmes cheminé enuiron demie lieue par l'espois des bois, dans des pallus & marescages, tousiours l'eau iusques aux genoux, armez chacun d'vn corcelet de piquier, qui nous importunoit beaucoup, & aussi la quantité des mousquites qui estoient si espoisses qu'elles ne nous permettoient point presque de reprendre nostre haleine, tant elles nous persecutoient, & si cruellemét, que c'estoit chose estrange, & ne sçauions où nous estions sans deux Sauuages que nous apperceusmes trauersans le bois, lesquels nous appellasmes, & leur dy qu'il estoit necessaire qu'ils fussent auec nous pour nous guider & conduire où estoiét les Hiroquois, & qu'autrement nous n'y pourrions aller, & nous esgareriós; ce qu'ils firent. Ayans vn peu cheminé, nous apperceusmes vn Sauuage qui venoit en diligence nous chercher, pour nous faire aduancer le plus promptement qu'il seroit possible, lequel me fit entendre que les Algoumequins & Montagnets auoient voulu forcer la barricade des Hiroquois, & qu'ils auoient esté repoussez, & les meilleurs hommes des Montagnets tuez, & plusieurs autres blessez. Qu'ils s'estoient retirez en nous attendant, & que leur esperance estoit du tout en nous. Nous n'eusmes pas fait demy quart de lieue auec ce Sauuage, qui estoit capitaine Algoumequin, que nous entendions les hurlemens & cris des

Laissent l'Autheur sans guide.

Sauuage vient vers l'Autheur en diligéce.

Cris des vns & des autres.

V iij

158　LES VOYAGES DV SIEVR

vns & des autres, qui s'entre-disoient des iniures, escarmouchans tousiours legerement en nous attendant. Aussi tost que les Sauuages nous apperceurent, ils cómencerent à s'escrier de telle façon, qu'on n'eust pas entendu tonner. Ie donnay charge à mes compagnons de me suiure tousiours, & ne m'escarter point.

L'Autheur s'approche de la barricade des ennemis. Ie m'approchay de la barricade des ennemis pour la recognoistre. Elle estoit faite de puissans arbres arrangez les vns sur les autres en rond, qui est la forme ordinaire de leurs forteresses. Tous les Montagnets & Algoumequins s'approcherent aussi de lad. barricade.

Fait tirer force harquebusades. Lors nous cómençasmes à tirer force coups d'harquebuze à trauers les fueillards, d'autant que nous ne les pouuions voir comme eux nous. Ie fus blessé en tirant le premier coup sur le bord de leur barricade,

Est blessé d'vn coup de flesche. d'vn coup de flesche qui me fendit le bout de l'oreille, & entra dás le col. Ie la prins, & l'arrachay: elle estoit ferrée par le bout d'vne pierre bien aiguë. Vn autre

Et vn sien compagnó. de mes compagnons en mesme temps fut aussi blessé au bras d'vne autre flesche, que ie luy arrachay. Neátmoins ma blesseure ne m'empescha de faire le deuoir, & nos Sauuages aussi de leur part, & pareillement les ennemis, tellement qu'on voyoit voler les flesches de part & d'autre menu comme gresle. Les Hiroquois

Hiroquois estonnez du bruit des harquebuzes. s'estonnoient du bruit de nos harquebuzes, & principalement de ce que les balles perçoient mieux que leurs flesches, & eurent tellement l'espouuente de l'effect qu'elles faisoient, voyans plusieurs de leurs compagnons tombez morts, & blessez, que de crainte qu'ils auoient, croyans ces coups estre sans remede, ils se jettoient par terre quand ils entendoiét le bruit;

DE CHAMPLAIN. 159

aussi ne tirions nous gueres à faute, & deux ou trois balles à chacun coup, & auions la plus-part du temps nos harquebuzes appuyées sur le bord de leur barricade. Comme ie veis que nos munitions commençoient à manquer, ie dis à tous les Sauuages qu'il les falloit emporter de force, & rompre leurs barricades; & pour ce faire, prendre leurs rondaches & s'en courir, & ainsi s'en approcher de si prés, que l'on peust lier de bonnes cordes aux pilliers qui les soustenoiét, & à force de bras tirer tellement qu'on les renuersast, & par ce moyen y faire ouuerture suffisante pour entrer dedans leur fort, & que cependant nous à coups d'harquebuzes repousserions les ennemis qui viendroient se presenter pour les en empescher, & aussi qu'ils eussent à se mettre quelque quantité aprés de grands arbres qui estoient proches de ladite barricade, afin de les renuerser dessus pour les accabler. Que d'autres couuriroient de leurs rondaches, pour empescher que les ennemis ne les endommageassent, ce qu'ils firent fort promptement. Et comme on estoit en train de paracheuer, la barque qui estoit à vne lieuë & demie de nous, nous entendoient batre par l'echo de nos harquebuzades qui retentissoit iusques à eux; qui fit qu'vn ieune homme de Sainct Malo, plein de courage, appellé des Prairies, qui auoit sa barque prés de nous pour la traitte de pelleterie, dit à tous ceux qui restoient, que c'estoit vne grande honte à eux de me voir battre de la façon auec des Sauuages, sans qu'ils me vinssét secourir, & que pour luy il auoit trop l'honneur en recommandation; & ne vouloit point qu'on luy peust faire ce reproche: & sur cela delibera

L'Auth. encourage les Sauuages.

Des Prairies temoistre aux nostres le peu d'honneur de combatre auec les Sauuages.

de me venir trouuer dans vne chaloupe auec quelques siens compagnōs,& des miens,qu'il amena auec luy. Aussi tost qu'il fut arriué,il alla vers le fort des Hiroquois, qui estoit sur le bord de la riuiere, où il mit pied à terre,& me vint chercher. Comme ie le veis,ie fis cesser nos Sauuages qui rompoient la forteresse, afin que les nouueaux venus eussent leur part du plaisir. Ie priay le sieur des Prairies & ses compagnons de faire quelque salve d'harquebuzades,auparauant que nos Sauuages les emportassent de force, comme ils auoient deliberé: ce qu'ils firent, & tirerent plusieurs coups,où chacun se cōporta selon son deuoir. Aprés auoir assez tiré,ie m'addresse à nos Sauuages,& les incitay de paracheuer. Aussi tost s'approchans de ladite barricade,comme ils auoient fait auparauant,& nous à leurs aisles, pour tirer sur ceux qui les voudroient empescher de la rompre, ils se comporterent si bien & si vertueusement,qu'à la faueur de nos harquebuzades ils y firent ouuerture,neantmoins difficile à passer,car il y auoit encores la hauteur d'vn homme pour entrer dedans, & des branchages d'arbres abbatus, qui nuisoient fort: toutesfois quand ie veis l'entrée assez raisonnable,ie dis qu'on ne tirast plus: ce qui fut fait. Au mesme instant vingt ou trente, tant des Sauuages, que de nous autres, entrasmes dedans l'espée à la main, sans trouuer gueres de resistance. Aussi tost ce qui restoit sain commença à prendre la fuitte,mais ils n'alloient pas loin, car ils estoient défaits par ceux qui estoient à l'entour de ladite barricade,& ceux qui eschaperent se noyerent dans la riuiere.Nous prismes 15. prisonniers, & le reste fut tué à coups d'harquebuze,

L'Autheur le prie de tirer quelque salve.

Les ennemis prennent la fuite.

buzes, de flesches, & d'espées. Quand ce fut fait, il vint vne autre chaloupe, & quelques vns de nos compagnons dedans, qui fut trop tard, toutesfois assez à téps pour la despoüille du butin, qui n'estoit pas grand'chose : car il n'y auoit que des robbes de castor, des morts pleins de sang, que les Sauuages ne vouloient prendre la peine de despoüiller, & se moquoient de ceux qui le faisoient, qui furent ceux de la derniere chaloupe. Ayans obtenu la victoire, par la grace de Dieu, ils nous donnerent beaucoup de loüange.

Ces Sauuages escorcherent les testes de leurs ennemis morts, ainsi qu'ils ont accoustumé de faire pour trophée de leur victoire, & les emporterent. Ils s'en retournerent auec 50. blessez des leurs, & 3. morts desdits Montagnets & Algoumequins, en chantant, & leurs prisonniers auec eux. Ils pendirent ces testes à des bâtons deuant leurs canaux, & vn corps mort coupé par quartiers, pour le manger par vengeance, à ce qu'ils disoient, & vindrent en ceste façon iusques où estoient nos barques, au deuant de ladite riuiere des Hiroquois.

Les Sauuages escorchent les testes des morts.

Mes compagnós & moy nous embarquasmes dans vne chaloupe, où ie me fis penser de ma blesseure. Ie demanday aux Sauuages vn prisonnier Hiroquois, lequel ils me donnerét. Ie le deliuray de plusieurs tourmens qu'il eust soufferts, comme ils firent à ses compagnons, ausquels ils arracherent les ongles, puis leur couperent les doigts, & les bruslerent en plusieurs endroits. Cedit iour ils en firét mourir trois de la façon. Ils en amenerent d'autres sur le bord de l'eau, & les attacherent tous droits à vn bâton, puis chacun venant

L'Auth demande vn prisonnier Hiroquois.

X

162 LES VOYAGES DV SIEVR

Comme les Sauuages traictent les prisonniers

auec vn flambeau d'escorce de bouleau, les brusloient tantost sur vne partie, tantost sur l'autre; & ces paures miserables sentans ce feu, jettoiét des cris si haut, que c'estoit chose estrange à oüir. Aprés les auoir bien fait languir de la façon, ils prenoient de l'eau, & leur versoient sur le corps, pour les faire languir dauantage; puis leur remettoient derechef le feu de telle façon, que la peau tóboit de leurs corps, & continuoient auec grands cris & exclamations, dançans iusques à ce que ces paures mal heureux tombassent morts sur la place.

Aussi tost qu'il tomboit vn corps mort à terre, ils frapoient dessus à grands coups de bâton, puis luy coupoient les bras & les jambes, & autres parties d'iceluy, & n'estoit tenu pour homme de bien entr'eux, celuy qui ne coupoit vn morceau de sa chair, & ne la donnoit aux chiens. Neantmoins ils endurent tous ces tourments si constámment, que ceux qui les voyent en demeurent tout estonnez.

Quant aux autres prisonniers qui resterent, tant aux Algoumequins, que Montagnets, ils furent conseruez pour les faire mourir par les mains de leurs femmes & filles, qui en cela ne se monstrét pas moins inhumaines que les hommes, & les surpassent encores en cruauté: car par leur subtilité elles inuentent des supplices plus cruels, & prennent plaisir de leur faire ainsi finir leur vie.

Le lendemain arriua le Capitaine Yroquet, & vn autre Ochategin, qui auoient 80. hommes, & estoient bien faschez de ne s'estre trouuez à la défaite. En toutes ces nations il y auoit bien prés de 200. hommes,

Ces natiõ n'auoient iamais veu les Chrestiens.

qui n'auoient iamais veu de Chrestiens qu'alors, dont ils firent de grandes admirations.

 Nous fusmes trois iours ensemble à vne isle le trauers de la riuiere des Hiroquois, puis chacune nation s'en retourna en son pays. I'auois vn ieune garçon, qui auoit hyuerné deux ans à Quebec, lequel auoit desir d'aller auec les Algoumequins, pour apprendre la langue, cognoistre leur pays, voir le grand lac, remarquer les riuieres, & quels peuples y habitent: ensemble descouurir les mines, & choses plus rares de ces lieux, afin qu'à son retour il nous peust donner cognoissance de toutes ces choses. Ie luy demanday s'il l'auoit agreable, car de l'y forcer ce n'estoit ma volonté. Ie fus trouuer le Capitaine Yroquet, qui m'estoit fort affectionné, auquel ie demanday s'il vouloit emmener ce ieune garçon auec luy en son pays pour y hyuerner, & le ramener au printemps. Il me promit le faire, & le tenir comme son fils. Il le dit aux Algoumequins, qui n'en furent pas trop contents, pour la crainte qu'il ne luy arriuast quelque accident.

Capitaine Yroquet fort affectionné à l'Autheur.

 Leur ayant remonstré le desir que j'en auois, ils me dirent: Que puis que j'auois ce desir, qu'ils l'emmeneroient, & le tiendroient comme leur enfant; m'obligeant aussi de prendre vn ieune homme en sa place, pour mener en France, afin de leur rapporter ce qu'il y auroit veu. Ie l'acceptay volontiers, & en fut fort aise. Il estoit de la nation des Ochateguins, dits Hurons. Cela donna plus de sujet de mieux traitter mon garçon, lequel j'equipay de ce qui luy estoit necessaire, & promismes les vns aux autres de nous reuoir à la fin de Iuin.

X ij

Prisonnier Hiroquois de l'Auth. se sauue.

Quelques iours aprés ce prisonnier Hiroquois que ie faisois garder, par la trop grande liberté que ie luy donnois, s'enfuit & se sauua, pour la crainte & apprehension qu'il auoit ; nonobstant les asseurances que luy dónoit vne femme de sa nation, que nous auions en nostre habitation.

Description de la pesche des Baleines en la nouuelle France.

CHAPITRE XII.

Comme on prend les Baleines.

IL m'a semblé n'estre hors de propos de faire icy vne petite description de la pesche des Baleines, que plusieurs n'ont veuë & croyent qu'elles se prennent à coups de canon, d'autant qu'il y a de si impudents menteurs qui l'afferment à ceux qui n'en sçauent rien. Plusieurs me l'ont soustenu obstinément sur ces faux rapports.

Basques tres-adroits à pescher les Balenes.

Ceux donc qui sont plus adroits à ceste pesche sont les Basques, lesquels pour ce faire mettent leurs vaisseaux en vn port de seureté, où proche de là ils iugent y auoir quantité de Baleines, & equipent plusieurs chaloupes garnies de bons hommes & haussieres, qui sont petites cordes faites du meilleur chanvre qui se peut recouurer, ayát de longueur pour le moins cent cinquante brasses, & ont force pertuisanes longues de demie pique, qui ont le fer large de six poulces, d'autres d'vn pied & demy, & deux de long, bien trenchantes. Ils ont en chacune chaloupe vn harponneur, qui est vn homme des plus dispos & adroits d'entre eux, aussi tire-t'il les plus grands salaires aprés les maistres, d'autant que c'est l'office le plus hazardeux. Ladite chaloupe estant hors du port, ils regardent de toutes parts s'ils pourront voir & descouurir quelque baleine allant à la borde d'vn costé & d'autre ; & ne voyans rien, ils vont à terre & se mettent sur vn promontoire le plus haut qu'ils trouuent, pour descouurir de plus loing, où ils mettent vn homme en sentinelle, qui apperceuant la baleine, qu'ils descouurent tant par sa grosseur, que par l'eau qu'elle jette par les éuans, qui est plus d'vn poinçon à la fois, & de la hauteur de deux lances ; & à ceste eau qu'elle jette, ils jugent ce qu'elle peut rendre d'huile. Il y en a telle d'où l'on en peut tirer jusques à six vingts poinçons, d'autres moins.

Or voyans cét espouuentable poisson, ils s'embarquent promptement dans leurs chaloupes, & à force de rames, ou de vent, vont jusques à ce qu'ils soient dessus. La voyant entre deux eauës, à mesme instant l'harponneur est au deuant de la chaloupe auec vn harpon, qui est vn fer long de deux pieds & demy de large par les orillōs, emmanché en vn bastō de la longueur d'vne demie pique, où au milieu il y a vn trou où s'attache la haussiere ; & aussi tost que ledit harponneur voit son temps, il jette son harpon sur la baleine, lequel entre fort auant, & incontinent qu'elle se sent blessée, elle va au fonds de l'eau. Et si d'auanture en se retournant quelquefois, auec sa queuë elle rencontre la chaloupe, ou les hommes, elle les brise aussi facilemēt qu'vn verre. C'est tout le hazard qu'ils courent d'estre tuez en la harponnant. Mais aussi tost qu'ils ont jetté le harpon dessus, ils laissent filer leur

Hazard qu'ils courent.

X iij

haussiere, iusques à ce que la baleine soit au fonds : & quelquefois comme elle n'y va pas droit, elle entraine la chaloupe plus de huict ou neuf lieuës, & va aussi viste qu'vn cheual, & sont le plus souuent contraints de couper leur haussiere, craignant que la baleine ne les attire souz l'eau. Mais aussi quand elle va tout droit au fonds, elle y repose quelque peu, & puis reuient tout doucement sur l'eau ; & à mesure qu'elle monte, ils rembarquent leur haussiere peu à peu, & puis comme elle est dessus, ils se mettent deux ou trois chaloupes autour auec leurs pertuisanes, desquelles ils luy donnent plusieurs coups ; & se sentant frapée, elle descend derechef souz l'eau en perdant son sang, & s'affoiblit de telle façon, qu'elle n'a plus de force ny de vigueur, & reuenant sur l'eau, ils acheuent de la tuer. Quand elle est morte, elle ne va plus au fonds de l'eau : & lors ils l'attachent auec de bonnes cordes, & la trainent à terre, au lieu où ils font leur degrat, qui est l'endroit où ils font fondre le lard de ladite baleine, pour en auoir l'huile.

Voila la façon comme elles se peschent, & non à coups de canon, ainsi que plusieurs pensent, comme i'ay dit cy-dessus.

Partement de l'Autheur de Quebec: du Mont Royal, & ses rochers. Isles où se trouue la terre à potier. Isle de Sainčte Helene.

CHAPITRE XIII.

L'An 1611. ie remenay mon Sauuage à ceux de sa nation, qui deuoient venir au grand Sault Sainct Louys, & retirer mon seruiteur qu'ils auoiét pour ostage. Ie partis de Quebec le 20. de May, & arriuay audit grand sault le 28. où ie ne trouuay aucun des Sauuages, qui m'auoient promis d'y estre au 20. dudit mois. Aussi tost ie fus dans vn meschant canot auec le Sauuage que i'auois mené en France, & vn de nos gens. Aprés auoir visité d'vn costé & d'autre, tant dans les bois, que le long du riuage, pour trouuer vn lieu propre pour la scituation d'vne habitation, & y preparer vne place pour y bastir, ie cheminay 8. lieuës par terre costoyant le grand sault par des bois qui sont assez clairs, & fus iusques à vn lac, où nostre Sauuage me mena, où ie consideray fort particulierement le pays. Mais en tout ce que ie veis, ie ne trouuay point de lieu plus propre qu'vn petit endroit, qui est iusques où les barques & chaloupes peuuent monter aisémér, neantmoins auec vn grand vent, ou à la cirque, à cause du grád courant d'eau : car plus haut que ledit lieu (qu'auons nómé la Place royale) à vne lieuë du Mont royal, y a quantité de petits rochers & bases, qui sont fort dangereuses. Et proche de ladite Place Royale y a vne petite riuiere, qui

Quantité de rochers prés le mót Royal.

va assez auant dans les terres, tout le long de laquelle y a plus de 60. arpents de terre desertées qui sont comme prairies, où l'on pourroit semer des grains, & y faire des jardinages. Autrefois des Sauuages y ont labouré, mais ils les ont quittées pour les guerres ordinaires qu'ils y auoient. Il y a aussi grande quantité d'autres belles prairies, pour nourrir tel nombre de bestail que l'on voudra, & de toutes les sortes de bois qu'auons en nos forests de pardeça, auec quantité de vignes, noyers, prunes, cerises, fraises, & autres sortes qui sont tres-bonnes à manger; entre autres vne qui est fort excellente, qui a le goust sucrain, tirant à celuy des plantaines (qui est vn fruict des Indes) & est aussi blanche que nege, & la fueille ressemblant aux orties, & rampe le long des arbres & de la terre, comme le lierre. La pesche du poisson y est fort abondante, & de toutes les especes que nous auons en France, & de beaucoup d'autres que nous n'auons point, qui sont tres-bons : comme aussi la chasse des oiseaux de differentes especes; & celle des cerfs, daims, chevreuls, caribous, lapins, loups ceruiers, ours, castors, & autres petites bestes qui y sont en telle quantité, que durant que nous fusmes audit sault, nous n'en manquasmes aucunement.

Quantité de belles prairies.

Pesche & chasse y sont fort abondantes.

Ayant donc recogneu fort particulierement, & trouué ce lieu vn des plus beaux qui fust en ceste riuiere, ie fis aussi tost couper & défricher le bois de ladite place Royale, pour la rendre vnie, & preste à y bastir, & peut-on faire passer l'eau autour aisément, & en faire vne petite isle, & s'y establir comme l'on voudra.

Il y a

Il y a vn petit iflet à 20. toifes de ladite Place roya- — Ifle près la Place roya-le, qui a enuiron cent pas de long, où l'on peut faire le, où fe trouue de la vne bonne & forte habitation. Il y a auffi quantité de terre à potier. prairies de tres bonne terre graffe à potier, tant pour brique, que pour baftir, qui eft vne grande commodité. I'en fis faire vn bon effay, & y fis vne muraille de quatre pieds d'efpoiffeur, & 3. à 4. de haut, & 10. toifes de long, pour voir comme elle fe conferueroit durant l'hyuer quand les eaux defcendroient, qui à mon opinion ne pouuoit paruenir iufques à ladite muraille, d'autant que le terroir eft de 12. pieds efleué deffus ladite riuiere, qui eft affez haut. Au milieu du fleuue y a vne ifle d'enuiron trois quarts de lieuë de circuit, capable d'y baftir vne bonne & forte ville, & l'ay nommée l'ifle de Saincte Heleine. Ce fault def- — Ifle de faincte Helene. cend en maniere de lac, où il y a deux ou trois ifles, & de belles prairies.

En attendant les Sauuages ie fis faire deux iardins, L'Auth. fait faire deux l'vn dans les prairies, & l'autre au bois, que ie fis defer- iardins. ter; & le deuxiefme iour de Iuin, i'y femay quelques graines, qui fortirent toutes en perfection, & en peu de temps, qui demonftre la bonté de la terre.

Ie me refolus d'enuoyer Sauignon noftre Sauuage Enuoye Sauignó Sauuage au deuát de ceux auec vn autre, pour aller au deuant de ceux de fon pays, afin de les faire hafter de venir, & fe delibererent de fon pais. d'aller dans noftre canot, qu'ils doutoient, d'autant qu'il ne valloit pas beaucoup.

Le 7. iour ie fus recognoiftre vne petite riuiere par où vont quelquefois les Sauuages à la guerre, qui fe va rendre au fault de la riuiere des Hiroquois: elle eft fort plaifante, y ayant plus de trois lieues de circuit de

Y

prairies, & force terres, qui se peuuent labourer. Elle est à vne lieuë du grand sault, & lieuë & demie de la Place Royale.

Retour du Sauuage.

Le 9. iour nostre Sauuage arriua, qui fut quelque peu pardelà le lac, qui a enuiron dix lieues de long, lequel j'auois veu auparauant, où il ne fit rencontre d'aucune chose, & ne peurent passer plus loin à cause de leurd. canot qui leur manqua, & furent contraints de s'en reuenir. Ils nous rapporterent que passant le sault ils veirent vne isle où il y auoit si grande quantité de herons, que l'air en estoit tout couuert. Il y eut

Louis François fort amateur de la chasse.

vn ieune homme appellé Louys, qui estoit fort amateur de la chasse, lequel entendant cela, voulut y aller contenter sa curiosité, & pria fort instammét nostredit Sauuage de l'y mener : ce que le Sauuage luy accorda, auec vn Capitaine Sauuage Montagnet, fort gentil personnage, appellé Outetoucos. Dés le matin ledit Louys fut appeller les deux Sauuages, pour s'en aller à ladite isle des Herons. Ils s'embarquerent dans vn canot, & y furent. Ceste isle est au milieu du sault, où ils prirent telle quantité de heronneaux, & autres oiseaux qu'ils voulurent, & se r'embarquerent en leur canot. Outetoucos contre la volonté de l'autre Sauuage, & de l'instance qu'il peut faire, voulut passer par vn endroit fort dangereux, où l'eau tomboit prés de trois pieds de haut, disant que d'autres fois il y auoit passé, ce qui estoit faux. Il fut long temps à debattre contre nostre Sauuage, qui le voulut mener du costé du sud le long de la grand terre, par où le plus souuét ils ont accoustumé de passer : ce que Outetoucos ne desira, disant qu'il n'y auoit point de danger. Comme noſtre Sauuage le veit opiniaſtre, il condeſcendit à ſa volonté: mais il luy dit qu'à tout le moins on deſchargeaſt le canot d'vne partie des oiſeaux qui eſtoient dedans, d'autant qu'il eſtoit trop chargé, ou qu'infailliblement ils empliroient d'eau, & ſe perdroient: ce qu'il ne voulut faire, diſant qu'il ſeroit aſſez à temps ſ'ils voyoient qu'il y euſt du peril pour eux. Ils ſe laiſſerent donc tomber dans le courant.

Comme ils furent dans la cheutte du ſault, ils en voulurent ſortir, & jetter leurs charges, mais il n'eſtoit plus temps, car la viſteſſe de l'eau les maiſtriſoit ainſi qu'elle vouloit, & emplirent auſſi toſt dans les boüillons du ſault, qui leur faiſoient faire mille tours haut & bas, & ne l'abandonnerent de long temps. En fin la roideur de l'eau les laſſa de telle façon, que ce pauure Louys qui ne ſçauoit aucunement nager, perdit tout iugement, & le canot eſtant au fonds de l'eau, il fut contraint de l'abandonner; & reuenant au haut, les deux autres qui le tenoient touſiours ne veirent plus noſtre Louys, & ainſi mourut miſerablement. *Les deux Sauuages tombent dãs le courāt de l'eau.*

Eſtans ſortis hors dudit ſault, ledit Outetoucos eſtant nud, & ſe fiant en ſon nager, abandonna le canot, pour gaigner la terre, ſi que l'eau, y courant de grande viſteſſe, il ſe noya: car il eſtoit ſi fatigué & rompu de la peine qu'il auoit euë, qu'il eſtoit impoſſible qu'il ſe peuſt ſauuer.

Noſtre Sauuage Sauignon mieux auiſé, tint touſiours fermement le canot, iuſques à ce qu'il fut dans vn remoul, où le courant de l'eau l'auoit porté, & ſceut ſi bien faire, quelque peine & fatigue qu'il euſt

Y ij

172　LES VOYAGES DV SIEVR

euë, qu'il vint tout doucement à terre, où estant arriué il jetta l'eau du canot, & s'en reuint auec grande apprehension qu'on ne se vengeast sur luy, comme ils font entr'eux, & nous conta ces tristes nouuelles, qui nous apporterent du desplaisir.

L'Auth. va voir où les deux Sauuages s'estoient perdus.

Le lendemain ie fus dans vn autre canot aud. sault auec le Sauuage, & vn autre de nos gens, pour voir l'endroit où ils s'estoient perdus, & aussi si nous trouuerions les corps. Ie vous asseure que quand il me monstra le lieu, les cheueux me herisserent en la teste, & m'estonnois comme les defuncts auoient esté si hardis & hors de iugement de passer en vn endroit si effroyable, pouuans aller ailleurs: car il est impossible d'y passer, pour auoir sept à huict cheuttes d'eau, qui descendent de degré en degré, le moindre de trois pieds de haut, où il se faisoit vn frein & boüillonnement estrange, & vne partie dudit sault estoit toute blanche d'escume, auec vn bruit si grand, que l'on eust dit que c'estoit vn tonnerre, comme l'air retentissoit du bruit de ces cataraques. Aprés auoir veu & consideré particulierement ce lieu, & cherché le long du riuage lesdits corps, cependant qu'vne chaloupe assez legere estoit allée d'vn autre costé, nous nous en reuinsmes sans rien trouuer.

Deux cents Sauuages ramenent le François qu'on leur auoit baillé, & remmenerent leur Sauuage qui estoit retourné de France. Plusieurs discours de part & d'autre.

CHAPITRE XIIII.

LE 13. iour dudit mois, deux cents Sauuages Hurons, auec les Capitaines Ochateguin, Yroquet, & Tregouaroti, frere de nostre Sauuage, amenerent mon garçon. Nous fusmes fort contents de les voir, & fus au deuāt d'eux auec vn canot, & nostre Sauuage. Cependant qu'ils approchoient doucement en ordre, les nostres s'appareillerent de leur faire vne escopeterie d'harquebuzes & mousquets, & quelques petites pieces. Comme ils approchoient, ils commencerent à crier tous ensemble, & vn des chefs commanda de faire leur harangue, où ils nous loüoient fort, & nous tenant pour veritables, de ce que ie leur auois tenu ce que ie leur promis, qui estoit de les venir trouuer audit sault. Aprés auoir fait trois autres cris, l'escopeterie tira par deux fois, qui les estonna de telle façon, qu'ils me prierét de dire que l'on ne tirast plus, & qu'il y en auoit la plus grand'part qui n'auoient iamais veu de Chrestiens, ny ouy des tonnerres de la façon, & craignoient qu'il ne leur fist mal, & furent fort contents de voir nostred. Sauuage sain, qu'ils pensoient estre mort, sur des rapports que leur auoient faits quelques Algoumequins, qui l'auoient ouy dire à des Sauuages Montagnets. Le Sauuage se loüa grande-

Garçon de l'Autheur ramené.

Sauuages se tiennent pour veritable.

Y iij

ment du bon traittemēt que ie luy auois fait en France, & des singularitez qu'il y auoit veuës, dont ils entrerent tous en admiration, & s'en allerent cabaner dans le bois assez legerement, attendant le lendemain que ie leur monstrasse le lieu où ie desirois qu'ils se logeassent. Aussi ie veis mon garçon qui estoit habillé à la Sauuage, qui se loüa bien du bon traittement des Sauuages, selon leur pays, & me fit entendre tout ce qu'il auoit veu en son hyuernement, & ce qu'il auoit appris auec eux.

Il leur mōstre vn lieu pour cabaner.

Le lendemain venu, ie leur monstray vn lieu pour aller cabaner, où les anciens & principaux deuiserent fort ensemble. Et aprés auoir esté vn long temps en cét estat, ils me firent appeller seul auec mon garçon, qui auoit fort bien appris leur langue, & luy dirent qu'ils desiroient contracter vne estroitte amitié auec moy, veu les courtoisies que ie leur auois faites par le

Le loüēt du bon traittement qu'il leur faisoit.

passé, en se loüant tousiours du traittement que i'auois fait à nostre Sauuage, comme à mon frere, & que cela les obligeoit tellement à me vouloir du bien, que tout ce que ie desirerois d'eux, ils essayeroient à me satisfaire. Aprés plusieurs discours, ils me firent vn pre-

Luy font present de leurs castors.

sent de 100. castors. Ie leur donnay en eschange d'autres sortes de marchandises, & me dirent qu'il y auoit plus de 400. Sauuages qui deuoiēt venir de leur pays, & ce qui les auoit retardez, fut vn prisonnier Hiroquois qui estoit à moy, qui s'estoit eschapé, & s'en estoit retourné en son pays. Qu'il auoit donné à entendre que ie luy auois donné liberté, & des marchandises, & que ie deuois aller audit sault auec 600. Hiroquois attendre les Algoumequins, & les tuer tous.

Que la crainte de ces nouuelles les auoit arrestez, & que sans cela ils fussent venus. Ie leur fis response, que le prisonnier s'estoit desrobé sans que ie luy eusse dōné congé, & que nostredit Sauuage sçauoit bien de quelle façon il s'en estoit allé, & qu'il n'y auoit aucune apparence de laisser leur amitié, comme ils auoient ouy dire, ayant esté à la guerre auec eux, & enuoyé mon garçon en leur pays, pour entretenir leur amitié; & que la promesse que ie leur auois si fidelement tenuë, le confirmoit encores. Ils me respondirent, Que pour eux ils ne l'auoient aussi iamais pensé, & qu'ils recognoissoient bien que tous ces discours estoient esloignez de la verité; & que s'ils eussent creu autrement, qu'ils ne fussent pas venus, & que c'estoit les autres qui auoient eu peur, pour n'auoir iamais veu de François, que mon garçon. Ils me dirent aussi qu'il viendroit trois cents Algoumequins dans cinq ou six iours, si on les vouloit attendre, pour aller à la guerre auec eux contre les Hiroquois, & que si ie n'y venois ils s'en retourneroiēt sans la faire. Ie les entretins fort sur le sujet de la source de la grande riuiere, & de leur pays, dont ils me discoururent fort particulierement, tant des riuieres, sauts, lacs, terres, que des peuples qui y habitent, & de ce qui s'y trouue. Quatre d'entre eux m'asseurerent qu'ils auoient veu vne mer fort esloignée de leur pays, & le chemin difficile, tant à cause des guerres, que des deserts qu'il faut passer pour y paruenir. Ils me dirent aussi que l'hyuer precedant il estoit venu quelques Sauuages du costé de la Floride, par derriere le pays des Hiroquois, qui voyoient nostre mer Oceane, & ont amitié auec lesd. Sauuages.

Ils es dosabusé de ce qu'ils croyoient les vouloir doslaisser.

Luy representent les Sauuages qui deuoiēt venir.

En fin ils m'en difcoururent fort exactement, me demonftrans par figures tous les lieux où ils auoiét efté, prenans plaifir à me raconter toutes ces chofes; & moy ie ne m'ennuyois à les entendre, pour fçauoir d'eux ce dõt j'eftois en doute. Aprés tous ces difcours finis, ie leur dis qu'ils mefnageaffent ce peu de commoditez qu'ils auoient, ce qu'ils firent.

Le lendemain aprés auoir traitté tout ce qu'ils auoient, qui eftoit peu de chofe, ils firent vne barricade autour de leur logement, du cofté du bois, & difoient que c'eftoit pour leur feureté, afin d'euiter la furprife de leurs ennemis : ce que nous prifmes pour argent comptant. La nuict venuë, ils appellerent noftre Sauuage, qui couchoit à ma patache, & mon garçon, qui les furent trouuer. Aprés auoir tenu plufieurs dif- *M'appellent en leur cabanne.* cours, ils me firent aufli appeller enuiron fur la mynuict. Eftant en leurs cabanes, ie les trouuay tous affis en confeil, où ils me firent affeoir prés d'eux, difans que leur couftume eftoit que quand ils vouloiét propofer quelque chofe, ils f'affembloient de nuict, afin de n'eftre diuertis par l'afpect d'aucune chofe, & que le iour diuertiffoit l'efprit par les objects : mais à mon opinion ils me vouloient dire leur volonté en cachette, fe fians en moy, comme ils me donnerent à entendre depuis, me difans qu'ils euffent bié defiré me voir feul. Que quelques-vns d'entr'eux auoient efté bat- *Luy tefmoignét le bié qu'ils luy veulent.* tus. Qu'ils me vouloient autant de bien qu'à leurs enfans, ayans telle fiance en moy, que ce que ie leur dirois ils le feroient, mais qu'ils fe mesfioient fort des autres Sauuages. Que fi ie retournois, que j'amenaffe telle quantité de gens que ie voudrois, pourueu qu'ils
fuffent

fuſſent ſouz la conduite d'vn chef ; & qu'ils m'enuoyoient querir, pour m'aſſeurer d'auantage de leur amitié, qui ne ſe romproit iamais, & que ie ne fuſſe point faſché contre eux. Que ſçachans que j'auois pris deliberation de voir leur pays, ils me le feroient voir au peril de leurs vies, m'aſſiſtans d'vn bon nombre d'hommes qui pourroient paſſer par tout, & qu'à l'aduenir nous deuions eſperer d'eux comme ils faiſoient de nous. Auſſi toſt ils firent venir 50 caſtors & 4. carquans de leurs porcelaines (qu'ils eſtiment entre eux comme nous faiſons les chaiſnes d'or.) Que ces preſens eſtoient d'autres Capitaines, qui ne m'auoient iamais veu, qui me les enuoyoient, & qu'ils deſiroient eſtre touſiours de mes amis : mais que s'il y auoit quelques Fráçois qui vouluſſent aller auec eux, qu'ils en euſſent eſté fort contents, & plus que iamais, pour entretenir vne ferme amitié.

Luy enuoyent 50. caſtors, & 4 carquans de porcelaine.

Aprés pluſieurs diſcours, ie leur propoſay, Qu'ayás la volonté de me faire voir leur pays, ie ſupplierois ſa Majeſté de nous aſſiſter iuſques à 40. ou 50. hommes armez de choſes neceſſaires pour ledit voyage, & que ie m'embarquerois auec eux, à la charge qu'ils nous entretiendroient de ce qui ſeroit de beſoin pour noſtre viure durant ledit voyage. Que ie leur apporterois dequoy faire des preſens aux chefs qui ſont dans les pays par où nous paſſerions, puis nous nous en reuiendrions hyuerner en noſtre habitation. Que ſi ie recognoiſſois le pays bon & fertile, l'on y feroit pluſieurs habitatiõs, & que par ce moyen auriõs cõmunicatiõ les vns auec les autres, viuás heureuſemẽt à l'auenir en la crainte de Dieu, qu'on leur feroit cognoiſtre.

Z

Sont con-
tents de ce
qu'il leur
propose.

Ils furent fort contents de ceste proposition, & me prierent d'y tenir la main, disans qu'ils feroiét de leur part tout ce qui leur seroit possible pour en venir à bout; & que pour ce qui estoit des viures, nous n'en manquerions non plus qu'eux-mesmes: m'asseurans derechef de me faire voir ce que ie desirois. Là dessus ie pris congé d'eux au poinct du iour, en les remerciant de la volonté qu'ils auoient de fauoriser mon desir, les priant de tousiours continuer.

Le lendemain 17. iour dudit mois, ils delibererent s'en retourner, & emmener Sauignon, auquel ie donnay quelques bagatelles, me faisant entendre qu'il s'en alloit mener vne vie bien penible, au prix de celle qu'il auoit euë en France. Ainsi il se separa auec grand regret, & moy bien aise d'en estre deschargé. Deux Capitaines me dirent que le lendemain au matin ils m'enuoyeroient querir, ce qu'ils firent. Ie m'embarquay, & mon garçon auec ceux qui vinrent. Estant au sault, nous fusmes dans le bois quelques lieuës, où ils estoient cabannez sur le bord d'vn lac, où i'auois esté auparauant. Comme ils me veirent, ils furent fort contents, & commencerent à s'escrier selon leur coustume, & nostre Sauuage s'en vint au deuant de moy me prier d'aller en la cabanne de son frere, où aussi tost il fit mettre de la chair & du poisson sur le feu, pour me festoyer.

L'Autheur
se trouue à
leur festin.

Durant que ie fus là il se fit vn festin, où tous les principaux furent inuitez, & moy aussi. Et bien que j'eusse desia pris ma refection honnestement, neantmoins pour ne rompre la coustume du pays j'y fus. Aprés auoir repeu, ils s'en allerent dans les bois tenir leur conseil, & cependant ie m'amusay à contempler le païsage de ce lieu, qui est fort agreable. Quelque temps aprés ils m'enuoyerent appeller pour me communiquer ce qu'ils auoient resolu entre eux. I'y fus auec mon garçon. Estant assis auprés d'eux ils me dirent qu'ils estoient fort aises de me voir, & n'auoir point manqué à ma parole de ce que ie leur auois promis, & qu'ils recognoissoient de plus en plus mon affection, qui estoit à leur continuer mon amitié, & que deuant que partir, ils desiroient prendre congé de moy, & qu'ils eussent eu trop de desplaisir s'ils s'en fussent allez sans me voir encore vne fois, croyans qu'autrement ie leur eusse voulu du mal. Ils me prierent encores de leur donner vn homme. Ie leur dis que s'il y en auoit parmy nous qui y voulussent aller, que j'en serois fort content.

Luy communiquent ce qu'ils auoient resolu en leur conseil.

Le prièt de leur dõner vn homme.

Aprés m'auoir fait entendre leur volonté pour la derniere fois, & moy à eux la mienne, il y eut vn Sauuage qui auoit esté prisonnier par trois fois des Hiroquois, & s'estoit sauué fort heureusement, qui resolut d'aller à la guerre luy dixiesme, pour se venger des cruautez que ses ennemis luy auoient fait souffrir. Tous les Capitaines me prierent de l'en destourner si ie pouuois, d'autant qu'il estoit fort vaillant, & craignoient qu'il ne s'engageast si auant parmy les ennemis auec si petite troupe, qu'il n'en reuinst iamais. Ie le fis pour les contenter, par toutes les raisons que ie luy peus alleguer, lesquelles luy seruirent peu, me monstrant vne partie de ses doigts coupez, & de grandes taillades & bruslures qu'il auoit sur le corps, & qu'il luy estoit impossible de viure, s'il ne faisoit mourir de

Les Capitaines le supplient de ne laisser aller à la guerre vn Sauuage fort vaillãt, trois fois prisonnier des Hiroquois.

Z ij

ses ennemis, & n'en auoit la vengeance; & que son cœur luy disoit qu'il falloit qu'il partist au plustost qu'il luy seroit possible: ce qu'il fit.

Aprés auoir fait auec eux, ie les priay de me ramener en nostre patache. Pour ce faire, ils equiperent 2. canaux pour passer ledit sault, & se despoüilleret tout nuds, & me firent mettre en chemise; car souuent il arriue que d'aucuns se perdent en le passant : parquoy se tiennent ils les vns prés des autres pour se secourir promptement, si quelque canot venoit à renuerser. Ils me disoient: Si par mal-heur le tien venoit à tourner, ne sçachant point nager, ne l'abandonne en aucune façon, & te tiens bien à de petits bâtons qui y sont par le milieu, car nous te sauuerons aisément. Ie vous asseure que ceux qui n'ont veu ny passé ledit endroit en des petits bateaux comme ils ont, ne le pourroient pas passer sans grande apprehension, mesmes les plus asseurés du monde. Mais ces peuples sont si adroits à passer les sauts, que cela leur est facile. Ie le passay auec eux: ce que ie n'auois iamais fait, ny aucun Chrestien, horsmis mon garçon: & vinsmes à nos barques, où j'en logeay vne bonne partie.

Il y eut vn ieune homme des nostres qui se delibera d'aller auec les Sauuages, qui sont Hurons, esloignez du sault d'enuiron 50. lieues, & fut auec le frere de Sauignon, qui estoit l'vn des Capitaines, qui me promit luy faire voir tout ce qu'il pourroit.

Le lendemain vindrent nombre de Sauuages Algoumequins, qui traitterent ce peu qu'ils auoient, & me firent encores present particulierement de trente castors, dont ie les recompensay. Ils me prierent que

L'Autheur se met en chemise pour passer le sault auec eux.

L'aduertissent de ne quitter son canot.

Ieune hōme des nostres qui voulut aller auec les Sauuages.

Presentent 30. castors à l'Auth.

ie continuaſſe à leur vouloir du bien : ce que ie leur promis. Ils me difcoururent fort particulieremẽt fur quelques defcouuertures du coſté du nort, qui pouuoiẽt apporter de l'vtilité. Et fur ce fujet ils me dirent que ſ'il y auoit quelqu'vn de mes compagnons qui vouluſt aller auec eux, qu'ils luy feroient voir choſe qui m'apporteroit du contentement, & qu'ils le traitteroient comme vn de leurs enfans. Ie leur promis de leur donner vn ieune garçon, dont ils furẽt fort contents. Quand il print congé de moy pour aller auec eux, ie luy baillay vn memoire fort particulier des choſes qu'il deuoit obſeruer eſtant parmy eux. Leur dõne vn garçõ.

Aprés qu'ils eurent traitté tout le peu qu'ils auoiẽt, ils ſe ſeparerent en trois, les vns pour la guerre, les autres par ledit grand ſault, & les autres par vne petite riuiere, qui va rendre en celle dudit grand ſault; & partirent le 18. iour dudit mois, & nous auſſi.

Le 19. j'arriuay à Quebec, où ie me reſolus de retourner en France, & arriuay à la Rochelle le 11. d'Aouſt. Retourné en France.

Fin du troiſieſme Liure.

Z iij

LES VOYAGES
DV SIEVR DE
CHAMPLAIN.
LIVRE QVATRIESME.

Partement de France; & ce qui se passa iusques à nostre arriuée au Sault Sainct Louys.

CHAPITRE PREMIER.

IE partis de Roüen le 5. Mars pour aller à Honfleur, où ie m'embarquay, & le 7. de May j'arriuay à Quebec, où ie trouuay ceux qui y auoient hyuerné en bonne disposition, sans auoir esté malades, lesquels nous dirent que l'hyuer n'auoit point esté grand, & que la riuiere n'auoit point gelé. Les arbres commençoient aussi à se reuestir de fueilles, & les champs à s'esmailler de fleurs.

Le 13. ie partis de Quebec pour aller au Sault Sainct Louys, où j'arriuay le 21. Or n'ayant que deux canaux, ie ne pouuois mener auec moy que 4. hommes, entre lesquels estoit vn nommé Nicolas de Vignau, le plus

impudent menteur qui se soit veu de long temps, cōme la suitte de ce discours le fera voir, lequel autrefois
auoit hyuerné auec les Sauuages, & que j'auois enuoyé aux descouuertes les années precedentes. Il me
rapporta à son retour à Paris en l'année 1612. qu'il
auoit veu la mer du nort. Que la riuiere des Algoumequins sortoit d'vn lac qui s'y deschargeoit, & qu'en
17. iournées l'on pouuoit aller & venir du Sault Sainct
Louys à ladite mer. Qu'il auoit veu le bris & fracas
d'vn vaisseau Anglois, qui s'estoit perdu à la coste, où
il y auoit 80. hommes qui s'estoient sauuez à terre, que
les Sauuages tuerent, à cause que lesdits Anglois leur
vouloient prendre leurs bleds d'Inde, & autres viures,
par force, & qu'il en auoit veu les testes, qu'iceux Sauuages auoient escorchées (selon leur coustume) lesquelles ils me vouloient faire voir, ensemble me donner vn ieune garçon Anglois qu'ils m'auoient gardé.
Ceste nouuelle m'auoit fort resiouy, pensant auoir
trouué bien prés ce que ie cherchois bien loin. Ainsi
ie le conjuray de me dire la verité, afin d'en aduertir le
Roy; & luy remōstray que s'il donnoit quelque mensonge à entendre, il se mettoit la corde au col: aussi
que si sa relation estoit veritable, il se pouuoit asseurer d'estre bien recompensé. Il me l'asseura encor auec
serments plus grands que iamais. Et pour mieux joüer
son roolle, il me bailla vne relation du pays, qu'il disoit auoir faite au mieux qu'il luy auoit esté possible.
L'asseurance donc que ie voyois en luy, la simplicité
de laquelle ie le iugeois plein, la relation qu'il auoit
dressée, le bris & fracas du vaisseau, & les choses cy-
deuant dites, auoient grande apparence, auec le voya-

184　LES VOYAGES DV SIEVR

Voyage des Anglois vers Labrador, l'an 1612.

ge des Anglois vers Labrador, en l'année 1612. où ils ont trouué vn destroit qu'ils ont couru iusques par le 63. degré de latitude, & 290. de longitude, & ont hyuerné par le 53. degré, & perdu quelques vaisseaux, comme leur relation en fait foy. Ces choses me faisans croire son dire veritable, j'en fis dés lors rapport à Monsieur le Chancelier; & le fis voir à Messieurs le Mareschal de Brissac, & President Ieanin, & autres Seigneurs de la Cour, lesquels me dirent qu'il falloit que ie veisse la chose en personne. Cela fut cause que ie priay le sieur Georges, marchand de la Rochelle, de luy donner passage dans son vaisseau, ce qu'il fit volontiers; où estant, il l'interrogea pourquoy il faisoit ce voyage. Et d'autant qu'il luy estoit inutile, il luy demanda s'il esperoit quelque salaire, lequel fit responce que non, & qu'il n'en pretendoit d'autre que du Roy, & qu'il n'entreprenoit le voyage que pour me monstrer la mer du nort, qu'il auoit veuë, & luy en fit à la Rochelle vne declaration pardeuant deux Notaires.

Rapport que l'Auth. fait à Messieurs du Conseil.

Or comme ie prenois congé de tous les Chefs, le iour de la Pentecoste, aux prieres desquels ie me recommandois, & de tous en general, ie luy dis en leur presence, que si ce qu'il m'auoit cy deuant dit n'estoit vray, qu'il ne me donnast la peine d'entreprendre le voyage, pour lequel faire, il falloit courir plusieurs dangers. Il asseura encores derechef tout ce qu'il auoit dit, au peril de sa vie.

Son partement du port de saincte Heleine.

Ainsi nos canaux chargez de quelques viures, de nos armes & marchandises, pour faire present aux Sauuages, ie partis le Lundy 27. May de l'isle de Saincte Heleine,

&te Heleine, auec quatre François & vn Sauuage, & me fut donné vn adieu de noſtre barque auec quelques coups de petites pieces. Ce iour nous ne fuſmes qu'au Sault Sainct Louys, qui n'eſt qu'vne lieuë au deſſus, à cauſe du mauuais temps, qui ne nous permit de paſſer plus outre.

Le 29. nous le paſſaſmes partie par terre, partie par eau, où il nous fallut porter nos canaux, hardes, viures & armes ſur nos eſpaules, qui n'eſt pas petite peine à ceux qui n'y ſont pas accouſtumez: & aprés l'auoir eſloigné deux lieuës, nous entraſmes dans vn lac qui a de circuit enuiron 12. lieuës, où ſe deſchargent 3. riuieres, l'vne venant de l'oueſt, du coſté des Ochataiguins, eſloignez du grand ſault de 150. ou 200. lieuës: l'autre du ſud pays des Hiroquois, de pareille diſtance: & l'autre vers le nort, qui vient des Algoumequins & Nebicerini, auſſi à peu prés de ſemblable diſtance. Ceſte riuiere du nort (ſuiuant le rapport des Sauuages) vient de plus loin, & paſſe par des peuples qui leur ſont incogneus, diſtans enuiron de 300. lieuës d'eux.

Ce lac eſt remply de belles & grandes iſles, qui ne ſont que prairies, où il y a plaiſir de chaſſer, la venaiſon & le gibbier y eſtans en abondance, auſſi bien que le poiſſon. Le pays qui l'enuironne eſt remply de grandes foreſts. Nous fuſmes coucher à l'entrée dudit lac, & fiſmes des barricades, à cauſe des Hiroquois qui rodét par ces lieux pour ſurprédre leurs ennemis; & m'aſſeure que s'ils nous euſſent tenu, ils nous euſſent fait le meſme traittemt; c'eſt pourquoy toute la nuict nous fiſmes bon guet. Le lendemain ie prins la

Ce lac eſt remply de belles iſles

A A

hauteur de ce lieu, qui est par les 45 degrez 18. minutes de latitude. Sur les trois heures du soir nous entrasmes dans la riuiere qui vient du nort, & passasmes vn petit sault par terre pour soulager nos canaux, & fusmes à vne isle le reste de la nuict en attendant le iour.

Le dernier May nous passasmes par vn autre lac qui a 7. ou 8. lieues de long, & 3. de large, où il y a quelques isles. Le pays d'alentour est fort vny, horsmis en quelques endroits, où il y a des costaux couuerts de pins. Nous passasmes vn sault, qui est appellé de ceux du pays *Quenechouan*, qui est remply de pierres & rochers, où l'eau y court de grand' vistesse; & nous fallut mettre en l'eau, & traisner nos canaux bord à bord de terre auec vne corde. A demie lieuë de là nous en passasmes vn autre petit à force d'auirons, ce qui ne se fait sans suer; & y a vne grande dexterité à passer ces sauts, pour euiter les boüillons & brisans qui les trauersent : ce que les Sauuages font d'vne telle adresse, qu'il est impossible de plus, cherchans les destours & lieux plus aisez qu'ils cognoissent à l'œil.

Sault de Quenechouan remply de pierres.

Le Samedy premier de Iuin nous passasmes encor deux autres sauts : le premier contenant demie lieue de long, & le second vne lieue, où nous eusmes bien de la peine : car la rapidité du courant est si grande, qu'elle fait vn bruit effroyable; & descendant de degré en degré, fait vne escume si blanche par tout, que l'eau ne paroist aucunement. Ce sault est semé de rochers, & quelques isles qui sont çà & là, couuertes de pins & cedres blancs. Ce fut là où nous eusmes de la peine : car ne pouuans porter nos canaux par terre, à cause de l'espoisseur du bois, il nous les falloit tirer

Sault semé de rochers.

Isles couuertes de pins & cedres blācs.

dans l'eau auec des cordes, & en tirant le mien, ie me pensay perdre, à cause qu'il trauersa dans vn des boüillons; & si ie fusse tombé fauorablement entre deux rochers, le canot m'entraisnoit, d'autant que ie ne peus défaire assez à temps la corde qui estoit entortillée à l'entour de ma main, qui me l'offensa fort, & me la pensa couper. En ce danger ie m'escriay à Dieu, & commençay à tirer mon canot, qui me fut renuoyé par le remoüil de l'eau qui se fait en ces sauts : & lors estant eschapé ie loüay Dieu, le priant nous preseruer. Nostre Sauuage vint aprés pour me secourir, mais j'estois hors de danger; & ne se faut estonner si j'estois curieux de conseruer nostre canot : car s'il eust esté perdu, il falloit faire estat de demeurer, ou attendre que quelques Sauuages passassent par là, qui est vne pauure attente à ceux qui n'ont dequoy disner, & qui ne sont accoustumez à telle fatigue. Pour nos François, ils n'en eurent pas meilleur marché, & par plusieurs fois pensoiét estre perdus : mais la diuine bonté nous preserua tous. Le reste de la iournée nous nous reposasmes, ayans assez trauaillé.

L'Auth en danger de se perdre.

Nous rencontrasmes le lendemain 15. canaux de Sauuages appellez Quenongebin, dans vne riuiere, ayans passé vn petit lac long de 4. lieues, & large de 2. lesquels auoient esté aduertis de ma venuë par ceux qui auoient passé au sault S. Louis, venans de la guerre des Hiroquois. Ie fus fort aise de leur rencôtre, & eux aussi, qui s'estonnerent de me voir auec si peu de gens, & auec vn seul Sauuage. Aprés nous estre saluez à la mode du pays, ie les priay de ne passer outre, pour leur declarer ma volonté, & fusmes cabaner dans vne isle.

Rencontre 5. canaux de Sauuages.

AA ij

Ce qu'il leur dit.

Le lendemain ie leur fis entendre que i'estois allé en leurs pays pour les voir, & pour m'acquitter de la promesse que ie leur auois par cy deuant faite; & que s'ils estoient resolus d'aller à la guerre, cela m'agréroit fort, d'autant que i'auois amené des gens à ceste intention, dequoy ils furent fort satisfaits. Et leur ayant dit que ie voulois passer outre, pour aduertir les autres peuples, ils m'en voulurent destourner, disans qu'il y auoit vn meschāt chemin, & que nous n'auions rien veu iusques alors. Pour ce ie les priay de me donner vn de leurs gens pour gouuerner nostre deuxiesme canot, & aussi pour nous guider, car nos conducteurs n'y cognoissoient plus rien. Ils le firent volontiers, & en recompense ie leur fis vn present, & leur

Leur baille vn de ses François.

baillay vn de nos François, le moins necessaire, lequel ie renuoyois au sault, auec vne fueille de tablette, dans laquelle, à faute de papier, ie faisois sçauoir de mes nouuelles.

Ainsi nous nous separasmes: & continuant nostre routte à mont ladite riuiere, en trouuasmes vne autre fort belle & spacieuse, qui vient d'vne nation appel-

Natiō nō mee Ouescharini.

lée Ouescharini, lesquels se tiennent au nort d'icelle, & à 4. iournées de l'entrée. Ceste riuiere est fort plaisante, à cause des belles isles qu'elle contient, & des terres garnies de beaux bois clairs qui la bordent: & la terre est bonne pour le labourage.

Le 4. nous passasmes proche d'vne autre riuiere qui vient du nort, où se tiennent des peuples appellez Al-

Peuples appellez Algoumequins.

goumequins, laquelle va tomber dans le grand fleuue Sainct Laurent, trois lieuës aual le Sault Sainct Louys, qui fait vne grande isle contenant prés de 40.

lieuës, laquelle n'est pas large, mais remplie d'vn nombre infiny de sauts, qui sont fort difficiles à passer. Quelquefois ces peuples passent par ceste riuiere pour euiter les rencontres de leurs ennemis, sçachans qu'ils ne les recherchent en lieux de si difficile accez.

A l'emboucheure d'icelle il y en a vne autre qui vient du sud, où à son entrée il y a vne cheutte d'eau admirable : car elle tombe d'vne telle impétuosité de 20 ou 25. brasses de haut, qu'elle fait vne arcade, ayant de largeur prés de 400. pas. Les Sauuages passent dessouz par plaisir, sans se moüiller, que du poudrin que fait ladite eau. Il y a vne isle au milieu de ladite riuiere, qui est comme tout le terroir d'alentour, remplie de pins & cedres blancs. Quand les Sauuages veulent entrer dans la riuiere, ils montét la montagne en portant leurs canaux, & font demie lieuë par terre. Les terres des enuirons sont remplies de toute sorte de chasse, qui fait que les Sauuages s'y arrestent plustost. Les Hiroquois y viennent aussi quelquefois les surprendre au passage.

Nous passasmes vn sault à vne lieue de là, qui est large de demie lieue, & descend de 6. à 7. brasses de haut. Il y a quantité de petites isles, qui ne sont que rochers aspres & difficiles, couuerts de meschans petits bois. L'eau tombe à vn endroit de telle impetuosité sur vn rocher, qu'il s'y est caué par succession de temps vn large & profond bassin : si bien que l'eau courant là dedans circulairement, & au milieu y faisant de gros boüillōs, a fait que les Sauuages l'appellét *asticou*, qui veut dire chaudiere. Ceste cheutte d'eau meine vn tel bruit dans ce bassin, que l'on l'entend de plus

de deux lieues. Les Sauuages paſſans par là, font vne
ceremonie que nous dirons en ſon lieu. Nous euſmes
beaucoup de peine à monter contre vn grand courant, à force de rames, pour paruenir au pied dudit
ſault, où les Sauuages prirent les canaux, & nos François & moy, nos armes, viures, & autres commoditez,
pour paſſer par l'aſpreté des rochers enuiron vn quart
de lieue que contient le ſault, & auſſi toſt nous fallut
embarquer, puis derechef mettre pied à terre pour
paſſer par des taillis enuirō 300. & pas; aprés ſe mettre
en l'eau pour faire paſſer nos canaux par deſſus les rochers aigus, auec autant de peine que l'on ſçauroit ſi-
maginer. Ie prins la hauteur du lieu, & trouuay 45.
degrez, 8. minutes de latitude.

Aprés midy nous entraſmes dans vn lac ayant 5.
lieues de long, & 2. de large, où il y a de fort belles iſles
remplies de vignes, noyers, & autres arbres agreables:
& 10. ou 12. lieues de là amōt la riuiere nous paſſaſmes
par quelques iſles remplies de pins. La terre eſt ſablō-
neuſe, & ſ'y trouue vne racine qui teint en couleur
cramoiſie, de laquelle les Sauuages ſe peindent le viſage, & mettent de petits affiquets à leur vſage. Il y a
auſſi vne coſte de montagnes du long de ceſte riuiere,
& le pays des enuirons ſemble aſſez faſcheux Le reſte
du iour nous le paſſaſmes dans vne iſle fort agreable.

Le lendemain nous continuaſmes noſtre chemin
iuſques à vn grand ſault, qui contient prés de 3. lieues
de large, où l'eau deſcend comme de 10. ou 12. braſſes
de haut en talus, & fait vn merueilleux bruit. Il eſt
remply d'vne infinité d'iſles couuertes de pins & de
cedres; & pour le paſſer il nous fallut reſoudre de

Eau tōban-
te qui s'en-
tred de deux
lieues.

Lac remply
de belles iſ-
les, & de
beaux pins.

quitter nostre maïs ou bled d'Inde, & peu d'autres viures que nous auions, auec les hardes moins necessaires, reseruans seulement nos armes & filets, pour nous donner à viure selon les lieux, & l'heur de la chasse. Ainsi allegez, nous passasmes tant à l'auiron, que par terre, en portant nos canaux & armes par ledit sault, qui a vne lieue & demie de long, où nos Sauuages qui sont infatigables à ce trauail, & accoustumez à endurer telles necessitez, nous soulagerent beaucoup.

Poursuiuans nostre routte nous passasmes deux autres sauts, l'vn par terre, l'autre à la rame, & auec des perches en deboutant, puis entrasmes dans vn lac ayant 6. ou 7. lieues de long, où se descharge vne riuiere venant du sud, où à cinq iournées de l'autre riuiere il y a des peuples qui y habitent appellez Matououëscarini. Les terres d'enuiron ledit lac sont sablonneuses, & couuertes de pins, qui ont esté presque tous bruslez par les Sauuages. Il y a quelques isles, dans l'vne desquelles nous reposasmes, & veismes plusieurs beaux cyprés rouges, les premiers que j'eusse veu en ce pays, desquels ie fis vne croix, que ie plantay à vn bout de l'isle, en lieu eminent, & en veüe, auec les armes de France, comme i'ay fait aux autres lieux où nous auions posé. Ie nommay ceste isle, l'isle S.te Croix. *Peuples appellez Matou-oüescarini.*

Le 6. nous partismes de ceste isle saincte Croix, où la riuiere est large d'vne lieue & demie, & ayans fait 8. ou 10. lieues, nous passasmes vn petit sault à la rame, & quantité d'isles de differentes grandeurs. Icy nos Sauuages laisserēt leurs sacs auec leurs viures, & les choses moins necessaires, afin d'estre plus legers pour aller par terre, & euiter plusieurs sauts qu'il falloit passer. *Partement de l'Auth. de l'isle de S. Croix.*

192 LES VOYAGES DV SIEVR

Contestation entre les Sauuages, & vn imposteur.

Il y eut vne grande contestation entre nos Sauuages & nostre imposteur, qui affermoit qu'il n'y auoit aucun danger par les sauts, & qu'il y falloit passer. Nos Sauuages luy dirent, Tu es las de viure. Et à moy, que ie ne le deuois croire, & qu'il ne disoit pas verité. Ainsi ayant remarqué plusieurs fois qu'il n'auoit aucune cognoissance desdits lieux, ie suiuis l'aduis des Sauuages, dont bien m'en print, car il cherchoit des difficultez pour me perdre, ou pour me dégouster de l'entreprise, comme il confessa depuis (dequoy sera parlé cy-aprés.) Nous trauersasmes donc la riuiere à l'ouest, qui couroit au nort, & pris la hauteur de ce lieu, qui estoit par 46 $\frac{2}{3}$ de latitude. Nous eusmes beaucoup de peine à faire ce chemin par terre, estant chargé seulement pour ma part de trois harquebuzes, autant d'auirons, de mon capot, & quelques petites bagatelles. I'encourageois nos gens, qui estoient vn peu plus chargez, & plus greuez des mousquites, que de leur charge.

L'Autheur & les siens fort fatiguez.

Ainsi aprés auoir passé quatre petits estangs, & cheminé deux lieues & demie, nous estions tant fatiguez, qu'il nous estoit impossible de passer outre, à cause qu'il y auoit prés de 24 heures que n'auiós mangé qu'vn peu de poisson rosty, sans autre saulce, car nous auions laissé nos viures, comme i'ay dit cy-dessus. Nous nous reposasmes sur le bord d'vn estang, qui estoit assez agreable, & fismes du feu pour chasser les mousquites qui nous molestoient fort, l'importunité desquelles est si estrange, qu'il est impossible d'en pouuoir faire la descriptiõ. Nous tendismes nos filets pour prendre quelques poissons,

Le lende-

Le lendemain nous passasmes cét estang, qui pouuoit contenir vne lieuë de long, & puis par terre cheminasmes 3. lieuës par des pays difficiles plus que n'auions encor veu, à cause que les vents auoient abbatu des pins les vns sur les autres, qui n'est pas petite incommodité, car il faut passer tantost dessus, & tantost dessouz ces arbres. Ainsi nous paruinsmes à vn lac, ayant 6. lieues de long, & 2. de large, fort abondant en poisson, aussi les peuples des enuirons y font leur pescherie. Prés de ce lac y a vne habitation de Sauuages qui cultiuent la terre, & recueillent du maïs. Le chef se nomme Nibachis, lequel nous vint voir auec sa troupe, esmerueillé comment nous auions peu passer les sauts & mauuais chemins qu'il y auoit pour paruenir à eux. Et aprés nous auoir presenté du petum selon leur mode, il commença à haranguer ses compagnós, leur disant ; Qu'il falloit que fussiós tombez des nuës, ne sçachant cóment nous auions peu passer, & qu'eux demeurans au pays auoient beaucoup de peine à trauerser ces mauuais passages; leur faisant entendre que ie venois à bout de tout ce que mon esprit vouloit. Bref qu'il croyoit de moy ce que les autres Sauuages luy en auoient dit. Et sçachans que nous auiós faim, ils nous donnerét du poisson, que nous mangealmes: & aprés disné ie leur fis entendre par Thomas mon truchement, l'aise que i'auois de les auoir rencontrez. Que i'estois en ce pays pour les assister en leurs guerres, & que ie desirois aller plus auant voir quelques autres Capitaines pour mesme effect, dequoy ils furent ioyeux, & me promirent assistance. Ils me monstrerét leurs jardinages & champs, où il y auoit du maïs. Leur

Nibachis chef des Sauuages vint trouuer l'Auth.

Luy presentent du petum.

Donnent du poisson aux nostres.

Monstrent leurs jardinages.

BB

terroir est sablonneux, & pource s'adonnent plus à la chasse qu'au labeur, au contraire des Ochataiguins. Quand ils veulent rendre vn terroir labourable, ils coupent & bruslent les arbres, & ce fort aisément: car ce ne sont que chesnes & ormes. Le bois bruslé, ils remuent vn peu la terre, & plantent leur maïs grain à grain, comme ceux de la Floride. Il n'auoit pour lors que 4. doigts de haut.

Continuation. Arriuée vers Tessouat, & le bon accueil qu'il me fit. Façon de leurs cimetieres. Les Sauuages me promirent quatre canaux pour continuer mon chemin. Tost aprés me les refusent. Harangue des Sauuages pour me dissuader mon entreprise, me remonstrans les difficultez. Response à ces difficultez. Tessoüat arguë mon conducteur de mensonge, & n'auoir esté où il disoit. Il leur maintint son dire veritable. Ie les presse de me donner des canaux. Plusieurs refus. Mon conducteur conuaincu de mensonge, & sa confession.

CHAPITRE II.

Nibachis mene l'Autheur voir vn autre Capitaine.

Nibachis fit equiper deux canaux pour me mener voir vn autre Capitaine nommé Tessouat, qui demeuroit à 8. lieues de luy, sur le bord d'vn grand lac, par où passe la riuiere que nous auiós laissée qui refuit au nort. Ainsi nous trauersasmes le lac à l'ouest norouest prés de 7. lieues, où ayans mis pied à terre, fismes vne lieue au nordest parmy d'assez beaux pays, où il y a de petits sentiers battus, par lesquels on peut passer aisément;

& arriuafmes fur le bord de ce lac, où eſtoit l'habitation de Teſſouat, qui eſtoit auec vn autre chef ſien voiſin, tout eſtonné de me voir, & nous dit qu'il penſoit que ce fuſt vn ſonge, & qu'il ne croyoit pas ce qu'il voyoit. De là nous paſſaſmes en vne iſle, où leurs cabanes ſont aſſez mal couuertes d'eſcorces d'arbres, qui eſt remplie de cheſnes, pins & ormeaux, & n'eſt ſubiecte aux inondations des eaux, comme ſont les autres iſles du lac.

Iſles dōt les cabanes ſōt mal couuertes.

Ceſte iſle eſt forte de ſcituatiō: car aux deux bouts d'icelle, & à l'endroit où la riuiere ſe jette dans le lac, il y a des ſauts faſcheux, & l'aſpreté d'iceux la rendent forte, & ſ'y ſont logez pour euiter les courſes de leurs ennemis. Elle eſt par les 47. degrez de latitude, comme eſt le lac, qui a 10. lieues de long, & 3. ou 4. de large, abondāt en poiſſon, mais la chaſſe n'y eſt pas beaucoup bonne.

Ainſi comme ie viſitois l'iſle, j'apperceus leurs cimetieres, où ie fus grandement eſtōné, voyant des ſepulchres de forme ſemblable aux bieres, faits de pieces de bois, croiſées par en haut, & fichées en terre, à la diſtance de 3. pieds ou enuirō. Sur les croiſées en haut ils y mettent vne groſſe piece de bois, & au deuant vne autre tout debout, dans laquelle eſt graué groſſierement (comme il eſt bien croyable) la figure de celuy ou celle qui y eſt enterré. Si c'eſt vn homme, ils y mettent vne rondache, vne eſpée emmanchée à leur mode, vne maſſe, vn arc, & des fleſches. S'il eſt capitaine, il aura vn pennache ſur la teſte, & quelque autre bagatelle ou jolineté. Si vn enfant, ils luy baillent vn arc & vne fleſche. Si vne femme, ou fille, vne chau-

Cimetieres des Sauuages de ceſte iſle.

Leurs ſepulchres.

BB ij

diere, vn pot de terre, vne cueillier de bois, & vn auiron. Tout le tombeau a de lõgueur 6.ou 7 pieds pour le plus grand,& de largeur 4. les autres moins. Ils sont peints de jaulne & rouge, auec plusieurs ouurages aussi delicats que le tombeau. Le mort est enseuely dans sa robbe de castor, ou d'autres peaux, desquelles il se seruoit en sa vie, & luy mettent toutes ses richesses auprés de luy, comme haches, couteaux, chaudieres, & aleines, afin que ces choses luy seruent au pays où il va : car ils croyent l'immortalité de l'ame, comme i'ay dit autre part. Ces sepulchres de ceste façon ne se font qu'aux guerriers, car aux autres ils n'y mettent non plus qu'ils font aux femmes, comme gens inutiles, aussi s'en retrouue-il peu entr'eux.

Comme ils enseuelissent leurs morts.

Aprés auoir consideré la pauureté de ceste terre, ie leur demanday comment ils s'amusoient à cultiuer vn si mauuais pays, veu qu'il y en auoit de beaucoup meilleur qu'ils laissoient desert & abandonné, comme le Sault Sainct Louys. Ils me respondirent qu'ils en estoient contraints, pour se mettre en seureté, & que l'aspreté des lieux leur seruoit de bouleuart contre leurs ennemis : Mais que si ie voulois faire vne habitation de François au Sault Sainct Louys, comme j'auois promis, qu'ils quitteroient leur demeure pour se venir loger prés de nous, estans asseurez que leurs ennemis ne leur feroient point de mal pendant que nous seriõs auec eux. Ie leur dis que ceste année nous ferions les preparatifs de bois & pierres, pour l'année suiuáte faire vn fort, & labourer ceste terre. Ce qu'ayás entendu, ils firent vn grand cry en signe d'applaudissement. Ces propos finis, ie priay tous les Chefs &

Aspreté des lieux sert de bouleuart aux ennemis.

principaux d'entr'eux, de se trouuer le lendemain en la grand' terre, en la cabane de Tessoüat, lequel me vouloit faire Tabagie, & que là ie leur dirois mes intentions, ce qu'ils me promirent; & dés lors enuoyerent conuier leurs voisins pour s'y trouuer.

L'Autheur prie les Chef de se trouuer en la grande terre.

Le lendemain tous les conuiez vinrent auec chacun son escuelle de bois, & sa cueillier, lesquels sans ordre ny ceremonie s'assirent contre terre dans la cabane de Tessoüat, qui leur distribua vne maniere de boüillie faite de maïs, escrazé entre deux pierres, auec de la chair & du poisson, coupez par petits morceaux, le tout cuit ensemble sans sel. Ils auoient aussi de la chair rostie sur les charbons, & du poisson boüilly à part, qu'il distribua aussi. Et pour mon regard, d'autant que ie ne voulois point de leur bouillie, à cause qu'ils cuisinent fort salement, ie leur demanday du poisson & de la chair, pour l'accommoder à ma mode, qu'ils me donnerent. Pour le boire, nous auions de belle eau claire. Tessouat qui faisoit la Tabagie, nous entretenoit sans manger, suiuant leur coustume.

Bouillie faite de maïs escrazé entre deux pierres.

La Tabagie faite, les ieunes hommes qui n'assistent pas aux harangues & conseils, & qui aux Tabagies demeurent à la porte des cabanes, sortirent, & puis chacun de ceux qui estoient demeurez commença à garnir son petunoir, & m'en presenterent les vns & les autres, & employasmes vne grande demie heure à cét exercice, sans dire vn seul mot, selon leur coustume.

Aprés auoir parmy vn si long silence amplement petuné, ie leur fis entendre par mon truchement que le sujet de mon voyage n'estoit autre, que pour

L'Auth. fait entendre Sauuages le sujet de son voyage.

BB iij

les asseurer de mon affection, & du desir que j'auois de les assister en leurs guerres, comme j'auois fait auparauant. Que ce qui m'auoit empesché l'année derniere de venir, ainsi que ie leur auois promis, estoit que le Roy m'auoit occupé en d'autres guerres, mais que maintenant il m'auoit commandé de les visiter, & les asseurer de ces choses, & que pour cét effect j'auois nombre d'hommes au sault Sainct Louys. Que ie m'estois venu promener en leur pays pour recognoistre la fertilité de la terre, les lacs, riuieres & mer, qu'ils m'auoient dit estre en leur pays. Que ie desirois voir vne nation distante de 8. iournées d'eux, nommée Nebicerini, pour les conuier aussi à la guerre; & pource ie les priay de me donner 4. canaux, auec 8. Sauuages, pour me conduire esdites terres. Et d'autant que les Algoumequins ne sont pas grands amis des Nebicerini, ils sembloient m'escouter auec plus grande attention.

<small>Deuisent ensemble sur les propositions.</small> Mon discours acheué, ils commencerent derechef à petuner, & à deuiser tout bas ensemble touchant mes propositions: puis Tessoüat pour tous print la parole, & dit; Qu'ils m'auoient tousiours recogneu plus affectioné en leur endroit, qu'aucun autre François qu'ils eussent veu. Que les preuues qu'ils en auoient eües par le passé, leur facilitoient la croyance pour l'aduenir. De plus, que ie monstrois bien estre leur amy, en ce que i'auois passé tant de hazards pour les venir voir, & pour les conuier à la guerre, & que toutes ces choses les obligeoient à me vouloir du bien comme à leurs propres enfans. Que toutesfois l'année derniere ie leur auois manqué de promesse,

DE CHAMPLAIN. 199

& que 200. Sauuages estoient venus au sault, en intention de me trouuer, pour aller à la guerre, & me faire des presens; & ne m'ayans trouué, furent fort attristez, croyans que ie fusse mort, comme quelques-vns leur auoient dit : aussi que les François qui estoiét au sault ne les voulurent assister à leurs guerres, & qu'ils furent mal traittez par aucuns, de sorte qu'ils auoient resolu entr'eux de ne plus venir au sault, & que cela les auoit occasionnez (n'esperans plus de me voir) d'aller à la guerre seuls, comme de faict 200. des leurs y estoient allez. Et d'autant que la plus-part des guerriers estoient absents, ils me prioient de remettre la partie à l'année suiuante, & qu'ils feroient sçauoir cela à tous ceux de la contrée. Pour ce qui estoit des quatre canaux que ie demandois, ils me les accorderent, mais auec grandes difficultez, me disans qu'il leur desplaisoit fort de telle entreprise, pour les peines que j'y endurerois. Que ces peuples estoient sorciers, & qu'ils auoient fait mourir beaucoup de leurs gens par sort & empoisonnemens, & que pour cela ils n'estoiét amis. Au surplus, que pour la guerre ie n'auois affaire d'eux, d'autant qu'ils estoient de petit cœur, me voulans destourner, auec plusieurs autres propos sur ce sujet.

Moy d'autre-part qui n'auois autre desir que de voir ces peuples, & faire amitié auec eux, pour voir la mer du nort, facilitois leurs difficultez, leur disant, qu'il n'y auoit pas loin iusques en leurs pays. Que pour les mauuais passages, ils ne pouuoient estre plus fascheux que ceux que i'auois passé par cy-deuant : & pour le regard de leurs sortileges, qu'ils n'auroient au-

Desir de l'Autheur de voir ces peuples.

cune puissance de me faire tort, & que mon Dieu m'en preserueroit. Que ie cognoissois aussi leurs herbes, & par ainsi ie me garderois d'en manger. Que ie les voulois rendre ensemble bons amis, & leur ferois des presens pour cét effect, m'asseurant qu'ils feroient quelque chose pour moy. Auec ces raisons ils m'accordeient, comme i'ay dit, ces quatre canaux, dequoy ie fus fort ioyeux, oubliant toutes les peines passées, sur l'esperance que j'auois de voir ceste mer tant desirée.

Luy accordét quatre canaux.

Pour passer le reste du iour, ie me fus proumener par les iardins, qui n'estoient remplis que de quelques citrouilles, phasioles, & de nos pois, qu'ils commencent à cultiuer, où Thomas mon truchement, qui entendoit fort bien la langue, me vint trouuer, pour m'aduertir que ces Sauuages, aprés que ie les eus quittez, auoient songé que si j'entreprenois ce voyage, que ie mourrois, & eux aussi, & qu'ils ne me pouuoiét bailler ces canaux promis, d'autant qu'il n'y auoit aucun d'entr'eux qui me voulust conduire ; mais que ie remisse ce voyage à l'année prochaine, & qu'ils m'y meneroient en bon equipage, pour se defendre d'iceux, s'ils leur vouloient mal faire, pource qu'ils sont mauuais.

Va se proumener par leurs iardins.

Aduis que luy donne son truchement.

Ceste nouuelle m'affligea fort, & soudain m'en allay les trouuer, & leur dis, que ie les auois iusques à ce iour estimez hommes, & veritables, & que maintenát ils se monstroient enfans & mensongers ; & que s'ils ne vouloient effectuer leurs promesses, ils ne me feroient paroistre leur amitié. Toutesfois que s'ils se sentoient incommodez de quatre canaux, qu'ils ne m'en m'en baillaſſent que deux, & 4. Sauuages ſeulement.

Ils me repreſenterent derechef la difficulté des paſ- *Luy repreſentent les* ſages, le nombre des ſauts, la meſchanceté de ces peu- *difficultez* ples, & que c'eſtoit pour crainte qu'ils auoient de me *des paſſages.* perdre qu'ils me faiſoient ce refus. Ie leur fis reſponſe, que j'eſtois faſché de ce qu'ils ſe monſtroient ſi peu *Sa reſponſe.* mes amis, & que ie ne l'euſſe iamais creu. Que j'auois
vn garçon (leur monſtrant mon impoſteur) qui auoit
eſté dans leur pays, & n'auoit recogneu toutes les difficultez qu'ils faiſoient, ny trouué ces peuples ſi mauuais qu'ils diſoient. Alors ils commencerent à le regarder, & ſpecialement Teſſoüat vieux Capitaine,
auec lequel il auoit hyuerné; & l'appellant par ſon
nom, luy dit en ſon langage : Nicolas, eſt-il vray que
tu as dit auoir eſté aux Nebicerini? Il fut long temps
ſans parler, puis il leur dit en leur langue, qu'il parloit
aucunement, Ouy j'y ay eſté. Auſſi toſt ils le regarde-
rent de trauers, & ſe jettans ſur luy, comme s'ils l'euſſent voulu manger ou deſchirer, firent de grands cris,
& Teſſouat luy dit : Tu es vn aſſeuré menteur : tu ſçais
bien que tous les ſoirs tu couchois à mes coſtez auec
mes enfans, & tous les matins tu t'y leuois : ſi tu as eſté
vers ces peuples, ç'a eſté en dormant. Comment as tu
eſté ſi impudent d'auoir donné à entendre à ton chef
des menſonges, & ſi meſchant de vouloir hazarder ſa
vie parmy tant de dangers ? tu es vn homme perdu, &
te deuroit faire mourir plus cruellement que nous ne
faiſons nos ennemis. Ie ne m'eſtonne pas ſ'il nous
importunoit tant ſur l'aſſeurance de tes paroles. A *Ce que l'Au-* l'heure ie luy dis qu'il euſt à reſpondre, & que s'il auoit *theur dit à* *vn impo-* eſté en ces terres qu'il en donnaſt des enſeignemens *ſteur nómé* *Nicolas.*

CC

pour me le faire croire, & me tirer de la peine où il m'auoit mis, mais il demeura muet & tout esperdu. Alors ie le tiray à l'escart des Sauuages, & le coniuray de me declarer s'il auoit veu ceste mer, & s'il ne l'auoit veuë, qu'il me le dist. Derechef auec iuremens il affirma tout ce qu'il auoit par cy-deuant dit, & qu'il me le feroit voir, si ces Sauuages vouloient bailler des canaux.

<small>Aduis que luy donne Thomas son truchement.</small>

Sur ces discours Thomas me vint aduertir que les Sauuages de l'isle enuoyoient secrettement vn canot aux Nebicerini, pour les aduertir de mon arriuée. Et pour me seruir de l'occasion, ie fus trouuer lesd. Sauuages, pour leur dire que i'auois songé ceste nuict qu'ils vouloient enuoyer vn canot aux Nebicerini, sans m'en aduertir; dequoy j'estois aduerty, veu qu'ils sçauoient que j'auois volonté d'y aller. A quoy ils me firent responce, disans que ie les offensois fort, en ce que ie me fiois plus à vn menteur, qui me vouloit faire mourir, qu'à tant de braues Capitaines qui estoient mes amis, & qui cherissoient ma vie. Ie leur repliquay, que mon homme (parlant de nostre imposteur) auoit esté en ceste contrée auec vn des parens de Tessouat, & auoit veu la mer, le bris & fracas d'vn vaisseau Anglois, ensemble 80. testes que les Sauuages auoient, & vn ieune garçon Anglois qu'ils tenoient prisonnier, dequoy ils me vouloient faire present.

Ils s'escrierent plus que deuant, entendans parler de la mer, des vaisseaux, des testes des Anglois, & du prisonnier, qu'il estoit vn menteur, & ainsi le nommerent-ils depuis, comme la plus grande iniure qu'ils luy eussent peu faire, disans tous ensemble qu'il le falloit faire mourir, ou qu'il dist celuy auec loquel il y auoit esté, & qu'il declarast les lacs, riuieres & chemins par lesquels il auoit passé. A quoy il fit responce, qu'il auoit oublié le nom du Sauuage, combien qu'il me l'eust nommé plus de vingt fois, & mesme le iour de deuant. Pour les particularitez du pays, il les auoit descrites dans vn papier qu'il m'auoit baillé. Alors ie presentay la carte, & la fis interpreter aux Sauuages, qui l'interrogerent sur icelle : à quoy il ne fit responce, ains par son morne silence manifesta sa meschanceté.

Mon esprit voguant en incertitude, ie me retiray à part, & me representay les particularitez du voyage des Anglois cy-deuant dites, & les discours de nostre menteur estre assez conformes; aussi qu'il y auoit peu d'apparence que ce garçon eust inuenté tout cela, & qu'il n'eust voulu entreprendre le voyage : mais qu'il estoit plus croyable qu'il auoit veu ces choses, & que son ignorance ne luy permettoit de respondre aux interrogations des Sauuages : ioint aussi que si la relatiō des Anglois est veritable, il faut que la mer du nort ne soit pas esloignée de ces terres de plus de 100. lieues de latitude : car i'estois souz la hauteur de 47. degrez de latitude, & 296. de longitude : mais il se peut faire que la difficulté de passer les sauts, l'aspreté des mōtagnes remplies de neiges, soit cause que ces peuples n'ont aucune cognoissance de ceste mer : bien m'ont ils tousiours dit, que du pays des Ochataiguins il n'y a que 35. ou 40. iournées iusques à la mer qu'ils voyent en 3. endroits, ce qu'ils m'ont encores asseuré ceste année : mais aucun ne m'a parlé de ceste mer du nort,

L'Auch. se retira à part.

que ce menteur, qui m'auoit fort resiouy à cause de la briefueté du chemin.

Or comme ce canot s'apprestoit, ie le fis appeller deuant ses compagnons; & en luy representant tout ce qui s'estoit passé, ie luy dis qu'il n'estoit plus question de dissimuler, & qu'il falloit dire s'il auoit veu les choses dites, ou non. Que ie me voulois seruir de la commodité qui se presentoit. Que j'auois oublié tout ce qui s'estoit passé: mais que si ie passois plus outre, ie le ferois pendre & estrangler.

L'imposteur demande pardon à l'Autheur.

Aprés auoir songé à luy, il se jetta à genoux, & me demanda pardon, disant, que tout ce qu'il auoit dit, tant en France, qu'en ce pays, touchãt ceste mer, estoit faux. Qu'il ne l'auoit iamais veuë, & qu'il n'auoit pas esté plus auant que le village de Tessouat; & auoit dit ces choses pour retourner en Canada. Ainsi transpor-

Qui le fait retirer.

té de colere ie le fis retirer, ne le pouuant plus voir deuant moy, donnant charge à Thomas de s'enquerir de tout particulierement: auquel il acheua de dire qu'il ne croyoit pas que ie deusse entreprédre le voyage, à cause des dangers, croyant que quelque difficulté se pourroit presenter, qui m'empescheroit de passer, comme celle de ces Sauuages, qui ne me vouloiét bailler des canaux: ainsi que l'on remettroit le voyage à vne autre année, & qu'estant en France, il auroit recompense pour sa descouuerture, & que si ie le voulois laisser en ce pays, qu'il iroit tant qu'il la trouueroit, quand il y deuroit mourir. Ce sont ses paroles,

Paroles que Thomas luy rapporte.

qui me furét rapportées par Thomas, qui ne me contenterét pas beaucoup, estant esmerueillé de l'effronterie & meschanceté de ce menteur: ne pouuant m'imaginer comment il auoit forgé ceste imposture, sinon qu'il eust ouy parler du voyage des Anglois cy mentionné, & que sur l'esperance d'auoir quelque recompense, comme il disoit, il auoit eu la temerité de mettre cela en auant.

Peu de temps aprés ie fus aduertir les Sauuages, à mon grand regret, de la malice de ce menteur, & qu'il m'auoit confessé la verité, dequoy ils furent joyeux, me reprochás le peu de confiance que j'auois en eux, qui estoient Capitaines, mes amis, qui disoient tousiours verité, & qu'il falloit faire mourir ce menteur, qui estoit grandement malicieux, me disans : Ne vois-tu pas qu'il t'a voulu faire mourir ? donne le nous, & nous te promettons qu'il ne mentira iamais. Comme ie veis qu'eux & leurs enfans crioient tous aprés luy, ie leur defendis de luy faire aucun mal, & aussi d'empescher leurs enfans de ce faire, d'autant que ie le voulois remener au sault pour luy faire faire son rapport, & qu'estant là, j'aduiserois ce que j'en ferois.

Sauuages l'aduertissent de la malice de l'imposteur.

L'Autheur leur defend de luy faire aucun mal.

Mon voyage estant acheué par ceste voye, & sans aucune esperance de voir la mer de ce costé là, sinon par conjecture, le regret de n'auoir mieux employé le temps me demeura, auec les peines & trauaux qu'il me fallut tollerer patiemmēt. Si ie me fusse transporté d'vn autre costé, suiuant la relation des Sauuages, j'eusse esbauché vne affaire qu'il fallut remettre à vne autre fois.

N'ayant pour l'heure autre desir que de m'en reuenir, ie conuiay les Sauuages de venir au Sault Sainct Louis, où ils receuroient bon traittement ; ce qu'ils firent sçauoir à tous leurs voisins.

Il couie les Sauuages de venir au Sault sainct Louis.

CC iij

Auant que partir, ie fis vne croix de cedre blanc, laquelle ie plantay fur le bord du lac en vn lieu eminent, auec les armes de France, & priay les Sauuages la vouloir conferuer, comme auffi celles qu'ils trouueroient du long des chemins où nous auions paffé. Ils me promirent ainfi le faire, & que ie les retrouuerois quand ie retournerois vers eux.

Noſtre retour au Sault. Fauſſe alarme. Ceremonie du ſault de la Chaudiere. Confeſſion de noſtre menteur deuant vn chacun. Noſtre retour en France.

CHAPITRE III.

L'Autheur prend congé de Teſſouat.

LE 10. Iuin ie prins congé de Teſſoüat, auquel ie fis quelques prefens, & luy promis, ſi Dieu me conferuoit en fanté, de venir l'année prochaine en equipage, pour aller à la guerre : & luy me promit d'aſſembler grand peuple pour ce temps là, difant, que ie ne verrois que Sauuages, & armes, qui me donneroiét contentement; & me bailla fon fils pour me faire compagnie. Ainfi nous partifmes auec 4. canaux, & paſſaſmes par la riuiere que nous auions laiſſée, qui court au nort, où nous mifmes pied à terre pour trauerſer des lacs. En chemin nous rencontrafmes 9. grands canaux de Ouefcharini, auec 40. hommes forts & puiſſans, qui venoient aux nouuelles qu'ils auoient euës; & d'autres que rencontrafmes auffi, qui faifoient enfemble 60. canaux, & 20. autres qui eftoient partis deuant nous, ayans chacun aſſez de marchandifes.

Nous passasmes six ou sept sauts depuis l'isle des Algoumequins jusques au petit sault, pays fort desagreable. Ie recogneus bien que si nous fussions venus par là, que nous eussions eu beaucoup plus de peine, & mal-aisément eussions nous passé: & ce n'estoit sans raison que les Sauuages contestoient contre nostre menteur, qui ne cherchoit qu'à me perdre.

Continuant nostre chemin dix ou douze lieuës au dessouz l'isle des Algoumequins, nous posasmes dans vne isle fort agreable, remplie de vignes & noyers, où nous fismes pescherie de beau poisson. Sur la minuict arriua deux canaux qui venoient de la pesche plus loin, lesquels rapporterent auoir veu quatre canaux de leurs ennemis. Aussi tost on dépescha trois canaux pour les recognoistre, mais ils retournerent sans auoir rien veu. En ceste asseurance chacun print le repos, excepté les femmes, qui se resolurét de passer la nuict dans leurs canaux, ne se trouuans asseurées à terre. Vne heure auant le iour vn Sauuage songeant que les ennemis le chargeoient, se leua en sursault, & se print à courir vers l'eau pour se sauuer, criant, *On me tuë*. Ceux de sa bande s'esueillerent tout estourdis; & croyans estre poursuiuis de leurs ennemis se jetterent en l'eau; cóme aussi fit vn de nos François, qui croyoit qu'on l'assommast. A ce bruit nous autres qui estions esloignez, fusmes aussi tost esueillez, & sans plus s'enquerir accourusmes vers eux. Mais les voyans en l'eau errans çà & là, estions fort estonnez, ne les voyans poursuiuis de leurs ennemis, ny en estat de se defendre. Aprés que j'eus enquis nostre François de la cause de ceste émotion, & m'auoir raconté comme cela

Chemine au dessouz de l'isle des Algoumequins.

estoit arriué, tout se passa en risée & moquerie.

En continuant nostre chemin, nous paruinsmes au sault de la Chaudiere, où les Sauuages firent la ceremonie accoustumée, qui est telle. Aprés auoir porté leurs canaux au bas du sault, ils s'assemblent en vn lieu, où vn d'entr'eux auec vn plat de bois va faire la queste, & chacun d'eux met dans ce plat vn morceau de petum. La queste faite, le plat est mis au milieu de la troupe, & tous dancent à l'entour, en chantant à leur mode : puis vn des Capitaines fait vne harangue, remonstrant que dés long temps ils ont accoustumé de faire telle offrande, & que par ce moyen ils sont garentis de leurs ennemis : qu'autrement il leur arriueroit du mal-heur, ainsi que leur persuade le diable; & viuent en ceste superstition, comme en plusieurs autres, comme nous auons dit ailleurs. Cela fait, le harangueur prend le plat, & va jetter le petum au milieu de la chaudiere, & font vn grand cry tous ensemble. Ces pauures gens sont si superstitieux, qu'ils ne croiroient pas faire bon voyage, s'ils n'auoient fait ceste ceremonie en ce lieu, d'autant que leurs ennemis les attendent à ce passage, n'osans pas aller plus auant, à cause des mauuais chemins, & les surprennent là quelquefois.

Ceremonie des Sauuages.

Le lendemain nous arriuasmes à vne isle qui est à l'entrée du lac, distante du grand sault Sainct Louis de 7. à 8. lieuës, où reposans la nuict, nous eusmes vne autre alarme, les Sauuages croyans auoir veu des canaux de leurs ennemis : ce qui leur fit faire plusieurs grands feux, que ie leur fis esteindre, leur remonstrant l'inconuenient qui en pouuoir arriuer, sçauoir, qu'au lieu

L'Autheur & les siens reçoiuent vne alarme.

lieu de se cacher ils se manifestoient.

Le 17. Iuin nous arriuasmes au Sault Sainct Louys, où ie leur fis entendre que ie ne desirois pas qu'ils traittassent aucunes marchandises que ie ne leur eusse permis; & que pour des viures ie leur en ferois bailler si tost que serions arriuez; ce qu'ils me promirent, disans qu'ils estoient mes amis. Ainsi poursuiuãt nostre chemin, nous arriuasmes aux barques, & fusmes saluez de quelques canonades, dequoy quelques vns de nos Sauuages estoient ioyeux, & d'autres fort estonnez, n'ayãs iamais ouy telle musique. Ayans mis pied à terre, Maison-neufue me vint trouuer, auec le passeport de Monseigneur le Prince. Aussi tost que ie l'eus veu, ie le laissay luy & les siens iouïr du benefice d'iceluy, comme nous autres, & fis dire aux Sauuages qu'ils pouuoient traitter le lendemain.

Maison-neufue viẽt trouuer l'Autheur auec passeport de M. le Prince.

Ayant raconté à tous ceux de la barque les particularitez de mon voyage, & la malice de nostre menteur, ils furent fort estonnez, & les priay de s'assembler, afin qu'en leur presence, des Sauuages, & de ses compagnons, il declarast sa meschanceté; ce qu'ils firent volontiers. Ainsi estans assemblez, ils le firent venir, & l'interrogerẽt pourquoy il ne m'auoit monstré la mer du nort, comme il m'auoit promis. Il leur fit response, qu'il auoit promis vne chose impossible, d'autãt qu'il n'auoit iamais veu ceste mer: mais que le desir de faire le voyage luy auoit fait dire cela; aussi qu'il ne croyoit que ie le deusse entreprẽdre. Parquoy les prioit luy vouloir pardonner, comme il fit à moy, confessant auoir grandement failly : mais que si ie le voulois laisser au pays, qu'il feroit tant qu'il repare-

DD

roit la faute, verroit ceſte mer, & en rapporteroit cer‑
taines nouuelles l'année ſuiuāte. Pour quelques con‑
ſiderations ie luy pardonnay, à ceſte condition.

L'Autheur prie les Sauuages de mener 2. ieunes hōmes auec eux.

Aprés que les Sauuages eurent traitté leurs mar‑
chandiſes, & qu'ils eurent reſolu de ſ'en retourner, ie
les priay de mener auec eux deux ieunes hōmes pour
les entretenir en amitié, leur faire voir le pays, & les
obliger à les ramener, dont ils firent grande difficul‑
té, me repreſentás la peine que m'auoit donné noſtre
menteur, craignans qu'ils me feroient de faux rap‑
ports, comme il auoit fait. Ie leur fis reſponſe, que ſ'ils
ne les vouloiēt emmener ils n'eſtoient pas mes amis,
& pource ils ſ'y reſolurent. Pour noſtre menteur, au‑
cun de ces Sauuages n'en voulut, pour priere que ie
leur fis, & le laiſſaſmes à la garde de Dieu.

Retour de l'Autheur en France.

Voyant n'auoir plus rien à faire en ce pays, ie me
reſolus de paſſer en France, & arriuaſmes à Tadouſſac
le 6. Iuilles.

Le 8. Aouſt le temps ſe trouua propre, qui nous en
fit partir, & le 26. du meſme mois nous arriuaſmes à
Sainct Malo.

Changement de Viceroy. Vn quidam obtient la charge de Lieutenant general du Roy en la nouuelle France, de la Royne Regente. Articles du Sieur de Mons à la Compagnie. Troubles qu'eut l'Autheur par ses enuieux.

CHAPITRE IIII.

ESTANT arriué en France, nous eufmes nouuelles de la detention de Monfeigneur le Prince, qui me fit iuger que nos enuieux ne tarderoient gueres à vomir leur poifon, & qu'ils feroient ce qu'ils n'auoient ofé faire auparauant : car le chef eftant malade, les membres ne peuuent eftre en fanté. Auffi dés lors les affaires changerent de face, & firent naiftre vn nouueau Vice-roy, par l'entremife d'vn certain perfonnage, lequel s'addreffe au Sieur de Beaumont Maiftre des Requeftes, lequel eftoit amy de Monfieur le Marefchal de Themines, qui donne aduis de demander la charge de Lieutenant de Roy de la nouuelle France, pendant la detention de mond. Seigneur le Prince: lequel l'obtint de la Royne-mere Regente. Cét entremetteur va trouuer Monfieur le Marefchal de Themines, luy fait voir que l'on donnoit vn cheual de mille efcus à Monfeigneur le Prince, & qu'il en pourroit bien auoir vn de quatre mil cinq cents liures, par les moyés qu'il luy dira, moyennant que mond. fieur luy face quelque gratification, & le continuë en la charge de faire les affaires de la Compagnie, & pouuoir eftre fon Secretaire. Il luy dit qu'en confideration de l'aduis qu'il luy auoit fait donner, & aussi pour le soin qu'il auoit des affaires, il le recognoistroit, comme dit est. Cela accordé, ledit Solliciteur dit aux associez, Qu'il auoit appris que Monsieur de Themines auoit l'affaire de Canada, & demandoit cinq cents escus dauantage que les mille, d'autant qu'il y en auoit d'autres qui vouloient prendre ce party, & luy offroient, mais qu'il les vouloit preferer. Ces associez adioustent foy à cecy, iusques à ce que la mesche fust descouuerte par l'vn des Secretaires de mond. Sieur de Themines, fasché de ce que ce personnage emportoit ce qui luy deuoit estre acquis. En ces entre-faites, on donne aduis à Monseigneur le Prince de tout ce qui se passoit,

Le sieur Vigner arreste ce qui estoit deub à Monseig. le Prince.

qui donna charge à Monsieur Vignier de mesnager ceste affaire: lequel fait arrest de ce qui estoit deub à mond. Seign. le Prince, & que s'ils payoient à Môsieur de Themines, ils payeroient deux fois. Voila vn procez qui s'esmeut au Conseil entre les associez, Mon-

Procez au Conseil entre les associez, Monf. le Prince, & Monsieur de Themines.

seigneur le Prince, le Sieur de Themines, & le Sieur de Villemenon, comme Intendant de l'Admirauté, qui s'y entremet pour Monseigneur de Montmorency, sur quelque poinct qui dependoit de la charge dudit Sieur, pour le bien de la Société; qui desiroit aussi que les mille escus fussent employez au bien du païs: chose qui eust esté tres-raisonnable. Ils sont tous au Conseil, & de là renuoyez à la Cour de Parlemét. Laissons les plaider, pour aller appareiller nos vaisseaux, qui ne perdoient temps pour aller secourir les hyuernans de l'habitation.

Remonstraces aux associez.

En ce mesme temps remonstrances furent faites à Messieurs les associez du peu de fruict qu'ils auoient fait cognoiſtre à aduancer le progrez de l'habitation, & qu'il n'y auoit choſe plus capable de rompre leur ſocieté, s'ils n'y remedioient par quelque augmentatió de faire baſtir, & enuoyer quelques familles pour défricher les terres.

Ils ſe reſolurent donc d'y remedier, & pour cét effect le Sieur de Mons deſirant de voir de plus en plus fructifier ce deſſein, met la plume à la main, fait quelques articles, par leſquels lad. Compagnie s'obligeoit à l'augmentation des hommes pour la conſeruation du pays, munitions de guerre, & des viures neceſſaires pour deux ans, attendant que la terre peuſt fructifier. *Articles que dreſſa le ſieur de Mons.*

Ces articles furent mis entre les mains de Monſieur de Marillac, pour eſtre rapportez au Conſeil. Voicy vn bel acheminement ſans profit : car le tout s'en alla en fumée, par ie ne ſçay quels accidents, & Dieu ne permit pas que ces articles euſſent lieu. Neátmoins Monſieur de Marillac trouua tout cela iuſte, & s'en reſioüit, grandement porté à l'aduancement de ceſte affaire. *Sont mis és mains de Monſieur de Marillac.*

Pendant ces choſes, ie fus à Honnefleur pour aller au voyage, où eſtant, vn de la compagnie, auſſi malicieux, que grand chicaneur, appellé Boyer, comparoiſſant pour toute icelle Compagnie, me fait ſignifier vn arreſt de Meſſieurs de la Cour de Parlement, par lequel ie recogneu que ie ne pouuois plus pretendre l'honneur de la charge de Lieutenant de Monſeigneur le Prince, attendu que la Cour auoit ordonné que les Seigneurs Prince de Condé, de Montmorency, & de Themines, ſans preiudicier à leurs qualitez, ne pourroient receuoir aucuns deniers de ce qu'ils *L'Auth. va à Honnefleur.* *Boyer luy fait ſignifier vn arreſt de la Cour.*

pouuoient pretendre, & defenſe aux aſſociez de ne rien donner, ſur les peines du quadruple. Tout cela ne me touchoit point; car ayant ſeruy comme j'auois fait, ils ne me pouuoient oſter ny la charge, ny moins les appointemens, à quoy volontairemét ils s'eſtoient obligez lors que ie les aſſociay. Voila la recompenſe de ces Meſſieurs les aſſociez, qui ſe deſchargeoient ſur ledit Boyer, que ce qu'il auoit fait eſtoit de ſon mouuement. Ie proteſtay au contraire, attendant le retour de mon voyage.

Les Aſſociez ſe deſchargét ſur Boyer.

Ie m'embarquay donc pour le voyage de l'an 1617. où il ne ſe paſſa rien de remarquable. Eſtant de retour à Paris, ie fus trouuer mond. ſieur de Themines, duquel i'auois eu la commiſſion de ſon Lieutenant pendant la detention de mond. Seigneur le Prince. Il obtient lettres du Conſeil de ſa Majeſté pour y faire renuoyer l'affaire, qui n'auoit pas eſté iugée à ſon profit. Eſtant au Conſeil, la Compagnie ne demande maintenant que la deſcharge de ce qu'elle doit payer, & qu'ils ne payét point à deux. Ordonné que l'on donnera l'argét à mond. ſieur de Themines. Neantmoins led. ſieur Vignier dit pour Monſeigneur le Prince, que les Aſſociez regardent ce qu'ils font, à ce qu'vn iour ils ne payét derechef. Ceſte Compagnie ſe trouue en peine, & voudroit bien qu'ils s'accordaſſent. Quoy que c'en ſoit, ils payent à Monſieur de Themines, en vertu de l'Arreſt du Conſeil. Or c'eſt à faire à payer encore vne autre fois, s'il y eſchet. Au lieu que tous deuroient contribuer à ce ſainct deſſein, on en oſte les moyens. Car les aſſociez diſent qu'ils ne peuuent faire aucun aduancement au pays, ſi on ne les

Monſieur de Themines fait euoquer la cauſe au Conſeil.

Arreſt du Conſeil à ſon profit.

Ce que dit Monſieur Vignier pour Mōſ. le Prince.

veut assister, & employer le peu d'argent qu'ils donnent annuellement, ou le donner aux Religieux, pour aider à faire leur Seminaire : lesquels perdirent ceste occasion enuers mond. Seigneur le Prince.

Mais comme ils ne se soucioient pas beaucoup de cét aduancement, & ne s'en sont pas souciez, ils ne s'y voulurent pas employer, disans qu'ils auoient assez d'affaires pour eux en France, sans solliciter pour celles de Canada. Voila comme les charitez s'exercent froidement ; ce qui est le moyen de ne rien faire, si Dieu ne suscite d'autres voyes.

En ceste mesme année arriue vn autre assault des effects du malin esprit. Les enuieux croyent qu'ils auront meilleur marché pendant la detention de Monseigneur le Prince, pour faire rompre sa commission, & par consequent celle de Monsieur de Themines ; & font tant que Messieurs des Estats de Bretagne tentent la fortune pour la seconde fois, afin de les fauoriser, & de coucher en leurs articles celuy de la traitte libre pour la Prouince de Bretagne. Ils viennent à Paris, presentent leurs cahiers à Messieurs du Conseil ; lesquels leur accordent cét article, sans auoir ouy les parties, qui estoient engagées bien auant en ceste affaire. Ie fais icelle affaire par le moyen du feu sieur Euesque de Nantes, deputé pour lors des Estats, & de quelques vns de la maison de Monsieur de Sceaux, qui auoit les registres des Estats de Bretagne. Ie luy en parle, lequel me disant que c'estoit la verité, ie luy repartis : *Monsieur, cõment est-il possible que l'on aye octroyé si promptement cét article, sans ouyr partie?* Il me respondit, *L'on n'y a pas songé.* Ie fais aussi tost presenter vne

Enuieux qui taschét de faire rõpre la commission de l'Autheur.

L'Autheur se sert de l'authorité de Mõsieur l'Euesque de Nantes.

requeste à Messieurs du Conseil, qui ordonnerent des Commissaires pour iuger l'affaire. Cependant l'article est sursis, iusques à ce qu'il en aye esté autrement ordonné, & que les parties seroient appellées & oüies sur ce faict. I'escris aussi tost à nos associez à Roüen, qu'ils eussent à venir promptement, ce qu'ils firent, car la chose leur touchoit de prés. Estans venus, les Commissaires s'assemblent chez Monsieur de Chasteau-neuf. Messieurs les Deputez des Estats & moy s'y trouuent auec nos associez, pour decider de ceste affaire. L'on fut long temps à debattre sur ce que les Bretons pretendoient la preference de ce negoce aux autres subjects de ce Royaume, & plusieurs raisons furent agitées d'vn costé & d'autre. Ie n'y oubliay rien de ce que j'en sçauois, & auois peu apprendre par des Autheurs dignes de foy. Le tout bien consideré, fut dit, que l'article seroit rayé, iusques à ce que plus à plain il en fust ordonné, & cependant defenses faites aux Bretons, de par le Roy, de trafiquer en aucune maniere que ce soit de pelleterie, auec les Sauuages, sans le consentement de lad. Société : & sans l'aduis que j'en eus, l'affaire eust esté rompuë pour lors. Car combien de querelles & procez se fussent-ils émeus tant en la nouuelle France, qu'au Conseil de sa Majesté ?

En la mesme année 1618. les Associez craignans d'estre démis de la traitte de pelleterie, pour ne faire quelque chose de plus que ce qu'ils estoient obligez par leurs articles, comme de passer des hommes par delà pour habiter & défricher les terres ; à quoy ie les portois le plus qu'il m'estoit possible ; & au default des personnes,

personnes, s'offroient d'en mener, en leur accordant les mesmes priuileges qu'ils auoient. Que de moy j'auois à informer sad. Majesté & Monseig. le Prince, du progrés qui se faisoit de temps en temps, cōme j'auois fait. Que les troubles ordinaires qui auoient esté en France auoient empesché sad. Majesté d'y remedier, & qu'ils eussent à mieux faire. Qu'autrement, ils pourroient estre depossedez de toutes leurs pretentions, qui ne tendoient qu'à leur profit particulier, bien dissemblable aux miennes, qui n'auois autre dessein que de voir le pays habité de gens laborieux, pour défricher les terres, afin de ne point s'assubiectir à porter des viures annuellement de France, auec beaucoup de despense, & laisser les hommes tomber en de grandes necessitez, pour n'auoir dequoy se nourrir, comme il estoit ja aduenu, les vaisseaux ayans retardé prés de deux mois plus que l'ordinaire, & pensa y auoir vne émotion & reuolte à ce sujet les vns contre les autres.

Dessein louable de l'Autheur.

A tout cecy nosd. Associez disoient, que les affaires de France estoient si muables, qu'ayans fait vne grande despense, ils n'auoient lieu de seureté pour eux, ayans veu ce qui s'estoit passé au sujet du Sieur de Mons. Ie leur dis, qu'il y auoit bien de la difference de ce temps là à cestuy cy, entant que c'estoit vn Gentil-homme qui, n'auoit pas assez d'authorité pour se maintenir en Court contre l'enuie dans le Conseil de sa Majesté. Que maintenant ils auoient vn Prince pour protecteur, & Viceroy du pays, qui les pouuoit proteger & defendre enuers & contre tous, souz le bon plaisir du Roy. Mais j'apperceuois bien qu'vne

Le sieur de Mons n'auoit moyen de se maintenir en Court contre l'enuie.

EE

plus grande crainte les tenoit; que si le pays s'habitoit leur pouuoir se diminueroit, ne faisans en ces lieux tout ce qu'ils voudroient, & seroient frustrez de la plusgrand' partie des pelleteries, qu'ils n'auroient que par les mains des habitans du pays, & peu après se-roient chassez par ceux qui les auroient installez auec beaucoup de despense. Considerations pour iamais n'y rien faire, par tous ceux qui auront de semblables desseins; & ainsi souz de beaux pretextes promettent des merueilles pour faire peu d'execution, & empes-cher ceux qui eussent eu bonne enuie de s'habituer en ces terres, qui volontiers y eussent porté leur bien, & leur vie, s'ils n'en eussent esté empeschez. Et si cela eust reüssi, iamais l'Anglois n'y eust esté, comme il a fait, par le moyen des rebelles François.

A force de solliciter lesd. Associez, ils s'assemble-rent, & firent vn estat du nombre d'hommes & famil-les qu'ils y deuoiét enuoyer, outre celles qui y estoiét: duquel estat j'en pris copie pardeuant Notaires, com-me il s'ensuit.

Estat des personnes qui doiuent estre menez & entretenus en l'habitation de Quebec, pour l'année 1619.

IL y aura 80. personnes, y compris le Chef, trois Pe-res Recollets, commis, officiers, ouuriers, & labou-reurs.

Deux personnes auront vn materas, paillasse, deux couuertes, trois paires de linceulx neufs, deux habits à chacun, six chemises, quatre paires de souliers, & vn capot.

Pour les armes, 40. mousquets auec leurs bandolieres, 24. piques, 4. harquebuzes à roüet de 4. à 5. pieds, 1000. liures de poudre fine, 1000. de poudre à canon, 1000. liures de balles pour les pieces, six milliers de plomb, vn poinçon de mesche.

Pour les hommes, vne douzaine de faux auec leur manche, marteaux, & le reste de l'equipage, 12. faucilles, 24. besches pour labourer, 12. picqs, 4000. liures de fer, 2. barils d'acier, 10. tonneaux de chaulx (l'on n'en auoit encore point trouué audit pays comme l'on a fait depuis) dix milliers de tuille creuse, ou vingt mille de platte, dix milliers de brique pour faire vn four & des cheminées, deux meules de moulin, car il ne s'y en estoit trouué que depuis trois ans.

Pour le seruice de la table du Chef, 36. plats, autant d'escuelles & d'assiettes, 6. salieres, 6. aiguieres, 2. bassins, 6. pots de deux pintes chacun, 6. pintes, 6. chopines, 6. demy septiers, le tout d'estain, deux douzaines de nappes, vingt-quatre douzaines de seruiettes.

Pour la cuisine, vne douzaine de chaudieres de cuiure, 6. paires de chesnets, 6. poisles à frire, 6 grilles.

Sera aussi porté deux taureaux d'vn an, des genices, & des brebis ce que l'on pourra: de toutes sortes de graines pour semer.

Il y eust bien fallu plusieurs autres commoditez qui manquoient en ce memoire: mais ce n'eust pas esté peu, s'il eust esté accomply comme il estoit.

De plus y auoit: Celuy qui commandera à l'habitation, se chargera des armes & munitions qui y sont, & de celles qui y seront portées, durant qu'il y demeurera.

EE ij

Et le Commis qui sera à l'habitation pour la traite des marchandises, se chargera d'icelles, ensemble des meubles & vstensiles qui seront à la compagnie; & de tout il enuoyera par les nauires vn estat, lequel il signera.

Sera aussi porté vne douzaine de materas garnis, comme ceux des familles, qui seront mis dans le magazin, pour aider aux malades & blessez.

Il sera besoin aussi que le nauire qui pourra estre acheté pour la compagnie, ou freté, aille à Quebec, & qu'il soit porté par la charte partie, & selon la facilité qui se trouuera, il faudra aussi faire monter le grand nauire de la compagnie.

Fait & aresté par nous souz-signez, & promettós accomplir en ce qui sera possible le contenu cy dessus. En tesmoin dequoy nous auons signé ces presentes. A Paris le 21. Decembre 1619. Ainsi signé, Pierre, Dagua, Le Gendre, tant pour luy, que pour les Vermulles, Bellois, & M. Dustrelot.

Collationné à l'original en papier. Ce fait rendu par les Notaires souz-signez, l'an 1619. le 11. iour de Ianuier. GVERREAV. FOVRCY.

Ie portay cét estat à Monsieur de Marillac, pour le faire voir à Messieurs du Conseil, qui trouuerent tres-bon qu'il s'executast, recognoissans la bonne volonté qu'auoient lesdits Associez de se porter au bien de ceste affaire; & ne voulurent entendre d'autres propositions qui leur estoient faites par ceux de Bretagne, la Rochelle, & Sainct Iean de Lus. Quoy que ce soit, ce fut vn bruit & vne demonstratió de bien augmenter la peuplade, qui ne sortit pourtát à nul effect

L'année s'escoula, & ne se fit rien, non plus que la suiuante, que l'on recommença à crier, & se plaindre de ceste Societé, qui donnoit des promesses, sans rien effectuer.

Voila comme ceste affaire se passa, & sembloit que tous obstacles se mettoient au deuant, pour empescher que ce sainct dessein ne reüssist à la gloire de Dieu.

Vne partie de cesdits associez estoient de la religion pretenduë reformée, qui n'auoient rien moins à cœur que la nostre s'y plantast, bien qu'ils consentoient d'y entretenir des Religieux, parce qu'ils sçauoient que c'estoit la volonté de sa Majesté. Les Catholiques en estoient tres contents; & c'estoit la chambre my-partie: car au commencement on n'y auoit peu faire dauantage, & ne se trouuoit des Catholiques qui voulussent tant hazarder, qui fit que l'on receut les pretendus reformez, à la charge neantmoins que l'on n'y feroit nul exercice de leur religion. Ce qui occasionnoit en partie tant de diuisions & procez les vns contre les autres, que ce que l'vn vouloit, l'autre ne le vouloit pas, viuàs ainsi auec vne telle mesfiance, que chacun auoit son commis, pour auoir égard à tout ce qui se passeroit, qui n'estoit qu'augmentation de despense. Et de plus, combien ont-ils eu de procez contre les Rochelois, qui n'en vouloient perdre leur part, souz des passe-ports qu'ils obtenoiēt par surprise, sans rien contribuer? & autres sans commission se mettoient en mer à la desrobée pour aller voler & piller contre les defenses de sadite Majesté, & ne pouuoit-on auoir aucune raison ny iustice en l'enclos de leur ville: car

Trouble que causoit le meslange de religion en ceste societé.

Nulle iustice à la Rochelle pour les côpaignans.

quand on alloit pour faire quelque exploict de Iustice, le Maire disoit: *Ie croy ne vous faire pas peu de faueur & de courtoisie, en vous conseillant de ne faire point de bruit, & de vous retirer au pluftoft. Que si le peuple sçait que veniez en ce lieu, pour executer les commandemens de Meßieurs du Conseil, vous courez fortune d'estre noyez dans le port de la Chaisne, à quoy ie ne pourrois remedier.*

Si faut-il que ie dise encore, que ce qui sembloit n'estre à leur aduantage, l'estoit plus qu'ils ne pensoient; d'autant que c'est chose certaine, qu'outre le bien spirituel, le temporel s'accroift infiniment par les peuplades, & plus il y a de gens laborieux, plus de commoditez peut-on esperer, lesquels ayát leur nourriture & logement, se plaisent à faire valloir les commoditez qui y sont, & le debit ne se peut faire que par les vaisseaux qui y vont porter des marchandises qui leur sont necessaires, pour les eschanger en celles du pays: & par ainsi ceux qui ont les commissions de sa Majesté, d'aller seuls trafiquer priuatiuement à tous autres auec les François habituez, pour subuenir à la despense qu'ils pourroient auoir faite à y mener des hommes de toutes conditions, auec ce qui leur seroit necessaire, ils peuuent s'asseurer que pendant le temps de leur commission les habitans de ces lieux seroient contraints & forcez de porter au magazin des associez ce qu'ils pourroient auoir de pelleterie, qui sont de mauuaise garde pour vn long temps, pour les inconueniens qui en peuuent arriuer: en les faisant valoir vn honneste prix, pour receuoir de France beaucoup de choses qui leur seroient necessaires. Que les **vouloir contraindre à ne traitter auec les Sauuages,** cela leur donneroit tel mescontentement, qu'ils tascheroient à perdre le tout, plustost que les porter au magazin, comme i'ay veu plusieurs fois. Car à quoy penseroit-on que ces peuples voulussent faire amas de pelleterie que pour leur vsage, & traitter le reste pour auoir des commoditez du magazin, dont ils ne se peuuent passer? Au contraire, trafiquant & negociant, en leur laissant la traitte libre, ils prendrõt courage de trauailler, & d'aller en plusieurs contrées faire ce negoce auec les Sauuages, pour trouuer quelque aduantage en ce commerce.

Les Associez ayans leur arrest en main, font nouueaux equipages, & apprestent leur vaisseau. Ie me mets en estat de partir auec ma famille, & leur fais sçauoir, lesquels entrent en doute: neantmoins ils me mandent qu'ils me feront bonne reception, & qu'ils auoient aduisé entr'eux que le Sieur du Pont deuoit demeurer pour commander à l'habitation sur leurs gens, & moy à m'employer aux descouuertes, comme estant de mon faict, & à quoy ie m'estois obligé. C'estoit en vn mot, qu'ils pensoient auoir le gouuernement à eux seuls, & faire là comme vne Republique à leur fantaisie, & se seruir des Commissions de sa Majesté pour effectuer leurs passiõs, sans qu'il y eust personne qui les peust controller, pour tousiours tirer le bon bout deuers eux, sans y rien adiouster, s'ils n'estoient bien pressez. Ils n'ont plus affaire de personne, & tout ce que j'auois fait pour eux n'entre point en consideration. Ie suis honneste homme, mais ie ne dépens pas d'eux. Ils ne considerent plus leurs articles, & à quoy ils s'estoiét obligez tant enuers le Roy,

L'Auth. se ioint en cõpagnie pour aller en voyage.

Dessein de la cõpagnie à son preindice.

qu'enuers Monseigneur le Prince, & moy. Ils n'estiment rien leurs contracts & promesses qu'ils auoient faites souz leur seing, & sont sur le haut du paué. Ie ne sçay pas en fin ce qui en sera, mais ie sçay bien qu'ils n'auoiét point de raison ny de iustice de plaider contre leur seing. Tout cecy s'esmouuoit à la sollicitation de Boyer, qui dans le tracas viuoit des chicaneries qu'il exerçoit : car s'il despensoit vn sol, il en comptoit pour le moins quatre à chacun, ainsi que i'ay ouy dire depuis.

L'Autheur dresse son equipage.

Voyant ce qu'ils m'auoient mandé, ie leur escriuis, & m'achemine à Roüen auec tout mon equipage. Ie leur monstre les articles, & comme Lieutenant de Monseigneur le Prince, que j'auois droict de commander en l'habitation, & à tous les hommes qui y seroient, fors & excepté au magazin où estoit leur premier Commis, qui demeuroit pour mon Lieutenant en mon absence. Que pour les descouuertes, ce n'estoit point à eux de me donner la loy : que ie les faisois, quand ie voyois l'occurrence des temps propres à cét effect, comme i'auois fait par le passé. Que ie n'estois pas obligé à plus que ce que les articles portoient, qui ne disoient rien de tout cela. Que pour le Sieur du Pont i'estois son amy, & que son aage me le feroit respecter comme mon pere : mais de consentir qu'on luy donnast ce qui m'appartenoit par droict & raison, ie ne le souffrirois point. Que les peines, risques, & fortunes de la vie que i'auois couru aux descouuertes des terres & peuples amenez à nostre cognoissance, dont ils en receuoient le bien, m'auoient acquis l'honneur que ie possedois. Que le Sieur du
Pont

Pont & moy ayans vefcu par le paſſé en bonne amitié, ie defirois y perfeuerer. Que ie n'entendois point faire le voyage qu'auec la mefme auctorité que i'auois euë auparauant : autrement, que ie proteſtois tous defpens, dommages & intereſts contre eux à caufe de mon retardement. Et fur cela, ie leur prefentay ceſte lettre de fa Majeſté.

DE PAR LE ROY.

CHers & bien-aimez, Sur l'aduis qui nous a eſté donné, qu'il y a eu cy-deuant du mauuais ordre en l'ſtabliſſement des familles & ouuriers que l'on a menez en l'habitation de Quebec, & autres lieux de la nouuelle France, Nous vous efcriuons ceſte lettre, pour vous declarer le defir que nous auons que toutes chofes aillent mieux à l'aduenir : & vous mander, que nous aurons à plaiſir que vous aſſiſtiez, autant que vous le pourrez commodément, le ſieur de Champlain, des chofes requifes & neceſſaires pour l'execution du commandement qu'il a receu de Nous, de choiſir des hommes experimentez & fideles pour employer à defcouurir, habiter, défricher, cultiuer, & enſemencer les terres, & faire tous les ouurages qu'il iugera neceſſaires pour l'eſtabliſſement des Colonies que nous defirons de planter audit pays, pour le bien de noſtre ſeruice, & l'vtilité de nos Subiects, fans que pour raifon defdites defcouuertures & habitations, vos Facteurs, Commis, & Entremetteurs au faict du trafic de la pelleterie, foient troublez ny empefchez en aucune façon & maniere que ce foit, durant le temps que nous vous auons accordé. Et à ce ne faites faute. Car tel eſt noſtre plaiſir. Donné à Paris le 12. iour de Mars, 1618. Ainfi ſigné, LOVIS. Et plus bas, POTIER.

Ils ne voulurent rien dire dauantage que ce qu'ils m'auoiét escrit; ce qui m'occasionna de faire ma protestation, & m'en retournay à Paris. Ils font leur voyage, & ledit du Pont hyuerna ceste année à l'habitation, pendant que ie plaide mon droiƈt au Conseil de sa Majesté.

La compagnie fait son voyage.

Ie presente requeste auec la copie des articles, afin de les faire venir. Nous voila à chicaner, & Boyer qui n'en deuoit rien à personne, cecy me donna sujet de suiure le Conseil à Tours, où ie fais voir la malice de leur plaidoyé, assez recogneuë d'vn chacun. Et après auoir bien debattu, j'obtiens vn arrest de Messieurs du Conseil, par lequel il estoit dit que ie commanderois tant à Quebec, qu'autres lieux de la nouuelle France, & defenses aux Associez de ne me troubler, ny empescher en la fonction de ma charge, à peine de tous despens, dommages & interests, & d'amende arbitraire, & hors de despens: Lequel arrest ie leur fais signifier en plaine Bourse de Rouën. Ils s'excusent sur ledit Boyer, & disent qu'ils n'y auoient pas consenty: mais j'estois tres-asseuré du contraire.

L'Auth suit le Conseil à Tours.

Obtient arrest.

Leur fait signifier.

En ce temps Monseigneur le Prince estant mis en liberté, on luy donne mille escus, desquels il en donna cinq cents aux Peres Recollets, pour aider à faire leur Seminaire, qui ne firent pas grand' chose. Estant r'entré en possession de sa commission pour la nouuelle France, Monsieur le Mareschal de Themines hors de ses pretentions, le Sieur de Villemenon qui dés long temps auoit desir que ceste affaire tombast entre les mains de Mōseigneur l'Admiral, pource qu'il croyoit que toutes choses seroient mieux reglées à l'honneur de Dieu, du seruice du Roy, & bien dudit pays; & qu'ayant l'intendance de l'Admirauté, tout se feroit auec aduancement; Il en parle à Monseigneur de Montmorency, qui monstroit le desirer par les ouuertures que led. Sieur de Villemenon luy donna. Mond. Seigneur en parle à Monseigneur le Prince, qui remet ceste affaire au Sieur Vignier, qui fait en sorte qu'il tire de Monseigneur de Montmorency vnze mille escus pour ses pretentions, & promet souz le bon plaisir du Roy, luy donner la commission de Vice-roy aud. pays de la nouuelle France, qui en donne l'intendance à Monsieur Dolu, grand Audiancier de France, pour y apporter quelque bon reglement: lequel s'y employe de toute son affectiõ, bruslant d'ardeur de faire quelque chose à l'aduancement de la gloire de Dieu, & du pays, & mettre nostre Societé en meilleur estat de bien faire qu'elle n'auoit fait. Ie le veis sur ceste affaire, & luy fis cognoistre ce qui en estoit, & luy en donnay des memoires pour s'en instruire.

Monsieur Vignier mene cést affaire.

Intendance de la nouuelle France donnée à Monsieur Dolu.

L'Autheur voit Monsieur Dolu.

Mond. Seigneur de Montmorency me cõtinuant en l'honneur de sa Lieutenance en lad. nouuelle France, me commande de faire le voyage, & d'aller à Quebec m'y fortifier au mieux qu'il me seroit possible, & luy donner aduis de tout ce qui se passeroit, pour y apporter l'ordre requis. Donc ie partis de Paris auec ma famille, equipé de tout ce qui m'estoit necessaire. Estant à Honnefleur, il y eut encore quelque broüillerie sur le commandement que ie deuois auoir audit pays, & ceste compagnie receut vn extreme desplaisir de ce changement. I'en escris à Monseigneur, & aud.

Est cõtinué en la lieutenance de Monf. de Montmorency.

Son partement.

FF ij

Sieur Dolu, qui leur mandent que le Roy & Monseigneur entendoient que i'eusse l'entier & absolu commandement en toute l'habitation, & sur tout ce qui y seroit, horsmis pour ce qui estoit du magazin de leurs marchandises, desquelles leurs commis ou facteurs pouuoient disposer. que sa Majesté auoit promis de nous donner armes & munitions de guerre, pour la defense du fort que ie serois bastir. Et s'ils ne vouloient obeïr aux volontez de sa Majesté, & de mond. seigneur, que ie fisse arrester le vaisseau, iusques à ce que cela fust executé. On en r'escrit au sieur de Brecourt, Maistre d'hostel de mond. Seigneur, & Receueur de l'Admirauté, & aux Officiers nos associez, bien faschez de tout cecy, mais en fin ils acquiescerent à la raison. Au mesme temps sa Majesté me fit l'honneur de m'escrire ceste lettre sur mon partemét.

Lettre du Roy, au Sieur de Champlain.

CHAMPLAIN, *Ayant sceu le commandement que vous auiez receu de mon Cousin le Duc de Montmorency, Admiral de France, & mon Vice-roy en la nouuelle France, de vous acheminer audit païs, pour y estre son Lieutenant, & auoir soin de ce qui se presentera pour le bien de mon seruice, l'ay bien voulu vous escrire ceste lettre, pour vous asseurer que i'auray bien agreables les seruices que me rendrez en ceste occasion, sur tout si vous maintenez led. païs en mon obeïssance, faisant viure les peuples qui y sont, le plus conformemét aux loix de mon Royaume, que vous pourrez, & y ayant le soin qui est requis de la Religion Catholique, afin que vous attiriez par ce moyen la benediction diuine sur vous, qui fera reüssir vos entreprises & actions à la gloire de Dieu, que ie prie (Champlain) vous auoir en sa saincte*

& digne garde. Escrit à Paris le 7. iour de May, 1620.
Signé, LOVIS. *Et plus bas,* BRVLART.

L'Autheur va trouuer le Sieur de Mons, qui luy commet la charge d'entrer en la societé. Ce qu'il remonstre à Monsieur le Comte de Soissons. Commission qu'il luy donne. L'Autheur s'addresse à Monsieur le Prince, qui le prend en sa protection.

CHAPITRE V.

APrés mon retour en France, ie fus trouuer le Sieur de Mons à Pons en Xainctonge, d'où il estoit gouuerneur, auquel ie fis entendre le succez de toute l'affaire, & le remede qu'il y falloit apporter. Il trouua bon tout ce que ie luy en dis, & ses affaires ne luy pouuant permettre de venir en Cour, il m'en commit la poursuitte, & m'en laissa toute la charge, auec procuration d'entrer en ceste societé, de telle somme que j'aduiserois bon estre pour luy. Estát arriué en Cour, i'en dressay des memoires, lesquels ie communiquay à feu Monsieur le President Iennin, qui les trouua tres-iustes, & m'encouragea à la poursuitte, & mesmes voulut me faire ceste faueur que de se charger desdits memoires, pour les faire voir au Conseil. Et voyant bien que ceux qui aimeroiét à pescher en eau trouble trouueroiét ces reglemens fascheux, & recercheroient les moyens de l'empescher, cõme ils auoiét fait par le passé, il me sembla à propos de me ietter entre les bras de quelque grand, duquel l'auctorité peust repousser l'enuie.

L'Auth. va trouuer le Sieur de Mons.

Luy raconte le succez de son voyage.

Le Sieur de Mons luy commet la charge d'étrer en la societé.

Communique ces memoires à M le President Iennin.

Qui promet les faire voir au Conseil.

230 LES VOYAGES DV SIEVR

Ayant eu cognoissance auec feu Monseig. le Comte de Soissons (Prince pieux & affectionné en toutes vertueuses & sainctes entreprises) par l'entremise de quelques miens amis qui estoient de son conseil, ie luy monstray l'importance de l'affaire, le moyen de la regler, le mal que le desordre auoit apporté par le passé, & apporteroit vne ruine totale, au grand deshonneur du nom François, si Dieu ne suscitoit quelqu'vn qui le voulust releuer.

L'Auth. remoustre à Monsieur le Comte de Soissons l'importunité de l'affaire.

Comme il fut instruit de toute l'affaire, il veit la carte du pays, & me promit souz le bõ plaisir du Roy d'en prendre la protection. Cependant mond. Sieur le President Ieanin fait voir les articles à Messeig. du Conseil, par lesquels nous demandions à sa Majesté qu'il luy pleust nous donner mond. Seigneur le Comte pour protecteur. Ce qui fut accordé par nosdits Seigneurs de son Conseil; lequel renuoya neátmoins les articles à feu Monseig. le Duc d'Anuille, Pair & Admiral de France, qui approuua grandement ce dessein, promettant d'y apporter tout ce qu'il pourroit du sien en faueur de ceste entreprise. Comme i'estois sur le point de faire publier les patentes de sa Commission par tous les ports & havres du Royaume, & m'ayant honoré de sa Lieutenance, pour faire telle societé qui me sembleroit bonne, ainsi qu'il se voit par sad. Commission icy inserée, vne griefue maladie surprit mond. Seigneur à Blandy, dont il mourut, qui recula ceste affaire; ausquelles choses nos enuieux n'auoient osé attenter, iusques aprés sa mort, qu'ils pensoient que tout fust décheu.

Luy promet d'en prendre la protection.

Le Conseil renuoye les articles au Duc d'Anuille Admiral de France.

CHARLES DE BOVRBON Comte de Soissons, *Commissiõ de Mõseig. le Comte de Soissons donnee à l'Autheur.*
Pair & grand Maistre de France, Gouuerneur pour le Roy és Pays de Normandie & Dauphiné, & son Lieutenant general au pays de la nouuelle France. A tous ceux qui ces presentes Lettres verront, Salut. Sçauoir faisons à tous qu'il appartiendra, que pour la bonne & entiere confiance que nous auons de la personne du Sieur Samuel de Champlain, Capitaine ordinaire pour le Roy en la marine, & de ses sens, suffisance, practique & experience au faict de la marine, & bonne diligence, cognoissance qu'il a audit pays, pour les diuerses negociations, voyages & frequentations qu'il y a faits, & en autres lieux circonuoisins d'iceluy: A iceluy Sieur de Champlain pour ces causes, & en vertu du pouuoir à nous donné par sa Majesté, Auons commis, ordonné & deputé, commettons, ordonnons & deputons par ces presentes, nostre Lieutenant, pour representer nostre personne audit pays de la nouuelle France: & pour cét effect luy auons ordonné d'aller se loger auec tous ses gens, au lieu appellé Quebec, estant dedans le fleuue Sainct Laurent, autrement appellé la grande riuiere de Canada audit pays de la nouuelle France: & audit lieu, & autres endroits que ledit Sieur de Champlain aduisera bon estre, y faire construire & bastir tels autres forts & forteresses qui luy sera besoin & necessaire pour sa conseruation, & de sesdits gens, lequel fort, ou forts, nous gardera à son pouuoir: pour audit lieu de Quebec, & autres endroits en l'estenduë de nostre pouuoir, & tant & si auant que faire se pourra, establir, estendre, & faire cognoistre le nom, puissance, & auctorité de sa Majesté, & à icelle assubiectir, souz-mettre, & faire obeir tous les peuples de ladite terre, & les circonuoisins d'icelle, & par

le moyen de ce, & de toutes autres voyes licites, les appeller, faire instruire, prouoquer & esmouuoir à la cognoissance & seruice de Dieu, & à la lumiere de la foy & Religion Catholique, Apostolique & Romaine, la y establir, & en l'exercice & profession d'icelle maintenir, garder & conseruer lesdits lieux souz l'obeïssance & auctorité de sad. Majesté. Et pour y auoir egard & vacquer auec plus d'asseurance, Nous auons en vertu de nostredit pouuoir, permis audit Sieur de Champlain commettre, establir, & constituer tels Capitaines & Lieutenans que besoin sera. Et pareillement commettre des Officiers pour la distribution de la Iustice, & entretien de la police, reglemens & ordonnances, traitter, contracter à mesme effect, paix, alliance, & confederation, bonne amitié, correspondance & communication auec lesdits peuples, & leurs Princes, ou autres ayans pouuoi & commandement sur eux, entretenir, garder, & soigneusement conseruer les traittez & alliances dont il conuiendra auec eux, pourueu qu'ils y satisfacent de leur part. Et à ce default, leur faire guerre ouuerte, pour les contraindre & amener à telle raison qu'il iugera necessaire, pour l'honneur, obeïssance, & seruice de Dieu, & l'establissement, manutention & conseruation de l'authorité de sadite Majesté parmy eux; du moins pour viure, demeurer, hanter, & frequenter auec eux en toute asseurance, liberté, frequentation, & communication, y negocier & trafiquer amiablement & paisiblement: faire faire à ceste fin les descouuertures & recognoissances desdites terres, & notamment depuis ledit lieu appellé Quebec, iusques & si auant qu'il se pourra estendre au dessus d'icelui, dedãs les terres & riuieres qui se deschargent dedans ledit fleuue Sainct Laurent, pour essayer de trouuer le chemin facile pour aller par dedans ledit païs au

païs

païs de la Chine & Indes Orientales, ou autrement, tant & si auant qu'il se pourra, le long des costes, & en la terre ferme: faire soigneusement rechercher & recognoistre toutes sortes de mines d'or, d'argent, cuiure, & autres metaux, & mineraux; les faire faire foüiller, tirer, purger, & affiner, pour estre conuertis, & en disposer selon & ainsi qu'il est prescript par les Edicts & Reglemens de sa Majesté, & ainsi que par nous sera ordonné. Et où led. Sieur de Champlain trouueroit des François, & autres, trafiquans, negocians, & communiquäs auec les Sauuages, & peuples estans depuis led. lieu de Quebec, & au dessus d'iceluy, comme dessus est dit, & qui n'ont esté reseruez par sa Majesté, Luy auons permis & permettons s'en saisir & apprehender, ensemble leurs vaisseaux, marchädises, & tout ce qui s'y trouuera à eux appartenant, & iceux faire conduire & amener en France és havres de nostre Gouuernement de Normandie, és mains de la Iustice, pour estre procedé contre eux selon la rigueur des Ordonnances Royaux, & ce qui nous a esté accordé par sad. Majesté: Et ce faisant, gerer, negocier, & se comporter par led. Sieur de Champlain en la fonction de lad. charge de nostre Lieutenant, pour tout ce qu'il iugera estre à l'aduancement desd. conqueste & peuplement: Le tout, pour le bien, seruice, & authorité de sad. Majesté, auec mesme pouuoir, puissance & authorité que nous ferions si nous y estions en personne, & comme si le tout y estoit par exprés & plus particulierement specifié & declaré. Et outre tout ce que dessus, Auons audit Sieur de Champlain permis & permettons d'associer & prendre auec luy telles personnes, & pour telles sommes de deniers qu'il aduisera bon estre pour l'effect de nostre entreprise. Pour l'execution de laquelle, mesme pour faire les embarquemens, & autres

GG

choses necessaires à cét effect qu'il fera és villes & havres de Normãdie, & autres lieux où iugerez estre à propos, Vous auons de tout donné & donnons par ces presentes, toute charge, pouuoir, commission, & mandemêt special; & pource vous auons substitué & subrogé en nostre lieu & place, à la charge d'obseruer & faire obseruer par ceux qui seront souz vostre charge & commandement, tout ce que dessus, & nous faire bon & fidel rapport à toutes occasions de tout ce qui aura esté fait & exploicté, pour en rendre par Nous prompte raison à sadite Majesté. Si prions & requerons tous Princes, Potentats, & Seigneurs estrangers, leurs Lieutenans generaux, Admiraux, Gouuerneurs, de leurs Prouinces, Chefs & conducteurs de leurs gens de guerre, tant par mer que par terre, Capitaines de leurs villes & forts maritimes, ports, costes, havres, & destroits, donner audit Sieur de Champlain pour l'entier effect & execution de ces presentes, tout support, secours, assistance, retraite, main-forte, faueur & aide, si besoin en a, & en ce qu'ils pourront estre par luy requis. En tesmoin de ce nous auons cesdites presentes signées de nostre main, & fait contresigner par l'vn de nos Secretaires ordinaires, & à icelles fait mettre & apposer le cachet de nos armes. A Paris le quinziesme iour d'Octobre, mil six cents douze.

 Signé, CHARLES DE BOVRBON.
Et sur le reply, Par Monseigneur le Comte,
          BRESSON.

L'Autheur s'addresse à Monsieur le Prince. Mais ceste affaire ne dura que le moins qu'il me fut possible : car ie me resolus de m'addresser à Monseig. le Prince ; auquel ayant remonstré l'importance, & le merite de ceste affaire, que mond. Seigneur le Comte auoit embrassée, comme protecteur d'icelle, il eust pour tres-agreable de la continuer souz son authorité; qui m'occasionna de faire dresser ses Commissions, sa Majesté luy ayant donné la protection. Ses Commissions seellées, mondit Seigneur me continua en l'honneur de la Lieutenance de feu Monseigneur le Comte, auec l'intendance d'icelle, pour associer telles personnes que i'aduiserois bon estre, & capables d'aider à l'execution de ceste entreprise.

Qui eut agreable de le proteger

Il le continue en la lieutenance de feu M le Comte.

Comme ie moyennois de faire publier en tous les ports & havres du Royaume les Commissions de mond. Seigneur le Prince, quelques broüillons qui n'auoient aucun interest en l'affaire, l'importunerent de la faire casser, luy faisans entendre le pretendu interest de tous les marchands de France, qui n'auoient aucun sujet de se plaindre, attédu qu'vn chacun estoit receu en l'association, & par ainsi l'on ne se pouuoit iustement offenser: c'est pourquoy leur malice estant recognuë, ils furent rejettez, auec permission seulement d'entrer en la societé.

L'Auth fait publier ses commissiós en tous les havres de France.

Enuieux qui taschét à les faire casser.

Mais ils furét reiettés.

Pendant ces alteratiós, il me fut impossible de rien faire pour l'habitation de Quebec, & se fallut contenter pour ceste année d'y aller sans aucune association qu'auec passe-port de Monseigneur, qui fut donné pour cinq vaisseaux, sçauoir trois de Normandie, vn de la Rochelle, & vn autre de Sainct Malo; à códition que chacun me fourniroit six hommes, auec ce qui leur seroit necessaire, pour m'assister aux descouuertes que i'esperois faire par delà le grand Sault, & le vingtiesme de ce qu'ils pourroient faire de pelleterie, pour estre employé aux reparations de l'habitation, qui s'en alloit en decadence. C'est donc tout ce qui se

Resolution de l'Auth.

Obtiét passe-port de M. le Prince pour 5. vaisseaux.

GG ij

peut faire pour ceste année, en attendant que la societé se formast.

Tous ces vaisseaux s'appresterent chacun en son port & havre, & moy ie m'en allay embarquer à Honnefleur auec led. sieur du Pont-graué, qui faisoit pour les anciens associez qui ne s'estoient desvnis. Nous voila embarquez iusques à arriuer à Tadoussac, & de là à Quebec, où tous estoient en bonne santé, qui fut l'an 1613.

De là continuant nostre voyage iusques au grand Sault Sainct Louis, où chacun faisoit sa traitte de pelleterie, ie cherchay le vaisseau le plustost prest pour m'en retourner, qui fut celuy de Sainct Malo, dans lequel ie m'embarquay; & leuant les anchres, & mettát souz voile, nous singlasmes si fauorablement, qu'en peu de iours nous arriuasmes en France, où estant, ie donnay à entendre à plusieurs marchands le bien & vtilité qu'apportoit vne compagnie bien reglée, & conduitte souz l'authorité d'vn grand Prince, qui les pouuoit maintenir contre toute sorte d'enuie, & qu'ils eussent à cósiderer ce que par le dereglemét du passé ils auoiét perdu, & mesme en la presente année, à l'enuie les vns des autres. Et iugeás bien tous ces defauts, ils me promirét venir en Cour pour former leur compagnie, souz de certaines conditions. Ce qu'estant accordé, ie m'acheminay à Fontainebleau, où estoit le Roy, & Monseigneur le Prince, ausquels ie fis fidele rapport de tout mon voyage.

Quelques iours aprés ceux de Sainct Malo & de Normandie se trouuerent prests, mais ceux de la Rochelle manquerent. Cependant ie ne laissay de faire la

Ils s'embarquea Honnefleur.

Leur arriuee à Tadoussac & à Quebec, l'an 1613.

Vont au grand sault S. Louys.

Retour de l'Auth. en France.

Bié qu'apporte vne compagnie bié reglée.

Marchads formét leur compagnie

société à Paris, reserué le tiers aux Rochelois, qu'au cas L'Auth.fait
que dedans vn certain temps ils n'y vouluſſent entrer, la cõpagnie à Paris.
ils n'y seroient plus receus. Ils furent si long temps en
ceſte affaire, que ne venans pas au temps ils furent dé- Ceux de S.
mis, & ceux de Roüen & Sainct Malo prirent l'affaire Malo & de Rouen en-
moitié par moitié. treprennẽt l'affaire.

En ce temps il falloit de tout bois faire fleſches, car
les importunitez qu'auoit Monseig. le Prince, occa-
ſionnoit que ie faiſois beaucoup de choses par son
commandement. Voila donc la société & le contract
fait, lequel ie fais ratifier à mond. Seig. le Prince, & de
ſa Majeſté, pour vnze années.

Ceſte Societé ayant veſcu quelque temps en tran-
quillité, il y eut quelque diſſention entr'eux & les Rochelois, qui eſtoient faſchez de ce qu'on les auoit dé- Grand promis, pour ne s'eſtre trouuez au temps preſcrit, qui fit cez entre ceux de S.
qu'ils eurent vn grand procez, lequel eſt demeuré au Malo, de Rouen, &
crocq, iuſques à ce qu'ils obtindrent de mond. Seign. les Roche-
le Prince vn paſſe-port par ſurpriſe pour vn vaiſſeau, lois.
qui par la permiſſion de Dieu ſe perdit à quinze lieuës Leur vaiſ-
à val de Tadouſſac, à la coſte du nort. Car ſans ceſte ſeau ſe perd
fortune, il n'y a point de doute que comme il eſtoit
bien armé, il ſe fuſt battu, voulant ioüir de ſon paſſe-
port iniuſtement acquis contre les noſtres, où mond.
Seig ſ'obligeoit ne donner paſſe-port autre qu'à ceux
de noſtre Société, & que s'il s'en trouuoit d'autres ob-
tenus en quelque maniere & façon que ce fuſt, qu'il
les declaroit nuls dés à preſent comme dés lors. C'eſt
pourquoy il y euſt eu raiſon de ſe ſaiſir des Rochelois;
ce qui ne ſe pouuoit faire qu'auec la perte de nombre
d'hommes. Partie des marchandiſes de ce vaiſſeau fu-

rent sauuées, & prises par les nostres, qui en firét tres-bien leur profit auec les Sauuages, qui leur causa vne tres-bonne année : aussi à leur retour eurent ils vn grand procez contre les Rochelois, qui fut en fin iugé au benefice de lad. Societé.

Procez entre les Rochelois.

Continuant tousiours ceste entreprise souz l'authorité de mond. Seign. le Prince, & voyant que nous n'auions aucun Religieux, nous en eusmes par l'entremise du sieur Houel, qui auoit vne affection particuliere à ce sainct dessein, & me dit que les Peres Recollets y seroiét propres, tant pour la demeure de nostre habitation, que pour la conuersion des infideles. Ce que ie iugeay à propos, estans sans ambition, & du tout conformes à la regle sainct François. I'en parlay à mond. Seig. le Prince, qui l'eut pour tres-agreable; & ceste Compagnie s'offrit volontairement de les nourrir, attendát qu'ils peussent auoir vn Seminaire, comme ils esperoient, par les charitables aumosnes qui leur seroient faites, pour prendre & instruire la ieunesse.

L'Auth. reçoit les Peres Recollets pour emmener auec luy.

La compagnie s'offre de les nourrir.

Quelques particuliers de Sainct Malo poussez par d'autres aussi enuieux qu'eux, de n'estre de la Societé, (bien qu'il y en eust de leurs compatriotes) voulurent tenter vne chose: mais n'osans se presenter deuant mond. Seig. le Prince, ny trouuer des Conseillers d'Estat qui se voulussent charger de leur requeste contre son authorité, ils font en sorte de faire mettre dans le cahier general des Estats, qu'il fust permis d'auoir la traitte de pelleterie libre en toute la Prouince, comme chose tres-importante. C'estoit vn article fort serieux, & ceux qui l'auoient fait coucher deuoient estre par-

Brigue de ceux de S. Malo pour ruiner la compagnie

donnez, car ils ne sçauoient pas bien ce que c'estoit de ceste affaire, qu'on leur auoit donné à entendre, contraire à la verité.

Voila comme par les plus celebres assemblées il se commet souuent des fautes, sans s'informer dauantage. Ces enuieux pensent auoir fait vn grand coup, & qu'en ceste assemblée des Estats tenus à Paris il se feroit des merueilles sur ce sujet, comme s'ils n'eussent eu autre fil à deuuider. Ayant ouy le vent de cecy, j'en parlay à Monseigneur le Prince, & luy remonstray l'interest qu'il auoit en la defense si iuste de cét article, & que s'il luy plaisoit me faire l'honneur de me faire oüir, ie ferois voir que la Bretagne n'a nul interest en cela, que ceux de Sainct Malo, dont des plus apparents auoient entré en ladite societé, & que d'autres l'auoient refusée, & pour ce desplaisir auoient fait inserer cedit article au cahier general de la Prouince. Il me dit qu'il me feroit parler à ces Messieurs; ce qui fut fait, où ie fis entendre la verité de l'affaire, qui fut cause que l'article estant recogneu, il ne fut mis au neant.

L'Auth. remõstre son interest à Monsieur le Prince.

Embarquemẽt de l'Autheur pour aller en la nouuelle France. Nouuelles descouuertures en l'an 1615.

CHAPITRE VI.

Ovs partismes de Honnefleur le 24. iour d'Aoust 1615. auec quatre Religieux, & fismes voile auec vent fort fauorable, & voguasmes sans rencontre de glaces, ny autres hazards, & en peu de temps arriuasmes à Ta-

1615.

doussac le 25. iour de May, où nous rendismes graces à Dieu, de nous auoir conduit si à propos au port de salut.

Leur arriuee à Tadoussac.

On commença à mettre des hommes en besongne pour accommoder nos barques, afin d'aller à Quebec, lieu de nostre habitation, & au grand Sault Sainct Louys, où estoit le rendez-vous des Sauuages qui y viennent traitter. Incontinent que ie fus arriué au Sault, ie visitay ces peuples, qui estoient fort desireux de nous voir, & ioyeux de nostre retour, sur l'esperance qu'ils auoient que nous leur donnerions quelques-vns d'entre nous pour les assister en leurs guerres contre leurs ennemis; nous remonstrans que mal aisémét ils pourroient venir à nous, si nous ne les assistions, parce que les Yroquois leurs anciens ennemis, estoiét tousiours sur le chemin, qui leur fermoient le passage; outre que ie leur auois tousiours promis de les assister en leurs guerres, comme ils nous firent entendre par leur truchement. Sur quoy i'aduisay qu'il estoit tres-necessaire de les assister, tant pour les obliger dauantage à nous aimer, que pour moyenner la facilité de mes entreprises, & descouuertures, qui ne se pouuoiét faire en apparence que par leur moyen, & aussi que cela leur seroit comme vn acheminement & preparatió pour venir au Christianisme, en faueur dequoy ie me resolus d'y aller recognoistre leurs pays, & les assister en leurs guerres, afin de les obliger à me faire voir ce qu'ils m'auoient tant de fois promis.

Arriuee au grãd sault.

Ie les fis tous assembler pour leur dire ma volonté, laquelle entenduë, ils promirent nous fournir deux mil cinq cents hommes de guerre, qui feroient merueilles,

ueilles, & qu'à ceste fin ie menasse de ma part le plus d'hommes qu'il me seroit possible : ce que ie leur promis faire, estant fort aise de les voir si bien deliberez. Lors ie commençay à leur descouurir les moyés qu'il falloit tenir pour combattre, à quoy ils prenoient vn singulier plaisir, auec demonstration d'vne bonne esperance de victoire. Toutes ces resolutions prises, nous nous separasmes, auec intention de retourner pour l'execution de nostre entreprise. Mais auparauant que faire ce voyage, qui ne pouuoit estre moindre que de trois ou quatre mois, il estoit à propos que ie fisse vn voyage à nostre habitation, pour donner ordre, pendát mon absence, aux choses qui y estoient necessaires. Et le iour ensuiuant, ie partis de là pour retourner à la riuiere des Prairies, auec deux canaux de Sauuages.

Le 9. dudit mois ie m'embarquay moy troisiesme, à sçauoir l'vn de nos truchemens, & mon homme, auec dix Sauuages, dans lesdits deux canaux, qui est tout ce qu'ils pouuoient porter, d'autant qu'ils estoient fort chargez & embarrassez de hardes, ce qui m'empeschoit de mener des hommes dauantage.

Nous continuasmes nostre voyage amont le fleuue Sainct Laurent enuiron six lieuës, & fusmes par la riuiere des Prairies, qui descharge dans ledit fleuue, laissant le sault sainct Louys cinq ou six lieuës plus à mont, à la main senextre, où nous passasmes plusieurs petits sauts par ceste riuiere, puis entrasmes dans vn lac, lequel passé, r'entrasmes dans la riuiere, où i'auois esté autrefois, laquelle va & conduit aux Algoumequins, distante du sault sainct Louis de 89. lieuës, de

Fleuue S. Laurent.

Sault S. Louis.

HH

laquelle riuiere i'ay fait ample description cy-dessus. Continuant mon voyage iusques au lac des Algoumequins, r'entrasmes dedans vne riuiere qui descend dedans ledit lac, & fusmes à mont icelle enuiron trente-cinq lieuës, & passasmes grande quantité de sauts, tant par terre, que par eau, & en vn pays mal agreable, remply de sapins, bouleaux, & quelques chesnes, force rochers, & en plusieurs endroits vn peu montagneux. Au surplus fort desert, sterile, & peu habité, si ce n'est de quelques Sauuages Algoumequins, appellez Otaguottouemin, qui se tiennent dans les terres, & viuent de leurs chasses & pescheries qu'ils font aux riuieres, estangs, & lacs, dont le pays est assez muny. Il est vray qu'il semble que Dieu a voulu donner à ces terres affreuses & desertes quelque chose en sa saison, pour seruir de rafraischissement à l'homme, & aux habitans de ces lieux. Car ie vous asseure qu'il se trouue le long des riuieres si grande quantité de bluës, qui est vn petit fruict fort bon à manger, & force framboises, & autres petits fruicts, & en telle quantité, que c'est merueille : desquels fruicts ces peuples qui y habitent en font seicher pour leur hyuer, comme nous faisons des pruneaux en France, pour le Caresme. Nous laissasmes icelle riuiere qui vient du nort, & est celle par laquelle les Sauuages vont au Sacquenay pour traitter des pelleteries, pour du petum. Ce lieu est par les 46. degrez de latitude, assez agreable à la veüe, encores que de peu de rapport.

Pourfuiuant nostre chemin par terre, en laissant ladite riuiere des Algoumequins, nous passasmes par plusieurs lacs, où les Sauuages portent leurs canaux,

Lac des Algoumequins.
Pays des Algoumequins.
Arbres du pays.
Viure des Algoumequins.
Abondance de framboises, & autres fruicts.

iufques à ce que nous entrafmes dans le lac des Nipi-
fierinij, par la hauteur de quarante-fix degrez & vn *Lac des Ni-*
quart de latitude. Et le vingt-fixiefme iour dud. mois, *pifferinij.*
aprés auoir fait tant par terre, que par les lacs vingt-
cinq lieues, ou enuiron. Ce fait, nous arriuafmes aux
cabannes des Sauuages, où nous feiournafmes deux
iours auec eux. Ils nous firent fort bonne reception,
& eftoient en bon nombre. Ce font gens qui ne cultiuent la terre que fort peu. *A*, vous monftre l'habit
de ces peuples allans à la guerre. *B*, celuy des femmes,
qui ne differe en rien de celuy des montagnars, & Algommequins, grands peuples, & qui f'eftendent fort
dans les terres. Durant le temps que ie fus auec eux, le
Chef de ces peuples, & autres des plus anciens, nous
feftoyerent en plufieurs feftins, felon leur couftume,
& mettoient peine d'aller pefcher & chaffer, pour
nous traitter le plus delicatement qu'ils pouuoient.
Ils eftoient bien en nombre de fept à huict cents
ames, qui fe tiennent ordinairement fur le lac, où il y a
grand nombre d'ifles fort plaifantes, & entr'autres
vne qui a plus de fix lieues de long, où il y a trois ou
quatre beaux eftangs, & nombre de belles prairies,
auec de tres beaux bois qui l'enuironnent, & y a grande abondance de gibbier, qui fe retire dans cefdits petits eftangs, où les Sauuages y prennent du poiffon.
Le cofté du Septentrion dudit lac eft fort agreable.
Il y a de belles prairies pour la nourriture du beftail,
& plufieurs petites riuieres qui fe defchargét dedans.

Ils faifoient lors pefcherie dans vn lac fort abon- *Pefche des*
dant de plufieurs fortes de poiffon, entre autres d'vn *Sauuages.*
tres-bon, qui eft de la grádeur d'vn pied de lóg, cóme

HH ij

aussi d'autres especes, que les Sauuages peschent pour faire secher, & en font prouisiō. Ce lac a en son estenduë enuiron 8. lieuës de large, & 25. de long, dans lequel descend vne riuiere qui vient du norouest, par où ils vont traitter les marchandises que nous leur donnons en trocq, & retour de leurs pelleteries, & ce auec ceux qui y habitent, lesquels viuent de chasse, & de pescherie; parce que ce pays est grandement peuplé tant d'animaux, oiseaux, que poisson.

Nipisierini viuent de chasse & de pesche.

Aprés nous estre reposez deux iours auec le Chef desdits Nipisierinij, nous nous r'embarquasmes en nos canaux, & entrasmes dans vne riuiere par où ce lac se descharge, & fismes par icelle enuiron 35 lieues, & descendismes par plusieurs petits sauts, tant par terre, que par eau, iusques au lac Attigouantan. Tout ce pays est encores plus mal agreable que le precedent, car ie n'y ay point veu le long d'iceluy dix arpents de terre labourable, sinon rochers, & montagnes. Il est bien vray que proche du lac des Attigouantan nous trouuasmes des bleds d'Inde, mais en petite quantité, où nos Sauuages prirent des citroüilles, qui nous semblerent bonnes, car nos viures commençoient à nous faillir, par le mauuais mesnage des Sauuages, qui māgerent si bien au commencement, que sur la fin il en restoit fort peu, encores que ne fissions qu'vn repas le iour : & nous aiderent beaucoup ces bluës & framboises (comme i'ay dit cy dessus) autrement nous eussions esté en danger d'auoir de la necessité.

Lac Attigouantan.

Sauuages nommez les cheueux releuez.

Nous fismes rencōtre de 300. hommes d'vne nation que nous nommasmes les cheueux releuez, pour les auoir fort releuez & ageancez, & mieux peignez que nos Courtisans, & n'y a nulle comparaison, quelques fers & façons qu'ils y puissent apporter: ce qui semble leur dôner vne belle apparence. A. C. monstre la façon qu'ils s'armét allant à la guerre. Ils n'ont

pour armes que l'arc & la flesche, faits en la façon que voyez dépeints, qu'ils portent ordinairement, & vne rondache de cuir bouilly, qui est d'vn animal comme le buste. Quand ils sortent de leurs maisons ils portent la massuë. Ils n'ont point de brayer, & sont fort decoupez par le corps, en plusieurs façons de compartimét:& se peindent le visage de diuerses couleurs, ayans les narines percées, & les oreilles bordées de patenostres. Les ayant visitez, & contracté amitié auec eux, ie donnay vne hache à leur Chef, qui en fut aussi content & resiouy, que si ie luy eusse fait quelque riche present. Et m'enquerant sur ce qui estoit de son païs, il me le figura auec du charbon sur vne escorce d'arbre: & me fit entendre qu'ils estoient venus en ce lieu pour faire secherie de ce fruict appellé blues, pour leur seruir de manne en hyuer, lors qu'ils ne trouuent plus rien.

Le lendemain nous nous separasmes, & continualmes nostre chemin le long du riuage de ce lac des Attigouantá, où il y a vn grand nombre d'isles, & fismes enuiron 45. lieues, costoyant tousiours cedit lac. Il est fort grand, & a prés de trois cents lieues de longueur de l'Orient à l'Occident, & de large cinquante; & à cause de sa grande estendue, ie l'ay nommé la mer douce. Il est fort abondant en plusieurs especes de tres-bons poissons, tant de ceux que nous auons, que de ceux que n'auons pas, & principalement des truittes qui sont monstrueusement grandes, en ayant veu qui auoient iusques à quatre pieds & demy de long, & les moindres qui se voyent sont de deux pieds & demy. Comme aussi des brochets au semblable, & certaine maniere d'esturgeon, poisson fort grand, & d'vne merueilleuse bonté. Le pays qui borne ce lac en

Attigouantan lac de quatre cens lieues de long.

Lac abondant en truites.

DE CHAMPLAIN. 247

partie est aspre du costé du nort, & en partie plat, & inhabité de Sauuages, quelque peu couuert de bois, & de chesnes. Puis aprés nous trauersasmes vne baye, qui fait vne des extremitez du lac, & fismes enuiron sept lieues, iusques à ce que nous arriuasmes en la cótrée des Attigouantan, à vn village appellé Otoüacha, qui fut le premier iour d'Aoust, où trouuasmes vn grand changement de pays, cestuy-cy estant fort beau, & la plus grande partie deserté, accompagné de force collines, & de plusieurs ruisseaux, qui rendent ce terroir agreable. Ie fus visiter leurs bleds d'Inde, qui estoient lors fort aduancez pour la saison.

Village nõmé Otouacha.

Pays deserté.

Ces lieux me semblerent tres-plaisans, au regard d'vne si mauuaise contrée d'où nous venions de sortir. Le lendemain ie fus à vn autre village appellé Carmaron, distant d'iceluy d'vne lieue, où ils nous receurent fort amiablement, nous faisans festin de leur pain, citrouilles, & poisson. Pour la viande, elle y est fort rare. Le Chef dudit village me pria fort d'y seiourner, ce que ie ne peus luy accorder, ains m'en retournay à nostre village.

Village nõmé Carmaron.

Le lendemain ie partis de ce village pour aller à vn autre, appellé Touaguainchain, & à vn autre appellé Tequenonquiaye, esquels nous fusmes receus des habitans desdits lieux fort amiablement, nous faisans la meilleure chere qu'ils pouuoient de leurs bleds d'Inde en plusieurs façons, tant ce pays est beau & bon, par lequel il fait beau cheminer.

Autre village appellé Touaguainchain.

De là, ie me fis conduire à Carhagouha, fermé de triple pallissade de bois, de la hauteur de trentecinq pieds, pour leur defense & leur conseruation.

Estant en ces lieux le 12. d'Aouſt, j'y trouuay 13. à 14. François qui eſtoient partis deuant moy de ladite riuiere des Prairies. Et voyant que les Sauuages apportoient vne telle longueur à faire leur gros, & que i'aurois du temps pour viſiter leur pays, ie deliberay de m'en aller à petites iournées de village en village à Cahiagué, où deuoit eſtre le rendez-vous de toute l'armée, diſtant de Carantouan de 14. lieues, & partis de ce village le 14. d'Aouſt auec dix de mes compagnons. Ie viſitay cinq des principaux villages, fermez de palliſſades de bois, iuſques à Cahiagué, le principal village du pays, où il y a deux cents cabannes aſſez grandes, où tous les gens de guerre ſe deuoient aſſembler. Par tous ces villages ils nous receurent fort courtoiſement & humainemét. Ce païs eſt tres-beau, ſouz la hauteur de quarante quatre degrez & demy de latitude, & fort deſerté, où ils ſement grande quantité de bleds d'Inde, qui y vient tres-beau, comme auſſi des citroüilles, herbe au Soleil, dont ils font de l'huile de la graine, de laquelle ils ſe frottent la teſte. Il eſt fort trauerſé de ruiſſeaux qui ſe deſchargent dedans le lac: & y a force vignes & prunes, qui ſont tres-bonnes, framboiſes, fraiſes, petites pommes ſauuages, noix, & vne maniere de fruict qui eſt de la forme & couleur de petits citrós, cóme de la groſſeur d'vn œuf. La plante qui le porte a de hauteur deux pieds & demy, & n'a que trois à quatre fueilles pour le plus, de la forme de celle du figuier, & n'apporte que deux pommes chaque plante. Les cheſnes, ormeaux, & heſtres y ſont en quantité, comme auſſi force ſapinieres, qui eſt la retraite ordinaire des perdrix & lapins. Il y a auſſi

quantité

quantité de petites cerises, & merises; & les mesmes especes de bois que nous auós en nos forests de France, sont en ce pays là. A la verité ce terroir me semble vn peu sablonneux, mais il ne laisse pas d'estre bon pour cét espece de froment. Et en ce peu de pays i'ay recogneu qu'il est fort peuplé d'vn nombre infiny d'ames, sans en ce comprendre les autres contrées où ie n'ay pas esté, qui sont (au rapport commun) autant ou plus peuplées que ceux cy-dessus: me representant que c'est grand pitié que tant de creatures viuent & meurent, sans auoir la cognoissance de Dieu, & mesmes sans aucune religion, ny loy, soit diuine, politique, ou ciuile, establie parmy eux. Car ils n'adorent & ne prient en aucune façon, ainsi que i'ay peu recognoistre en leur conuersation. Ils ont bien quelque espece de ceremonie entr'eux, que ie descriray en son lieu, comme pour ce qui est des malades, ou pour sçauoir ce qui leur doit arriuer, mesme touchát les morts; mais ce sont de certains personnages qui s'en veulét faire acroire, tout ainsi que faisoient, ou se faisoit du temps des anciens Payens, qui se laissoient emporter aux persuasions des enchanteurs & deuins: neantmoins la plus-part de ces peuples ne croyent rien de ce qu'ils font, & disent. Ils sont assez charitables entr'eux, pour ce qui est des viures, mais au reste fort auaricieux, & ne donnent rien pour rien. Ils sont couuerts de peaux de cerfs, & castors, qu'ils traittent auec les Algommequins & Nipisierinij, pour du bled d'Inde, & farines d'iceluy.

Noſtre arriuée à Cahiagué. Deſcription de la beauté du pays:naturel des Sauuages qui y habitent, & les incommoditez que nous receuſmes.

CHAPITRE VII.

Arriuee à Cahiagué.

LE dix-ſeptieſme iour d'Aouſt i'arriuay à Cahiagué, où ie fus receu auec grande allegreſſe, & recognoiſſance de tous les Sauuages du pays. Ils receurent nouuelles comme certaine nation de leurs alliez, qui habitent à trois bonnes iournées plus haut que les Entouhonorons, auſquels les Hiroquois font auſſi la guerre, les vouloient aſſiſter en ceſte expedition de cinq cents bons hommes, & faire alliance, & iurer amitié auec nous, ayans grand deſir de nous voir, & que nous fiſſiõs la guerre tous enſemble, & teſmoignoiét auoir du contentement de noſtre cognoiſſance : & moy pareillement d'auoir trouué ceſte opportunité, pour le deſir que i'auois de ſçauoir des nouuelles de ce pays là. Ceſte natiõ eſt fort belliqueuſe, à ce que tiennent ceux de la nation des Attigouotans. Il n'y a que trois villages qui ſont au milieu de plus de vingt autres, auſquels ils font la guerre, ne pouuans auoir de ſecours de leurs amis, d'autant qu'il faut paſſer par le pays des Chouontouarõüon, qui eſt fort peuplé, ou bien faudroit prédre vn bien grand tour de chemin.

Hiroquois ennemis.

Arriué que ie fus en ce village, où il me conuint ſeiourner, attendãt que les hommes de guerre vinſſent des villages circonuoiſins, pour nous en aller au plustoſt qu'il nous ſeroit poſſible ; pendant lequel temps on eſtoit touſiours en feſtins & dances, pour la reſ-iouiſſance en laquelle ils eſtoient de nous voir ſi reſo-lus de les aſſiſter en leur guerre, & comme s'aſſeurans deſia de la victoire.

La plus grande partie de nos gens aſſemblez, nous partiſmes du village le premier iour de Septembre, & paſſaſmes ſur le bord d'vn petit lac, diſtant dudit villa-ge de trois lieues, où il ſe fait de grandes peſcheries de poiſſon, qu'ils conſeruent pour l'hyuer. Il y a vn autre lac tout ioignant, qui a 26. lieues de circuit, deſcendāt dans le petit par vn endroit où ſe fait la grande peſ-che dudit poiſſon, par le moyen de quantité de pal-liſſades, qui ferment preſque le deſtroit, y laiſſant ſeu-lemét de petites ouuertures où ils mettent leurs filets, où le poiſſon ſe prend, & ces deux lacs ſe deſchargent dans la mer douce. Nous ſejournaſmes quelque peu en ce lieu pour attendre le reſte de nos Sauuages, où eſtās tous aſſemblez auec leurs armes, farines,& cho-ſes neceſſaires, on ſe delibera de choiſir des hommes des plus reſolus qui ſe trouueroient en la troupe, pour aller donner aduis de noſtre partement à ceux qui nous deuoient aſſiſter de cinq cents hommes pour nous ioindre, afin qu'en vn meſme temps nous nous trouuaſſions deuant le fort des ennemis. Ceſte deli-beration prinſe, ils dépeſcherent deux canaux, auec douze Sauuages des plus robuſtes, & par meſme moyé l'vn de nos truchemens, qui me pria luy permettre faire le voyage ; ce que ie luy accorday facilement, puis qu'il en auoit la volonté, & par ce moyen verroit leur pays, & recognoiſtroit les peuples qui y habitét.

I I ij

Le danger n'estoit pas petit, dautant qu'il falloit passer par le milieu des ennemis. Nous continualmes nostre chemin vers les ennemis, & fismes enuiron cinq à six lieuës dans ces lacs, & de là les Sauuages porterent leurs canaux enuirō dix lieuës par terre, & rencontrasmes vn autre lac de l'estenduë de six à sept lieues de long, & trois de large. C'est d'où sort vne riuiere qui se va descharger dans le grand lac des Entouhonorons. Et ayans trauersé ce lac, nous passasmes vn sault d'eau, continuant le cours de ladite riuiere, tousiours à val, enuiron soixante-quatre lieues, qui est l'entrée dudit lac des Entouhonorons, & passasmes cinq sauts par terre, les vns de quatre à cinq lieues de long, où y a plusieurs lacs qui sont d'assez belle estenduë; comme aussi ladite riuiere qui passe parmy, est fort abondante en bons poissons, & est tout ce pays fort beau & plaisant. Le long du riuage il semble que les arbres y ayent esté plantez par plaisir en la pluspart des endroits: aussi que tous ces pays ont esté autrefois habitez de Sauuages, qui depuis ont esté contraints de l'abandonner, pour la crainte de leurs ennemis. Les vignes & noyers y sont en grande quantité, & les raisins y viennent à maturité, mais il y reste tousiours vne aigreur acre; ce qui prouient à faute d'estre cultiuez: car ce qui est deserté en ces lieux est assez agreable.

Beauté & fertilité du pays.

La chasse des cerfs & des ours y est fort frequente. Nous y chassasmes, & en prismes bon nombre en descendant. Pour ce faire, ils se mettoient quatre ou cinq cents Sauuages en haye dans le bois, iusques à ce qu'ils eussent attaint certaines pointes qui donnent dans la

Inuention de prendre & chasser les ours, cerfs, & toute sorte de venaisō.

riuiere, & puis marchans par ordre ayans l'arc & la flesche en la main, en criant & menát vn grand bruit pour estonner les bestes, ils vont tousiours iusques à ce qu'ils viennent au bout de la pointe. Or tous les animaux qui se trouuent entre la pointe & les chasseurs, sont contraints de se jetter à l'eau, sinon qu'ils passent à la mercy des flesches qui leur sont tirées par les chasseurs, & cependant les Sauuages qui sont dans les canaux posez & mis exprés sur le bord du riuage, s'approchent des cerfs, & autres animaux chassez & harassez, & fort estonnez. Lors les chasseurs les tuent facilement auec des lames d'espées emmanchées au bout d'vn bois, en façon de demie pique, & font ainsi leur chasse; comme aussi au semblable dans les isles, où il y en a à quantité. Ie prenois vn singulier plaisir à les voir ainsi chasser, remarquant leur industrie. Il en fut tué beaucoup de coups d'harquebuze, dont ils s'estonnoient fort. Mais il arriua par malheur qu'en tirant sur vn cerf, vn Sauuage se rencontra deuant le coup, & fut blessé d'vne harquebuzade, n'y pensant nullement, comme il est à presupposer, dont il s'ensuiuit vne grande rumeur entre eux, qui neantmoins s'appaisa, en donnant quelques presens au blessé, qui est la façõ ordinaire pour appaiser & amortir les querelles. Et où le blessé decederoit, on fait les presens & dons aux parens de celuy qui aura esté tué. Pour le gibbier, il y est en grande quantité lors de la saison. Il y a aussi force gruës blanches comme les cygnes, & plusieurs autres especes d'oiseaux semblables à ceux de France.

Nous fusmes à petites iournées iusques sur le bord du

Accidẽt par vne harquebuzade.

Forme d'appaiser les inimitiez.

Abondance d'oiseaux de riuiere.

lac des Entouhonorons, tousiours chassant, comme dit est cy-dessus, où estans, nous fismes la trauerse en l'vn des bouts, tirant à l'Orient, qui est l'entrée de la grande riuiere Sainct Laurent, par la hauteur de quarante-trois degrez de latitude, où il y a de belles isles fort grandes en ce passage. Nous fismes enuiron quatorze lieuës pour passer iusques à l'autre costé du lac, tirant au sud, vers les terres des ennemis. Les Sauuages cacherent tous leurs canaux dans les bois, proches du riuage. Nous fismes par terre enuiron 4. lieues sur vne playe de sable, où ie remarquay vn pays fort agreable & beau, trauersé de plusieurs petits ruisseaux, & deux petites riuieres qui se deschargent audit lac, & force estangs & prairies, où il y auoit vn nombre infiny de gibbier, force vignes, & beaux bois, grand nombre de chastaigners, dont le fruict estoit encore en son escorce, qui est fort petit, mais d'vn bon goust. Tous les canaux estans ainsi cachez, nous laissasmes le riuage du lac, qui a 80. lieues de long, & 25. de large; la plus grande partie duquel est habité de Sauuages sur les costes des riuages d'iceluy, & continuasmes nostre chemin par terre 25. à 30. lieues. Durant quatre iournées nous trauersasmes quantité de ruisseaux, & vne riuiere, procedante d'vn lac qui se descharge dans celuy des Entouhonorons. Ce lac est de l'estendue de 25. ou 30. lieues de circuit, où il y a de belles isles, & est le lieu où les Hiroquois ennemis font leur pesche de poisson, qui y est en abondance.

Abondance de vignes.

Chastaigners.

Le 9. du mois d'Octobre nos Sauuages allans pour descouurir, rencontrerent vnze Sauuages qu'ils prindrent prisonniers, à sçauoir 4. femmes, trois garçons,

Sauuages prennent des femmes prisonnieres.

vne fille, & trois hommes, qui alloient à la pesche de poisson, esloignez du fort des ennemis de 4. lieues. Or est à noter que l'vn des chefs voyant ces prisonniers, coupa le doigt à vne de ces pauures femmes pour commencer leur supplice ordinaire. Sur quoy ie suruins sur ces entrefaites, & blasmay le Capitaine Hiroquet, luy representant que ce n'estoit l'acte d'vn homme de guerre, comme il se disoit estre, de se porter cruel enuers les femmes, qui n'ont defense aucune que les pleurs, lesquelles à cause de leur imbecillité & foiblesse, on doit traitter humainement. Mais au contraire qu'on iugeroit cét acte prouenir d'vn courage vil & brutal, & que s'il faisoit plus de ces cruautez, il ne me donneroit courage de les assister, ny fauoriser en leur guerre. A quoy il me repliqua pour toute responce, que leurs ennemis les traittoient de mesme façon. Mais puis que ceste façon m'apportoit du desplaisir, il ne feroit plus rien aux femmes, mais bien aux hommes.

Cruauté contre les femmes prisonnieres.

Le lendemain sur les trois heures aprés midy nous arriuasmes deuant le fort de leurs ennemis, où les Sauuages firent quelques escarmouches les vns contre les autres, encores que nostre dessein ne fust de nous descouurir iusques au lendemain: mais l'impatience de nos Sauuages ne le peut permettre, tant pour le desir qu'ils auoient de voir tirer sur leurs ennemis, comme pour deliurer quelques-vns des leurs qui s'estoiét par trop engagez. Lors ie m'approchay, & y fus, mais auec si peu d'hommes que i'auois: neantmoins nous leur monstrasmes ce qu'ils n'auoient iamais veu, ny ouy. Car aussi tost qu'ils nous veirent, & entendirent

Guerre cõtre les Hiroquois.

les coups d'harquebuze, & les balles siffler à leurs oreilles, ils se retirerent promptement en leur fort, emportans leurs morts & blessez : & nous aussi semblablement fismes la retraite en nostre gros, auec cinq ou six des nostres blessez, dont l'vn y mourut.

Sauuages craignent les harquebuzades.

Cela estant fait, nous nous retirasmes à la portée d'vn canon, hors de la veuë des ennemis, neantmoins contre mon aduis, & ce qu'ils m'auoient promis. Ce qui m'esmeut à leur vser & dire des paroles assez rudes & fascheuses, afin de les inciter à se mettre en leur deuoir, preuoyant que si toutes choses alloient à leur fantaisie, & selon la conduitte de leur conseil, il n'en pouuoit reüssir que du mal à leur perte & ruine. Neátmoins ie ne laissay pas de leur enuoyer & proposer des moyens dont il falloit vser pour auoir leurs ennemis, qui fut de faire vn cauallier auec de certains bois, qui leur commanderoit par dessus leurs pallissades, sur lequel on poseroit quatre ou cinq de nos harquebuziers, qui tireroient par dessus leurs pallissades & galleries, qui estoient bien munies de pierres, & par ce moyen on deslogeroit les ennemis qui nous offensoient de dessus leurs galleries, & cependant nous donnerions ordre d'auoir des ais pour faire vne maniere de mantelets, pour couurir & garder nos gens des coups de flesches & de pierres. Lesquelles choses, à sçauoir ledit cauallier, & les mantelets, se pourroient porter à la main à force d'hommes; & y en auoit vn fait en telle sorte, que l'eau ne pouuoit pas esteindre le feu, que l'on appliqueroit deuant le fort; & ceux qui seroient sur le cauallier feroient leur deuoir, auec quelques harquebuziers qui y seroient logez, & en ce faisant

Machine de guerre.

faisant nous nous defendriós en sorte, qu'ils ne pourroient approcher pour esteindre le feu que nous appliquerions à leurs clostures. Ce que trouuans bon, le lendemain ils se mirent en besongne pour bastir & dresser lesdits caualliers & mantelets; & firent telle diligence, qu'ils furent faits en moins de quatre heures. Ils esperoient que ledit iour les cinq cents hommes promis viendroient, desquels neantmoins on se doutoit, parce que ne s'estans point trouuez au rendez-vous, comme on leur auoit donné charge, & l'auoient promis, cela affligeoit fort nos Sauuages. Mais voyans qu'ils estoient bon nombre pour prendre leur fort, & iugeât de ma part que la longueur en toutes affaires est tousiours preiudiciable, du moins à beaucoup de choses, ie les pressay d'attaquer led. fort, leur remonstrant que les ennemis ayans recogneu leurs forces, & l'effect de nos armes, qui perçoient ce qui estoit à l'espreuue des flesches, ils se seroient barricadez & couuerts, comme de faict ils y remedierent fort bien : car leur village estoit enclos de quatre bonnes pallissades de grosses pieces de bois entrelassées les vnes parmy les autres, où il n'y auoit pas plus de demy pied d'ouuerture entre deux, de la hauteur de trente pieds, & les galeries comme en maniere de parappel, qu'ils auoient garnies de double pieces de bois, à l'espreuue de nos harquebuzes, & estoient proches d'vn estang, où l'eau ne leur manquoit aucunement, auec quantité de goutieres qu'ils auoient mises entre deux, lesquelles jettoient l'eau au dehors, & la mettoient par dedans à couuert pour esteindre le feu. Voila la façon dont ils vsent tant en leurs fortifica-

Façon de guerroyer des Sauuages.

KK

tions, qu'en leurs defenses, & bien plus forts que les villages des Attigouantan, & autres.

Donc nous nous approchasmes pour attaquer ce village, faisant porter nostre cauallier par deux cents hommes des plus forts, qui le poserét deuant à la longueur d'vne pique, où ie fis monter quatre harquebuziers, bien à couuert des flesches & pierres qui leur pouuoient estre tirées & jettées. Cependant l'ennemy ne laissa pour cela de tirer & jetter grand nombre de flesches & de pierres par dessus leurs pallissades. Mais la multitude des coups d'harquebuze qu'on leur tiroit, les contraignit de desloger, & d'abandonner leurs galeries. Et comme on portoit le cauallier, au lieu d'apporter les mantelets par ordre, & celuy où nous deuions mettre le feu, ils les abandonnerent, & se mirent à crier contre leurs ennemis, en tirant des coups de flesches dedans le fort, qui (à mon opinion) ne faisoient pas beaucoup d'execution. Il les faut excuser, car ce ne sont pas gens de guerre, & d'ailleurs ils ne veulent point de discipline, ny de correction, & ne font que ce qui leur semble bon. C'est pourquoy inconsiderément vn mit le feu contre le fort tout au rebours de bien, & contre le vent, tellement qu'il ne fit aucun effect. Le feu passé, la plus-part des Sauuages commencerent à apporter du bois contre les pallissades, mais en si petite quantité, que le feu ne fit grand effect: aussi le desordre qui suruint entre ce peuple fut si grand, qu'on ne se pouuoit entendre. I'auois beau crier aprés eux, & leur remonstrer au mieux qu'il m'estoit possible, le danger où ils se mettoient par leur mauuaise intelligence, mais ils n'entendoient rien

Sauuages ne veulent point de discipline militaire.

pour

pour le grand bruit qu'ils faisoient. Et voyant que c'estoit me rompre la teste de crier, & que mes remõstrances estoient vaines, & n'y auoit moyen de remedier à ce desordre, ie me resolus auec mes gens de faire ce qui me seroit possible, & tirer sur ceux que nous pourrions descouurir, & apperceuoir. Cependant les ennemis faisoiét profit de nostre desordre: ils alloient à l'eau, & en jettoient en telle abondance, qu'on eust dit que c'estoient ruisseaux qui tomboient par leurs goutieres, tellement qu'en moins de rien le feu fut du tout esteint, & ne cessoient de tirer plusieurs coups de flesches, qui tomboient sur nous comme gresle. Ceux qui estoient sur le cauallier en tuerent & estropierent beaucoup. Nous fusmes en ce combat enuiron trois heures. Il y eut deux de nos Chefs, & des principaux blessez, à sçauoir vn appellé Ochateguain, l'autre Orani, & enuiron quinze d'autres particuliers. Les autres de leur costé voyans leurs gens blessez, & quelques-vns de leurs Chefs, commencerent à parler de retraitte, sans plus combattre, attendãt les cinq cents hommes, qui ne deuoiét plus gueres tarder à venir, & ainsi se retirerent, n'ayans que ceste boutade de desordre.

Les Capitaines des Sauuages n'ont point d'authorité sur leurs soldats.

Au reste, les Chefs n'ont point de commandement absolu sur leurs compagnons, qui suiuent leur volonté, & font à leur fantaisie, qui est la cause de leur desordre, & qui ruine toutes leurs affaires. Car ayans resolu quelque chose entr'eux, il ne faudra qu'vn belistre, pour rompre leur resolution, & faire vn nouueau dessein. Ainsi les vns pour les autres ils ne font rien, comme il se peut voir par ceste expedition.

L'Autheur est blessé.

Ayant esté blessé de deux coups de flesche, l'vn

dans la jambe, & l'autre au genoüil, qui m'apporta vne grande incommodité, nous nous retirafmes en noftre fort. Où eftans tous affemblez, ie leur fis plufieurs remonftrances fur le defordre qui s'eftoit paffé, mais tous mes difcours ne feruirent de rien, & ne les efmeut aucunemét, difans que beaucoup de leurs gens auoient efté bleffez, & moy-mefme, & que cela donneroit beaucoup de fatigue & d'incommodité aux autres faifant la retraite, pour les porter. Que de retourner plus contre leurs ennemis, comme ie leur propofois, il n'y auoit aucun moyen: mais bien qu'ils attendroiét encores quatre iours les cinq cents hommes qui deuoient venir, & eftans venus, ils feroient encores vn fecond effort contre leurs ennemis, & executeroient mieux ce que ie leur dirois, qu'ils n'auoiét fait par le paffé. Il en fallut demeurer là, à mon grand regret. Cy deuant eft reprefenté comme ils fortifient leurs villes, & par cefte figure l'on peut entendre & voir, que celles des amis & ennemis font femblablement fortifiées.

Le lendemain il fit vn vent fort impetueux qui dura deux iours, grandement fauorable à mettre derechef le feu au fort des ennemis; fur quoy ie les preffay fort: mais craignans d'auoir pis, & d'ailleurs fe reprefentans leurs bleffez, cela fut caufe qu'ils n'en voulurent rien faire.

Nous fufmes campez iufques au 16. dudit mois, où durant ce temps il fe fit quelques efcarmouches entre les ennemis & les noftres, qui demeuroient le plus fouuent engagez parmy eux, pluftoft par leur imprudence, que faute de courage; & vous puis certifier qu'il nous falloit à toutes les fois qu'ils alloient à la charge, les aller defgager de la preffe, ne fe pouuans retirer qu'en faueur de nos harquebuzades, que les ennemis redoutoient & apprehendoient fort. Car fi toft qu'ils apperceuoient quelqu'vn de nos harquebuziers, ils fe retiroiét promptement, nous difans par forme de perfuafion, que nous ne nous meflaffions point en leurs combats, & que leurs ennemis auoient bien peu de courage de nous requerir de les affifter, auec tout plein d'autres difcours fur ce fujet.

La maniere d'emmener les bleffez.

Voyant que les cinq cents hommes ne venoient point, ils delibererent de partir, & faire retraite au pluftoft, & commencerent à faire certains paniers pour porter les bleffez, qui font mis là dedans, entaffez en vn monceau, pliez & garrotez de telle façon, qu'il eft impoffible de fe mouuoir, moins qu'vn petit enfant en fon maillot, & n'eft pas fans leur faire reffentir de grandes douleurs. Ie le puis certifier, ayant efté porté quelques iours fur le dos de l'vn de nos Sauuages ainfi lié & garroté, ce qui me faifoit perdre patience. Auffi toft que ie peus auoir la force de me fouftenir, ie fortis de cefte prifon, ou à mieux dire, de la gehenne.

Les ennemis nous pourfuiuirent enuiron demie lieuë de loin, pour effayer d'attraper quelques vns de ceux qui faifoient l'arriere-garde: mais leurs peines furent inutiles, & fe retirerent.

Prudente façõ de faire la retraite.

Tout ce que i'ay remarqué de bon en leur guerre, eft qu'ils font leur retraite fort feurement, mettans tous les bleffez & les vieux au milieu d'eux, eftans fur le deuant, aux aiffelles, & fur le derriere bien armez, & arrangez par ordre de la façon, iufques à ce qu'ils foient en lieu de seureté, sans rompre leur ordre. Leur retraite estoit fort longue, comme de 25. à 30. lieues, qui donna beaucoup de fatigue aux blessez, & à ceux qui les portoient, encores qu'ils se changeassent de temps en temps.

Le 18. dudit mois il tomba force neiges, qui durerent fort peu, auec vn grand vent, qui nous incommoda fort: neantmoins nous fismes tant que nous arriuasmes sur le bord dudit lac des Entouhonorons, & au lieu où estoiét nos canaux cachez, que l'on trouua tous entiers: car on auoit eu crainte que les ennemis les eussent rópus. Estans tous assemblez, & prests de se retirer à leur village, ie les priay de me remener à nostre habitation; ce qu'ils ne voulurent m'accorder du commencement: mais en fin ils s'y resolurent, & chercherent 4. hommes pour me conduire, lesquels s'offrirent volontairement. Car (comme i'ay dit cy-dessus) les Chefs n'ont point de commandement sur leurs compagnons, qui est cause que bien souuent ils ne font pas ce qu'ils voudroient bien. Ces 4. hommes estans prests, il ne se trouua point de canau, chacun ayant affaire du sien. Ce n'estoit pas me donner sujet de contentement, au contraire cela m'affligeoit fort, d'autant qu'ils m'auoient promis de me remener & conduire aprés leur guerre, à nostre habitation: outre que i'estois fort mal accommodé pour hyuerner auec eux, car autrement ie ne m'en fusse pas soucié. Quelques iours aprés i'apperceus que leur dessein estoit de me retenir, & mes compagnons aussi, tant pour leur seureté, craignans leurs ennemis, que pour entendre ce qui se passoit en leurs conseils & assemblées, que pour resoudre ce qu'il conuenoit faire à l'aduenir.

Le lendemain 28. dudit mois, chacun commença à se preparer, les vns pour aller à la chasse des cerfs, les autres aux ours, castors; autres à la pesche du poisson, autres à se retirer en leurs villages. Et pour ma retraite & logement, il y eut vn des principaux Chefs appellé Darontal, auec lequel i'auois quelque familiarité, qui me fit offre de sa cabanne, viures, & commoditez, lequel prit aussi le chemin de la chasse du cerf, qui est tenuë pour la plus noble entr'eux. Aprés auoir trauersé le bout du lac de ladite isle, nous entrasmes dans vne riuiere enuiron 12. lieuës, puis ils porterent leurs canaux par terre demie lieuë, au bout de laquelle nous entrasmes en vn lac qui a d'estenduë 10. à 12. lieues de circuit, où il y auoit grande quantité de gibbier, comme cygnes, grües blanches, outardes, canards, sarcelles, mauuis, allouëttes, beccassines, oyes, & plusieurs autres sortes de vollatilles que l'on ne peut nombrer, dont j'en tuay bon nombre, qui nous seruit bien, attendant la prise de quelque cerf, auquel lieu nous fusmes en vn certain endroit esloigné de dix lieues, où nos Sauuages iugeoient qu'il y en auoit quantité. Ils s'assemblerent 25. Sauuages, & se mirent à bastir deux ou trois cabannes de pieces de bois, accommodées les vnes sur les autres, & les calfeutrerent auec de la mousse, pour empescher que l'air n'y entrast, les courant d'escorces d'arbres. Ce qu'estant fait, ils furent dans le bois, proche d'vne petite sapiniere, où ils firét vn clos en forme de triangle, fermé des deux costez, ouuert par l'vn d'iceux. Ce clos fait de grandes pallissades de bois fort pressé, de la hauteur de 8. à 9. pieds,

Chasse du cerf tenuë la plus noble.

Lac où il y a grande quantité de gibbier.

Bastimens des Sauuages.

& de long

LL

& de long de chacun costé prés de mil cinq cents pas; au bout duquel triangle y a vn petit clos, qui va tousiours en diminuant, couuert en partie de branchages, y laissant seulemét vne ouuerture de cinq pieds, comme la largeur d'vn moyen portail, par où les cerfs deuoient entrer. Ils firent si bien, qu'en moins de dix iours ils mirent leur clos en estat. Cependant d'autres Sauuages alloient à la pesche du poisson, comme truites & brochets de grandeur monstrueuse, qui ne nous manquerent en aucune façon. Toutes choses estans faites, ils partirent demie heure deuant le iour pour aller dans le bois, à quelque demie lieuë de leurdit clos, s'esloignant les vns des autres de quatre vingts pas, ayant chacun deux bastons, desquels ils frapent l'vn sur l'autre, marchant au petit pas en cét ordre, iusques à ce qu'ils arriuent à leur clos. Les cerfs oyans ce bruit s'enfuyent deuant eux, iusques à ce qu'ils'atriuent au clos, où les Sauuages les pressent d'aller, & se ioignent peu à peu vers l'ouuerture de leur triangle, où les cerfs coulent le long desdites pallissades, iusques à ce qu'ils arriuent au bout, où les Sauuages les poursuiuent viuemét, ayant l'arc & la flesche en main, prests à descocher, & estant au bout de leurdit triangle ils commencent à crier, & contrefaire les loups, dont y a quátité, qui mangét les cerfs : lesquels oyans ce bruit effroyable, sont contraints d'entrer en la retraitte par la petite ouuerture, où ils sont poursuiuis fort viuemént à coups de flesches, & là sont pris aisément : car ceste retraitte est si bien close & fermée, qu'ils n'en peuuent sortir. Il y a vn grand plaisir en ceste chasse, qu'ils continuoiét de deux iours en deux iours, si bien qu'en trente-huict iours ils en prirent six vingts, desquels ils se donnent bonne curée, reseruans la graisse pour l'hyuer, & en vsent comme nous faisons du beurre, & quelque peu de chair qu'ils emportent à leurs maisons, pour faire des festins entr'eux, & des peaux ils en font des habits.

Ils ont d'autres inuentiós à prendre les cerfs, comme au piege, dont ils en font mourir beaucoup, ainsi que voyez cy-deuant dépeinte la forme de leur chasse, clos, & pieges. Voila comme nous passasmes le temps attendant la gelée, pour retourner plus aisément, d'autant que le pays est grandement marescageux.

Au commencement que nous sortismes pour aller chasser, ie m'engageay tellement dans les bois à poursuiure vn certain oiseau, qui me sembloit estrange, ayant le bec approchant d'vn perroquet, & de la grosseur d'vne poulle, le tout iaulne, fors la teste rouge, & les aisles bleuës, & alloit de vol en vol comme vne perdrix. Le desir que i'auois de le tuer me le fit poursuiure d'arbre en arbre fort long temps, iusques a ce qu'il s'enuolla. Et perdant toute esperance, ie voulus retourner sur mes brisées, où ie ne trouuay aucun de nos chasseurs, qui auoient tousiours gaigné pays iusques à leur clos: & taschant de les attraper, allant ce me sembloit droit où estoit ledit clos, ie m'esgaray parmy les forests, allát tantost d'vn costé, tantost d'vn autre, sans me pouuoir recognoistre, & la nuict suruenát, ie la passay au pied d'vn grád arbre. Le lendemain ie commençay à faire chemin iusques sur les 3. heures du soir, où ie rencontray vn petit estang dormát, & y

L'Autheur s'esgare dás les bois.

LL ij

apperceus du gibbier, & tuay trois ou quatre oiseaux. Las & recreu, ie commençay à me reposer, & faire cuire ces oiseaux, dont ie me repeus. Mon repas pris, ie pensay à par-moy ce que ie deuois faire, priant Dieu qu'il luy pleust m'assister en mon infortune dans ces deserts; car trois iours durant il ne fit que de la pluye entre-meslee de nege.

Remettant le tout en sa misericorde, ie repris courage plus que deuant, allant çà & là tout le iour sans apperceuoir aucune trace ou sentier que celuy des bestes sauuages, dont j'en voyois ordinairement bon nombre; & passay ainsi la nuict sans aucune consolation. L'aube du iour venu (aprés auoir vn peu repeu) ie pris resolution de trouuer quelque ruisseau, & le costoyer, iugeant qu'il falloit de necessité qu'il f'allast descharger en la riuiere, ou sur le bord où estoient nos chasseurs. Ceste resolution prise, ie l'executay si bien, que sur le midy ie me trouuay sur le bord d'vn petit lac, comme de lieue & demie, où j'y tuay quelque gibbier, qui m'accommoda fort, & auois encores huict à dix charges de poudre. Marchant le long de la riue de ce lac pour voir où il deschargeoit, ie trouuay vn ruisseau assez spacieux, que ie suiuis iusques sur les cinq heures du soir, que i'entendis vn grand bruit: & prestant l'oreille, ie ne peus comprendre ce que c'estoit, iusques à ce que i'entendis ce bruit plus clairement, & iugeay que c'estoit vn sault d'eau de la riuiere que ie cherchois. M'approchant de plus pres, j'apperceus vne escluse, où estant paruenu, ie me rencontray en vn pré fort grand & spacieux, où il y auoit grand nombre de bestes sauuages. Et regardant à la main droite, ie veis la riuiere large & fpacieufe. Defirant recognoiftre cét endroit, & marchant en ce pré, ie me rencontray en vn petit fentier, où les Sauuages portent leurs canaux. Ayant bien confideré ce lieu, ie recogneus que c'eftoit la mefme riuiere, & que i'auois paffé par là. Bien aife de cecy, ie foupay de fi peu que i'auois, & couchay là la nuict. Le matin venu, confidérât le lieu où i'eftois, ie iugeay par certaines montagnes qui font fur le bord de ladite riuiere, que ie ne m'eftois point trompé, & que nos chaffeurs deuoient eftre au deffus de moy de quatre ou cinq bônes lieues, que ie fis à mon aife, coftoyant le bord de lad. riuiere, iufques à ce que i'apperceus la fumée de nofd. chaffeurs : auquel lieu i'arriuay auec beaucoup de contentement, tant de moy, que de deux qui me cerchoiét, & auoient perdu efperance de me reuoir ; & me prierent de ne m'efcarter plus d'eux, ou que ie portaffe mô cadran fur moy, lequel i'auois oublié, qui m'euft peu remettre en mon chemin. Ils me difoient : *Si tu ne fuffes venu, & que nous n'euffions peu te trouuer, nous ne ferions plus allez aux François, de peur qu'ils ne nous euffent accufez de t'auoir fait mourir.* Du depuis Darontal eftoit fort foigneux de moy quand i'allois à la chaffe, me donnant toufiours vn Sauuage pour m'accompagner.

Retournant à mon propos, ils ont vne certaine refuerie en cefte chaffe, telle, qu'ils croyent que s'ils faifoient roftir de la viande prife en cefte façon, ou qu'il tombaft de la graiffe dans le feu, ou que quelques os y fuffent jettez, qu'ils ne pourroient plus prendre de cerfs ; & pour ce fujet me prioient de n'en point

LL iij

faire rostir. Pour ne les scandaliser, ie m'en deportois, estant deuant eux : puis leur ayant dit que j'en auois fait rostir, ils ne me vouloient croire, disans que si cela eust esté, ils n'auroient pris aucuns cerfs, telle chose ayant esté commise.

Comme les Sauuages trauersent les glaces. Des peuples du petum. Leur forme de viure. Peuples appellez la nation neutre.

CHAPITRE VIII.

LE quatriéme iour de Decembre nous partismes de ce lieu, marchant sur la riuiere qui estoit gelée, & sur les lacs & estangs glacez, & par les bois, l'espace de dix-neuf iours, qui n'estoit pas sans beaucoup de peine & trauail, tant pour les Sauuages qui estoient chargez de cent liures pesant chacun, comme de moy-mesme qui portois la pesanteur de 20. liures. Il est bien vray que i'estois quelquefois soulagé par nos Sauuages, mais nonobstant ie ne laissois pas de receuoir beaucoup d'incommoditez. Quant à eux, pour trauerser plus aisément les glaces, ils ont accoustumé de faire de certaines trainées de bois, sur lesquels ils mettent leurs charges, & les traisnent aprés eux sans aucune difficulté, & vont fort promptement. Quelques iours aprés il arriua vn grand dégel qui nous tourmenta grandement : car il nous falloit passer par dedans des sapinieres pleines de ruisseaux, estangs, marais & pallus, auec quantité de boisées renuersées les vnes sur les autres, qui nous donnoit mille maux, auec des embarraſſemens qui nous apportoient de grandes incommoditez, pour eſtre touſiours moüillez iuſques au deſſus du genoüil. Nous fuſmes quatre iours en cét eſtat, à cauſe qu'en la plus grande partie des lieux les glaces ne portoient point : & fiſmes tant, que nous arriuaſmes à noſtre village le 23. iour dudit mois, où le Capitaine Yroquet vint hyuerner auec ſes compagnons, qui ſont Algommequins, & ſon fils, qu'il amena pour faire traitter & penſer, lequel allant à la chaſſe auoit eſté fort offenſé d'vn ours, le voulant tuer.

M'eſtant repoſé quelques iours, ie deliberay d'aller voir les peuples en l'hyuer, que l'eſté & la guerre ne m'auoient peu permettre de viſiter. Ie partis de ce village le 14 de Ianuier enſuiuant, aprés auoir remercié mon hoſte du bon traittement qu'il m'auoit fait : & croyant ne le reuoir de trois mois, ie prins congé de luy. Menant auec moy quelques François, ie m'acheminay à la nation du petum, où i'arriuay le 17. dudit mois de Ianuier. Ces peuples ſement le maïs, appellé par deçà bled de Turquie, & ont leur demeure arreſtée comme les autres. Nous fuſmes en ſept autres villages leurs voiſins & alliez, auec leſquels nous contractaſmes amitié, & nous promirent de venir vn bon nombre à noſtre habitation. Ils nous firent fort bonne chere, & nous firent preſent de chair & poiſſon pour faire feſtin, comme eſt leur couſtume, où tous les peuples accouroient de toutes parts pour nous voir, en nous faiſant mille demonſtrations d'amitié, & nous conduiſoient en la plus-part du chemin. Le pays eſt remply de coſtaux, & petites campagnes, qui rendent ce terroir agreable. Ils commençoient à bastir deux villages, par où nous passasmes, au milieu des bois, pour la commodité qu'ils trouuent d'y bastir & les enclorre. Ces peuples viuent comme les Attignouaatitans, & mesmes coustumes, & sont proches de la nation neutre, qui est puissante, qui tient vne grande estenduë de pays, à trois iournées d'eux.

Leur forme de viure.

Aprés auoir visité ces peuples, nous partismes de ce lieu, & fusmes à vne nation de Sauuages, que nous auons nommez les cheueux releuez, lesquels furēt fort ioyeux de nous reuoir, auec lesquels nous fismes aussi amitié, & qui pareillement nous promirent de nous venir trouuer, & voir à ladite habitation. En cét endroit il m'a semblé à propos de les dépeindre, & faire vne description de leurs pays, mœurs, & façons de faire. En premier lieu, ils font la guerre à vne autre nation de Sauuages, qui s'appellent Asistagueronon, qui veut dire gens de feu, esloignez d'eux de dix iournées. Ce fait, ie m'informay fort particulierement de leur pays, & des nations qui y habitent, quels ils sont, & en quelle quantité. Icelle nation sont en grand nombre, & la plus-part grāds guerriers, chasseurs, & pescheurs. Ils ont plusieurs Chefs, qui commandent chacun en leur contrée. La plus grand' part sement des bleds d'Inde, & autres. Ce sont chasseurs qui vont par troupes en plusieurs regions & contrées, où ils trafiquent auec d'autres nations esloignées de plus de quatre à cinq cents lieües. Ce sont les plus propres Sauuages en leurs mesnages que i'aye veu, & qui trauaillent le plus industrieusement aux façons des nattes, qui sont leurs tapis de Turquie. Les femmes ont le corps couuert,

Fōt la guerre aux Sauuages appellez Asistagueronon, c'est à dire, gens de feu.

uert, & les hommes deſcouuert, ſans aucune choſe, ſinon qu'vne robbe de fourrure, qu'ils mettét ſur leur corps, qui eſt en façon de manteau, laquelle ils laiſſent ordinairement, & principalement en eſté. Les femmes & les filles ne ſont non plus émeuës de les voir de la façon, que ſi elles ne voyoient rien, qui ſembleroit eſtrange. Elles viuent fort bien auec leurs maris, & ont ceſte couſtume que lors qu'elles ont leurs mois, elles ſe retirent d'auec leurs maris, ou les filles d'auec leurs peres & meres, & autres parents, ſ'en allans en de certaines maiſonnettes, où elles ſe retirent pendát que le mal leur tient, ſans auoir aucune compagnie d'hommes, leſquels leur font porter des viures & comoditez iuſques à leur retour; & ainſi l'on ſçait celles qui les ont, & celles qui ne les ont pas. Ce ſont gens qui font de grands feſtins, & plus que les autres nations. Ils nous firent fort bonne chere, & nous receurent fort amiablement, & me prierent fort de les aſſiſter contre leurs ennemis, qui ſont ſur le bord de la mer douce, eſloignée de deux cents lieuës; à quoy io leur dis que ce ſeroit pour vne autre fois, n'eſtant accommodé des choſes neceſſaires.

Il y a auſſi à deux ou trois iournées d'iceux vne autre nation de Sauuages, d'vn coſté tirant au ſud, qui font grand nombre de petum, leſquels ſ'appellent la nation neutre, qui ſont grand nombre de gens de guerre, qui habitent vers le midy de la mer douce, leſquels aſſiſtent les Cheueux releuez contre les gens de feu. Mais entre les Yroquois & les noſtres, ils ont paix, & demeurent comme neutres. J'auois grand deſir de voir ceſte nation, mais ils m'en diſſuaderent, di-

MM

sans que l'année precedente vn des noſtres en auoit tué vn, eſtant à la guerre des Entouhonorons, & qu'ils en eſtoient faſchez: nous repreſentans qu'ils ſont fort ſubiects à la vengeance, ne regardans point à ceux qui ont fait le coup, mais le premier qu'ils rencôtrent de la nation, ou bien de leurs amis, ils leur font porter la peine, quand ils en peuuent attraper, ſi auparauant on n'auoit fait accord auec eux, & auoir donné quelques dons & preſens aux parens du defunct ; qui m'empeſcha pour lors d'y aller, encores qu'aucuns d'icelle nation nous aſſeurerent qu'ils ne nous feroient aucun mal pour cela. Ce qui nous donna ſujet & occaſion de retourner par le meſme chemin que nous eſtions venus: & continuât mon voyage, i'allay trouuer la nation des Piſierinij, qui auoient promis de me mener plus outre en la continuation de mes deſſeins & deſcouuertures: mais ie fus diuerty pour les nouuelles qui ſuruindrent de noſtre grand village, & des Algommequins, d'où eſtoit le Capitaine Yroquet, à ſçauoir que ceux de la nation des Attignouantans auoient mis & depoſé entre ſes mains vn priſonnier de nation ennemie, eſperant que ledit Capitaine Yroquet deuſt exercer ſur ce priſonnier la vengeance ordinaire entr'eux. Mais au lieu de ce, l'auroit non ſeulement mis en liberté, ains l'ayant trouué habile, excellent chaſſeur, & tenu comme ſon fils, les Attignouantans ſeroient entrez en ialouſie, & reſolus de s'en venger: & de faict auoient diſpoſé vn homme pour entreprendre d'aller tuer ce priſonnier, ainſi allié qu'il eſtoit. Comme il fut executé en la preſence des principaux de la nation Algommequine, qui indignez

Nation des Piſierinij.

d'vn tel acte, & meus de colere, tuerent sur le champ ce temeraire entrepreneur meurtrier; duquel meurtre les Attignouantans se trouuans offensez, & comme iniuriez en ceste action, voyans vn de leurs compagnons mort, prindrent les armes, & se transporterent aux tentes des Algommequins (qui viennent hyuerner proche de leurdit village) lesquels offenserent fort ledit Capitaine Yroquet, qui fut blessé de deux coups de flesche; & vne autre fois pillerent quelques cabannes desdits Algommequins, sans qu'ils se peussent mettre en defense, aussi le party n'eust pas esté égal. Neantmoins cela, lesdits Algommequins ne furent pas quittes, car il leur fallut accorder, & contraints pour auoir la paix, de donner ausdits Attignouantans quelques colliers de pourceline, auec cent brasses d'icelle, ce qu'ils estiment de grand valeur entr'eux: & outre ce, nombre de chaudieres & haches, auec deux femmes prisonnieres en la place du mort. Bref, ils furent en grande dissention (c'estoit ausdits Algommequins de souffrir patiemment ceste grande furie) & penserent estre tous tuez, n'estans pas bien en seureté, nonobstât leurs presens, iusques à ce qu'ils se veirent en vn autre estat. Ces nouuelles m'affligerent fort, me representant l'inconuenient qui en poutroit arriuer, tant pour eux, que pour nous, qui estiós en leur pays.

Ce fait, ie rencontray deux ou trois Sauuages de nostre grand village, qui me solliciterent fort d'y aller, pour les mettre d'accord, me disans que si ie n'y allois, aucuns d'eux ne reuiendroient plus vers les François, ayans guerre auec lesdits Algommequins, & nous tenans pour leurs amis. Ce que voyant, ie m'acheminay au pluſtoſt, & en paſſant ie viſitay les Piſirinis pour ſçauoir quand ils ſeroient preſts pour le voyage du nort; que ie trouuay rompu pour le ſujet de ces querelles & batteries, ainſi que noſtre truchement me fit entendre, & que ledit Capitaine Yroquet eſtoit venu à toutes ces nations pour me trouuer, & m'attendre. Il les pria de ſe trouuer à l'habitation des François, en meſme temps que luy, pour voir l'accord qui ſe feroit entr'eux, & les Atignouaanitans, & qu'ils remiſſent ledit voyage du nort à vne autre fois. Pour cét effect ledit Yroquet auoit donné de la pourceline pour rompre ledit voyage, & nous promirent de ſe trouuer à noſtred. habitatió au meſme temps qu'eux.

Sujet de l'affliction de l'Auth.

Qui fut bien affligé ce fut moy, m'attendant bien de voir en ceſte année, ce qu'en pluſieurs autres precedentes i'auois recherché auec beaucoup de ſoing & de labeur. Ces peuples vont negocier auec d'autres qui ſe tiennent en ces parties Septentrionales, eſtans vne bonne partie de ces nations en lieu fort abondát en chaſſes, & où il y a quantité de grands animaux, dont i'ay veu pluſieurs peaux: & m'ayans figuré leur forme, i'ay iugé eſtre des buffles: auſſi que la peſche du poiſſon y eſt fort abondante. Ils ſont 40. iours à faire ce voyage, tant à aller, que retourner.

Ie m'acheminay vers noſtred. village le 15. iour de Feurier, menant auec moy ſix de nos gens, ou eſtans arriuez, les habitans furent fort aiſes, comme auſſi les Algommequins, que i'enuoyay viſiter par noſtre truchement, pour ſçauoir comme le tout s'eſtoit paſſé tant d'vne part que d'autre, n'y ayant voulu aller pour ne leur donner ny aux vns ny aux autres aucun ſoupçon. Deux iours se passerent pour entendre des vns & des autres comme le tout s'estoit passé: ce fait, les principaux & anciens du lieu s'en vindrent auec nous, & tous ensemble allasmes vers les Algommequins, où estant en l'vne de leurs cabannes, aprés quelques discours, ils demeurerét d'accord de tenir, & auoir agreable tout ce que ie dirois, comme arbitre sur ce sujet; & ce que ie leur proposerois, ils le mettroient en execution. Colligeant & recherchant la volonté & inclination de l'vne & de l'autre partie, & iugeant qu'ils ne demandoient que la paix, ie leur representay que le meilleur estoit de pacifier le tout, & demeurer amis, pour resister plus facilement à leurs ennemis; & partant ie les priay qu'ils ne m'appellassent point pour ce faire, s'ils n'auoient intention de suiure de poinct en poinct l'aduis que ie leur donnerois sur ce differend, puis qu'ils m'auoient prié d'en dire mon opinion. Sur quoy ils me dirent derechef, qu'ils n'auoient desiré mon retour à autre fin. Moy d'autre-part iugeât bien que si ie ne les mettois d'accord, & en paix, ils sortiroient mal contents les vns des autres, chacun d'eux pensant auoir le meilleur droict, aussi qu'ils ne fussent allez à leurs cabannes, si ie n'eusse esté auec eux, ny mesme vers les François, si ie ne m'embarquois, & prenois comme la charge & conduitte de leurs affaires. A cela ie leur dis, que pour mon regard ie n'auois autre intention que de m'en aller auec mon hoste, qui m'auoit tousiours bien traitté, & mal-aisément en pourrois-ie trouuer vn si bon, car c'estoit en luy que les Algommequins mettoient la faute, disans qu'il n'y auoit que luy de Capitaine qui fist prendre les armes.

Sauuages font l'Auth arbitre de leurs differends.

M M iij

Plusieurs discours se passerent tant d'vne part que d'autre, & la fin fut, que ie leur dirois mon aduis, & ce qui m'en sembleroit.

Voyant qu'ils remettoient le tout à ma volonté, comme à leur pere, & me promettans en ce faisant qu'à l'aduenir ie pourrois disposer d'eux ainsi que bon me sembleroit; ie leur fis responce que i'estois tres-aise de les voir en vne si bóne volonté de suiure mon conseil, leur protestát qu'il ne seroit que pour le bien & vtilité des peuples.

D'autre costé i'estois fort affligé d'auoir entendu d'autres tristes nouuelles, à sçauoir la mort de l'vn de leurs parents & amis, que nous tenions comme le nostre, & que ceste mort auoit peu causer vne grande desolation, dont il ne s'en fust ensuiuy que guerres perpetuelles entre les vns & les autres, auec plusieurs grands dommages, & alteration de leur amitié, & par consequent les François priuez de leur veuë & frequentation, & contraints d'aller recercher d'autres nations, & ce d'autát que nous nous aimions comme freres, laissant à nostre Dieu le chastiement de ceux qui l'auroient merité.

Ie leur remonstray, que ces façons de faire entre deux nations, amis, & freres, comme ils se disoient, estoit indigne entre des hommes raisonnables, ains plustost que c'estoit à faire aux bestes brutes. D'ailleurs, qu'ils estoient assez empeschez à repousser leurs ennemis qui les poursuiuoient, les battans le plus souuent, & les prenans prisonniers iusques dans leurs villages: lesquels voyans vne telle diuision, & des guerres ciuiles entr'eux, se resiouiroient & en feroient leur profit, & les pousseroient & encourageroient à faire & executer de nouueaux desseins, sur l'esperance qu'ils auroient de voir bien tost leur ruine, du moins s'affoiblir par eux-mesmes, qui seroit le vray & facile moyen pour les vaincre & triompher d'eux, & se rendre les maistres de leurs contrées, n'estans point secourus les vns des autres. Qu'ils ne iugeoient pas le mal qui leur en pouuoit arriuer. Que pour la mort d'vn homme ils en mettoient dix mille en danger de mourir, & le reste de demeurer en perpetuelle seruitude. Qu'à la verité vn homme estoit de grande consequence, mais qu'il falloit regarder comme il auoit esté tué, & considerer que ce n'estoit pas de propos deliberé, ny pour commencer vne guerre ciuile parmy eux ; cela estant trop euident que le defunct auoit premierement offensé, en ce que de guet-à-pens il auoit tué le prisonnier dans leurs cabannes, chose trop audacieusement entreprise, encores qu'il fust ennemy.

Ce qui esmeut les Algommequins : car veyans vn hóme si temeraire d'auoir tué vn autre en leur cabane, auquel ils auoient donné la liberté, & le tenoiét comme vn d'entr'eux, ils furent emportez de la promptitude, & le sang esmeu à quelques-vns plus qu'aux autres, se seroient aduancez, ne se pouuans contenir, ny commander à leur colere, & auroient tué cét homme dont est question : mais pour cela ils n'en vouloient nullement à toute la nation, & n'auoient dessein plus auant à l'encontre de cét audacieux, & qu'il auoit bien merité ce qu'il auoit eu, puis qu'il l'auoit luy-mesme recherché.

Et d'ailleurs, qu'il falloit remarquer que l'Entouhonoron se sentant frapé de deux coups dedans le ventre, arracha le cousteau de sa playe, que son ennemy y auoit laissé, & luy en donna deux coups, à ce qu'on m'auoit certifié : de façon qu'on ne pouuoit sçauoir au vray si c'estoient Algommequins qui eussent tué. Et pour monstrer aux Attigouantan que les Algommequins n'aimoient pas le prisonnier, & que Yroquet ne luy portoit pas tant d'affection comme ils pensoient bien, ils l'auoient mangé, d'autant qu'il auoit donné des coups de cousteau à son ennemy, chose neantmoins indigne d'homme, mais plustost de bestes brutes. D'ailleurs, que les Algommequins estoient fort faschez de tout ce qui s'estoit passé, & que s'ils eussent pensé que telle chose fust arriuée, ils leur eussent donné cét Yroquois en sacrifice. D'autre part, qu'ils auoient recompensé icelle mort, & faute, (si ainsi il la falloit appeller) auec de grands presens, & deux prisonniers, n'ayás sujet à present de se plaindre, & qu'ils deuoient se gouuerner plus modestemét en leurs deportemens enuers les Algommequins, qui sont de leurs amis ; & que puis qu'ils m'auoient promis toutes choses mises en deliberation, ie les prios les vns & les autres d'oublier tout ce qui s'estoit passé entr'eux, sans iamais plus y penser, ny se porter aucune haine & mauuaise volonté, & ce faisant, qu'ils nous obligeroient à les aimer, & les assister, comme i'auois fait par le passé. Et où ils ne seroient contents de mon aduis, ie les priois de se trouuer le plus grand nombre d'entr'eux qu'ils pourroient à nostre habitation, où deuant tous les Capitaines des vaisseaux on confirmeroit

firmeroit d'auantage ceste amitié, & aduiseroit on de donner ordre pour les garentir de leurs ennemis, à quoy il falloit penser.

Lors ils dirent qu'ils tiendroient tout ce que ie leur auois dit, & fort contents en apparence s'en retournerét en leurs cabanes, sinon les Algommequins, qui deslogerent pour faire retraitte en leur village : mais selon mon opinion ils faisoient demonstration de n'estre pas trop contents, d'autant qu'ils disoient entr'eux qu'ils ne viendroiét plus hyuerner en ces lieux. La mort de ces deux hommes leur ayant par trop cousté, ie m'en retournay chez mon hoste, à qui ie donnay le plus de courage qu'il me fut possible, afin de l'esmouuoir à venir à nostre habitation, & d'y amener tous ceux du pays.

Pendant quatre mois que dura l'hyuer, j'eus assez de loisir pour considerer leur païs, mœurs, coustumes, & façon de viure, & la forme de leurs assemblées, & autres choses, que ie descriray cy-apres. Mais auparauant il est necessaire de parler de la scituation du païs, & contrées, tant pour ce qui regarde les nations, que pour les distances d'iceux. Quant à l'estenduë, tirant de l'Orient à l'Occidét, elle contient prés de quatre cents cinquante lieuës de long, & deux cents par endroits de largeur du Midy au Septentrion, souz la hauteur de quarante & vn degré de latitude, iusques à quarante-huict & quaráte-neuf. Ceste terre est comme vne isle, que la grande riuiere Sainct Laurent enceint, passant par plusieurs lacs de grande éstenduë, sur le riuage desquels il habite plusieurs nations, parlans diuers langages, qui ont leurs demeurés arrestées,

Forme de viure des Algommequins.

N.N

les vns amateurs du labourage de la terre, & autres qui ne le sont pas, lesquels neantmoins ont diuerses façons de viure, & de mœurs, & les vns meilleurs que les autres. Au costé vers le nort d'icelle grande riuiere tirant au surouest enuiron cent lieuës par delà vers les Attigouantans, le pays est partie montagneux, & l'air y est assez temperé, plus qu'en aucun autre lieu desdites contrées, souz la hauteur de quarante & vn degré de latitude. Toutes ces parties & contrées sont abondantes en chasses, comme de cerfs, caribous, eslans, daims, buffles, ours, loups, castors, regnards, foüines, martes, & plusieurs autres especes d'animaux que nous n'auons pas par deçà. La pesche y est abondante en plusieurs sortes & especes de poisson, tant de ceux que nous auons, que d'autres que nous n'auons pas aux costes de France. Pour la chasse des oyseaux, elle y est aussi en quantité, & qui y viennent en leur temps & saison. Le pays est trauersé de grand nombre de riuieres, ruisseaux & estangs, qui se deschargent les vns dans les autres, & en leur fin aboutissent dedãs le fleuue Sainct Laurent, & dans les lacs par où il passe.

Beauté de leur pays. Le pays est fort plaisant, estant chargé de grandes & hautes forests, remplies de bois de pareilles especes que ceux que nous auons en France. Bien est-il vray qu'en plusieurs endroits il y a quantité de pays deserté, où ils sement des bleds d'Inde: aussi ce pays est abondãt en prairies, pallus, & marescages, qui sert pour la nourriture desdits animaux. Le pays du nort de ceste grande riuiere n'est si agreable que celuy du midy, souz la hauteur de quarante-sept à quarante-neuf degrez de latitude, remply de forts rochers en quelques endroits, à ce que i'ay peu voir, lesquels sont habitez de Sauuages, qui viuent errans parmy le pays, ne labourans, & ne faisans aucune culture, du moins si peu que rien, & sont ambulatoires, estans ores en vn lieu, & tantost en vn autre, le pays y estant assez froid & incommode. L'estendue d'icelle terre du nort souz la hauteur de quarante-neuf degrez de latitude de l'Orient à l'Occident, a six cents lieues de longitude, qui est aux lieux dont nous auons ample cognoissance. Il y a aussi plusieurs belles & grandes riuieres qui viennent de ce costé, & se deschargent dedans ledit fleuue, & d'autres qui (à mon opinion) se deschargent en la mer, par la partie & costé du nort, souz la hauteur de cinquante à cinquante & vn degrez de latitude, suiuant le rapport & relation que m'en ont fait ceux qui vont negocier, & traitter auec les peuples qui y habitent.

Quant aux parties qui tirent plus à l'Occidēt, nous n'en pouuons sçauoir bonnement le trajet, dautant que les peuples n'en ont aucune cognoissance, sinon de deux ou trois cents lieues, ou plus, vers l'Occident, d'où vient ladite grande riuiere, qui passe entre autres lieux par vn lac qui contient prés de trente iournées de leurs canaux, à sçauoir celuy qu'auons nommé la mer douce, eu esgard à sa grande estenduë, ayant quarante iournées de canaux de Sauuages, auec lesquels nous auons accez, qui ont guerre auec d'autres nations, tirant à l'Occident dudit grand lac, qui est la cause que nous n'en pouuons pas auoir plus ample cognoissance, sinon qu'ils nous ont dit par plusieurs & diuerses fois, que quelques prisonniers de ces lieux leur ont rapporté y auoir des peuples semblables à nous en blancheur, ayans veu de leur cheuelure, qui est fort blonde. Ie ne puis que penser là dessus, sinon que ce soiét gens plus ciuilisez qu'eux. Pour en bien sçauoir la verité, il faudroit les voir, mais il faut de l'assistance, & n'y a que le temps & le courage de quelques personnes de moyens, qui puissent ou vueillent entreprendre ce dessein.

<small>Pays du Midy fort peuplé.</small> Pour ce qui est du Midy de ladite grande riuiere, elle est fort peuplée, & beaucoup plus que le costé du Nort, de diuerses nations, ayans guerre les vns contre les autres. Le pays y est fort agreable, beaucoup plus que le costé du Septentrion, & l'air plus temperé, y ayant plusieurs especes d'arbres & fruicts qu'il n'y a pas au nort dudit fleuue; aussi n'est-il pas de tant de profit & d'vtilité quant aux lieux où se font les traittes de pelleteries. Pour ce qui est des terres du costé de l'Orient, elles sont assez cogneuës, d'autant que la <small>Ses bornes.</small> grand' mer Oceane borne ces endroits là, à sçauoir les costes de Labrador, Terre-neufue, Cap Breton, l'Acadie, Almouchiquois, comme aussi des peuples qui y habitent, en ayant fait ample description cy-dessus.

<small>Nation & pays des Attigouantã.</small> La contrée de la nation des Attigouantan est souz la hauteur de 44. degrez & demy de latitude, & 230. lieuës de longitude à l'Occident. Il y a 18. villages, dont 8. sont clos & fermez de pallissades de bois à triple rang, entre lacez les vns dans les autres, où au dessus y a des galeries qu'ils garnissent de pierres & d'eau, pour rüer & esteindre le feu que leurs ennemis pourroient appliquer contre. Ce pays est beau & plaisant, la plus-part deserté, ayant la forme & mesme situa-

tion que la Bretagne, est ainsi presque enuironné & enceint de la mer douce. Ces 18. villages (selon leur dire) sont peuplez de 2000. hommes de guerre, sans en ce comprendre le commun, qui peut faire en nombre 20000. ames. Leurs cabanes sont en façon de tonnelles, ou berceau, couuertes d'escorces d'arbres, de la longueur de 25. à 30 toises, plus ou moins, & six de large, laissant par le milieu vne allée de dix à douze pieds de large, qui va d'vn bout à l'autre. Aux deux costez y a vne maniere d'establie, de la hauteur de quatre pieds, où ils couchent en esté, pour euiter l'importunité des pulces, dont ils ont grande quantité : & en hyuer ils couchent en bas sur des mattes, proches du feu, pour estre plus chaudement. Ils font prouision de bois sec, & en emplissent leurs cabanes, pour se chauffer en hyuer. Au bout d'icelles cabanes y a vne espace, où ils conseruent leurs bleds d'Inde, qu'ils mettent en de grandes tonnes faites d'escorces d'arbres, au milieu de leur logement. Il y a des bois qui sont suspendus, où ils mettét leurs habits, viures, & autres choses, de peur des souris, qui y sont en grande quantité. En telle cabane y aura 12. feux, qui font 24. mesnages, où il fume à bon escient en hyuer, qui fait que plusieurs en reçoiuent de grandes incommoditez aux yeux, à quoy ils sont subiects, iusques à en perdre la veuë sur la fin de leur aage, n'y ayant fenestre aucune, ny ouuerture, que celle qui est au dessus de leurs cabanes, par où la fumée sort. Ils changent quelquefois leur village de dix, vingt, ou trente ans, & le transportét d'vne, deux, ou trois lieuës, d'autant que leur terre se lasse d'apporter du bled sans estre amendée, & par ainsi vont de-

Souris incommodée les Sauuages.

Sauuages incómodez de la fumée.

NN iij

ferrer en autre lieu, & aussi pour auoir le bois plus à commodité, s'ils ne sont contraints par leurs ennemis de desloger, & s'esloigner plus loin, comme ont fait les Antouhonorons de quelque 40. à 50. lieues. Voila la forme de leurs logemens, qui sont separez les vns des autres, comme de trois à quatre pas, pour la crainte du feu, qu'ils apprehendent fort.

Leur vie miserable.

Leur vie est miserable au regard de la nostre, mais heureuse entr'eux qui n'en ont pas gousté de meilleure, croyans qu'il ne s'en trouue pas de plus excellente. Leur principal manger & viure ordinaire est le bled d'Inde, & febues du Bresil, qu'ils accommodent en plusieurs façons. Ils en pilent en des mortiers de bois, & le reduisent en farine, de laquelle ils prennent la fleur par le moyé de certains vans faits d'escorce d'arbres, & d'icelle farine font du pain auec des febues, qu'ils font premierement bouillir vn bouillon, comme le bled d'Inde, pour estre plus aisé à battre, & mettent le tout ensemble: quelquefois ils y mettent des blues, ou des framboises seches; autrefois des morceaux de graisse de cerf: puis ayans le tout destrempé auec eau tiede, ils en font des pains en forme de gallettes ou tourteaux, qu'ils font cuire souz les cendres, & estans cuites ils les lauent, & les enueloppent de fueilles de bled d'Inde, qu'ils y attachent, & mettent en l'eau bouillante, mais ce n'est pas leur ordinaire, ains ils en font d'vne autre sorte qu'ils appellent migan, à sçauoir, ils prennent le bled d'Inde pilé, sans oster la fleur, duquel ils mettent deux ou trois poignées dans vn pot de terre plein d'eau, le font bouillir, en le remuât de fois à autre, de peur qu'il ne brusle,

Comme ils font le migan.

ou qu'il ne se prenne au pot, puis mettent en ce pot vn peu de poisson frais, ou sec, selon la saison, pour donner goust audit migan, qui est le nom qu'ils luy donnent, & en font fort souuent, encores que ce soit chose mal odorante, principalement en hyuer, pour ne lo sçauoir accommoder, ou pour n'en vouloir prendre la peine. Ils en font de deux especes, & l'accommodét assez bien quand ils veulent, & lors qu'il y a de ce poisson, ledit migan ne sent pas mauuais, ains seulement à la venaison. Le tout estant cuit, ils tirent le poisson, & l'escrasent bien menu, ne regardans de si prés à oster les erestes, les escailles, ny les tripailles, comme nous faisons, & mettent le tout ensemble dedans le pot, qui cause le plus souuent le mauuais goust: puis estát ainsi fait, ils en departent à chacun quelque portion. Ce migan est fort clair, & non de grande substance, comme on peut bien iuger. Pour le regard du boire, il n'est point de besoin, estant ledit migan assez clair de soy mesme. Ils ont vne autre sorte de migan, à sçauoir, ils font greller du bled nouueau, premier qu'il soit à maturité, lequel ils conseruent, & le font cuire entier auec du poisson, ou de la chair, quád ils en ont. Vne autre façon, ils prennent le bled d'Inde bien sec, le font greller dans les cendres, puis le pilent, & le reduisent en farine, comme l'autre cy-deuant, lequel ils conseruent pour les voyages qu'ils entreprennent, tant d'vne part que d'autre: lequel migan fait de ceste façon est le meilleur, à mon goust. Pour le faire, ils font cuire force viande & poisson, qu'ils decoupent par morceaux, puis la mettent dans de grandes chaudieres qu'ils emplissent d'eau, la faisant fort bouillir:

ce fait, ils recueillent auec vne cueillier la graisse de dessus, qui prouient de la chair & poisson, puis mettét d'icelle farine grullée dedans, en la mouuát tousiours iusques à ce que ledit migan soit cuit, & rendu espois comme bouillie. Ils en donnent & departent à chacun vn plat, auec vne cueillerée de ladite graisse: ce qu'ils ont coustume de faire aux festins. Or est-il que ledit bled nouueau grullé, est grandement estimé entr'eux. Ils mangent aussi des febves, qu'ils font bouillir auec le gros de la farine grullée, y meslant vn peu de graisse, & poisson. Les chiens sont de requeste en leurs festins, qu'ils font souuent les vns aux autres, principalement durant l'hyuer, qu'ils sont de loisir. Que s'ils vont à la chasse aux cerfs, ou au poisson, ils les reseruent pour faire ces festins, ne leur demeurát rien en leurs cabanes que le migan clair pour ordinaire, lequel ressemble à de la branée que l'on donne à manger aux pourceaux. Ils ont vne autre maniere de manger le bled d'Inde; & pour l'accommoder ils le prennent par espics, & le mettent dans l'eau, souz la bourbe, le laissant deux ou trois mois en cét estat, iusques à ce qu'ils iugent qu'il soit pourry, puis ils l'ostent de là, & le font bouillir auec la viande ou poisson, puis le mangent: aussi le font-ils gruller, & est meilleur en ceste façon que boüilly. Il n'y a rien qui sente si mauuais que ce bled sortát de l'eau tout boüeux, & neantmoins les femmes & enfans le succent, comme on fait les cannes de sucre, n'y ayant chose qui leur semble de meilleur goust, ainsi qu'ils le demonstrent. D'ordinaire ils ne font que deux repas le iour.

Chiens de requeste en leurs festins.

Engraissent les ours.

Ils engraissent aussi des ours, qu'ils gardent deux ou trois

trois ans ; pour fe feftoyer : & ay recognu que s'ils auoient du beftial, ils en feroient curieux, & le conferueroient fort bien, leur ayant monftré la façon de le nourrir ; chofe qui leur feroit aifée, attendu qu'ils ont de bons pafturages, & en grande quantité, soit pour cheuaux, bœufs, vaches, moufons, porcs, & autres especes : à faute dequoy on les iuge miferables, comme il y a de l'apparence. Neantmoins auec toutes leurs miferes ie les eftime heureux entr'eux, d'autant qu'ils n'ont autre ambition que de viure, & de fe conferuer, & font plus affeurez que ceux qui font errans par les forefts, comme beftes brutes ; auffi mangent-ils force citrouilles, qu'ils font bouillir, & roftir fouz les cendres. Quant à leurs habits, ils font faits de plufieurs fortes & façons de diuerfes peaux de beftes fauuages, tant de celles qu'ils prennent, que d'autres qu'ils efchangent pour leur bled d'Inde, farines, pourcelines, & filets à pefcher, auec les Algommequins, Piferinis, & autres nations, qui font chaffeurs, & n'ont leurs demeures arreftées. Ils paffent & accommodent affez raifonnablement les peaux, faifans leur brayer d'vne peau de cerf moyennement grande ; & d'vne autre le bas de chauffes, ce qui leur va iufques à la ceinture, eftát fort pliffé. Leurs fouliers font de peaux de cerfs, ours, & caftors, dont ils vfent en bon nombre. Plus, ils ont vne robbe de mefme fourrure, en forme de couuerte, qu'ils portent à la façon Irlandoife, ou Egyptienne, & des manches qui f'attachent auec vn cordon par le derriere. Voila comme ils font habillez durant l'hyuer, ainfi qu'il fe voit en la page 245. figure D. Quand ils vont par la campagne, ils ceignent leur

Comme ils vont à la campagne.

robbe, autour du corps, mais estans à leur village, ils quittent leurs manches, & ne se ceignent point. Les passements de Milan pour enrichir leurs habits sont de colle, & de la raclure desdites peaux, dont ils font des bandes en plusieurs façons, ainsi qu'ils s'aduisent, y mettans par endroits des bandes de peinture rouge-brun, parmy celles de colle, qui paroissent tousiours blancheastres, n'y perdát point leurs façons, quelques sales qu'elles puissent estre. Il y en a entre ces nations qui sont bien plus propres à passer les peaux les vns que les autres, & ingenieux pour inuenter des compartimens à mettre dessus leurs habits. Sur tous autres nos Montagnais & Algommequins y prennent plus de peine, lesquels mettent à leurs robbes des bandes de poil de porc-espy, qu'ils teindent en fort belle couleur d'escarlate. Ils tiennent ces bandes bien cheres entr'eux, & les détachent pour les faire seruir à d'autres robbes, quand ils en veulent changer, plus pour embellir la face, & auoir meilleure grace. Quand ils se veulent bien parer, ils se peindent le visage de noir & rouge, qu'ils démeslent auec de l'huile, faite de la graine d'herbe au Soleil, ou bien auec de la graisse d'ours, ou autres animaux. Comme aussi ils se teindent les cheueux, qu'ils portét les vns longs, les autres courts, les autres d'vn costé seulement. Pour les femmes & les filles, elles les portent tousiours d'vne mesme façon. Elles sont vestuës comme les hommes, horsmis qu'elles ont tousiours leurs robbes ceintes, qui leur viennent iusqu'au genoüil. Elles ne sont point honteuses de monstrer leur corps, à sçauoir depuis la ceinture en haut, & depuis la moitié des cuisses en bas, ayans tousiours le reste couuert; & sont chargées de quantité de pourceline, tant en colliers, que chaisnes, qu'elles mettent deuant leurs robbes, pendant à leurs

ceintures, bracelets, & pendans d'oreilles, ayans les cheueux bien peignez, peints, & graissez; & ainsi s'en vont aux dances, ayans vn touffeau de leurs cheueux par derriere, qui sont liez de peaux d'anguilles, qu'ils accommodent & font seruir de cordon, où quelquefois ils attachent des platines d'vn pied en quarré, couuertes de ladite pourceline, qui pend par derriere, & en ceste façon vestuës & habillées poupinement, elles se monstrent volontiers aux dances, où leurs peres & meres les enuoyent, n'espargnans rien pour les embellir & parer ; & puis asseurer auoir veu en des dances, telle fille qui auoit plus de douze liures de pourceline sur elle, sans les autres bagatelles dont elles sont chargées & atourées. Cy-dessouz page 291. se voit comme les femmes sont habillées, comme monstre F. & les filles allans à la dance, G. Se voit aussi comme les femmes pilent leur bled d'Inde, lettre H.

Leur humeur ioviale.

Ces peuples sont d'vne humeur assez iouiale (bien qu'il y en aye beaucoup de complexion triste & saturnienne) Ils sont bien formez & proportionnez de leurs corps, y ayant des hommes forts & robustes. Comme aussi il y a des femmes & des filles fort belles & agreables, tát en la taille, couleur (bien qu'oliuastre) qu'aux traits du visage, le tout à proportion, & n'ont point le sein raualé que fort peu, si elles ne sont vieilles. Il s'en trouue parmy elles de fort puissantes, & de hauteur extraordinaire, ayans presque tout le soing de la maison, & du trauail: car elles labourent la terre, sement le bled d'Inde, font la prouision de bois pour l'hyuer, tillent la chanvre, & la filent, dont du filet ils font les rets à pescher, & prendre le poisson, & autres choses necessaires. Comme aussi de faire la cueillette de leurs bleds, les serrer, accommoder à manger, & dresser leur mesnage. De plus, elles suiuent leurs maris de lieu en lieu, aux champs, où elles seruent de mulles à porter le bagage.

Quant aux hommes, ils ne font rien qu'aller à la chasse du cerf, & autres animaux, pescher du poisson, faire des cabannes, & aller à la guerre. Ces choses faites, ils vont aux autres nations, où ils ont de l'accez & cognoissance, pour traitter & faire des eschanges de ce qu'ils ont, auec ce qu'ils n'ont point ; & estans de retour, ils ne bougent des festins & dances, qu'ils se font les vns aux autres, & à l'issuë se mettent à dormir, qui est le plus beau de leur exercice.

Ils ont vne espece de mariage parmy eux, qui est tel, que quand vne fille est en l'aage d'onze, douze, treize, quatorze, ou quinze ans, elle aura plusieurs seruiteurs, selon ses bonnes graces, qui la rechercheront, & la demanderōt aux pere & mere, bien que souuent elles ne prennent pas leur consentement, fors celles qui sont les plus sages & mieux aduisées, qui se souzmettent à leur volonté. Cét amoureux ou seruiteur presentera à la fille quelques colliers, chaisnes & bracelets de pourceline. Si la fille a ce seruiteur agreable, elle reçoit ce present : ce fait, il viendra coucher auec elle trois ou quatre nuicts sans luy dire mot, où ils recueillent le fruict de leurs affections. Et arriuera le plus souuent qu'après auoir passé huict ou quinze iours ensemble, s'ils ne se peuuent accorder, elle quittera son seruiteur, lequel y demeurera engagé pour ses colliers, & autres dons par luy faits. Frustré de son esperance, il en recherchera vne autre, & elle aussi vn autre seruiteur, & continuent ainsi iusques à vne bonne rencontre. Il y en a telle qui aura passé ainsi sa ieu-

Leurs mariages.

nesse auec plusieurs maris, lesquels ne sont pas seuls en la iouyssance de la beste, quelques mariez qu'ils soient: car la nuict venuë, les ieunes femmes courent d'vne cabane à vne autre, comme font les ieunes hômes de leur costé, qui en prennent par où bon leur semble, toutesfois sans aucune violence, remettant le tout à la volonté de la femme. Le mary fera le semblable à sa voisine, sans que pour cela il y ait aucune ialousie entr'eux, ou peu, & n'en reçoiuent aucune infamie, ny iniure, la coustume du pays estant telle.

Quand elles ont des enfans, les maris precedents reuiennent vers elles, leur remonstrer l'amitié & l'affection qu'ils leur ont portée par le passé, & plus que nul autre, & que l'enfant qui naistra est à luy, & est de son faict. Vn autre luy en dira autant; & par ainsi il est au choix & option de la femme de prendre & d'accepter celuy qui luy plaira le plus, ayant en ses amours gaigné beaucoup de pourceline. Elles demeurét auec luy sans plus le quitter, ou si elles le laissent, il faut que ce soit auec vn grand sujet, autre que l'impuissance, car il est à l'espreuue: neantmoins estans auec ce mary, elles ne laissent pas de se donner carriere, mais se tiennent & resident tousiours au mesnage, faisans bonne mine: de façon que les enfans qu'ils ont ensemble ne se peuuent asseurer legitimes: aussi ont-ils vne coustume, preuoyans ce danger, qu'ils ne succedent iamais à leurs biens; mais font leurs heritiers & successeurs les enfans de leurs sœurs, desquels ils sont asseurez d'estre issus & sortis.

Pour la nourriture & esleuation de leurs enfans, ils les mettent durant le iour sur vne petite planche de bois, & les vestent & enueloppent de fourrures, ou peaux, & les bandent sur ladite planchette : puis la dressent debout, & y laissent vne petite ouuerture par où l'enfant fait ses petites affaires. Si c'est vne fille, ils mettent vne fueille de bled d'Inde entre les cuisses, qui presse contre sa nature, & font sortir le bout de ladite fueille dehors, qui est renuersée, & par ce moyen l'eau de l'enfant coule par ceste fueille, sans qu'il soit gasté de ses eauës. Ils mettent aussi souz les enfans du duuet fait de certains roseaux, que nous appellōs pied de liévre, sur quoy ils sont couchez fort mollement, & le nettoyent du mesme duuet : & pour le parer, ils garnissent lad. planchette de patenostres, & en mettent à son col, si petit qu'il soit. La nuict ils les couchent tout nuds entre les peres & meres, où faut considerer en cela la prouidence de Dieu, qui les conserue de telle façon, sans estre estouffez, que fort rarement. Ces enfans sont grandemēt libertins, pour n'auoir esté chastiez, & sont de si peruerse nature, qu'ils battent leurs peres & meres, qui est vne espece de malediction que Dieu leur enuoye.

Ils n'ont aucunes loix parmy eux, ny chose qui en approche, n'y ayant aucune correction ny reprehension à l'encontre des mal faicteurs, rendans le mal pour le mal, qui est cause que souuent ils sont en dissentions & en guerres pour leurs differents. *Leurs loix. Ne chastiēt point les meschans.*

Comme aussi ils ne recognoissent aucune Diuinité, & ne croyent en aucun Dieu, ny chose quelcōque, viuans comme bestes brutes. Ils ont quelque respect au diable, ou d'vn nom semblable, parce que souz ce mot qu'ils prononcēt, sont entenduës diuerses signi- *Ne croyent en aucune Diuinité.*

fications, & comprend en foy plufieurs chofes: de façon que mal-aifément peut-on fçauoir & difcerner s'ils entendent le diable, ou autre chofe: mais ce qui fait croire que c'eft le diable, eft, que lors qu'ils voyent vn homme faire quelque chofe extraordinaire, ou eft plus habile que le commun, vaillant guerrier, furieux, & hors de foy-mefme, ils l'appellent Oqui, comme fi nous difions vn grand efprit, ou vn grand diable. Il y a de certaines perfonnes entr'eux qui font les Oqui, ou Manitous (ainfi appellez par les Algommequins & Montagnais) lefquels fe meflent de guarir les malades, penfer les bleffez, & predire les chofes futures. Ils perfuadent à leurs malades de faire, ou faire faire des feftins, en intention d'y participer; & fouz efperance d'vne prompte guerifon, leur font faire plufieurs autres ceremonies, croyans & tenans pour vray tout ce qu'ils leur difent.

Ces peuples ne font poffedez du malin efprit comme d'autres Sauuages plus efloignez qu'eux, qui fait croire qu'ils fe reduiroiét en la cognoiffance de Dieu, fi leur pays eftoit habité de perfonnes qui priffent la peine & le foin de les enfeigner par bons exemples à bien viure. Car auiourd'huy ont-ils defir de f'amender, demain cefte volonté leur chágera, quand il conuiendra fupprimer leurs fales couftumes, la diffolution de leurs mœurs, & leurs inciuilitez. Maintefois les entretenant fur ce qui eftoit de noftre croyance, loix & couftumes, ils m'efcoutoient auec grande attention en leurs confeils, puis me difoient: *Tu dis des chofes qui furpaffent noftre efprit & noftre entendemēt, & que ne pouuons comprendre par difcours. Mais fi tu defires* sires que les sçachions, il est necessaire d'amener en ce pays femmes & enfans, afin qu'apprenions la façon de viure que tu meines, comme tu adores ton Dieu, comme tu obeis aux loix de ton Roy, comme tu cultiues & ensemences les terres, & nourris les animaux. Car voyans ces choses, nous apprendrons plus en vn an, qu'en vingt, iugeans nostre vie miserable au prix de la tienne. Leurs discours me sembloient d'vn bon sens naturel, qui demonstre le desir qu'ils ont de cognoistre Dieu.

Quand ils sont malades, ils enuoyent querir l'Oqui, lequel aprés s'estre enquis de leur maladie, fait venir grand nombre d'hommes, femmes & filles, auec trois ou quatre vieilles femmes, ainsi qu'il sera ordonné par ledit Oqui, lesquels entrent en leurs cabanes en dançant, ayās chacune vne peau d'ours, ou d'autres bestes sur la teste, mais celle d'ours est la plus ordinaire, comme la plus monstrueuse, & y a deux ou trois autres vieilles qui sont proches du patient ou malade, qui l'est souuent par imagination: mais de ceste maladie ils sont bien tost gueris, & font des festins aux despens de leurs parents ou amis, qui leur donnēt dequoi mettre en leur chaudiere, outre les dons & presens qu'ils reçoiuent des danceurs & danceuses, comme de la pourceline, & autres bagatelles, ce qui fait qu'ils sont bien tost gueris. Car comme ils voyent ne plus rien esperer, ils se leuent, auec ce qu'ils ont peu amasser: mais les autres qui sont fort malades, difficilemēt se guerissent-ils de tels jeux, dances, & façons de faire. Les vieilles qui sont proches du malade reçoiuent les presens, chantans chacune à son tour, puis cessent de châter: & lors que tous les presens sont faits, ils com-

PP

Pour ce qui est de leur gouuernement, les anciens & principaux s'assemblent en vn conseil, où ils decident & proposent tout ce qui est de besoin pour les affaires du village ; ce qui se fait par la pluralité des voix, ou du conseil de quelques vns d'entr'eux, qu'ils estiment estre de bon iugement ; lequel conseil ainsi donné, est exactement suiuy. Ils n'ont point de Chefs particuliers qui commandent absolument, mais bien portent ils de l'honneur aux plus anciens & vaillans, qu'ils nomment Capitaines.

Quant aux chastiemens ils n'en vsent point, ains font le tout par prieres des anciens, & à force de harangues & remonstrances, & non autrement. I's parlent tous en general, & là où il se trouue quelqu'vn de l'assemblée qui s'offre de faire quelque chose pour le bien du village, ou aller en quelque part pour le seruice du commun, si on le iuge capable d'executer ce qu'il promet, on luy remonstre & persuade par belles paroles qu'il est homme hardy, propre à telles entreprises, & qu'il y acquerra beaucoup de reputation. S'il veut accepter, ou refuser ceste charge, il luy est permis, mais il s'en trouue peu qui la refusent.

<small>Comme ils entreprennent leurs guerres.</small>

Quand ils veulent entreprendre des guerres, ou aller au pays de leurs ennemis, deux ou trois des anciens ou vaillans Capitaines entreprendront ceste coduitte pour ceste fois, & vont aux villages circonuoisins faire entédre leur volóté, en leur donnát des presens, pour les obliger de les accópagner. puis ils deliberét le lieu où ils veulét aller, disposant des prisonniers qui seront pris, & autres choses de consideration. S'ils font bien, ils en reçoiuent de la loüange, s'ils font mal ils en sont blasmez. Ils font des assemblées generales chacun an en vne ville qu'ils nomment, où il vient vn Ambassadeur de chaque Prouince, & là font de grâds festins & dances durant vn mois ou cinq sepmaines, selon qu'ils aduisent entr'eux, contractans nouuelle amitié, decidans ce qu'il faut faire pour la conseruation de leur pays, & se donnans des presens les vns aux autres. Cela estât fait, chacun se retire en son quartier.

Quand quelqu'vn est decedé, ils enueloppent le corps de fourrures, & le couurent d'escorces d'arbres fort proprement, puis ils l'esleuent sur quatre pilliers, sur lesquels ils font vne cabanne aussi couuerte d'escorces d'arbres, de la longueur du corps. Ces corps ne sont inhumez en ces lieux que pour vn temps, comme de huict ou dix ans, ainsi que ceux du village aduisent le lieu où se doiuent faire leurs ceremonies, ou pour mieux dire, conseil general, où tous ceux du païs assistent. Cela fait, chacun s'en retourne à son village, prenant tous les ossemens des deffuncts, qu'ils nettoyent & rendent fort nets, & les gardent soigneusement; puis les parens & amis les prennent, auec leurs colliers, fourrures, haches, chaudieres, & autres choses de valeur, auec quantité de viures qu'ils portét au lieu destiné, où estans tous assemblez, ils mettent ces viures où ceux de ce village ordonnent, y faisans des festins & dances continuelles l'espace de dix iours que dure la feste, pendant lesquels les autres nations y accourét de toutes parts, pour voir les ceremonies qui s'y font; par le moyen desquelles ils contractent vne nouuelle amitié, disans que les os de leurs parens & amis sont pour estre mis tous ensemble, posans vne

304　LES VOYAGES DV SIEVR

figure, que tout ainsi qu'ils sont assemblez en vn mesme lieu, aussi doiuent-ils estre vnis en amitié & con-
corde, comme parents & amis, sans s'en pouuoir sepa-

rer. Ces os estans ainsi meslez, ils font plusieurs discours sur ce sujet, puis après quelques mines ou façõs
de faire, ils font vne grande fosse, dans laquelle ils les
jettent,

jettent, auec les colliers, chaisnes de pourceline, haches, chaudieres, lames d'espées, couteaux, & autres bagatelles, lesquelles ils prisent beaucoup, & couurás le tout de terre, y mettent plusieurs grosses pieces de bois, auec quantité de piliers à l'entour, & vne couuerture sur iceux. Aucuns d'eux croyent l'immortalité des ames, disans qu'aprés leur deceds ils vont en vn lieu où ils chantent comme les corbeaux.

Reste à declarer la forme & maniere qu'ils vsent en leurs pesches. Ils font plusieurs trous en rond sur la glace, & celuy par où ils doiuent tirer la seine a enuiron cinq pieds de long, & trois de large, puis cómencent par ceste ouuerture à mettre leur filet, lequel ils attachent à vne perche de bois de six à sept pieds de long, & la mettent dessouz la glace, & la font courir de trou en trou, où vn homme ou deux mettent les mains par iceux, prenant la perche où est attaché vn bout du filet, iusques à ce qu'ils viennent ioindre l'ouuerture de cinq à six pieds. Ce fait, ils laissent couler le rets au fonds de l'eau, qui va bas, par le moyen de certaines petites pierres qu'ils attachét au bout, & estans au fonds de l'eau, ils le retirent à force de bras par ses deux bouts, & ainsi amenent le poisson qui se trouue prins dedans.

Leurs pesches.

Aprés auoir discouru amplement des mœurs, coustumes, gouuernement, & façon de viure de nos Sauuages, nous reciterons qu'estans assemblez pour venir auec nous, & reconduire à nostre habitation, nous partismes de leur pays le 20. iour de May, & fusmes 40. iours sur les chemins, où peschasmes grande quantité de poisson de plusieurs especes: comme aussi

QQ

nous prifmes plufieurs fortes d'animaux, & gibbier, qui nous donna vn fingulier plaifir, outre la commodité que nous en receufmes, & arriuafmes vers nos François fur la fin du mois de Iuin, où ie trouuay le fieur du Pont, qui eftoit venu de France auec deux vaiffeaux, qui defefperoit prefque de me reuoir, pour les mauuaifes nouuelles qu'il auoit entéduës des Sauuages que i'eftois mort.

Nous veifmes auffi tous les Peres Religieux, qui eftoient demeurez à noftre habitation, lefquels furent fort contents de nous reuoir, & nous auffi eux: puis ie me difpofay de partir du Sault Sainct Louis, pour aller à noftre habitation, menát auec moy mon hofte Darontal. Parquoy prenant congé de tous les Sauuages, & les affeurát de mó affectió, ie leur dis que ie les reuerrois quelque iour, pour les affifter, comme j'auois fait par le paffé, & leur apporterois des prefens pour les entretenir en amitié les vns auec les autres, les priant d'oublier les querelles qu'ils auoient euës enfemble, lors que ie les mis d'accord, ce qu'ils me promirent faire. Nous partifmes le 8. iour de Iuillet, & arriuafmes à noftre habitation le 11. dudit mois, où trouuafmes chacun en bon eftat, & tous enfemble, auec nos Peres Religieux, rendifmes graces à Dieu, en le remerciant du foin qu'il auoit eu de nous conferuer & preferuer de tant de perils & dágers où nous nous eftions trouuez.

Pendant cecy, ie faifois la meilleure chere que ie pouuois à mon hofte Darontal, lequel admirát noftre baftiment, comportement, & façon de viure, me dit en particulier, Qu'il ne mourroit iamais content qu'il ne veist tous ses amis, ou du moins bonne partie, venir faire leur demeure auec nous, afin d'apprendre à seruir Dieu, & la façon de nostre vie, qu'il estimoit infiniment heureuse, au regard de la leur. Que ce qu'il ne pouuoit comprendre par le discours, il l'apprendroit beaucoup mieux & plus facilement par la frequentation qu'il auroit auec nous. Que pour l'aduancement de cét œuure nous fissions vne autre habitation au Sault Sainct Louys, pour leur donner la seureté du passage de la riuiere, pour la crainte de leurs ennemis, & qu'aussi tost ils viendroient en nombre à nous pour y viure comme freres : ce que ie luy promis faire le plustost qu'il me seroit possible. Ainsi après auoir demeuré 4. ou 5. iours ensemble, & luy ayant donné quelques honnestes dons (desquels il se contenta fort) il s'en retourna au Sault Sainct Louys, où ses compagnons l'attendoient.

Pendant mon sejour à l'habitation, ie fis couper du bled commun, à sçauoir du bled François qui y auoit esté semé, lequel estoit tres-beau, afin d'en apporter en France, pour tesmoigner que ceste terre est tres-bonne & fertile. Aussi y auoit-il du bled d'Inde fort beau, & des entes & arbres que nous y auions porté.

Ie m'embarquay en nos barques le 20 iour de Iuillet, & arriuay à Tadoussac le 23. iour dudit mois, où le sieur du Pont nous attendoit auec son vaisseau prest & appareillé, dans lequel nous nous embarquasmes, & partismes le troisiesme iour du mois d'Aoust, & eusmes le vent si à propos, que nous arriuasmes à Hó- *Nostre arriuée à Tadoussac.*

Nostre retour en France.

nesteur le 10. iour de Septembre 1616. où nous rendismes loüange & action de graces à Dieu de nous auoir preseruez de tant de perils & hazards où nous auions esté exposez, & de nous auoir ramenez en santé dans nostre patrie. A luy donc soit gloire & honneur à iamais. Ainsi soit-il.

Fin de la premiere Partie.

SECONDE
PARTIE DES
VOYAGES DV SIEVR
de Champlain.

LIVRE PREMIER.

Voyage de l'Autheur en la Nouuelle France auec sa famille. Son arriuée à Québec. Prend possession du Païs, au nom de monsieur de Montmorency.

CHAPITRE PREMIER.

'An 1620. ie retournay auec 1620. ma famille à la Nouuelle France, où arriuasmes au mois de May. Nº trauersasmes plusieurs Isles, & entr'autres celles aux Oyseaux, où il y en a tel nombre, qu'on les tuë à coups de bastons. Le 24. nous passasmes proche Gaspey, entrée du fleuue sainct Laurent.

A

Le 7. de Iuillet no⁹ mouillasmes l'anchre au moulin Baudé, à vne lieuë du port de Tadoussac, ayant esté deux mois à la trauerse de nostre voyage, où vn chacun loüa Dieu de nous voir à port de salut, & principalement moy, pour le sujet de ma famille, qui auoit beaucoup enduré d'incommoditez en cette fascheuse trauerse.

Batteau qui vient à leur bord, où estoit le frere de la femme de l'Autheur.

Le lendemain vn petit batteau vient à nostre bord, qui nous dit que le vaisseau où estoit le Sieur Deschesnes, party vn mois auparauãt nous, estoit arriué, qui fut prés de deux mois à sa trauerse. Le Sieur Boullé, mon beau frere estoit en ce batteau, qui fut fort estonné de voir sa sœur, & comme elle s'estoit resoluë de passer vne mer si fascheuse, & fut grandemẽt resiouy, & elle & moy auprealable ; lequel nous dit que deux vaisseaux de la Rochelle, l'vn du port de 70. tonneaux, l'autre de 45. estoient venus proche de Tadoussac traitter ; nonobstant les deffences du Roy, & auoient couru fortune d'estre pris par ledit Deschesnes proche du Bicq, à 15. lieuës de Tadoussac, neantmoins se sauuerent comme meilleurs voilliers.

Vaisseaux Rochelois venus pres de Tadoussac nonobstant les deffences du Roy.

Ils emporterent cette année nombre de peleteries, & auoient donné quantité d'armes à feu, auec poudre, plomb, mesche, aux Sauuages ; chose tres-pernicieuse & prejudiciable, d'armer ces infideles de la façon, qui s'en pourroyẽt seruir cõtre nous aux occasions. Voila comme tousiours ces rebelles ne cessent de mal faire, n'ayant encore bien commencé, desobeissant aux commandemens de sa Majesté, qui le defend par ses Commissions, sur peine de la vie. Telles personnes meriteroiét d'estre chastiez seueremét, pour enfrain-

Armerent les Sauuages.

dre les Ordonnáces: mais quoy, dit on, font Rochelois, c'est à dire tres mauuais & defobeiffans fubjects, où il n'y a point de iuftice: prenez les fi pouuez & les chaftiez, le Roy vous le permet par les commiffions qu'il vous donne. D'áuátage ces mefchans larrons qui vont en ce païs fubornent les fauuages, & leurs tiennent des difcours de noftre Religion, tres-pernicieux & mefchans, pour nous rendre d'autant plus odieux en leur endroit.

Nous apprifmes que les fieurs du Pont & Defchefne eftoient partis de Québec pour aller à mont ledit fleuue affin de traitter à vne ifle deuant la riuiere des Hiroquois, ayant laiffé à Tadouffac deux moyennes barques pour nous attendre, & les dépefcher promptement, afin de leur porter marchandifes, auát que fçauoir de nos nouuelles; ce qui fut fait ce iour mefme, & en enuoyerét vne deuant l'autre, que nous retinfmes pour no⁹ en aller à Québec. Nous fçeufmes la mort de frere Pacifique, bon Religieux, qui eftoit tres charitable, & celle de la fille de Hebert en trauail d'enfant, tout le refte fe portoit bien: & pour l'habitation, elle eftoit en tres mauuais eftat, pour auoir diuerty les Ouuriers à vn logement que l'on auoit fait aux Peres Recollets, à demy lieuë de l'habitation, fur le bord de la riuiere fainct Charles, & deux autres logemens, vn pour ledit Hebert à fon labourage, vn autre proche de l'habitation pour le Serrurier & Boulenger, qui ne pouuoient eftre en l'enclos des logemens. Locquin partit promptement dans vne chaloupe chargée de marchandifes, pour aller treuuer ledit du Pont.

Les fieurs du Pont & Defchefnes partis pour aller à Québec.

A ij

LES VOYAGES DV SIEVR

Partement de l'Autheur de Tadouſſac

Le 11. ie partis de Tadouſſac auec ma famille, & les Religieux que nous auions menez, au nombre de trois, mon beau-frere, qui auoit hyuerné deux ans & demy, & Guers, arriuaſmes à Québec, où eſtāt fuſmes

Son arriuée à Québec.

à la Chapelle rēdre graces à Dieu de nous voir au lieu où nous eſperions. Le lendemain ie fis charger le canō, ce qu'eſtāt fait, apres la ſainčte Meſſe dite vn Pere Recollet fit vn ſermō d'Exhortation, où il remōſtroit

Exhortatiō que fait le Pere Recollet.

à vn chacun le deuoir où l'on ſe deuoit mettre pour le ſeruice de ſa Majeſté, & de celuy de mōdit ſeigneur de Montmorency, & que chacun eut à ſe cōporter en l'obeïſſance de ce que ie leur commanderois, ſuiuant les patentes de ſa Majeſté, données à mondit ſeigneur le Viceroy, & la Commiſſion à moy donnée de ſon Lieutenant, leſquelles ſeroient leuës publiquement en preſence de tous, à ce qu'ils n'en pretendiſſent cauſe d'ignorāce. Apres ceſte exhortation l'on ſortit de la Chappelle, ie fis aſſembler tout le monde, & commanday à Guers Commiſſionnaire, de faire publique lecture de la Commiſſion de ſa Majeſté, & de celle de Monſeigneur le Viceroy à moy donnée. Ce faict chacun crie *Viue le Roy*, le Canon fut tiré en ſi-

l'Autheur prend poſſeſſion du Païs.

gne d'allegreſſe, & ainſi ie pris poſſeſſion de l'habitation & du Païs au nom de mondit ſeigneur le Viceroy. Ledit Guers en fit ſon procés verbal pour ſeruir en temps & lieu.

Ie reſolus d'enuoyer ledit Guers auec ſix hommes aux trois riuieres où eſtoit le Pont & les Commis de la ſocieté, pour ſçauoir ce qui ſe paſſeroit par delà, & moy ie fus viſiter quelques petits jardinages & les baſtimēts dont on m'auoit parlé; & en effect ie treuuay ceste habitation si desolée & ruinée qu'elle me faisoit pitié. Il y pleuuoit de toutes parts, l'air entroit par toutes les joinctures des planchers, qui s'estoient restressis de temps en temps, le magasin s'en alloit tomber, la court si salle & orde, auec vn des logeméts qui estoit tombé, que tout cela sembloit vne pauure maison abandonnée aux champs où les Soldats auoient passé, & m'estonnois grandemét de tout ce mesnage: tout cecy estoit pour me dóner de l'exercice à reparer ceste habitation. Et voyát que le plustost qu'on se mettroit à reparer ces choses estoit le meilleur, i'employay les ouuriers pour y trauailler, tant en pierre, qu'en bois, & toutes choses furét si bien mesnagées, que tout fut en peu de temps en estat de nous loger, pour le peu d'ouuriers qu'il y auoit, partie desquels commencerent vn Fort, pour euiter aux dangers qui peuuent aduenir, veu que sans cela il n'y a nulle seureté en vn pays esloigné presque de tout secours. I'establis ceste demeure en vne scituation tres bonne, sur vne montagne qui commandoit sur le trauers du fleuue sainct Laurent, qui est vn des lieux des plus estroits de la riuiere, & tous nos associez n'auoient peu gouster la necessité d'vne place forte, pour la conseruation du Pays & de leur bien. Ceste maison ainsi bastie ne leur plaisoit point, & pour cela il ne faut pas que ie laisse d'effectuer le commandement de Monseigneur le Viceroy, & cecy est le vray moyen de ne point receuoir d'affrot, pour vn ennemy, qui recognoissant qu'il n'y a que des coups à gaigner, & du temps, & de la despence perduë, se gardera bien de se mettre au risque de perdre ses vaisseaux & ses hômes. C'est pourquoy

Treuue l'habitation fort delolée.

Il fait trauailler.

Choisit le lieu de tres bonne scituation.

A iij

il n'est pas tousiours à propos de suiure les passions des personnes, qui ne veulent regner que pour vn temps, il faut porter sa consideration plus auant.

<small>Les gens de du Pont & Deschesnes descendent des trois Riuieres auec leurs barques.</small>

Quelques iours apres lesdits du Pont & Deschesnes descendirent des trois riuieres auec leurs barques, & les peleteries qu'ils auoiét traittées. Il y en auoit la pluspart à qui ce changemét de Viceroy & de l'ordre ne plaisoit pas; ledit du Pont se resolut de repasser en France qui auoit hyuerné, & laissa Iean Caumont, dit le Mons, pour commis du magazin & des marchandises pour la traitte. Ledit du Pont s'en alla à Tadoussac, & nous fit apporter le reste de nos viures, &

<small>Le sieur du Pont repassa en France.</small>

mande Roumier sous-commis, qui auoit aussi hyuerné, lequel s'en retourna en France, sur ce qu'on ne luy vouloit rehausser ses gages, & moy demeurát visitay les viures, pour les mesnager iusques à l'arriuée des vaisseaux, faisant tousiours fortifier & continuer les reparations ia commencées, attendant d'en faire vne nouuelle de pierre : car nous auions treuué de bonnes pierres à chaux, qui estoit vne gráde commodité. Ils demeurerent ceste année à hyuerner 60. personnes, tant hommes, que femmes, Religieux, & enfans, dont il y auoit dix hommes pour trauailler au Seminaire des Religieux & à leurs despens : tout l'Automne & l'hyuer fut employé à reparer l'habitation, & les maisons d'auprés, & nous fortifier : chacú se porta tres-bien, horsmis vn homme qui fut tué par la cheute d'vn arbre qui luy tomba sur la teste, & l'escrasa, & ainsi mourut miserablement.

ARRIVEE DES CAPITAINES DV May & Guers en la Nouuelle France. Rencontre d'vn vaisseau Rochelois qui se sauua. Lettres de Frāce apportées au sieur de Champlain.

CHAPITRE II.

LE quinziesme de May, vne barque estant preste l'on la mit à l'eau, qui fut chargée de viures, pour traitter auec les Sauuages de Tadoussac. Le Mons commis s'embarqua en icelle luy huictiesme, & en son chemin fit rencontre d'vne chalouppe, où estoit le Capitaine du May, & Guers, Commissionnaires de mōseigneur de Montmorency, auec cinq matelots, trois soldats, & vn garçon, qui fut cause que nostre commis retourna sur sa route, & s'en reuinrét ensemble à nostre habitation. Ledit du May fut tres-bien receu, venant de la part de mondit seigneur de Montmorency, lequel me dit estre venu deuant, en vn vaisseau du port d'enuiron trente cinq tōneaux, auec trente personnes en tout, pour me donner aduis de ce qui se passoit en France, & que proche de Tadoussac, il auoit fait rencontre d'vn petit vaisseau volleur de Rochelois, de quarante cinq tonneaux, & en auoit approché de si pres, qu'ils s'entendoient parler, estans l'vn & l'autre sous voiles : Mais comme le Rochelois estoit meilleur voilier, il se sauua. Ce fut vne belle occasion perduë, par ce que ceux qui estoient dedans auoient traitté nombre de peleteries.

1620.

Arriuée des Capitaines du May & Guers à la nouuelle France.

Du May fait rēcontre d'vn vaisseau Rochelois qui se sauua.

Guers apporte lettres de France à l'Autheur.

Ledit Guers me donna les lettres qu'il pleut au Roy & à Monseigneur me faire l'honneur de m'escrire, accompagnées de celle de Môsieur de Puisieux, & autres, des sieurs Dolu, de Villemenon & de Caen. Voicy celle du Roy.

Lettre du Roy au sieur de Champlain.

CHamplain, i'ay veu par vos lettres du 15 du mois d'Aoust, auec quelle affection vous trauaillez par delà à vostre establissement, & à ce qui regarde le bien de mon seruice, dequoy, comme ie vous sçay tres-bon gré, aussi auray-ie à plaisir de le recognoistre à vostre aduantage, quand il s'en offrira l'occasion : & ay bien volontiers accordé quelques munitions de guerre, qui m'ont esté demandées, pour vous donner tousiours plus de moyen de subsister, & de continuer en ce bon deuoir, ainsi que ie me le promets de vostre soing & fidelité. A Paris le 24. iour de Feurier 1621. signé LOVIS, & plus bas, Brulart.

En suitte de celle de sa Majesté, i'en receus vne autre de Monsieur de Puisieux, Secretaire de ses cômandements, par laquelle entr'autres choses, il me mâdoit que le sieur Dolu auoit demandé des armes pour m'enuoyer ; à laquelle chose on auoit pourueu, & icelles enuoyées. Auparauant Monseigneur le Duc de Montmorency m'écriuit la presente.

Lettre de Monseign. de Montmorency au sieur de Champlain.

MOnsieur Champlain, pour plusieurs raisons i'ay estimé à propos, d'exclure les anciens Associez de Roüen, & de sainct Malo, pour la traitte de la Nouuelle France, d'y retourner. Et pour vous faire secourir, & pournoir de ce qui vous y est necessaire, i'ay choisi les sieurs
de

de Caën oncle & nepueu, & leurs Affociez, l'vn eft bon Marchand, & l'autre bon Capitaine de mer, comme il vous fçaura bien ayder & faire recognoiftre l'authorité du Roy de delà fous mon gouuernement. Ie vous recōmande de l'affifter, & ceux qui iront de fa part, contre tous autres, pour les maintenir en la jouiffance des articles que ie leur ay accordez. Iay chargé le fieur Dolu Intendant des affaires du pays, de vous enuoyer coppie du traitté par le premier voyage, afin que vous fcachiez à quoy ils font tenus, pour les faire executer, comme ie defire leur entretenir ce que ie leur ay promis. Iay eu foing de faire conferuer vos appointements, comme ie croy que vous continuerez au defir de bien feruir le Roy, ainfi que continue en la bonne volonté, Monfieur Champlain, Voftre plus affectionné & parfait amy, figné, MONTMORANCY, De Paris le 2. Feurier. 1621.

LEs lettres du fieur Dolu me mandoient que i'euffe à fermer les mains des Cōmis, & me faifir de toutes les marchandifes tant traittées que à traitter, pour les interefts que le Roy & mondit Seigneur pretendoient contre ladite Societé ancienne, pour ne s'eftre acquittée au peuplement comme elle eftoit obligée, & que pour le fieur de Caën, bien qu'il fuft de la religion contraire, on fe promettoit tant de luy, qu'il donnoit efperance de fe faire Catholique, & que pour ce qui eftoit de l'exercice de fa religion que ie luy die qu'il n'en deuoit faire ny en terre ny en mer, remettant le refte à ce que i'en pouuois iuger. Celle du fieur de Villemenon Intendant de l'admiraulté, ne tendoit qu'à la mefme fin: la lettre dudit fieur de Caën fe conformant auffi à la fienne, & qu'il venoit auec deux bós

Ce que le fieur Dolu mandoit à l'Autheur.

Ce que portoit la lettre du fieur de Villemenon.

B

vaisseaux bien armez & munitiōnez de toutes les choses necessaires, tāt pour luy que pour nostre habitatiō, auec de bons arrests qu'il esperoit apporter en sa faueur. Dauātage ayāt fait assembler le sieur de May & Guers cōmissionnaire, & le pere George, auquel Monseigneur, & les sieurs Dolu, & Villemenon, luy auoient escrit des lettres à mesme fin que celles qu'ils m'escriuoiét, m'enchargeāt de ne rien faire sans luy cōmuniquer, & resolu que rien ne se perderoit en quelque façon que ce fut, & qu'il ne falloit innouer aucune cho-

De Caen pouuoit saisir les vaisseaux & marchādises.

se attendant ledit sieur de Caën, qui estoit assez fort, ayāt l'arrest en main à son aduantage, pour se saisir des vaisseaux & marchandises, & ce pendant ie conseruerois toutes les pelleteries, iusqu'à ce que l'on vit de quoy les pouuoir prendre & saisir iustement.

De plus qu'il falloit considerer les inconueniens qui en pourroient arriuer d'autre part, ne voyant aucun pouuoir du Roy, à quoy ledit commis vouloit obeir, & non aux aduis que nous auions receus de Frāce. Ledit cōmis fut aduerty de ce, par les Matelots du sieur de May, qui faisoient courir vn bruit que ledit sieur de Caen, se saisiroit de tout ce qui leur appartenoit, quād il seroit arriué : ils donnerent tellemēt en l'esprit du Commis & de tous, qu'ils deliberoient entr'eux de ne permettre de se saisir de leurs marchandises, iusques à

Resolutiō du commis & des matelots, de ne laisser saisir leurs marchandises.

ce que ie leurs fisse apparoir lettre ou commandement de sa Maiesté, ce que ie ne pouuois, & tous les hommes qui dependoient des associez & gagez, craignans de perdre leurs gages, comme on leurs donnoit à entendre, pretendoiēt comme les plus forts de l'empescher s'ils eussent peu, quand i'eusse eu la volonté de saisir leurs marchandises. C'est pourquoy pendant qu'vne societé, en vn païs comme cetuy-cy, tient la bource, elle paye, donne & assiste qui bon luy semble: ceux qui commandét pour sa Majesté sont fort peu obeïs, n'ayant personne pour les assister, que sous le bon plaisir de la Cōpagnie, qui n'a rien tant à côtre cœur: q; les personnes qui sont mis par le Roy ou les Vice-rois, comme ne dependant point d'eux, ne desirát que l'on voye & iuge de ce qu'ils font, ny de leurs actions & deportemens en telles affaires, veulent tout attirer à eux, ne s'en souciét ce qu'il arriue, poureu qu'ils y trouuét leur côte. De forts & forteresses, ils n'en veulét q; quád la necessité le requiert, mais il n'est plus téps. Quand ie leurs parlois de fortifier, s'estoit leur grief, i'auois beau leur remonstrer les inconueniens qui en pourroient arriuer, ils estoient sourds: & tout cela n'estoit que la crainte en laquelle ils estoient, que s'il y auoit vn fort ils seroiét maistrisez & qu'on leur feroit la loy. Ce pandant ces pensées, ils m'ettoient tout le pays & nous en proye du Pirate ou ennemy, qui pensant faire du butin n'estant en estat de se deffendre ira tout rauager. I'en escriuois assez à messieurs du Conseil, il falloit y donner ordre, qui iamais n'arriuoit: & si sa Majesté eust seulemét donné le commerce libre aux associez auoir leur magazin auec leur commis. Pour le reste des hómes qui deuoiét estre en la plaine puissance du Lieutenát du Roy audit pays, pour les employer à ce qu'il iugeroit estre necessaire, tant pour le seruice de sa Majesté, qu'à se fortifier, & defricher la terre, pour ne venir aux famines qui pourroient arriuer s'il arriuoit fortune aux vaisseaux. Si cela se pratiquoit l'on verroit plus

B ij

d'aduencement & de progrez en dix ans, qu'en trente, en la façon que l'on fait : & permettre aussi qu'à ceux qui iroient pour habiter en desertant les terres, qu'ils pourroient traitter auec les Sauuages de peleteries, & des commoditez que le pays produit: en les liurant au commis à vn pris raisonnable, pour donner courage à vn chacun d'y habiter,& ne pouuāt traitter que ce qui viēdroit du pays, sur les peines portées qu'il plairoit à sa Majesté, il n'y a point de doute que la Societé en eut receu quatre fois plus de bien qu'elle ne pouuoit esperer par autre voye, d'autant qu'il est fort malaisé à des peuples d'vn pays de pouuoir empescher de s'accommoder de ce qui croist au lieu: Car dire qu'on ne les pourra cōtraindre à vne certaine quantité pour vne necessité : c'est la mer à boire, car ils feront tout le contraire, quand ils deueroient perdre ce qu'ils en auroient, plustost qu'on s'en saisit sans leur payer: l'experience a fait assez cognoistre ces choses. Voila ce que i'auois à vous dire sur ce sujet.

Sommaire des aduis de l'Autheur.

Pour reuenir à la suitte du discours, ledit commis & tous les autres ensemble, commencerent à murmurer: disant, Qu'on leur vouloit faire perdre leurs salaires, & qu'il valloit autant qu'ils perdissent la vie que de les traitter de la façon: ce qui dōna sujeċt audit cōmis de m'en parler de rechef,& me faire ses plaintes, que si i'auois commandement du Roy, qu'il ne falloit que le monstrer pour le contenter, & maintenir chacun en paix. Ie luy dis qu'on ne luy feroit point de tort, ny à ses marchandises, & qu'il pouuoit traitter auec autant d'asseurance comme il auoit fait par le passé, il se contenta, & vn chacun. Ie fis vne reprimande

Le commis se plaint à luy.

Ce qu'il luy dit.

Fait vne reprimande

aux matelots du sieur de May, qui leur auoient donné cette crainte, & semé ce bruit, & de plus qu'ils s'asseurassent que ie n'innouerois rien que ledit de Caen ne fut arriué auec arrest de sa Majesté, qui donneroit ordre à toute chose, auquel il faudroit obeir. *aux matelots.*

Leur promit de ne rié innouer.

D'auantage fut aduisé si l'on permettoit la traitte au sieur de May, qui auoit apporté des marchandises pour eschanger à des castors auec les sauuages: il fut arresté que pour leuer tout ombrage l'on ne le permetteroit point, & aussi qu'ils n'auoient aucun pouuoir de ce faire, les deux societez estant en procez au Conseil de sa Majesté, quand ils partirent de France, & que l'ancienne pouuoit tousiours ioüir des priuileges que le Roy leur auoit accordez sous l'authorité de monseigneur le Prince, attendant qu'il en fut autrement ordonné : mais que si messieurs du Conseil donnoient vn arrest si fauorable qu'il confisquast au profit de la Nouuelle Societé, que cela ne seruoit de rien, puisque le tout luy demeureroit, comme il se promettoit, & que si autrement il auoit permission de traitter comme l'ancienne Societé, que l'on verroit la facture des marchandises que l'on auoit enuoyées, & que suiuant icelles l'on donneroit des castors du magazin pour la valleur des marchandises, suiuant la traitte qui se faisoit alors, & par ainsi ladite barque ne perderoit rien de ce qu'elle pouuoit pretendre, pour ne traitter iusques à ce qu'on eust l'arrest du Conseil, que deuoit apporter ledit sieur de Caen : Ainsi fut arresté en la presence dudit sieur de May & Guers, faisant pour ladite nouuelle Societé. *Aduis pour la traitte des marchandises.*

Ce deliberé, ie fais partir le Capitaine du May, le *l'Autheur envoie le Capitaine du May.*

14 LES VOYAGES DV SIEVR

25. de May, pour donner aduis audit sieur de Caen de tout ce qui c'estoit passé, de l'Estat en quoy il nous auoit laissé, & m'enuoyer des hommes de renfort.

ARRIVEE DV SIEVR DV PONT à la Nouuelle France, & de Hallard auec l'equipage du sieur de Caen. L'Autheur fait aduertir les sauuages de la venuë dudit de Caen. Arrest du Conseil permettant le traficq aux deux Compagnies. De Caen saisit par force le vaisseau du sieur du Pont.

CHAPITRE III.

Arriuée du sieur du Pont.

LE 3. de Iuin arriua ledit de May dans vne chalouppe luy onziesme, qui me donna aduis de l'arriuée du sieur du Pont, en vn vaisseau de cent cinquāte tonneaux nommé la Salemande, auec soixante cinq hommes d'esquipage, accōpagnés de tous les commis de l'an-

Il resiouit les commis de l'ancienne Societé.

cienne Societé, & sçauoir en quoy ie le voudrois employer. Voicy qui rejouit grandement les commis de l'ancienne Societé, & vn chacun des hommes qui dependoient d'eux : c'est vn renfort qui leur vient, & si nous les eussions desobligez sans vn pouuoir absolu du Roy, ou de monseigneur, par la saisie de leurs marchandises, ils pouuoient nous nuire grandemēt, car le petit vaisseau dudit du May qui estoit à Tadoussacq pouuoit estre pris, où il n'y auoit que dix-huict hommes, & quelque douze que i'auois à Quebec

DE CHAMPLAIN.   15

auec moy, lesquels auoient fort peu de viures qui fut l'occasion que i'en secourus ledit du May.

Ce qu'ayant entendu ie me deliberé de mettre ledit du May en vn petit fort, ia commencé; contre le sentiment dudit commis, auec mon beau-frere Boullé, & huict hommes, & quatre de ceux des peres Recollets qui me donnerent: & quatre autres hommes de l'ancienne societé, faisant porter quelques viures, armes, poudre, plomb, & autres choses necessaires, au mieux qu'il me fut possible, pour la defence de la place: en ceste façon nous pouuions parler à cheual, faisant tousiours continuer le trauail du fort pour le mieux mettre en defence.

Pour mon particulier ie demeuray en l'habitatió, auec trois hommes dudit du May, & quatre autres des peres Recollets, & Guers commissionnaire, & le reste des hommes de l'habitation : le fort asseuroit tout, auec l'ordre que i'auois donné audit Capitaine du May.

Le Lundy 7. iour du mois arriua la barque de nostre habitation, où estoiét les commis des anciens associez au nombre de trois, ce que voyát ie fais prendre les armes, donnant à chacun son quartier, & semblablemét au fort, & fis leuer le pont-leuis de l'habitation : le pere George accompagné de Guers furent sur le bort du riuage, attendant que lesdits commis vinssent à terre, & sçauoir auec qu'elle ordre ils venoient, quelle commission ils auoient, n'ignorant point ce qui se passoit en France, sur les aduis que nous auions receus. Ils dirent qu'ils n'auoient autre ordre que de leur compagnie, pour estre encore au

Accidens qui fussent arriuez pour auoir saisi les marchandises.

l'Autheur met du May au fort commencé.

Arriuée de la barque & cõme l'Autheur fait mettre ses gens en defence.

droict du contract & articles que ie leurs auois dô-
nez, fous le bon plaifir de Monfeigneur le Prince,
attendāt vn arreſt de Noſſeigneurs du Conſeil, qu'ils
eſperoient auoir fauorable contre la nouuelle focieté, qui les vouloit demettre de leur focieté, deuant
que leur temps fut fini. De plus qu'ils auoient pro-
teſté contre ceux de l'admirauté, qui ne leurs auoient
pas voulu donner de congé, & que voyant les dangers euidents où toutes les affaires deuoient aller,
tant pour les hommes qui eſtoient icy, comme pour
receuoir leurs marchandiſes, que l'on ne pouuoit
pretendre qu'injuſtement, qu'il s'eſtoit mis en tout
deuoir d'obeir au Roy.

Commis proteſtent cōtre ceux de l'admirauté.

Ils dirent tout ce qu'ils voulurent, auec pluſieurs
autres diſcours, monſtrant auoir vn grand deſplaiſir
de ſe voir receus ainſi extraordinairement, ce qu'ils
n'auoient accouſtumé.

Ledit pere ayant ouy vne partie de leurs plaintes,
il leur demanda s'ils nous apportoient des viures
pour nous maintenir, ils dirent que ouy, & qu'ils
croyoient aſſeurement eſtre d'accord auec mondit
ſeigneur, ou qu'ils auroient vn arreſt fauorable: Tous
ces diſcours paſſez ledit pere leur dit, qu'il me venoit
treuuer, pour me donner aduis, & ſçauoir ce que ie
voudrois faire, lequel m'ayant rapporté ce qu'ils difoient, nous aduiſaſmes pour le mieux ce qu il falloit
faire.

Le pere George rapporte à l'Autheur ce que di-foient les commis.

Il fut conclud en ſuitte de la premiere reſolution,
voyant que ledit ſieur de Caen n'eſtoit encore
venu, pour eſuiter aux dangers qui pouuoient arriuer.

Il fut

DE CHAMPLAIN.

Il fut arresté qu'on laisseroit entrer les commis au nombre de cinq, qu'on leur liureroit leurs marchandises, pour traitter amont ledit fleuue sainct Laurent, & les assister de ce qu'ils auroient affaire, ce qu'ils accepterent.

Resolutió de laisser entrer au fort cinq commis.

Ils entrerent en l'habitation, où particulieremét ie leurs fis entendre la volonté de sa Maiesté, & ce qu'ils auoient commis contre l'intention du Roy, qui me commandoit de maintenir le pays en paix, & sous son obeïssance, comme faisoit aussi mōseigneur, qui les auoit exclus de la societé par vne nouuelle: qu'ils ne deuoient pas venir sans vn bon arrest en main de Nosseigneurs du Conseil, & attendant la venuë des autres vaisseaux, qui apporteroiét tout ordre, on leur liureroit en bref des marchandises pour traittes, ce qu'ils accepterent, & leurs furent liurées sans tirer à la rigueur: ils demanderent des armes, ce que ie ne leurs pûs accorder, leur disant qu'ils ne deuoient pas venir sans cela: ils chargerent deux barques, & me demanderent les castors qui estoient en l'habitation: ie leur refusay, leurs disant, qu'ils ne pouuoient partir de l'habitation, que nous n'eussiōs des viures pour maintenir parmy nous l'authorité du Roy, en cas qu'il arriuast quelque accident audit sieur de Caen, & qu'ayant des peleteries nous aurions des viures que nous apporteroient les vaisseaux qui estoient à Gaspay. Ils firent tout ce qu'ils peurent pour les auoir, menaçant de faire des protestations, sur ce que ie refusois leurs peleteries, & munitions: & de pl⁹ que i'eusse à faire sortir ledit Capitaine de May, & ses hommes, du fort & habitatiō, où ie l'auois mis

Ce que l'Autheur leur dit.

Le sieur de Caen deuoit esperer tout ordre.

l'Autheur leur refuse les castors.

Veulent que le Capitaine du May sorte du fort, ce que l'Autheur ne veut faire.

C

sans commandement du Roy : Ie leur dis que sadite Maiesté me commandoit de maintenir le pays, & conseruer la place : que le mandement que i'auois de Monseigneur suffisoit, qui estoit celuy du Roy, & qu'à cela i'obeissois, receuant ledit Capitaine du May pour y auoir toute fiance. Cela seroit bon, dirét ils, s'il auoit apporté vn arrest du Conseil, ce qu'il n'auoit fait, en attendant ie me maintiendrois au mieux qu'il me seroit possible, & qu'ils fissent telles protestations qu'ils voudroient pour leurs descharges.

<small>Le pere George les renuoie auec leurs protestations.</small>

Quand il fut question de les faire, ie les sçeus bien rembarer sur leurs protestations, leurs monstrant qu'ils ne sçauoient pas en quelle forme il la falloit faire, ce qui leur fit changer d'aduis, craignant de s'engager mal à propos, en chose qui leur eust peu nuire : & ainsi ils s'embarquerent pour aller aux trois riuieres, & y traitter : qui fut le 9. de Iuin.

<small>l'Autheur enuoye demander des hommes au sieur de Caen.</small>

Ce mesme iour, ie fis esquipper la chalouppe dudit Capitaine du May, auec six hommes, pour aller à Tadoussac aduertir ledit sieur de Caen, qu'aussi tost qu'il seroit arriué il ne manquast à nous enuoyer des hommes pour nous r'enforcer : me persuadant qu'il auroit arrest en sa faueur, comme il m'auoit fait esperer par ses lettres.

ARRIVEE DV SIEVR DV PONT & du Canau d'Halard, & du sieur de Caen qui apporte plusieurs despesches. Enuoy du pere George à Tadoussac. Dessein du sieur de Caen. Embarquement de l'Autheur pour aller à Tadoussac. Differents entr'eux. Magazin de Québec acheué par l'Autheur. Armes pour le fort de Québec.

CHAPITRE III.

LE Dimanche 13. Auril arriua ledit du Pont, dans vne moyenne barque, luy treiziesme auec marchandises de traitte, lequel fut receu comme les precedents, luy ayant fait entendre le commandement que i'auois tant du Roy que de mondit Seigneur, de conseruer ceste place, & la maintenir en son obeissance, & tenir toutes choses en paix, faisant recognoistre son authorité: & que attédant nouuelle desdits vaisseaux, qui deuoiét venir, pour voir & sçauoir particulierement ce qui se seroit passé au Conseil de sa Maiesté, sur les differéts qu'ils auoient eus auec mondit Seigneur, qui les auoit exclus de la societé, pour y adioindre la Nouuelle societé. Il me dit qu'il croyoit que tout seroit d'accord, estant sur lesdits termes quand il partit de Honnefleur. Ie luy dis que ie m'estonnois comme il auoit quitté son vaisseau, puisque sa presence y eut esté bien requise à la venuë dudit sieur de Caen: il respondit que pour y estre il n'auroit pas mieux fait, & que l'ordre qu'il auoit laissé à vn appellé la Vigne, du-

Arriuée du sieur du Pont.

Ce que l'Autheur luy dit.

C ii

dit Honnefleur, qui commandoit en son absence, estoit tel que si l'on apportoit vn arrest du Conseil en bonne forme, qu'il eust à y subir sans aucune resistance, que s'ils estoient d'accord auec leur societé, qu'il eust à l'assister de tout ce qui seroit en son possible & pouuoir, si autremēt qu'il se cōseruast du mieux qu'il pourroit, suiuant l'ordre qu'il luy auoit laissé, & que l'on ne pouuoit rien pretendre, que lon ne vit l'arrest de Messeigneurs du Conseil: ce qu'attendant ie leurs rendisse la iustice, laquelle m'auoit esté enchargée; ce que ie promis faire. Ie luy fis aussi entendre comme i'auois retenu les peleteries qui estoient en ceste habitation, pour subuenir aux necessitez qui pourroient arriuer; il me dit que c'estoit bien fait: le lendemain il s'en alla aux trois riuieres, pour traitter auec les sauuages.

l'Autheur est chargé de rendre la Iustice à tous.

Le 15. dudit mois arriua vn Canau où il y auoit vn homme appelé Halard, de l'esquipage dudit sieur de Caen, qui m'apporta vne lettre, par laquelle il me dōnoit aduis de son arriuée, & la contrarieté du temps qu'il auoit eu au passage, ayant chose importante à me communiquer, de la part de Monseigneur le Viceroy, qui ne pouuoit estre si tost par delà: d'autant qu'il croit auoir affaire auec ledit sieur du Pont, & de plus me prioit d'enuoyer vne chaloupe aduertir les sauuages de sa venuë, & du nombre des marchandises qu'il leur apportoit, qu'il m'enuoyeroit le sieur de la Ralde, pour communiquer quelques affaires en renuoyant ledit du May: que si ie pouuois l'aller treuuer que ie le fisse, mais alors le temps, & les affaires, ne me le peurent permettre: Car ce n'estoit pas

Arriuée du Canau d'Halard.

la saison de laisser l'habitation ny le fort, veu tant de dangers arriuez à ceux qui ont fait semblables choses. *l'Autheur ne peut abandonner le fort.*

Le Vendredy 16. n'ayant point de chalouppe, ie deliberé d enuoyer vn Canau auec ledit Halard, & vn gentilhomme appellé du Vernay, de l'esquipage dudit du May, auec vn autre de l'habitation, aduertir les sauuages de la venuë dudit sieur de Caen. *Donne aduis aux sauuages de l'arriuée de Caen.*

Le 17. de Iuillet arriua vne chaloupe, où estoit Rommier, l'vn des Commis de la nouuelle societé : qui l'an precedét auoit hyuerné en ceste habitation, auec ledit du Pont, lequel m'apporta plusieurs despesches, auec lettres des sieurs Dolu, de Villemenon, & dudit de Caen, lequel surprit quelque lettre, auec coppie de l'arrest en faueur des anciens Associez, que l'on enuoyoit audit du Pont, par lesquelles nous vismes, que l'arrest auoit esté signifié audit sieur de Caen, estant en son vaisseau, à la radde de Dieppe : lequel auoit protesté de nullité, & fut ledit arrest publié à son de trompe, dans ladite ville de Dieppe, & autres lieux où besoin a esté. *Arriuée d'vn sien Commis.* *Apporte plusieurs despesches.* *Arrest du Conseil signifié à de Caen.*

Apres auoir veu & consideré toutes ses choses, auec l'aduis de ceux que ie trouuay à propos, & voyāt que sur le proces aduenu entre les deux societés, sa Maiesté a ordonné, que lesdits articles seroient representez, pour apres iceux estant veus & examinés, y estre pourueu, soit par la reünion des deux societés, ou par l'establissement d'vne nouuelle, ce pendant permis aux associez des deux compagnies, de trafiquer, & faire traitte, pour l'année 1621. seulemēt, tant par les deux vaisseaux ia partis, que par deux au- *Teneur dudit Arrest.* *Traffic permis aux deux compagnies.*

C iii

tres à eux appartenans, chargés & prest à partir, sans se donner aucun empeschement, ny vser d'aucune violence, à peine de la vie : à la charge qu'ils seront tenus de contribuer pour la presente année, esgalement & par moitié, à l'entretenement des Capitaines, soldats, & des religieux establis & residens en l'habitation : & neantmoins deffences sont faictes ausdits Porée, & à tous autres, de sortir à l'aduenir aucuns vaisseaux des ports & haures de ce Royaume, ny faire embarquement, sans prendre congé dudit sieur Admiral, en la maniere accoustumée, à peine de confiscation des vaisseaux & marchandises, & autres plus grandes peines s'il y eschet. Signifié le 26. dudit mois. Voila l'arrest du Conseil de sa Maiesté. Lesdits articles dudit sieur Dolu, furēt cōfirmez par le Cōseil, le 12. de Ianuier 1621 hormis quelques vns.

Envoy du Pere George à Tadoussac.

Il fut resolu que ledit pere George prendroit la peine d'aller à Tadoussac en diligence, & Guers auec luy, dans la mesme chaloupe, pour treuuer ledit de Caen, & apporter le remede requis à toutes ces affaires, sçachant bien que ledit du Pont voudroit ioüir du benefice dudit arrest, ou il y alloit de la vie, à celuy desdeux qui vseroit de violence : & pour ce qui estoit de la faute qu'ils auoient commise, de partir sans congé de l'Admirauté : ledit arrest monstroit qu'on en auoit fait mention, & instance au Conseil, où estoit porté, que si à l'aduenir ils partoient sans congé, il y auroit confiscation du vaisseau, & marchandises, auec autres punitions, sans despens, & que chacun partiroit par moitié aux frais de l'habitation, aux hyuernans, & que chacun ioüiroit du benefice de la traitte à son proffit.

 Ledit Pere partit ce mesme iour 17. de Iuillet, auec plain pouuoir de moy, d'accommoder toutes choses à l'amiable, auec le sieur de Caen, & par mesme moyen le satisfaire des plaintes qu'il faisoit, des Peres Paul & Guillaume, qui auoient esté saisis de quelques lettres, vsé de paroles & de menaces à son desauantage, taschant le mettre mal auec son esquipage: qu'il les auoit traittez fauorablement, selon le rapport qui en fut fait, & ne peut on si bien faire, qu'il ne tombast quelque lettre entre les mains dudit du Pont, & vne autre que ie receus de leur part, où il me faisoit entendre ce qui c'estoit passé, & que i'eusse à rendre la iustice selon la volonté du Roy, & quelqu'autres discours de compliment: ie donne les lettres au Pere, pour les faire voir au sieur de Caen. *Lettre tombée es mains du sieur du Pont.*

 Le 24. de Iuillet, arriua ledit pere George, lequel me dit que ledit sieur de Caen, se vouloit saisir du vaisseau dudit du Pont, en son arriuée: & estát sur le point de l'executer, comme le confirmoient les lettres dudit sieur de Caen, & qu'il ne passeroit plus outre, attendant ma venuë, ce qui m'estonna grandement, considerant ledit arrest, qui defendoit sur peine de la vie, de ne s'inquieter: ie renuoyay la chaloupe auec ledit Guers, & lettres adressantes audit sieur de Caen, où ie luy fis entendre, que pour les incommoditez qu'il y auoit en la chaloupe, que ie n'y pouuois aller; & que dans neuf iours au plus tost, ie serois audit Tadoussac. Ie despesché promptement vn canau, & mandé audit du Pont qu'il m'enuoyast vne de ses barques pour m'é aller à Tadoussac, ce qu'il fit, que dans six iours la bar- *Dessein du sieur de Caen. l'Autheur luy escrit.*

que fut à Québec, & ledit du Pont dedans, pour sçauoir ce qu'il auroit à faire, auec ledit sieur de Caen, estant arriué à Québec : ie membarquay à la solicitatiõ dudit Pere, n'estant pas mon dessein de partir de l'habitation, & mander seulement ce qui me sembloit, de la volonté qu'il auoit de se saisir dudit vaisseau.

Mais les persuasions auec les raisons que me donnoit ledit Pere, m'y firent resoudre, ayant laissé ledit du May, en ma place pour commander, & enchargé à tous mes compagnons de luy obeïr, comme à moy mesme, ie m'embarquay le dernier de Iuillet ; ce mesme iour nous fismes telle diligence, que le lendemain au soir arriuasmes à demie lieuë de Tadoussac, pres la poincte aux allouëttes, où ie fis mouiller l'ancre. Aussi-tost ledit sieur de Caen me vient trouuer, où il me fit entendre ce qui estoit de son dessein : ie luy dis que le seruice du Roy, & l'honneur de mondit Seigneur, m'auoit amené en ce lieu pour luy donner les conseils que ie croyois qui luy seroient necessaires, & raisonnables, s'il les vouloit suiure, qui estoient de ne rien alterer au seruice de sa Majesté, ny de ses arrests; & que l'authorité de Monseigneur demeurast en son entier : il me dit, qu'il n'auoit autre intention.

Son embarquemẽt pour aller à Tadoussac.

Conseil qu'il dõne au sieur de Caen.

Le lendemain 3. d'Aoust nous entrasmes audict Port de Tadoussac, ou ledit sieur de Caen me receut auec toutes sortes de courtoisies, m'offrant son vaisseau pour m'y retirer, le remerciant de tout mon cœur & le priant me permettre de demeurer en ma barque, pour ne me monstrer passionné a vn party, ny à l'autre, puisqu'il estoit question de rendre iustice; & voyant qu'il estoit à propos de ne m'en aller que tout

DE CHAMPLAIN.　25

fut en paix. Il fut question de traitter d'affaire, ledit de Caen fit quelque proposition sur le fait de la peleterie, que l'on ne treuua à propos, & luy en donna-on les raisons : il s'opiniastre & dit auoir des commandeméts particuliers, ie le somme de les monstrer pour y obeir, il m'en fait refus, ie luy offre de mettre papiers sur table, & qu'il en fit de mesme, ce qu'il ne voulut, & dit qu'il desiroit auoir le vaisseau dudit du Pont, pour aller à la guerre, contre les ennemis qui estoient en la riuiere: ie luy remonstre, qu'il regarde de ne contreuenir à l'arrest, ie luy dis les raisons qui l'obligoient de s'en distraire : & pour ce qui estoit de chasser les ennemis, il auoit trois vaisseaux, deux entr'autres capables de courir toutes les costes, auec cent cinquante hommes, & qu'il auoit plus de force qu'il n'en failloit: il persiste de vouloir auoir ledit vaisseau, ie le somme de donner ses aduis, il le fait ; apres auoir fait quelque refus, ie luy respons par articles : ie luy enuoye la responce auec les articles, qu'il ne trouue à sa fantaisie.

Dispute entre eux.

Il auoit fait faire vne protestation audit du Pont, contenant vn grand discours, des interests qu'il auoit sur ledit du Pont, & veut auoir son vaisseau : ledit du Pont me presète requeste sur ce que veut faire ledit de Caen contre les arrests du Roy, & preuoyant la ruine manifeste qui pouuoit arriuer, de voir vn arrest enfraint, bien que ledit sieur de Caen dit, qu'il n'y veut rien attenter au cótraire: Le pere & ledit sieur de Caen, eurent plusieurs paroles, qui apportoient plustost de l'alteratió, que la paix, voyant ne pouuoir rien gaigner sur luy, ie fais des ouuertures, comme il peut seruir le Roy, ie m'offre d'aller dans le vaisseau dudit du Pont,

De Caen veut auoir le vaisseau de du Pont par force.

D

courir sur les ennemis, le suiure par tout, non seulemét dans des vaisseaux, mais dans des barques, chalouppes, ou canaus, par terre s'il en est besoin. Ie luy dis qu'il ne peut refuser l'offre que ie luy fais, me donnant de ses hommes, estant en lieu qui despende de ma charge, & luy remonstre qu'en ce faisant, ce sera seruir le Roy, & mondit Seigneur, & qu'ainsi il n'vsera de violence, & ne contreuiendra aux arrests de sa Majesté, & mondit Seigneur y sera seruy, & que s'il a des pretensions, il les vuidera en France.

Offres que luy fait l'Autheur.

Il n'en veut rien faire, il s'attache à sa charge, & aux particuliers commandemens qu'il auoit du Roy, & de mondit Seigneur. Ie le prie & conjure de rechef, me les monstrer pour y satisfaire: il s'opiniastre plus que iamais; le voyant ainsi resolu, ie prens le vaisseau dudit sieur du Pont en ma sauuegarde, & voulant le conseruer pour l'authorité du Roy, & l'honneur de mondit Seigneur, deuant tout son esquipage, & apres qu'il en vseroit comme bon luy sembleroit, ayant la force à la main; mais que pour obseruer la forme de iustice, qu'il falloit que ie fisse ainsi.

Resolution de l'Auteur sur l'opiniastreté du sieur de Caen.

Ledit sieur de Caen, proteste deuant tout son esquipage, de s'aller saisir dudit vaisseau, & qu'il chastiera ceux qui voudront resister, disant qu'il ne recognoissoit de iustice en ce lieu.

I'envoye prendre possession dudit vaisseau, & ledit sieur de Caen y enuoya vn homme, pour faire inuentaire de ce qu'il y auoit, & ainsi s'en saisit, comme ayant la force en main : voila comme se passa cette affaire. Or premier que ledit sieur de Caen entrast au vaisseau dudit du Pont, ie leue l'ancre le 12. d'Aoust,

Ledit sieur de Caen se saisit du vaisseau de du Pont.

& m'en allay passer le Saguenay, pour ne me trouuer à la prise que feroit ledit de Caen, lequel le lendemain me vient trouuer auec sa chalouppe, pour traicter de l'ordre que nous deuions tenir, pour la conseruation de ladite habitation : ie le priay de me donner quelques Charpentiers pour acheuer le magazin encommencé, & qu'il n'y auoit aucun lieu où l'on peust mettre aucune chose à couuert; il me dit qu'il auoit affaire de ses hommes, pour accommoder son vaisseau, qu'il vouloit partir promptement, pour aller à Gaspey, & autres lieux, courir sur l'ennemy, si lieu auoit, auec sa barque, & qu'il me l'enuoyeroit auec le reste des hommes, qui deuoient hiuerner à l'habitation.

Vient trouuer l'Autheur pour prendre ordre de luy.

Il me demande le payement des viures qu'il auoit vendus audit du Pont, pour ceux qui deuoient hyuerner de leur part à l'habitatiõ, pour le prix de mille Castors, & sept cens pour les marchandises, qui auoient esté estimees en sa barque, suiuant la traicte qui se faisoit auecques les Sauuages, d'autant que nous auions interdit ladite traicte, pour les raisons que i'ay dit cy dessus. Aussi tost que ledit sieur de Caen se fut saisi du vaisseau dudit du Pont, il luy remit entre les mains, disant qu'il n'estoit point armé comme il falloit. Ledit pere fut à Tadoussac, le 14. dudit mois, luy faire deliurer les Castors, & ainsi nous nous separasmes.

Le lendemain, ledit sieur de Caen enuoya faire vne protestation par Hebert : s'il eust voulu suiure le conseil que ie luy voulus dõner, il eust fait ses affaires, sans rien alterer, & auec suject de pretendre de grands interests pour le Roy, & Monseigneur, dautant que ledit

Protestation de de Caen.

D ij

duPont n'auoit apporté aucuns viures pour lès hyuernans, & qu'à faute de ce, l'habitation pouuoit estre abandonnee, & le seruice du Roy, alteré.

C'estoit à moy (à faute que ledit du Pont ne m'eust fourny les commoditez) de les demander audit de Caen, pour conseruer la place ; & en me les deliurant, auecques hommes pour hyuerner, i'estois tenu, par la voye de Iustice, de renuoyer tous ceux de l'ancienne societé, prendre ceux dudit de Caen, & retenir toutes les marchādises, traictees ou à traicter, sans les deliurer qu'à son retour, qu'indubitablement ils luy eussent esté adiugees par voye de Iustice : Mais au contraire, les viures que n'auoit ledit du Pont, pour fournir 25. hommes en leur part, ledit sieur de Caen luy vendit les siens, ce qu'il ne deuoit faire ; & fut ce qui m'estonnoit, ne pouuant gouster ceste proposition, croyant selon mon opinion, que mille Castors, qu'il tiroit contant, luy estoient plus asseurez en les apportant, que ce qu'il eust peu esperer par iustice, de ceux qui estoient entre mes mains, qui neantmoins estoit chose bien asseurée.

Vaisseau Rochelois qui traittoit en l'Isle verte.

Ce pendant que l'on s'amusoit à toutes ses contestations, il y auoit vn petit vaisseau Rochelois, qui traittoit auec les sauuages, à quelque cinq lieuës de Tadoussac, dās vne Isle appellée l'Isle verte, où ledit sieur de Caen enuoya apres nostre departement : mais s'estoit trop tard, les oyseaux s'en estoient allez vn iour ou deux auparauant, & n'y treuuast on que le nid, qui estoit quelque retranchement de pallissade qu'ils auoiēt fait, pour se garder de surprise, pendant qu'ils traittoient, l'on mit bas les pallissades y mettant le feu.

Le Capitaine le Grand qui y auoit esté, s'en reuint, comme il estoit party. Nous fismes voilles de la pointe aux allouëttes le 15. d'Oust, & arriuasmes à Québec le 17. où estant ie donné ordre à faire paracheuer le magazin, & ledit sieur de Caen enuoya les armes, que le Roy nous donnoit pour la defence du fort.

l'Autheur fait paracheuer le magazin de Québec.

S'ensuit les armes qui me furent liurées, par les commis tant du sieur de Caen & Guers, sçauoir de Monseigneur de Montmorency, que par Iean Baptiste Varin, & Hallard, le Mercredy 18. d'Oust 1621.

12. Hallebardes, le manche de bois blanc, peintes de noir. 2 Harquebuses à rouët, de cinq à six pieds de lõg. 2. autres à mesche de mesme longueur. 523. liures de bonne mesche. 187. autre de pourrie. 50. Piques cõmunes. 2. Petarts de fonte verte, pesant 44. liures chacun. Vne tante de guerre en forme de pauillon. 2. Armets de Gens-d'armes, & vne senderiere. 64. Armes de Piquers sans brasards. 2. Barils de plomb en balles à Mousquets pesant 439. liures.

Lesdites armes & munitions cy-dessus ont esté contées & receuës à Québec, par monsieur de Champlain Lieutenant general de Monseigneur le Viceroy en la Nouuelle France, present le sieur Iean Baptiste Varin, enuoyé exprés en ce lieu par mõsieur de Caen, & de moy commissionnaire de mondit seigneur. Fait audit Québec, le susdit iour que dessus. Signé Guers commissionnaire, & au dessous Iean Baptiste Varin.

I'ay soussigné Iaques Hallard, confesse auoir mis entre les mains de monsieur de Champlain Lieutenãt de Monseigneur de Montmorency, Viceroy de ces terres, trois cens dix liures de Poudre à canon, en deux Barils, & 2479. liures de plomb, en balles à mousquet, en six barils, ne sçachát dire si cesdites munitions sont du Roy ou de monsieur de Caen. A Québec ce iour-d'huy dernier iour d'Aoust 1621. Signé Isaac Halard.

Ie demanday ausdits commis, si ledit sieur de Caen ne m'enuoyoit point de mousquets, & d'auátage de poudre, & meilleure que celle à canon, pour les mousquets: il me dirent qu'ils n'auoient receu que les armes qu'ils m'auoient données. Ie ne me pouuois imaginer, que sadite Maiesté n'eust ordonné des armes à feu auec de la poudre, qui sont les choses principales & necessaires, pour la defence d'vne place, & se maintenir contre les ennemis : & ainsi fallut s'en passer, à mon grand regret.

Ie ne me pouuois imaginer que sa Maiesté nous eust enuoyé si peu de munitions de guerre, veu les lettres qu'elle m'auoit fait l'honneur de m'escrire, accõpagnées de celle de Monsieur de Puisieux, comme i'ay dit cy-deuant.

De Caen enuoye des viures pour ceux qui deuoient hyuerner.

Quelques iours apres, ledit sieur de Caen enuoya des viures, pour la nourriture des hommes qui deuoiét hyuerner au nombre de 25. comme i'auois demandé à chacun des deux societés, qui m'auoient esté promis pour la conseruation de la place, il n'en vint que 18. de sa part, & trente que laissa l'ancienne societé.

Ledit sieur de Caen ayant mis ordre à ses affaires, partit de Tadoussac le 29. iour d'Aoust.

Et le mardy 7. de Septembre, partit aussi ledit sieur

du Pont, & le pere George, de Québec, qui me promit communiquer audit sieur Dolu, tout ce qui s'estoit passé & fait: ne doutât point, que ce faisant tout iroit à l'amiable, & auroit esté en paix, & que tant de discours inutils qui s'estoiét faits & passez par delà, se fussent appaisez; esperât auoir plus de repos à l'aduenir: & oster le plus que l'on pourroit les chicaneries. Deux mesnages retournerent. Car depuis deux ans, ils n'auoient pas deserté vne vergée de terre, ne faisant que se donner du bon temps, à chasser, pescher, dormir, & s'enyurer auec ceux qui leurs en donnoiét le moyen: ie fis visiter ce qu'ils auoient fait, où il ne se trouua rien de deserté, sinon quelques arbres couppez, demeurans auec le tronc & leurs racines: c'est pourquoy ie les renuoyay comme gens de neant, qui despensoient plus qu'ils ne valloiét: s'estoient des familles enuoyées, à ce que l'on m'auoit dit, de la part dudit Boyer en ces lieux, au lieu d'y enuoyer des gens laborieux & de trauail, nõ des bouchers & faiseurs d'aiguilles, comme estoient ces hommes qui s'en retournerent, il me sembla bon, pour esuiter aux chicaneries, de faire quelques ordonnances, pour tenir chacun en son deuoir. Lesquelles ie fis publier le 12 de Septembre.

l'Autheur renuoye les familles faineantes.

Ordonnances que l'Autheur fit publier.

L'AVTHEVR FAICT TRAVAILLER au fort de Québec. Voye asseurée qu'il prepare aux Entrepreneurs des descouuertures. Est expedient d'attirer quelques sauuages. Arriuée du sieur Santin commis du sieur Dolu. Reünion des deux societés.

CHAPITRE V.

CE n'est pas peu que de viure en repos, & s'asseurer d'vn païs, en si fortifiant & y mettant quelques soldats pour la garde d'iceluy, qui apporteroit plus de gloire mille fois que n'en vaudroit la despence, & le Viceroy en receuroit du contentement, pour estre hors de danger de l'ennemy.

Les sauuages assisterent les nostres.

Les sauuages nous assisterent de quelque Eslan, qui nous fit grand bien, car nous auions esté assez mal accómodez de toute chose, hormis de pain, & d'huille; les petites diuisions qu'il y auoit euës entre les deux societés l'année d'auparauát, auoit causé ce mal:

Mal que causa la diuision des deux societés.

& estás bien reünies, il n'en pouuoit que bien arriuer, tant pour le peuplement, que descouuertures, qu'augmentation du trafficq, ausquelles choses chacun y doit contribuer du sien en temps qu'il pourra.

L'vne des choses que ie tiens en ceste affaire, & pour l'augmentation d'icelle, est les descouuertures, & commē elles ne se peuuent faire qu'auec de grandes peines & fatiques, parmy plusieurs regions & cótrees, qui sont dans le milieu des terres, & sur les confins d'icelle:

DE CHAMPLAIN. 33

d'icelle à l'occident de noſtre habitatiõ, parmy pluſieurs natiõs, aux humeurs & forme de viure, deſquels il faut que les entrepreneurs ſe conformét. Il y a bien à conſiderer d'entreprédre meurement, & hardimét ceſt affaire, auec vn courage maſle: mais auſſi eſt il bien raiſonnable, que le labeur de telles perſonnes ſoyent recogneus par quelques honneurs & bien-faits, comme ſont les eſtrangers en telles affaires, pour leurs donner plus d'affection & de courage d'entreprendre : & ſi on ne le fait, mal-aiſement ſe peut il faire choſe qui vaille. *Entrepreneurs ſe doiuent cõformer aux humeurs des nations des lieux qu'ils deſcouurent.* *La recognoiſſance du trauail augmente le courage.*

Pour la ſocieté, ſe ſeroit elle qui deueoit autant y appporter du leur que perſonnes, car vn grand bien leur en reuiendroit, encores que ceux de l'ancienne ſocieté juſques à preſent, n'ayent iamais gratifié les entrepreneurs d'aucune choſe : au contraire ont oſté le moyen de bien faire, en temps qu'ils ont peû. Et pour ouurir le chemin à ceſt affaire, i'auois penſé preparer quelque voye, qui fut ſeure & aduátageuſe, pour les entrepreneurs, afin qu'auec plus de courage & aſſeurance, ils entreprinſſent ce deſſein. *L'ancienne ſocieté n'a point gratifié d'entrepreneurs.* *Voye que l'Autheur iuge eſtre neceſſaire aux entrepreneurs.*

Qui eſtoit d'attirer quelques nombres de ſauuages prés de nous, & y auoir vne telle confiance, que nous ne puiſſions eſtre deſceus ny trompez d'eux, & pour cet effect, i'auois pratiqué l'amitié d'vn ſauuage appellé Miriſtou, qui auoit tout plein d'inclination particuliere à aymer les François, & recognoiſſant qu'il eſtoit deſireux de commander, & eſtre chef d'vne trouppe, comme eſtoit ſon feu pere, il m'en parla pluſieurs fois, auec tout plein de proteſtations d'amitié qu'il me dit nous porter, bien que ie iugeaſſe que *Attirer nombres de ſauuages. L'Autheur pratique l'amitié du ſauuage Miriſtou.*

E

ce n'estoit en partie que pour paruenir à son dessein, mais il faut tenter la fortune, & me dit que si ie pouuois faire en sorte qu'il peust obtenir ceste grade de Capitaine, qu'il feroit merueille pour nous : Ie l'entretins vne bonne espace de temps, depuis l'Automne iusques au Printemps, où conferant auec luy, ie luy dis, Si tu es esleu par les François, i'y feray consentir tes compagnons, & te tiendrōt pour leur chef, mais aussi qu'au prealable, il deuoit nous tesmoigner vne parfaite amitié, ce qu'il promit faire.

Ce que l'Autheur luy promet

Le 8. de Iuin arriua le sieur Santein, l'vn des commis de la nouuelle societé, qui me donna aduis de la reünion des deux societés, que l'anciéne ayma mieux entrer en la societé nouuelle, que donner dix mille liures à la nouuelle ayant cinq douziesme, & la nouuelle pour les sept durant quinze années, & ainsi que le Conseil par arrest l'auoit ordonné.

Arriuée du sieur Santein.
Societés reünies.

La premiere chose que ie dis à se sauuage, estoit qu'auec ses cōpagnons ils cultiueroiēt les terres proches de Québec, faisant vne demeure arrestée, luy & ses compagnons, qui estoient au nombre de trente, qu'ayant mis les terres en labour, ils recueilleroient du bled d'Inde pour leurs necessitez, sans endurer quelques fois la faim qu'ils ont, & par ainsi nous les tiendrions comme freres. De plus nous monstriōs vn chemin à l'aduenir aux autres sauuages, que quād ils voudroient eslire vn chef, que ce feroit auec le consentement des François, qui feroit commencer à prendre quelque domination sur eux, & pour les mieux instruire en nostre creance.

Ce que l'Autheur promit à Miristou sauuage.

Il me promit de faire ainsi, & defait il fit si bien

auec ses compagnons (desquels il auoit gaigné l'affection) que pour mõstrer vn tesmoignage de sa bonne volonté, premier que d'estre receu Capitaine. Ils commenceréts à deserter tous ensemble au Printéps, à demie lieuë de nostre habitation, & s'ils eussent eu de bon bled d'Inde ceste année là, ils l'eussent ensemécé, ce qu'ils ne peurent faire qu'en vne partie, laquelle contient pres de sept arpents de terre, assez pour vne premiere fois. Quelques iours apres descendirent des sauuages des trois riuieres, où ils se trouuerent trois à quatre competiteurs, qui pretendoient la mesme charge, & y eut beaucoup de discours & conseils entr'eux, sur ce fait Miristou me vint treuuer, luy sixiesme des plus anciens, me faisant entédre tout ce qui s'estoit passé, ie l'asseuray qu'il ne se mit en peine, que ie le ferois eslire chef, & que nous n'en cognoistrions point d'autre que luy en sa troupe, & le ferois entendre à ses compagnons, & à ceux qui luy disputoient ceste charge : le contentement qu'il eut, fit qu'il me presenta quelques quarante castors, & luy en fis donner vne partie, pour auoir des viures pour le festin de ses compagnons.

Sauuages commencerent à defricher vers nostre habitation.

Miristou vint trouuer l'Autheur.

Promet le le faire eslire chef de sa troupe.

Presente 40. castors à l'Autheur.

Ils'en alla fort satisfait & content, ie parlay à tous ses compagnons & competiteurs, leurs faisant entendre le suject qui m'esmouuoit à desirer qu'il fut chef, ils m'entendirent patiemment, & tous tesmoignerent qu'ils en estoient contens puisque ie le desirois.

Qui parle à ses compagnons.

Ils s'en retournerent auec volonté de l'eslire pour chef, & faire les ceremonies accoustumées. Cela fait il me vint treuuer, accompagné de tous les prin-

Miristou vint treu-

E ii

ner l'Autheur auec les principaux des siens & vn present de 65. castors.

cipaux Sauuages, auec vn present de 65. Castors, disant, I'ay esté esleu pour chef, comme tels & tels que tu as cognus, l'vn estoit mon pere qui auoit succedé à vn autre de qui il portoit le nom de *Annadabjiou*, il entretenoit le païs parmy les nations, & les François, i'en desire faire de mesme, & me tenir tellement lié auec vous que ce ne sera qu'vne mesme volonté, & les presens qu'il m'auoit donnez n'e-

A quel fin ce sauuage luy fit ces presens.

stoient à autre intention, que pour tousiours estre en mon amitié, & me deuoit appeller son frere, pour plus de tesmoignage d'affection, chose qui auoit esté resoluë de l'aduis de ses compagnons.

Ie le conrfimé en tout & par tout, l'asseurant que tant qu'ils seroient bons nous les aymerions cõme nos freres, & que ie les assisterois contre ceux qui voudroient leur faire du desplaisir : ils monstroient signe d'vne grande resiouïssance, & souuent se leuoiẽt en me venant mettre leurs mains dans les miennes, auec inclination, pour monstrer le contentement qu'ils auoient.

Mahigan aticq que signifie.

Et me dit qu'il auoit changé son nom qui estoit *Mahigan aticq*, qui veut dire loup & cerf, *aticq* veut dire cerf, & *Mahigan* loup, ie luy demandé pour-

Noms de Miriftou.

quoy ils luy donnoient ces deux noms si contraires, il me dit qu'en leur païs il n'y auoit beste si cruelle qu'vn loup, & vn animal plus doux qu'vn cerf, & qu'ainsi il seroit bon, doux, & paisible, mais s'il estoit outragé & offencé il seroit furieux & vaillant.

L'Autheur leur fait festin.

Ie fus assez satisfait de ceste responce pour vn sauuage : voyant leur bonne volonté, ie me deliberé luy faire vn festin, & à tous ses compagnons tant hommes que femmes & enfans, afin que deuant tous il fut receu capitaine: pour plus de marque ie fis le feſtin de la valleur de 40. caſtors, où ils ſe remplirent bien leur ventre; ſans quelque petit trouble qui ſuruint, il y eut eu plus de plaiſir, mais le pere & le meurtrier ſon fils ſe trouuerent à ce feſtin, auſquels i'auois defendu d'y aſſiſter, & meſme de venir à noſtre habitation, mais l'effronterie & l'audace de ces coquins fut grande & extréme, ce queſçachant, ie parlé au chef, pour voir comme il s'acquiteroit en ſa nouuelle charge, luy diſant, qu'il ſçauoit bien pourquoy nous ne le deſirions voir, & qu'il eut à le r'enuoyer, ce que fit auſſi toſt ledit *Mahigan aticq*, le meurtrier fait ſemblant de s'en aller, & le chef me le vint dire, ie luy teſmoignay que ie n'eſtois bien content, & ne me trouuay point au feſtin, où tous nos ſauuages ne laiſſoient perdre vn moment de temps à feſtiner, pendant que *Mahigan aticq* m'entretenoit vn peu. Apres vn de nos gens me vint dire que le meurtrier ne s'eſtoit point retiré, ie fais ſemblant d'eſtre plus en collere que ie n'eſtois, en me leuant ie fis prendre vne arme pour aller treuuer ledit meurtrier, ce que voyant *Mahigan aticq*, il me dit, ie te prie de ſurſoir & ne l'aller chercher, & que c'eſtoit vn fol, ce qu'il fit, & luy dit rudement & en collere, qu'il ſe retiraſt, ce que firent le pere & le fils, qui fut le ſub et que la ceremonie ne ſe paſſa pas comme ie me l'eſtois promis. Pour lors tous nos ſauuages s'en retournerét fort ſaouls & remplis de viandes, ayant fait faire la cuiſine en vne chaudiere à braſſer de la biere, qui tenoit prés d'vn tonneau.

A quoy le Feſtin reuenoit.

Le meurtrier ne ſe retire.

Sauuages bié traittez s'en retournerent.

E iiii

Le lendemian nos sauuages me vindrēt trouuer, auec tous les principaux, faisant apporter cent castors, en me disant que ie n'eusse aucun desplaisir de ce qui s'estoit passé, & que cela n'arriueroit plus : entr'autre estoit vn sauuage, qui auoit pretendu d'estre chef, fils d'vn premier *Annadabigeou*, qui auoit esté capitaine de ces lieux là, me representant les grands biens qu'auoit son feu pere, & qu'il estoit descendu de l'vn des plus grands chefs qui fut en ces contrées, & autres discours sur ce suiect : & que quoy qu'il n'eust esté esleu chef auec la forme accoustumée, que neantmoints il estoit capitaine, ayant tousiours porté vne affection particuliere aux François, qu'il venoit pour se faire recognoistre, non comme principal chef, mais comme le second aprés *Mahiganaticq*.

Mahiganaticq reprenant la parole, dit qu'il l'aduoüoit pour tel, & comme sa seconde personne : & qu'à son defaut il commanderoit, & que nous deuions auoir la mesme confiance qu'en luy, & que se joignant ensemble ils tiendroient tout le monde en paix, que quand lesdits capitaines François seroient arriuez à Tadoussac, sçauoir les sieurs de Caen & du Pont, estans en ce lieu ils les asseureroient derechef de leur bonne affection & fidelité, donnant lesdits cent castors à nous trois : pour estre bien reünis ensemble, à les maintenir de nostre part. Ie leurs fis responce que si par le passé, ils auoient veu quelque chose entre les François, ce n'estoit pas iusqueslà pour en venir à vne guerre comme ils croyoient, estant tous bons amis, & que maintenant ils ne verroient plus de dispute entr'eux comme ils auoient veu par le passé, entre lesdits de Caen & du Pont, de plus qu'ils seroient fort satisfaits de l'eslection qui auoit esté faite.

Tous ces discours finis, ie m'imaginay que puisqu'ils ne vouloient estre esleuz, que par consentement des François, & pour leur dôner quelque sorte d'enuie & d'honneur extraordinaire, tant pour eux que pour leurs descendans à l'aduenir: qu'il estoit à propos de les receuoir capitaines auec quelques formalitez que ie leurs fis entendre, que quand on receuoit vn chef, que l'on obligeoit tels capitaines, à porter les armes contre ceux qui nous voudroient offencer, ce qu'il promit faire. Ie luy donnay deux espées, qu'il eut pour agreables, & de ceste bonne reception & present, il fallut aller monstrer ces presens à tous ses compagnons, & leur faire entendre tout ce qui s'estoit passé, & leur fis donner de quoy faire festin, ce que ie fis à la valeur de quelque nombre de castors: & apres s'en allerét. Ainsi ie cherchois quelque moyen de les attirer à vne parfaite amitié, qui pourroit vn iour leur faire cognoistre en partie l'erreur où ils sont iusques à presét, ou à leurs enfans qui seroient proche de nous: incitát les peres à nous enuoyer leurs enfans, pour les instruire à nostre Foy, & par ainsi estans habitez, si la volonté leur continuoit, l'on pourroit estre asseurez, que si on les menoit en quelque lieu aux descouuertures, qu'ils ne nous fausseront point compagnie, ayant de si bons ostages prés de nous, comme leurs femmes & enfans: car sans les sauuages, il nous seroit impossible de pouuoir descouurir beaucoup de chose dans vn grand

l'Autheur côsent que Mahigan soit receu capitaine.

A quelle condition.

Moyen de s'asseurer des sauuages.

Les sauuages seruent

LES VOYAGES DV SIEVR

À descouurir dans vn grand pays.

pays, & se seruir d'autres nations, car il n'y auroit pas grande seureté, & ne leurs faudroit que prendre vne quinte pour vous laisser au milieu de la course.

L'AVTHEVR S'EST ACQVIS VNE parfaite cognoissance aux decouuertes. Aduis qu'il a souuent donnez à Messieurs du Conseil. Des commoditez qui reuiendroient de ces decouuertures. Paix que ces sauuages traittent auec les Yroquois. Forme de faire la paix entr'eux.

CHAPITRE VI.

Ce qui a accreu le courage à l'Autheur d'auoir cognoissance parfaite des choses douteuses.

LA cognoissance que de lõg temps iay euë, en la recherche & descouuerture de ses terres, m'a tousiours augmenté le courage de rechercher les moyens qui m'ont esté possible, pour paruenir à mon dessein, de cognoistre parfaictement les choses que plusieurs ont douté. Ce que ie tiens pour certain selon les relatiõs des peuples, & ce que i'ay peu coniecturer de l'assiete du pays, qui sans doute me donne vne grande esperance, que l'on peut faire vne chose digne de remarque, & de loüange, estant assisté des peuples des contrées, lesquels il faut contenter par quelque moyen que ce soit, ce qui (à mon opinion) sera aisé, & à tout le moins arriue ce qui pourra, pouueu que Dieu conserue les Entrepreneurs, il ne peut qu'il n'en reuienne de grandes commoditez, qui seruiront beaucoup en ceste

affare,

affaire . Il y a long temps que i'ay propofé & donné mon aduis à Noffeigneurs du Confeil, qui ont toufiours efté bien receus; mais la France a efté fi broüillée ces annees dernieres, que l'on recherche à faire la paix, ne pouuant y faire defpence. Ie peux bien affeurer, que s'il ne fe faict rien en ce temps, malaifement fe pourra-il faire quelque chofe à l'aduenir: tous hommes ne font pas propres à rifquer, la peine & fatigue eft grande; mais l'on a rien fans peine: c'eft ce qu'il faut s'imaginer en ces affaires; ce fera quand il plaira à Dieu: de moy, ie prepareray toufiours le chemin à ceux qui voudront apres moy, l'entreprendre.

Aduis de l'Autheur au Confeil du Roy.

Tous hommes ne font propres à la fatigue.

Il y a quelque temps, que nos Sauuages moyennerent la paix auec les Yrocois, leurs ennemis; & iufques à prefent, il y a eu toufiours quelque accroche pour la méfiance qu'ils ont des vns & des autres ; ils m'en ont parlé plufieurs fois, & affez fouuent m'ont prié d'en donner mon aduis, leurs ayant donné, & treuué bon qu'ils vefquiffent en paix les vns auec les autres, & que nous les affifterions : mais quand il eft queftion de faire la paix auecques des Nations, qui font fans foy, il faut bien penfer à ce que l'on doit faire, pour y auoir vne parfaicte feureté. Ie leur propofay, leur en donner des moyens, & feroit vn grand bien proche de nous; l'augmentation du trafic, & la defcouuerture plus ayfée, & la feureté pour la chaffe de nos Sauuages, qui vont aux Caftors, qui n'ofent aller en de certains lieux, où elle abonde, pour la crainte qu'ils ont les vns des autres; & y ont toufiours trauaillé iufques à prefent.

Sauuages cherchent la paix auec les Yrocois.

Moyen de faire la paix auec les nations eftrangeres.

Deux Yro-cois aux trois riuieres.

Le 6. dudit mois de Iuin, arriuerent deux Yrocois aux trois riuieres, pour traitter de ceste paix: le Capitaine m'en donne aussi tost aduis, & y enuoyerent deux Canaux, pour les amener à leurs Cabanes, proche de Quebec, où ils estoient logez.

Le 9. ils vindrent aux Cabanes de nos Sauuages, lesquels ne manquerent de m'enuoyer vne chaloupe, pour aller voir la reception qu'il leur feroit: Ie m'enbarquay, accompagné dudit Sentein, & de cinq de mes compagnons, auec chacun son mousquet, où arriuant sur le bord du riuage, deuant leurs cabanes, Le Capitaine Mahigan Aticq, accompagné de ses compagnons, auec les deux Yrocois à son costé, s'en vient au deuant de nous, baisant leurs mains, & la mettant en la nostre, & en firent faire autant aux deux Yrocois, nous tenans chacun par la main, iusques à ce que nous fussions à la Cabane dudit Capitaine; où arriuant, nous trouuasmes nombre de peuples assis, chacun selon son rang. Ledit Chef, me tesmoigna estre fort satisfaict, & tous ses cōpagnons, de ce que ie m'estois acheminé vers eux, pour voir les Yrocois, lesquels firent rapport, enuers les leur, de la bonne intelligence qui estoit entre nous, & eux. Ce faict, trois de nos Sauuages, auec les deux Yrocois, danserent, & apres m'auoir demandé si ie l'aurois agreable, ie leur tesmoignay estre contant.

L'Autheur s'embarque en la barque des Sauuages.

Leur Chef tesmoigne à l'Autheur l'aise qu'ils auoient d'auoir esté vers eux.

Ceste dance dura vne bōne espace de temps; & acheué qu'ils eurent de dāser, chacun d'eux baisa sa main, & me la vindrent mettre en la mienne, en signe de paix, & bien-vueillance. Le meurtrier estoit l'vn de ces trois danseurs, qui voulut mettre sa main dans la

Chacun des Sauuages luy baisent la main.

mienne, ie ne le voulus iamais regarder; ce qui luy donna vn grand defplaifir, de fe voir ainfi mefprifé deuant les Yrocois, & de toute l'affemblée : il n'arrefta gueres qu'il ne fortift de la cabane. Cependant le Chef commanda à tous les hommes, femmes & filles, de danfer; ce qu'ils firent quelque temps : La danfe finie, il me remercia à fa façon, & me pria de touſiours les maintenir en amitié : Ie luy dis, qu'il ne deuoit point douter de mon affection, lors qu'il fe comportera doucement auec nous.

L'Autheur ne veut voir le meurtrier.

Le Capitaine le remercie.

Ie le priay de me venir voir le lendemain, & douze de fes principaux, & les deux Yrocois (nous traiéterons du fubjet de leur venuë) ce qu'ils m'accorderent; & leur fis tirer quelques coups de moufquets : de là, nous nous r'embarquafmes pour retourner en noſtre habitation. Le lendemain, ils ne faillirent à venir auec les deux Yrocois; peu apres leur arriuée, ie leur fis feſtin, fuiuant leur façon de faire : Apres qu'ils eurent repeu, nous entrafmes en difcours, fur ce qui eſtoit du traiété de paix auec les Yrocois, Ie leur demanday comment ils entendoient faire ce traiété : ils dirent que l'entreueuë des vns aux autres, eſtoit auec amitié, tirant parolles de leurs ennemis, de ne les nuire ny empefcher de chaffer par tout le païs; & eux au femblable en feroient de mefme enuers les Yrocois : & ainfi, ils n'auoient d'autres traiétez à faire leur paix.

L'Autheur le prie de le venir voir.

Il le traitte.

Leur entreueuë eſt auec amitié.

Ie leur dis que parleméter, eſtoit veritablement faire les approches à vne paix, mais il falloit les feuretez d'icelle; & puis qu'ils m'en demandoient mon aduis, ie leur en dirois ce qui m'en fembleroit, s'ils me vou-

Parlementer eſt s'approcher de la paix.

F ii

Demandent son aduis pour la paix.

loient croire ; à quoy ils accorderont, & me prierent derechef, de leur en donner mon aduis qu'ils suiuroient au mieux qu'il leur seroit possible ; & qu'aussi bien, ils estoient las & fatiquez des guerres qu'ils auoient euës, depuis plus de cinquante ans ; & que leurs peres n'auoient iamais voulu entrer en traicté, pour le desir de vengeance qu'ils auoient de tirer du meurtre de leurs parens & amis, qui auoient esté tuez ; mais qu'ayant consideré le bien qui en pourroit reuenir, ils se resoudoient, comme dit est, de faire la paix.

Response à la premiere question que ie leur fis sçauoir, si ces deux Yrocois estoient venus pour leur particulier; où s'ils auoient esté enuoyez de leur nation.

Desir de voir leurs parens prisonniers les fait venir vers nous.

Ils me dirent, qu'ils estoient venus de leur propre mouuement : & le desir qu'ils auoient de voir leurs parens & amis, qui estoient parmy eux detenus prisonniers de longue main, les auoit fait venir ; & l'asseurance qu'ils auoient du traitté de paix, commencé depuis quelque temps, estans comme en trefue les vns & les autres, iusqu'à ce que la paix fut du tout asseurée ou rompuë. Ie leurs dis que puisque ces hômes n'estoient deputez du pays, qu'ils les deuoient traitter amiablement, auec toute sorte de paix & amitié, non pas en la façon comme s'ils estoient deputez du pays, & qu'ils deuoient estre receuz, auec plus d'allegresse & de ceremonie. De plus puisqu'ils vouloient venir à vne bonne paix, qu'il falloit qu'ils choisissent quelque homme d'esprit parmy eux, & l'enuoyer auec ces deux Yrocois, ayant charge de traitter de paix, & les inciter à enuoyer en ce lieu de Québec de leur part : lors qu'ils verroient que nous y assisterions, que cela seroit occasion de se mieux asseurer, comme estans obligez à les maintenir.

Ils trouuerent cet aduis bon, & de fait ils se resolurent d'y enuoyer quatre hommes, sçauoir deux aux Yrocois, distans de Québec de cent cinquante lieuës, & leur fis donner la valleur de 38. castors de marchandises, des cent dont ils leurs auoient fait presents, & ces marchandises estoient pour faire present à leurs ennemis à leur arriuée, comme est leur coustume, & ainsi s'en allerent fort contens. Voila vn bon acheminement.

Trouué mon aduis tres-bon.

Leur dōné 38. castors.

ARRIVEE DV SIEVR DV PONT & de la Ralde auec viures. L'Autheur leur raconte la paix faicte entre les sauuages. Lettre du Roy à l'Autheur. Arriuée du sieur de la Ralde à Tadoussac. Ce qui se passa le reste de l'année 1622. & aux premiers mois de 1623.

CHAPITRE VII.

LE 15. de Iuin arriuerent lesdits du Pont & de la Ralde, auec 4. barques chargées de viures & marchandises, ausquels ie fis la meilleure reception qu'il me fut possible, & ne trouuerent que toute sorte de paix, ce que plusieurs ne croyoient pas, suiuant ce qui s'estoit passé. Il ne sçauoient point que le subiect en estoit osté, occasion pourquoy toutes choses s'estoient passées auec

1622.
Arriuée des sieurs du Pont & de la Ralde, bien receus par l'Autheur.

F iij

46 LES VOYAGES DV SIEVR

douceur, ils furent quelques huict iours à faire leurs affaires, où durant ce temps, ie leurs fis entendre comme ces sauuages auoient esleu vn chef par nostre consentement, & le bien qui en pouuoit reüssir, pourueu qu'on l'entretienne en ceste amitié.

Ce qu'il leur dit touchant le chef des sauuages.

Mahigan aticq vient voir ces messieurs qui le receurent fort humainement sur ce que ie leurs en auois dit.

Mahigan les vient visiter.

Lesdits du Pont & de la Ralde, partirent pour mõter amont ledit fleuue aux trois riuieres, où ils treuuerent quelque nombre de sauuages, en attendant vn plus grand. Quelques iours apres arriua le Sire, commis, qui nous apporta nouuelle de l'arriuée dudit sieur de Caen à Tadoussac, qui m'escriuoit qu'en bref il s'achemineroit par deuers nous, apres sa barque montée: me priant luy enuoyer quelque scieurs d'aiz, & vn canau en diligence audit du Pont & de la Ralde, ce que ie fis, & ledit le Sire partit ce mesme iour pour retourner le treuuer à Tadoussac.

Arriuée du Sire commis.

Trois iours apres arriua vne barque des trois riuieres, qui alloit audit Tadoussac, suiuant l'ordre qui luy auoit donné.

l'Autheur enuoye au deuant du sieur de Caen.

Le Vendredy 15. de Iuillet sur le soir, arriua ledit sieur de Caen dedans vne chalouppe, craignant n'estre assez à temps à la traitte des trois riuieres: ayant laissé charge de despescher sa barque à Tadoussac, pour l'aller treuuer aux trois riuieres, ie le receus au mieux qu'il me fut possible, me faisant entendre tout ce qui s'estoit passé en toutes les affaires, tant de la Nouuelle que de l'ancienne societé, à quoy ie satisfis au mieux qu'il me fut possible. Il me rendit la lettre suiuante de sa Maiesté.

Son arriuée.

Receptiõ que ie luy fis.

Monsieur de Champlain, voulant conseruer mon cousin le Duc de Montmorency aux droits & pouuoirs que ie luy ay cy-deuant accordez en la Nouuelle Fráce, suiuant les lettres patentes que ie luy ay fait expedier, i'ay treuué bon que la contestation qui estoit à mon Conseil, entre l'ancienne compagnie, faite par les precedents Gouuerneurs, pour faire les voyages audit païs de la Nouuelle France, establis par mon cousin, suyuant son pouuoir ; que ladite Nouuelle soit conseruée au traitté, ioignant en icelle ceux de l'ancienne qui y voudront entrer, ainsi que vous verrez par l'arrest de mon Conseil, qui vous sera enuoyé par le sieur Dolu, suiuant lequel ie veux & entend que vous vous gouuerniez auec lesdits nouueaux associez, maintenant le païs en paix, en y conseruant mon auctorité, en tout ce qui sera de mon seruice, à quoy m'asseurant que vous ne manquerez, ie prie Dieu qu'il vous ayt Monsieur de Champlain en sa saincte garde, escrit à Paris le 20. de Mars 1622. signé Louis, & plus bas Potier.

Lettre du Roy enuoyée à l'Autheur.

Ledit de Caen fut deux iours à Québec, & delà s'en alla aux trois riuieres. Le lendemain sa barque arriua de Tadoussac, qui l'alla treuuer.

Le sieur de Caen est deux iours à Québec.

Le dernier dudit mois de Iuillet, passa ledit de la Ralde, qui s'en retournoit à Tadoussac, pour apprester son vaisseau, & delà aller à Gaspey, voir si n'y auoit point de vaisseaux, qui contreuinsent aux defences de sa Majesté.

Ledit de la Ralde arriue à Tadoussac, & eut quelques paroles auec Hebert, que ledit sieur de Caen auoit laissé en sa place pour commander à son vaisseau

Le sieur de la Ralde arriue à Tadoussac.

bien qu'arriuant ledit de la Ralde, le commandement estoit à luy comme lieutenant dudit de Caen, & l'autre estoit son enseigne, qui ne voulut cognoistre ledit de la Ralde, & leur dispute vint sur le fait de la religion, bien que tous deux catholiques : car quand ledit de Caen qui estoit de la religion pretenduë reformée, faisoit faire les prieres sur le derriere en sa chambre, & les catholiques sur le deuant : & durant que ledit Hebert demeura au vaisseau, les prieres s'y continuoient, comme quand son chef y estoit : mais quand ledit de la Ralde y fut arriué comme lieutenant, & commandant audit vaisseau, il voulut que les catholiques vinssent faire leurs prieres en la chambre, & que les pretendus reformez fussent en leur rang, sur le deuant pour prier, ledit Hebert s'y opposa, disant, que son capitaine ne l'entendoit, & ne luy en auoit donné charge, ledit de la Ralde dit, quand le chef y est, il fait comme il l'entend, Mais quand i'y suis en son absence, ie fais comme il me semble, & sur ce suiet il s'esmeut vne grande dispute, qui s'appaisa par le moyen de quelques peres Recolets, comme d'autres personnes qui s'y treuuerent. Hebert eut le tort de ceste dispute, & n'auoit pas de raison.

L'enseigne du sieur de Caen ne le veut recognoistre.

Different pour les prieres.

Ce que dit le sieur de la Ralde.

Les peres Recolets appaisent le trouble.

Ledit sieur de Caen arriua des trois riuieres le 19. d'Aoust, & le mercredy 24. ie fis lire & publier les articles de messieurs les Associez, arrestez par le Roy en son Conseil.

Le Ieudy 25. ledit de Caen partit de Québec pour aller à Tadoussac, & ie fus auec luy iusques à son departement qui fut le 5. iour de Septembre 1622.

Le sieur de Caen va à Tadoussac.

Ledit du Pont fut laissé à l'habitation, pour principal

Laisse le

cipal commis de Messieurs les Associez, & hyuernasmes ensemble.

En cet hyuernement estoient, tant hommes que femmes, & enfans cinquante personnes.

Ledit de Caen estant party, nous eschouasmes quelque chalouppe, & sur le soir, qui fut le 6. leuasmes les ancres pour aller à Québec, où fusmes contrariez de si mauuais temps, que nous nous pensasmes perdre au port aux saumons sur nos ancres, ne pouuāt appareiller: mais le vent venant à s'appaiser au 13. dudit mois, nous nous mismes sous voilles, & arriuasmes à Québec le 20. Le lendemain nous eschouasmes nostre barque, & fismes descharger le reste des commoditez, & aussi tost que tout fut deschargé, Desdame fut despesché auec vne chalouppe luy septiesme, pour aller à Tadoussac mener des matelots, & ramener vne barque que l'on auoit laissée auec quelques cinq hōmes, pour la garder, attendant que l'on y fust pour la ramener, d'autāt qu'il n'y auoit point de matelots, pour esquipper les deux barques.

Nous faillismes à nous perdre au port aux saumons.

Desdame despesché à Tadoussac.

Le 10. d'Octobre arriua la barque de Tadoussac, qui nous dit qu'vn vaisseau de 50. à 60. tonneaux, estoit arriué à Tadoussac pour faire pesche de baleine, laquelle il n'auoit peu faire à la grande Baye, ny en autre port, & qu'il auoit esté mis hors, à ce qu'ils dirent, par mōsieur de Grandmont, comme ils firent paroistre par leur commission qu'ils montrerent au Baillif ayde de sous commis, qui estoit resté audit Tadoussac: il estoit armé de quatre pieces de canon de fonte verte, d'enuiron de sept à huict cens pesant chacune, deux breteuils, & le vaisseau bien armé auec vingt quatre

Arriuée de la barque de Tadoussac.

G

hommes, vn bon pont de corde bien poüeffé, tout à l'efpreuue du moufquet, ayant à la valleur de fix à fept cens efcus de marchandifes, pour traitter, au refte tref- mal amunitionnez de viures, qui les contraignit de prendre du Bailly deux barils de pois, demy baril de lard, qu'ils payerét en chaudiere de cuiure rouge, celuy qui y commandoit s'appelloit Guerard bafque, qui s'eftoit affocié auec vn Flamant, pour ce qui touchoit la marchandife de traitte.

Sont contraints de prendre des viures du Bailly.

Ledit Guerard efcriuit vn mot de lettre audit du Pont, par laquelle il luy demandoit des caftors, pour la moictié moins que l'on traittoit, pour les marchandifes qu'il auoit, luy en enuoyant le memoire. Voila ce que nous apprifmes. De plus ils dirent qu'il venoit vn vaiffeau efpagnol audit Tadouffac de deux cens tonneaux, pour faire fa pefche de balaine, & dit que durant que les vaiffeaux eftoient à Tadouffac, qui eftoit à l'Ifle verte, & auoit veu partir ledit vaiffeau de la Rade de Tadouffac, & que prefque toutes les nuicts, il venoit auec vne chalouppe au port, & oyoit la plus part des difcours qui fe difoyent au vaiffeau dudit fieur de Caen, iufques à fon depart.

Guerard efcrit au fieur du Pont.

Aduis d'vn vaiffeau efpagnol venant à Tadouffac.

De pouuoir y remedier il eftoit impoffible, pour n'auoir des matelots ny des hommes de main, affin de s'en feruir en telles affaires, car il eut fallu au moins huict matelots d'ordinaire en l'habitation, & quelques dix ou douze quand il eft queftion d'aller attaquer vn ennemy, auec vne vingtaine d'hommes, qui fçeuffent ce que c'eft d'aller à la guerre, c'eft ce qui ne fe voit point à Québec, l'on penfe eftre trop fort, & que perfonne ne feroit entreprendre en ces lieux, mais

Nul moyé de l'empef- cher faute d'hommes.

la meffiance eft la mere de feureté, c'eſt pourquoy ſuiuant les aduis que ſouuent ie donnois, l'on deuoit remedier à la conſeruation du pays, & à l'aſſeurance des hommes qui y demeurent, qui eſtoit d'acheuer le fort ia commencé, & y auoir de bonnes armes & munitions, & garniſon ſuffiſante qui s'y entretiendroit pour peu de choſe, autrement rien ne ſe peut maintenir que par la force.

Moyen d'eſtre aſſeuré à Québec eſt d'acheuer le fort.

L'on employa les ouuriers aux choſes les plus neceſſaires de l'habitation. Ledit du Pont tomba malade de la goute le 27. de Septembre, iuſques au 23. d'Octobre, & l'incommodité qu'il en ſentoit, fit que pendant l'hyuer il ne ſortit point de l'habitation, pour ſon indiſpoſition.

Ouuriers employez aux choſes neceſſaires.

Maladie du ſieur du Pont.

Ie paſſay le temps à faire accommoder des jardins, pour y ſemer en l'Automne, & voir ce qui en reuſſiroit au printemps, ce que ie fis y prenant vn ſingulier plaiſir, ceſte occupation n'eſtoit point inutile pour la commodité qu'en receuoit toute l'habitation, à quoy perſonne n'auoit fait d'eſpreuue, car la plus part des hommes voudroient bien cueillir, mais rien ſemer, ce qui ne ſe peut, car l'on ne ſçauroit dire en ces lieux combien on reçoit d'vtilité des jardinages: vn peu de ſoing & vigilance ſert beaucoup à vn homme de commandement, car s'il n'a de l'affection qu'à de certaine choſe, mal aiſément peut il auoir beaucoup de commoditez ſans main mettre, ou commander de ce faire, nos peres y eſtoient aſſez vigilans n'ayant autre ſoing que de prier Dieu & jardiner.

l'Autheur fait accommoder des jardinages.

Vtilitez qui ſe reçoiuent des jardins de ce pays.

L'vn de nos peres appellé le pere Irenee, ſe reſolut le 15. de Decembre d'aller hyuerner auec les ſauuages

Le pere Irenée va hyuerner auec les ſauuages.

G ij

ges, pour apprendre leur langue, & profiter quelque chose s'il pouuoit pour l'amour de Dieu : mais le 22. dudit mois, il retourna à son habitatio, pour ne se pouuoir accommoder à la vie de ces peuples : Ledit pere y retourna pour la seconde fois, mais ne pouuant supporter la fatigue il s'en reuint, & le pere Ioseph plus robuste & accoustumé à ceste vie, se delibera d'y aller passer trois mois de temps, qui estoit en bon téps, d'autant que la chasse de l'eslan se faisoit en quantité, où l'on ne mãge que de la viande, bien que ce ne soit qu'à cinq ou six lieuës de nostre habitation, & partit le mesme iour qu'arriua ledit pere Irenée qui fut le 17. de Ianuier 1623.

Ne se peut accommoder auec eux.

Le pere Ioseph y va.

1623.

Le 23. de Mars ledit du Pont retomba malade de de ses gouttes ou il fut tres-mal auec de si grãdes douleurs, que l'on n'osoit presque le toucher, quelque remede que le Chirurgien luy peust apporter, & fut ainsi tourmenté iusques au septiesme de May qu'il sortit de sa chambre.

Le sieur du Pont retombe malade.

Le 19. de Mars il fit vn temps fort violent accompagné de vens, tonnerre, gresle & esclairs, bien qu'en ce temps l'air est encore froid, & le pays remply de neiges & glaces.

Tempeste violente.

Le 19. d'Auril l'on commença à accommoder vne barque, pour aller à Tadoussac, ce qu'estant acheuée le premier de May, elle partit auec Desdames souscommis & hommes, & ledit du Pont n'y peust aller, pour son indisposition. Le 16. d'Auril il y auoit vn pied de neige en quelques endroits. Ie semé toutes sortes de grains le 20. dudit mois, derriere l'habitation, où les neges estoiét plustost fonduës qu'ailleurs, pour estre au midy & à l'abry du vent de Nortouest, qui est fort d'angereux.

Barque qui va à Tadoussac.

DE CHAMPLAIN. 53

Le Lundy 8. de May, nos ouuriers allant coupper du bois pour scier, le mal-heur en voulut à vn ieune homme nommé Iean le Cocq, qu'vne buche roulant d'vn lieu à autre passa par dessus luy, qui luy rompit le col, & luy escrasa la teste, & ainsi mourut pauurement. *Ieune homme eut le col rompu d'vne buche.*

Le 10. dudit mois le pere Irenée, se resolut d'aller à Tadoussac, pour essayer de faire quelque fruict aux sauuages de par delà, cela m'estonnoit, voyant qu'il auoit assez à faire, & dequoy s'employer par deçà, à ce que ie luy remonstré: mais ne le pouuant dissuader de ce voyage, il s'embarqua dans vne chalouppe auec des sauuages qui le deuoient mener: mais estant à Tadoussac il changea de resolution, & s'en reuint à Québec le 22. dudit mois, & ainsi son entreprise fut rompuë, & ne pût demeurer à Tadoussac auec nos gens, pour n'estre accommodé comme il eust desiré. *Le pere Irenée veut aller à Tadoussac.* *Il y va & s'en reuient à Québec.*

Voyant que iusques au 14. de Iuin l'on n'auoit point nouuelle des vaisseaux, & craignant que quelque accident ne fut arriué, l'on delibera d'enuoyer vne chalouppe à Tadoussac, ce qui fut fait auec cinq hommes, & Oliuier Truchemét pour faire reuenir la barque, si les vaisseaux n'estoient arriuez, pour retourner & aller à Gaspey, recouurir des viures pour ceux qui resteroient à l'habitation, & rapasser dás lés vaisseaux pescheurs, partie des gens les moins vtiles. En ce téps ie fis pauer la cour de l'habitation, auec quelques reparations au logis. *L'Autheur fait pauer la cour de l'habitatiõ.*

Le Vendredy 16. arriua vne chalouppe auec la nostre, où estoit vn matelot appellé Iean Paul, qui nous dit l'arriuée du sieur Deschesnes à Tadoussac, *Nouuelle de l'arriué*

G iij

dans vne barque, & auoit laissé son vaisseau à Gaspey, pour faire pesche de poissons.

du sieur Deschesnes à Tadoussac.

Le 28. arriua Desdames auec la Realle, & deux Religieux, l'vn apellé le pere Nicolas, & l'autre le frere Gabriel, qui nous dirent que ledit sieur de Caen, n'estoit point encore arriué, qui nous mettoit en peine.

Arriuée de Desdames.

Le 2 de Iuillet, arriua vn Canau où estoit Estienné Bruslé truchement, auec Desmarests, qui nous apporta nouuelle qu'il estoit arriué; il n'arresta à Quebec qu'vne nuict passant plus outre, pour aduertir les sauuages, & aller au deuant d'eux pour les haster de venir.

D'Estiéne Brulé.

Le 4. dudit mois arriua Loquin commis, dans vne barque pour aller en traitte, qui estoit à ce voyage lieutenant dudit sieur de Caen en son vaisseau, où montant haut, fit rencontre dudit du Pont, qui auoit esté auec vne chalouppe à la riuiere des Yrocois, pour persuader les sauuages de descendre à Québec, ce qu'il asseura audit Loquin, qui fit qu'ils rebrousserent chemin & s'en reuindrent audit Québec sur ceste esperance, que veritablement ce seroit vne bonne chose s'ils pouuoient descendre à ladite habitation, que cela releueroit de grandes peines & risques que l'on court. En ce téps vn sauuage appellé la Foyriere, donna aduis que la plus grande partie des sauuages auoient deliberé de nous surprendre, en mesme téps tant à Tadoussac qu'à Quebec, & assommer tout, à la sollicitation du meurtrier, auquel aduis l'on donna tel ordre, que depuis ledit meurtrier a desnié fort & ferme qu'il n'eust voulu faire ce mal, disãt que l'autre

De Loquin commis.

Aduis d'vn sauuage de la surprise que vouloient faire les autres sur nous.

estoit vn imposteur. Lesdits Deschesnes & Loquin voyant que les sauuages ne venoient point comme ils auoient promis audit du Pont, partirent auec deux barques le 9. de Iuillet, pour aller à mont ledit fleuue, & rencontrerent seize canaux proche de Québec, qui les fit retourner pour traitter ce qu'ils auoient, pour puis apres suiure leur premiere deliberation.

Deschesnes & du Pont rencontrerent 16. canaux vers Québec.

Le 13. dudit mois arriua ledit sieur de Caen auec deux barques, où ie le receus au mieux qu'il me fut possible, estant arriué il se delibera d'enuoyer vne barque, pour essayer d'amener lesdits sauuages s'ils les rencontroient, & ledit Deschesnes partit pour cet effect.

Arriuée du sieur de Caen.

Le 16. dudit mois, ledit de Caen ne tarda gueres qu'il ne suiuit ledit Deschesnes, ie m'embarquay en sa barque qu'il me donna, & s'en vint en vne autre: nous fismes voille auec quatre barques, chargées de marchandises pour la traitte.

Il suit le sieur Deschesnes.

ARRIVEE DE L'AVTHEVR DEVANT la riuiere des Yrocois. Aduis du Pilote Doublet au sieur de Caen, de quelques Basques retirez en l'Isle S. Iean. Plaintes des Sauuages accordees. Le meurtrier est pardonné. Ceremonies obseruées en receuant le pardon du Roy de France. Accord entre ces nations sauuages & les François. Retour du sieur du Pont en France. L'Autheur fait faire de Nouueaux edifices.

CHAPITRE VIII

Leur arriuée dans la riuiere des Yrocois.

LE 23. dudit mois, no⁹ fusmes deuāt la riuiere des Yrocois, où treuuasmes ledit Deschesnes, qui dit auoir eu nouuelle qu'il deuoit arriuer quelques trois cens Hurons, où Estienne Bruslé les auoit rencontrez, au sault de la chaudiere, 75. lieuës de ladite riuiere des Yrocois.

Cedit iour, arriuerent quelques 60. Canaux de Hurons, & Algommequins, qui ramenerent du Vernay, & autres hommes qu'on leur auoit donné pour hyuerner en leur païs, afin de tousiours les tenir en amitié, & les obliger à venir.

Arriuée du pilote Doublet.

Ce iour là mesmes, arriua le pilote Doublet, luy sixiesme, dans vne double chalouppe, qui venoit de l'Isle S. Iean & Miscou, où estoit le sieur de la Ralde en pescherie, qui donnoit aduis au sieur de Caen, que

Aduis qu'il donne au sieur de Caen.

des Basques s'estoient retirez à ladite isle S. Iean, pour se mettre en deffence si on les alloit attaquer, ne voulant subir aux commissions de sa Majesté; & qu'ils

DE CHAMPLAIN. 57

qu'ils s'estoient saisis d'vn moyen vaisseau où estoit
vn nommé Guers, qui l'année d'auparauant estoit
venu à Tadoussac comme i'ay dit cy dessus : il le contenta de luy prendre ses marchandises de traitte, le
laissant aller auec ses munitions, & canons de fonte verte : il meritoit qu'on luy fit ressentir le chastimēt
que doiuent receuoir ceux qui contreuiennent aux
ordonnances & decrets de sa Maiesté, il treuua de la
courtoisie à son aduātage, ce qu'il n'eut fait en beaucoup de personnes, qui l'eussent traitté auec plus de
seuerité. Le pilote fit auec ceste chalouppe le lōg des
costes & fleuue sainct Laurēt, prés de deux cens lieuës :
il dit que ces Basques auoient donné de mauuaises
impresiōs de nous aux sauuages de ses costes, disant,
que s'ils nous treuuoient à leur aduantage, ils nous seroient vn mauuais party, & de fait il eut couru ceste
fortune sans vn pere Recollet, qui estoit parmy ces
sauuages il y auoit deux ans, lequel escriuit vne lettre
à nos peres, de l'estat auquel il estoit parmy ces peuples, qui l'affectionnoient fort, & esperoit y faire
quelque fruict moyennant la grace de Dieu, estant
fort aduancé au langage du païs.

Le 17. dudit mois arriuerent des sauuages, qui firent vne assemblée entr'eux, où ils formerent quel
ques plaintes des vns & des autres, touchant les passages qui n'estoient pas libres aux Hurōs, que les Algōmequins les traittoyent mal, leur faisant contribuer de leurs marchandises, & ne se contentant pas
de ce, les déroboient, qui leur donnoit encore suiect
d'vn grand mescontentement : on les accorda sur
toutes ces plaintes, ils firent des presens de quelques

*S'estoit
saisi d'vn
vaisseau.*

*Les Bas-
ques auoiēt
donné de
mauuaises
impressiōs
des gens de
l'autheur
aux sauua-
ges.
Le pilote
courut ris-
que sans vn
pere Re-
collet.*

*Plaintes
des sauua-
ges.*

*On les
accorda.*

2. Part. H

castors qui leurs furent payés plus qu'ils nev aloient.

Le 30. fut celebré la saincte Messe. Ce iour mesme l'on fit vn pourparler, pour l'accord du meurtrier, auquel ie ne pouuois entendre, pour la perfidie qu'il auoit commise, en l'assassinat de nos hommes, neantmoins plusieurs considerations, & les raisons dudit sieur de Caen, qui me dit que sa Maiesté & mondit seigneur luy remettoiét la faute, qui m'y firent condescendre, à la charge que l'assassin feroit vne satisfaction deuant toutes les nations, confessant que malicieusement, perfidemét & meschamment, il auoit tué nos compagnons, meritát la mort si on ne luy faisoit grace, ce qui fut accordé.

Pourparler pour l'accord du meurtrier.

L'Autheur le consent.

Le lendemain fut deliberé de faire quelques presens à toutes les nations, pour les obliger à nous aymer, & traitter bien les François qui alloient en leur païs, pour les conseruer contre leurs ennemis, & ainsi leur donner courage de reuenir auec plus d'affection.

Cet accord ne se pouuoit faire que deuant toutes les natiós afin qu'elles recogneussent quelle est nostre bonté, au respect de leurs cruautez, & afin que le meurtrier en receut plus de honte, l'obligeant apres le pardon d'estre autant affectionné à nous aymer, comme il auoit esté nostre ennemy mortel : il nous fallut vser de quelque ceremonie, car il faut vser de demonstrations parmy ces peuples, auec les discours : la ceremonie fut telle qui s'ensuit.

Ceremonie de l'accord & du pardon demandé par le meurtrier.

Le dernier de Iuillet, tous trouuerét bon de suiure la volonté de sa Maiesté, de pardonner au meurtrier qui auoit tousiours esté en credit, & fait capitaine par les sauuages pour auoir tué nos hommes, ledit meurtrier se deuoit mettre au milieu de toutes les nations asemblées en ce lieu, & celuy qui l'auoit asisté en ce meurtre, & luy faire vn discours deuãt tout le peuple, du bien qu'il auoit receu des Frãçois, qu'il auoit tresmal recognu, comme meschamment & traistreusemét il auoit assassiné nos hommes depourueus d'armes, sous ombre d'amitié, qu'on n'eust iamais peû penser ny aucun de nostre habitation, qu'il eust eû le cœur si desloyal & perfide comme il l'auoit monstré, que ce pendant le chef qui pour lors estoit à l'habitation, & autres du depuis n'auoient voulu vser du pouuoir & droict que la iustice leur donnoit de le faire mourir, comme il le meritoit.

Ce pendant, l'affection que nous auions porté à ceux de sa nation, & comme estant allié des principaux, nous auoit empesché de le faire mourir, nous estans contentez de le chasser de nostre habitation, pour ne le voir, ny raffraichir la memoire de nos hommes massacrez. Et voyant qu'il auoit recogneu sa faute, s'estant mis en deuoir de receuoir le chastiment qu'il meritoit, qu'on luy pardonnoit, par la volonté de nostre Roy, qui luy donnoit la vie ; & à la requeste de tous les peuples : A la charge de iamais ne retourner, ny tomber en cette faute, ny aucuns de sa nation ; estans personnes qui ne nous contentions de presens, pour payement de la mort de nos hommes, comme ils faisoient entr'eux : & que s'il arriuoit à l'aduenir qu'ils commissent telles perfidies & trahisons, on feroit punir de mort les autheurs du mal ; les tenans pour nos ennemis : & tous ceux qui voudroient empefcher : & plufieurs autres difcours sur ce sujet; & quelques autres ceremonies qui furent faictes. Cela acheué, le meurtrier se leua, & son compagnon, me venant demander pardon, auec promesse à l'aduenir, de se comporter si fidellement auec les François, qu'il n'auroit autre volonté que reparer ceste faute par quelques bons seruices: & ainsi furent liberez.

Proteftation que fait le meurtrier.

Mais quoy que s'en soit, ces peuples qui n'ont aucune confideration, si c'eft par charité ou autrement; ils croyent que le pardon a esté faict faute de courage, & pour n'auoir osé entreprendre de le faire mourir, bien qu'il le meritoit, & cela nous mettoit en assez mauuaise estime parmy eux, de n'en auoir point eû de resentiment.

Mallice de ces peuples.

Toutes ces nations tres-aises & satisfaits, ils nous remercierét, nous loüans de ce que nous n'auions tesmoigné vn mauuais cœur, & accorderent de mener onze François pour la defence de leurs villages, côtre leurs ennemis, dont il en demeureroit huict en leurs villages, & trois qui reuiendroient auec eux au printemps en traitte. Ils emmenerét trois peres Recollets, sçauoir les peres Nicolas, Ioseph, & frere Gabriel, pour voir s'ils pourroyét profiter au païs, pour la gloire de Dieu, & apprendre leur langue. Deux autres François furent donnez aux Algommequins, pour les maintenir en amitié; & inciter à venir en traitte: Il leur fut fait vn grand festin selon leur coustume, qui fit l'accomplissement de la feste, & par ainsi s'en allerent grandement contans.

Accord fait auec les Sauuages.

François qui leurs sont donnez.

Le 2. d'Aouft s'embarquerent tous nos François

auec les sauuages en leurs canaux, chacun auec son homme, & ce mesme iour l'on rechargea toutes les marchandises qui restoient en terre, se leuent les ancres, nous mismes voilles, & le quatriesme iour arriuasmes à Québec, où les barques estāt toutes assemblées, l'on fit visiter, & treuua on quantité de castors parmy les matelots, que l'on fit serrer, attendant qu'ils fussent de retour en France, pour les contenter, s'il se treuuoit par la societé que cela fut raisonnable, ne leur estant permis de traitter à leur preiudice, ce qui occasionna ceux des equipages d'estre mal contens, comme ils le resmoignerent. *Arriuée des François à Québec.*

Le 8. dudit mois fut despesché ledit Deschesnes, auec six barques, pour aller querir les viures pour l'habitation, & luy de s'en aller à Gaspey en son vaisseau, pour faire faire diligence de la pesche du poisson. *Le sieur Deschesnes despesché pour aller querir des viures.*

Ledit sieur de Caen & moy, fusmes au Cap de tourmente, pour voir ce lieu, où estant arriué & visité, fut trouué tres agreable, pour la scituation, & les prairies qui l'enuironnent estant vn lieu propre pour la nourriture du bestial. *l'Autheur & le sieur de Caen võt au Cap de tourmēte.*

Ayant veu particulierement ce lieu, lequel s'il estoit mis en l'estat, que l'industrie & l'artifice des hōmes pourroit y apporter, il seroit tres beau, car tout ce qui s'y peut desirer, pour vne belle rencontre s'y treuue; partant de ce lieu, retournasmes à Québec le 17. dudit mois, où vismes toutes les barques de retour, qui deschargeoient les commodités de ladite habitation, laquelle fut visitée par des Massons & Charpentiers, pour voir si elle estoit en estat de subsister & durer, il fut iugé que l'on auroit plustot fait d'en edifier *Visite des barques.*

H iii

vne nouuelle, que reparer annuellement la vieille, qui estoit si caduque qu'elle attendoit l'heure de tomber, fors le magazin de pierre à chaux & à sable, (cóme dit est,) auquel ie fis faire vne porte par dehors, qui alloit dans la caue, faisant condamner vne trappe qui estoit dans le magazin des marchandises, par où on alloit souuent boire nos boissons, sans aucune consideration.

Resolutiõ de du Pont de retourner en Fráce.

Ledit du Pont se resolut de s'en aller en France, à cause de l'incommodité qu'il auoit, & ne pouuant auoir les choses necessaires icy pour sa maladie, qui l'occasionna de partir auec ledit sieur de Caen de Québec, le 23. d'Aoust auec trois barques, pour s'en aller embarquer à Tadoussac, delà en France, & passer à Gaspey, pour sçauoir nouuelle de ce qui s'estoit passé durant son absence, pour le suject des Basques qui estoiét à l'isle de sainct Iean.

Son departement.

Arriuée du pilote Doublet.

Le premier de Septembre, ledit pilote Doublet arriua auec vne chalouppe, & lettre dudit sieur de Caen, qui me prioit d'enuoier le plus promptement que ie pourrois les ouuriers, restát pour retourner, ce qu'ils firent en deux chalouppes, le trouuent à Gaspey, où il leur auoit donné le rendez-vous.

Recognoissant l'incommodité que nous auions euë par les années passées, de faire le foin si tard pour le bestial, i'en fis faire au Cap de tourmente deux mille bottes, dés le mois d'Aoust, & les enuoyay querir auec vne de nos barques.

Recognoissant la decadence, en quoy s'alloit reduire nostre habitation, nous auions resolu d'en faire vne nouuelle : pour le plus abregé ie fis le plan d'vn nouueau baſtimēt, abbatant tout le vieux, fors le magazin, & en ſuitte d'iceluy faire les autres corps de logis de dix-huict toyſes, auec deux aiſles de dix toyſes de chaque coſté, & quatres petites tours aux quatre coings du logement, & vn rauelin deuant l'habitation, commendant ſur la riuiere, entouré le tout de foſſez & pont-leuis: & pour ce faire ie iugé que premier que baſtir il falloit aſſembler les materiaux pour commēcer à baſtir au printemps, ie fis faire quātité de chaux, abbatre du bois, tirer de la pierre, appreſter to⁹ les materiaux neceſſaires pour la maſſonnerie, charpenterie, & le chauffage, qui incōmodoit grandement pour le diuertiſſement des hommes, & n'y en eut que dix-huict de trauail à toutes ces choſes, où l'on fit aſſez de beſongne pour ſi peu qu'il y auoit. L'incōmodité que l'on receuoit à monter la montagne, pour aller au fort ſainct Louis, me fit entreprendre d'y faire faire vn petit chemin pour y monter auec facilité, ce qui fut fait le 29. de Nouembre, & ſur la fin dudit mois la petite riuiere ſainct Charles fut preſque priſe de glace, & depuis le mois de Nouembre iuſques à la fin dudit mois, le temps fut fort variable, & ſe paſſa en iournees aſſez froides, au matin auec gelée, bien qu'il fiſt beau le reſte du iour ; ſe faiſoit quelques fois de la pluye, & des neiges, qui par fois ſe fondent à meſure qu'elles tombent: Ayant remarqué qu'il n'y a point quinze iours de differens, d'vne année à autre pour la temperature de l'hyuer, qui eſt depuis le 20. de Nouembre, iuſques en Auril, que les neiges ſe fondent, & May eſt le printemps: quelques fois, les neiges ſont plus grandes en vne annee qu'en l'autre, qui ſont de pied & demy;

Il fait le plan d'vn nouueau baſtiment.

Fait diſpoſer les materiaux.

Fait faire vn chemin pour aller au fort S. Louis.

Riuiere de ſainct Charles gelée.

Temperature de ces païs.

& trois & quatre pieds au plus, au plat pays: car aux montaignes du cofté du Nord, elles font de cinq à fix pieds de haut.

Auffi nous auions vne autre incommodité, tant pour les hommes, que pour le beftial, le long de la riuiere S. Charles, à vne fapiniere qui eftoit bruflee, & tous les bois renuerfez, qui rendoient le chemin difficile, de forte que l'on n'y pouuoit paffer, qui fit que ie me fis faire vn chemin, où i'employay vn chacun, qui trauaillerent fi bien, qu'il fut promptement faict.

Le 10. de Décembre, la grande riuiere fut chargée d'vn grand nombre de glaces, deforte qu'elle charioit, & le bordage pris, ne pouuoit plus permettre de nauiger.

Ie fis trainer le bois pour le fort fur les neges, còme le temps plus propre le permettoit: les fauuages nous donnerét vn peu d'eflan qui nous fit grand bien, d'autant qu'en hyuer l'on a aucun rafrefchiffement, n'ayant que les commoditez qui viennent de France, pour n'y en auoir au païs à fuffifance, ce qu'auec le temps, l'on pourra eftre releué de cefte peine, par le foing que l'on prendra à la nourriture du beftial, duquel y il auoit bon commencement, car le defaut de ces chofes, eft grandement preiudiciable à la fanté de plufieurs, & principallement de ceux qui feroient malades ou bleffez, qui n'ont que falures, & les farines.

Le 18. d'Auril, ie fis employer tout le bois qui auoit efté faict pour le fort, afin de le pouuoir mettre en deffence, autant qu'il me feroit poffible. Ie fis faire quelques reparations à l'habitation qui eftoit en decadence, attendant que l'on en euft faict vne nouuelle.

En ce temps, eft la faifon de la chaffe du gibier, qui eft

DE CHAMPLAIN. 65

est en grand nombre iusques à la fin de May, qu'ils se retirent pour faire leurs petits, & ne reuiennent qu'au quinziesme de Septembre qui dure iusques à ce que les glaces se forment le long des riuages, qui est enui- ron le 20. de Nouembre.

Temps auquel est la chasse au gibier.

Le 20. il fit vn grand coup de vent, qui enleua la couuerture du bastiment du fort sainct Louis, plus de trête pas par dessus le rempart, par ce qu'elle estoit trop haulte esleuée, & le pignon de la maison de Hebert, qui estoit de pierre, que ie luy fis rebastir: ce petit inconuenient apporta vn peu de retardemét aux autres affaires, car il falut remettre la maison en estat, de laquelle ie fis raser le second estage, & la ren- dis logeable au mieux qu'il me fut possible, attendât l'occasion plus commode pour la mieux edifier.

Vent qui enleua la couuerture du fort S. Louis.

Sur la fin du mois, arriua vn sauuage appellé des François, Simon; il luy parut auoir quelque fantaisie, à quoy ils sont ordinairement sujets, & principale- ment lors que contre la volonté de tous les capitaines & compagnons, ils veulent faire la guerre à leurs en- nemis les Yrocois, auec lesquels ils estoient en pour- parler de paix, il y auoit trois ou quatre iours : & de ce les sauuages m'en donnerent aduis, & me prierét de faire en sorte de l'en épescher, & leur oster la fre- nesie qu'auoit cestuy cy : ie l'enuoyay querir, & luy demandé le sujet pourquoy il faisoit cela, luy re- monstrant le preiudice qui en pourroit arriuer à tous ceux de sa nation, & l'aduantage que les enne- mis prendroient, du peu d'estat qu'ils faisoient de l'auctorité de leur chef, estans ainsi que des enfans sujects au changement, & n'ayant aucune parole ar-

Sauuages sont suiects à suiure leur fantaisie & de faire tout de leur teste malgré la volonté de leurs chefs.

2. Part. I

restée, & se demonstrant sans foy ny loyauté: De plus que tous les François, ne seroient iamais contens de ceste forme de procedé, & que ceste guerre durant vn traitté de paix sans suject, estoit meschante & pernicieuse, procedante plustost d'vn meschant, & d'vn homme lasche & sans courage, d'autant que ie sçauois fort bien que le but de ceste guerre, n'estoit que d'aller surprendre quelques hommes, ou femmes à l'escart, & les trouuant incapables de se defendre, les assommer sans defence: à tout cela il me fit vne courte responce, qui estoit qu'il sçauoit bien qu'ils ne valloient rien, & qu'ils estoient pires que chiens, & s'estoit ainsi imaginé, qu'il ne seroit iamais content qu'il n'eust eû la teste d'vn de leur ennemis, en sorte qu'il estoit resolu, luy quatriesme d'y aller. Comme ie le vis obstiné, & que nulle remonstrance ne le pouuoit esmouuoir, ie luy vsay de quelque menaces s'il le faisoit: & ainsi s'en alla tout pensif, à sa cabane.

Dessein qu'ils auoient en voulant faire la guerre.

Responce de ce Sauuage.

Deux ou trois iours apres, les Chefs me vindrent trouuer, pour me dire qu'ils estoient bien ayses de ce que i'auois parlé à luy, qu'il auoit changé de resolution de ne point y aller, me disant que ie leur fissent dóner quelques choses pour festiner, comme est leur coustume, quand il est question de faire quelque accord, ou autres choses semblables.

Les Chefs viennent trouuer l'Autheur.

Ie leurs fis donner vn peu de pois, & s'en allerent ainsi ioyeusement, pensant que ce sauuage oublieroit ce qu'il auoit proietté. Ce pendant deux Charpentiers trauailloient à accommoder les barques & chalouppes, & deux autres à faire les fenestres, portes, poutres, & autres choses de charpenterie, pour le nouueau baftiment; & quelques mil cinq cens planches que i'auois fais fcier pour couurir le logis, & trente cinq poutres qui eftoient toutes preftes, auec la plufpart du bois de charpenterie affemblé pour la couuerture. Le premier de May, ie fis creufer la terre pour faire les fondemens du baftiment, qui auoit efté refolu de faire.

I'employay trois hommes à aller querir du fable auec la chalouppe, pour le baftiment; les maffons à faire du mortier, attédant que quatre autres oftoient la terre pour les fondemens, & le refte à approcher la pierre, pour baftir: Ie fis tirer les allignemens pour commencer à baftir vn corps de logis.

Le 6. de May, l'on commença à maçonner les fondemens, fous lefquels ie mis vne pierre, où eftoiét grauez les armes du Roy, & celles de Monfeigneur; auec la datte du temps, & mon nom efcrit, comme Lieutenant de mondit Seigneur, au païs de la Nouuelle France, qui eftoit vne curiofité qui me fembla n'eftre nullement hors de propos, pour vn iour à l'aduenir, fi le temps y efchet; monftrer la poffeffion que le Roy en a prife, comme ie l'ay fait en quelques endroits, dans les terres que i'ay découuertes. *Fondemēts ietté, auec les armes du Roy.*

Le 8. dudit mois, les cerifiers commencerent à efpanoüir leur boutons, pour pouffer leur feuilles dehors.

En ce temps mefme, fortoient de la terre de petites fleurs, de gris de lin, & blanche, qui font des primes veres du Printemps, de ces lieux là.

Le 9. les framboifes commencerent à boutonner, & toutes les herbes à pouffer hors de la terre. *Commencement du Printemps en la nouuelle France, où tous les fruicts pouffent.*

I ii

Le 10. ou 11. le sureau monstra ses feuilles.

Le 12. il y a des violettes blanche, qui se firent voir en fleur.

Le 15. les arbres furent boutonnez, & les cerisiers reuestus de fueillages, & le froment monté à vn ampan de hauteur.

Les framboisiers ietterent leurs feuilles : le cerfeuil estoit bon là à coupper : dans les bois, l'oseille s'y void à deux pouces de hauteur.

Le 18. les bouleaux iettent leur feuilles : les autres arbres les suiuent de pres : le chesne a ses boutons formez ; & les pommiers de France que l'on y auoit transplantez, comme aussi les pruniers boutonoient ; les cerisiers y ont la feuille assez grande la vigne boutonnoit, & fleurissoit ; l'oseille estoit bonne à couper.

Le cerfeuil des bois paroissoit fort grand, les violettes blanches & iaunes estoient en fleur : le bled d'Inde se seme, le bled froment croissoit vn peu plus d'vn ampan de hauteur.

La pluspart de toutes les plantes, & simples, estoient sortis de terre : il y a auoit des iournees en ce mois, où il faisoit grande chaleur.

Le 21. de May, ie despechay vn Canau à Tadoussac auec trois hommes, pour attendre le sieur de Caen, auec lettres que ie luy escriuois, & vne autre au premier vaisseau de sa flotte.

Le 29. dudit mois, les fraises cōmencerent à fleurir, & les chesnes à ietter leur feuilles assez grande en este.

Le 30. les fraises furent toutes en fleur, les pommiers commencerent à espanouir leur boutons, pour ietter leur feuilles : les chesnes auoient leur feuilles d'enuiroon vn pouce de long, les pruniers & cerisiers en fleur, & le bled d'Inde commençoit à leuer.

Durant ce temps, ie fis affoir quelques poutres sur le premier estage de la nouuelle habitation, & poser quelques fenestres & portes à icelle.

Le premier du mois de Iuin arriua vn canau de Tadoussac, qui nous dit qu'aux enuirons du Bicq, il y auoit vn vaisseau Rochelois, qui traittoit auec les sauuages, que dans ce vaisseau estoit vn puissant hōme qui y commandoit, estant tousiours masqué, & armé, & les sauuages ne sçauoient comme il s'appelloit, ny moins le cognoissoient ils pour ne l'auoir veu; & ma creáce fut telle, que quand il l'eussent cogneu, ils ne nous l'eussent voulu dire, tant il nous portent d'affectiō. L'on épesche les autres vaisseaux de venir traitter auec eux, encore que l'on leurs fit le meilleur traittement qu'il fut possible, & ainsi sommes nous aymez d'eux, en recompence du bien que nous leurs faisons.

Le meilleur remede que i'ay recognu pour iouir plus facilement d'eux, c'est de n'en faire estat que par occasion, & peu apres leur remonstrer hardiment leurs deffauts, & ne se soucier de mille sortes d'insolences qu'ils font le plus souuent: car comme ils voiét que l'on en fait point d'estat, cela les rend plus audacieux à medire & mal faire, ayant moy-mesme experimenté plusieurs fois, que lors que i'en faisois moins d'estime c'estoit à lors qu'ils me recherchoient le plus d'amitié, & diray plus que l'on n'a point d'ennemis plus grands que ces sauuages, car ils disent que quand ils auroiét tué des nostres, qu'ils ne laisseroiét de venir d'autres vaisseaux qui en seroient bien aises, & qu'ils

Nouuelle de la descouuerture d'ū vaisseau Rochelois.

I iii

70   LES VOYAGES DV SIEVR

seroient beaucoup mieux qu'ils ne sont, pour le bon marché qu'ils auroiét des marchádises qui leurs viennent des Rochelois, ou Basques : Entre ces sauuages, il n'y a que Montaignars qui tiennent tels discours.

<small>Arriuée de la chalouppe de Gascoin à Tadoussac.</small>

Le 2. iour de Iuin arriua vne chalouppe où estoit le pilote Gascoin auec cinq ou six matelots, qui nous dit qu'il estoit arriué au port de Tadoussac, auec vn vaisseau de soixante tonneaux, ayant quelque cent barils de pois, sept tonneaux de citre, vingt-quatre baricques tant de biscuit que de galette, & que ledit sieur de Caen deuoit partir douze iours apres luy, que la prise de l'vn de ces vaisseaux, par les Flamans l'auoit fait retourner à Paris pour se plaindre au Roy, & à Monseigneur, du sujet qui occasionnoit le retarde-

<small>l'Autheur trouue estrange de ce que le sieur de Caë ne luy escriuoit.</small>

ment, m'informant de luy, s'il n'auoit aucune lettre pour moy de sa part, il me dit que non, qu'il me faisoit ses recómandations. Ie m'estonnay grandement qu'il ne m'auoit escrit vn mot d'aduis, de sa venuë en ce lieu, car cela va à telle consequence, que n'ayant aduis de ceux qui ont la conduitte d'vne flotte, ou autres telles affaires importantes, ne doiuent iamais permettre que leurs vaisseaux partent sans vn mot d'aduis, au gouuerneur ou lieutenant des places esloignées, comme sont celles-cy, pour leur tesmoigner qu'ils se peuuent fier en eux, leurs donnant entrée libre dãs l'habitation ou fort, comme estant de la compagnie. Vne lettre que m'escriuoit le sieur le Gendre l'vn des associez, m'asseura que le vaisseau venoit de la part dudit sieur de Caen.

<small>Il enuoye deux chalouppes à</small>

Le 4. dudit mois ie fis mettre deux barques à l'eauë, qui partirent pour aller à Tadoussac, querir les com-

moditez qu'auoit apporté ledit vaisseau, lequel auoit ordre de laisser vn commis nommé Halard, auec partie des commoditez des viures, pour traitter audit Tadoussac, ce qui nous fit vn grand plaisir, d'autant que nous n'auions des farines & citres, que iusques au 10. dudit mois de Iuin; que sans cela il nous eust fallu reduire au Migan, auec quatre barique de bled d'Inde, attendant nouuelles de la venue des autres vaisseaux.

Tadoussac pour auoir des viures.

Le 12. arriua vne barque, qui apporta quelque poinçons de citre, galettes, pois & prunes, & m'apporta vne lettre de Halart, qui me mandoit qu'il s'ennuyoit grandement, que le vaisseau dudit sieur de Caen ne venoit, craignant qu'il ne luy fust arriué quelques accidens par la mer : que recognoissant la necessité des viures que nous pourrions auoir, il m'enuoyoit ce qui luy restoit de commoditez, s'en reseruant vn peu pour entretenir les sauuages, qui traictoiét ordinairement auec les Rochelois, & que ie luy eusse à mander ma volonté de ce qu'il deuoit faire.

Lettre que luy escrit Halard.

Le 24. dudit mois, la barque estant deschargee, preuoyant aux malheurs qui ordinairement peuuent arriuer sur la mer, pour les risques qui y sont grandes; voyant que la saison des vaisseaux se passoit, sans sçauoir nouuelles de l'vn des deux qui deuoit arriuer, sçachant bien qu'il ne faut pas attendre aux extremitez à pouruoir en telles affaires, aussi que la necessité des viures nous pressoit, l'aduisay qu'il ne seroit hors de propos d'escrire audit de la Ralde, qui estoit à Miscou, quelques 35. lieuës de Gaspey, & luy faire entendre la necessité en laquelle nous allions tomber, s'il ne nous secouroit, au cas qu'il fust arriué fortune au vaisseau; & auois donné charge au pilote Gascoin, d'attendre audit Tadoussac, iusques au 15. ou 16. de Iuillet, & si en ce temps il n'oyoit aucune nouuelle, qu'il eust à aller trouuer ledit de la Ralde; & donnois ordre à Marsollet truchement, luy troisiesme, de ne partir de Tadoussac, pour venir à Québec, que ce ne fust au 8. d'Aoust, qui estoit oster toutes sortes d'esperance, si les vaisseaux ne fussent venus en ce temps: Et esquippé la barque de tout ce qui leur estoit necessaire pour leur voyage; & partirent le 24. iour de S. Iean.

Descente des Hurons & Algommequins, & Bisserains.

Le 28. du mois, nous eusmes nouuelles de la descente des Hurons, Algommequins & Bisserains, qui furent bien faschez de n'auoir point de nouuelles des vaisseaux.

Arriuée de du Vernay, qui raporte nouuelle de la descente des Sauuages.

Le premier du mois de Iuillet, du Vernay qui estoit allé aux Hurons, arriua dans vn canau, qui nous apporta nouuelles certaine de la descente des Sauuages, à la riuiere des Yrocois; & de la mort d'vn François, qui auoit esté mon seruiteur: & que le pere Nicolas estoit resté auec neuf François, estant reuenu quatre de nos hommes, Le pere Ioseph, & le frere Gabriel, qui venoient querir quelques choses pour porter audit pere Nicolas. De plus ledit du Vernay me dit que le François auoit esté mal traitté, parmy quelques Nations, faute que la pluspart, ne s'estoient pas bien comportez auec ces peuples.

Arriuée du pilote Gascoin.

Ce iour arriua vne chalouppe, où estoit le pilote Gascoin, qui ayant apperceu vers l'eau le vaisseau dudit de Caen, qui entroit à Tadoussac, où il auoit enuoyé vne chalouppe du Bic, auec ordre de ce qu'ils deuoient faire audit Tadoussac, qui estoit de depescher

DE CHAMPLAIN.

cher promptement vne chalouppe, pour enuoyer à Québec faire charger la barque qui y restoit, & enuoyer au deuant des Hurons, ce qui fut fait, & partit ce mesme iour.

En ce temps arriuerent les sauuages, qui estoient allez de la part des montagnars aux Yrocois, pour cótracter amitié, & y auoit pres de six sepmaines qu'ils estoiét partis d'aupres de Québec. Ils furent tres bien receus des Yrocois qui leurs firent tout plain de bonne reception, pour acheuer de faire cette paix. Mais en la compagnie de ces sauuages estoit vn appellé Simon, qui deuoit aller à la guerre. Apres qu'il eut pris congé desdits Yrocois s'en retournant, le meschant traistre & perfide Simon, rencontrant vn Yrocois l'assomma, pour la recompence du bon traittement qu'il auoit receu desdits Yrocois. Tous nos sauuages en furent grandement desplaisans, & eurent bien de la peine à reparer cette faute: car il ne faut parmy tels gens qu'vn tel coquin, pour faire rompre toutes sortes de bonnes entreprises, pour n'auoir aucune iustice entr'eux. *Arriuée des Sauuages. Perfidie du sauuage Simon.*

Le 10. dudit mois les sauuages vindrét cabaner proche de l'habitation. Le lendemain arriua ledit de Caen, auec deux barques chargées de marchandises: Le iour en suiuant l'on commença la traitte auec les sauuages: d'autres Canadiens arriuerent en ce mesme temps auec quelques chalouppes. Le 14. dudit mois la traitte fut acheuée auec lesdits sauuages, & partirent le mesme iour pours'en retourner en leurs païs, & vn François fut auec les Bissereins. *Arriuée du sieur de Caen.*

Le 16. le frere Gabriel arriua auec 7. canaux, qui

2. Part.   K

Arriuee du frere Gabriel.

nous rejoüit grandement, nous comptant tout ce qui s'estoit passé en son hyuernement, & la mauuaise vie que la plusparts des François auoient mené en ce païs des Hurons, & entr'autres : Le truchement Bruslé à qui l'on donnoit cent pistolles par an, pour inciter les sauuages à venir à la traitte, ce qui estoit de tres-mauuais exéple, d'enuoyer ainsi des persones si mal-viuás, que l'on eust deub chastier seucremét, car l'on recognoissoit cet homme pour estre fort vicieux, & adonné aux femmes ; mais que ne fait faire l'esperance du gain, qui passe par dessus toutes considerations.

Le sieur de Caé va aux trois riuieres.

Le 19. ledit de Caen partit pour aller aux trois riuieres auec les barques, pour traitter auec d'autres sauuages s'il en rencontroit.

Le 20. huict canaux des Hurons qu'auoit amené ledit Bruslé, partirent de Québec. Ce iour mesmes, arriua ledit du Pont.

Barque arriuée à Québec.

Le 25. arriua aussi à Québec vne barque, qui nous dit, qu'il estoit venu six Yrocois, nonobstant la mort de celuy qui auoit esté tué, pour confirmer l'amitié auec tous les sauuages : ayant bien iugé, que le sauuage qui auoit tué leur cōpagnon, l'auoit fait de sa propre malice, & non du consentement de ses compagnons.

Arriuée d'vne barque du sieur de Caen, auec deux soldats pour estre mis à la chaisne.

Le lendemain, arriua vne barque, où il y auoit deux soldats, que le sieur de Caen enuoyoit en son vaisseau, pour les mettre à la chaisne, pour quelques legeretez qu'ils auoient commises. Nouuelles vindrent aussi, qu'il estoit arriué à l'entree de la riuiere des Yrocois, trente canaux Hurons, auec quelques François.

Le sieur de Caen venu à Québec.

Le premier d'Aoust, est arriué à Québec ledit sieur de Caen, & le 4. il fut au Cap de tourmente, qui

DE CHAMPLAIN. 75

dit luy auoir esté donné par monseigneur de Mont-morency, auec l'Isle d'Orleans, & quelques autres isles adjacentes : & le 10. il retourna à Québec.

En ce temps ie me resolus de repasser en France auec ma famille, y ayant hyuerné pres de cinq ans, & où durãt ce téps, nous fusmes assez mal secourus de raffraichissemens, & d'autres choses fort escharsement; nous n'auions dequoy remercier les associez en cela, car s'ils l'eussent sceu, ils y eussent donné ordre : la courtoisie & le deuoir les obligeoit d'auoir soing des personnes qui auoient esgard à la conseruation de la place, & de leur bien, outre la charité pour ceux qui pouuoient estre malades, fussent morts faute de secours; & ainsi estoit plustost diminuer le courage, que de l'augmenter à seruir des personnes, qui ne font estat des hommes qui conseruent leur bien, & se tuent de soin & trauail à garder ce qui leur appartient, au lieu que peu de choses contante tout vn peuple.

Ie fis embarquer tout mon esquippage, & laissay l'habitation nouuelle bien aduancée, & esleuée de 14. pieds de haut, 26. toises de murailles faicte auec quelque poutres au premier estage, & toutes les autres prestes à mettre les planches sciées pour la couuerture, la pluspart du bois taillé & amassé pour la charpente de la couuerture du logement; toutes les fenestres faictes, & la pluspart des portes, de sorte qu'il n'y auoit plus qu'à les appliquer, Ie laissay deux fourneaux de chaux cuitte, de la pierre assemblée, & ne restoit plus en tout que sept où huict pieds de hauteur, que toute la muraille ne fust esleuée, ce qui se pouuoit en quinze iours, leurs materiaux assemblez, pour estre logeable, si l'on

Resolution de l'Auteur de repasser en France,

K ij

y eust voulu apporter la diligence requise. Ie les priay d'amasser des fassines, & autres choses, pour acheuer le fort, iugeant bien en moy mesme, que l'on n'en feroit rien, d'autant qu'ils n'auoient rien de plus desagreable, bien que c'estoit la conseruation, & la seureté du pays ; ce qu'ils ne pouuoient, ou ne vouloient comprendre. Cet œuure ne s'auançoit que par interualles, selon la commodité qui se presentoit, lorsque les ouuriers n'estoient employez à autres œuures.

Le sieur de Caen, laisse son nepueu pour principal Commis en l'absence de l'Autheur.

Ledit sieur de Caen laissa son neueu, le sieur Esmery, pour principal commis, & pour commander en mon absence audit Québec, auec cinquante & vne personne, tant hommes que femmes, garçons, & enfans.

Partement de l'Autheur pour venir à Tadoussac.

Le Ieudy 15. iour d'Aoust, partismes de Québec le 18. arriuasmes à Tadoussac, où nous eusmes nouuelles de la mort de cinq hommes du vaisseau dudit Deschesnes, qui estoit à l'Acadie, lesquels hommes,

Cinq hommes tuez par les Sauuages.

auoient esté tuez par les sauuages du lieu, proche du sieur de Biencour, qui estoit demeurant en ces lieux, il y auoit plus de 18 ans auecques les sauuages.

S'en retourne en France.

Le 21. d'Aoust 1624. nous leuasmes l'ancre, & mismes soubs voilles, pour retourner en France.

Le 25. fusmes mouiller l'ancre deuant Gaspey, & trouuasmes de la Ralde qui estoit venu de Miscou, faire sa pescherie de poisson.

Le premier de Septembre, vn vaisseau partit de la flotte où commandoit le capitaine Gerard, pour aller en France deuant porter des nouuelles.

Le 6 le vaisseau de du Pont acheua de faire sa pesche de poisson audit Gaspey.

La nuict venant au samedy, ledit sieur de Caen partit auec quatre vaisseaux, en l'vn desquels estoit sa personne, & en l'autre ledit du Pont, au troisiesme ledit de la Ralde, & vne patache de 45. à 50. tonneaux, dans laquelle estoit le pilote Cananée.

Le 19. l'on apperceut vn vaisseau de 60. tonneaux, que l'on iugeoit estre Rochelois, on fist chasse dessus, mais il s'euada, & ainsi se sauua à la faueur de la nuict.

Le 27. on treuua fond à la sonde, à 90. brasses. Ce iour la petite barque où commandoit Cananee, se separa de nous, pour aller à Bordeaux, selon l'ordre qu'il en auoit: Depuis nous sceusmes qu'elle fut prise des Turcs, le long de la coste de Bretaigne, qui emmenerent les hommes qu'ils y trouuerent, & les firent esclaues.

Le 29. nous recogneusmes en la coste d'Angleterre, le cap appellé Tourbery.

Le dernier de Septembre, nous apperceusmes la terre de la Heue.

Le premier d'Octobre, entrasmes dans le haure de Dieppe, où louasmes Dieu de nous auoir amenez à bon port; auquel lieu ie seiournay quelques iours, de là, ie m'acheminay à Paris auec tout mon train, où estant, ie fus treuuer à sainct Germain le Roy, & monseigneur de Montmorency, qui me presenta à sa Majesté, auquel ie fis la relation de mon voyage, comme à plusieurs messieurs du Conseil, desquels i'auois l'honneur d'estre cogneus. Ce fait, ie m'en retournay à Paris, ou ie treuuay que les anciens & nouueaux associez, eurent plusieurs contestations sur le mauuais mesnage qui s'estoit fait en l'embarquement, qui ap-

Arriuee de l'Autheur à Dieppe.

Va à sainct Germain trouuer le Roy.

Fait relation de son voyage.

K iij

porta plusieurs troubles, cela en partie dōna sujet à mondit seigneur de Montmorency, de ce deffaire de sa charge de Viceroy, qui luy rompoit plus la teste, que ses affaires plus importantes, la remettant à Monseigneur le Duc de Ventadour, qu'il voyoit porté à ce sainct dessein, conuenant auec luy d'vn certain prix, tant pour la charge de Viceroy, que pour l'interest qu'il auoit en ladite Societé, le tout sous le bon plaisir de sa Majesté, laquelle commanda d'expedier les lettres patentes d'icelle commission, au mois de Mars 1625. au nom de mondit seigneur le Duc de Ventadour, n'estant poussé d'autres interests que du zele & affection qu'il auoit de voir fleurir la gloire de Dieu, en ces pays barbares; & pour cest effect, y enuoyer des Religieux, iugeant n'en trouuer de plus capables, que les peres Iesuites, pour amener ces peuples à nostre foy : il en enuoya six, à ses propres cousts & despens, dés l'annee mesmes. Sçauoir estoit, les reuerend pere l'Almand, Principal du College de Paris, tres-deuot & zelé Religieux, fils du feu sieur l'Almand, qui auoit esté Lieutenant criminel de Paris ; & le pere Brebeuf, le pere Massé, frere François, & frere Gilbert, qui s'acheminerent aussi-tost auec vne grande affection, à Dieppe, lieu de l'embarquement.

Monsieur de Mōtmorēcy se desfait de sa charge de Viceroy de la nouuelle France.

La met entre les mās du Duc de Ventadour.

LIVRE SECOND
DES VOYAGES DV SIEVR DE CHAMPLAIN.

MONSIEVR LE DVC DE VENTADOVR Viceroy en la Nouuelle France, continuë la Lieutenance au sieur de Champlain. Commission qu'il luy fait expedier. Retour du sieur de Caen de la Nouuelle France. Trouble qu'il eut auec les anciens associez.

CHAPITRE PREMIER.

EN ce mesme temps, mõdit Seigneur de Ventadour Viceroy en la Nouuelle France, me continua en l'honneur de la Lieutenance, que i'auois euë de mondit seigneur de Mõtmorency, me promettant pour icelle année de demeurer proche de luy, pour l'instruire des affaires dudit païs, & donner ordre à quelques miennes autres que i'auois à Paris.

Sensuit la Commission de Monseigneur le Duc de Ventadour Pair de France, donnée à Monsieur de Champlain.

HENRY DE LEVY, Duc de Ventadour, Pair de France, Lieutenant general pour le Roy au gouuernement de Languedoc, Vice-Roy, & Lieutenant general au pays de la Nouuelle France, & terres circonuoisines. A tous ceux qui ces presentes lettres verront salut: Sçauoir faisons, que pour la bonne & entiere confiance que nous auons du sieur Samuel de Champlain, Capitaine pour le Roy en la marine : & de ces sens, suffisance, pratiques, experiences au faict d'icelle, bonne diligence, cognoissance qu'il a audit pays, pour les diuerses nauigations, voyages, frequentations qu'il y a faictes, & en autres lieux circonuoisins d'iceluy: A iceluy sieur de Champlain, pour ces causes, & en vertu du pouuoir à nous donné par sa Majesté, conformément aux lettres de commissions par luy obtenuës, tant du feu sieur Comte de Soissons, que Dieu absolue, de Monsieur le Prince de Condé; & depuis, de monsieur le Duc de Montmorency, nos predecesseurs en ladite Lieutenance Generalle des quinze Octobre, & vingtdeuxiesme Nouembre 1612. & 8. Mars 1620. & à la nomination de sa Majesté, par les articles ordonnez par arrest du Conseil du premier Auril 1612. AVONS commis, ordonné, deputé, commettons, ordonnons, & deputons par ces presentes, nostre Lieutenant, pour represēter nostre personne, audit pays de la Nouuelle France: Et pour cet effect, luy auons ordonné d'aller se loger auec tous ses gens, au lieu de Québec, estans dedans le

fleuue

fleuue sainct Laurent, autrement appellé la grande riuiere de Canada, audict pays de la Nouuelle France, & audit lieu, & autres endroicts que ledit sieur de Champlain aduisera bon estre: faire construire & bastir tels forts & forteresses qu'il luy sera besoin & necessaire, pour la conseruation de ses gens: Lequel fort, où forts, il nous gardera à son pouuoir, pour audit lieu de Québec, & autres lieux, & endroicts, en l'estenduë de nostredict pouuoir, tant & si auant que faire se pourra: Establir, estendre, & faire cognoistre le nom, puissance & auctorité de sa Majesté: & en icelles, assubjettir, sousmettre, & faire obeyr tous les peuples de ladite terre, & les circonuoisins d'icelle: & par le moyen de ce, & de toutes autres voyes licites, les appeller, faire instruire, prouoquer & esmouoir à la cognoissance & seruice de Dieu, & à la foy & religiõ Catholique, Apostolique & Romaine, là y establir, & en l'exercice & profession d'icelle, maintenir, garder & conseruer lesdits lieux, sous l'obeyssance & auctorité de sadite Majesté, & pour y auoir esgard & vacquer auec plus d'asseurance, Nous auons, en vertu de nostredit pouuoir, permis audit sieur de Champlain, commettre & establir, & substituer tels Capitaines & Lieutenants pour nous, que besoin sera. Et pareillement commettre des officiers pour la distribution de la Iustice, & entretien de la Police, Reglemens & Ordonnances, iusques à ce que par nous autrement en ayt esté pourueu. Traitter, contracter à mesme effect, paix, alliances, confederations, bonne amitié, correspondance & communication, auec lesdits Peuples, & leurs Princes, ou autres ayant commandement sur eux, entretenir, garder, & soigneusement conseruer les traittez & alliances, dont il conuiendra auec eux, pourueu qu'ils y satisfacent de leur part: & à leur def-

2. Part. L

faut, leur faire guerre ouuerte, pour les côtraindre & amener
à telle raison qu'il iugera necessaire, pour l'honneur, obeissance, & seruice de Dieu, & de l'establissement, manutention,
& conseruation de l'authorité de sadite Maiesté parmy eux:
du moins pour viure, hâter, & frequenter en toute asseurance, liberté, frequentation, & communication, y negocier &
traffiquer amiablement & paisiblement, faire faire à ceste
fin les descouuertures desdites terres, & notamment depuis
ledit lieu de Quebec, iusques & si auant qu'il se pourra estendre au dessus d'iceluy, dedans les terres & riuieres qui se
deschargent dedans ledit fleuue sainct Laurent, pour essayer
à treuuer le chemin facile pour aller par dedans ledit païs, au
Royaume de la Chine, & Indes Orientales; ou autrement
tant & si auant qu'il se pourra estedre, le long des cottes dudit
païs, tant par mer, que par terre, & faire en ladite terre ferme, soigneusement rechercher & recognoistre toutes sortes
de Mines d'Or, d'Argent, Cuiure, & autres metaux &
mineraux, les faire fouiller, tirer, purger, & affiner, pour
estre côuertez, & en disposer selon & ainsi qu'il est prescript,
par les Edits & Reiglemens de sadite Maiesté, & ainsi que
par nous sera ordonné, & où ledit sieur de Champlain trouuerroit des François, ou autres traffiquans, negocians, &
communiquans auec les sauuages & peuples, notamment depuis le lieu de Gaspey, par la haulteur de quarante huict &
à quarante neuf degrez de latitude, & iusques au cinquante & deuxiesme degré, Nort & Su dudit Gaspey, qui
nous est reserué par sadite Maiesté, luy auons permis &
permettons s'en saisir & les apprehender, ensemble leurs
vaisseaux & marchandises & tout ce qui se trouuerra à eux
appartenans, & iceux faire conduire & amener en France,
es mains de la Iustice, pour estre procedé contr'eux selon la
rigueur des ordonnáces Royaux, & ce qui nous a esté accordé

par sadite Majesté, ce faisant gerer, negocier, & se cōporter par ledit sieur de Champlain, en la fonction de sadite charge de nostre lieutenant pour tout ce qu'il iugera estre en l'aduencement desdites conquestes & peuplement: le tout pour le bien, seruice, & auctorité de sadite Majesté, auec mesme pouuoir, puissance & auctorité que nous ferions, si nous y estions en personne, & comme si tout y estoit par expres & plus particulierement specifié, & declaré. Luy auons, & de tout ce que dessus, donné, & donnons par ces presentes, charge & pouuoir, commission & mandement special: Et pour ce, & en tout nostre pouuoir esdits pays, à quoy nous n'aurions pourueu, & iusques à y estre par nous particulierement pourueu: Auons ledit sieur de Champlain substitué, & subrogé en nostre lieu & place ; à la charge d'obseruer,& faire obseruer tout ce que dessus, & par ceux qui seront sous sa charge & commandement, & de nous faire bon & fidel rapport, à toutes occasions, de tout ce qu'il aura faict & exploicté, pour en rendre par nous, prompte raison à sadite Majesté. SI PRIONS ET REQVERONS, tous Princes, Potentats, & Seigneurs estrangers, Les Lieutenans generaux, Admiraux, Gouuerneurs de leurs Prouinces, Chefs & conducteurs de leurs gens de guerre, tant par mer que par terre, Capitaines de leurs villes, Forts maritimes, Ports, Costes, Haures & Destroits, donner confort & ayde audit sieur de Champlain, pour l'entier effect & execution de ces presentes, tout support, assistance, retraicte, & main forte si besoin est, & en soient par luy requis: En tesmoin dequoy nous auons signé les presentes de nostre main; & à icelles faict mettre nostre Seel. DONNE à Paris, le 15. Feurier, 1625. signé VENTADOVR. & plus bas par commandement de mondit Seigneur, GIRARD.

L ij

Ledit sieur de Caen fit encore ce voyage, sous la commission de monditseigneur de Ventadour, auec lesquels passerent nosdits Reuerends Peres, lesquels il traitta courtoisemét au passage. Et vn pere Recollet appellé pere Ioseph de la Roche tres-bon Religieux, allié de la maison du Comte du Lude, qui auoit quitté les biens & honneurs temporels, pour suiure les spirituels.

Ledit sieur de Caen ayant fait son voyage, il vint à Paris, où il eust plusieurs trauerses des anciens Associez, qui les mit en vn procez au Conseil, pensant tomber d'accord à l'amiable les vns auec les autres: De plus que mondit seigneur auoit du mescontentement dudit sieur de Caen, sur ce qu'on luy rapporta qu'il auoit fait faire les prieres de leur religion pretenduë, publiquement dans le fleuue sainct Laurent: desirant que les Catholiques y asistassent, chose qui luy auoit esté deffenduë par mondit seigneur, lesquelles accusations ledit sieur de Caen n'approuua, disãt que s'estoit la hayne & la malice de ses enuieux, qui procuroient tout le mal qu'ils pouuoient contre luy, quoy que ce soit, apres auoir bien disputé les vns contre les autres, aux assemblées qui se faisoient en l'hostel de Ventadour. Il falut auoir arrest de Messieurs du Conseil, puisqu'ils ne se pouuoient accorder sur vn contract que l'on auoit fait, auquel l'on quittoit l'affaire audit sieur de Caen, en donnant tréte six pour cent d'interests, sur vn fond de soixante mil liures: qu'il seroit tenu d'executer tous les articles, dont la societé estoit obligée enuers le Roy, & dans trois iours donneroit caution bourgeoise dans

Le sieur de Caen est trauersé des anciens associez.

Ses excuses.

Aquoy le sieur de Caen estoit obligé.

paris, & nommeroit vn Chef catholique, agreable à monseigneur le Vice-Roy, pour la conduitte des vaisseaux. Le temps venu il ne fournit cautions au gré des Associez, ny ne nomma ledit chef, ce que refusant les anciens Associez, ledit sieur de Caen les fait appeller deuant le iuge de l'Admirauté, de là ils furent audit Conseil de sa Maiesté, suiuant vne requeste que lesdits anciens Associez auoiēt presentée, pour faire interdiction au iuge de l'Admirauté d'en cognoistre, ils sont vn temps à contester les vns contre les autres, en fin le Conseil ordonna que l'enchere qui auoit esté faite au Conseil, de quatre pour cent d'aduantage que les trente six, par le contract passé entr'eux à l'hostel du seigneur de Ventadour, que ledit de Caen auroit la preference, en donnant caution suffisante dans Paris: & que attēdu l'absence dudit seigneur de Vétadour, ledit de Caen nōmeroit vn chef catholiq; pour la conduitte des Vaisseaux qui fut ledit de la Ralde qu'il nōma, & que pour la persō-ne dudit de Caé il ne feroit le voyage : lequel ne laissa tousiours d'appareiller & apprester ses vaisseaux, des choses qu'il iugeoit estre necessaires pour l'habitation de Québec. Ayāt son arrest il s'en vint à Dieppe, pour faire partir les vaisseaux, où ie me trouuay, estant party de Paris le premier d'Auril 1626. accompagné des sieurs Destouche, & Boullé mon beau frere, lequel mondit Seigneur auoit honoré de ma Lieutenance au fort, & ledit Destouche de mon Enseigne.

Les reuerends Peres Noyrot Iesuiste, & de la Nouë & vn frere, estoient à Dieppe, pour treuuer commodité de faire passer des viures pour vingt ouuriers, qu'ils menoient audit païs pour eux, estant côtrains de prédre vn vaisseau de quatre vingts tonneaux du sieur de Caen, qui leur fretta pour les passer, auec tout leur attirail : moyennant le prix de trois mil cinq cens liures : voilà tout ce qui se passa iusqu'à l'embarquement qui fut le 15 d'Auril 1626. Ie m'embarquay dans le vaisseau la Catherine, du port de 250. tonneaux, & aussi le pere Ioseph Caron Recollet, qui y auoit autrefois hyuerné : nous fusmes à la rade iusques au vingtiesme dudit mois, que nous leuasmes l'ancre, & nous mismes sous voille à vn heure apres midy. faisant vn bort sur autre, attendant ledit sieur de Caen, qui desiroit donner quelque ordre audit de la Ralde & Emery son nepueu, qui estoit en la Fleque pour vice-Admiral, qui deuoit aller faire sa pesche de poisson à l'Isle percée.

Embarquement de l'Autheur.

Sur les six heures du soir arriua ledit de Caen, qui fit prester le serment audit de la Ralde, & à ceux de son esquippage, & donna l'ordre qu'il desiroit que l'on tint audit voyage, ce qu'ayant fait il fit publiquement la lecture deuant tout son esquippage & autres, d'vn petit liure, contenant plusieurs choses que l'on luy imputoit auoir faites. Ie creû qu'il y en auoit qui n'estoiét pas trop contens de ceste lecture. Ayant fait ce qu'il voulut, il prit congé de la compagnie & s'en retourna à terre, & nous à nostre route au mieux que le temps le peust permettre, qui ne fut que pour battre la mer vingt quatre heures, car le lendemain il nous fallut relascher à la rade de Dieppe.

Le sieur de Caen faict lire vn liure des choses qu'on luy imputoit.

Le Vendredy au soir que mismes sous voilles ayāt leué l'ancre cinq vaisseaux de conserue.

DE CHAMPLAIN.

Le 27. nous apperceusmes vn vaisseau que l'on jugeoit estre forban, nous fismes chasse sur luy quelques trois heures, mais estant meilleur voillier que nous, mismes à l'autre bord. *L'Autheur fait mettre sous voilles*

Le 23. de May eusmes vne tourmente, qui dura deux fois vingt quatre heures, auec orages de pluyes, tonnerres, esclairs, & bruines fort espesses, qui fit que le petit vaisseau des Peres Iesuistes, nõmé l'allouette, nous perdit de veuë.

Le 5. de Iuin par 44. degrez & demy de latitude, nous eusmes sonde, sur le core du Ban. Le 12. cognoissance de l'Isle de terre neufue, qui estoit le Cap des vierges, & le soir la veuë du Cap de Raye. Le 13. fusmes recognoistre le Cap de sainct Laurent & Isle sainct Paul. Le 17. passasmes proche des Isles aux oyseaux. Le 20. nous fusmes mouiller l'ancre, entre l'Isle de Bonaduenture & l'Isle percée, où trouuasmes arriuez tous les vaisseaux qui nous auoient quittez, comme l'allouette qui nous auoit perduë, durant les coups de vent qu'auions eûs : & y auoit quinze iours que ledit Emery de Caen estoit arriué, tesmoignage que nostre vaisseau n'estoit pas trop bon voillier, nous fusmes deux mois & six iours à cette trauerse contrariez de mauuais temps. *Isles qu'ils recognoissent.*

Il m'a semblé n'estre hors de propos de faire vne description particuliere, de l'Isle de Terre neufue, & autres costes qui sont du Cap Breton, & Golfe S. Laurent, iusques à Québec, bien que i'en aye traicté en quelques endroits, mais non si particulierement, & de suitte, comme ie fais en ce Chapitre cy dessous.

DESCRIPTION DE L'ISLE DE TERRE
Neufue. Isles aux Oyseaux. Ramees S. Iean, Enticosty, & de Gaspey, Bonnauenture, Miscou, Baye de Chaleu, auec celle qui enuironne le Golfe S. Laurent, auec les Costes, depuis Gaspey, iusques à Tadoussac, & de là à Québec, sur le grand fleuue S. Laurent.

CHAPITRE II.

LE Cap de Rase, attenant à l'Isle de Terreneufue, est la terre la plus proche de France, esloignee de 25. lieuës de Lecore, du grand banc, où se faict la pesche du poisson vert, il est par la hauteur de 46. degrez & 35. minutes de latitude, & d'iceluy cap à celuy de saincte Marie 22. lieuës, & de hauteur 46. degrez trois quarts, & de ce lieu iusques aux Isles sainct Pierre 23. lieuës, du bout de celle qui est le plus Arrouest, & dudit cap de Rase aux Isles sainct Pierre 45. lieuës, qui sont de hauteur prés de 46. & deux tiers, & 40. lieuës iusques au cap de Raye, de hauteur 47. & demy, dans toutes ces costes du Su de ladite Isle de terre neufue, y a nombres de bōs ports, rades, & haures, entr'autres Plaisance, la baye des Trespassez, celle de tous les Saincts, comme aufsi ausdites Isles sainct Pierre, où plusieurs vaisseaux vont faire pesche de poisson sec.

La coste du Nortdest & Surouest de ladite Isle de terre neufue, & celle du Nort vn quart au Nordouest, contient quelques 110. lieuës iusques au 52 degré, est fournie de plusieurs bons ports & Isles, où y a nōbre
de

de vaiffeaux, vont faire pefcherie de moluë, tant François, Malouains, que Bafques & Anglois.

De l'Ifle, à la grande terre du Nort, il y a 8. a 10. lieues par endroits, la cofte de l'Ifle Nordeft & Sur-oueft, qui regarde le golphe S. Laurens a cent lieues de long, n'eft cogneu que fort peu, fi ce n'eft proche le Cap de Raye où il y a quelque port où fe fait pefche de poifon: Toute ceftedite Ifle de terre-neufue tient de circuit plus de 300. lieues, où il y a nombre de bons ports (comme i'ay dit) le terroir eft prefque tout montueux, remply de pins & fapins, cedres, bouleaux, & autres arbres de peu de valeur. Il fe defcharge dans la mer quantité de petites riuieres & ruiffeaux qui viennent des montagnes. La pefche du faumõ eft fort abondáte en la plus part de ces riuieres, comme d'autres poifsõs. Les froidures y font afpres, & les neges grandes, qui y durent prés de fept mois de l'an Il y a force eflans, lapins, & gelinotes, icelle n'eft point habitée, les fauuages qui y vont quelques fois en Efté de la grãdtairevoir les vaiffeaux qui font pefcherie de molue.

Circuit de l'Ifle de ter-re neufue.

Du Cap de Raye qui eft par les 47. degrés & demy de latitude, iufques au Cap de S. Laurent, qui eft par les 46. degrés 55 minutes, il y a 17. à 18. lieues, cet efpace eft l'vne des embouchures dudit golphe S. Laurent, de ce lieu aux Ifles aux oyfeaux il y a 17. à 18. lieuës qui font vn peu plus de 47. degrés & trois quarts, fe font deux rochers dans ledit golphe, où il y a telle quantité d'oyfeaux appellez tangeux, qui ne fe peut dire de plus, les vaiffeaux paffant par là quand il fait calme, auec leur batteau vont à ces Ifles, & tuẽt

Bonnes pefches en ces Ifles.

2. Part.   M

de ces oyſeaux à coups de batons, en telle quantité qu'ils veulent, ils ſont gros comme des oyes, ils ont le bec fort dangereux, tous blācs hormis le bout des aiſles qui eſt noir, ſe ſont de bons peſcheurs pour le poiſſon qu'ils prênent & portent ſur leurs Iſles, pour manger au Su de ces Iſles, & au Su & Suroueſt y en a d'autres qui s'appellent les Iſles ramées-brion, au nombre de 6. ou 7. tant petites que grandes, & ſont vne lieuë ou deux des Iſles aux oyſeaux.

<small>Autres Iſles.</small> En aucunes de ces Iſles y a de bons ports, où l'on fait peſche de poiſſon, elles ſont couuertes de bois, comme pins, ſapins & bouleaux, aucunes ſont plates, autres vn peu eſleuées comme eſt celle de Brion qui eſt la plus grande. La chaſſe des oyſeaux y eſt à commandement en ſa ſaiſon, comme eſt la peſche du poiſſon, des loups marins, & beſtes à la grande dent qui vont ſur leſdites Iſles, elles ſont eſloignées de la terre la plus proche de 12. ou 15. lieuës, qui eſt le Cap ſainct Laurent, attenant à l'Iſle du Cap Breton.

Deſdites Iſles aux oyſeaux iuſques à Gaſpey, il y a 45. lieuës qui eſt de hauteur 48. degrés deux tiers, & au Cap de Raye 70. lieuës.

<small>Baye du Feu de Gaſpey.</small> En ce lieu de Gaſpey eſt vne baye contenant de large en ſon entrée trois à quatre lieuës, qui fuit au Norroueſt enuiron cinq lieuës, où au bout il y a vne riuiere qui va aſſez auant dans les terres: les vaiſſeaux viennēt en ce lieu, pour faire la peſche du poiſſon ſec, où eſt vn gallay où l'on fait la ſeicherie des moluës, & vn ruiſſeau d'eauë douce qui ſe deſcharge dans la grand'mer, commodité pour les vaiſſeaux qui vont moüiller l'ancre à vne portée de mouſquet,

de ce lieu: & à vne lieuë du Cap de Gaspey, est vn petit rocher que l'on nomme le farillon, esloigné de la terre d'vn jet de pierre, ce dit cap est vne pointe fort estroitte, le terroüer en est assez haut, comme celuy qui enuironne ladite baye couuerte de pins, sapins, bouleaux, & autres meschans bois. La pesche est abódante tant en moluës, harans, saumons, macreaux, & homars. La chasse des lapins & perdrix, comme autre gibier se treuue aussi à l'Isle percée & de Bonaduenture, distante de six à sept lieuës, plus au midy: entre les deux il y a la baye aux moluës, en laquelle se fait pescherie, les terres sont couuertes de mesmes bois que celle du susdit Gaspey.

Ladite Isle percée est par la hauteur de 48. degrés & vn tiers, elle est distante de 15. lieuës de Miscou, il faut trauerser la baye de Chaleu. Ledit Miscou est par la hauteur de 47. degrés 25. minutes, la terre est descouppée par plusieurs bras d'eauë qui forment des Isles, & où les vaisseaux se mettent, est entre-deux desdites Isles, qui font vn cap à ladite baye de Chaleu, ce lieu est desgarny de bois, n'y ayant que des bruieres, herbes, & pois sauuages: l'on fait en ce lieu bonne partie de traitte auec les habitans du pays. Pour des marchandises ils donnent en eschange des peaux d'eslan & quelques castors. Il y a eu d'autrefois des François qui ont hyuerné en ce lieu, & ne s'y sont pas trop bien treuuez pour les froidures trop grandes, comme aussi les neges, neantmoins ce lieu est fort bon pour la pesche. A six lieuës delà au Nortdest, est le ban des Orphelins où il y a tres bonne pescherie de moluës.

Ceste Baye de Chaleu entre quelques quinze ou

Baye de Chaleu.

Ban des Orphelins.

vingt lieuës dans les terres, ayant dix ou douze lieuës de large par endroits : en icelle se deschargent deux ou trois riuieres qui viennét de quelques quinze ou vingt lieuës dans les terres, elles ne sont nauigeables que pour les canaux des sauuages.

Pays qui enuironne ceste baye. Tout le pays qui enuironne ladite baye, est partie montueux, autre plat & beau, couuert de bois de pins, sapins, cedres, bouleaux, ormes, fresnes, erables, & dans lesdites riuieres y a des chesnes. La pesche de plusieurs poissons est abondante en ce lieu, & la chasse des oyseaux de riuiere ou tarde oyes, gruës, & de plusieurs autre sorte. Il se treuue en tous ces lieux force eslans, desquels les sauuages en tuent quantité l'hyuer.

Des Isles de Miscou à l'Isle sainct Iean, y a enuiron dix ou douze lieuës au Suest, elle est par la hauteur de quarante six degrés deux tiers, le bout le plus Nort de ladite Isle, ayant enuiron vingt cinq lieuës de longueur, & de ceste Isle à la terre du Sud, vne ou deux lieuës ; en laquelle sont de bons ports, & bonne pescherie de moluë, les Basques y vont assez souuent, elle est couuerte de bois comme les autres Isles.

De l'Isle de sainct Iean au petit passage de Conseau l'on conte vingt lieues, ce passage est par la hauteur de quarante cinq degrés & deux tiers, & iusques aux Isles ramées enuiron trente lieues.

Abondance de ports & riuieres. Toute la coste depuis Miscou iusques au passage de Conseau, est abondante en ports, & petites riuieres, qui se deschargét dans la mer : entr'autres est la baye de Miaamichy, tregate, le pays est agreable, quelque peu montueux : la pesche & la chasse du gibier y sont fort bonnes en la saison, il y a des eslans en ces terres, mais non en telle quantité qu'aux contrées de la baye de Chaleu.

Au Nortdeſt de Gaſpey eſt l'Iſle d'Enticoſty, ſur la hauteur de cinquante degrés au bout de L'oüeſt Nortoueſt de l'Iſle, & celuy de Leſt, Sueſt, 49. degrés elle giſts, eſt Sueſt, & Oueſt, Norroueſt, ſelon le vray meridien de ce lieu, & au compas de la plus part des nauigateurs, Sueſt & Norroueſt, elle a quaräte lieues de long, & large de quatre à cinq par endroits. La plus part des coſtes ſont hautes & blanchaſtres comme les falaiſes de la coſte de Dieppe, il y a vn port au bout de L'oueſt Suroueſt de l'Iſle qui eſt du coſté du Nort, il ne laiſſe d'y en auoir d'autres, qui ne ſont pas cognus, elle eſt fort redoutée de ceux qui nauigent, pour eſtre batariere, & y ſont quelques pointes qui auancent en la mer, toutesfois nous l'auôs rágée, n'en eſtant eſloignée que d'vne lieue & demie, & la treuuâmes fort ſaine le fon bon à trente braſſes : le coſté du Nort eſt dangereux y ayant entre la terre du Nort & ceſte Iſle des Batures & d'autres Iſles, bien qu'il y aye paſſage pour des vaiſſeaux, & dix à douze lieues iuſques à ladite terre du Nort. Ceſte Iſle n'eſt point habitée de ſauuages, ils diſent y auoir nombre d'Ours blancs fort dangereux, icelle eſt couuerte de bois de pins, ſapins, & bouleaux. il fait grand froid, & s'y voyent quantité de neges en hyuer : les ſauuages de Gaſpey y vont quelquesfois, allant à la guerre contre ceux qui ſe tiennent au Nort.

Il y a vn lieu dans le golphe ſainct Laurent, qu'on nomme la grande baye, proche du paſſage du Nort de l'Iſle de terre neufue, à cinquante deux degrés, où les Baſques vont faire la peſche des balaines.

M iij

Les sauuages de la coste du Nort sont tres meschans, ils font la guerre aux pescheurs, lesquels pour leur seureté arment des pataches, pour conseruer les chalouppes qui vont en mer pescher la molue: l'on n'a peû faire de paix auec eux, & sont la plus part petits hommes fort laids de visage, les yeux enfoncez, meschans & traistres au possible: il se vestent de peaux de loups marins, qu'ils accommodent fort proprement: leurs batteaux sont de cuir, auec lesquels ils vont rodant & faisant la guerre, ils ont fait mourir nombre de Malouains, qui auparauãt leurs ont souuent rendu leur change au double, ceste guerre procede de ce que vn matelot Malouain par mesgarde ou autrement, tua la femme d'vn capitaine de ceste nation.

Sauuages de ces pays.

Font la guerre aux Malouains.

Tout le pays est excessiuement froid en hyuer, & les neges y sont fort hautes, qui durent sept mois ou plus sur la terre par endroits, elle est chargée de nombre de pins, sapins & bouleaux, en plus de cent lieues des costes qui regardent le golphe sainct Laurent. Il y a nombre de bons ports & isles, (ou la pescherie de moluc & saumont est abondante,) & nombre de riuieres, qui ne sont neantmoins beaucoup nauigeables, que pour des chalouppes ou canaux, selon le rapport des sauuages.

Ce golphe a plus de quatre cens lieues de circuit, y ayãt nombre infiny de ports, haures & isles, qui y sont enclos: c'est comme vne petite mer qui parfois est fort esmeue & agitée des vents impetueux qui viennét plus souuent du Nortdest, & parfois y a de grandes bourasques de Norrouest. En ces lieux sont de grands courants de marée non reglez, les vns portent en vn téps d'vn costé autrefois en vn autre, & ainsi changent de fois à autre, ce qui apporte souuét du mescôte aux estimes des nauigeans, quand il fait des brunes, à quoy ce lieu est fort suiect, & qui durét quelquefois sept ou huict iours, il n'y a qu'vne grande pratique qui peut en auoir quelque cognoissance.

Du cap de Gaspey à la terre du Nort y a vingt cinq à tréte lieues, c'est la largeur de l'éboucheure du fleuue de sainct Laurent, les marées sont en tout temps droituricres en ce lieu comme la riuiere, & le vent tousiours de bout, soit à descendre ou monter, & arriue rarement qu'on voye le vent par le trauers des terres, de façon qu'vn vaisseau estant dans le courant fera sa driue hors du fleuue plustost que d'aller à la coste: les ebes sót beaucoup plus fortes que les flots qui durét sept heures, & quelquefois plus: ce qui fait qu'on a plus de peine à monter qu'à descendre, joint que les vents de Norrouest sont les plus ordinaires & contraires en certaines saisons. *Distance du cap de Gaspey à la terre du Nott.*

Ce cap de Gaspey (comme i'ay dit) est à l'entrée de la grande riuiere du costé de la terre du midy, montant à mont l'on passe si l'on veut vne lieue ou deux vers l'eaue du cap des Boutonnieres, par la hauteur de quarante neuf degrés & vn quart, & à douze lieues dudit Gaspey. *Sa situation.*

Et costoyant tousiours la coste du Su, iusques au commencement des mons Nostre Dame vingt lieues dudit cap des Boutonnieres, les mons en ont vingt cinq de longueur, à la fin est le Cap de Chatte assez haut, fait en forme de pain de sucre fort écore: se voyét aussi des terres doubles au dessus qui quelquefois vous en font perdre la cognoissance si le temps n'est clair & serain, si ce n'est que vous approchiez d'vne lieuë ou deux dudit cap de Chatte. Montant à mont l'on va iusqu'au trauers de la riuiere de Mátane, où il y a douze à treize lieuës dās ceste riuiere de pleine mer, des moyens vaisseaux de quatre-vingts ou cent tonneaux y peuuent entrer, c'est vn haure de bare de basse mer : estant en ladite riuiere assez d'eaue pour tenir les vaisseaux à flot. Ce lieu est assez gentil, & s'y fait grande pescherie de saumon & truittes, ayant les filets propres à cet effect, l'on en pourroit charger des bateaux en leurs temps & saison. Ceste riuiere vient de certaines montagnes, & peut on s'aller rendre par le trauers des terres, par le moyen des canaux des sauuages, en les portāt vn peu par terre en la riuiere qui se descharge dans la baye de Chaleu, ce lieu de Mantane est fort commode pour la chasse des eslans, où il y en a en grande quantité.

Lieu de Mantane fort commode.

De Mantane l'on va à l'Isle de sainct Barnabé à seize lieuës, elle est par la hauteur de quarante huict degrez trente-cinq minutes, & estant basse ; au tour sont des pointes de rochers, elle côtient quelque lieue & demie de longueur, fort proche de la la terre du Su: il y a passage entre deux pour passer de petites barques, & ne faut laisser de prendre garde à soy, car elle est couuerte de bois de pins, sapins, & cedres.

l'Isle de sainct Barnabé.

De sainct Barnabé au Bic, il y a quatre lieuës, c'est vne montagne fort haute & pointue, qui parroist au beau temps de douze à quinze lieues, & elle est seule de ceste hauteur, au respect de quelques autres qui sōt proche d'elle.

Du

DE CHAMPLAIN.

Du Bic on trauerse la grande riuiere au Norroüest ou Nort, vn quart au Norroüest, & va on recognoistre Lesquemain à la terre du Nort, y ayant sept à huict lieuës. En ce lieu de Lesquemain proche de terre, est vn petit islet de rocher derriere lequel se faisoit vn degrat pour la pesche des balaines, & vne place pour mettre vn vaisseau : mais ce lieu est asseché de basse mer. Proche de là est vne petite riuiere fort abõdante en saumons, où les sauuages y font bonne pescherie, comme en plusieurs autres. *Riuiere abondante en saumõs.*

De Lesquemain l'on passe prés des Bergeronnettes, qui en est à quatre ou cinq lieuës. le trauers y a ancrage demie lieuë vers l'eauë, puis l'on va au moulin Baudé trois lieuës, qui est la rade du port de Tadoussac, le bon ancrage d'icelle est qu'il faut ouurir le moulin Baudé, qui est vn saut d'eaue venant des montagnes, & au trauers ietter l'ancre.

Ayant le vent bon à demy flot couru, à cause des marées du Saguenay qui porte hors, bien qu'il y aye les deux tiers de plaine mer, l'on peut leuer l'ancre & mettre à la voille, doubler la pointe aux vaches, auec la sõde à la main, & tenir tousiours deux ou trois chalouppes prestes : que si le vent venoit à se calmer tout d'vn coup comme il arriue assez souuent, la marée vous porteroit au courãt du Saguenay, & ayant doublé ladite pointe aux vaches, vous faire tirer à terre hors des marées dudit Saguenay s'il faisoit calme, & ainsi en terre audit port de Tadoussac, mettant le Cap au Nort, vn quart du Norroüest, estant dans le port il faut porter vne bonne ancre à terre & enfoncer l'orain dans le sable le plus que l'on pourra, & mettre

2. Part.   N

vne boise par le trauers contre l'orain, & auoir des pieux que vous enfoncerez dans le sable de basse mer le plus auant que l'on pourra pour empescher que le vaisseau ne chasse sur son ancre : dautant que ce qui est le plus à craindre sont les vens de terre, qui viennent du Saguenay & sont fort impetueux & violents, & viennét par bourasques qui durent fort peu, car le vent du trauers de la riuiere n'est point à craindre, d'autant qu'il y a bonne tenuë du costé de vers l'eauë, car l'ancre ne chasse point le cable, où l'ancre du vaisseau romperoit plustost.

Or les costes du Nort depuis le trauers d'Enticosty sont fort baturieres pour la plus part; en quelques endroits il y a de bons ports, mais ils ne sont cognus, hormis Chisedec & le port neuf trente lieuës de Tadoussac : aussi il y a nombre de petites riuieres où la pesche du saumon est grande, selon le rapport des sauuages & des Basques qui cognoissent partie d'icelle coste. I'ay costoyé ces terres quelques cinquante ou soixante lieuës dans vne chalouppe, la terre est basse le long de la mer, mais dans les terres elle paroist fort haute, il n'en fait pas bon approcher que la sonde à la main. Là est vne nation de sauuages qui habitent ces pays, qui s'appellent Exquimaux, ceux de Tadoussac leur font la guerre.

Lieux pres de Tadoussac.

Et depuis Gaspay iusques au Bic, se sont terres la plus grande part fort hautes, notamment lesdits monts Nostre Dame, où les neges y sont iusques au 10. & 15 de Iuin. Le long de la coste il y a force anses, petites riuieres & ruysseaux, qui ne sont propres que pour de petites barques & chalouppes, mais il faut que ce soit de plaine mer, La coste est fort saine, & en peut on approcher d'vne lieue ou deux, & y a ancrage tout le lõg d'icelle, contre l'opinion de beaucoup, ainsi que l'experience le fait cognoistre : l'on peut estaler les marées pour monter à mont, si le vent n'est trop violent. Tout ce pays est remply de pins, sapins, boulcaux, cedres, & force pois, & persil sauuage, le lõg de la coste l'on pesche de la molue, iusqu'au trauers de Mantane, & force macreaux en sa saison, & autres poissons.

<small>Ce pays est plain d'arbres.</small>

Le trauers de Tadoussac, qui est par quaráte huict degrés deux tiers, à deux lieues au Sud il y a nombre d'Isles, & est entr'autres l'Isle verte, à quelq; six lieuës dudit Tadoussac, en laquelle les Rochelois venoiẽt à la desrobée traitter de peleteries auec les sauuages. La grande riuiere a de large le trauers dudit Tadoussac, 5. à 6. lieues. Iusqu'à la terre du Su est vne riuiere par laquelle l'on peut aller à celle de S. Iean, en portant les canaux partie par terre, & le reste par les lacs & riuieres, tous ces chemins ne se font sans difficulté.

<small>Isle verte</small>

Partant de Tadoussac à la pointe aux Allouettes il y a vne petite lieuë, ceste pointe met hors plus de demy lieue, elle asseche de basse mer. Il y a vn islet de cailloux couuert de persil, qui a la feuille fort large, & quantité de pois sauuage Les barques de plaine mer rãgent la grand terre. Du Cap de la riuiere du Saguenay, l'on passe proche d'vn islet qui est au fond d'vne anse qui s'appelle l'islet Brulé presque tout rocher Lo trauers il y a ancrage à vn cable vers l eaue, au fond de l'anse est vn ruisseau qui vient des montagnes de ce ruyseau rangeant la terre à demy iect de pierre, il

N ii

n'y a que sable iusques au Cap de la pointe des Alloüettes, sur iceluy est vne plaine comme vne prairie, contenant quelques quatre à cinq arpents de terre, le reste sont bois de pins, sapins, & bouleaux, où il y a force lapins & perdrix. Les barques (comme dit est) passent proche de ce Cap pour abreger chemin, à aller à Québec : car passant dehors la pointe de l'Islet de Cailloux vers l'eaue, il faudroit faire plus d'vne lieue & demie qui est le grand passage, où il y a de l'eaue assez pour quelque vaisseau que ce soit: Il se faut

Isle Rouge. donner garde de l'Isle Rouge, où les marées chargét, ayant le temps clair & sans bruines. Il n'y a point de danger en toute ceste pointe, & autres bans de sables qui y sont attenans, asseché tout de basse mer où l'on treuue vne quantité de coquillages, comme bregos, coques, moulles, hoursains, & force loches, qui sont sous les pierres en plusieurs endroits : cela va iusqu'à l'anse aux Basques, contenant prés de trois à quatre lieuës de circuit. Il s'y voit aussi vne infinité de gibier en sa saison, tant oyseaux de riuiere, & sarselles, que petites oyes, outardes, & entr'autres

Oyseaux en abondance. il y a vn si grand nombre d'alloüettes, courlieux, griues, begasses, beccasses, pluuiers & autres sortes de petits oyseaux qu'il s'est veu des iours que trois à quatre Chasseurs en tuoiét plus de trois cens douzaines, qui sont tres grasses & delicates à manger. Pour aller à cette pointe aux Alloüettes, il faut trauerser le Saguenay, qui tient en son entrée vn quart de lieuë de large : de ceste riuiere i'en ay fait assez ample description, tant de ce que i'ay veu, que du raport des sauuages qui m'en a esté fait.

De la pointe aux Alloüettes faisant le Suroüest, **Cap de Chafaut.** vn quart au Su, l'on va au Cap de Chafaut aux Basques; en ce lieu il y a ancrage, mais il faut prendre garde, car par des endroits est rocher où les ancres pourroient bien demeurer, si l'on ne recognoist bien le fond vn peu plus vers l'eaue, le mouillage est plus net & vers le Chafaut aux Basques, demeure à sec qui est au fond de l'anse où sont deux ruisseaux qui viennent des montagnes. A l'entrée de ces deux ruisseaux est vn islet de rocher, où il y a vn peu de terre dessus, & quelques arbres qui assechent tout de basse mer jusqu'à la grãde terre, en laquelle est vne petite riuiere à trois quarts de lieue de la pointe aux Alloüettes, & vne bõne lieue & d'auãtage du Chafaut aux Basques laquelle est abondãte en poisson en son temps, comme de truittes & saumons, quantité d'Eplan tres-excellent qui s'y prend, le gibier s'y retire en grand nombre.

Du Cap de Chafaut aux Basques, faisant la mesme route jusqu'à la riuiere de l'Equille, il y a trois lieues, & de la pointe aux Alloüettes cinq. Costoyant la coste du Nort l'on passe proche de l'Anse aux Rochers qui est baturiere. A l'entrée du port est vn petit islet proche de terre, où il y a mouillage de beau temps pour des barques, au fond de l'anse sont deux petites riuieres qui ne sont que ruisseaux, à vne lieue & demie du Cap aux Basques.

De l'Anse de Rocher à la riuiere de l'Equille, il y a prés d'vne lieue & demie, vn Cap est entre deux: ceste riuiere de l'Equille vient des montagnes, & asseche de basse mer vn peu vers l'eaue de l'entrée, il y

N iii

a mouillage pour barques. L'Isle au Liéure demeure au Suest trois lieues, la pointe aux Allouettes, & ceste dite Isle est Nortnordest & Susurouest: laquelle Isle est esloignée de la terre du Sud prés de trois lieues, entre les deux il y a des Isles: ce costé n'est bien cognu, comme n'estant sur la routte de Québec & Tadoussac. L'Isle aux Liéures ainsi nommée pour y en auoir, est couuerte de bois de pins, sapins & cedres, il y a des pointes de rochers assez dangereuses, elle a deux lieues & demie de longueur.

Isle aux liéures.

Du port de l'Equille au port aux femmes, il y a vne bonne lieue: ce port aux femmes est vne anse partie sable & cailloux, proche de là est vn petit estág. Les sauuages se cabanent quelques fois en ce lieu, au dessus d'vne pointe de terre qui est plate & assez agreable: proche de ce lieu il y a ancrage, pour Barques en beau temps.

Port aux femmes.

Du port aux femmes l'on va au port au Persil, distant prés d'vne lieuë qui est anse, derriere vn Cap, où il y a vne petite riuiere qui asseche de Bassemer, elle vient des montagnes qui sont fort hautes, il y a ancrage proche, & à l'abry du vent du Su, venant à Ouest iusques au Nortnordest.

Du port au Persil l'on va tournant au tour d'vne montagne de rochers qui fait Cap: vne lieuë aprés l'on vient au port aux saumons, qui est vne anse dans laquelle se deschargent deux ruisseaux, il y a vn islet en ce lieu où sont quantité de framboises, fraises, & blues, en leur saison: ceste anse asseche de Bassemer, vn peu vers l'eauë de l'islet il y a ancrage pour vaisseaux & barques, l'on est à l'abry du Nortdest.

DE CHAMPLAIN. 103

Du port aux Saumons à celuy de Malle Baye, est distant d'vne lieue double, ce Cap rangeant la coste d'vn quart, & demy lieuë il y a ancrage pour des vaisseaux: cedit Cap & l'Isle aux Liéures sont Nortdest, vn quart à l'Est & Surrouest, vn quart à l'Ouest pres trois lieues.

Du Cap de Male Baye iusqu'à la riuiere Plate trois lieues, ceste riuiere est dans vne anse qui asseche de Ballemer, reserué vn petit courāt d'eau qui viēt de la riuiere, qui est assez spatieuse, il y a force rochers dedans, qui ne la rendēt nauigeable que pour les canaux des sauuages qui seruent à surmonter toutes sortes de difficultez auec leurs bateaus d'escorse. Cap de Male baye.

De la riuiere Plate au Cap de la riuiere Plate, faisant le Surouest trois lieues & demie, entre les deux est vn petit ruisseau anse ou deuāt iceluy il y a ancrage, comme deuant la riuiere Platte pour des vaisseaux. Estant vn peu vers l'eauë de l'Anse la sonde vous gouuerne, vous prendrez tant & si peu d'eaue que vous voudrez, soit pour vaisseaux ou barques, le fond est sable en la plus part de ses endroits.

Du Cap de la riuiere Platte au Surouest il y a deux lieuës, vous passez plusieurs petites anses qui sont remplies de Rochers, comme est partie de toute la coste depuis Tadoussac iusqu'en ce lieu, toutes les terres sont fort hautes, & le pays fort sauuage & desagreable, remplis de pins, sapins, cedres, bouleaux & quelques autres arbres, si ce n'est quelque rencontre de petites valées qui sont agreables.

Du Cap aux oyseaux à l'Isle au Coudre, il y a vne bōne lieuë, elle a vne lieuë & demie de lōgueur, esleuée par le milieu comme vn costeau, chargée d'arbres de pins, sapins, cedres, bouleaux, hestres & des coudriers par endroits. Au bout de ladite Isle du Surouest sont des prez, & vn petit ruisseau qui vient de ladite Isle, auec quātité de bonnes sources d'eauës tres excellétes, en icelle est nōbre de lapins, & quantité de gibier, qui y vient en saison: il se voit nōbre de pointes de rochers au tour d'icelle, & notamment vne qui auāce beaucoup en la riuiere du costé du Nort, de quoy il se faut dōner de garde, la marée y court auec beaucoup de violence, comme au milieu de Lachenal, elle est esloignée de la terre du Nort demie lieue, terre de rochers assez haute, il y a ancrage entre les deux pour des vaisseaux, en se retirāt vn peu du courant du costé du Nort demy quart de lieue dudit Cap aux oyes. A vne lieue de ladite Isle au Nort, est vne grande anse qui asseche de bassemer, où il y a nombre de rochers espars çà & là, en ce lieu descēd vne riuiere qui n'est nauigeable que pour des canaux, y ayant nombre de sauls, elle vient des montagnes qui paroissent dedans les terres fort hautes chargées de pins & sapins.

 Au Su de l'Isle au Coudre, il y a nombre de basses & rochers, qui sont sur le trauers de la riuiere prés d'vne lieue, tout cela couure de plaine mer, plus au midy est lachenal, où les vaisseaux peuuent aller, à quatre ou cinq brasses d'eauë de bassemer, rangeāt quantité d'Isles, les vnes contenant vne à deux lieues, & autres moins, en aucunes sont des prairies qui sont fort belles, où en la saison y vient vne telle quantité de gibier qu'il n'est pas croyable à ceux qui ne l'ont
veue

veuë : ces Isles sont chargées de grands arbres, comme pins, sapins, cedres, bouleaux, ormes, fresnes, erables, & quelque peu de chesnes, en aucunes. Si vous attendez la plaine mer vous treuuerez sept à huict brasses d'eaue, iusqu'à ce que l'on soit au trauers de l'Isle au Ruos, à lors l'on treuue dix, douze, & treize brasses d'eaue, allant à Québec passant au Su de l'Isle d'Orleans.

Du costé du Su de ces Isles est encore vn autre passage où il n'y a pas moins de huict brasses d'eaue : pour n'estre encore bien recognue, l'on n'en fait point d'estime ne grãde recherche, puisqu'on en a d'autres : De ces Isles à la terre du Su il y a enuiron deux lieues, la mer y asseche prés d'vne lieue : en ce lieu est vne riuiere fort belle qui vient des hautes terres, toute chargée de forests, où sont quantité d'eslans & cariboux, qui sont presque aussi grands que cerfs, la chasse du gibier abonde sur les batures qui assechent de basse mer.

Retournons au Nort du passage de ladite Isle au Coudre, doublé la pointe de rochers tousiours la sonde à la main, pour suiure la Chenal & euiter les basses, tant du costé que d'autre, mettant le Cap au Surrouest vous rangez sept lieues de costé iusqu'au Cap Brulé demie lieue du Cap de Tourmente, laquelle terre est fort montueuse, pleine de rochers, & couuerte de pins, & sapins, y ayant nombre de ruisseaux qui viennent des montagnes se descharger en la riuiere.

Comme l'on est au Cap Brulé, il faut mettre le Cap sur le bout de l'Isle du Nordest appellé des Ruos, qui vous sert de marque pour suiure la Chenal, il y a deux lieues de passage qui est le plus dangereux & dif-

2. Part. O

ficile à passer depuis Tadoussac, à cause des batures &
pointes de rochers qui sont en ce trajet de chemin,
neantmoins il ne laisse d'y auoir assez d'eaue iusques à
cinq brasses de bassemer, tousiours la sonde à la main,
car par ce moyen vous conduirez le fond iusqu'à ce
que treuuiez dix à douze brasses d'eaue: alors l'on suit
le fond costoyant l'Isle d'Orleans au Su, qui a six lieues
de longueur & vne & demie de large, en des endroits
chargée de quantité de bois, de toutes les sortes que
nous auons en France, elle est tres belle bordée de
prairies du costé du Nort, qui innondent deux fois le
iour. Il y a plusieurs petits ruisseaux & sources de Fōtai-
nes, & quātité de vignes qui sont en plusieurs endroits.
Au coste du Nort de l'Isle y a vn autre passage, bien que
en la Chenal il y aye au moindre endroit trois brasses
d'eaue, cependant l'on rencontre quantité de pointes,
qui auancent en la riuiere, tres dangereuses & peu de
louiage, si ce n'est pour barques, & si faut faire les bordes courtes. Entre l'Isle & la terre du Nort il y a prés de
demie lieue de large, mais la Chenal est estroit, tout le
pais du Nort est fort mōtueux Le long de ces costes y a
quātité de petites riuieres qui la plus part assechent de
basse mer, elle abonde en poisson de plusieurs sortes,
& la chasse du gibier qui y est en nombre infiny, cōme
à l'Isle & aux prairies du Cap de Tourmente, tres beau
lieu & plaisant à voir pour la diuersité des arbres qui y
sont, comme de plusieurs petits ruisseaux qui trauersent les prairies, ce lieu est grandement propre pour
la nourriture du bestial.

 De l'Isle d'Orleans à Québec y a vne bonne grande
lieue, y ayant de l'eaue assez pour quelque vaisseau que

se soit, de façon que qui voudroit venir de Tadoussac l'on le pourroit faire aisement auec des vaisseaux de plus de trois cens tonneaux, il n'y a qu'à prendre bien son temps & ses marées à propos pour y aller auec seureté.

Retournant à la continuation de nostre voyage de Québec, ledit de la Ralde fit descharger de ses vaisseaux quelque nõbre de bariques de galettes & pois, tant dans le vaisseau des Peres Iesuites, qu'au nostre: Nous sçeusmes par des Basques qui s'estoient sauuez de leur nauire, lequel s'estoit brulé dans vn port appellé Chisedec qui est au fleuue sainct Laurent, par vn petit garçon qui malheureusement mit le feu aux poudres, y estant allez pour faire pesche de balaines, de là furent à Tadoussac auec leurs chalouppes où ils traitterent quelques peleteries, & s'en vinrent à l'Isle Percée, pour treuuer passage pour retourner en France, ledit de la Ralde se delibera de les mener à Miscou pour plus amplement s'informer de ce qu'ils auoient fait & traitté, & premier que partir il vint à bort le 21. dudit mois, & delibera d'aller à Miscou pour recourir de certaines debtes que les sauuages luy deuoient, & voir en quel estat estoient les marchandises qu'il auoit laissees l'année d'auparauãt en garde à vn sauuage appellé Iouan chou, me promettãt que dans vn mois plus tard il viendroit à Québec, nous apportant toutes les choses qui nous manquoient, principalement des poudres & des mousquets, comme il auoit esté chargé de m'en fournir. Il fit assembler son esquippage, leur disant que ne pouuant aller pour l'heure en son vaisseau, il y mettroit ledit Emery pour y com-

De la Ralde se resoud d'aller à Miscou.

O ii

108 LES VOYAGES DV SIEVR DE

Ce que de Caen est chargé de dire aux Matelots Huguenots mander, & que l'on luy obeit comme à sa propre personne, en le chargeant particulierement de dire aux matelots pretendus reformés, qu'il ne desiroit qu'ils chantassent les Pseaumes dans le fleuue sainct Laurent, cela dit il se desembarqua.

Et nous leuasmes l'ancre & mismes sous voilles auec vent fauorable. Le soir ledit Emery fit assembler son equippage, leur disant que Monseigneur le Duc de Ventadour ne desiroit qu'ils chantassent les Pseaumes dans la grande riuiere comme ils auoient *Ils murmurent.* fait à la mer, ils commencerent à murmurer & dire qu'on ne leur deuoit oster ceste liberté: en fin fut ac*Ce qu'il leur fut accordé.* cordé qu'ils ne chanteroient point les Pseaumes, mais qu'ils s'assembleroient pour faire leurs prieres, car ils estoient presque les deux tiers de huguenots, & ainsi d'vne mauuaise debte l'on en tire ce que l'on peut.

Arriuée de l'Autheur prés Tadoussac. Le 25. de Iuin nous mouillasmes l'ancre le trauers du Bicq, quatorze lieuës à l'Est de Tadoussac. Ledit Emery despescha vne chalouppe à Québec pour aduertir ledit du Pont de nostre venuë. Sur le soir appareillasmes pour aller à Tadoussac. La nuict s'esleua vne *Brune qui les incommode.* si grande brune que le l'endemain au matin pensasmes aborder vn Islet prés de l'Esquemain terre du Nort, ce qu'ayant esuité heureusement nous mismes vers l'eauë, & la brune continuoit si fort que l'on ne voyoit pas presque la longueur du vaisseau, l'on fit mettre nostre batteau dehors entre la terre & nous, & vn trompette, affin que quand ils verroient la terre ils nous en aduertissent par le son d'icelle, car l'on n'eust peû voir le bateau à cinquante pas de nous, & comme il s'apperceut en estre fort proche il nous donna aduis que n'en deuions pas approcher de plus prés : & de plus aduisa vn petit vaisseau d'enuiron cinquante tóneaux qui auoit mouillé l'ancre entre deux pointes, & qui traittoit auec les sauuages du Port de Tadoussac: ce qu'ayant apperceu il fait deuoir de venir à nous, par le moyen du son de la trompette & d'vn autre qui leur respondoit de nostre vaisseau, nous ayant apperceus ils nous dirent ces nouuelles : mais comme nous estiós de l'auant du vaisseau & le vent & marée contraires pour retourner au lieu où estoit ledit vaisseau la brune qui nous affligeoit fort, & nostre vaisseau mauuais voilier, nous ne peusmes rien faire. *Aduis que Emery leur donne.* *Vient vers l'Autheur.*

Ledit vaisseau ayant sçeu que nous estions proche de luy, par le moyen d'vn canau de Sauuages qui estoit vers l'eauë, lequel ayant apperceu nostre basteau, les alla promptement aduertir, & aussi tost coupperét leurs cables sur l'escubier, laisserent leur ancre & basteau, mettent sous voiles, ce que nous apperceusmes, & vne esclercie, & estant meilleur voilier, il s'esloigna en peu de temps de nous, ce qui nous occasionna de mettre à l'autre bord. Comme le vaisseau des peres Iesuistes qui auoit fait chasse sur luy, & s'il eust esté bien armé il l'eust emporté, car il fut iusqu'à parler audit vaisseau, & prit on le basteau du Rochellois : De ceste marée fusmes mouillier l'ancre à la pointe des Bergeronnes, attendant la marée pour aller à Tadoussac, auquel lieu l'on enuoya des Charpentiers & Calfeustreurs, pour accómoder les barques qui y estoient. *Vaisseau Rochelois pris.*

Le Samedy 27. leuasmes l'ancre & nous vinsmes mouillier le trauers du moulin Baudé, à deux lieuës du Cap des Bergeronnes. Vn François qui estoit venu de *Ce que luy du ve*

O iij

LES VOYAGES DV SIEVR

François venu de Québec.

Québec, nous dit que du Pont auoit esté fort malade, tant des gouttes que d'autre maladie, & qu'il en auoit pensé mourir: mais que pour lors il se portoit bien & tous les hyuernans, mais fort necessiteux de viures comme le mandoit ledit du Pont, lequel auoit despesché vne chalouppe pour enuoyer à Gaspey & à l'Isle Percée, pour sçauoir des nouuelles, & treuuer moyen d'auoir des viures s'il estoit possible, pour n'abandonner l'habitation, & pouuoir repasser en France la plus grande partie de ceux qui auoient hyuerné, craignans que nous ne fussions perdus, ou qu'il fust arriué quelqu'autre fortune pour estre si tard à venir, qu'ils n'auoient plus que deux poinçons de farines, qu'ils reseruoient pour les malades qui pourroient y auoir, estans reduits à manger du Migan comme les sauuages.

Necessité de viures.

 Voilà les risques & fortunes que l'on court la plus part du temps, d'abandonner vne habitation & la rendre en telle necessité qu'ils mourroient de faim, si les vaisseaux venoient à se perdre, & si l'on ne munit ladite habitation de viures pour deux ans, auec des farines, huilles, & du vinaigre, & ceste aduance ne se fait que pour vne année, attendant que la terre soit cultiuée en quantité pour nourrir tous ceux qui seroiët au pays, qui seroit la chose à quoy l'on deuroit le plus trauailler apres estre fortifié & à couuert de l'iniure du temps. Ce n'est pas que souuent ie n'en donnasse des aduis, & representé les inconueniens qui en pouuoient arriuer: mais comme cela ne touche qu'à ceux qui demeurent au pays, l'on ne s'en soucie, & le trop grand mesnage empesche vn si bon œuure, & par ainsi le Roy est tres mal seruy, & le sera tousiours si l'on n'y apporte

Inconueniens que l'Autheur a souuent representez.

vn bon reiglement, & estre certain qu'il s'executera.

Le 29. dudit mois nous entrasmes au port de Ta- *Ils entre-*
douſſac où il y auoit quelque trente cinq cabanes de *rēt au port de Tadouſ-*
ſauuages. Le dernier de Iuin vne barque partit char- *ſac.*
gée de viures pour l'habitation, & de marchandiſes
pour la traitte, le pere Noyrot Ieſuiſte & le pere Ioſeph Recollet s'en allerent dedans.

Le premier de Iuillet ie partis pour aller à Québec, *Son arri-*
où arriué le cinquieſme dudit mois, ie vis ledit du *uée à Qué-*
Pont, tous les Peres & autres de l'habitation en bōne *bec.*
ſanté: apres auoir viſité l'habitation & ce qui s'eſtoit
fait du depuis mon depart pour les logements, ie ne *Trouue*
le trouuay ſi aduancé comme ie m'eſtois promis, *le logemēt*
voyant que les hommes & ouuriers ne s'eſtoient pas *peu aduan-*
bien employez comme ils euſſent bien peû faire, & *cé.*
le fort eſtoit au meſme eſtat que ie l'auois laiſſé, ſans
qu'on y euſt fait aucune choſe, (ce que ie m'eſtois
bien promis à mon depart,) ny au baſtiment de dedans qui n'eſtoit que commencé, n'y ayant qu'vne
chambre où eſtoient quelques meſnages, attendant
qu'on l'euſt paracheué, ie voyois aſſez de beſongne
d'attente, bien qu'à mon depart de deux ans & demy
i'auois laiſſé nombre de materiaux preſts, & bois aſ-
ſemblé, & dix-huict cens planches ſciées pour les logemens, auſquels les ouuriers firent de grandes fautes, pour n'auoir ſuiuy le deſſein que i'auois fait &
monſtré.

Aprés auoir tout conſideré, ie iugé combien par
le temps paſſé les ouuriers perdoient le temps aux
plus beaux & longs iours de l'année, pour entretenir
le beſtial de foin, qu'il falloit aller querir au Cap de

Tourmente à huict lieuës de nostre habitation, tant à faucher & faner, qu'à l'apporter à Québec, en des barques qui sont de peu de port, où il falloit estre prés de deux mois & demy, employant plus de la moitié de nos gens de trauail, qui ne passoient pas vingt quatre, de cinquante cinq personnes qui estoiét en ladite habitation, cela me fit resoudre de mettre en effect ce que long temps auparauant i'auois deliberé. L'ayant donné à entendre aux associez qui fit que i'allay aux prairies dudit Cap de Tourméte, choisir vn lieu propre pour y faire vne habitation, à y loger quelques hommes pour la conseruation du bestial, & y faire vne estable pour les retirer, & par ce moyen estant vne fois là, l'on ne seroit plus en soucy de ce qui nous donnoit de l'incommodité, & les ouuriers si peu qu'il y en auoit, ne perderoient le temps comme au passé.

Nombre de personnes qui estoient en l'habitatiõ.

Ie choisis vn lieu où est vn petit ruysseau & de plaine mer, où les barques & chalouppes peuuent aborder, auquel ioignant y a vne prairie de demye lieuë de long & dauantage, de l'autre costé est vn bois qui va iusques au pied de la montagne dudit Cap de Tourmente demie lieuë de prairies, lequel est diuersifié de plusieurs sortes de bois, comme chesnes, ormes, fresnes, bouleaux, noyers, pommiers sauuages, & force lembruches de vignes, pins, cedres & sapins, le lieu de soy est fort agreable, où la chasse du gibier en sa saison est abondante : & là ie me resolus d'y faire bastir le plus promptement qu'il me fut possible, bien qu'il estoit en Iuillet ie fis neantmoints employer la plus part des ouuriers à faire ce logemét, l'estable

Lieu choisi pour faire le fort agreable.

l'eſtable de ſoixante pieds de long & ſur vingt de large, & deux autres corps de logis, chacun de dix-huict pieds ſur quinze, faits de bois & terre à la façon de ceux qui ſe font aux villages de Normandie, ayāt donné ordre en ce lieu, ie m'en retournay à Québec, pour remedier aux autres choſes, qui fut le huictieſme dudit mois, où eſtant i'enuoyay le ſieur Foucher pour auoir eſgard à ce que les ouuriers ne perdiſſent leurs temps, auec des viures pour leur nourriture, & tous les huict iours ie faiſois vn voyage en ce lieu pour voir l'aduancement de leur trauail.

I'e conſideré d'autre part que le fort que i'auois fait faire eſtoit bien petit, pour retirer à vne neceſſité les habitás du pays, auec les ſoldats qui vn iour y pourroient eſtre pour la deffenſe d'iceluy, quand il plairoit au Roy les enuoyer, & falloit qu'il euſt de l'eſtenduë pour y baſtir, celuy qui y eſtoit auoit eſté aſſez bon pour peu de perſonnes, ſelon l'oyſeau il falloit la cage, & que l'agrandiſſant il ſe rendroit plus commode, qui me fit reſoudre de l'abatre & l'agrandir, ce que ie fis iuſqu'au pied, pour ſuiure mieux le deſſein que i'auois, auquel i'employay quelques hommes qui y mirét toute ſorte de ſoing pour y trauailler, affin qu'au priātemps il peuſt eſtre en deffence, cela s'exécuta, ſa figure eſt ſelon l'aſſiette du lieu que ie meſnagé auec deux petits demy baſtions bien flanquez, & le reſte eſt la montagne, n'y ayant que ceſte aduenuë du coſté de la terre qui eſt difficile à approcher, auec le canon qu'il faut monter 18. à 20. toiſes, & hors de mine, à cauſe de la dureté du rocher, ne pouuant y faire de foſſe

Le plan de la maiſon du Cap de Tourmente.

Fait faire des baſtiōs pour la deffenſe du lieu.

qu'auec vne extréme peine, la ruine du petit fort feruir en partie à refaire le plus grand qui eſtoit edifié de faſcines, terres, gazons & bois, ainſi qu'autrefois i'auois veu pratiquer, qui eſtoient d'ottres bonnes forcereſſes, attendant vn iour qu'on la fit reueſtir de pierres à chaux & à ſable qui n'y manque point, commandant ſur l'habitation, & ſur le trauers de la riuiere.

Ainſi ie donné ordre à faire couurir la moitié de l'habitation que i'auois fait commencer premier que partir, & quelques autres commoditez qui eſtoient neceſſaires. Voilà tous nos ouuriers employez au nõbre de 20. bien qu'vne partie du temps il y en auoit qui eſtoient empeſchez à aller dans les barques, qui ne ſeruoient de rien à l'habitation.

<small>Hommes de trauail qu'amena le pere Noyrot.</small>
Le pere Noyrot amena vingt hommes de trauail que le reueréd Pere Allemand employa à ſe loger, & defricher les terres où ils n'ont perdu aucun temps, comme gens vigilants & laborieux, qui marchét tous d'vne meſme volonté ſans diſcorde, qui eut fait que dans peu de temps ils euſſent eù des terres pour ſe pouuoir nourrir & paſſer des commoditez de France, & pleuſt à Dieu que depuis 23. à 24. ans, les ſocietez euſſét eſté auſſi reünies & pouſſées du meſme deſir que ces bons Peres: il y auroit maintenant pluſieurs habitations & meſnages au païs, qui n'euſſent eſté dans les trances & apprehenſions qu'ils ſe ſont veuës.

Le 14. dudit mois arriua le pere de la Nouë de Tadouſſac, qui nous dit que depuis que Emery eſtoit party dudit lieu que ceux de l'equipage ne s'eſtoient pas ſouciez des deffences qu'il auoit faites à ſon depart, de ne chanter des pseaumes, ils ne laisserent de continuer, de sorte que tous les sauuages les pouuoient entendre de terre: cela n'importe à leur dire, c'est le grand zele de leur foy qui opere.

Les peres de la Nouë & Brebœuf, qui auoient hyuerné auec le reuerend Pere l'Allemand, se delibererét d'aller aux Hurons hyuerner, voir le païs, apprendre la langue, & cósiderer qu'elle vtilité & bien l'on pourroit esperer pour l'acheminement de ces peuples à nostre foy: aussi il y eut vn pere Recollet appellé le pere Ioseph de la Roche qui y auoit hyuerné l'année d'auparauant desdits Peres Iesuistes, auec le mesme dessein, & quelques François qu'on enuoya pour obliger les sauuages à venir à la traitte.

Le mesme iour arriuerent trois ou quatre chaloupes qui alloient à Tadoussac, & d'aucús qui estoiét dedans, dirent qu'il y auoit des pretendus reformez qui faisoiét leurs prieres en quelques barques, s'assemblant au desceû dúdit Emery de Caen, qui fut cause que ie luy en donnay aduis, afin qu'il y mit ordre, tant là, qu'à Tadoussac. *Arriuée de quatre chaloupes où estoient des pretendus reformez.*

Le 22. dudit mois arriua vne chaloupe à Québec, de la part dudit de la Ralde de Miscou, lequel m'escriuit qu'il ne pouuoit venir ceste année, d'autant qu'il auoit treuué plusieurs vaisseaux qui auoient traitté des peleteries, contre les deffences du Roy, & pour ce, s'en vouloir saisir & les amener en France, escriuant audit Emery de Caen qu'il eust à enuoyer l'alouette vaisseau des peres Iesuistes & l'armer des choses necessaires pour se rendre tant plus fort & maistre desdits vaisseaux qui traittoient. *Chaloupes du sieur de la Ralde venant à Québec.*

P ii

Vn canau arriua de la riuiere des Yrocois, ce mesme iour, qui nous dit que cinq Flamands auoient esté tuez par les sauuages Yrocois, qui par cy deuant auoient esté leurs amis, qui ont maintenát guerre auec les Mahiganathicoit, où sont les Flamands au 40. degré, costes attenantes à celle des Virgines où l'Anglois habite.

Le 25. iour d'Aoust ledit Emery partit de Québec. Et ledit du Pont se delibera de repasser en Fráce, bien que ledit sieur de Caen luy mandoit que cela seroit en son option de demeurer s'il vouloit, & s'estant resolu de s'en retourner, Cornaille de Védremur d'Enuers demeura en sa place, pour auoir soing de la traitte & des marchandises du magazin, auec vn ieune homme appellé Oliuier le Tardif de Honnefleur, sous-commis qui seruoit de truchement. Tous nos viures estans desembarquez ie les fis visiter, le nombre qu'il y auoit estoit peu, qui estoit pour tomber en des incōuenients d'vne mauuaise attente, comme i'ay dit cy dessus, si Dieu ne nous aydoit par le prompt retour des vaisseaux.

Le 15. de Septembre i'enuoyay le bestial au Cap de Tourmente, d'où il y a sept lieuës. Et le 21. ie fis porter des viures & commoditez, pour six hommes, vne femme & vne petite fille.

L'Autheur enuoye le bestial au Cap de Tourmente.

Le 24. s'en reuindrēt tous les ouuriers dudit Cap, qui auoient paracheué le logement tant pour les hommes que pour le bestial, lesquels hommes i'employay à aller couper nombre de pieces de bois pour sier en hyuer & faire la charpente necessaire à faire les logements.

Le 24. du mois d'Octobre ie fus audit Cap de Tourmente, & delà penfois aller aux ifles, qui font le trauers pour recognoiftre quelques particularitez, mais le vent de Nordeft s'efleua fi fort que nous penfafmes perir, toutes nos commoditez furent perdues, noftre chalouppe grandemét offencée, qui nous contraignit de relafcher & retourner à Québec.

Voyage de l'Autheur au Cap Tourmente.

Le 30. dudit mois s'efleua vn fi grand coup de vét de Nordeft, que la mer croiffant extraordinairement, nous brifa vne de nos barques fans y pouuoir remedier, laquelle eftoit toute pourrie au fond pour eftre trop vieille, Dieu permettant ce mal-heur pour vn autre plus grand bien.

Barque brifée.

Le mois de Nouembre eft fort variable en ces lieux, tantoft il y neige, pleut & gele, auec quelques coups de vents aduantcoureurs de l'hyuer, neátmoins ie ne laiffay durát ce temps, de faire amaffer quantité de pieces de bois pour employer les charpentiers & fieux d'ais pendant l'hyuer, qui nous furprit pluftoft qu'à l'accouftumée, qui fut le 22. dudit mois, la grăde riuiere commença à charier de petites glaces. Le 7. de Decembre mourut de la iaulniffe vn des ouuriers des Peres, qui eftoit affez aagé.

Le 17. dudit mois le reuerend pere l'Allemand baptifa vn petit fauuage, qui n'auoit que dix à douze iours, par la permiffion de fon pere appellé Caqué mifticq; le lendemain fut enterré au cemetiere de l'habitation.

Sauuage baptifé.

Le 25. de Ianuier Hebert fit vne cheute qui luy occafionna la mort : ç'a efté le premier chef de famille refident au païs, qui viuoit de ce qu'il cultiuoit.

P iij

Le 22. de Mars les sauuages me donnerent deux eslans masle & femelle, le masle mourut pour auoir trop couru & trauaillé, estát poursuiuy des sauuages, lesquels nous firent part de quelque chair d'eslan: l'hyuer quoy y passay fut vn des plus longs que i'aye veu en ce lieu, qui fut depuis le 21. de Nouembre iusqu'à la fin d'Auril, il y auoit sur la terre quatre pieds & demy de neiges, & à Miscou huict, qui est dans le golphe sainct Laurent, à 155. lieuës de Québec, où ledit de la Ralde auoit laissé quelques François hyuerner, pour traitter quelque reste de marchandises qui luy restoient, & qu'il ne voulut rapporter en France: ils faillirent tous à mourir du mal de terre, i'enuoyay visiter ceux qui estoient au Cap de Tourmente, lesquels s'estoient fort bien portez, mais auoient vn peu mal mesnagé leurs viures, & leurs en fallut donner d'autres, aux despens des hyuernans de l'habitation, qui n'auoient pas assez de farines que quelques galettes, qui suppléerent au deffaut: sans cela nous eussions esté tres mal, comme de toutes autres choses, pour n'auoir pourueu en France de bonne heure aux commoditez necessaires pour l'habitation.

l'hyuer est fort lōg.

Les François sont sollicitez de faire la guerre aux Yrocois.
L'Autheur enuoye son beau frere aux trois riuieres.

CHAPITRE III.

Endant l'hyuer quelques vns de nos sauuages furent aux habitations des Flamands, lesquels les sauuages dudit pays sollicitèrent les nostres de faire la guerre aux Yrocois, qui leurs auoient tué vingt quatre sauuages, & & cinq Flamands qui ne leurs auoient voulu donner passage, pour aller faire la guerre à vne nation appellée les Loups ausquels lesdits Yrocois vouloient du mal, & pour engager nos sauuages à ceste guerre, qui auoient la paix auec lesdits Yrocois, ils leurs donnerent des presens de colliers de pourcelaine, pour faire donner à quelques Chefs, comme au reconcilié & autres, afin de rompre ceste paix. Ces Messagers estans de retour donnerent les colliers aux Chefs, qui les ayãt receuz delibererent de s'assembler bon nombre, auec les Algommequins & autres nations, & s'en aller treuuer les Flamands & sauuages pour faire vne grande assemblée ruiner les villages Yrocois, auec lesquels au precedent ils auoient paix, n'estans qu'à deux iournées d'eux, & douze de Québec. Il y auoit plusieurs de nos sauuages qui ne vouloient point ceste guerre, ains la continuation de la paix auec les Yrocois, & ce qui fut cause d'vn grand trouble entre ces peuples, desquelles nouuelles ie n'auois encore rien sçeu que par vn Capi-

taine sauuage des nostres, appellé Mahigan Aticq, qui ne voulut consentir à ceste guerre, que premier il n'eust eû mon aduis, ce que ie luy promis : il me discourut fort particulierement de toute ceste affaire, iugeant où cela pouuoit aller, car l'importáce n'estoit pas seulement de ruiner les Yrocois comme ennemis des Flamands, mais le tout tiroit à plus grande consequence, que ie passeray sous silence.

Ce que l'Autheur dit à vn Capitaine des sauuages, & se plaint d'eux.

Ie dis audit Mahigan Aticq que ie luy sçauois bon gré de m'auoir donné cet aduis, mais que ie treuuois fort mauuais, comme ledit reconcilié & autres auoient pris ces presens, & deliberé ceste guerre sans m'en aduertir, veu que s'estoit moy qui m'estois entremeslé de faire la paix pour eux auec lesdits Yrocois, cósiderant le bien qui leur en arriuoit de voyager librement amont la grande riuiere, & dans les autres lieux, autrement n'estant qu'en peur de iour en iour, de se voir massacrer & pris prisonniers, eux, leurs femmes & enfans, comme ils auoient esté par le passé : la où recommençant ceste guerre, s'estoit rentrer de fiévre en chault mal, & que pour moy ie ne pouuois consentir à vne meschanceté : qu'eux & moy leurs auions donné parole de ne leurs faire aucune guerre, sans qu'au prealable ils ne nous en eussent donné suiect, & que pour ceux qui entreprenoient ceste affaire, touchant la guerre sans nous en communiquer, ie ne les tenois point pour mes amis, mais ennemis, & que s'ils faisoient cela sans quelque suiect, ie ne les voulois point voir à Québec, que neaumoins où ie treuuerois lesdits Yrocois ie les assisterois comme amis, contre les sauuages proche des Flamands, qui estoient ennemis

comme

comme leurs ayant fait la guerre, estant allé autre fois aux Mahiganaticois, qui sont ceux de ceste mesme nation qui nous auoient tué malheureusement de nos hommes, que pour le reconcilié s'il auoit pris ces presens, que ie ne le voulois plus voir ny tenir pour mon amy, s'il ne les renuoyoit, n'aller en guerre s'il les retenoit, que c'estoit estre de mauuaise foy, que promettre vne chose pour en faire vne autre, & que se laisser corrompre pour des presens, & ie ne pouuois que penser de telles personnes, & que si on leurs en dónoit pour faire quelque meschanceté contre nous, ils le feroient. Et entre autres discours tendant à cét effect, il me dit que i'auois raison, & qu'il falloit aller en diligence aux trois Riuieres, au Conseil qui se deuoit deliberer, & que mesme il y en auoit quelque nombre qui vouloient aller faire vne course aux pays desdits Yrocois pour en attraper quelques-vns, premier qu'aller vers les Flamans, si ie n'y allois ou enuoyois, & me pria instamment d'y enuoyer puis que ma cómodité ne le pouuoit permettre d'y aller; d'autant, me dit il, qu'ils ne me voudroient pas croire de ce que ie pourrois leur dire de ta part: mais y enuoyant ils verront la verité, & ce que tu desires. Sur ce ie me delibere d'y enuoyer Boullé mon beaufrere auec vn truchement, le l'endemain le reconcilié me vint treuuer, qui auoit ouy quelque vent que ie sçauois quelque chose de cette affaire, ie luy fis fort froide receptió, & ne me peus empescher de luy tesmoigner le desplaisir que i'en auois: il me dit qu'il ne sçauoit rien de cette affaire, mais iugeant que i'estois bien certain de tout ce qui se passoit, il s'en alla doucement s'embarquer en vn Canau, va au trois

LES VOYAGES DV SIEVR

Riuieres premier que mon beau-frere & ledit Mahiganaticq y fussent, où il tesmoigna n'auoir agreable cette guerre, & se monstra aussi contraire comme il y auoit esté porté, mais quelques Algommequins estoient partis pour aller en leur pays, & de là à la guerre sans nostre sceu, qui occasionna du malheur tant pour nos Sauuages que pour nous, comme il sera dit cy-apres.

Sauuages vont à la guerre sans nostre sceu.

Le 9. dudit mois de May i'enuoyay mon beau-frere pour aller à cette asseblée 30 lieuës de Québec amont ledit fleuue, où ils s'assemblerent tous pour prendre là resolution : la moitié desiroit la continuation de la guerre, autres de la paix : il fut en fin resolu de ne rien faire iusques à ce que tous les vaisseaux fussent arriuez, & que les Sauuages d'autres nations seroient assemblés, ce qui occasionna mon beau-frere de reuenir le 21. dudit mois, & me dit ce qui auoit esté resolu. Le Pere Ioseph Recolet baptisa vn petit Sauuage de l'aage de 18. à 20. ans, qui fut nommé Louys, au nom du Roy, le 23 de May. Quelque téps apres il s'en retourna auec les Sauuages, comme fit vn autre qui auoit esté instruit en France, qui sçauoit bien lire, escrire, & passablement parler latin.

L'Autheur enuoye son beau frere à leur assemblée.

Le Pere Ioseph baptise vn petit Sauuage.

Le 7. de Iuin arriua vn Canau où il y auoit deux François qui m'apportoient lettres des sieurs de la Ralde & d'Emery de Caen, qui estoient arriuez à Tadoussac le dernier de May 1627.

Canau arriue de Frãce à l'Autheur.

Le 9. dudit mois de Iuin arriua ledit Emery, lequel ayant deschargé & pris ce qui luy estoit necessaire pour sa retraitte, il s'en alla aux trois Riuieres, & apres luy auoir dit ce qui s'estoit passé de cette affaire touchant cette guerre, & l'vtilité que la paix nous apporteroit de ce costé-là si on pouuoit la continuer : mais comme Emery fut arriué où estoient les Sauuages, il ne sceut tant faire, ny tous lesdits Sauuages qui estoient là, que neuf ou dix ieunes hommes écerue- lez n'entreprinsent d'aller à la guerre, ce qu'ils firent sans qu'on les peust empescher, pour le peu d'obeissance qu'ils portent à leurs chefs, ils furent par la riuiere des Yrocois, arriuant au lacq de Champelain, où ils rencontrerent vn Canau dans lequel estoit trois Yrocois, qui sous feinte d'estre encore amis, les prirent, vn se sauua, & amenerent les deux aux trois riuieres, de là ils retournerent deuant la riuiere des Yrocois, où se deuoit faire la traitte, & là commencerent à mal traitter ces deux prisonniers en leur donnant plusieurs coups de batons & arrachant a l'vn les ongles des mains, & se deliberant les faire mourir, les faisant promener de Cabanne en Cabanne, & contraignant de chanter comme est leur coustume, voila ce qui fut cause de l'esperance rōpuë de cette paix par cet accident. Cependāt ledit sieur Emery faisoit ce qu'il pouuoit en suitte de l'aduis que ie luy auois donné de maintenir cette paix auec les Yrocois, leur remonstrant le peu de foy & de parole, & ne pouuant rien faire auec eux, il m'escriuit vne lettre, me faisant entendre toutes les nouuelles : que ma presence y eust esté fort requise, ce qui fut cause qu'aussi-tost ie m'embarquay dans vn Canau auec Mahigan aticq qui fut le quatorziesme de Iuillet, où arriuant au lieu où estoient lesdits prisonniers, ie sceu que le mesme iour le Recōcilié auoit

Ieunes hōmes vōnt à la guerre sans permission.

Prennent trois Yrocois & les contraignēt.

Rupture de la paix.

Q ij

coupé les cordes desquelles ils estoient liez, ne desirant pas qu'ils mourussent que premierement ils ne m'eussent veu, & tenu conseil sur ce qu'ils deuoient faire. Apres auoir sceu toutes ces nouuelles dudit Emery, ie fus à terre voir nos Sauuages & lesdits prisonniers qui se disoiét freres, l'vn aagé de vingt huict ans, beau Sauuage, & tres-bien proportionné, & l'autre de dix-sept, qui me donnerent de la compassion de les voir, & bien aise de ce qu'ils auoient esté deliurez des tourments qu'on leur vouloit faire souffrir.

Le conseil fut assemblé sur ce que ie leurs dy qu'ils auoient fait vne grande faute de permettre à ces Sauuages d'auoir esté à la guerre, & grande lascheté à ceux qui y auoient esté d'auoir eu si peu de courage que les prendre sous ombre d'amitié, & les ayant si mal traittez comme ils auoient fait, & qu'asseurément cela leur pourroit estre vendu fort cher si l'on n'y trouuoit quelque remede, que les ennemis ne pourroient plus auoir subiect de se fier en leurs paroles, que cecy estoit la deuxiesme meschanceté qu'ils leurs auoient faicte, & l'autre estoit qu'allant traitter de paix auec lesdits Yrocois, qui les auoient bien receus, cependant en s'en retournant ils auoient assommé vn des leurs, & que leur bonté leur auoit pardonné.

L'autheur remonstre la faute aux siens.

Estás tous assemblez ie leur dónay à entendre qu'ils considerassent combien de bien ils receuoient de la paix au prix de la guerre, qui n'apporte que plusieurs malheurs, qu'ils sçauoient comme ils en auoient esté par le passé : que pour nous cela nous importoit fort

Leur remonstre la paix.

peu : mais que la compaſſion que nous auions de leur miſere nous obligeoit, les aymant comme freres, de les aſſiſter de noſtre bon conſeil, de nos forces contre leurs ennemis quand ils voudroient leur faire la guerre mal à propos, laquelle ils n'auoient encore commencée ſi ce n'eſtoit les ſubiects qu'ils leurs en auoient donné, dont ils pourroient en auoir du reſſentiment ſi nous ne taſchions d'y apporter le remede, & auſſi qu'ils ſçauoient bien que la guerre eſtant, toute la riuiere leur ſeroit interdite & n'y pourroient chaſſer ny peſcher librement ſans courir de grands dangers, crainte & apprehenſion, & eux principalement qui n'auoient point de demeure arreſtée, viuans errans par petites troupes eſcartées, dont ils ſe rendent autant plus foibles, & que s'ils eſtoient tous aſſemblez en vn lieu comme ſont leurs ennemis, & que c'eſt ce qui les rend forts De plus qu'ils conſideraſſent combien ils pourroient endurer de neceſſitez pour ce ſubiect : Ainſi ſe tindrent pluſieurs autres diſcours, que pour moy recognoiſſant l'vtilité de la continuation de cette paix il euſt eſté à propos de bien traitter les deux priſonniers, les renuoyer ſans aucun mal, & donner quelque preſens aux chefs de leurs villages pour payer la faute qu'ils auoient commiſes en la priſe de ces deux priſonniers, ſuiuant leurs couſtumes, & remonſtrant auſſi qu'ils n'auoient pas eſté pris du conſentement des Capitaines ny des Anciens, mais de ieunes fols, & inconſiderez qui auoient fait cela, dont tous en auoient conceu vn grand deſplaiſir.

Conſeil de l'Autheur fort à propoſt.

La pluſpart, & tous d'vn conſentement, apres que

LES VOYAGES DV SIEVR

Resolution de renuoyer vn des prisonniers auec presens.

chaque Capitaine eut fait sa harangue, ils se resolurent de renuoyer l'vn des prisonniers auec le Recōcilié qui s'y offrit, & deux autres Sauuages, accompagnez de presens pour donner aux Capitaines des villages où ils alloient mener le prisonnier, laissant l'autre en ostage iusques à leur retour : & pour faire plus valoir leur Ambassade, ils nous demanderent vn François auec eux : Ie leur dis que s'il y en auoit quelques-vns qui y voulussent aller, que pour moy i'en estois comptant : il s'en treuua deux ou trois moyennant qu'on leur donnast quelque gracieuseté pour leur peine, & la risque qu'ils pouuoient courir en ce voyage, l'vn d'eux appellé Pierre Magnan, qui auec la volonté qu'il auoit, & la commodité qu'on luy promit, il se delibere de faire le voyage auec le Recōcilié, deux Sauuages & l'Yrocois, lesquels s'accommoderent des choses les plus necessaires, & partirent le 24. dudit mois, & moy le mesme iour m'en retournay à Quebec, où i'arriuay le lendemain, y trouuant ledit du Pont, qui estoit arriué le 17. lequel me dist que ledit sieur de Caen voyant qu'il ne s'estoit point embarqué en la Flecque, vaisseau qui venoit pour la pesche de Baleine, qu'il luy auoit escrit & prié que s'il treuuoit moyen de passer en quelque vaisseau pour s'en venir hyuerner en ce lieu qu'il luy feroit vn singulier plaisir, pour auoir l'administration des choses qui dependoient de son seruice.

L'autheur permit que quelques François l'accompagnent

Arriuée du Pont à Québec.

Ce que voyant, tout incommodé qu'il estoit, pour l'instante priere qu'il luy en auoit faicte, il s'estoit embarqué en vn vaisseau de Honnefleur pour venir à Gaspay & de là prit vne double chalouppe auec six

DE CHAMPLAIN. 127

sept Matelots & son petit fils pour s'en venir à Qué- *Raison de son voyage.*
bec, où en chemin il auoit receu de grandes incom-
moditez de ses gouttes, ce qui en effect estonna vn
chacũ, & mesme ledit de la Ralde, à ce qu'il me dist,
qu'il n'eust iamais creu que ledit du Pont eust voulu
se mettre en vn tel risque ayant l'incommodité qu'il
auoit.

Ledit Emery me manda que depuis mon departement frere Geruais Recolet auoit baptisé vn Sauuage appellé Tregatin, lequel estant proche de la mort
le voulut estre, & le demanda trois fois, ne voulant
adiouter foy aux superstitions des Sauuages, promettant que si Dieu luy redonnoit la santé il se feroit instruire aussi-tost apres son baptesme, il recouura la
santé, mais il n'a pas suiuy ce qu'il auoit promis, le
tout à sa plus grande condemnation, si Dieu ne
l'assiste.

MORT ET ASSASSINAT DE
*Pierre Magnan, François, du chef des Sauuages appellé
Reconcilié, & d'autres deux Sauuages. Retour d'Emery
de Caën & du Pere l'Allemand à Québec. Necessitez
en la Nouuelle France.*

CHAPITRE IV.

LE 25. d'Aoust vn Sauuage nous apporta la *Mort de Pierre Ma-*
nouuelle de la mort dudit Pierre Magnan, *gnan Fran-*
& du Reconcilié, & des autres deux Sau- *çois.*
uages, qui nous dist qu'vn Algommequin
qui s'estoit sauué dudit village des Yrocois leur auoit

fait entendre au vray comme les ennemis les auoient traittez cruellement. Comme nos Ambaſſadeurs furent arriuez audit village des Yrocois ils furent bien receus, l'on les mena pour tenir conſeil ſur le ſubiect de leur Ambaſſade : A meſme temps les villages circonuoiſins en furent aduertis, & là les chefs ſe treuuerent pour le traitté de paix : & par malheur pour les noſtres, c'eſt que les Algommequins (comme i'ay dit cy-deuant) auoient eſté à la guerre contre les Yrocois, & en auoient tué cinq, qui fut le ſubiect que des Sauuages appellez Ouentouoronons d'autre nation, amis deſdits Yrocois, vindrent en diligence pour ſe venger ſur ceux qui eſtoient alliez, & les tuerent à coups de haches ſans que leſdits Yrocois les peuſſent empeſcher, leur diſant ; Pendát que vous venez pour moyenner la paix, vos compagnós tuent & aſſomment les noſtres, ainſi perdirent la vie malheureuſement. Pour le Reconcilié il meritoit bien cette mort, pour auoir maſſacré deux de nos hommes auſſi malheureuſement au Cap de Tourmente, & ledit Magnan natif d'vn lieu proche de Liſieux, auoit tué vn autre à coups de baſtons, dont il fut en peine, & auoit eſté contraint de ſe retirer en la nouuelle France. Voila comme Dieu chaſtie quelque fois les hommes qui penſent eſuiter ſa Iuſtice par vne voye & ſont attrapez par vne autre. Ces nouuelles nous apporterent vn grand deſplaiſir, tant pour nous voir hors d'eſperance de cette paix, qui nous pouuoit apporter de la commodité pour auoir les paſſages plus libres à nos Sauuages, de pouuoir chaſſer & peſcher. De plus qu'ayant fait mourir vn

de

Ce crime des Algõmequins cauſe de la rupture de la paix.

Le Reconcilié fut tué.

Subiects de la mort de Magnan.

de nos hommes de cette façon, cela alloit à telle conséquence que si nous ne nous en ressentions il falloit estre tenus de tous les peuples hommes sans courage, & estre aux risques de receuoir souuent tels affronts si nous ne mettions peine de nous en ressentir.

Ces nouuelles arriuées de la mort des Ambassadeurs parmy nos Sauuages, de rage & de desplaisir qu'ils eurent ils prindrent ce ieune garçon Yrocois qu'ils auoient retenu pour ostage, ils luy arrachent les ongles, le bruslent à petit feu auec des tisons, luy faisant souffrir plusieurs tourments, & ainsi mal traitté en firent vn present à d'autres Sauuages pour l'acheuer de le faire mourir, & les obliger de les assister en leur guerre contre lesdits Yrocois, lesquels Sauuages prirent le garçon, le lierent à vn poteau le bruslant peu à peu. Comme il estoit en ces douleurs extrémes ils luy couperent les mains, les bras, luy leuant les espaules, & estant encore vif luy donnerent tant de coups de cousteaux qu'il mourut ainsi cruellement, & chacun en emporta sa piece qu'ils mangerent.

Les Ouentouoronons prennent vn ieune Yrocois qu'ils traittent cruellemēt.

Le tuent à coups de cousteaux.

Ledit Emery ayant faict la traitte, qui fut l'vne des bonnes (qui se fust faicte il y auoit long temps) s'en retourna à Québec le dernier de Septembre & de là à Tadoussac porter ses pelteries.

Retour du sieur de Caen à Québec.

Le 2 d'Octobre deux autres barques partirent pour s'en aller audit Tadoussac, en l'vne desquelles rapassa le Reuerend pere l'Allemand, lequel s'en retournoit fort affligé de ce que leur vaisseau n'estoit venu leur apporter les commodités qui leurs estoient necessaires pour la nourriture de vingt sept à vingt huict personnes qui estoient au pays, cela leur faisoit perdre

Retour du Pere l'Allemand.

R

beaucoup de temps, ne pensant à autre chose sinon que les vaisseaux où deuoit venir le Pere Noyrot (qui s'estoit équipée à Honnefleur) fut perdu & pris par les Anglois, qui fut le subiect que nous ne receusmes aucunes lettres de celles qu'il nous apportoit, ne sçachant comme toutes les affaires s'estoient passées en France, que ce que me mandoit ledit sieur de Caen qui estoit peu de chose, & ainsi pour n'auoir des viures & commoditez, ledit Pere l'Allemand fut contrainct de faire passer tous ses ouuriers & autres, horsmis les Peres Massé, Dénoüe, vn frere, & cinq autres personnes pour n'abandonner leur maison, lesquels il accommoda au mieux qu'il peut, traittant quelques dix baricques de galette du magazin, au prix des Sauuages, à sept castors pour bariques de galette que ledit Pere auoit recouuert des vns & des autres à vn escu comptant pour Castor, & ainsi achetoit cherement ce que la necessité leur contraignoit, sans trouuer aucune courtoisie. Ledit de la Ralde qui estoit venu pour lors à Québec rapportant n'auoir eu aucun ordre en France de les assister ny mesme de repasser aucun Religieux : Tout cecy ne monstroit que l'animosité qu'il auoit enuers lesdits Peres & le sieur de Caen qui auoit eu quelque chose à demesler auec ledit Pere Noyrot qui l'auoit desobligé, à ce qu'il me mandoit, mais tous les Peres qui estoiet par delà n'en deuoient pâtir, n'estant cause de ce qui s'estoit passé en France. Ils commençoient à se bien establir, & auoient fort aduancé, tant en leurs bastiments qu'à deserter les terres : ce neantmoins ledit de la Ralde ne laissa de receuoir ledit Pere l'Allemád en son vais-

Cherche des viures.

seau & luy faire bonne chere, car à la verité la cour- | Le sieur de la Ralde traitte fort bien le Pere l'Allemād.
toisie, l'honnesteté, la bonne mine & conuersation
dudit Pere l'obligeoit trop à luy rendre toute sorte
de bon traittement qu'il treuua en sa personne : dans
la mesme barque s'en alla ledit Destouches, qui fut
le 2. de Septembre.

Nous eusmes nouuelles par la derniere barque qui apportoit le reste de nos commoditez que ledit de la Ralde estoit party dans la Catherine le septiesme Septembre & auoit laissé ledit Emery de Caen dans la Flecque iusques au 5. d'Octobre pour la pesche de la Baleine, & voir ce qui reüssiroit de cette entreprise. L'on auoit enuoyé quelque genisse d'vn an dans le vaisseau qui venoit à Tadoussac pour faire pesche de Baleine, & en fut porté par les barques 16. & quelque 7. ou 8. qui moururent par la mer, à ce que l'on no' dit. | Portement dudit sieur de la Ralde.

Voila tout ce qui se passa iusques au departement des vaisseaux : Nous demeurasmes cinquante cinq personnes, tant hommes que femmes & enfans, sans comprendre les habitans du pays, assez mal accommodez de toutes les choses necessaires pour le maintien d'vne habitation, dont ie m'estonnois fort comme l'on nous laissoit en des necessitez si grandes, & en attribuoit on les defauts à la prise d'vn petit vaisseau par les Anglois qui venoient de Bisquaye, comme ledit sieur de Caen me le mandoit, ie ne sçay d'où en venoit la faute, plusieurs discours se disoient sur ce subiect, quoy que s'en soit il nous fallust passer par delà, il n'y auoit point de remede. | Nombre des personnes qui demeurerent en ce pays. Cause du manquement de leurs necessitez.

De ces cinquante cinq personnes il n'y auoit que dix-huict ouuriers, & en falloit plus de la moitié pour

R ij

accommoder l'habitation du Cap de Tourmente, faucher & faner le foing pour le bestial pendāt l'Esté & l'Automne. Le parachéuement de l'habitation de Québec demeure à parfaire, l'on me deuoit donner dix hommes pour trauailler au fort de sa Maiesté, bié que ledit sieur de Caen & tous ses associez l'eussent souscript, & sa Maiesté & le Viceroy le desirassent, neātmoins l'on ne le veut permettre, & empesche on tant que l'on peut. On veut que tous les hommes trauaillent à l'habitation, il n'y a remede, pourueu que la traitte se face s'est assez, il n'y a personne qui osast entreprendre de nous enleuer, c'est en cecy où i'auois beaucoup de peine à faire gouster les raisons pourquoy le fort nous estoit necessaire, tant pour la conseruation de leur bien, que celles des habitans du païs : c'est ce qui donnoit du mescontentement à toutes les societés : neantmoins considerant l'importance & la necesfité d'auoir vn lieu de conserue, ie ne laissois de faire ce qu'il m'estoit possible de temps à autre.

Voyant les ordres & commandemens dōnées au contraire de la volonté de mondit seigneur le Viceroy, ie iugeay bien dés lors que la plus grande part des associez ne s'en soucioient beaucoup, pourueu qu'on leur donnast d'interest les quarante pour cent : i'en auois dit mon sentiment audit de la Ralde, lequel ne me donnoit beaucoup de contentement, d'autant qu'il auoit prescript ce qu'il deuoit faire, c'est en vn mot que ceux qui gouuernent la bource font & defont comme ils veulent.

Vn des deplaisirs que ie recognu en ceste affaire

Pagination incorrecte — date incorrecte

NF Z 43-120-12

que l'on estoit faché que ie faisois construire vn fort au dessus de l'habitation, pour la conseruation d'icelle, du païs & des habitans, & cela depleut audit de Caen comme il me fit assez cognoistre par sa lettre, que d'y employer de ses hommes il n'y estoit pas obligé, aussi il ne s'en soucioit pourueu que sa Maiesté en fit la despense, en y enuoyant des ouuriers pour cet effect : à tout cela ie ne peûs rien faire pour lors, sinon d'en escrire à mondit seigneur le Viceroy, & luy donner aduis de tout ce qui se passoit en ceste affaire, afin qu'il y apportast l'ordre qu'il iugeroit necessaire, & moy de ne laisser, en tant que ie pouuois, d'employer quelques hommes au fort, & le reste à trauailler à l'habitation.

Le fort que faisoit l'Autheur pour garder l'habitation despleut au sieur de Caen.

Guerre declarée par les Yrocois. Assemblée des sauuages. Assassinat de deux hommes appartenans aux François. Recherche de l'Autheur de ce crime. Le meurtrier amené, ce que les Sauuages offrent pour estre alliez auec les François. l'Autheur veut venger ce meurtre.

CHAPITRE V.

LE 20. de Septembre les Sauuages nous dirent que nombre d'Yrocois s'acheminoient pour nous venir faire la guerre, à eux & à nous : nous leurs dismes que nous en estions tres aises, mais que nous ne les croyons, & qu'ils n'auoiét

Nouuelle de la guerre declarée par les Yrocois.

que la hardiesse d'assommer des gens endormis sans se deffendre.

Assemblée des communes des Sauuages.

Les communes des sauuages, de cinquante à soixante lieues de Québec, s'assemblent tous en ce dit lieu au mois de Septembre & Octobre, pour faire la pesche d'anguilles, qui est en abondance en ce temps là, lesquels ils font boucaner, & les reseruent pour

Dequoy ils viuent le long de l'année.

en manger iusques au mois de Ianuier, que les neiges sont hautes, pour aller à la chasse de l'eslan, dequoy ils viuent iusqu'au Printemps.

l'Autheur va au Cap de Tourmente.

Le 3. d'Octobre ie partis de Québec, pour aller au Cap de Tourmente, voir l'auancement qu'auoiét fait nos ouuriers, & en ramener vne partie : deux hommes s'en retournerent par terre, conduire quelque bestial que l'on amenoit dudit Cap de Tourméte à Québec. Apres auoir mis ordre en ce lieu, ie m'en retournay le 6. dudit mois, où estant arriué i'appris que quelques sauuages auoient assasiné ces deux hommes endormis, qui conduisoient le bestial, à demie lieuë de nostre habitation. Cecy m'affligea grandement : on fut querir les corps qu'ils auoiét traisnez au bas de l'eau afin que la mer les emmenast, estant apportez on les visita, ils auoient la teste escrafée de coups de haches, & plusieurs autres d'espée & cousteaux dans le corps.

Nous aduisasmes qu'il estoit à propos de conduire ceste affaire meuremét, & descouurir les meurtriers au plustost pour les chastier, & voir comme nous procederions enuers ces canailles, qui n'ont point de iustice parmy eux : car de nous venger sur beaucoup qui n'en seroient coulpables, il n'y auoit pas aufsi de raifon, ce feroit declarer vne guerre ouuerte, & perdre pour vn temps le païs, iufqu'à ce que l'on euft exterminé cefte race, par mefme moyen perdre les traittes du pays, où pour le moins les bien alterer, aufsi que nous eftions en vn miferable eftat, faute de munitions pour guerroyer, & plufieurs autres inconueniens furent confiderez, qui pourroient arriuer fi l'on faifoit les chofes trop precipitement. Nous deliberafmes de faire affembler tous les capitaines des fauuages leur conter l'affaire, & leurs faire voir les corps meurtris des defuncts, ce qui fut executé.

Le l'endemain tous les chefs vinrent à noftre habitation, où nous leurs fifmes plufieurs remonftrances du bien qu'ils receuoient annuellement de nous, que contre tout droit & raifon ils faifoient des actes abominables & deteftables, de traiftres & mefchans meurtres, & que fi nous auiõs l'ame aufsi diabolique qu'eux, que pour ces deux hommes l'on en feroit mourir cinquante des leurs, & les exterminerions tous : qu'on leurs auoit pardonné vn meurtre de deux autres hommes, mais que pour cetuy-cy nous voulions auoir les meurtriers, pour en faire la iuftice, qu'ils nous les declaraffent & miffent entre les mains, s'ils vouloient que nous vecufsions en paix, nous n'en voulions qu'à ceux qui auoient affafsiné nos hommes que nous leurs fifmes voir. *Remonftrance aux chefs de l'habitatiõ.*

Au commencement ils vouloient dire que c'eftoit des Yrocois, mais comme il n'y auoit nulle apparence, nous leurs fifmes cognoiftre le contraire, & que ce meurtre ne venoit que de leurs gens, en fin ils le confefferent, mais ils dirent qu'ils ne fçauoient pas celuy qui auoit fait ce coup.

Nos gens soubçonnoient entr'autres vn certain sauuage que nous leurs dismes, & qu'ils le fissent venir, ce qu'ils promirét faire. Le l'endemain ils l'amenerét, & fut interrogé sur quelques discours de menace, qu'il auoit fait à quelques vns de nos gens, ce qu'il nia, & que iamais il n'auoit pésé à vne si signalée malice, que de vouloir tuer des François qu'il aymoit comme luy mesme. De plus qu'il auoit sa femme & plusieurs enfás qui l'auroient empesché de faire ce meurtre, quand il auroit eu le dessein. Ie luy fis dire que le meurtrier du precedent auoit bien femme & enfans, & qu'il ne laissa neantmoins d'en assassiner deux des nostres, outre que l'on le cherissoit plus qu'aucun des sauuages de son temps, & par cósequent que ses excuses qu'il alleguoit ne pouuoient pas estre suffisantes pour se descharger du soubçon que l'on auoit sur luy : quoy que s'en soit plusieurs discours se passerent entre eux & nous, & nous resolumes d'arrester cettuy cy, attendant qu'il nous dónast trois ieunes garçons des principaux d'entr'eux, l'vn des montagnes, le second des trois riuieres, & le troisiesme le fils du soubçonné, iusqu'à ce qu'ils nous liurassent le meurtrier qui auoit fait le coup : ils nous demanderent terme de trois iours, tant pour deliberer sur ceste affaire, que pour essayer de pouuoir descouurir le meurtrier, ce que nous leurs accordasmes.

Ils s'en retournerent en leurs Cabannes, & alors nous auions à nous tenir sur nos gardes, tant au fort qu'à l'habitation, donnant aduis aux peres Iesuistes & au Cap de Tourmente que chacun eust à se bien garder, & ne permettre qu'aucun sauuage les accostast

sans

sans estre les plus forts : toutes choses estant bien disposées nostre Sauuage que nous auions retenu attendant son fils en sa place & les autres.

Le troisiesme iour ils ne faillirent à venir, amenant quant & eux les trois ieunes garçõs de l'aage de douze à dix huict ans nous disant qu'ils auoiét fait grande recherche & perquisition pour sçauoir ceux qui auoient tué nos hommes, & qu'ils ne l'auoient peu sçauoir, qu'ils feroient en sorte qu'en peu de temps ils nous en donneroient aduis, & qu'ils estoient tres desplaisans du malheur qui nous estoit arriué, que pour eux ils estoient tous innocens, & que comme tels, ne se sentoient coulpables. Ils amenerent ces trois ieunes garçons, le fils de nostre prisonnier, & vn de Tadoussac, & l'autre de Mahiganaticq qui demeuroient proche de nostre habitation, & deschargerent ceux des trois Riuieres, disant que ce ne pouuoit auoir esté aucun d'iceux qui eust fait ce meurtre, d'autant qu'ils n'estoient que deux cabannes, que la nuict que nos gens furent tuez ils estoient tous à leurs maisons, au reste ils nous prierent que nous vescussions en paix, attendant que les meurtriers fussent descouuerts, estant plus que raisonnable qu'ils mourussent, & que nous eussions à bien cõseruer ces Sauuages qu'ils nous laissoient, le pere que nous tenions prisonnier dit à son fils, prens garde à viure en paix auec les François, asseure toy qu'en peu de temps ie te deliureray & sçauray celuy qui a fait ce coup, & le plus grand desplaisir que i'ay eu c'est que les François ont eu soubçon sur moy, & les autres Sauuages asseure-

Leurs excuses.

S

rent aussi les deux autres, & qu'en peu de iours l'on sçauroit ceux qui auoient fait ce meschant acte.

Ce que l'autheur dist à ses Capitaines. Nous dismes à tous ces Capitaines que le peu d'asseurance qu'il y auoit pour nos hommes d'aller seuls dans les bois & y dormir, ayant parmy eux de si meschans traistres qu'à l'aduenir iusqu'à ce qu'on eust descouuert les meurtriers & fait iustice d'eux, i'enchargerois à tous nos hommes de n'aller plus sans armes & que s'il y auoit aucun d'eux qui les approchast sans leur consentement qu'ils les tireroyent comme ennemis, & qu'ils eussent à se donner de garde, & aduertir tous leurs compagnons, d'autant qu'ils ne cognoissoient les meschans qui estoient parmy eux, nous auions à nous donner de garde, mais qu'eux n'auoient nul subiect d'entrer en deffiance de nous. Ils nous dirent que nous aurions raison de ne faillir à tuer s'il s'en rencontroit aucun qui ne voulussent se retirer quád on leur diroit, que pour le moins l'on cognoistroit quels ils seroient, & que pour les ieunes garçons qu'ils nous laissoiët, leur fist bon traittement, que cependant de leur part *Ils se separent & se retirent chacun chez soy.* ils feroyent toute diligence de descouurir les assassinateurs, & ainsi se separerent chacun de leurs costez pour aller au lieu où pendant l'hyuer ils pourroient treuuer de la chasse pour subuenir à leurs necessitez.

Sur la fin de Ianuier quelques trente Sauuages tant hommes que femmes & enfans pressez de la faim, pour y auoir fort peu de neiges pour prendre de l'Eslan & autres animaux, se resolurent de se retirer vers nous pour en leurs extremes necessitez estre secourus de quelques viures, qu'à ce deffaut ils estoient morts: ie leur fis encore cognoistre combien le meurtre en la mort de nos hommes estoit detestable, & la punition que iustement deuoit meriter celuy qui auoit assassiné nos hommes; & que pour ce meschant ils pouuoient tous pâtir & mourir de faim sans le secours de nostre habitation, la bonté des François, dont ils ne receuoient que toutes sortes de bien-faits. Cette trouppe affamée voulant tesmoigner le ressentiment qu'ils auoient en la mort de nos gens, & comme ne trempant aucunement en cette perfidie, desirant se ioindre auec nous d'vne amitié plus estroitte que iamais ils n'auoient faict, & oster toute sorte de deffiance que pouuions auoir d'eux, ils se resolurent de nous donner trois filles de l'aage de vnze à douze & quinze ans, pour en disposer ainsi qu'auiserions bon estre, & les faire instruire & tenir comme ceux de nostre nation, & les marier si bon nous sembloit.

Sauuages affamez se retirent vers ces François.

L'autheur leur fait cognoistre la qualité du meurtre.

Le deuxiesme de Ianuier mil six cens vingt huict estant passez la riuiere, qui charioit vn nombre de glaces, tant pour auoir dequoy assouuir la faim qui les pressoit, comme pour faire present de ces filles, demanderent à s'assembler & tenir conseil auec nous, où ils nous firent entendre tout ce que dessus, ayant amené les trois filles auec eux.

Apres nous auoir fait vn long discours de l'estroite amitié qu'ils vouloiét auoir auec nous, & s'y ioindre & habiter & deserter des terres proches du fort, recognoissant qu'ils seroiét mieux qu'en lieu qu'ils eussent peu esperer : & pour asseurance de tout ce qu'ils disoient, ils ne pouuoient faire offre de chose qu'ils

Font offres de leurs filles.

S ii

140　LES VOYAGES DV SIEVR

eussent plus chere que ces trois ieunes filles qu'ils nous prioient de prendre, lesquelles estoient tres-contentes de demeurer auec nous.

Apres que i'eus ouy tous leurs discours ie iugeay que pour plus grande seureté de ceux qui demeuroient audit païs, que pour plus estroitte amitié qu'il n'estoit point hors de propos d'accepter cet offre, & de prendre ces filles, ce que iamais ils n'auoient offert, quelque present qu'on le r'eust voulu donner pour auoir vne fi le, & que mesme le Chirurgien quelque temps auparauant desirant en auoir vne ieune pour la faire instruire & se marier auec elle, ne peust auec tous les Sauuages auoir le credit d'en auoir vne, quelques offres qu'il fist, bien que tout ce qu'il faisoit n'estoit que pour la gloire de Dieu, & le zele qu'il auoit audit pays de retirer vne ame des enfers : à la verité ie m'estonnois fort des offres qu'ils nous faisoient, ce que iamais, comme i'ay dit cy-dessus, l'on n'auoit peu obtenir.

Iamais les Sauuages n'auoient voulu donner leurs filles.

Sur ce iugeant qu'il n'estoit nullement à propos de laisser aller les offres qu'ils nous pressoient, ie demanday audit du Pont son aduis, comme principal commis, & d'autant que les viures qui estoient pour traitter, comme pois, febues & bled d'Inde, dont il y en auoit suffisamment & en quantité, desquelles choses l'on les nourriroit, car de ceux qui estoient pour les hyuernans il n'y en auoit que fort peu, & ne pouuoit on leur en donner sans oster la pitance. Ledit du Pont dit que pour luy il ne se mesloit de ces choses, bien qu'il recognoissoit cette

L'autheur prend l'aduis de du Pont sur ces offres.

On permet leur donner dequoy se nourrir.

affaire estre tres-bonne, mais que pour les vouloir prendre & nourrir, qu'il ne le desiroit, que s'ils le vouloient, qu'ils attendissent le retour des vaisseaux : mais côme en vn si long-temps qu'il y auoit iusques à leur arriuée, & que la fantaisie se peut changer, principalement entre lesdits Sauuages, ie creus que nous perdrions ce que peut estre nous aurions mesprisé, cela aussi donneroit encore subiect ausdits Sauuages de nous vouloir plus de mal, n'en vouloir pas seulement aux meurtriers, mais encore à ceux qui n'en sont coulpables : & de plus que l'on dist aux Sauuages, qu il n'y auoit que des pois, & que peut-estre ils ne pourroient s'accommoder pour le present. A cela elles dirent qu'elles seroient tres-contentes & qu'on les prist, quoy que les Commis ne les voulussent receuoir.

Raisons de l'Autheur. Les filles receuës en l'habitatiõ.

Ie me resolus de les prendre toutes trois, les accommodant des choses necessaires, les retenant en nostre habitation. Ainsi les Sauuages furent tres-aises, & moy aussi, tant pour le bien du pays comme pour l'esperance que ie voyois que c'estoient trois ames gignées à Dieu, que tout ce qu'il y auoit à faire en cela estoit d'auoir le soing & prendre garde que quelques Sauuages ne les enleuassent, comme quelques vns auoient commencé, ausquelles choses ie remediay au mieux qu'il me fut possible.

Toutesfois cet offre fut à la charge qu'ils ne pourroient pretendre aucun subiect d'empescher que ne fissions recherche & iustice du meurtrier s'il estoit descouuert, ains au contraire ils nous dirent que s'ils le sçauoient qu'ils l'accuseroient, comme vn perfide

S iij

& defloyal, & affeurément qu'en peu de iours cela feroit defcouuert, en ayant entendu quelque chofe de celuy que nous foubçonnons.

Vn Sauuage appellé Martin des François, qui auoit donné vne de fes trois filles tomba malade, & fe voyant à l'extremité demanda le Baptefme, ce qu'entendant le Pere Iofeph Coron, il s'achemine à fa cabanne, il fait entendre le fujet & la confequence de ce qu'il demandoit, & qu'en telle chofe il n'y auoit pas à rire. Car ce n'eftoit affez d'eftre baptifé mais falloit qu'il promit que fi Dieu luy rendoit fa fanté, de ne retourner plus à faire la vie fauuage & brutalle qu'il auoit menée par le paffé, ains viure en bon Chreftien & fe faire inftruire ce qu'il promit. Ce que voyant ledit Pere Iofeph, faifant œuure de charité & d hofpitalité il le fait porter en fa maifon, le traitte, l'accommode de tout ce qu'il peut & croit eftre neceffaire à fa fanté, recognoiffant (felon fon iugement) qu'il ne deuoit point refchapper qu'il ne mouruft en vn iour ou deux au plus tard, il le baptifa le 6. Auril, ce qu'ayant efté fait, il femble fe treuuer au bout de 4. ou 5. iours mieux qu'il n'auoit fait : & entendant que quelques fauuages eftoient venus en ces cabannes, dont il y en auoit vn qui fe difoit de leurs Pilottouas, foit que ledit Martin creuft auoir pluftoft du foulagement de fon mal, par le moyen de ce nouueau medecin ou autrement : il defire s'en retourner en fa cabanne où il s'y fait porter il demáde à eftre penfé, & medeciné par fon medecin, pour recouurir entierement fa fanté.

Sauuage malade demande le baptefme.

Le pere Iofeph le fait apporter en la maifon.

Le baptife.

Le Pilotoua se met en deuoir d'vser enuers le malade de ses remedes accoustumés, & chanterent tant aux aureilles du malade auec vn tel bruit & tintamarre, que tout cela estoit plus capable d'auancer ses iours que le guerir, car comment pouuoit il receuoir allegement en ce tintamarre, que le plus sain en eust eû la teste rompuë, il vsa de tous ses plus subtils medicaments qu'il peust, lesquels ne luy seruirent de rien, & cependant ledit Martin ne se resouuenát plus du sainct Baptesme & de ce qu'il auoit promis, retourne en la creance de ses superstitions passées, il y eut de nos gens qui luy firent quelques remonstrances sur le peu d'esprit qu'il auoit, & le mal qu'il faisoit de la perdition de son ame, qui pâtiroit plus aux enfers pour auoir abusé de ce sainct Sacrement que s'il n'eust esté baptisé, il n'en fait nul estat, disant, qu'il n'adioustoit point de foy en tout ce qu'on luy auoit fait, sans faire dauantage de replique, ainsi demeura en son mal, qui alla en augmentant iusques à la mort, sans qu'il peust treuuer de remede pour l'empescher, & mourut le dix-huictiesme dudit mois : les iugemens de cette mort furent diuers, d'autant que beaucoup croyoient, que peut-estre premier que de rendre le dernier souspir de la vieil auroit eu vn repentir, & Dieu luy auroit pardonné: C'est pour reuenir à ce que nous enseigne nostre Seigneur, *Ne iugez point, de peur que ne soyez iugez.* Neantmoins il y auoit bien dequoy craindre en la vie qu'il a menée iusques à la fin, que cette ame ne soit perduë.

Sa mort, iugements diuers sur icelle.

De puis 22. ans qu'on est allé pour habiter & defricher à Québec, suiuant l'intention de sa Maiesté, les societés n'auoient fait deserter vn arpent & demy de terre: par ainsi ostoient toute esperance pendant leur temps, de voir le bœuf sous le ioug pour labourer, iusqu'à ce qu'vn habitant du païs recherchast les moyens de releuer de peine les hommes qui trauailloient ordinairement à bras, pour labourer la terre, laquelle fut entamée auec le Soc & les bœufs, le 27. d'Auril 1628. qui montre le chemin à tous ceux qui auront la volonté & le courage d'aller habiter, que la mesme facilité se peut esperer en ces lieux comme en nostre France, si l'on en veut prendre la peine & le soing.

Sur la fin dudit mois, il y eust quelques Sauuages qui nous apporterent nouuelle de la mort de Mahigan Athic, par mesme moyen nous voulurent persuader qu'à cent cinquante lieuës amont le fleuue S. Laurent, estoient descendus certains Sauuages Algommequins qui auoient massacré nos hommes, s'estans retirez secrettement sans estre apperçeus, mais comme ces discours estoient esloignez de la raison sans apparence, nous n'y adioustasmes foy, disant que le Sauuage que nous tenions pour suspect, estoit deuenu insensé courant par les bois comme desesperé, ne sçachant ce qu'il estoit deuenu.

Le 10. de May vn canau arriua de Tadoussac, où estoit la Fouriere capitaine des Sauuages dudit lieu, auec celuy que nous soubçonnions auoir faict le meurtre, lequel n'estoit en tel estat qu'on nous l'auoit representé, qui venoit pour se iustifier, sur l'asseurance

seurance que luy auoit donné ledit la Fouriere, moyennant quelque present qu'il auoit receu, de retirer son fils d'entre nos mains.

Estát en terre il enuoya sçauoir si i'aurois agreable qu'il nous vint voir, ie le fais venir auec le meurtrier soupçonné, où ledit la Fouriere fit quelque discours sur l'affection que de tous temps il nous auoit portée, que iamais il ne receut tel desplaisir que quand on luy dit de la façon que nos hommes auoient esté tuez, croyát que c'estoiét des Yrocois & non d'autres, mais que depuis peu il auoit sçeu par vn ieune homme de nation Yrocoise & eleué parmy eux, & les Algommequins d'où il venoit mescontát pour l'auoir mal traité qu'il auoit rapporté que trois d'icelle nation estoient venus de plus de cent cinquáte lieuës tuer de nos gens, chose tres certaine, auec autre discours sans raison : Et que les prestres qui prioiétDieu auec ceremonie qu'ils faisoient, estoit le sujet que beaucoup de leurs compagnons mouroient, ce qui n'auoit esté auparauant, auec autres paroles perduës, discours de quelques reformez qui leurs auoient mis cela en la fantaisie, comme de beaucoup d'autres choses de nostre croyance.

Ie luy fis response de poinct en poinct à toutes ses raisons foibles & debiles, que pour l'amitié & affection, il ne pouuoit aller au contraire qu'on ne luy en eust tesmoigné d'année à autre, & sauué la vie à plus de cent de ses compagnons, qui fussent morts de faim, sans ce secours qu'ils auoient receus de nous en ses extrémes necessités, au contraire nous n'auions pas sujet de nous louer d'eux, comme ils auoient de nous, ayát par cy-deuant tué de nos hommes, qu'on auoit par-

2. Part. T

donné au meurtrier, outre plusieurs autres desplaisirs, pensant que le temps le rendroit plus sage, mais que ie n'estois plus resolu de temporiser ny souffrir qu'ils nous brauassent en tenant les bras croisez sans ressentiment, d'auoir encore depuis peu assassiné deux de nos hommes estás endormis, que le rapport qui auoit esté fait par ce ieune homme des Algommequins qui auoient tué les nostres, ausquels on n'auoit iamais messait estoit chose controuuée, que quád il y auroit quelque verité, qu'ils eussent passé par plusieurs endrois sur leurs chemins où il y auoit des nostres, qu'ils eussent peû tuer sans prendre la peine de passer parmy eux, & non courir la risque d'estre descouuerts pour aller en vn lieu du tout esloigné de chemin ny sentier, en lieu où ces hommes ne faisoient que reposer icelle nuict pour le matin s'en reuenir auec le bestial.

De plus que la nuict qu'ils furent massacrez, il y auoit des canaux proche d'eux qui faisoient la pesche de l'anguille, tant de suiects estoient suffisans de tuer les premiers, sans se mettre en toutes ces peines, & de passer encore vne riuiere pour venir à l'effect de ceste execution, auec d'autres raisons si apparentes qu'il n'y pouuoit respondre: De plus que tous les Capitaines Sauuages qui estoient icy concluerent que le meurtre auoit esté par vn des leurs, apres auoir visité les corps & les coups qu'ils auoient, promettant faire ce qu'ils pourroient pour descouurir les meurtriers, & nous les liurer ou en dóner aduis, estant raisonnable que ceux qui auoient fait le coup mourussent: que nous vouloir persuader par des raisons sans apparence, luy qui ne sçauoit comme la chose c'estoit passée n'y estant, qu'il n'auoit nulle raison de vouloir pallier & couurir ce meurtre.

Luy remóstrant que s'il ne sçauoit autre chose pour m'obtenir le droit qu'il pretédoit, qu'il auoit pris de la peine en vain, aussi que nous estions fort contans de ce qu'il auoit amené auec luy le soubçonné qui auoit fait le meurtre, outre le legitime suiet que nous auions eu de demander son fils en ostage. Nous auions des Sauuages qui durant l'hyuer nous auoient asseuré qu'il n'y en auoit point d'autre qui eut fait l'assassinat que luy: pour cet effect nous le voulions retenir prisonnier, iusqu'à ce que les informations fussent bien auerées, que s'il meritoit la mort il deuoit mourir, sinon il seroit libre & ne deuoit craindre s'il n'auoit fait le coup, ce pendant il seroit traitté comme son fils, lequel ie mis en liberté auec vn autre, reseruát le plus ieune des trois pour luy tenir compagnie: qui fut estonné ce fut le galand & ledit la Fouriere, à qui l'on fit gouster les raisons qu'il ne sçauoit que de la bouche du meurtrier, qui fut contrainct de se taire, ne sçachant autre chose que ce que luy auoit dit ce ieune Sauuage Yrocois, qui accusoit les Algommequins, où à propos entrerét deux d'icelle nation, auquel l'on dit ce que ledit la Fouriere auoit dit, qui deffendirent leur nation, & n'auoir iamais fait vne telle perfidie, ny mesme songé, que ce qu'il disoit estoit si esloigné de la raison, que tels discours donnoient plustost suiet de risée que d'y adiouster foy: qu'il sçauoit tres-bien que nous n'auions ny n'aurions iamais la croyance de ce faulx bruit. De plus que le Sauuage qu'ils allegoient leur auoir apporté ses nouuelles estoit vn enfant, au-

T ij

quel l'on ne pouuoit adiouſter foy, eſtant impoſteur, menteur, reſentant touſiours la nation d'où il eſtoit.

Tous ces diſcours finis, l'on arreſta priſonnier noſtre homme, r'enuoya-on ſon fils & le ieune Sauuage que nous auoit donné feu Mahigan Atic.

Ce iour partit quelques ieunes hommes pour aller à la guerre aux Yrocois, conduits par vn vieil homme peu experimété, qui fit croire qu'il ne feroit pas beaucoup d'expedition.

Ledit la Fouriere voyant que ſon voyage ne luy auoit de rien ſeruy, qu'à nous auoir mis l'oyſeau au piege, il s'en alla nous recommandant de traitter doucement le priſonnier, attendant ſçauoir plus grande verité. Quelques iours apres le depart dudit la Fouriere, le frere du Reconcilié qui fut tué aux Yrocois, auec noſtre homme tua à Tadouſſac l'impoſteur d'Yrocois qui auoit accuſé les Algommequins d'auoir fait ce meurtre, pour s'eſtre reſouuenu que ce ieune homme eſtoit de nation Yrocoiſe, qui auoit fait mourir ſon frere, allant pour traitter de paix & d'amitié, & ainſi ſe vengent ſes brutales gens, ſur ceux qui n'en ſont cauſes.

Nos ieunes guerriers reuinrent comme ils auoient eſté, ſans auoir fait mal à perſonne, c'eſt ce que l'on eſperoit de ceſte troupe volage, qui ne s'engagea pas ſi auant dans le pays des ennemis, qu'ils ne peuſſent bien faire leur retraitte, ſans apperceuoir ny eſtre apperceus de l'ennemy.

Le 14. dudit mois, arriua à Québec 7. canaux de Tadouſſac, où il y auoit vingt & vn Sauuages robuſtes & diſpos, qui s'en alloient à la guerre, pour eſſayer s'ils feroient quelque chose plus que les autres, ils se promettoient d'aller proche des villages des ennemis & y faire quelque effect, en vn mois qu'ils deuoient estre à ceste guerre.

Le 18. dudit mois, reuint ledit la Fouriere, pour traitter quelques viures & du petun : lequel à son retour ne se mit pas beaucoup en peine pour le prisonnier, comme il auoit fait auparauant. Il nous dit qu'il n'auoit encore receu nouuelle d'aucuns vaisseaux qui fussent arriuez à la coste, qui nous m'ettoit en peine, d'autant que tous nos viures estoient faillis, horsmis 4. à 5. poinçons de gallettes assez mauuaises, qui estoit peu, & des pois & febues à quoy nous estions reduits sans autres commoditez, voilà la peine en laquelle on estoit tous les ans, sans iuger les inconuenients qui en peuuent arriuer, ie l'ay assez representé cy dessus en plusieurs endroits, des accidents qui en sont arriuez à ce deffaut, de iour en iour nous attendions nouuelles, ne sçachant que penser attédu la disette que l'on pouuoit auoir, en laquelle nous estions, & que nous deuions auoir des vaisseaux au plus tart à la fin de May pour nous secourir, imaginant que quelque changement d'affaire en ceste societé seroit arriué, ou contrarieté de mauuais temps.

Le 29. dudit mois de Iuin arriuerent quelque canaux dudit Tadoussac, pour auoir des pois, où ils perdirent leur temps, n'en ayant pas pour nous en suffisance, si les vaisseaux ne nous secouroient, voyant le retardement, le temps qui se passoit, ne pouuant auoir lieu d'aller à Gaspey, 130. lieuës à val de Québec, pour secouurir quelques commodités des nauires qui pour-

T iij

roient estre à la coste, & treuuer passage pour partie des personnes qui estoient trop, pour le peu de commoditez qui nous restoient : Tout cecy nous fit deliberer de remedier à ce qui nous seroit le plus necessaire, pour n'auoir barque à Québec. Ledit de la Ralde les ayāt laissées à Tadoussac au lieu d'en enuoyer vne pour subuenir aux inconueniens qui pourroient arriuer. De plus que l'habitation estoit sans aucun matelot, ny homme qui peust sçauoir ce que c'estoit de les accommoder & conduire : de bray, voiles & cordages nous n'en auions point, & peu d'autres choses qui manquoient pour telles affaires, ainsi estions denuez de toutes commoditez, comme si l'on nous eut abandonnez, car la condition des viures que l'on nous auoit laissé auec le peu de toutes choses nous le fit cognoistre, c'est assez que la peleterie soit conseruée, l'vtilité demeure aux associez & à nous le mal : c'est comme sa Maiesté est seruie, aux desordres qui se commettoient en ces affaires, & l'ennemy qui faisoit profit de nostre desordre & nous succomber si l'on n'y prenoit garde : il ne manque point de François perfides, indignes du nom, qui vont treuuer l'Anglois ou Flamand, leur dire l'estat auquel l'on estoit : qui pouuoient s'emparer de ces lieux, n'estans accommodez des choses necessaires pour se deffendre & s'opposer à leurs violences.

Cependant il nous faut aduiser de quel bois l'on fera fleche, pour nous garantir des inconueniens qui pouuoient arriuer, nous treuuasmes à propos de mettre tous nos hommes à chercher du bray dans les bois, & sapinieres, suffisamment pour brayer vne barque

& chalouppe pour enuoyer à Tadouſſac, accommoder la plus commode, & l'amener à Québec, pour plus facillement & commodement mettre les perſonnes que nous voulions renuoyer à Gaſpey, pour treuuer paſſage aux vaiſſeaux qui eſtoient aux coſtes pour s'en retourner en France. La diligence d'vn chacun fut telle, qu'en moins de cinq à ſix iours nous en euſmes ſuffiſamment, delà fuſmes au Cap de Tourmente tuer vn bœuf pour en auoir le ſuif, pour meſler auec le bray, l'on fit faire auſſitoſt de l'eſtouppe de vieux cordage, ramaſſant toutes choſes au moins mal que l'on pouuoit pour nous accommoder, & au nombre de ceux qui deuoient retourner, l'on mettoit deux familles qui n'auoient poulce de terre pour ce pouuoir nourrir, eſtans entretenus des viures du magazin, car tout cela ne nous ſeruoit de rien, qu'à manger nos viures dix perſonne qu'ils eſtoiẽt en ces deux familles, horſmis les deux hõmes qui pourroiẽt eſtre employez, l'vn boulanger, & l'autre qui ſeruoit de matelot.

Or comme toutes choſes furent preſtes il ne failloit plus treuuer qu'vn homme qui fut entendu à calfeultrer la barque, & l'accommoder de ce qui luy eſtoit neceſſaire, nous nous adreſſaſmes à vn habitant du pays, qui ſe nourrit de ce qu'il a defriché au pays, appellé Couillart bon matelot, charpentier, & calfeultreur, qui ne pouuoit eſtre ſuiet qu'à la neceſsité, auquel nous mettions toute noſtre aſſeurance qu'il nous ſecoureroit de ſon trauail & induſtrie, d'autant que depuis quinze ans qu'il auoit eſté au ſeruice de la compagnie, il s'eſtoit touſiours monſtré courageux en toutes choſes qu'il faiſoit, qu'il auoit gaigné l'amitié d'vn chacun, faisant ce que l'on pouuoit pour luy, & de moy ie ne m'y suis pas espargné en tout ce qu'il auoit à faire. En fin ie luy dis qu'il estoit necessaire, n'ayant personne en nostre habitation, qu'il allast à Tadoussac accommoder ceste barque, il chercha toutes les excuses qu'il peust pour s'en exempter, assez mal à propos & sans raison, qui me fit luy tenir quelques propos fascheux. Bref pour toute conclusion dit qu'il auoit peur des Sauuages qu'ils ne l'assommassent: pour le releuer de ceste apprehension, ie luy fis offre de luy donner vne chalouppe bien esquippée d'hommes & d'armes, & enuoyer mon beau-frere pour l'asseurer, tout cela ne seruit de rien, sinon que pour accommoder deux chalouppes qui estoiét en nostre habitation, qu'il le feroit volontiers, mais d'y aller il craignoit sa peau, & ne vouloit abandoner sa femme, pour la conseruer, ie luy dis vous l'auez tant de fois laissée seule auec sa mere par le passé, allez luy dis-ie alors, vous perdez toutes les conditions que l'on pouuoit esperer d'vn homme de bien, si ce n'estoit pour peu ie vous ferois mettre prisonnier, pour la desobeïssance que vous faite en vne necessité, vous deseruez le Roy en tout cecy, neátmoins on aduisera à ce que l'on aura à faire. Le sieur du Pont & moy aduisasmes que se seruir d'vn homme par force l'on n'en auroit iamais bonne issuë, & falloit s'en passer, & qu'il nous calfeultrast deux chalouppes, n'en pouuant tirer autre seruice.

Le 9. de Iuillet deux de nos hommes vindrét à pied du Cap de Tourmente, apporter nouuelle de l'arriuée de six vaisseaux à Tadoussac selon le rapport d'vn sauuage, lequel ce mesme iour nous confirma son dire,

qu'vn

qu'vn homme de Dieppe nommé le Capitaine Michel commandoit dedans, venant de la part du sieur de Caen : ce discours nous fit penser que se pouuoit estre celuy auec lequel ledit de Caen auoit part en son vaisseau, qui venoit ordinairemét à Gaspey faire pescherie de moluë, ces nouuelles aucunemét nous resiouirent: d'autre part considerant qu'il y auoit six vaisseaux, chose extraordinaire en ces voyages pour la traitte, que ce Capitaine Michel commandoit à ceste flotte, il n'y auoit pas d'apparence n'estant hõme propre à telle conduitte, qui nous fit croire qu'il y auoit plus ou moins en l'affaire, vn changement extraordinaire. De plus que le Sauuage estát interrogé particulierement se treuuoit en plusieurs dire, en-tr'autre chose nous dit qu'ils auoient pris vn Basque qui traittoit à l'Isle Percée, traittant ses marchandises aux Sauuages dudit Tadoussac: desirant en auoir vne plus ample verité, nous resolusmes de sçauoir d'vn ieune homme truchement de nation grecque, s'il pourroit se deguiser en Sauuage & aller en vn canau recognoistre quels vaisseaux se pouuoiét estre, en luy donnant deux Sauuages auec luy, ausquels auions de la creance & fidelité, qui nous promettoient seruir en ceste affaire en les gratifiant de quelque honnesteté, ledit Grec se resolut de s'embarquer, l'ayant accommodé de ce qu'il luy estoit necessaire il partit.

Cependant i'estois en mesfiance, craignant ce que souuent i'auois apprehendé, & les aduis que plusieurs fois i'auois donné, sçauoir que se ne fussent ennemis, qui me fit mettre ordre tant à l'habitation qu'au fort, pour nous mettre en l'estat de receuoir l'ennemy si tel estoit.

2. Part.   V

Voilà qu'vne heure apres le partement dudit Grec ils s'en reuient auec deux canaux qui se sauuoiēt à nostre habitation, en l'vn desquels estoit Foucher qui estoit demeurant audit Cap de Tourmente, pour auoir esgard aux hommes qui y estoient habitez, lequel nous dit qu'il s'estoit sauué des mains des Anglois qui l'auoient pris prisonnier, & trois de ses hommes, vne femme & vne petite fille qu'ils auoient amené à bort d'vne barque qui estoit mouillée à l'ancre le trauers dudit Cap de Tourmente, ayant tué en partie ce qu'ils voulurent du bestial, & fait brusler le reste dans leurs estables, où ils l'enfermerent, comme aussi deux petites maisons où se retiroit ledit Foucher & ses hommes, apres auoir rauagé tout ce qu'ils peurent iusqu'à des beguins de la petite fille : Ceste tuerie de bestial faite, ils s'en retournerent promptement & se r'embarquerent, mais ce n'estoit pas sans crainte qu'ils auoient qu'on ne les poursuiuast, ce que asseurement eust esté fait si nous eussions eû certains aduis de leur arriuée par les sauuages, qui le sçauoiēt tous bien, comme perfides & traistres qu'ils sont, celerent cette meschante nouuelle, au contraire ils faisoiēt courrir le bruit que c'estoiēt des nostres & de nos amis, que nous ne nous deuions mettre en peine. Ceste barque estoit arriuée vne heure ou deux deuant le iour, & mouillerent l'ancre comme dit est, & aussitost mirent quinze à seize soldats dans vne chaloupe, mettant pied à terre venant le long du bois, pensant surprendre nos gens couchés : mais comme ils arriuerent proche de l'habitation ils virent ledit Foucher, qui leurs demanda d'où ils estoient, qu'ils eussent à s'arrester, vn des siens s'auançant à ceste troupe en laquelle d'abord ne paroissoit que François, qui l'année d'auparauant estoient venus auec ledit sieur de la Ralde, dire, nous sommes de vos amis, ne nous cognoissez vous pas, nous estions l'année passée icy, nous venons de la part de Monseigneur le Cardinal, & de Roquemont, allant à Québec leur porter des nouuelles, & en passant auions desir de vous voir. A ces douces paroles & honnestetés ils se saluerent les vns & les autres, pensant que tout ce qu'ils disoient estoit verité, mais ils furent bien estonnez qu'estans enuironnez quatre personnes qu'ils estoient, qu'ils furent saisis & pris comme i'ay dit cy dessus, car les traistres Sauuages leurs auoient rapporté l'estat en quoy nous estions.

Estant trop acertené de l'ennemy ie fais employer tout le monde à faire quelque retranchement au tour de l'habitatiõ, au fort des barricades sur les ramparts qui n'estoient paracheuez, n'y ayant rien fait depuis le partemẽt des vaisseaux, pour le peu d'ouuriers que nous auions, qui auoient esté assez empeschés tout l'Hyuer à faire du bois pour le chauffage, toutes ces choses se faisant en diligence, ie disposay les hõmes aux lieux que ie iugeay estre à propos, afin que chacun cogneut son quartier, & y accourust selon la necessité du temps.

Le lendemain 10. du mois sur les trois heures apres midy apperceusmes vne chalouppe, qui tesmoignoit auoir la manœuure qu'ils faisoient, qu'ils desiroient aller dans la riuiere sainct Charles pour faire descente ou mettre le feu dãs les maisons des Peres,

V ii

ou bien ils ne sçauoient pas bien prendre la route pour venir droit à nostre habitation, iugeant aussi que ceste chalouppe ne pouuoir faire grand eschet, s'il n'en venoit d'autres, & que venir à l'estourdie de la façon il n'y auoit point d'apparence : car ils pouoient se promettre d'y demeurer la plus grand part, qu'il falloit que quelque autre suiet les amenast, qui fit que neantmoins ie ne voulus negliger ce qui estoit à faire, enuoyât quelques Arquebusiers par dedâs les bois, recognoistre où ils mettroient pied à terre, là les attendre de pied ferme à leur descente pour les empescher & deffaire s'il y auoit moyen : comme ils approchoiét de la terre nos gens cogneurent les nostres, qui estoient dedans auec vne femme & la petite fille qui les asseura, se monstrant quelques vns leurs disant qu'ils allassent descendre à l'habitation, ce qu'ils firent, recogneusmes que s'estoiét des Basques prisonniers des Anglois, qui l'auoient enuoyée pour rapporter nos gens., & vne lettre de la part du General, l'vn des Basques que ie fis venir qui auoit la lettre, me dit, Monsieur le commandement forcé que nous auons du General Anglois qui est à la radde de Tadoussac, nous a contrainct de venir en ce lieu vous donner ceste lettre de sa part, laquelle verrez s'il vous plaist, vous prie de nous pardonner & excuser puisque la contraincte nous y a obligé. Ie pris la lettre & fis entrer les Basques qui estoient au nombre de six, ausquels ie fis faire bonne chere, attendant qu'on les eust depesché, il estoit assez tard, qui fit qu'ils ne s'en retournerent que le lendemain matin.

Ledit sieur du Pont & moy & quelques autres des

principaux de nostre habitation, que ie fis assembler pour faire la lecture, pour aduiser à ce que nous respondrions, voicy la teneur cy dessous.

MEssieurs ie vous aduise comme i'ay obtenu Commission du Roy de la grande Bretagne, mon tres-honoré Seigneur & Maistre, de prendre possession de ces païs, sçauoir Canadas & l'Acadie, & pour cet effect nous sommes partis dix huict nauires, dont chacun a pris sa route selon l'ordre de sa Maiesté, pour moy ie me suis desia saisy de la maison de Miscou, & de toutes les pinaces & chalouppes de ceste coste, comme aussi de celles d'icy de Tadoussac ou ie suis à present à l'ancre, vous serez aussi aduertis comme entre les nauires que i'ay pris il y en a vn appartenāt à la Nouuelle Compagnie, qui vous venoit treuuer auec vtures & rafraischissements, & quelque marchandise pour la traitte, dans lequel commandoit vn nommé Norot: le sieur de la Tour estoit aussi dedans, qui vous venoit treuuer, lequel i'ay abordé de mon nauire: ie m'estois preparé pour vous aller treuuer, mais i'ay treuué meilleur seulement d'enuoyer vne patache & deux chalouppes, pour destruire & se saisir du bestial qui est au Cap de Tourmente, car ie sçay que quand vous serez incommodé de viures, i'obtiendray plus facilement ce que ie desire, qui est d'auoir l'habitation: & pour empescher que nul nauire ne viēne ie resous de demeurer icy, iusqu'à ce que la saison soit passée, afin que nul nauire ne vienne pour vous auictuailler: c'est pourquoy voyez ce que desirez faire, si me desirez rendre l'habitation ou non, car Dieu aydāt tost au tard il faut que ie l'aye, ie desirerois pour vous que ce fut plustost de courtoisie que de force, à celle fin

V iij

d'esuiter le sang qui pourra estre respādu des deux costez, & la rendant de courtoisie vous vous pouuez asseurer de toute sorte de contentement, tant pour vos personnes que pour vos biens, lesquels sur la foy que ie pretend en Paradis ie conserueray comme les miens propres, sans qu'il vous en soit diminué la moindre partie du monde. Ces Basques que ie vous enuoye sont des hommes des nauires que i'ay pris, lesquels vous pourront dire comme les affaires de la France & l'Angleterre vont, & mesme comme toutes les affaires se passent en France touchant la compagnie nouuelle de ces pays; mandez-moy ce que desirés faire, & si desirés traitter auec moy pour cette affaire, enuoyés moy vn homme pour cet effect, lequel ie vous asseure de cherir comme moy-mesme auec toute sorte de contentement, & d'octroyer toutes demandes raisonnables que desirerés, vous resoudant à me rendre l'habitation. Attendant vostre responce & vous resoudant ce faire ce que dessus ie demeureray, Messieurs, & plus bas vostre affectionné seruiteur DAVID QVER, Du bord de la Vicaille ce 18. Iuillet 1628. Stille vieux, ce 8. de Iuillet stille nouueau. Es dessus la missiue estoit escrit, à Monsieur Monsieur de Champlain, commendant à Québec.

La lecture faite nous concluasmes sur son discours que s'il auoit enuie de nous voir de plus prés il deuoit s'acheminer, & non menacer de si loing, qui nous fit resoudre à luy faire cette responce telle qu'il s'ensuit.

Monsieur, nous ne doutons point des commissions qu'auez obtenuës du Roy de la grande Bretagne, les grands Princes sont tousiours sectation des braues & ge-

nereux courages, au nombre desquels il a esleu vostre personne pour s'acquiter de la charge en laquelle il vous a commise pour executer ses commandemens, nous faisant cette
faueur que nous les particulariser, entre autre celle de la
prise de Norot & du sieur de la Tour qui apportoit nos
commoditez, la verité que plus il y a de viures en vne place
de guerre, mieux elle se maintient contre les orages du temps,
mais aussi ne laisse de se maintenir auec la mediocrité quand
l'ordre y est maintenuë. C'est pourquoy ayant encore des
grains, bleds d'Inde, pois, febues, sans ce que le pays four-
nist, dont les soldats de ce lieu se passent aussi bien que s'ils
auoient les meilleures farines du monde, & sçachant tres-
bien que rendre vn fort & habitation en l'estat que nous
sommes maintenant, nous ne serions pas dignes de paroistre
hommes deuant nostre Roy, que nous ne fussions reprehen-
sibles, & meriter vn chastiment rigoureux deuant Dieu &
& les hommes, la mort combattant nous sera honorable,
c'est pourquoy que ie sçay que vous estimerez plus nostre
courage en attendant de pied ferme vostre personne auec vos
forces, que si laschement nous abandonnions vne chose qui
nous est si chere, sans premier voir l'essay de vos canons,
approches, retranchemēt & batterie, contre vne place que
ie m'asseure que la voyant & recognoissant vous ne la iugerez de si facile accez comme l'on vous auroit peu donner à
entendre, ny des personnes lasches de courage à la maintenir,
qui ont esprouué en plusieurs lieux les hazards de la fortune,
que si elle vous est fauorable vous aurez plus de sujet en nous
vainquant, de nous departir les offres de vostre courtoisie,
que si nous vous rendions possesseurs d'vne chose qui nous
est si recommandée par toute sorte de deuoir que l'on sçauroit
s'imaginer. Pour ce qui est de l'execution du Cap de Tour-

mente, bruslement du bestial, c'est vne petite chaumiere, auec quatre à cinq personnes qui estoient pour la garde d'iceluy, qui ont esté pris sans verd par le moyen des Sauuages, ce sont bestes mortes, qui ne diminuent en rien de ce qui est de nostre vie, que si vous fussiez venu vn iour plus tard il n'y auoit rien à faire pour vous, que nous attendons d'heure à autre pour vous receuoir, & empescher si nous pouuons les pretentions qu'auez eu sur ces lieux, hors desquels ie demeureray Monsieur, & plus bas Vostre affectionné seruiteur CHAMPLAIN, & dessus, A Monsieur Monsieur le General QVER, des vaisseaux Anglois.

La responce faite ie la dónay aux Basques, quis'en retournerent & enuoyay vne chalouppe au Cap de Tourmente pour veoir le debris des Anglois, & s'il n'y auoit point quelque bestial qui se seroit sauué, il estoit resté quelques six vaches que les Sauuages tuerent, & vne qui fut sauuée qui s'estoit enfuye dans les bois, qui fut ramenée.

Les Basques arriuans à Tadoussac donnerent ma lettre au general Quer que nous attendions de iour en iour. Apres s'estre informé des Basques il fit assembler tous ceux de ses vaisseaux, & notamment les Chefs ausquels il leut la lettre, ce qu'ayant fait ils delibererét ne perdre temps voyant ny auoir rien à faire, croyans que nous fussions mieux pourueus de viures & munitions de guerre que nous n'estions, châque homme estans reduit à sept onces de pois par iour, ny ayant pour lors que 50. liures de poudre à canon,

peu

DE CHAMPLAIN.

peu de méche & de toutes autres commoditez, que s'ils eussent suiuy leur pointe malaisément pouuions nous resister; attendu la misere en laquelle nous estions, car en ces occasions bonne mine n'est pas defenduë : Cependant nous faisions bon guet, tenant tousiours mes compagnons en deuoir. Ledit Quer n'attendoit plus nos vaisseaux, croyant qu'ils fussent peris ou pris des ennemis, se delibera de brusler toutes nos barques qui estoient à Tadoussac, ce qu'ils firent, horsmis la plus grande qu'ils emmenerent, leuent les ancres, & mettent sous voiles pour aller chercher des vaisseaux le long des costes pour payer les frais de leur embarquement. *Rareté de munitions.* *Ennemis bruslét nos barques.*

Quelques iours apres arriua vne chalouppe où il y auoit dix Matelots, & vn ieune homme appellé Desdames pour leur commander, qui venoit nous apporter nouuelle de l'arriuée du sieur de Roquemõt à Gaspey, qui estoit general des vaisseaux François, & nous apportoit toutes commoditez necessaires, & quantité d'ouuriers & familles qui venoient pour habiter & defricher les terres, y bastir & faire les logemens necessaires, luy demandant s'il n'auoit point de lettres dudit sieur de Roquemont, il me dit que non, & qu'il estoit party si à la haste qu'il n'auoit pas eu le loisir de mettre la main à la plume. Ie m'estonnay de ce qu'en vn téps soupçonneux il ne m'escriuoit comme les affaires s'estoient passées en France touchant la Nouuelle societé, qui auoit deposé ledit sieur de Caen de ses pretensions, sur ce qu'il ne s'estoit pas acquitté de ce qu'il auoit promis à la Majesté, seulement le Reuerend Pere l'Allemand m'escriuoit vn *Arriuée d'vne chalouppe.* *Et du sieur de Roquemont.* *La nouuelle societé depose le sieur de Caën.*

2. Part.   X

Le Pere l'Allemand escrit à L'Autheur. mot de lettre par lequel il me faisoit entendre qu'ils nous verroient en bref s'ils n'estoient empeschez par de plus grandes forces des Anglois que les leurs. Depuis i'eus cognoissance d'vne commission que m'enuoyoit sa Majesté, de la teneur qui suit.

Commissiõ du Roy au sieur de Champlain LOVYS PAR LA GRACE DE DIEV ROY DE FRANCE ET DE NAVARRE, A nostre cher & bien amé le sieur de Champlain, commendant en la Nouuelle France, en l'absence de nostre tres-cher & bien-ame cousin le Cardinal de Richelieu, grand Maistre, Chef, Sur-intendant general de la nauigation & commerce de France, Salut. Comme nous estimons estre obligez de veiller à la conseruation de nos subiets, & que par nostre soin rien ne deperisse de ce qui leur peut appartenir, particulierement en leur absence, & que nous voulons estre bien & deuëment informez de l'estat veritable du pays de la Nouuelle France sur l'establissement que nous auons faict depuis quelque temps d'vne nouuelle Compagnie pour le commerce de ces lieux, A CES CAVSES, A plain confiant de vostre soin & fidelité nous vous auons commis & deputé, Commettons & deputons par ces presentes, signées de nostre main: Pour incontinent apres l'arriuée du premier vaisseau de ladite Nouuelle Compagnie faire inuentaire en la presence des Commis de Guillaume de Caen, cy-deuant adiudicataire de la traitte dudit pays de toutes les pelleteries si aucune y a, à luy appartenantes & à ses associez esdits lieux: Ensemble de toutes les munitions de guerre, marchandises, victuailles, meubles, vstancilles, barques, canaux, agrez, & apparaux auec tous les bestiaux & toutes autres choses generallement quelconque estans esdits lieux appartenantes audits de Caen & ses associez, desquelles choses prisée & estimation sera faite en vostre presence par gens à ce cognoissans, que nammerez d'office, au cas que les commis dudit de Caen sur ce interpellez n'en conuiennent dresser procez verbal & arpentage de toutes les terres labourables & iardinages estant en valeur esdits lieux, depuis quel temps elles ont esté defrichées, combien de familles ledit Caen a faict passer en ladite Nouuelle France conformément aux articles que nous luy auons cy deuant accordez, & faire description & figure du fort de Québec & de toutes

DE CHAMPLAIN. 163

les habitations & bastimens, tant pretendus par ledit de Caen, que autres, desquels prisée & estimation sera faicte par gens à ce cognoissans, & en presence, comme dit est, & de tout ce que dessus dresser procez verbal, pour iceluy veu & rapporté en nostre Conseil estre pourueu sur les pretensions dudit de Caen & ses associez ainsi qu'il appartiendra par raison. De ce faire vous donnons pouuoir, authorité, commission & mandement special, & de passer outre nonobstant oppositions ou appellations quelconques faites ou à faire, recusations, prise à partie pour lesquelles ne voulons estre differé. CAR TEL EST NOSTRE PLAISIR. *Donné à Partenay le 27. iour d'Auril 1628. & de nostre Regne le 18. signé* LOVYS, *& plus bas par le Roy, Potier, auec le grand sceau.*

Apres que Desdame m'eut dit ce qu'il sçauoit il me donna à entendre qu'il auoit veu cinq ou six vaisseaux Anglois & nostre barque, estant contraint pour n'estre apperceue d'eschoüer aussi-tost, ils firent passer leur chalouppe par dessus vne chaussée de caillous, les ennemis estans passez ils remirent leur batteau à l'eau pour parfaire leur voyage, ayant eu charge dudit sieur de Roquemont qu'estant à l'Isle Sainct Barnabé d'enuoyer vn canau à Québec pour sçauoir l'estat auquel nous estions, s'il estoit vray que les Anglois nous eussent tous pris & tuez, comme les Sauuages leurs auoiét donné à entendre, & luy deuoit demeurer à ladite Isle, distante de Tadoussac de 18. lieuës, attendant le canau: Que ledit sieur de Roquemont venant à la veuë de l'Isle il feroit de certains feux dans ses vaisseaux qui seroient faits semblablement sur terre pour signal qu'ils ne seroient point ennemis: que l'on auoit aussi deschargé nombre de farines à Gaspey pour estre plus legers & moins embarrassez à combattre les Anglois, qu'ils iroient chercher iusques à Tadoussac:

Rapport que luy fit Desdame.

Ordre pour s'entrerecognoistre.

X ij

164 LES VOYAGES DV SIEVR

que le lendemain ils entendirent plusieurs coups de canon, qui leur fit croire que les vaisseaux Anglois auoient fait rencontre des nostres. Ie luy dis qu'ayant entendu ces coups, ils deuoient retourner pour sçauoir à qui demeureroit la victoire pour en estre certain; il dit qu'il n'auoit aucun ordre de ce faire: cependant ces vnze hommes estoient autant de bouches augmentées pour manger nos pois, desquels nous nous fussions bien passez, mais il n'y auoit remede, ie leur fis la mesme part qu'à ceux de l'habitation.

Combat des Anglois auec les nostres.

DEFAVTS OBSERVEZ PAR
L'Autheur au voyage du sieur de Roquemont. Sa preuoyance. Sa resolution contre tout euenement. Le Sauuage Erouachy arriue à Québec. Le recit qu'il nous fit de la punition Diuine sur le meurtrier. Erouachy conseille de faire la guerre aux Yrocois.

CHAPITRE VI.

Defauts obseruez en ce voyage.

Voicy quelques defauts qui se commirent en ce voyage, d'autant que ledit sieur de Roquemont deuoit considerer, que l'embarquement n'estoit faict à autre dessein que pour aller secourir le fort & habitation qui manquoient de toutes commoditez, tant pour l'entretien de la vie, comme de munitions pour la deffense, qu'en allant chercher l'ennemy pour le combattre (arriuant faute de luy) il ne se perdoit pas seul, mais il laissoit tout le pays en ruyne, & prés de cent hōmes, femmes & enfans mourir de faim, qui seroient cōtraints d'aban-

DE CHAMPLAIN. 165

donner le fort & l'habitation au premier ennemy, faute d'estre secourus, comme l'experience l'a fait voir.

Ledit de Roquemont estant à Gaspey, ayans appris que l'Anglois auoit monté la riuiere, plus fort que luy en vaisseaux & munitiõs, les deuoit éuiter le plus qu'il pourroit & pour ceste occasion assembler son Cõseil, afin de sçauoir des plus experimétez s'il y auoit en ces costes quelque port où l'on peust se mettre en seureté, & le faire; où l'ennemy ne le peust endõmager: car biẽ que le Capitaine I. Michel qui estoit auec l'Anglois cogneut quelques ports autour de Gaspey & isle de Bonnauenture, il n'eut peu nuire aux nostres, qui sçauoient assez de retraites en ces costes, plus que ledit Michel, mais le trop de courage fit hasarder le cõbat. *Second defaut.*

Or les vaisseaux dudit de Roquemont estant en bon port tres seur, l'on deuoit enuoyer vne chalouppe bien equippée, pour decouurir & voir la contenance de l'ennemy, & quelle execution il pouuoit auoir fait à Québec, & attendre que les vaisseaux des ennemis fussent partis pour s'en retourner, aussi tost aller donner aduis aux nostres: lesquels asseurez que l'Anglois seroit passé, eussent sorty du port, pour mettre à la voile, monter la riuiere, & donner secours au fort & habitation, ce qui eust esté facile. *Troisiesme defaut.*

Ou bien puisque ledit sieur de Roquemont estoit deliberé d'aller attaquer l'ennemy, prédre le petit Flibot de quelques 80. à 100. tonneaux, auantageux de voiles, le charger de farines, poudres, huilles, & vinaigre, y mettant les Religieux, femmes, & enfans, & à la faueur du combat, il pouuoit se sauuer, monter la riuiere & nous dõner secours. De dire que dira-on *Quatriesme defaut.*

X iij

si ie ne voy l'ennemy? ie dis qu'en pareilles ou semblables affaires c'est estre prudét, qu'il vaut mieux faire vne honorable retraitte qu'attendre vne mauuaise issuë. Le merite d'vn bon Capitaine n'est pas seulemét au courage, mais il doit estre accōpagné de prudéce, qui est ce qui les fait estimer, cōme estāt suiuy de ruses, stratagesmes, & d'inuentiōs: plusieurs auec peu ont beaucoup fait, & se sont rédus glorieux & redoutables.

Le courage doit estre accompagné de prudence.

Cependant que nous attendions des nouuelles de ce combat auec grāde impatience, nous mangions nos pois par compte, ce qui diminuoit beaucoup de nos forces, la plusçart de nos hommes deuenant foibles & debiles, & nous voyant denués de toutes choses, iusques au sel qui nous manquoit, ie me deliberay de faire des mortiers de bois où l'on piloit des pois qui se reduisoient en farines, lesquels nous profitoiét mieux qu'auparauant, mais à cause de ce trauail on estoit long temps en cet estat, ie pensay que faire vn moulin à bras ce seroit chose encore plus aisée & profitable, mais comme nous n'auions pas de meulle, qui estoit le principal instrument, ie m'informay à nostre serrurier s'il pourroit treuuer de la pierre propre à en faire vne, il me donna de l'esperance, & pour ce subiect alla chercher de la pierre, & en ayant treuué il les taille, vn Menuisier entreprend de les monter. De sorte que cette necessité nous fit treuuer ce qu'en vingt ans l'on auoit creu estre comme impossible. Ce moulin s'acheue auec diligence, ou chacun portoit sa semenée de pois que l'on mouloit & en receuoit on de bonne farine, qui augmentoit nostre boüillie, & nous fit vn tres-grand bien, qui nous remit vn peu

Preuoyance de l'Autheur.

Faict faire vn moulin à bras.

mieux que nous n'eſtions auparauant.

La peſche de l'anguille vint qui nous ayda beaucoup, mais les Sauuages habiles à ceſte peſche ne nous en donnerent que fort peu, les nous vendát bien cheres, chacun donnans leurs habits & commoditez pour le poiſſon, il en fut traitté quelque 1200. du magaſin pour des Caſtors neufs, n'en voulant point d'autres, dix anguilles pour Caſtor, leſquelles furent departies à vn chacun, mais c'eſtoit peu de choſe. *Il traitte des Anguilles pour des Caſtors.*

Nous eſperions que le Champ de Heber & ſon gendre, nous pourroient ſoulager de quelque grains à la cueillette : dequoy ils nous donnoient bonne eſperance, mais quand ce vint à les recueillir il ſe trouua qu'ils ne nous pouuoient aſſiſter que d'vné petite eſculée d'orge, pois & bleds d'Inde par ſepmaine, peſant enuiron 9. onces & demie, qui eſtoit fort peu de choſe à tant de perſonnes, ainſi nous fallut paſſer la miſere du temps. Les Peres Ieſuites auoient vn moulin à bras où les meſnages alloiét moudre leurs grains le plus ſouuent. Heber ne faiſoit rien que nous ne recogneuſſions la quantité qu'il en mouloit, afin de ne donner ſujet de plainte qu'il euſt faict meilleure chere que nous, ce que ie ne faiſois pas ſemblant de veoir, bien que ie. patiſſois aſſez, mais c'eſt la couſtume qu'en telles neceſſitez chacun taſche de faire magaſin a part, ſans en rien dire : ie m'eſtois fié à eux de faire la leuée de leurs bleds, ce qu'autre que moy n'euſt pas permis en telles neceſſitez, car en leur donnant leur part comme aux autres on en eſtoit quitte, & le ſurplus leur eſtoit payé, c'eſt dequoy il auoit peur.

Il eſt vray que ledit ſieur de Caen auoit enuoyé des

meules à Tadouſſac, mais par la negligence de ceux qu'il enuoyoit au pays peu affectionnez, aymerent mieux les laiſſer en ce lieu que les porter à Québec, ſçachant bien qu'on ne les pouuoit enleuer que par leur moyé, c'eſtoit à ce que l'on dit, qu'il y en auoit en la Nouuelle France, mais il euſt autant vallu qu'elles euſſent eſté à Dieppe qu'audit Tadouſſac, où depuis les Anglois les ont rompuës en pluſieurs pieces.

Meules que l'Aucheur auoit enuoyez à Tadouſſac.

Voyant le ſoulagement que nous receuions de ce moulin à bras, ie me deliberay d'en faire faire vn à eau, & pendant l'hyuer employer quelques Charpentiers à appreſter le bois qui ſeroit neceſſaire pour cet effect, comme pour le logemét à le mettre à couuert, & au Printemps faire tailler les meules, & ainſi accommoder vn chacun de ceux qui auroient des grains à faire moudre, & ne retōber plus aux peines où l'on auoit eſté par le paſſé, qu'à ce deffaut ceux qui auroiét volonté de defricher qu'ils le fiſſent pendát que commodément ils feroient moudre leurs grains.

Fait faire vn moulin à eau.

Tout l'hyuer nos hommes furent aſſez fatiguez à couper du bois, & le trainer ſur la neige de plus de 2000. pas pour le chaufage, c'eſtoit vn mal neceſſaire pour vn plus grand bien: quelques Sauuages nous ayderent de quelques Elans, bien que peu pour tant de perſonnes, & celuy qui nous aſſiſta ſ'appelloit Chomina qui veut dire le raiſin, tres-bon Sauuage & ſecourable. I'enuoyay quelques-vns de nos gens à la chaſſe eſſayer ſ'ils pourroient imiter les Sauuages en la priſe de quelques beſtes, mais ils ne furent ſi honneſtes que ces peuples, car ayant pris vn Elan tres-puiſſant ils s'amuſerent à le deuorer comme loups rauiſſans

Trauail des hommes durant l'hyuer.

Sauuage qui les aſſiſte.

rauissants, sans nous en faire part, que d'enuiron 20. liures, ce qui me fit à leur retour vser de reproches de leur gloutonnerie, sur ce que ie n'auois pas vn morceau de viures que ie leurs en fisse part: mais comme ils estoient gens sans honneur & ciuilité, aussi s'estoient ils gouwernez de mesme, & depuis ie ne les y enuoyay plus, les occupant à autres choses.

L'Autheur reproche leur gloutonnerie.

La longueur de l'hyuer nous donnoit assez souuent à penser aux inconuenients qui pouuoient arriuer, comme vne seconde prise de nos vaisseaux, & les moyens que nous pourrions auoir pour subuenir à nos necesitez, qui estoient plus grandes qu'elles n'auoient iamais esté, dautant que toutes nos legumes nous defailloient en May, quelque mesnage que i'eusse fait, qui estoit le temps que nous attendions nouuelles, ou bien pour le plus tard à la fin de May, & estoit meilleur patir doucement, que manger tout en vn coup, puis mourir de faim: c'est ce que ie remonstrois à tous nos gens, qu'ils prinsent patience attendant nostre secours.

Ie pris resolution que si nous n'auions des vaisseaux à la fin de Iuin, & que l'Anglois vint comme il s'estoit promis, nous voyant du tout hors d'esperance de secours, de rechercher la meilleure composition que ie pourrois, d'autant qu'ils nous eussent fait faueur de nous rapasser & auoir compassion de nos miseres, car autrement nous ne pouuions subsister.

La seconde resolution estoit en cas que n'eussiõs aucuns vaisseaux, de faire accommoder vne petite barque du port de sept à huict tonneaux, qui estoit restée à Québec parce qu'elle ne valloit rié qu'à bru-

Resolution de l'Autheur en cas d'accident.

2. Part. Y

ler. Ceste necessité nous fit resoudre à luy donner vn radoub pour s'en pouuoir seruir, comme ie fis y commencer le premier de Mars, & dans icelle barque y mettre le plus de monde que l'on pourroit, y mettât quelque pelleterie & aller à Gaspey, Miscou & autres lieux vers le Nort, pour trouuer passage dans des vaisseaux qui viennent faire pesche de poisson, & payer leur passage en pelleterie, & ainsi la barque pourroit faire deux voyages partant d'heure, ce qui deuoit estre pour le premier voyage le 10. de Iuillet, & ainsi descharger l'habitation d'vn nombres d'hommes, & en retenir suiuant la quantité des grains que l'on eust peu recueillir tant au desert d'Hebert comme celuy des peres qui deuoient estre ensemencez au printemps, qui auoyent reserué des grains & legumes pour cet effet. Mais tout le mal que ie preuoyois en ceste affaire estoit de pouuoir viure attendant le mois d'Aoust, pour faire la cueillette des grains : car il falloit auoir dequoy passer trois à quatre mois, ou mourir : nostre recours, bien que miserable, estoit d'aller chercher des herbes & racines, & vaquer à la pesche de poisson, attendant le temps de nous voir plus à nostre aise, & s'il eust esté impossible de redonner le radoub à la barque, comme l'on pensoit au commencement c'estoit d'emmener auec moy, 50. à 60. personnes, & m'en aller à la guerre auec les Sauuages qui nous eussent guidés aux Yrocois, & forcer l'vn de leurs villages, ou mourir en la peine pour auoir des bleds, & là nous y fortifier en y passant le reste de l'Esté, de l'Automne, & l'Hyuer plustost que mourir de faim les vns pour

Autre remede.

Estat miserable des nostres.

Resolution de l'Autheur.

les autres à l'habitation, où nous eussions attendu nouuelle au printemps de ceux de Quebec par le moyen des Sauuages, & me promettoient que si tant estoit que Dieu nous fauorisast du bon heur de la victoire, que ce seroit le chemin de faire vne paix generale, & tenir le païs & les riuieres libres. Voila les resolutions que i'auois prises, si Dieu ne nous asssistoit de secours plus fauorable.

Le 19. du mois d'Auril arriua vn Sauuage appellé Erouachy, homme de commandement, il y auoit pres de deux ans qu'il estoit party de Quebec lors que nos hommes furent massacrés, lequel nous auoit asseuré qu'à son retour (qui ne deuoit estre que de 7. à 8. mois) il nous sçauroit à dire au vray le meurtrier de ces pauures gens, mais come il auoit halené ceux qui excusoiét celuy que nous tenions prisonnier, frappé du mesme coin, il nous voulut imprimer la mesme marque, se voyât vaincu de quelque particularités de la verité & de la raison qu'on auoit de le retenir, iusques à ce que l'on eust fait vne plus particuliere recherche, il dit qu'il falloit attendre que tous les Sauuages fussent assemblés, s'asseurant tellement que celuy qui auoit fait le coup viendroit, & nous le liureroit, si n'estoit qu'il fust aduerty, qu'en ce cas il ne le pourroit faire, neantmoins que si nous l'aymions bien, qu'on le laisseroit sortir; recognoissant ses raisons foibles, ie luy dis qu'il y auoit bien peu d'apparence qu'vn homme coulpable voyant vn autre retenu en sa place se vint ietter entre nos mains pour estre iustifié, pouuant esuiter vne si mauuaise rencontre: de plus la grande perquisition que l'on

Vn Sauuage arriue aux nostres

Ce que l'Autheur dit sur ses demandes.

Y ij

auoit fait depuis deux ans qui luy auroit donné plus de suiect de s'esloigner, que d approcher, neantmoins s'il le faisoit, nous estions resolus de deliurer le prisonnier, & les accusateurs comme faux tesmoins seroient recognus pour tres-pernicieux & meschants à la loüange & gloire de l'accusé. De plus qu'auparauant de venir à l'execution nous attendrions le retour de nos vaisseaux, & que tous les Sauuages fussent assemblez, ce qu'estant nous parlerions plus clairement à toutes les nations qui iugeroient de la façon que nous nous gouuernions en telles affaires, & s'en trouuant vn autre coulpable, comme ie luy auois dit, il seroit libre. Voyla qui sera bien, dit il, & pour s'insinuer en nostre amitié, craignant que les discours qu'il nous auoit tenus nous en fissent refroidir, il dit qu'il nous vouloit donner aduis que nous eussions à nous donner de garde des Sauuages de Tadoussac qui estoient meschans traistres, ce que nous sçauions bien desia, nous l'ayant assez tesmoigné à la venuë de l'Anglois; que si mes compagnons alloient à la chasse ou pesche de poisson pour coucher hors l'habitatió, qu'il ne leur conseilloit qu'au prealable il ne donnast vn de ses compagnons pour les asister, desirant viure en paix auec nous, & que le desplaisir qu'il auoit de voir perdre le pays, luy faisoit tenir ces discours.

Aduis qu'il nous donne de nous garder des Sauuages.

Il nous fit entendre au vray la mort des Sauuages & du François appellé le Magnan, qui estoient allez aux Yroçois, pour traicter de paix, ne l'ayant sceu asseurément comme il nous le conta, l'ayant appris des Yroçois du mesme village, qui auoient esté pris

prisonniers par vne natiõ appellée Mayganathicoi-
se(qui veut dire nations des loups) qui auoient guerre depuis deux ans auec les Yrocois à deux iournées
de leur village, & trois à quatre des Flamans, qui
sont habitués au 40. degré, à la coste tirant aux Vir-
ginies, les prisonniers furent bruslez. Voicy le recit
de toute l'affaire.

Vn Algommequin de l'Isle qui est à 180. lieuës de *Artifice d'vn Al-*
Quebec, fut cause de la mort des Sauuages & *gomme-*
du François, lequel sçachant qu'vn Sauuage ap- *tromper &*
pellé Cherououny, qui estoit en grande reputation, *Sauuage &*
deuoit faire ceste ambassade, luy voulant mal & luy *vn Fran-*
portant vne haine particuliere, s'en alla aux Yrocois, *çois.*
où il auoit quelques parens: leur donne aduis comme
amateur de leur conseruation, ne desirant point de
troubles parmy les nations: & que si ledit Ambassadeur venoit pour moyenner la paix, ils n'eussent à adiouster foy en luy, pour ce que le voyage qu'il entrepre- *Ce qu'il*
noit n'estoit que pour recognoistre leur pays, & sous *leur dit.*
ombre de paix & d'amitié les trahir, n'ayant autre
dessein que de les faire mourir apres qu'il auroit recogneu particulierement leurs forces. Que c'estoit
luy seul qui estoit cause de tant de diuisions parmy
les nations, mesme qu'il y auoit plus de dix ans qu'il
auoit tué deux François, ce qui luy estant pardonné
on n'osoit le faire mourir. Les Yrocois luy prestent
l'oreille trop legerement, luy promettent que venant il ne s'en retourneroit pas comme il estoit venu.
De là il s'en retourne aussi-tost vers les Algommequins, disant qu'il auoit esté poursuiuy des ennemis,
qui l'auoient pensé assommer. Ceste nation se laisse

aller à ses discours, & croit ce qu'il disoit, iusques à ce que la verité eust esté recognuë. Peu de temps apres le galant voyant qu'il ne faisoit pas bon pour luy, il esquiue & se va ranger du costé des Yrocois pour mettre sa vie en seureté.

Se sauue parmy les Yrocois.

Ces entremetteurs de la paix s'en allerent aux premiers villages des Yrocois, qui sçachant leur venuë font mettre vne chaudiere pleine d'eau sur le feu en l'vne de leurs maisons, où ils firent entrer nos Sauuages auec le François, à l'abord ils leur montrent bon visage les prient de s'asseoir aupres du feu, leur demandent s'ils n'auoient point de faim, ils dirent que ouy, & qu'ils auoient assez cheminé ceste iournée sans manger : alors ils dirent à Cherououny ou il est bien raisonnable qu'on t'appreste dequoy festiner pour le trauail que tu as pris : l'vn de ces Yrocois s'addressant audit Cherououny, tirant vn cousteau luy coupe de la chair de ses bras, la met en ceste chaudiere, luy commande de chanter, ce qu'il fait, il luy donne ainsi sa chair demy cruë, qu'il mange, on luy demáde s'il en veut dauátage, dit qu'il n'en a pas assez, & ainsi luy en coupét des morceaux des cuisses & autres parties du corps, iusques à ce qu'il eust dit en auoir assez : & ainsi ce pauure miserable finit inhumainement & barbarement ses iours, le François fut bruslé auec des tisons & flambeaux d'escorce de bouleau, où ils luy firent ressentir des douleurs intolerables premier que mourir. Au troisiesme qui s'en vouloit fuir, ils luy donnerent vn coup de hache, & luy firent passer les douleurs en vn instant. Le quatriesme estoit de nation Yrocoise qui auoit

Les Faiseurs de paix bié receus d'eux.

Cherououny est traicté de chair humaine.

Le font mourir.

Bruslent le François

esté pris petit garçon par nos Sauuages, & esleué parmy eux fut lié, les vns estoiët d'aduis qu'on le fit mourir, d'autant que si on luy donnoit liberté il s'en retourneroit: en fin ils se resolurent de le garder esperant que le temps luy feroit perdre le souuenir & l'amitié qu'il auoit de nos Sauuages de Québec, le tenant comme prisonnier: Voila comme ces pauures miserables finirent leur vie.

Lient & gardent vn Yrocois.

Il semble en cecy que Dieu, iuste Iuge, voyant qu'on n'auoit fait le chastiment deu à ce Cherououny, à cause de deux François qu'il auoit tuez au Cap de Tourmente allant à la chasse, luy ayant pardonné ceste faute il fut puny par la cruauté que luy firent souffrir les Yrocois, & ledit Magnan de Tougne en Normandie qui auoit aussi tué vn homme à coups de bastons, pourquoy il estoit en fuitte, & fut puny de mesme par le tourment du feu.

Dieu punit les homicides.

Neantmoins nous auions vn legitime suiect de nous ressentir de telles cruautés barbares, exercées en nostre endroit, & en la personne dudit Magnan, & pource que si nous ne l'eussiõs fait, iamais l'on n'eust acquis honneur ny gloire parmy les peuples, qui nous eussent mesprisez comme toutes les autres nations, prenant cette audace à l'aduenir de nous auoir à desdain & lasches de courage: car i'ay recognu en ces nations, que si vous n'auez du ressentimét des offences qu'il vous font, & que leurs preferiés les biens & traittes aux vies des hommes sans vous en soucier, ils viendront vn iour à entreprendre à vous couper la gorge, s'ils peuuent, par surprises comme est leur coustume.

Suiect aux François de se ressentir des Yrocois.

Ce que dit le Sauuage Erouachy.

Ce Sauuage Erouachy nous dit qu'il auoit passé quelque mois parmy vne natiō de Sauuages qui sont comme au midy de nostre habitation enuiron de 7. à 8. iournées, appellés Obenaquiouoit, qui cultiuent les terres, lesquels desiroient faire vne estroitte amitié auec nous, nous priant de les secourir contre les Yroçois, peruerse & meschante nation entre toutes celles qui estoient dans ce païs, croyans que comme interessés de la mort de nostre Fraçois, nous au-

Conseille à nos Françoys, de faire la guerre aux Yroçois

rions agreable ceste guerre legitime, en destruisant ces peuples, & ferions que le pays & les riuieres seroient libres aux commerces : Les nations du païs sçachant nostre resolution par ledit Erouachy, leur feroit sçauoir qu'ils donneroient ordre à ce qu'ils auroient à faire pour le sujet de ceste guerre, soit que nous y fussions ou que nous n'y fussions pas.

Ie consideray que ceste legation nous pouuoit estre profitable en nos extremes necessitez, qu'il nous en falloit tirer aduantage, ce qui me fit resoudre d'enuoyer vn homme tāt pour recognoistre ces peuples, que la facilité ou difficulté qu'il y auroit pour y paruenir, & le nombre des terres qu'ils cultiuoient, n'estant qu'à 8. iournées de nostre habitation : que ceste

Ce que nos gens pouuoient tirer d'vtilité de ces peuples.

nation nous pourroit soulager, tant de leurs grains comme prendre partie de mes conpagnons pour hiuerner auec eux, par ce moyen nous soulager, au cas que quelque accident fust arriué à nos vaisseaux, soit par naufrage ou par combat sur la mer, ce que i'apprehendois grandement, les attendant à la fin de May au plus tard, pour estant secourus, oster toutes

Pretention des Anglois.

les pretensions que les Anglois auoient de se saisir

de

de tous ces lieux cõme ils s'estoient promis de faire, cela leur estant fort facile, n'ayãt dequoy se substanter, ny monitions suffisantes pour se defendre & sans aucun secours Voila comme l'on nous auoit laissez despourueus de toutes commoditez, & abandonnez aux premiers pirates ou ennemis, sans pouuoir resister. *Pretention des Anglois.*

Cela arresté, ie dis audit Erouachy que pour ceste année ie ne pouuois assister ces peuples en leurs guerres, attendu la perte des vaisseaux qu'auions faite auec l'Anglois, qui nous auoient grandement incommodez des choses qui nous eussent esté necessaires en ceste guerre, que neantmoins arriuant nos vaisseaux, & y ayant des hommes assez, ie ne laisserois d'y faire tout mon pouuoir de les assister dés l'annee mesme, & quoy qu'il arriuast, l'autre ensuiuant ie les secourerois de cent hommes, si ie pouuois les accommoder des choses qui leur seroient necessaires. Sur ce ie luy fis veoir des moyens & inuentions pour promptemẽt enleuer la forteresse des ennemis: dont il fut tres-aise de les voir, & les considera auec attention. De plus, que pour asseurer dauantage les peuples i y voulois enuoyer vn homme auec quelque present pour estre tesmoin oculaire de tout ce que ie luy disois, & pour plus grande asseurance ie m'offrois à leur enuoyer de mes compagnons pour hyuerner en leur pays, & au printemps se treuuer au rendezvous de la riuiere des Yrocois, comme à toutes les nations leurs amis, qui les voudroient assister, aussi que si quelque année leur succedoit mal en la cueille de leurs grains, venãt vers nous nous les secourerions *Ce que l'Autheur dit à Erouachy.*

Inuentions que l'Autheur luy monstra pour enleuer la forteresse des ennemis.

2. Part.   Z

des noſtres, comme nous eſperions d'eux au ſemblable en les ſatisfaiſant; le tout pour tenir à l'aduenir vne ferme amitié les vns auec les autres, & quoy que ſe fuſſe, ſi nos vaiſſeaux ne venoient nous ne laiſſerions pas d'aller à la guerre, y menant cinquante hommes auec moy, iugeant qu'il valloit mieux faire & executer ce deſſein, pour deſcharger l'habitation que mourir de neceſſité les vns pour les autres, attendant ſecours de France, & ainſi i'allois cherchât des remedes au mieux qu'il m'eſtoit poſsible. Tout ce diſcours pleut audit Erouachy, qui teſmoigna en eſtre grandement ſatisfaict, comme choſe qui le mettoit en credit auec ces nations.

Ce qu'eſtant treuué bon d'vn chacun, i'eus deſir d'enuoyer mon beau frere Boulay en ceſte deſcouuerture, d'autât qu'il eſtoit queſtiõ que celuy qui iroit fuſt homme de iugement, & s'accommodaſt aux *L'Autheur* humeurs de ces peuples, où tout le monde n'eſt pas *enuoye re-* propre, & recognoiſtre exactement le chemin que *cognoiſtre* *les lieux,* l'on feroit auec les autheurs des lieux, & pluſieurs *auec pre-* particularitez qui ſe rencontrent & qui ſont neceſ- *ſens pour* *les Sauua-* ſaires; à ſçauoir à ceux qui vont deſcouurir. Mais *ges.* d'autre part la neceſſité & confiance que i'auois de luy, ſi l'Anglois venoit, fiſt que ie ne luy peus permettre ce qu'il deſiroit, ce qui me fit reſoudre d'y enuoyer vn autre auquel ie promis quelque gratificatiõ pour la peine qu'il auroit en ce voyage, luy donnant des preſens pour les Sauuages, de noſtre part, cõme eſt la couſtume en telles affaires, & furent auſſi faits des preſens aux Sauuages qui luy ſeruoient de guides & truchemét, & pour ce faict il partit le 16. de May 1629.

DE CHAMPLAIN. 179

Ce di iour i'enuoyay vn Canau auec deux François & vn Sauuage qui auoit esté baptisé par le Pere Ioseph Caron Recollet, fils de Chomina, bon Sauuage aux François, mais le fils retourna comme auparauant auec les Sauuages, & par ainsi son fruict fut comme inutile (il y a bien à considerer premier que d'en venir au baptesme, & il y a en cecy des personnes trop faciles pour ces choses, qui sont si chatoüilleuses : mais le bon Pere fut emporté de zele. Ie les enuoyay à Tadoussac pour attendre nos vaisseaux, & pour aussi-tost nous en venir donner aduis, cóme aussi si c'estoient nos ennemis, leur donnant charge d'attendre iusques au dixiesme de Iuin pour commencer à donner l'ordre à nos affaires. Ie leur auois donné lettres signées de moy & du sieur duPont addressantes au premier vaisseau qu'ils pourroient descouurir, sujet de sa Maiesté, qui auroit voulu tenter le hazard de venir à la desrobée traitter auec le Sauuages contre les deffenses de sa Maesté, comme ordinairement il y en va tous les ans ; par laquelle nous leur mandions, que s'ils nous vouloient traitter des viures au prix des Sauuages, on leur donneroit de la pelleterie de plus grande valeur pour eux, promettant prendre toutes leurs marchandises au mesme prix desdits Sauuages, & pour le plaisir qu'ils nous feroient en ceste extreme necessité, nous tascherions les gratifier enuers Messieurs les associez si leurs vaisseaux venoient. Ou venant pour le plus tard au dixiesme de Iuillet, qu'en repassant partie de nos compagnons en France, on leur promettoit de payer leur passage, & de plus la traitte libre en la riuiere, & ainsi nous ne laissions

Il enuoye à Tadoussac pour attendre quelques vaisseaux François.

Z ij

passer aucune occasion qui nous venoit en l'esprit pour remedier en toutes choses, craignant vne plus rude secousse que l'année d'auparauant si nos vais-seaux ne venoyent point. Ie fus visiter le Pere Ioseph de la Roche, tres-bon Religieux, pour sçauoir si nous pourrions esperer du secours de leurs grains, s'ils en auoient de trop, & que n'en eussions de Frâce: Il me dist que pour ce qui estoit de luy il le feroit & y consentiroit, qu'il en falloit donner aduis au Pere Ioseph Caron Gardien, & qu'il luy en parleroit.

Va visiter le Pere Ioseph pour estre aydé de quelques grains.

La crainte que nous auions qu'il ne fust arriué quelque accident à nos vaisseaux, nous faisoit rechercher tous moyens de remedier à la famine extréme qui se preparoit, voyant estre bien auant en May, & n'auoir aucunes nouuelles, ce qui donnoit de l'apprehension à la pluspart des nostres, qu'ayant passé de grandes disettes auec sept onces de farine de pois par iour, qui estoit peu pour nous maintenir, venant à n'auoir rien du tout se feroit bien pis, ne nous restant des poix que pour la fin de May. Tout cela me donnoit bien à penser, bien que ie donnasse le plus de courage qu'il m'estoit possible à vn chacun, considerant que prest de 100. personnes malaisément pourroient ils subsister sans en mourir beaucoup, si Dieu n'auoit pitié de nous: diuers iugemens se faisoient sur le retardement des vaisseaux pour soulager vn chacun en leur donnant de bonnes esperances, afin de ne perdre le temps.

Il enuoye vne chalouppe à Gaspay chercher des grains.

Nous deliberasmes d'equiper vne chalouppe de six Matelots & Desdames commis de la nouuelle societé pour y commander, auquel donnions procuration & lettres, auec vn memoire bien ample de ce qu'il deuoit faire pour aller à Gaspey: Les lettres s'addressoient au premier Capitaine des vaisseaux qu'il treuueroit audit lieu ou autres ports & rades des costes, par lesquelles nous leur demandions secours & assistance de leurs viures, passages, & autres commoditez selõ leur pouuoir, & pour les interests qu'ils pourroient pretendre du retardemét de leur pesche, que nous tiendrions pour fait tout ce que ledit Desdames feroit suiuant la procuration qu'il auoit, & au cas qu'il ne nous arriuast aucun vaisseau au dixiesme de Iuillet, n'en pouuant plus esperer en ce temps, comme estant hors de saison, n'estant la coustume de cómencer alors vn voyage pour y arriuer si tard. La chose estát deliberée, ledit Desdames me donna aduis qu'vn bruit couroit entre ceux qu'il emmenoit, que rencontrant quelque vaisseau ils ne reuiendroient, & que de retourner seul il n'y auoit nulle apparence, & que i'eusse à y remedier auant que cela arriuast. Ce que sçachant, i'en desiray sçauoir la verité, ce que ie ne peus, me contentant leur dire que telles personnes ne meritoient que la corde, qui tenoient ces discours : car mettant en effect leur pernicieuse volonté, ils ne consideroient la suitte ny la consequence, ne desirant qu'ils fissent le voyage puis qu'il falloit pâtir & endurer, ce seroit tous ensemble se mettre en peine, bien faschez de se veoir frustrez de leur esperance, neantmoins pour remedier à cela ie changeay l'équipage, y mettant la moitié des anciens hyuernants qui auoiét leurs femmes à l'habitation, auec l'autre de Matelots, retenant le reste pour nous seruir en temps & lieu : ie les fis apprester de tout

Faux bruit qu'on faict courir parmy les siés.

Ordre que l'Autheur met pour faire hyuerner ses gẽs.

ce qui leur estoit necessaire, ayant donné les despesches audit Desdames, & le memoire pour sa conduitte, soit que par cas fortuit il rencontrast nos vaisseaux ou ceux des ennemis, & de plus le chargeasmes que s'il ne trouuoit aucuns vaisseaux sujects du Roy, il iroit trouuer vn Sauuage de credit & amy des François, le prier de nostre part de vouloir receuoir de nos compagnons auec luy pour hyuerner, si aucuns vaisseaux ne venoient, & qu'on luy doneroit le printemps venu, vne barique de galette & deux robes de castor pour chaque hõme. Ils partirẽt le 17 dudit mois de may.

Ces choses expediées ie fis faire diligence de faire faire le radoub à nostre barque, enuoyant chercher du bray de toutes parts pour la brayer, car c'estoit ce qui nous mettoit le plus en peine, comme chose tres longue à amasser dans des bois, nous esperions auec cette petite barque mettre quelque 30. personnes pour aller à Gaspey ou autres lieux pour y treuuer des vaisseaux, & auoir moyen d'aller en France, suiuant la charge qu'auions donné audit Desdames, & n'en trouuant aucun, laisser, comme dit est, partie de nos hommes auec ledit Iuan Chou Capitaine Sauuage, & s'ils treuuoient du sel en ces lieux-là faire pesche de moluë au lieu de Gaspey ou Isle de Bonauenture, que dans la barque il resteroit quelque 6. à 7. personnes qui nous apporteroient ce qu'ils auroient pesché de poisson, qui eust peu se monter à quelque quatre milliers, & ainsi nous ayder au mieux qu'il nous eust esté possible.

Resolution de faire repasser en France.

La deploration la plus sensible en ces lieux en ce temps de disette estoit de voir quelques pauures mesnages chargez d'enfans qui crioyent à la faim apres leurs pere & mere, qui ne pouuoient fournir à leur chercher des racines, car malaisément chacun en pouuoit-il treuuer pour manger à demy leur saoul dans l'espaisseur des bois, à quatre & cinq lieuës de l'habitation, auec l'incommodité des Mousquites, & quelquesfois estre harassez & molestez du mauuais temps. Les societez ne leur ayant voulu donner moyen de cultiuer des terres, ostant par ce moyen tout sujet d'habiter le païs, neantmoins on faisoit entendre qu'il y auoit nombres de familles, il estoit vray qu'estant comme inutiles ils ne seruoient que de nombre, incommodant plus qu'elles n'apportoient de commoditez, car l'on voyoit clairement qu'auenant quelque necessité ou changement d'affaire, il eust fallu qu'elles eussent retourné en France pour n'auoir de la terre desfrichée depuis 15. à 20. ans qu'elles y auoient esté menées de l'ancienne societé: il n'y auoit eu que celle de feu Hebert qui s'y est maintenuë, mais ce n'a pas esté sans y auoir de la peine, apres auoir vn peu de terre desfrichée, le contraignant & obligeant à beaucoup de choses qui n'estoiét licites pour les grains qu'il leuoit chaque année, l'obligeant de ne les pouuoir vendre ny traitter à d'autres qu'à ceux de ladite societé pour certaine somme. Ce n'estoit le moyen de donner de l'affectió d'aller peupler vn païs, qui ne peut iouyr du benefice du pays à sa volóté, au moins leur deuoient-ils faire valoir les castors à vn prix raisonnable, & leur laisser faire de leurs grains ce qu'ils eussent desiré. Tout cecy ne se faisoit à dessein que de tenir tousiours le pays necessiteux, & oster le courage à chacun d'y aller habiter pour auoir la domination entiere, sans que l'on s'y peust accroistre. Ce qui leur desplaisoit grádemét c'estoit de ce qu'ils voyoient que si ie faisois

Incommoditez grandes qui se rencontrét en ces pays.

construire vn fort, n'y voulant contribuer de leur volonté, & blasmant vne telle chose, bien que ce fust pour la conseruation de leurs biens & sauue-garde de tout le païs, comme il se recogneut à la venuë de l'Anglois, que sans cela dés ce temps-là nous eussions tombé entre leurs mains.

Les commis du sieur de Caen virent bien combien cela estoit necessaire, quoy qu'ils ne le pouuoiét confesser auparauant, encores qu'ils le sçeussent bien en leurs ames: mais ils estoient si complaisans qu'ils vouloient agréer à ceux qui auoient la bource. Dauantage s'il y eust fallu des hommes en la place des femmes & enfans, il eust esté necessaire de leur donner des gages outre la nourriture, ce qui estoit espargné par ce mesnage, & autant de profit aux societez, pour le peu d'ouuriers qui estoient à entretenir: car d'enuiron 55. à 60. personnes qui estoient pour la Societé il n'y en auoit pas plus de 18. pour trauailler aux choses necessaires, tant du fort de l'habitation qu'au Cap de Tourmente, où la pluspart des ouuriers estoiét empeschez à faucher le foin, le serrer, faner, & faire les reparatiós des maisons. Cela n'estoit pas pour faire grand ouurage en toutes ces choses au bout de l'année quand nous eussions eu les viures & autres commoditez à commandement: car tout le reste des hommes & autres personnes consistoit en trois femmes, l'vne desquelles le sieur de Caën auoit amenée pour auoir soin du bestial, qui estoit le plus necessaire, deux autres femmes chargées de huict enfans, quatre Peres Recolets, tous les autres officiers ou volontaires n'estoient pas gens de trauail.

LIVRE

LIVRE TROISIESME DES VOYAGES DV SIEVR DE CHAMPLAIN.

Rapport du combat faict entre les François & les Anglois. Des François emmenez prisonniers à Gaspey. Retour de nos gens de guerre. Continuation de la disette des viures. Chomina fidelle amy des François promet les aduertir de toutes les menées des Sauuages. Comme l'Autheur l'entretient.

CHAPITRE PREMIER.

LE 20. de May vingt Sauuages forts & robustes venant de Tadoussac pour aller à la guerre aux Yrocois, nous dirent le combat qui auoit esté fait entre les Anglois & les François, qu'il y auoit eu des hommes tuez, que le sieur de Roquemont auoit esté blessé au pied : que les François auoient esté pris & emmenez à Gaspey, qui depuis les auoient mis tous dans vn vaisseau pour

Combat entre les François & Anglois.

2. Part.   A a

LES VOYAGES DV SIEVR

Les Anglois renuoyent les François prisonniers en France.

s'en retourner en France, & retindrent tous les Chefs en leurs vaiſſeaux & quelques cōpagnons, ils bruſlent vne cache de bleds qui eſtoient aux Peres Ieſuites à Gaſpey, cela fait s'eſtoient mis ſous vn voile pour s'en aller en Angleterre : ils nous dirent auſsi que quelques iours apres le partement des Anglois vint vn vaiſſeau qui s'eſtoit ſauué durant le combat auquel ils demanderent vne chalouppe pour nous venir aduertir qu'ils auoient des viures aſſez, mais qu'ils ne leur voulurent donner : Ils ne me peurent dire le nom du Capitaine qui commandoit dedans, ne me pouuant imaginer pour quel ſujęct ils eſtoent retournez audit Gaſpey où il pouuoit rencontrer quelques vaiſſeaux de l'ennemy.

N'ayant encores nouuelles de nos vaiſſeaux, i'enuoyay vn Canau pour aller à la chaſſe aux loups marins vers les Iſles du Cap de Tourmente, afin d'auoir de l'huile d'iceux pour meſler parmy le bray que nous auions amaſſé pour brayer noſtre barque.

Rapport des gens de guerre Frāçois.

Le 30. du mois partie de nos guerriers reuindrēt ſans auoir faiĉt aucune execution, nous apportant nouuelles qu'ils auoient rencontré 2. Canaux des Algommequins, auec vn priſonnier Yrocois, qu'ils emmenoient en ſon païs pour faire la paix, emportant auec eux des preſens pour leur donner; que leſdits Yrocois l'Automne paſſée auoient tué vn Algommequin, & pris quelques femmes & enfans qu'ils auoiēt remené depuis peu auſdits Algommequins, ce qui les auoit occaſionnez d'enuoyer ces deux Canaux auec ce priſonnier, & que la natiō des Mahigan-Aticois deſiroit traitter de paix auec leſdits Yrocois, ayāt

DE CHAMPLAIN. 187

sceu aussi par quelques Sauuages que des vaisseaux estrangers estoient arriuez aux costes ou estoient les Flamens qui desiroient faire vne paix generalle de leur costé auec les nations qui auoient guerre entreux.

Le sixiesme de Iuin arriuerent le reste des guerriers des trois riuieres, qui furent proche du premier village des ennemis, ne voyant & ne pouuant faire plus d'effect que de tuer quelques femes qui faisoient leurs bleds, ils en tuerent sept & vn homme, en apportant leurs testes, & faisant vne prompte retraitte, ils donnerent l'alarme au village, qui du commencement pensoient qu'ils fussent en plus grand nombre qu'ils n'estoient pour les venir surprendre.

L'vnziesme dudit mois le Canau que i'auois enuoyé à Tadoussac reuint sans auoir aucunes nouuelles de nos vaisseaux, ce qui nous faisoit penser au suject de ce retardement : car nos pois estans faillis, quelque mesnage que i'eusse peu apporter, & nous voyant si necessiteux & desnuez de tout, nous pensasmes à ce que nous aurions à faire du prisonnier soubçonné d'auoir meurdry nos hommes, n'ayant plus rien pour luy donner à cause que nos vaisseaux n'estoient encore venus, & les attendions de iour autre auec l'assemblée des Sauuages, pour parler à eux, & puis faire la iustice de ce Sauuage. Mais comme nous preuoyons que la mer n'estoit si libre que nos vaisseaux ne fussent pris ou perdus pour vne seconde fois : ie fis que l'on retarda le iugement de nostre prisonnier, & que venant aux preuues manifestes & le trouuant coulpable il ne falloit point

Retardement des vaisseaux de France.

Iugement du Sauuage criminel retardé.

A a ij

temporiser, mais l'executer sur l'heure, si on en venoit là, ce qui estoit trop vray, selon qu'vn Sauuage appellé Choumina nous auoit dit, vray & fidelle amy aux Fraçois, aussi en auions nous eu quelque tesmoignage. D'ailleurs nous considerions que si l'on venoit à l'execution estant en la necessité, que cela pour lors nous eust apporté quelque dommage, car comme ces peuples n'ont aucune forme de iustice, ils eussent cherché moyen en nos malheurs de nous faire du pis qu'ils eussent peu, & ne nous en pouuant passer, il fallut songer comme l'on le liureroit. Ledit Erouachy me vint treuuer, me priant que puis que les vaisseaux n'estoient point venus, & que nous n'auions aucunes commoditez pour viure que nous eussions à deliurer le prisonnier si long-temps detenu, qui s'en alloit mourant de iour en autre : Ie luy dis que si nous le relaschions que ce ne seroit point à cause de la necessité de viures, car bien que nos pois manquassent, nous allions chercher des racines dequoy il se fust aussi bien, voire mieux passé que nous, luy qui estoit accoustumé d'auoir de telles necessitez : De plus, que si nous eussions voulu luy faire perdre la vie depuis vn an qu'il estoit detenu, que nous l'aurions peu faire, mais que nous ne faisions aucune chose sans bonne & iuste information. Il dist qu'il le recognoissoit bien, que toutesfois si on le vouloit deliurer qu'il en respondroit, & s'obligeroit de le representer, estant guery d'vn mal de jambe dont il estoit entrepris, & de mal d'estomach, que si on n'y apportoit vn prompt remede il mourroit en bref : Ie luy dis que i'y aduiserois dans dix iours, qui

Erouachy sollicite la deliurance de ce Sauuage.

Ce que l'Autheur luy dist.

estoit pour dilayer, attendant tousiours nos vaisseaux.

I'aduisay que s'il estoit question qu'il fortist, que ce seroit à mon grand regret, & d'ailleurs qu'en le deliurant cela nous pourroit en quelque façon estre profitable, & que toutesfois & quantes que nous le desirerions auoir nous le pourrions reprendre, s'il n'abandonnoit tout le païs.

Or comme i'ay dit cy-dessus, entre tous les Sauuages nous n'auions pas cogneu vn plus fidelle amy & secourable que Chomina, qui nous aduertissoit de toutes les menées qui se passoient parmy les Sauuages, aussi ie l'entretenois fort bien le cognoissant vrayement loyal, il estoit, comme i'ay dit cy-dessus, l'accusateur & denonciateur de nostre meurtrier, soubçonné par ses camarades qui luy porroient enuie, mais il y en auoit qui le fauorisoient, & principalement Erouachy, qui le portoit fort parmy eux. *Chomina, Sauuage aduertit les François des menées des autres.*

Ie mande Chomina qu'il me vint trouuer au Fort, & apres luy auoir longuement discouru sur ce subiect de la bonne volonté qu'il auoit tousiours euë enuers les François, qu'il eust à la continuer, en luy promettant de l'eslire Capitaine à l'arriuée de nos vaisseaux: que tous les chefs feroient estat de sa personne, qu'on le tiendroit comme François parmy nous, qu'il receuroit des gratifications & de beaux presens à l'aduenir, luy donnant credit & honneur entre tous ceux de sa nation, comme aussi de le faire manger à nostre table, honneur que ie ne faisois qu'aux Capitaines d'entr'eux, & que pour accroistre son credit, qu'aucun conseil ny affaire ne se passeroit *L'Autheur l'entretient de belles promesses.*

A a iij

parmy eux qu'il n'y fuſt appellé, tenant le premier rang en ſa nation: & pour dauantage le mettre en reputation & le mettre du tout hors de ſoupçon de ce qu'on l'accuſoit qu'il eſtoit l'vn des teſmoins de noſtre meurtrier, qu'il luy vouloit du mal, le menaçant que s'il ſortoit vne fois de nos mains qu'il ſe vangeroit de luy. Pour rabatre toutes ces mauuaiſes volontez, il falloit qu'il creuſt mon conſeil, que s'il auoit bien faict par le paſſé, il falloit qu'il fiſt encore mieux à l'aduenir : ce qu'il promit faire auec grande demonſtration d'allegreſſe, diſant que ie m'aſſeutaſſe qu'il ne ſe paſſeroit rien entre les Sauuages au deſaduantage des François qu'il ne nous en donnaſt aduis, qu'il ſçauoit bien que la pluſpart n'auoient le cœur bon, & qu'Eroüachy (duquel nous penſions faire eſtat) eſtoit vn homme cauteleux, fin & menteur, nous donnant de bons diſcours accordant facilement ce qu'on luy propoſoit, & neantmoins en arriere il faiſoit tout le contraire, parlant autrement; que pour luy il n'auoit rien tant en haine que ces cœurs doubles, mais qu'il falloit quelquesfois faire ſemblant d'adiouſter foy en ſes diſcours, & ne faire neantmoins que ce que l'on iugeroit deuoir eſtre fait par apparence. Il dit qu'il aime grandement les François, c'eſt le moins qu'il peut dire, les effects le feront aſſez cognoiſtre. Alors il me diſt, le temps & la ſaiſon approchera pour ceux qui auront bon cœur enuers toy & tes compagnons, ſi vos vaiſſeaux ne viennent, tu es aſſeuré de moy & de mon frere leſquels ne feront que ce que tu voudras pour t'aſſiſter en ce que tu pourrois auoir affaire de

Erouachy hôme cauteleux.

Ce que Chomina diſt à l'autheur.

nous, ie tafcheray encore d'attirer auec moy quelques Sauuages de credit pouſſez de meſme volonté, il y en a que i'ay commencé à y diſpoſer, cela fait ie ne doute plus rien contre mes enuieux, deſquels ie ne me ſoucie pas beaucoup : ils demeureront tels auec deſplaiſir, & moy contant de voſtre amitié, en vous ſeruant de tout mon cœur. Voila bien dit (luy diſ je) nous ſommes deliberez de mettre le priſonnier dehors pour ton reſpect, & te faire entrer en credit : par ce moyen tu diras audit Erouachy que tu m'as prié pour le priſonnier afin de le mettre hors, que ie t'ay donné bōne eſperance, qu'en peu de iours cela ſe pourra faire, voyant ce qu'il dira & tous les autres Sauuages, que ie m'aſſeure qu'ils le trouueront bon, iugeant bien que ſi c'eſtoit toy qui euſt accuſé le meurtrier que tu ne pourſuiurois pas ſa deliurance, mais pluſtoſt ſa mort, & leur dire à tous les conſiderations que nous voulons, en cas qu'il ſorte.

Le premier article, Que le priſonnier laiſſeroit ſon petit fils chez le Pere Ioſeph Caron Recolet, qu'il nourriſſoit, & ſeroit comme pour oſtage & aſſeurance, que le cas arriuant que les François (qui eſtoient allez aux Hurons) vinſſent, & qu'ils n'y peuſſent retourner ny aller à la nation des Abenaquioiêts, où i'auois enuoyé deſcouurir, les deſpartir entr'eux iuſques à 25. attendant nos vaiſſeaux.

Conditions de la deliurance du meurtrier.

2. Que ſi leſdits Abenaquioiêts auoient deſir de nous donner de leurs bleds d'Inde ou traitter : qu'ils nous fourniroient de 8. Canaux auec quelques Sauuages & des François que nous y enuoyerions pour traitter dudit bled d Inde.

3. Que luy & ledit Erouachy nous respondroient que le prisonnier ne feroit aucun mal à qui que ce fust estant deliuré & guary.

4. Que le temps venu de la pesche des anguilles ils nous en feroient fournir raisonnablement par leurs compagnons en payant.

5. Que ie desirois qu'il fust recogneu pour Capitaine entre les Sauuages; attendant que nos vaisseaux fussent venus pour en faire les ceremonies & le faire receuoir, & qu'il auroit pour adjoint & pour son conseil apres luy Erouachy, Bastisquan chef des trois riuieres, & le Borgne, qui estoit vn bon Sauuage & homme d'esprit, auec vn autre de nostre cognoissance, pour resoudre & deliberer des affaires entre eux.

6. Que ledit Erouachy tiendra sa promesse, que s'il void celuy qu'il dit qui auoir tué nos hommes, qu'il s'en saisira ou nous le monstrera, s'il vient en ces lieux, pour en faire iustice.

Voila les conditions que tu leur diras que ie desire, ausquelles ie ne voy point de difficulté, & ayant resoult ensemblement, vous me viendrez reuoir pour sçauoir ce que l'on fera sur ceste affaire, & s'ils seront deliberez d'accorder ce que ie te propose. Il me promit d'accomplir le tout, en leur remonstrant combien nous les surpassions en bonté, police, & iustice, & comme nous nous comportions en choses criminelles; & ne leur ressemblions, veu qu'aussi-tost qu'vn de leurs hommes auoit esté tué, sans consideration aucune, ils alloient faire mourir le premier de la nation qu'ils rencontroient, fust-ce sa femme ou son enfant:

Sauuages cruels en leur iustice.

enfant : mais parmy nous, au contraire la iustice ne s'exerçoit que contre celuy qui auoit tué, & ne le sçachant que par soubçon nous vsions de grande patience attendant le temps que nostre Dieu, iuste Iuge (qui ne souffre que les meschans prosperent en leur mal) permet à la fin qu'ils soient descouuerts par des tesmoignages bien approuuez & irreprochables, premier que les faire mourir, ou deliurer s'ils n'estoient coulpables, ce que nous faisions auec honneur & loüange, & à la honte & infamie de ceux qui l'auroient meschamment accusé, deuant souffrir le mesme supplice que le criminel, que nous auions detenu ce prisonnier, & pour le 14. mois, sans luy faire aucun mal que de l'auoir retenu tant de temps, sur ce qu'il m'auoit dit & ouy dire à Martin, Sauuage defunct, & pour le bruict commun qui estoit entre tous les Sauuages, qu'il n'estoit pas prisonnier sans sujet, joint le discours que la femme dudit prisonnier auoit fait, & autres tesmoignages de nos gens, mais qu'à l'aduenir il falloit se comporter plus sagement en nostre endroit : qu'ils prinsent courage de nous assister en tout ce que nous leur proposions, viuant en paix les vns auec les autres, qu'ils n'auoient point de sujet de se plaindre, ne leur ayãt iamais m'effect ains au cõtraire en leurs extremes necessitez plusieurs d'eux seroient morts sans nostre secours, & ont tresmal recogneu les bienfaicts, nous ayant tué quatre hommes depuis que nous estions habituez à Québec. Ils s'esmerueilloit comme nous auions tant de patience, veu que nous pouuions perdre leur païs, & les rendre fugitifs en d'autres contrées où ils seroient tres-

2. Part.　　　　　　　　　　　Bb

mal au prix du leur, & ainsi sur ce subiect nous fismes plusieurs discours.

Chomina va dire aux Sauuages ce que l'Autheur luy auoit dit.

Chomina s'en alla dire à tous les Sauuages ce que ie luy auois dit, Le lendemain il me reuint trouuer, me disant auoir fait recit à tous ses compagnons en conseil ce que ie luy auois proposé, que tous auoient receu vne grande resiouyssance, que veritablement cette affaire le mettroit en credit & hors de toute mesfiance; que dans deux iours ils me viendroient trouuer apres auoir resolu ce qu'ils auroient à respondre, en confirmant tout ce que nous desirions, auec promesse de nous assister en tout & par tout, quoy que nos vaisseaux ne vinssent, & viure en bonne intelligence à l'aduenir. Ce sont leurs discours ordinaires qu'il faut croire par benefice d'inuentaire, & en tirer ce que l'on peut, comme d'vne mauuaise debte, car la moindre mouche qui leur passe deuant le nez est capable de diminuer beaucoup de ce qu'ils promettent si on leur refuse de quelque chose, principalement quand les demandes sont generales, autrement non.

Chomina & ces Sauuages le viennent trouuer.

Au bout de deux iours ledit Chomina, Erouachy, & tous les autres Sauuages me vindrent trouuer, Erouachy parlant pour tous, dit ainsi. Il y a long temps que nous auons esté liez d'vne estroitte amitié, & notamment depuis prés de 30. ans que vous nous auez assisté en nos guerres & autres necessitez extresmes, sans vous auoir eu que peu de ressentiment, nous iugeans veritablement incapables de vostre affection pour n'auoir fait ce que nous pouuions depuis que les Anglois sont venus en ce lieu, pour moy

DE CHAMPLAIN. 195

tu sçais comme estant esloigné ie ne pouuois remedier par presence ny conseil, à toutes ces choses passées, & de plus que tout le païs est desnué de Chefs & Capitaines qui sont morts depuis deux ans, & ne restant que des hommes vieux sans commádement, & des ieunes sans esprit & conduite, qui ne iugeant combien vostre bien vueillance nous est necessaire, que sans la continuation d'icelle nous serions miserables, mais comme vostre cœur a tousiours esté entierement bon nous vous prions le continuer, comme le pere à ses enfans. Nous ne recognoissons plus d'anciens amis que toy, qui sçache nos deportemens & gouuernemens trop affectionnez enuers nous iusques à present. Il est vray que l'on a tué de vos hommes, mais ce sont des meschans particuliers, & non le general qui en a receu beaucoup de desplaisir, principalement ceux qui ont du iugement, à l'vn tu luy as pardonné, l'ayant recognu pour meurtrier qui auoit fait le meurtre par le mauuais conseil de certaines personnes qui sont aussi bien morts que luy: l'autre aussi meschant que le premier, qui est celuy que tu soubçonne, & dis en auoir quelque tesmoignage, ce qu'estant verifié nous ne le desirons maintenir, mais qu'il meure. Il n'a iamais rien confessé, il proteste ne l'auoir fait, & qu'il n'apprehende pas tant la mort de ce qu'on l'accuse, que s'il les auoit faict mourir qu'il le diroit librement plustost que de demeurer dedans vne prison, souffrant plus d'ennuis & de tourments en ses maladies que s'il mouroit tout d'vn coup. Que tout ce que i'auois dit à Chomina ils le desiroient effectuer & faire pour les François tout

Ce qu'ils luy dirent.

Bb ij

ce qu'ils pourroient, & desirant qu'il fust Capitaine, dit qu'il en estoit tres content, comme aussi tous les Sauuages, mais ce qu'il d soit estoit au plus loin de de sa pensée, recognoissant asseurément que deliurant le prisonnier à sa requeste & supplication, qu'il falloit qu'il nous eust grandement obligé.

Ce que luy repliqua l'Autheur. Ie luy dis deuant tous que les affections de ceux qui promettoient beaucoup ne consistoient pas en paroles & caresses, qui n'estoient que les auant coureurs des effects en la pluspart du monde tant enuers eux qu'enuers nous : que pour luy nous l'auions treuué entre tous les Sauuages de parole effectiue, il auoit l'esprit, le iugement & la cognoissance tres bonne, sans ingratitude, qui sont les choses autant requises qu'il falloit pour vn Chef. Pour le courage il n'en manquoit point, que ie le pouuois asseurer que luy & tous ceux qui tiendroient son party ie les maintiendrois de tout mon pouuoir contre ceux qui luy voudroient faire du desplaisir : que nous auions le naturel si bon que ceux qui nous auoiét obligez pour peu que ce fust, nous n'en estiós mescognoissans. Tu pourrois estre en peine de sçauoir qui nous a incité à luy vouloir tant de bien-vueillance. Ie te diray que quand il a esté question d'enuoyer quelque Sauuage & faire diligence nous voyant en peine il n'a attendu que nous luy en parlassions, mais aussi tost auec son frere il s'est offert de nous seruir sans marchander ny esperer de recompense que nostre volonté, & promptement & d'vn cœur franc il nous a seruis auec fidelité, s'employant & s'offrant à toutes occasions, ce que n'ont fait les autres : en nos necessitez

il ne nous a iamais abandonné, ny en hyuer ny en
esté, nous secourant de ce qu'il pouuoit, desirât plustost mourir auec nous que nous abandôner. Quand quelques vns de mes côpagnons alloiēt en sa maison que ne faisoit-il point pour les carresser & traitter humainement: leur dônant souuent ce qu'il gardoit pour luy. Il prenoit compassion de nos necessitez & ne faisoit pas comme d'autres qui s'en rioient, nous vendant excessiuement vn peu de poisson ou viāde quand on en desiroit auoir, sans autres infinies obligations que nous luy auons pour tant de tesmoignages de sa fidelité il s'est offert aussi en cas que l'on voulust se battre auec l'Anglois qu'il viendroit auec nous pour y viure & mourir · & se mettant en deuoir luy & son frere, se sont presentés en nostre fort auec leurs armes pour receuoir tel cômandemēt qu'i eusse desiré, ce que n'a iamais fait autre Sauuage que luy: au contraire comme ils virent les Anglois à Tadoussac, ils les conduirent iusques au Cap de Tourmente, leur enseignant volontairement le chemin, aydant aux Anglois à tuer nostre bestial, & piller les maisons de nos gens comme s'ils eussent esté ennemis: regarde & iuge quelle raison nous auons à hayr ceux là, & vouloir du bien à ces hommes cy.

Secours que Chomina offre aux François.

Il est vray que voilà de puissantes raisons pour l'affectionner, il s'est trouué des occasions où il a montré quel estoit son cœur, mais pour moy i'estois absent: ie ne laisse pourtant d'auoir le mesme desir de seruir si l'occasion se presentoit. Pour ceux qui ont conduit les Anglois, ils sont de Tadoussac meschant Sauuages qui n'ont point d'amitié, recognoeus pour tels, qui parlent de bouche amiablement, mais le cœur n'en vaut rien, & ne font que du mal. Nous sommes tres-aises de ce que Chomina s'est si bien porté en vostre endroit, vous auez raison de l'aymer : neantmoins nous ne laissons tous de vous affectionner aussi bien que luy. Ie ne doute point de sa fidelité, il a montré par effect ce qui nous occasionne à te vouloir du bien, en attendant les effects de nos promesses, asseurez-vous que nous les effectuerons, & les vaisseaux venus l'on receura ledit Chomina pour Capitaine. Tu sçais la façon de faire quand on eslist vn Chef, & qu'il change de nom, tu en as faict d'autres, c'est pourquoy tu feras encore cestuy-cy que nous tiendrons pour tel attendant son eslection comme chef, chacun respondant d'vne voix, ainsi sera il.

Ce que voyant ie dis audit Chomina, que quand il voudroit qu'il emmenast le prisonnier, & qu'il luy remonstre d'estre sage à l'aduenir, que s'il a esté prisonier tant de temps, que ce sont les discours des Sauuages, & non nous.

Ledit Chomina sortant auec tous les autres Sauuages, le va treuuer, luy ayant auparauant donné bonne esperance de sa deliurance qu'il moyennoit, apres auoir remonstré plusieurs choses, le prisonnier luy dit, Ie sçay bien que les François n'ont point de tort de m'auoir retenu si long-temps; ils auoient iuste sujet de le faire, d'autant que les nostres leur auoient donné à entendre que c'estoit moy qui auoit fait le meurtre, quand ie seray guary ie leur veux tesmoigner qu'vn meschant homme ne voudroit faire ce que ie feray pour eux.

Ces discours finis ils le prennent & le mettent en vne couuerte, & l'emportant à quatre, car il ne pouuoit se soustenir sur les iambes estant fort desfait & debile: la verité est que ces gens qui ont accoustumé vne grande liberté, la prison de 14. mois leur est vn grief supplice, autant presque que s'ils receuoient la mort tout d'vn coup: ce fut où la necessité des viures nous contraignit, veu que sans ceste extremité il eut tousiours esté prisonnier: mais quoy, c'estoit chose forcée ou estre tousiours en trances & apprehension auec ces Sauuages qui ne nous eussent voulu secourir en nostre necessité: car nous voyant foibles, desnuez d'hommes & de tout secours, ils eussent peû entreprendre sur nous ou sur ceux qui alloient chercher des racines dans les bois, auec beaucoup d'autres considerations qui nous excitoient à cela.

Causes qui firent deliurer le meurtrier prisonnier.

Arriuée de Desdames de Gaspey. Vn Capitaine Canadien offre toute courtoisie au sieur du Pont. Quelques discours qu'eut l'Autheur auec luy, & ce que firent les Anglois.

CHAPITRE II.

E 25. du mois d'Auril Desdames arriua auec la chalouppe de Gaspey, qui dit n'auoir veû aucuns vaisseaux, ny les Sauuages, & n'en auoit sçeu aucunes nouuelles, sinon que quelques vns qui venoient du costé d'Acadie, qui dirent y auoir quelques huict vaisseaux Anglois, partie rodant les costes,

autres faisant pesche de poisson : que Iuan Chou Capitaine Sauuage des Canadiens leur auoit fait bonne reception selon leur pouuoir, s'offrant que si le sieur du Pont vouloit aller en leur païs, au cas que nos vaisseaux ne vinssent, qu'il ne manqueroit d'aucune chose de leur chasse, ce faisant faire vne petite maison en quelque endroit. De plus qu'il prendroit 20. de nos compagnons, qui partiroient parmy les siens pour y passer l'hyuer, où ils n'auroient aucune faim, moyennant deux robbes de castors pour chaque homme : Ce n'estoit pas peu de treuuer tant de courtoisie & de retraite asseurée parmy eux, beaucoup mieux qu'auec nos sauuages : ils nous apporterent vn baril & demy de sel, sans ce que ceux de la chalouppe ayderent aux peres religieux, lesquelles choses en ce temps là ils prisoient plus que de l'or. Il nous confirma comme les Anglois auoient bruslé tous les viures qui restoiét aux Peres Iesuistes, qu'ils auoient donné quelques six barils de farine aux Sauuages moitiée guerre moitiée marchandise : qu'ils auoient vne grande auersion contre les ennemis, notamment contre les François renegats qui les auoient emmenées : Et tout ce que nous auions sçeû des Sauuages, il nous le confirma touchant le combat, sçauoir qu'vn petit vaisseau François arriuant sur ceste affaire, ne voulant estre de la partie, se sauua partie à la rame & à la voile, & cogneut-on que c'estoit le Reuerend Pere Norot Iesuiste, qui s'estoit separé depuis long temps d'auec ledit de Roquemont, s'ils eussent eu quelque homme de conduitte & hasardeux, ils eussent entré facilement en la riuiere pour venir à Québec nous secourir, ce qui l'occasionna de

s'en

Courtoisie du Capitaine de Canada aux François.

s'en retourner en France, n'ayant emmené en Angleterre que les Capitaines & Principaux, & le petit Sauuage que l'on remmenoit en son païs: que le general Guer auoit esté dix iours à se r'accommoder à Gaspey, qu'ils n'auoiét bruslé les barques ny chalouppes à l'isle de Bonauenture, ny autres lieux, comme on nous auoit dit: que l'on auoit donné deux vaisseaux pour rapasser les François en France auec partie des maris, femmes & enfans, qui coururent depuis plusieurs fortunes & dangers, tant aux costes d'Espagne qu'ailleurs, desquels naufrages ils s'estoient sauuez, fort incommodez de toutes choses: voilà ce que les effects de ceste guerre causerent au commencemét en la Nouuelle France aux Anglois, ils faisoient bien d'aller en ces lieux, voyant qu'ils ne pouuoient rien faire en l'isle de Ré où tout leur auoit mal succedé. *Naufrage & perte que coururent les Anglois.*

Entendant de si tristes nouuelles nous voyant comme hors d'esperance de tout secours, nous iugeasmes qu'il n'estoit plus temps de temporiser, mais bien de remedier de bonne heure à ce que nous pouuions auoir affaire; nostre petite barque estoit toute preste, ledit du Pont s'estoit resolu de s'en aller dedans sans attendre la chalouppe dauantage, craignant qu'elle ne tardast trop, & partant trop tard que malaisémēt l'on trouueroit des vaisseaux aux costes pour estre possible partis, qu'en chemin faisant pour le plus seur, si nos vaisseaux deuoient venir, ils les rencontreroient, ou ladite chalouppe qu'ils emmeneroient auec eux. Ledit du Pont auoit eu de la peine à se resoudre à cause de l'incommodité de ses goûtes, mais luy ayant bien remonstré qu'il auoit bien quitté sa maison pour

Ce que dit l'Autheur au sieur du Pont. s'embarquer en vn meschant petit vaisseau, & de plus qu'il estoit venu à Gaspey parmy tous les dangers de la guerre aussi malade qu'il estoit : dauantage qu'il s'estoit mis dans vne chalouppe de Gaspey pour venir à Québec auec de si grandes incommoditez qu'on ne l'auroit creu, si on ne l'auoit veu, que ce n'estoit pas de mesme en ceste occasion plus pressante, d'autant que son âge & la reputation qu'il auoit entre les nauigeans de ces costes, estoient cause qu'auec les Capitaines & maistres des vaisseaux desquels il estoit cogneu, plus facilement il treuueroit passage, & pourroit plus asseurément contracter auec lesdits chefs des vaisseaux pour le passage; pour sa personne il n'alloit pas dans vne chalouppe comme il estoit venu de Gaspey auec de grandes douleurs & incommoditez, mais en vne barque fort gentille & bien accommodée, y ayant sa chambre où il seroit tres-bien, & auec des personnes qui l'assisteroient, en luy portât toute sorte de respect, pouuant recouurir plus de rafraichissement le long des costes, changeant d'vn iour à autre de lieu que non pas à Québec où il n'y auoit rien: qu'il se trouuoit fort peu de personnes qui voulussent demeurer à l'habitation sans viures. Que pour sa personne seule il falloit empescher quelquesfois quatre hommes à l'assister & secourir, lesquels ne pourroient demeurer auec luy, de sorte que force leur seroit de l'abandonner pour aller chercher leur vie de iour à autre: Que de tenter la fortune de repasser en France luy seroit chose meilleure que de souffrir de si grandes necessités, ne pouuant plus rien esperer de Québec, ayant le peu qu'il y auoit esté conserué pour luy seul, ce que ie ne pensois pas qu'il peuſt faire, il me diſt que pour le voyage qu'il auoit fait de France à Québec, il n'eſtoit pas à s'en repentir, mais trop tard, ie luy dis, Vous ſçauiez auſſi bien que moy la façon comme l'on nous traitte en ces lieux, où les neceſſitez ont plus regné que les biens-faits de ceux qui ont cette affaire, vous n'eſtes point nouice en cela, vn autre ſe pourroit excuſer, mais vous auez trop d'experience pour ſçauoir & cognoiſtre ce qui en eſt: car ſi à Québec vous auiez les commoditez approchantes de ce qu'il vous faudroit ie vous conſeillerois d'y demeurer. En fin comme i'ay dit cy-deſſus, il ſe reſolut de s'embarquer & laiſſer le ſieur de Marais, fils de ſa fille en ſa place, & emporter auec luy quelque 1000. caſtors pour ſubuenir aux frais de la deſpence, qui furent embarquez. Cela reſoulu, le lendemain il me diſt ſi i'aurois agreable qu'il fit lire ſa commiſſion que luy auoit donnée le ſieur de Caën, afin qu'vn chacun ſçeuſt la charge qu'il luy auoit donnée en ces lieux, craignant que ledit de Caën ne luy donnaſt ſes gages, lors qu'il luy demanderoit, ie luy dis que cela ne m'importoit pas beaucoup, mais qu'il commençoit bien tard, parce que ledit de Caën, outre le droict qui luy pouuoit appartenir, s'attribuoit des hôneurs & commandemens qui ne luy appartenoient pas, anticipant ſur les charges de Vice-Roy, luy monſtrant les principaux points. Pour ce qui touchoit le trafic & commerce de pelleterie il y auoit toute puiſſance, qu'en cela les articles de ſa Majeſté nous gouuernoiét, à quoy il ſe falloit arreſter: En outre i'auois bône commiſſion en forme, ſelon la volonté de ſa Ma-

Le ſieur de Pont faict veoir ſa commiſſiõ.

Cc ij

jesté, & de Monseigneur le Vice-Roy, & celle dudit sieur de Caën ne pouuoit estre de telle cõsideration.

Le lendemain, qui estoit le Dimanche, au sortir de la saincte Messe ie fais assembler tout le peuple, auec la copie de la commission du sieur du Pont, les articles de sa Majesté & la commission de Monseigneur le Vice Roy, auquel veritablemét ie fais entédre le pouuoir que pouuoit dõner ledit sieur de Caen à ses commis, differens d'auec celuy que i'auois selon les articles de sa Majesté, que ie fis lire, contenant aucuns poincts de la commission dudit du Pont, & en suitte ma commission, qui estoit fort ample, disant à tous : Ie vous fais commandement de par le Roy, & Monseigneur le Vice-Roy, que vous ayez à faire tout ce que vous commandera ledit du Pont, pour ce qui touche le trafic & commerce des marchandises, suyuant les articles de sa Majesté que ie vous ay fait lire, & du reste de m'obeïr en tout & par tout en ce que ie commanderay, & où il y aura de l'interest du Roy & de mondit Seigneur, en me reseruant dix hommes gagez dudit de Caën, suyuant les articles resolus de toute la societé, desquels ledit de Caen auoit esté porteur, & me les mit en main, par l'vn desquels estoit porté & enchargé me donner dix hommes, auec toutes les commoditez necessaires pour les employer au Fort, ainsi que i'auiserois bon estre. I'ay creu que ledit sieur de Caen ne s'en ressouuenoit plus, car il n'y auoit pas d'apparence qu'il eust voulu disputer vne chose où luy-mesme auoit signé, & le sieur Dolu, & autres associez La chose la plus importante estoit de se fortifier le mieux que

Pouuoir qu'il pouuoit donner à ses Commis.

Ce que l'Autheur enioignit à tous.

l'on pourroit pour la conseruation du païs, qu'à faute de ce faire c'estoit le laisser en proye à vn ennemy qui peut recognoistre nostre foiblesse, sans que ledit du Pont ny autres puissent empescher l'effect du commandement que i'ay, sur peine de desobeïssance & punition corporelle.

Ie voy bien (dist le sieur du Pont) que vous protestez ma commission de nullité. Ouy en ce qui heurte l'authorité du Roy & de Monseigneur le Vice-Roy, pour ce qui est de vostre traicté & commerce, suiuant les articles de sa Ma,esté, à quoy il se faut tenir, cela se passa ainsi.

La chalouppe (comme i'ay dit cy-dessus) estoit venuë de Gaspey, qui interrompit le dessein dudit du Pont de s'en aller, d'autant que son intention n'estoit qu'au cas qu'il n'y eust aucun vaisseau à Gaspey où il peust s'en retourner, de reuenir à Québec sans se mettre en peine de passer plus outre pour chercher passage & aller en France dans les vaisseaux François, qui pouuoient estre à l'isle de S. Iean du Cap Breton, Canseau, Isles de S. Pierre, Plaisance ou autres ports, qui sont à l'isle de Terre-neufue, où il y en auoit, & sembloit qu'il ne voulust aller à Gaspey que pour establir les François auec les Sauuages & s'en reuenir à Québec: les matelots qui ne desiroient plus y retourner craignant de mourir de faim, auoient volonté de courir le risque & de chercher passage plustost que de demeurer auec les Sauuages, si ce n'estoit par force: Ce qui me fit luy demander si c'estoit son intention de s'embarquer en la barque, s'il auoit dessein de s'en retourner à Gaspey, il me dit que ouy:

Dessein du sieur du Pont d'aller à Québec.

Alors ie luy dis, que penſez-vous qui vous rameine, regardez ce qu'auez à faire, car les matelots ne ſont pas deliberez de reuenir, & ainſi vous vous trouuerez deceu ſi vous vous attendez à cela, vous voyez que l'on deſcharge l'habitation de plus d'hommes que l'on peut, ne faiſant eſtat que d'y faire demeurer treize à quatorze perſonnes, & vous reuenant, vous en amenerez vne douzaine, ce ſeroit pour mourir de faim les vns pour l'amour des autres, il n'y a pas beaucoup d'apparence: joint que quelques matelots ſont reſolus de demeurer auec les Sauuages de par delà, & le reſte d'aller chercher paſſage à quelque prix que ce ſoit, meſme que ne trouuant vaiſſeaux ils ſe veulent hazarder de paſſer la mer en ceſte barque, & ſi n'auez volonté de paſſer plus outre, ie vous cōſeille pluſtoſt de demeurer icy: car auſſi bien voſtre voyage ſeroit inutile, eſtant contraint de demeurer auec les Sauuages ou courir le hazard auec les matelots.

Remonſtrance que l'Autheur fait au ſieur du Pont.

Ce qu'entendant il deſira pluſtoſt demeurer, que de ſe mettre au riſque, apprehendant la peine qu'il penſoit auoir en ce voyage pour le mal des goutes qui le tourmentoient de telle façon, qu'il eſtoit plus couché que debout, celà reſolu il fit deſcharger de la barque 500. caſtors, de mil qu'il y auoit fait mettre.

Ie fis d'amples memoires de tous les deffauts que ie recognoiſſois, auec lettres adreſſantes à ſa Majeſté, à Monſeigneur le Cardinal, & à Meſſieurs du Conſeil, & aux Aſſociez, mettant le tout entre les mains de mon beau-frere Boullay, lequel i'auois bien inſtruit de tout ce qui eſtoit neceſſaire, luy donnant vne commiſſion ſuiuant le pouuoir que

Il fait memoire de tous les deffauts.

j'auois : & luy commanday de s'en aller auec les matelots chercher paſſage à quelque prix que ce fut, luy dōnant charge de laiſſer à Gaſpey auec Iuan Chou & ſes compagnons ſauuages, tous ceux qui y voudroient demeurer, & ceux qui le voudroient ſuiure qu'il les emmenaſt auec luy. I'ordonnay à tous ceux qui deuoient s'en retourner, qu'ils allaſſent dans les bois deux ou trois iours premier que partir pour chercher des racines pour leur prouiſion, attendant qu'ils peuſſent rencontrer la peſche de moluë vers Mantane : Ce qu'ayant fait ie les faits tous aſſembler, voulant ſçauoir la volonté des vns & des autres, ſçauoir ceux qui deſiroient demeurer à Gaſpey, & ceux qui vouloient ſuiure mon beau-frere, il s'en treuua vingt, de trente qu'ils eſtoient, qui deſirerent demeurer à Gaſpey, entr'autres Foucher, Deſdames, & deux autres Matelots, & le reſte deſiroit courir riſque.

Fait aſſembler les matelots.

Ayant mis ordre à tout, mon beau-frere partit auec ſa barque & tout ſon eſquipage, le 26. de Iuin, laquelle n'auoit que des racines, ſi ce n'eſtoient aucuns qui par leur meſnage auoient quelque peu de fariné de pois. La barque partie chacun de ceux qui reſtoiēt commencerent à labourer la terre, & y ſemer des naueaux, pour nous ſuruenir durāt l'hyuer : en attendant la moiſſon on eſtoit tous les iours à la recherche des racines pour viure, ce qui cauſoit de grandes fatiques, car on alloit ſix à ſept lieuës les chercher, auec vne grande peine & patience, ſans en treuuer en ſuffiſance pour nous nourrir. Les autres faiſoient ce qu'ils pouuoient pour prendre du poiſſon, & faute de filets, lignes & hains, nous ne pouuions faire grande choſe :

Partemēt de ſon beau frere.

Chacun trauaille à chercher de quoy viure.

la poudre pour la chaſſe nous eſtoit ſi chere que ie deſirois mieux pâtir que d'vſer ſi peu que nous en auiõs, qui n'eſtoit pas plus de 30. à 40. liures, & encore tres mauuaiſe.

Nous attendions de iour en iour les Hurons, & par meſme moyen 20. François qui eſtoiét allez auec eux pour nous ſoulager de nos pois: ceſte ſurcharge me mettoit bien en peine, n'ayant du tout rien à leur donner s'ils n'apportoient de la farine auec eux, ou que leſdits Hurons ne les remmenaſſent, ou bien les mettre auec les Sauuages au tour de nous, comme ils nous auoient promis de les prendre, mais comme ils ſont d'vne humeur aſſez variable, cela me donnoit du tourment. Chomina nous dit qu'il s'en alloit aux trois riuieres auec tous les ſauuages, qui deſlogeoient d'aupres de Québec, pour aller au deuant des Hurons traiter des farines s'ils en auoient: pour cet effect il demãda quelques couſteaux, & promet en traiter fidellement, nous apportant auſſi toſt les farines: la creance que nous auions en luy, fit qu'on luy en donna, & vne arme de picquier qu'il demanda à emprunter pour la guerre, de quoy il ne fut refuſé. Son frere Ouagabemat s'offrit d'aller à la coſte des Etechemins, où eſtoiét les Anglois pour y traiter de la poudre, il demanda qu'on luy dõnaſt vn Frãçois, lequel demeuroit à deux iournées dãs les terres de la coſte, ce qui luy fut accordé, pour taſcher de quelque façon que ce fut à nous maintenir. Pour ce ſujet il partit le 8. de Iuillet, laiſſant la grande riuiere, & ayant fait quelque chemin par celle qui va auſdits Etechemins, ils treuuerent ſi peu d'eau qu'ils furent contrains de s'en renuenir le 11. dudit

Chomina promet faire venir des farines.

Voyage rompu.

dudit mois, & par ainsi ce voyage fut rompu.

 Le 15. de Iuillet arriua l'homme que i'auois enuoyay à la decouuerte des Sauuages appellé Abenaquioit, qui me fit rapport de tout son voyage suiuãt le memoire que ie luy auois donné, le nombre des saults qui falloit passer premier que d'y arriuer, la difficulté des chemins qui se rencontroient en ce traict de terre, iusqu'à la coste desdits Etechemins, les peuples & nations qui sont en ces contrées, leurs façons de viures, nous asseurant que tous ces peuples vouloient lier vne estroitte amitié auec nous, & prendre de nos hommes auec eux pour les nourrir durant l'hyuer, attendant que nous eussions secours de nos vaisseaux : qu'en peu de iours il deuoit venir vn chef de ses peuples auec quelques Canaux pour confirmer leur amitié, & mesme nous ayder de leurs bleds d'Inde, estant peuples qui ont de grands villages, & à la campagne de maisons, ayant nombre de terres, defrichées où ils sement force bleds d'Inde qui recueillent suffisamment pour leur nourriture, & en ayder leurs voisins, quand il máque quelque année qui n'est pas si bonne que d'autre. Il y a de belles campagnes & fort peu de bois où ils habitent, la pesche du poisson y est abondante de Bars, Saumons, Esturgeons & autres poissons en grande quantité : comme aussi y est tresbonne la chasse des animaux & du gibier, de sorte que quand les cauës sont vn peu grandes l'on y peut aller en six iours auec diligence : il y a vne riuiere qui va tomber en ceste coste des Etechemins, en laquelle i'ay esté autrefois du temps du sieur du Mont comme i'allois descouurir les ports, haures, & riuieres. Ce voyage

Rapport de la decouuerte des Sauuages.

Les villages de ces peuples sont grands.

Pays fort delicieux.

2. Part.   D d

& descouuerte me donna vn grand contentement pour l'esperance du fruict qu'vn iour nous en pourrions retirer durant nostre necessité, où ces peuples nous pouuoient bien seruir. Ce qui est de remarquable, c'est vn lieu où l'on ne craint point d'ennemis sur le chemin, qui vous puisse empescher d'aller & venir librement.

Arriuée des hômes des Hurons. Le 17. du mois de Iuillet arriuerent nos hommes des Hurons en douze Canaux qui n'apporterent aucunes farines sinon quelques vns qui en auoient, ne la monstroient à la veuë, en attendant nostre disette, il falloit qu'ils fissent comme nous, & allassent chercher des racines pour viure. Ie me deliberay les enuoyer à l'habitation des Abenaquiois pour viure de leurs bleds d'Inde attendát le printemps, n'ayant plus d'esperance de voir aucuns amis ny ennemis, la saison estant passée selon les apparances humaines.

Retour du Pere Brebeuf. Le Reuerend Pere Brebeuf (selon ce que luy auoit mandé le Reuerend Pere Massé Superieur) s'en reuint des Hurons, leur laissant vne extréme tristesse de son depart, luy disant. He quoy nous delaisses- tu ! il y a *Regret qu'ô eut de son depart.* trois ans que tu es en ces lieux pour apprendre nostre langue pour nous enseigner à cognoistre ton Dieu, l'adorer & seruir, estant venu pour ce sujet, à ce que tu nous as tesmoigné, & maintenant que tu sçais plus parfaitement nostre langue qu'aucun qui soit iamais venu en ces lieux, tu nous delaisses & si nous ne cognoissons le Dieu que tu adores, nous l'appellerons à tesmoin que ce n'est point nostre faute, mais bien la tienne, de nous laisser de telle façon; il le leur remonstroit que l'obeissance qu'il deuoit à ses Superieurs ne luy permettoient pour le present de demeurer, attendu aussi les affaires qu'il auoit, & qui estoient grandement importantes, mais qu'il les asseuroit, moyennant la grace de Dieu, de les venir treuuer & amener ce qui seroit necessaire pour leur enseigner à cognoistre Dieu, & le seruir, & ainsi se departit. En effect ce bon Pere auoit vn don particulier des langues, qu'il apprit & comprit en deux ou trois ans, ce que d'autres ne feroient en vingt : nous fusmes fort aises de le voir, comme estoient aussi les Peres qui se promettoient qu'il leur apporteroit des farines des Hurons, qui eust esté fort peu de chose, n'eust esté la valeur de quelque quatre ou cinq sacs, qui, à ce que l'on me dist, pesoyent enuiron chacun 50. liures. *Auoit le don des langues.*

Cette arriuée de Canaux de Sauuages ne nous apporta aucun benefice, car ils n'auoiët point de farines à traitter qu'enuiron deux sacs, que les Peres Recolets traitterent, & le sieur du Pont en fit traitter vn autre par le Sous-commis : Pour moy il fut hors de ma puissance d'en pouuoir auoir, ny peu, ny prou, & ne m'en fut seulement offert vne escuellée, tant de ceux qui en pouuoient auoir, parmy les nostres, que parmy les autres : toutesfois ie prenois patience, ayant tousiours bon courage, attendant la recolte des pois, & des grains qui se feroit au desert de la Veufue-Hebert & son gendre, qui auoient quelque six à sept arpens de terres ensemencées, ne pouuant auoir recours ailleurs, & peux dire auec verité que i'ay assisté vn chacun de tout ce qui m'estoit possible, ce qui fut neantmoins fort peu recogneu en mon particulier, & ceux qui estoient auec moy au fort, & estant les plus mal pourueus de toutes choses. *L'Autheur assiste vn chacun auec fort peu de recognoissance.*

Pour ce qui estoit des Reuerends Peres Iesuites ils n'auoient que de la terre défrichée & ensemencée pour eux & seruiteurs au nombre de douze ne nous en pouuant ayder comme ie croy qu'ils eussent fort desiré: le lieu où ils sont habituez est tres agreable, estant sur le bord de la riuiere S. Charles.

Habitation des Peres Iesuites fort agreable.

Les Peres Recolets auoient beaucoup plus de terres defrichées & ensemencées & n'estoient que quatre, promettant que s'ils en auoient plus qui ne leur faudroit en 4. à 5. arpens de terre ensemencez de plusieurs sortes de grains, legumes, racines & herbes potageres qu'ils nous en donneroient L'année precedente chacun auoit si bien conserué ce qu'il auoit qu'il s'estoit fait fort peu de liberalitez, sinon à quelques particuliers de ceux qui estoient logez à l'habitation, & celle comme dit est, des Peres Iesuites qui nous assisterent de quelques naueaux selon leur puissance.

Charité des Peres Recolets.

Comme les Hurons se deliberent de s'en retourner auec si peu de marchádises qu'ils auoient apportées, pensant treuuer dequoy traitter, nouuelles nous vindrent de l'arriuée des Anglois par vn Sauuage appellé la Nasse, qui auoit sa maison proche des Peres Iesuites, lequel donnoit esperance & toute sa famille de se faire instruire en nostre foy, & mesmes les Peres luy auoient donné de leur terre defrichée pour le gaigner à eux, ce fut luy qui nous donna cet aduis, ce qui m'estonna grandement, pource qu'alors ie n'attendois ny François ny Anglois qui eussent entrepris ce voyage bien hazardeusement pour estre venu tard, d'autant que si en France ils eussent fait

Nouuelle de l'arriuée des Anglo s

equiper de bonne heure comme en Mars, la moindre barque estoit suffisante de nous secourir & nous oster du danger d'estre pris, apportant farines, poudre, mousquets, auec vn peu de meche: l'ennemy iugeant bien qu'il n'y auoit rien à faire pour eux sinon traitter quelque pelleterie à Tadoussac, & ne pouuant rien faire, à ce que i'ay sceu depuis, s'ils eussent esté contraints de retourner sans rien faire de porter tout ce qu'ils auoient au Cap Breton, où ils auoient vne habitation d'vn Escossois qui estoit de la compagnie du Cheuallier Alexandre en Angleterre & roder les costes comme ils auoient fait l'année precedente, pour prendre des vaisseaux qui ayderoiét à payer les frais de leur embarquemét.

Le sieur de Champlain ayant eu aduis de l'arriuée des Anglois, donne ordre de n'estre surpris, se resould à composer auec eux. Lettre qu'vn Gentil-homme Anglois luy apporte, & sa responce. Articles de leur composition. Infidelles François prennent des commoditez de l'habitation. Anglois s'emparent de Québec.

CHAPITRE III.

Ors que ces nouuelles vinrent i'estois seul au fort, vne partie de mes compagnons estoiét allez à la pesche, les autres chercher des racines, mon seruiteur & les deux petites filles Sauuagesses y estoient aussi : sur les dix heures du matin vne partie se rendit au fort & à l'habitation, mon seruiteur arriuant auec quatre petis sacs de racines, me dit auoir veu lesdits vaisseaux Anglois à vne lieuë de nostre habitation, derriere le Cap de Leuy : ie ne laissay de mettre en ordre si peu que nous auions, pour euiter la surprise tant au fort qu'à l'habitation, les peres Iesuistes & Recollets accoururent aussi tost à ces nouuelles pour voir ce que l'on pourroit : ie fis assembler ceux que ie iugeay à propos pour sçauoir ce que nous aurions à faire en ces extremitez : il fut arresté qu'attendu l'impuissance en laquelle nous estions sans viures, poudre, ny mesche, & sans secours, il estoit impossible de nous maintenir, c'est pour quoy qu'il nous falloit chercher vne composition la plus auantageuse que nous pourrions, & attendre ce que voudroit dire l'Anglois, resolus neatmoins qu'au cas qu'ils ne nous voulussent faire composition, de faire sentir à la descente, que voulant nous forcer on leur feroit perdre de leurs hommes, en nous ostant l'espoir de composition.

Ordre que l'Autheur met pour n'estre surpris.

Sur le flot, l'Anglois enuoye vne chalouppe ayant vn drapeau blác, signal pour sçauoir s'il auroit asseurance de nous venir treuuer, pour nous sommer, & sçauoir la resolution en laquelle nous estions, ie fis mettre vn autre drapeau au fort, leur asseurant qu'ils pourroient approcher auec toute seureté : Estant arriuez en nostre habitation, vn gentil-homme Anglois mit pied à terre, lequel me vint treuuer, & courtoisement me donna vne lettre de la part des deux freres du General Guer qui estoient à Tadoussac auec ses vaisseaux, l'vn s'appelloit le Capitaine Louis qui venoit pour commander au fort, l'autre le Capitaine Thomas Vice-Admiral de son frere, me mandant ce qui s'ensuit.

Chalouppe que l'Anglois enuoye.

Vn Gentilhomme Anglois vint treuuer l'Autheur.

DE CHAMPLAIN. 215

MOnsieur en suite de ce que mon frere vous manda l'année passée que tost ou tard il auroit Québec, n'estant secouru, il nous a chargé de vous asseurer de son amitié, comme nous vous faisons de la nostre, & sçachant tres bien les necessitez extrémes de toutes choses ausquelles vous estes, que vous ayez à luy remettre le fort & l'habitation entre nos mains, vous asseurant toutes sortes de courtoisie pour vous & pour les vostres, côme d'vne composition honneste & raisonnable, telle que vous sçauriez desirer, attendant vostre response nous demeurons, Monsieur, vos tres affectionnez seruiteurs Louis & Thomas Guer. Du bord du Flibot ce 19. de Iuillet 1629.

Lettre des deux freres du General Guer à l'Autheur.

Ceste lettre leuë deuant le principal Commis & autres des principaux, il fut resolu de leur faire response, comme il s'ensuit.

MEssieurs la verité est que les negligences ou contrarietez du mauuais temps, & les risques de la mer, ont empesché le secours que nous esperions en nos souffrâces, & nous ont osté le pouuoir d'empescher vostre dessein, côme auions fait l'année passée, sans vous dôner lieu de faire reüssir vos pretensions, qui ne seront s'il vous plaist maintenât qu'en effectuant les offres que vous nous faites d'vne côposition, laquelle on vous fera sçauoir en peu de temps apres nous y estre resolus, ce qu'attendant il vous plaira ne faire approcher vos vaisseaux à la portée du canon, ny entreprendre de mettre pied à terre que tout ne soit resolu entre nous, qui sera pour demain. Ce qu'attendant ie demeureray Messieurs vostre affectionné seruiteur Champlain, ce 19. de Iuillet 1629.

Response qu'il leur fit.

Ledit Capitaine Louis Guer r'enuoya sur le soir sa chalouppe pour auoir ces articles de la cōposition, auec asseurance de nous donner toutes sortes de courtoisies, lesquelles articles enuoyasmes auec le plus d'aduantage qu'il nous estoit possible.

Articles accordez par le sieur Guer commendant de present qui seront aux vaisseaux qui sont proches de Québec, aux sieurs de Champlain & du Pont, le 19. de Iuillet 1629.

QVe le sieur Guer nous fera voir la commission du Roy de la grande Bretagne, en vertu de quoy il se veut saisir de ceste place, si c'est en effect par vne guerre legitime que la France aye auec l'Angleterre, & s'il a procuration du sieur Guer son frere General de la flotte Angloise, pour traiter auec nous, il la monstrera.

Il nous sera donné vn vaisseau pour rapasser en France tous nos compagnons, & ceux qui ont esté pris par le sieur General, allant treuuer passage en Frāce, & aussi tous les Religieux, tant les Peres Iesuistes que Recollets, que deux Sauuagesses qui m'ont esté données il y a deux ans par les Sauuages, lesquelles ie pourray emmener sans qu'on me les puisse retenir, ny dōner empeschement en quelque maniere que ce soit.

Que l'on nous permettra sortir auec armes & bagages, & toutes sortes d'autres commoditez de meubles que chacun peut auoir, tant Religieux qu'autres, ne permettant qu'il nous soit fait aucun empeschement en quelque maniere & façon que ce soit.

Que l'on nous donnera des viures à suffisance pour nous repasser en France, en change de peleteries, sans que par violence ou autre maniere que ce soit, on empesche chacun en particulier d'emporter ce peu qui se treuuera entre les soldats & compagnõs de ces lieux.

Que l'on vsera enuers nous de traitement le plus fauorable qu'il se pourra, sans que l'on fasse aucune violence à qui que ce soit, tant aux Religieux & autres de nos compagnons, qu'à ceux qui sont en ces lieux, à ceux qui ont esté pris, entre lesquels est mon beau-frere Boullé, qui estoit pour commander à tous ceux de la barque partie d'icy, pour aller treuuer passage pour repasser en France.

Le vaisseau où nous deurons passer, nous sera remis trois iours apres nostre arriuée à Tadoussac entre les mains, & d'icy nous sera donné vne barque ou vaisseau pour charger nos commoditez, pour aller audit Tadoussac prendre possession du vaisseau que ledit sieur Guer nous donnera, pour repasser en France pres de cent personnes que nous sommes, tant ceux qui ont esté pris, comme ceux qui sont de present en ces lieux.

Ce qu'estant accordé & signé d'vne part & d'autre par ledit sieur Guer qui est à Tadoussac General de l'armée Angloise & son Conseil, nous mettrons le fort, l'habitation, & maisons entre les mains dudit sieur Guer, ou autre qui aura pouuoir pour cet effect de luy. Signé, Champlain, & du Pont.

Ces choses ainsi resoluës furent enuoyées aux vaisseaux où estoient lesdits Louis & Thomas Guer, qui virent ce que nous demandions, & apres les auoir cõsiderez ils se resolurét d'y faire response le pluftost qu'ils pourroient, ce qu'ils firent, comme il s'ensuit.

Articles accordez aux sieurs de Champlain & du Pont.

POur le fait de la Commission de sa Maiesté de la grande Bretagne le Roy mõn Maistre, ie ne l'ay point icy, mais mon frere la fera voir quand ils seront à Tadoussac.

I'ay tout pouuoir de traiter auec monsieur de Champlain, comme ie vous le feray voir.

Pour le fait de donner vn vaisseau ie ne le puis faire, mais vous vous pouuez asseurer du passage en Angleterre, & d'Angleterre en France, ce qui vous gardera de retomber entre les mains des Anglois, auquel danger pourriez tomber.

Et pour le fait des Sauuagesses, ie ne le puis accorder pour raisons que ie vous feray sçauoir si i'ay l'honneur de vous voir, que pour le fait de sortir armes & bagages, & peleteries, i'accorde que ces messieurs sortiront auec leurs armes, habits & peleteries à eux appartenans, & pour les soldats leurs habits chacun auec vne robe de castor sans autre chose, & pour le fait des Peres ils se contenteront de leurs robes & liures.

Ce que nous promettons faire ratifier par mon frere General pour la flotte pour sa Maiesté de la grãde Bretagne, signé l'Kertk, & plus bas Thomas Kertk, & plus bas est escrit.

Les susdits articles accordez auec les sieurs de

Champlain & du Pont, tant par les freres Louis & Thomas Kertk, ie les accepte & ratifie, & promets qu'ils feront effectuez de point en point, fait à Tadouſſac ce 19. d'Aouſt, ſtil neuf 1629. ſigné Dauid Kertk, auec vn paraphe.

Ayant arreſté les articles ils nous r'enuoyereut la chalouppe, nous priant de la deſpeſcher au pluſtoſt, pour ſçauoir ſi nous accepterions leurs articles, à quoy nous aduiſaſmes, nous eſtant aſſemblez pour reſoudre ce que l'on pourroit faire en ces extremitez, & ne pouuant pas mieux, nous reſoluſmes de prendre la cõpoſition. Le lendemain 20. dudit mois ils firent approcher leurs trois vaiſſeaux, ſçauoir le Flibot de pres de cent tõneaux auec dix canons, & deux pataches du port de quarante tonneaux, chacune ſix canons, & quelques cent cinquante hommes, ayant mouillez l'ancre deuant Québec, ie fus treuuer le Capitaine Louys, pour ſçauoir ce qui l'auoit empeſché de ne me permetrre d'emmener mes deux petites filles Sauuageſſes que i'auois depuis deux ans, auſquelles i'auois enſeigné tout ce qui eſtoit de leur creance, & apris à trauailler à l'aiguille, tant en linge qu'en tapiſſerie, en quoy elles trauaillent fort proprement, eſtant au reſte fort ciuiliſées & portées d'vn deſir extreſme de venir en France. Ie fis tant auec ledit Capitaine Louis que ie le releuay des doutes qu'il auoit, me permettant les emmener, ce que ſçachant ces filles ils furent fort reſjouies. *L'Autheur obtient d'Emener deux Sauuageſſes*

Ie demanday des ſoldats audit Louis Quer pour empeſcher que l'on ne rauageaſt rien en la Chapelle ny chez les Reuerends Peres Iesuites, Recollets ny la maison de la veufue Heber & son gendre, ce qu'il fit, comme en quelques autres lieux où il en estoit de besoin, puis il fait descendre à terre enuiron 150 hommes armez, va prendre possession de l'habitation où estant demanda les clefs au Sous-commis Corneille, & à Oliuier qui traittoit auec les Sauuages, comme experimenté & aux langues des Montagnais, Algommequins, comme de celle des Hurons, comme fort propre à cela. Il s'acquitta de sa charge en homme de bien, car ledit du Pont, principal Cômis, estoit au lict malade des gouttes, & ne pouuoit agir. Louys Quer ayant ces clefs les donne à vn François appellé le Baillif natif d'Amiens qu'il auoit pris pour Commis, s'estant volontairement donné aux Anglois pour les seruir & ayder à nous ruiner, comme perfide à son Roy & à sa patrie, auec trois autres que i'auois autrefois mené en nos voyages, il y auoit plus de quinze à seize ans, entre autres l'vn appellé Estienne Bruslé, de Champigny, truchement des Hurons, le second Nicolas Marsolet de Roüen, truchement des Montaignais, le troisiesme de Paris, appellé Pierre Raye, Charon de son mestier, l'vn des plus perfides traistres & meschants qui fust en la bande. Ledit Baillif estoit venu autrefois en ces lieux auec ledit de Caën, qui l'auoit fait vn de ses Commis, l'ayant chassé pour estre grandement vicieux. Cestuy-cy entre au magasin, se saisit de tout ce qui estoit dedans, & de trois mille cinq cens à quatre mille castors, qui appartenoient au sieur de Caen, comme de toutes les autres commoditez qui estoient en l'habitation pour seruir à icelle.

Anglois prennent possession de Québec.

Baillif François perfide.

Pille le magasin des François.

Louys Quer s'achemine au fort pour en prendre possession, voulant desloger de mon logis, iamais il ne le voulut permettre que ie ne m'en allasse tout à fait hors de Quebec, me rendant toutes les sortes de courtoisies qu'il pouuoit s'imaginer. Ie luy demanday permission de faire celebrer la saincte Messe, ce qu'il accorda à nos Peres : Ie le priay aussi de me donner vn certificat de tout ce qui estoit tant au fort qu'à l'habitation, ce qu'il m'accorda, auec toute sorte d'affection ainsi qu'il s'ensuit.

I'ay Louys Kertk commandant de present au Fort de Québec en la nouuelle France pour le Roy de la grande Bretagne, mon Seigneur & Maistre, certifie à tous ceux qu'il appartiendra, que i'ay trouué tant au Fort qu'à l'habitation ce qui s'ensuit, 4. espoirs de fonte verte & vne moyenne auec leurs boettes, 2. breteuls de fer, de 800 liures chacun, 7. pierriers auec leur boiste double, 45 balles de fer pour les espoirs, & 6. balles pour lesdits breteuls, 40 liures de poudre à canon, 30. liures de meche, 14. mousquets, vn mousquet à Croc. 2 grandes arquebuzes à rouët de 6. à 7 pieds, 2 autres à meche de mesme longueur, 10. hallebardes, 12 piques, 5. à 6. milliers de plomb. 50 corcelets sans brasarts, auec leurs bourguinotes, 2. armes de gensdarmes à l'espreuue du pistolet, deux petarts de fonte verte, vne vieille tente de guerre & plusieurs vstancilles de mesnage & outils des ouuriers qui estoient en cedit lieu de Québec, où commandoit le sieur de Champlain en l'absence de Monsieur le Cardinal de Richelieu pour le seruice du Roy de France & de Nauarre. Faict au Fort de Québec ce 21. de Iuillet 1629. signé Louys Kertk.

<small>Certification de tout ce qui estoit dans Québec qu'il luy donne.</small>

Ne veulent faire registre de ce qui appartenoit aux Religieux

Ils se saisirent aussi de plusieurs commoditez appartenant aux Reuerends Peres Iesuites & Recollets desquelles choses ne voulurent donner de memoire, disant, s'il faut rendre (ce que ie ne croy pas) il ne se perdra rien, cela ne vaut pas la peine de l'escrire ny en faire recherche. Pour les viures que nous trouuons il ne s'en gastera ny enere ny papier, dont nous n'en sommes pas faschez, vous aymant mieux assister des nostres. Nous vous en remercions bien fort, luy dis je, il n'y a sinon que vous les faites payer bien cheremét sans pouuoir auoir moyen de les disputer.

Le l'endemain il fit planter l'enseigne Angloise sur vn des bastions, fist battre la quesse, assembler ses soldats, qu'il met en ordre sur les ramparts, faisant tirer le canon des vaisseaux, & quelques 5. espoirs de fonte qui estoient au fort, & deux petits breteuls qui estoient à l'habitation, & quelques boites de fer, apres il fit iouër toute l'escoupeterie de ses soldats, le tout en signe de resiouyssance.

Le iour suiuant il fut à la maison des Peres Iesuites, lesquels luy monstrerent des liures & tableaux & quelques ornements d'Eglise, en luy offrant s'il vouloit quelques-vns de ces liures & tableaux. Il en prit ce qu'il voulut de ceux qui luy semblerent les plus beaux, comme trois à quatre tableaux, le Ministre Anglois eut aussi quelques liures qu'il demanda aux Peres, apres veu la maison & tout le desert qui estoit fort beau, il fut veoir les Peres Recollets, de là s'en retourna à l'habitation.

Vol dudit Baillif.

La nuict ensuiuant ledit Baillif prit audit Sous-

Commis Corneille cent liures en or & argent, auec vne tasse d'argent, quelque bas de soye & autres bagatelles qui estoient dans sa caisse, ayant esté aussi soubçonné d'auoir pris dans la Chapelle vn Calice d'argent doré valant 100 liures & plus, de laquelle chose l'on fit plainte audit Louys Quer qui en fit quelque perquisition, mais nul n'auoüa ce sacrilege detestable deuant Dieu & les hommes. Ce Baillif accoustumé à renier & blasphemer le nom de Dieu à tout propos en disoit assez pour se rendre innocent: mais comme il est sans foy ny loy, bien qu'il se dise Catholique comme sont les trois autres, qui ne se soucioient de manger de la chair ny Vendredy ny Samedy pour penser fauoriser les Anglois, qui au contraire les en blasmoient, & faisoient plusieurs autres choses licentieuses & blasmables, ie luy remonstrois assez les deffauts & les reproches qu'vn iour il receuroit, desquelles choses il ne se soucioit pas beaucoup, pour l'esperance qu'il auoit de iamais ne retourner en France. Toutes les meschancetez qu'il pouuoit faire aux François il leur faisoit: On receuoit toute sorte de courtoisie des Anglois, mais de ce malheureux tout mal. Ie le laisseray pour ce qu'il vaut, attendant qu'vn iour Dieu le chastie de ses iurements, blasphemes & impietez.

Plaintes contre luy.

Depuis que les Anglois eurent pris possession de Québec, les iours me sembloient des mois, ce qui me donna subiect de prier ledit Louys Quer me permettre m'en aller à Tadoussac, où i'attendrois le depart des vaisseaux, passant mon temps auec le General qui y estoit, ce qu'il m'accorda, puis que ma

L'Autheur obtient congé d'aller à Tadoussac.

volonté n'eſtoit de demeurer dauantage. l'accom-
moday ledit Louys Quer de quelques commoditez
d'emmeublement pour ſa chambre qu'il me demanda:& pour le reſte de mes commoditez,ie les embarquay auec ledit Thomas Quer dans le Flibot auec
mes deux petites Sauuageſſes. Dupont demeura auec
la pluſpart de nos compagnons, comme firent auſſi
tous les Peres, attendant de s'en retourner au ſecond
voyage.

 Leſdits Anglois s'eſtât ainſi ſaiſis du païs, la veufue
Hebert & ſon gendre ne penſant pas moins qu'à s'en
retourner, ſe ſaiſiſſant de leurs maiſons & de leurs terres qui eſtoient enſemencées, ayant apparence d'vne
tres belle recolte, comme auſſi les terres deſdits Peres,
ce qu'ils ne firent, au contraire luy offrant toute aſſiſtance, que s'il vouloit demeurer en ſa maiſon qu'il le
pouuoit faire auſſi librement comme il auoit fait a-
uec les François, luy permettant de faire cueillette
de tous ſes grains, en diſpoſant comme il aduiſeroit
bon eſtre, que pour le ſurplus de ce qui luy reſteroit
de ſes grains, qu'il le pourroit traiter auec les ſauuages,
& l'année ſuiuante au temps que les vaiſſeaux retour-
neroient s'il ne ſe treuuoit bien, il ſeroit en ſon option
de demeurer ou s'en retourner, luy faiſant valloir chaque caſtor marchand, quatre liures, qui luy ſeroient
liurés à Londre. Tout cecy luy eſtoit grand aduátage
& plus qu'il ne pouuoit eſperer: mais comme Louis
Quer eſtoit courtois, tenant touſiours du naturel Fráçois, & d'aymer la nation, bien que fils d'vn Eſcoſſois
qui s'eſtoit marié à Dieppe, il deſiroit obliger en tant
qu'il pouuoit ces familles & autres François à demeurer

DE CHAMPLAIN. 225

rer, aymant mieux leur conuersation & entretien que celle des Anglois, à laquelle son humeur monstroit repugner.

<small>Louys Quen ayme les François.</small>

Ces pauures familles voyant la condition qu'on leur offroit de s'en retourner en France, apres auoir employé quinze à seize ans de leur trauail, pour tascher à s'oster de l'incōmodité & necessité qu'ils souffriroient sans doute en France, & estans chargez de femmes & enfans, ils se verroient contrains de mandier leur pain, chose à la verité bien rude & considerable à ceux qui se mettront en leur place. Ainsi se trouuoient- ils bien empeschez de ce qu'ils deuoient faire, d'autant qu'ils se voyoient priuez de l'exercice de la Religion, n'y ayant plus de Prestres : ils m'en demanderent mon aduis, plus par bien seance à mon opinion, que pour volonté qu'ils eussent à suiure ce que ie leur eusse conseillé, neantmoins iugeant l'auantage que l'Anglois leur faisoit, & la liberté qu'il leur donoit de s'en retourner en France, ie pensay leur donner vn conseil qui ne leur eust point esté ruineux, leur remonstrant que la chose la plus chatoüilleuse & de grand poix estoit l'exercice de nostre Religion, qu'ils nepouuoyēt iamais esperer si les Anglois estoiēt tousiours en ces lieux, & par consequent priué de la Confession & des Saincts Sacrements qui pouuoient mettre leurs ames en repos pour vn iamais, si ils leur estoient administrez, ce qu'ils ne pouuoité esperer si les François ne reprenoient la possession de ces lieux, ce que ie me promettois moyennant la grace de Dieu, que pour ceste année si i'estois en leur place ie ferois la cueillette de mes grains, & en traitter le plus qu'il me

2. Part.   Ff

seroit possible auec les Sauuages, & les vaisseaux François reuenant prendre possession, leur dôner sa pelleterie & en tirer l'argent qu'il leur auoit promis, & leur abandonner vos terres, puis vous en reuenir en leurs vaisseaux, car il faut auoir plus de soin de l'ame que du corps, & ayant de l'argent en France vous pourrez vous tirer hors des necessitez. Il me remercierent du conseil que ie leur donnay, qu'il le suiuroient, esperát neantmoins nous reuoir la prochaine annee auec l'aide de Dieu.

Combat des François auec les Anglois. L'autheur est pris en combattant. On le fait parler au sieur Emery. Voyage des François à Tadoussac. Le beau-frere de l'Autheur luy compte son voyage. Emery taschoit regaigner Québec.

CHAPITRE IV.

E 24. dudit mois nous leuasmes les ancres & mismes à la voile, ce iour fusmes moüiller l'ancre au bord de l'Est Nordouest de l'isle d'Orleans, le lendemain mismes sous voile & le trauers de la Malle-baye, 25. lieuës de Québec l'on aperceut vn vaisseau du costé du Nort qui mettoit soubs voile, lequel taschoit d'aller vers l'eau pour gaigner le vent & faire retraitte s'il pouoit, il fut trouué appartenir audit sieur de Caën, où son cousin Emery commandoit, qui venoit à Québec pour prendre les castors qui y estoient, & traiter quelque marchandise qu'il auoit, & autres commoditez

DE CHAMPLAIN.

à luy appartenant, d'autant que l'Anglois sçauoit qu'il estoit en la riuiere, comme il sera dit cy-apres.

Ledit Thomas commanda d'approcher le plus prés que l'on pourroit du vaisseau dudit Emery pour le saluër de quelques canonades, qui luy furent aussi-tost respondus par autres coups de meilleure amonition, s'entretirent quelque temps enuiron 30. coups, l'vn qui fut tiré du vaisseau dudit Emery emporta la teste d'vn des bons mariniers dudit Thomas Quer, Emery fist quelque bordées pour tascher de gaigner le vent pour se sauuer, mais Thomas desirant en venir aux mains & l'aborder, me dist; Monsieur vous sçauez l'ordre de la mer, qui ne permet à ceux d'vn contraire party estre libre sur le Tillac, c'est pourquoy vous ne treuuerez estráge que vous & vos compagnons descendiez sous le Tillac, où estant fist fermer les paneaux & les cloüer sur nous, faisant mettre ses matelots & soldats en ordre pour combattre à l'abordage qui fut faite assez mal à propos, entre le mas de Van & le beau Pré dudit vaisseau d'Emery, lequel de sõ costé faisoit son deuoir de se tenir prest pour se deffendre à l'abordage: chacun fait ce qu'il peut pour vaincre & terracer sõ ennemy : ce fut alors qu'on vint aux coups de pierre & balles de canon, & autres choses qu'ils pouuoient attrapper se iettant d'vn bord à l'autre, car les vns ny les autres ne pouuoient entrer dedans leurs vaisseaux que par le beau-pré du vaisseau dudit Thomas Quer, à cause que le vaisseau (comme i'ay dit) auoit abordé debout, & vne pate de l'ancre de celuy de Thomas Quer s'estoit attachée & cramponnée au vaisseau d'Emery,

Combat des François auec l'Anglois à coups de canons.

Ce que Thomas Quer dit à l'Autheur.

On vint aux coups de pierre, & balles de canon.

Ff ij

ensorte qu'ils ne se pouuoient desaborder : & vn homme armé d'vn bord à autre pouuoit facilemēt empescher d'entrer: ce pendāt que les gens de Thomas Quer estoient ainsi mal menez, vne partie se jetta au fond du vaisseau que ledit Capitaine faisoit monter à coups de plat d'espée, mais c'est vne mauuaise chose quand la peur saisit les courages, le Chef mesme ne sçauoit pas bien où il en estoit, car peu l'accompagnoient au combat, il y eust quelque rumeur en ce combat dās le vaisseau d'Emery de Caen, qui par vn courage lasche cria assez hautement *Cartier, Cartier*, ce qui fut entendu par Thomas Quer, qui aussi tost ne voulut perdre temps, & releua ceste parolle, leur promettant toute courtoisie, autant dit il, qu'au sieur de Champlain que nous auons icy, & prenez garde de conseruer vos vies. Pendant tout ce combat les deux pataches approchoient qui eussent mal mené ledit Emery, qui ne pouuoit se desaborder, voyant l'inconuęnient qu'il pouuoit encourir, ayant des gens en son bord qui n'auoient enuie de bien faire, il demanda à me voir: pendant ce temps le combat cessa d'vne part & d'autre, & vint on aussi tost auec vne pinse à ouurir les pancaux, l'on m'enleue promptemēt pour aller parler audit Emery de Caen: ledit Thomas Quer qui à son visage & contenance tesmoignoit n'estre pas bien en seureté de sa personne, & disoit, Asseurez vous (me dit il) que si l'on tire du vaisseau que vous mourrez, dites leur qu'ils se rendent, ie leur feray pareil traitement qu'à vostre personne, autrement ils ne peuuēt éuiter leurs ruyne, si les deux pataches arriuent plustost que la

Prinse de l'Autheur par l'Anglois.

On le fait parler au sieur Emery.

composition soit faite: Ie luy dis, Monsieur de me faire mourir en l'estat que ie suis, il vous seroit tres facile estant en vostre puissance, vous n'y auriez pas d'honneur, en derogeant à ce que m'auez promis, & vostre frere le Capitaine Louys Quer aussi, de plus ie ne puis commander à ces personnes là, & ne peux empescher qu'ils ne fassent leur deuoir, en se maintenant & defendant comme gens de bien, vous les deuez loüer plustost que les blasmer, vous sçauez qu'à vn prisonnier l'on luy fait dire ce que l'on veut, & par consequét ledit Emery ne doit s'arrester à ce que ie luy pourrois persuader: Ie vous prie dõc, dit-il, de les asseurer qu'ils auront toute sorte de bon traitements s'ils se veulent rendre, ce que ie fis, parlant audit Emery de Caen qui estoit sur le bord de son vaisseau, lequel demanda de rechef parole dudit Thomas Quer, qui promet leur faire la mesme composition qu'il m'auoit faite: Ils mettent les armes bas, les deux pataches arriuent aussi tost, ausquelles ledit Thomas Quer fait defences d'offencer les nostres, qui sans doute les eussent ruynez, & sans icelles le vaisseau Anglois eust esté enleué. ledit Emery ayant l'aduantage, se rendant maistre du vaisseau Anglois auec le sien, moy & autres François qui estoyét dedãs, les Anglois eussent apporté du renfort, & desmeslãt les vaisseaux du grapin qui y tenoit, l'on eust peu prédre leurs deux pataches. L'accord fait tant d'vn costé que d'autre, Lepinay Lieutenant dudit Emery de Caen, entra dans le vaisseau, & apres ledit Emery, qui vinrent faire la reuerence à Thomas Quer, ledit de Caen me dit, qu'il venoit pour me secourir, que

Ce qu'il dit à Thomas Quer.

Thomas le prie de dire aux siens qu'ils se rendent

Ce qu'E-mery dit à l'Autheur. son cousin de Caen luy auoit donné lettre pour m'apporter, par laquelle il mandoit qu'il m'enuoyoit des viures pour trois mois, attendant plus grand secours du sieur Cheuallier de Rasilly qui deuoit arriuer en bref, neantmoins il croyoit que la paix estoit faite entre la France & l'Angleterre.

Les François vont à Tadoussac. L'execution faite, nous nous en allasmes à la rade à Tadoussac treuuer le General Kertk, où ledit Emery auparauāt auoit pésé aller, perdre par vne disgrace qui luy suruint le trauers de Tadoussac, cōme il sera dit en son lieu, estans arriuez à la rade du moulin Baudé, où estoient encore les Anglois, ledit *Sont bien receus du General Anglois* General nous fit bonne reception, bien aise de ceste prise: aussi y vismes nous ce bon traistre & rebelle Iacques Michel, qui auoit conduit les Anglois dés la premiere & seconde fois: il estoit Contre-Admi*Flotte Angloise de quoy composée.* ral de ceste flotte, cōposée de cinq grands vaisseaux de trois à quatre cens tōneaux, tres bien amunitionnez de canons, poudres, balles, & artifices à feu: à la verité, hors les Officiers, le reste n'estoit pas grande chose, il y auoit en chacun pres de six vingts hommes, aussi i'y vis mon beau-frere Boulé, qui auoit esté pris depuis qu'il estoit party de Québec, lequel me fit le discours de ce qui se passa en son voyage depuis son departement, qui fut tel qui s'ensuit.

Le beau-frere de l'Autheur luy compte son voyage. Il me dit que partant de Québec auec les incommoditez qu'ils auoient receuës allant à Gaspey, ils rencontrerent Emery, estant fort resiouis d'vne si heureuse rencontre, il leur donna de quoy se rafraischir, luy ayant dit que son cousin de Caen l'enuoyoit tāt pour querir les castors, qu'autres com-

moditez s'il en restoit & apporter au Fort des viures pour trois mois, attendât le secours de Monsieur
de Rasilly qui estoit prest à faire voile, quand il partit de la Rochelle, & que sans l'arrest que Ioubert luy
fit de la part de la compagnie, il eust arriué vn mois
plustost à Québec, & n'auoit peu faire autrement
pour le mauuais temps qui l'auoit contrarié à la mer,
qui le contraignit relascher à la Rochelle, pour faire
quelque radoub en son vaisseau qui estoit du port
de 70. tonneaux: croyant que la paix estoit faite entre l'Angleterre & la France, d'autant qu'il auoit veu
quelque lettre entre les mains de monsieur de la
Tuillerie à la Rochelle, où on l'asseuroit d'icelle,
mesme que l'on ne donnoit plus de congé pour faire
la guerre à l'Anglois : joint aussi que le Capitaine
Daniel venoit en la Compagnie du sieur Cheuallier
de Rasilly, Ioubert deuoit venir deuant & quelques deux autres barques, l'vne appartenante aux
Peres Iesuistes, où estoient les Reuerends Peres Allemand & Noyrot, qui venoient pour secourir leurs
Peres à Québec, croyant que ces vaisseaux pourroiét
estre dans la riuiere, s'ils auoient vent fauorable, ledit Emery de Caen demanda s'il ne sçauoit point
qu'il y fut entré des vaisseaux dans la riuiere, il luy dit
que non, ce qui donna courage audit Emery, pésant
arriuer des premiers à Québec, pour emporter prô-
ptemét ses peleteries, & traiter quelque peu de marchandises & viures qu'il auoit, premier que ledit
Daniel & Ioubert arriuassent, il prit les cinq cens castors qui estoient en la barque qu'il mit en la sienne.

Apres tous ces discours passez, & que ie luy eu

representé la necesſité en laquelle nous auions eſté laiſſez, il ſe delibere de monter au pluſtoſt : moy fort reſiouy deſirant eſtre des premiers à vous dōner ce bon aduis de ce ſecours ſi fauorable en vne telle necesſité, ie dis audit Emery qu'il eſtoit à propos que i'allaſſe deuant auec la chalouppe, pour afin que s'il y auoit du calme, au moins qu'il nous donneroit ce contétement que de nous apporter les nouuelles, que pour cet effect il luy demanda de changer ſon eſquippage de matelots pour faire diligence, d'autāt que les ſiens eſtoiét foibles & debiles, qu'ils ne pourroient nager comme les ſiens qui eſtoient frais, & auſsi donner quelque baril de poudre pour nous ſecourir, ce qu'il refuſa, diſant, qu'il ne deſiroit ſe defaire de ſes hommes ny de ſa poudre, leur donnant ſeulement vn peu de biſcuit : que pour la petite barque où il eſtoit allé, il l'auoit laiſſée à gouuerner & commander à Deſdames, lequel deuoit ſuiure ledit Emery de Caen : Ie partis tout ainſi, auec la chalouppe & mes matelots haraſſez de necesſité & trauail : le deſir que nous auions de vous donner des nouuelles, nous dōnoit de tant plus de courage. Au bout de quatre ou cinq iours apres auoir quitté ledit Emery, nous apperceuſmes quelque vaiſſeau vers l'eau, deſirant l'aller recognoiſtre, penſant que ſe fut celuy dudit Daniel, ſelon que l'on nous l'auoit repreſenté, mais comme nous euſmes recogneu que ce n'eſtoit point luy, ains vn vaiſſeau Anglois, nous reſoluſmes de gagner la terre, pour nous ſauuer, le vaiſſeau Anglois (où eſtoit ledit Thomas Quer) apperceuant que nous faiſions retraite nous tire vn coup de canō,
& auſsi

DE CHAMPLAIN.

& aussi tost esquippe vne autre chalouppe auec double esquippage, pour lasser les nostres qui faisoient ce qu'ils pouuoient pour se sauuer: en ceste occasion l'esquippage frais dudit Emery eust peû seruir, nos matelots n'en pouuant plus, pour estre foibles & debiles du trauail: nous fusmes attaints par les Anglois qui nous pillerent & rauagerent tout ce que nous auions, on nous emmene audit Thomas Quer qui nous reçoit assez courtoisement, il me mena à son frere le General, qui me fait tres bonne reception & nous mena à Tadoussac auec luy, ie luy fis entendre comme ledit Emery de Caen luy auoit dit asseurement que la paix estoit faite, l'ayant sçeu de personnes dignes de foy au partir de la Rochelle. A illes articles, me dit le general, Non, Ce sont contes faits à plaisir, il s'informe de l'estat auquel vous estiez à Québec, ie luy en disois bien plus qu'il n'y en auoit ce qu'ils pouuoient croire, mais quelques matelots pris luy disoient que vous estiez bien mal si n'auiez du secours, les Sauuages qui croyoient qu'à ce changemét tout leur seroit donné de la part des Anglois, luy dirent le miserable estat auquel vous estiez reduits. Nous arriuõs au moulin Baudé où ils mouillét l'ancre, & aussi tost ils arment le Flibot & deux pataches, pour promptement faire monter à Québec, ils auoient auec eux des hommes Anglois, qui auoient esté l'année precedente au Cap de Tourmente quand il fut bruslé. Les Sauuages de Tadoussac s'offrant de les conduire, leur disant, qu'ils sçauoient mieux le chemin que les François, à la verité qu'ils ne mentent pas, car il n'y a endroits ny roches qu'ils ne cognois-

2. Part. Gg

sent par experience, que nous n'auons si exacte, neat-moins ils ne laisserent d'emmener de nos matelots, puisque la fortune leur auoit esté si fauorable, leurs affaires ayant esté preueuës dés l'Angleterre par le Conseil, que ledit Iacques Michel leur auoit donné, qui ne se pouuant asseurer auoir en leur puissance des matelots qui estoient en la chalouppe qui prirét par cas fortuit: mais l'occasion se preséta de laquelle ils se seruirent, pour ayder à conduire leur Flibot & patache. C'est vne disgression que ie faits sur ce que aucuns ne pensent reparer leur faute, quád les choses ne reussissent à leur souhait, & faut tousiours qu'il y aye vn si, ce qui n'estoit point en ceste affaire : sur ce qu'aucuns ont dit, que si l'Anglois n'eust pris la chalouppe il n'eust monté à Québec si promptement qu'ils firent : ce sont contes faits à plaisir à des personnes qui ne sçauent comme ceste affaire s'est passée, & ne sçauent comment couurir leur faute, sinon en blasmant autruy, chose de mauuaise grace, car ils auoient emmené le Flibot & les deux pataches, auec les hommes qui auoient esté audit Cap de Tourmé-te, comme i'ay dit cy dessus, à dessein qu'ausi tost arriuez au moulin Baudé de les faire monter à Québec, craignant que si leur eust fallu monter des barques à Tadoussac, que pendant ce trauail vne moyenne barque eut passé & donné secours à l'habitation, leur dessein par ce moyen rompu : & quand mesme, comme dit est, qu'ils n'eussent eu que des Sauuages du païs pour pilotes, qui eussent aussi bien pilotez comme ils l'auoient fait des l'année passée audit Cap de Tourmente, auec la plus grande barque que nous eussions à Tadoussac.

Reuenons audit Emery, lequel apres que Boullé fut party auec sa chalouppe, il leue l'ancre & met sous voiles pour gagner Québec au pluftoft, sans sçauoir aucunes nouuelles de l'Anglois, celles que luy dirent lesdits Desdames & Foucher, qui estoient en la petite barque de Boullé qu'ils auoient veu vn canau, où il y auoit des Sauuages auec de la marchandise Angloise, qu'ils auoient traitez auec eux, c'est ce que dit ledit Desdames, que de cet aduis ledit Emery n'en fait conte, neantmoins cela luy deuoit faire penser & s'asseurer mieux qu'il ne fit, pour la consideration de son vaisseau, & ne tomber aux accidens comme il fit, car estant sur le trauers de Leschemin il fut pris d'vn téps de brune que l'on voyoit fort peu, il passa deuant les Anglois, qui estoient à la Ralde du moullin Baudé, à la portée presque du canon, sans estre apperceus d'vne part ny d'autre: péfant doubler la pointe aux alloüettes, ils eschouent sur l'islet rouge comme le trauers de Tadoussac où se voyant pensant estre perdus ils font vne piperie pour se sauuer à terre, voicy que la brune s'abaisse où ils virent les Anglois, font tirer quelques coups de canons, pour leur demander secours, & les aller sauuer du naufrage où ils pensoient se voir, ledit IacquesMichel dit au General, enuoyez secourir ce vaisseau qui s'en va perdre, ou pour le moins les hommes, ils tirent leur canon pour vous en aduertir, vous en aurez bon marché, le General n'en voulut rien faire, disant, Ils les faut laisser, & attendre vn peu ils ne nous pourrons fuir, Ils sont bien despourueus de consideration de venir passer à nostre veuë, ayant vaisseaux deuant & derriere eux: sans la brune il n'eut

Emery tasche de gaigner à Québec.

Gg ij

LES VOYAGES DV SIEVR

Les Anglois peu confiderez en cecy. esté si auant, & ainsi le laissa là, & donna grande faute audit Quer de n'y enuoyer des chalouppes aussi tost qu'ils ouyrent tirer leur canon, & n'eussent perdu trois de leurs hommes, comme ils firent depuis en se battant auec ledit Emery, la marée commençant à monter sous le vaisseau fit que peu à peu il vint à floter sans estre que fort peu endommagé, ils prénent courage & se r'embarquent, laissent leur piperie, se mettent vers l'eau, vont mouiller l'ancre au pres du Chafaut au Basque, deux lieuës de Tadoussac, où ils furent quelque temps: ils virent vne chalouppe Angloise qui venoit de Québec, & alloit treuuer le General pour luy porter nouuelle de la prise du fort, sur laquelle ledit Emery fit tirer vn coup de canon: voulant mouiller l'ancre le pert met à la voile, & va mouiller proche de la Malle baye, où il vint quelques canaux de Sauuages qui luy dirent que Québec estoit rendu, ce qu'il ne vouluſt croire, & pour ce sujet enuoya vn canau de Sauuages auec deux François pour en sçauoir la verité, (qui n'estoit que trop vray,) qu'ils eussent à faire le plus de diligence qu'ils pourroiét, ils leur falloit faire vingt lieuës,& autant pour le retour, c'estoit perdre vn vn grand temps, ayant peu éuiter la prise des Anglois. Ces deux hommes promirent faire ce qu'ils pourroiét, l'vn appellé le Cocq Charpentier, & l'autre Froidemouche, qui auoient esté en la barque de Boullé: ces deux personnages estoient ignorans & mal propres à telles affaires, veu que les plus discrets n'y sont pas trop bons. Ces deux aduanturiers se mettent en chemin, vont au Cap de Tourmente, s'amusent à chasser (c'estoit bien le temps) la nuict arriuez à Québec ils ne voyoient point les vaisseaux Anglois, qui estoient desia partis pour retourner à Tadoussac, ils s'approchent des cabanes des sauuages, qui leur dirent que les Anglois estoiét au fort & à l'habitation : les vaisseaux partis, & qu'ils estoient dedans. Toutes ces nouuelles suffisoient pour s'en retourner promptement treuuer ledit Emery, & quelque diligence qu'ils eussent fait ils eussent treuué le vaisseau pris des Anglois, mais au contraire ils vont passer contre le fort, entendent les sentinelles de l'ennemy, ils ne se contentent de se retirer, ils vont à la maison de la veufue Hebert ou de son gendre, les voyant leur demandét ce qu'ils estoiét venu faire, Nous venons, dirent ils, de la part du sieur Emery voir si l'habitation estoit prise: helas, leur dirét ils, que vous estes simples & peu aduisez, ne le voyez vous pas bien, falloit il venir icy pour vous faire prédre, que dira-on, sçachant par les Sauuages que vous estes venus icy, & que ie ne le dise, il y va de ma vie & de toute la ruyne de ma famille, il faut que par necessité si ie me veux conseruer, ie dise que vous estes venus pour voir si le sieur de Champlain estoit icy, & cóme tout alloit : allons treuuer le Capitaine Louis, il est galand homme, il ne vous fera point de tort, ce qu'ils firent, lequel leur vsa de quelques paroles & menaces fascheuses, les retenans pour les faire trauailler.

Sauuages asseurent Emery que les Anglois estoient à Québec.

Ce que leur dit le gédre de la veufue, Hebert.

Sont retenus par le Capitaine Louis.

Cependant la petite barque où estoit Desdames suiuoit ledit Emery de Caën, mais ils s'arresterent à vne petite riuiere pour prendre de l'eau, où ils furent deux iours à cause du mauuais temps. Sortant de là ils furent iusques au Bic, quinze lieuës de Tadoussac, sçachant au vray par les Sauuages la prise de Québec, &

que ledit de Caen ne pouuoit éuiter qu'il ne fuſt pris pour s'eſtre trop haſardé, ils ne furent point incredules, ils ſe delibererent de s'en retourner chercher paſſage le long des coſtes, où eſtant vers Gaſpey rencontrerent Ioubert auec ſa barque qui nous venoit ſecourir, mais trop tard, & leur diſt, qu'il auoit eſté pourſuiuy des Anglois proche de Miſcou, il leur diſt auſſi que le Capitaine Daniel eſtoit party pour meſme effect, & vne autre barque pour les Peres Ieſuites, où eſtoient les Reuerends Peres l'Alleman & Norot.

Ioubert ſe perd aux coſtes de Bretagne.

Il s'embarque auec ledit Ioubert, & s'en retourne en France ſans faire plus grand progrez, ſinon que s'aller perdre à la coſte de Bretagne prés Benodet proche de Quinpercorentin, qui penſant au commencement que ce fuſſent quelques pirates, furent detenus iuſques à ce qu'ils ſceurent la verité, & là ledit Ioubert deſpendit plus qu'il n'auoit ſauué de ſon naufrage.

Ces malheurs ariuerēt faute de n'auoir party de ſaiſon.

Voicy vn defaut en ce voyage, de ne partir ſuiuant l'ordre qui auoit eſté donné par les ſieurs Directeurs de Paris, de partir de droitte route de Dieppe pour la Nouuelle France. Au lieu de ce faire, les vaiſſeaux vont attendre le ſieur Cheualier de Raſilly, & ainſi laiſſerent perdre la ſaiſon, que s'ils fuſſent partis au 15. ou à la fin de Mars, & que ledit Capitaine Daniel partant de bonne heure, cōme dit eſt, il fuſt arriué à Québec le 20. où à la fin de May pour le plus tard, prés de deux mois premier que les Anglois, en nous ſecourant ils euſſent iouy des traites, ce qui ne fut effectué pour le retardement.

Les Directeurs de Bordeaux manquerent auſſi, & empeſcherent les pataches de partir ſi promptement

qu'elles éuſſent peu faire, & ledit ſieur Chèualier de
Raſilly n'euſt laiſſé d'aller combattre les Anglois, que
ſi cela euſt eſté, l'ennemy euſt eſté vaincu, & l'habitation recouuerte. Mais le traitté de paix qui ſe fiſt entre le Roy de France & le Roy d'Angleterre empeſcha
d'effectuer la commiſſion qu'il auoit, qui fut changée
pour le voyage de Maroc où il fut, qui ne ſeruit pas
beaucoup, & par ainſi ceſte Societé receut de grandes
pertes en la deſpenſe qu'ils firent encore ceſte année,
penſant que les vaiſſeaux du Roy deuoient faire le
voyage, ſur les nouuelles certaines que l'on auoit que
les Anglois eſtoiét partis de Londres pour aller prendre Québec. Voylà les effects de ces voyages, autant
malheureux que mal entrepris.

Retournons à ce que nous fiſmes eſtant au moulin
Baudé, dans les vaiſſeaux de Quer, deux ou trois iours
apres noſtre arriuée, qui fut enuiron le premier
d'Aouſt, nous entraſmes dans le port de Tadouſſac,
où auſſi-toſt le General fit charger le Flibot pour faire porter ce qui eſtoit de commoditez à Québec, fit
monter vne barque à Tadouſſac de quelques 25. tonneaux qu'il auoit portée en fagots, où ie vy Eſtienne
Bruſlé truchement des Hurons, qui s'eſtoient mis au
ſeruice de l'Anglois, & Marſolet, auſquels ie fis vne
remonſtrance touchant leur infidelité, tant enuers le
Roy qu'à leur patrie, ils me dirent qu'ils auoient eſté
pris par force, c'eſt ce qui n'eſt pas croyable, car en
ces choſes prendre vn homme par force ſe ſeroit pluſtoſt eſperer deſeruice qu'vne fidelité, leur diſant,
Vous dites qu'il vous ont donné à chacun cét piſtoles
& quelque pratique, & leur ayant ainſi promis toute

L'Autheur reproche l'infidelité d'Eſtienne Bruſlé & de Marſolet.

fidelité vous demeurez sans religion, mangeant chair Vendredy & Samedy, vous licentiant en des desbauches & libertinages desordonnées, souuenez vous que Dieu vous punira si vous ne vous amendez, il n'y a parent ny amy qui ne vous dise le mesme, ce sont ceux qui accourront plustost à faire faire vostre procez : que si vous sçauiez que ce que vous faites est desagreable à Dieu & au monde, vous auriez horreur de vous mesme, encore vous qui auez esté esleuez petits garçons en ces lieux, vendant maintenant ceux qui vous ont mis le pain à la main : pensez vous estre prisez de ceste nation ? non, asseurez vous, car ils ne s'en seruent que pour la necessité, en veillant tousiours sur vos actions, sçachant que quand vn autre vous offrira plus d'argent qu'ils ne font, vous les vendriez encore plustost que vostre nation, & ayant cognoissance du païs ils vous chasseront, car on se sert des perfides pour vn temps, vous perdez vostre honneur, on vous monstrera au doigt de toutes parts, en quelque lieu que vous soyez : disant, Voilà ceux qui ont trahy leur Roy & vendu leur patrie, & vaudroit mieux pour vous mourir que viure de la façon au monde, car quelque chose qui arriue vous aurez tousiours vn ver qui vous rongera la conscience, & en suitte plusieurs autres discours à ce sujet : Ils me disoiét, Nous sçauons tres bien que si l'on nous tenoit en France qu'on nous pédroit, nous sommes bien faschez de cela, mais la chose est faite, il faut boire le calice puisque nous y sommes, & nous resoudre de iamais ne retourner en Fráce : l'on ne laissera pas de viure, ô pauures excusez, que si on vous attrappe voº qui estes suiets à voyager, vous courez

Leur Response.

DE CHAMPLAIN. 241

rez fortune d'estre pris & chastiez.

Ie vis Louis le Sauuage que les peres Iesuistes a- uoient tant pris de peine à instruire, & qui commen- çoit à se licentier en la vie des Anglois, bien qu'il di- soit auoir vne grande obligation ausdits Peres de ce qu'il sçauoit, estant en son cœur bon Catholique, & qu'vn iour il esperoit le tesmoigner aux François si iamais il reuenoient en ces lieux : les Anglois le r'en- uoyerent en son païs auec son pere qui le vint voir, & ceux de sa nation qui en furent fort resiouis, ausquels il fit de grands discours de ce qu'il auoit veu tant en France qu'en Angleterre, Bruslé truchement fut a- uec luy aux Hurons.

Louys le Sauuage se met au ser-uice des An-glois.

Voyages de Quer General Anglois à Québec. Ce qu'il dit au sieur de Champlain. Mauuais dessein de Marsolet. Responce de l'Autheur au General Quer. Le Ge- neral refuse à l'Autheur d'emmener en France deux fil- les Sauuagesses par luy instruites en la Foy.

CHAPITRE V.

LE General Quer se delibere d'aller voir Québec dans vne chalouppe qu'il fait es- quipper, & emmena Iacques Michel & quelques autres siens Capitaines de ses vaisseaux, & mon beau-frere : pendant son absence nous passasmes le temps le mieux qu'il nous fut pos- sible, attendant son retour. Pour ce qui estoit des Sauuages les vns mostroient estre resiouis de ce chà-

Voyage du General à Québec.

2. Part. H h

gement, les autres non, selon la diuersité des humeurs qui croyent souuent que les choses nouuelles
apportent plus grand bien, c'est où maintes fois le
monde se trompe : comme ces peuples pensoient receuoir plus de courtoisie de ces nouueaux Estrágers
que de nous, ils treuuerét en peu de téps toutes autres
choses qui ne s'estoient imaginez, nous regrettans.

<small>Ce que le General disoit à l'Autheur.</small> Le General fut quelque dix à douze iours à son voyage, à son retour fut salué de quelques canonades, me disant qu'il estoit content de ce qu'il auoit veu, que si cela leur demeuroit ils feroient bien d'autres fruicts que ce qu'on y auoit fait, tant aux peuplades qu'aux bastiments & commerces de ce qui se pourroit faire dans le païs, par le trauail & industrie de ceux que l'on y enuoyeroit.

<small>Festoye à Québec 10' ses Capitaines.</small> Quelques iours apres son arriuée il festoya tous ses Capitaines, pour cet effect il fit dresser vne tante à terre enuironnée de verdures, sur la fin du disner il <small>Monstre vne lettre de Marsolet à l'Autheur.</small> me donna à lire vne lettre qui luy auoit esté enuoyée de Québec, escrite de Marsolet truchemét, (mescognoissant des biens qu'il auoit receus des Societez Françoises) où il y auoit escrit ce qui s'ensuit.

„Monsieur depuis nostre arriuée à Québec vn
„canau de Sauuage est descendu des trois ri-
„uieres, pour vous donner aduis qu'vn conseil s'est
„tenu de tous les Chefs & principaux du païs assem-
„blez, pour deliberer, sçauoir si Mōsieur de Cham-
„plain doit emmener en France les deux petites filles
„qu'il a, ils ont resolu que puisque les François ne
„sont plus demeurans en ces lieux, de ne les laisser

aller, & vous prient les retenir, & ne leur permettre «
qu'ils s'en retournent, d'autant que si vous ne l'em- «
peschez le pays se perdra, & est à craindre qu'il n'ar- «
riue quelque accident de mort aux hommes qui de- «
meurent en ces lieux, c'est pourquoy que s'il en ar- «
riue mal, ie me descharge de ce que ie dois, vous en «
ferez selon vostre volonté : mais si me croyez com- «
me vostre seruiteur, vous ne permettrez qu'elles «
passent plus outre, en les r'enuoyant icy : c'est tout ce «
qui s'est passé depuis vostre partement, i'espere m'en «
retourner à Tadoussac pour auoir l'honneur de pré- «
dre congé de vous, comme estant Monsieur, Vostre «
humble & affectionné seruiteur Marsolet. «

Ayant leû ceste lettre, ie iugeay aussi tost que le ga- *Dessein de mal heu-*
land auoit inuenté ceste malice pour faire retenir ces *reux Mar-*
filles, desquelles il vouloit abuser, côme l'on croyoit *solet.*
& autres mauuais François semblables à luy ; l'vne
de ces filles appellée Esperance, auoit dit quelques
iours auparauant, que Marsolet estant au vaisseau l'a- *Ce qu'il*
uoit sollicitée de s'en aller auec luy, luy promettant *dit à l'vne*
plusieurs commoditez pour l'attirer, mais que iamais *des deux filles Sau-*
elle n'y auoit voulu condescendre, mesme qu'elle *uagesses pour les su-*
s'en estoit plainte à des sauuages qui luy auoient dit, *borner.*
Sçais tu pas bié qu'il ne vaut rien,& qu'il est en mauuaise reputation auec tous les Sauuages pour estre vn
menteur, ne l'escoute point, tu es bien, Monsieur de
Champlain vous ayme comme ces filles, aussi dirent
elles, Nous luy portons de l'affectiō, ce que n'estant
nous n'aurions desir de le suiure en France, qui fut le
suiet que i'en parlay au General.

Ce que l'Autheur dit au Général.

"Monsieur vous me faites faueur, que vostre courtoisie s'estende à me monstrer ceste lettre, que si l'affaire est ainsi qu'il l'escrit, i'aurois tort de vous faire vne demande inciuille, en vous demandant permission d'emmener ces filles que i'ayme comme si elles estoient miennes, vous me permettrez que ie parle pour ces pauures innocentes qui m'ont esté dōnées par les sauuages assemblez en Conseil, sans que ie les aye demandez, mais au contraire comme forcé auec le consentement des filles & des parens, à telle condition que i'en disposerois à ma volonté, pour les instruire en nostre Foy, comme si c'estoiét mes enfans, ce que i'ay fait depuis deux ans le tout pour l'amour de Dieu, où i'ay eu vn grand soing à les entretenir de tout ce qui leur estoit necessaire, les desirant retirer des mains du Diable, où elles retomberont si faut que les reteniez : ie vous supplie que vostre charité soit telle enuers ces pauures filles de ne les violenter, & souuenez vous que Dieu ne vous sera point ingrat si vous faites quelque chose pour luy, il a des recompenses grandes, tant pour le Ciel que pour la terre.

Ce qu'il dit contre Marsolet.

"Au reste ie sçay tres asseurément que Marsolet a forgé en son esprit ce qu'il vous mãde, n'ayant treuué autre moyen pour pendre ces filles, & iouir de sa desordonnée volōté s'il peut. Ie sçay asseuremét que les Sauuages estant au Conseil des trois riuieres, il ne fut parlé aucunement de ces filles, ny de ce que Marsolet vous a escrit, mesme ie sçay que lors qu'estiez à Québec vo⁹ vous informastes si les Sauuages n'estoiét point faschez de ce qu'elles s'en alloient, que Gros

Iean de Dieppe qui s'eſt donné à vous, truchement des Algommequins, vous dit au contraire, qu'ils fuſſent faſchez de ce que ie les emmenois, qu'ils en eſtoient bien contẽts, que s'il y auoit du danger de les emmener allant dans le pays cõme il alloit, il n'y eut pas eſté pour beaucoup de choſes, & Coullart vous dit auſsi, Monſieur nous auons autant d'intereſt que perſonne, à cauſe de ma femme & de mes enfans, que s'il y auoit quelque riſque ie vous le dirois librement, au contraire les Sauuages m'ont dit qu'ils en eſtoient bien aiſe, qu'elles eſtoiẽt bien données, tout cecy eſt vn teſmoignage ſuffiſant, auquel deuez adiouſter Foy, plus qu'à ce que vous mande Marſolet, qui veut abuſer de ces filles, les ayant meſmes ſollicitées à s'en aller auec luy, qu'il leur dõneroit des preſens: l'ayant ainſi dit aux Sauuages, vous vous en pouuez informer s'il vous plaiſt. Mais recognoiſſant que tant plus ie luy en parlois, & plus il ſe roidiſſoit, ie le laiſſay là ſans parler d'aduantage, il ſe leue de table tout faſché comme il ſembloit, ce qui ne dura gueres: nous ne laiſſaſmes de paſſer le temps attendant vn iour plus propre à luy en parler, & rechercher les moyens pour l'inciter à penſer à cela, i'employay à ma ſupplication ledit Iacques Michel & Thomas Quer ſon frere, qui luy en parlerent, il demeura obſtiné, ce que ſçachant ces deux pauures filles, furent ſi triſtes & faſchées qu'ils en perdoient le boire & le manger en pleurant amerement, ce qui me donnoit de la cõpaſſion, en me diſant, Eſt il poſſible que ce mauuais Capitaine nous vueille empeſcher d'aller en France auec toy, que nous tenons

Ce que luy dit auſsi va appellé Coullart.

Le General ne veut entendre à ce que l'Autheur luy remonſtre pour ces deux filles.

Ce qu'el
les dirent à
l'Autheur.
comme noſtre pere, & duquel nous auons receu tant
de biens faits, iuſqu'à oſter ce qui eſtoit pour ta vie,
,, durant les neceſsitez pour nous le donner, & nous
,, entretenir iuſqu'à preſent d'habits : nous auons vn tel
,, deſplaiſir en noſtre cœur que nous ne le pouuons
,, dire, n'y auroit il point moyen de nous cacher dans
,, le vaiſſeau, ou ſi nous ponuions te ſuiure auec vn canau nous le ferions, te priant de demander encore
vne fois à ce mauuais homme qu'il nous laiſſe aller
auec toy, ou nous mourrons de deſplaiſir, pluſtoſt
que de retourner auec nos Sauuages, & ſi tu ne peux
obtenir que nous allions en France, au moins faits en
ſorte que nous demeurions auec la femme de Coullart, nous la ſeruirons elle & tous ſes enfans de tout
noſtre pouuoir en ton abſence, attendant l'année à
venir, & ſçachant de tes nouuelles auſsi toſt nous
prédrons vn canau pour t'aller treuuer à Tadouſſac,
ainſi me diſoient leurs petits ſentimens : Ie leur fis
faire à chacune vn habit de quelques robes de chambre & manteau que i'auois, pour ne les enuoyer mal
accommodées tant elles me faiſoient de compaſſió.

Ie faiſois ce qu'il m'eſtoit poſsible pour ſauuer ces
deux pauures ames, ie taſche de faire encore vn effort, puiſqu'il n'y auoit qu'à contenter les Sauuages
par preſent, quand meſme il iroit de beaucoup, ie
fais dire par Thomas Quer à ſon frere le General,
qu'il y auoit vn moyen de rendre les Sauuages ſatiſ-
faits en leur faiſant vn preſent, & leur dire que puiſqu'ils auoient donné ces filles qu'ils deuoient tenir
leurs paroles, voyant qu'ils ne le faiſoient pas, qu'ils
n'auroiét ſujet de ſe fier en eux, de ce qu'il leur pour-

roient dire, que neantmoins il leur faisoit vn present de la valleur de Mil liures, en marchandises telles qu'ils voudroient, pour des castors qui estoient à son bord à moy appartenants, dont il m'auoit donné sa promesse payable à Londres, que ie la mettrois entre les mains de son frere, & feroit le present tel qu'il voudroit comme venant de sa part, il me promit luy dire, comme il fit, mais le General n'y voulut du tout entendre, ce que sçachant ce fut à moy de prendre patience. Vn iour que ie le vis en tres bonne humeur, & croyant que ie pourrois tenter la fortune de luy parler encore vne fois, ce que ie fis : il me donne quelque esperance sur le retour de Marsolet.

Le General ne veut qu'on emmene ces deux filles.

Les vaisseaux reuenans de Québec i'appris que ce truchement venoit, ie le faits aduertir de ce que ie desirois faire pour contenter les Sauuages, sçachāt que c'estoit le moyen, & qu'en faisant des presents l'on pouuoit emmener ces filles : au contraire ce malheureux ennemy du progrés de Dieu, faisant voir sa meschanceté à descouuert, dit que si on en parloit aux Sauuages qu'ils refuseroient ce present pour cet effect : disant audit Quer que ces filles auoient esté données de la bonne volonté, sans esperance autre que de nostre amitié, ainsi eust esté cognû pour menteur, d'auoir escrit au General des choses à quoy ils n'auoient iamais pensé, au lieu de pallier ceste affaire il luy dit que c'estoit mal fait à luy d'empescher ces filles d'estre baptisées, & auoir cognoisāce de Dieu, qu'il en respondroit deuant la Iustice diuine, qu'il print garde qu'il auoit encore assez de remedes s'il vouloit perfuader au General de donner quelque prefent aux Sauuages comme i'offrois: que pour ce qui eftoit de fa perfonne ie le recognoiftrois en tout ce qu'il me feroit pofsible, que quelque iour il pourroit auoir affaire de fes amis, eftant en l'eftat où il eftoit, que s'il defiroit retourner en France, ie le feruirois en tout ce qu'il me feroit pofsible: tout ce qu'il me dit fut, qu'il ne pouuoit rien faire de cela, que s'il arriuoit quelque accident aux Anglois par les Sauuages, ils remettroient toute la faute fur luy, & le voyant ainfi obftiné ie le laiffay là.

L'Autheur ne peut gagner.

De là il va treuuer le General, luy remonftrant ce que ie luy auois dit & offert, & ouy dire que ie voulois faire des prefents aux Sauuages, pour empefcher ces filles d'eftre retenuës, que d'affembler ces peuples efloignez, il n'y auoit nulle apparence, & leur offrir des prefents il n'eftoit point conuenable, d'autant qu'ils croyroient que vous auriez peur de les irriter, & que cela leur donneroit plus d'affeurance d'entreprendre fur fes hômes, qu'il failloit qu'il empefchaft que ie n'emmenaffe ces filles, qu'il luy auoit voué trop de feruices pour ne luy dire ce qu'il fçauoit pour le bien du pays, & à fon aduantage, qu'il print garde à ce qu'il feroit, s'en defchargeant, & que s'il arriuoit quelque difgrace pendant fon abfence, qu'on ne s'en prift pas à luy, & qu'il valloit mieux tenir ces peuples en paix, que d'eftre en hafard de tôber en quelques mauuais accidens: Voilà ce qu'il dit auoir reprefenté au General, lequel fe refolut de retenir ces filles, & ne me permettre les emmener.

Thomas Quer me dit y auoit fait ce qu'il auoit
peû

peû, le voyant fort esloigné de ce que ie pouuois esperer touchant les presens, à quoy il ne vouloit consentir; Marsolet l'en ayant desgousté, ce qu'ayant entendu ie n'en parlay plus : mais ie ne me peûs empescher de parler à Marsolet & luy dire le desplaisir signalé qu'il me faisoit en ceste affaire, d'auoir innoué des choses toutes contraires à la verité, & fait dire aux Sauuages ce à quoy ils n'auoient iamais pensé, qu'il pouuoit m'obliger en ceste occasion, côme ie pourrois faire pour luy en d'autres, estant ainsi cause de la perte de ces filles & de leurs ames, qu'il en respondroit vn iour deuant Dieu, qu'il ne permettroit point que tost ou tard il ne receut le chastiment qu'il meritoit, n'ayant eû autre dessein que de iouir de l'vne de ces filles, en recherchant les moyens que ie ne les emmenasse, il me dit, Monsieur vous en croirez ce qu'il vous plaira ie n'ay dit que la verité, quand ie sers vn maistre ie luy dois estre fidele. Vous l'auez fort bien monstré (luy dis ie) en seruant l'ennemy, pour deseruir le Roy & ceux qui vous ont donné le moyen de vous éleuer en ces lieux depuis qu'estiez petit garçon, iusqu'à present qu'auez grandement decliné.

Ce que l'Autheur dit à Marsolet.

Ces pauures filles voyant qu'il n'y auoit plus de remedes, commencerent à s'attrister & pleurer amerement, de sorte que l'vne eut la fiéure, & fut long teps qu'elle ne vouloit manger, appellant Marsolet vn chien & vn traistre, disant ainsi, Comme il a veu que nous n'auons pas voulu condescendre à ses volontez, il nous a donné vn tel desplaisir que sans mourir iamais ie n'en receus de semblable.

Ce qu'vne des filles Sauuages disoit de Marsolet.

Vn soir comme le general donnoit à souper aux

Capitaines des vaisseaux, Marsolet estant en la chambre, l'vne des deux filles appellée Esperance y vint, qui auoit le cœur fort triste, & souspiroit, ce qu'entendant ie luy demanday ce qu'elle auoit, sur ce elle appelle sa compagne nommée Charité, disant l'ay vn tel desplaisir que ie n'auray point de repos que ie ne descharge mon cœur enuers Marsolet, duquel elle s'approche, & l'ayant enuisagé, luy dist, Il est impossible que ie puisse estre contente que ie ne parle à toy : Que veux-tu dire ? luy dist-il, Ce n'est point en secret que ie veux parler, tous ceux qui entendent nostre langue l'entendront assez, & t'en priseront moins à l'aduenir s'ils ont de l'esprit, c'est vne chose assez cogneuë de tous les Sauuages que tu es vn parfaict menteur, qui ne dis iamais ce que l'on te dit, mais tu inuentes des mensonges en ton esprit pour te faire croire, & donne à entendre ce que l'on ne t'a pas dit, pense, que tu es mal voulu des Sauuages il y a long-temps & comme malicieux tu perseueres en tes menteries, de donner à entendre à ton Capitaine des choses qui n'ont iamais esté dites par les Sauuages, mais meschant tu n'auois garde de dire le subiect qui t'a meu à inuenter de telles faussetez, c'estoit que ie n'ay pas voulu condescendre à tes salles voluptez, me priant d'aller auec toy, que ie ne manquerois d'aucune chose, tu m'ouurirois tes coffres dans lesquels ie prendrois ce qui me seroit agreable ; ce que ie refusay, tu me voulus faire des attouchemens deshonnestes, ie reiettay tes effronteries, te disant, que si tu m'importunois dauantage ie m'en plaindrois : ce que voyant tu me laissas en repos, me disant que i'estois

Effronterie de Marsolet.

vne opiniastre : asseure toy qu'on te fera bien ranger à la raison, tu ne seras pas tousiours comme tu es, car ie sçay bien que tu retourneras à Quebec; ie te dis que ie ne t'apprehendois en aucune façon, ie desire aller en France auec Monsieur de Champlain, qui m'a nourrie & entretenuë de toutes commoditez iusques à present, me monstrant à prier Dieu, & beaucoup de choses vertueuses, que ie ne me voulois point perdre, que tout le païs auoit consenty, & que ma volonté estoit portée d'aller viure & mourir en France, & y apprendre à seruir Dieu ; mais miserable que tu es, au lieu d'auoir compassion de deux pauures filles, tu te monstre en leur endroit pire qu'vn chien, ressouuiens toy que bien que ie ne sois qu'vne fille, ie procureray ta mort si ie puis, en tant qu'il me sera possible, t'asseurant que si à l'aduenir tu m'approches ie te donneray d'vn cousteau dans le sein, quand ie deurois mourir aussi-tost : Ah ! perfide tu es cause de ma ruine, te pourray je bien voir sans plorer, voyant celuy qui a causé mon malheur, vn chien à le naturel meilleur que toy, il suit celuy qui luy donne sa vie, mais toy tu destruis ceux qui t'ont doné la tienne, sans recognoissance de bon naturel enuers tes freres que tu as vendus aux Anglois ; Pense-tu que c'estoit bien faict pour de l'argent vendre ainsi ta nation ? tu ne te contentes pas de cela en nous perdant aussi, & nous empeschant d'apprendre à adorer le Dieu que tu mescrois qui te fera mourir, s'il y a de la iustice pour les meschans. Sur cela elle se mit à plorer ne pouuant presque plus parler, Marsolet luy disant, Tu as bien estudié cette leçon : O meschant, dit elle, tu m'as donné assez de sujet de t'en dire dauantage si mon cœur te le pouuoit exprimer. Le truchement se retournant à l'autre petite fille appellée Charité, luy dist, Et toy ne me diras tu rien? Tout ce que ie te sçaurois dire, dit elle, ma compagne te l'a dit, & moy ie te dis dauãtage, que si ie tenois ton cœur i'en mangerois plus facilement & de meilleur courage que des viandes qui sont sur cette table. Chacun estimoit le courage & le discours de cette fille, qui ne parloit nullement en Sauuagesse.

Ce que luy dit la seconde fille.

Ce Marsolet demeura fort estonné de la verité des discours d'vne fille de douze ans, mais tout cela ne peust émouuoir ny attendrir le cœur dudit General Quer.

Le Capitaine Iacques Michel me dist en secret, qu'au voyage qu'il auoit fait à Québec, il auoit resolu de retenir ces filles, & pour trouuer vne excuse legitime dist à Marsolet qu'il luy escriuist la lettre que i'ay dit cy-dessus, mais estant en Angleterre, & luy ayant dit, il protesta que cela estoit faux, & qu'il n'y auoit iamais pensé, que ie pouuois cognoistre son humeur, & qu'il n'estoit point homme à dissimuler & à chercher des inuentiõs pour les faire demeurer, que s'il eust eu la volonté il l'eust faict librement, sans employer personne, & rien autre chose que ce que Marsolet luy en auoit dit, & l'auoit fait resoudre à les faire demeurer à Québec.

L'Autheur les console.

Voilà la conclusion prise que ces filles deméureroient; ie ne laissay de faire pour elles tout ce que ie peux, & les assister de petites commoditez, leur donnant esperance de nostre retour, qu'elles prinssent courage, & qu'elles fussent tousiours sages filles, continuant à dire les prieres que ie leur auois enseignées : L'vne me demāda vn chapelet, disant que les Anglois auoient pris le sien, ce que ie fis à l'vne, & mon beaufrere en donna vn à l'autre : car il ne falloit rien donner à l'vne que l'autre n'en eust autant pour oster la jalousie qui estoit entre elles, priant Coulart de les mettre auec sa femme tant qu'elles y voudroiēt estre, iusques à ce qu'ils eussent des vaisseaux François, & qu'il taschast de les conseruer, ne leur donnant aucun subiect de les perdre, mais qu'il les traittast doucement, que c'estoit vne grande charité pour Dieu, qui le recompenseroit : qu'elles luy seruiroient en sa maison, en mille petites choses necessaires, que me faisant ce plaisir, où i'aurois moyen de le seruir, ie le ferois de bon cœur : Asseurez vous, Monsieur, me dist-il, que tant qu'elles auront la volonté de demeurer auec moy, i'en auray du soin comme si c'estoit mes enfans, & disant cela en leur presence, elles luy firent vne reuerence, & en le remerciāt luy dirent, Nous ne t'abandonnerons point non plus que nostre pere en l'absence de Monsieur de Champlain : ce qui nous donnera de la cōsolation, & nous fera patienter, c'est que nous esperōs le retour des François, & s'il eust fallu qu'aussitost que nous fusmes arriuez à Québec, & eussiōs esté vers les Sauuages nous fussions mortes de desplaisir, & neantmoins nous estions resoluës ma compagne & moy d'y demeurer pluftost qu'auec les Anglois.

Les met auec la femme de Coulart.

Ce qu'elles dirent à Coulart.

L'on me dist que le General Quer estant à Québec, auoit tancé son frere Louys Quer, de ce qu'il auoit permis de celebrer la saincte Messe, ce qu'il fit deffendre à tous les Peres, & que les Peres Iesuites faisant em-

LES VOYAGES DV SIEVR

Le General veut auoir le Calice des Peres Iesuites.

barquer leurs coffres pour aller à Tadouſſac, il voulut voir ce qui eſtoit dedans en la preſence de ſon frere, Louys Quer, commandant au fort & habitation, comme le reuerend Pere Maſſé leur monſtroit ce qui eſtoit dedans, ils aduiſerent quelque choſe, qui eſtoit enueloppé : Il demanda à le voir, le Pere le deueloppe, c'eſtoit vn Calice, que Louys Quer voulut prendre; Le Pere luy diſant, Monſieur, ce ſont des choſes ſacrées, ne les profanez pas s'il vous plaiſt, il ſe faſche de ces paroles, pour auoir ſujet de le prendre,

Ce qu'il diſt en iurant aux Peres.

Quoy? diſt-il en iurant, profaner, nous n'adiouſtons point de foy en vos ſuperſtitions, ie n'apprehende pas qu'il me faſſe mal, ce diſant il le prit, diſant : Ie fais cela pour le diſcours que vous m'auez fait, & auſſi pour oſter le ſubiect qui vous fait idolatrer, comme nous ſommes obligez de rabatre, entant que nous pouuós les ſuperſtitions, que ſi vous ne m'euſſiez vſé de ces termes ie vous l'aurois laiſſé. Quoy que s'en ſoit, ledit Louys Quer s'eſtoit touſiours bien comporté iuſques à ceſte heure, ne luy en deſplaiſe. Ceſte action n'eſtoit bonne ny valable, c'eſtoit chercher vn maigre ſujet pour prendre ces deux Calices, pour vn homme qui veut viure en honorable reputation deuant les hommes vertueux : cette action ne ſera iamais approuuée, & void-on par beaucoup d'exemples le chaſtiment que Dieu a enuoyé à ceux qui ont profané les vaiſſeaux ſacrez des Temples.

Le General Quer demande à l'Autheur certificat des armes & munitions du fort & de l'habitation de Québec. Mort mal heureuse de Iacques Michel. Plainte contre le General Quer.

CHAPITRE VI.

Ledit General Quer me demáda le certificat des armes & munitions, & autres cómoditez qui estoient tant au fort qu'à l'habitation, que son frere Louis Quer m'auoit donné, auquel il auoit fait vne grande reprimende, disant qu'il ne sçauoit ce qu'il auoit fait, sans sçauoir s'il y auoit paix entre la France & l'Angleterre, qu'il respondroit de tout ce qui estoit audit certificat, qu'il ne vouloit point que l'on vit aucune chose signée de sa main, ne sçachant la consequence de cela, & le desplaisir que l'on pouuoit rendre à ses amis, ie luy dis Monsieur cela ne vous peut apporter tát de desplaisir que vous le dites, puisque vous auez donné tout pouuoir au Capitaine Louis de traiter auec moy, en vertu des Commissions qu'auez du Roy d'Angleterre, ayant pour agreable tout ce qu'il feroit comme vostre personne, autrement ce seroit le desobliger, en ne tenant sa parole, & vous en desaduoüant le pouuoir que luy auez donné : Ie ne le desaduouë point (dit-il) pour ce qui est de la composition qu'il vous à faite, ie la maintiendray au peril de ma vie, mais pour ce qui est du certificat, cela est fait depuis ladite composition, & par consequent il ne

Ce que l'Autheur luy respond.

vous pouuoit donner le certificat sans charge, ou en composant, pendant que vous esties encore maistre du fort, & par ainsi ie vous prie me le donner. Il y a assez de personnes qui sçauent l'estat de la place, & ce qui y est, estant en Angleterre l'on vous en donnera vn s'il est iugé à propos, & toute autre sorte de courtoisie. Voyant qu'il se mettoit en colere, & que ie ne le pouuois retenir, ie luy donnay le certificat, luy disant qu'il n'estoit point de besoin de se mettre en colere pour si peu de sujet, que veritablement ie le desirois auoir pour ma descharge. Vous l'estes (me dit-il) assez, l on sçait bien le miserable estat auquel vous estiez reduits, & le peu de commoditez qui sont en armes & munitions tant au fort qu'à l'habitation.

Deux ou trois iours apres ledit Iacques Michel estant saisi d'vn grand assoupissement fut trente cinq heures sans parler, au bout duquel temps il mourut rendant l'ame, laquelle si on peut iuger par les œuures & actions qu'il a faites, & qu'il fit le iour d'auparauant, & mourant en sa religion pretenduë, ie ne doute point qu'elle ne soit aux enfers : car le iour precedent il auoit tellement iuré & blasphemé le nō de Dieu que i'en auois horreur, faisant mille sortes d'imprecations contre les bons Peres Iesuistes, & des habitans de S. Malo: disāt, Qu'il se rēdroit plustost forban qu'il ne leur eust rendu quelque signalé desplaisir, deust il mourir miserablement. Ie ne me peûs tenir de luy dire, Bon Dieu! comme pour vn reformé vous iurez, sçachant si bien reprendre les autres quand ils le font. Il est vray, dit-il, mais ie suis tellement outré de passion & de colere contre ces chiens de Ma-

L'Autheur le reprenoit de ces blasphemes.

DE CHAMPLAIN. 257

de Malouins Espagnols, qui m'ont rendu de grands
desplaisirs, & aussi serois-je content si i'auois frappé
ce Iesuiste qui m'a donné vn desmenty deuant mon
General.

Ce desplaisir qui luy estoit si sensible, n'estoit alors
pas tant pour les Malouins & le Pere Iesuiste comme
pour le sujet des Anglois, desquels il se plaignoit
grandement de l'auoir tres-mal traitté, & peu recogneu, contre les promesses qu'ils luy auoient faites.

Il se plaignoit aussi de l'arrogance insupportable *Plaintes*
de son General, pour vn marchand de vin qu'il auoit *contre le*
General.
esté, estant à Bordeaux & à Coignac, & cogneu
ignorant à la mer, qui ne sçait que c'est que de *Venu de*
bas lieu.
nauiger, n'ayant iamais faict que ces deux voyages, &
veut faire de l'entendu par ses discours pleins de vani-
té à ceux qui ne le cognoissent pas bien, il trenche du
Seigneur, il ne sçait que c'est d'entretenir d'honnestes
hommes, il veut que tout luy cede, & ne veut croire *Son arro-*
gance.
aucun conseil, qu'alors qu'il n'en peut plus, comme
il fit dés l'année passée, en laquelle sans moy il vouloit
quitter le vaisseau de Roquemont, & ne l'eust iamais
pris sans l'ordre que ie luy donnay, il le vouloit aborder, mais ie ne voulus y consentir, luy disant, Si
nous l'abordons nous sommes perdus, ne vous y fro-
tez pas, ie cognois mieux les François en ces choses
que vous, qui n'auez que des gens mal faits en vostre
vaisseau, hors les Canoniers & Officiers: c'est pourquoy il les faut battre à coups de canons, dont nous
auons l'aduantage, les contraignant à se rendre, vous
conseillant encore vne fois que si iamais vous rencon-

2. Part. Kk

triez des François sur mer de ne les aborder, ils sont plus adroits & courageux que les Anglois, qui l'emportent à l'abordage. Il creut mon conseil, me remettant tout l'ordre du combat, en quoy il auoit raison; car il y estoit peu experimenté, comme il est encore, & son frere Thomas Quer, ils prennent des commádemens desquels ils n'en sçauent pas les charges, il leur faudroit estre encore vingt ans pour l'apprendre, & auoir esté éleué & nourry ieune garçon pour sçauoir bien ce qui est necessaire à vn Capitaine de mer, autrement ils ferõt de lourdes fautes, mettant souuent la conduitte entre les mains d'vn Maistre ou Pilote ignorant qui sera dans leur vaisseau. Quand il il fut arriué à Londre, il se vantoit que c'estoit luy qui auoit tout faict, plusieurs honnestes hommes qui le cognoissoient bien & moy aussi, me disoient, Quer emporte la gloire de ce que vous auez faict: & de faict ils ont vsé enuers moy d'ingratitude; Car outre mes

Les Anglois vsent d'ingratitude enuers Iacques Mishel.

appointements ils me deuoient donner recompense, ce qu'ils n'ont faict: m'ont refusé le commandement de l'vn de leurs vaisseaux pour mon fils, ie les auois instalé en ceste affaire où ils ne cognoissoient rien, & n'y fussent iamais venus sans moy, ils me traittent mecaniquement en mon vaisseau: & non, comme i'ay appris, allant à la mer, ils m'ont donné vn yurogne qui est fol pour mon Lieutenant, pour prendre garde sur mes actions: Ie le veux chasser de mon vaisseau, ou luy feray vn mauuais party, c'est vn coquin sans courage, s'il se presente quelque occasion de combatre ie le meneray comme il faut, ils auront encores recours à moy, ie le sçay bien, ils n'en sont pas où ils penfent, tout ainfi que i'ay eu moyen de donner l'induftrie d'inftruire cette affaire, ie fçay auffi les moyens de les en faire fortir, & leur apprendre & à d'autres, qu'ils ne doiuent iamais mefcontenter vne perfonne comme moy: Il y a des Flamans affez & d'autres nations, quand vn moyen me faudra, i'en trouueray d'autres, ils ont faict tout à leur plaifir, il faut patienter, il fçait bien que ie reffens vn grand def-plaifir, mais il ne fait pas femblant de le cognoiftre, il me fait bon vifage, mais il voudroit que ie fuffe mort, ie luy fuis maintenant à grand'charge, i'ay laiffé ma patrie, comme ils ont fait, pour feruir vn eftranger, iamais ie n'auray l'ame bien contente, ie feray en hor-reur à tout le monde, fans efperance de retourner en la France, l'on a fait mon procez, ainfi qu'on m'a dit, mais puis que l'on me traitte de toutes parts comme cela, c'eft me mettre au defefpoir, & faire plus de mal que iamais ie n'ay fait, ne pouuant que perdre la vie vne fois, mais ie la puis bien faire perdre à beaucoup fi l'on me defefpere, tous ces difcours ne fe paffoient pas fans iurer. *Diffimula-tion de ce General enuers luy. Refolution de Iacques Michel.*

Ie luy donnois courage, en luy difant, Ne vous defefperez point, il y a des remedes par tout, horfmis à la mort, il y a des perfonnes qui ont fait des chofes plus attroces que ce que vous auez faict, vous auez raifon de vous repentir de ce qui s'eft paffé, & croy tant de vous, que fi auiez à recómencer, que vous ne le voudriez entreprendre, ains pluftoft mourir. Il eft vray, me difoit-il: Noftre Roy eft bon & iufte, par-donnant à plufieurs qui ont grandement offenfé fa Maiefté. Elle peut, luy dif-je, vous dóner abolition en *Il l'encou-rageoit.*

Kk ij

vous amendát & recognoissant vos fautes, en le seruāt fidelement à l'aduenir, vous serez en consideration tát pour vostre courage, que pour l'experience qu'auez acquise en la mer, l'on a affaire d'hommes du mestier que vous menez, l'on ne vous voudra pas perdre quád l'on remonstrera à sa Maiesté le seruice que vous luy pouuez rendre à la nauigation : changez vostre volonté, & vous resoudez de retourner en vostre patrie, pour moy où i'auray moyen de vous y seruir ie le feray de bon cœur : Il me dit qu'on luy auoit escrit de France qu'il auroit sa grace, s'il s'en vouloit retourner, mais qu'il ne s'y fieroit pas qu'il ne l'eust scellée, & outre que iamais il ne voudroit se tenir à Dieppe, & qu'il iroit en autre ville de France, cela seroit tres bien fait, luy dis-ie.

Ne veut se fier à la grace qu'on luy promet

Ie sçay que la maladie qu'il eust, n'estoit que ce remors de conscience qui le bourreloit, & vouloit tesmoigner aux Anglois qu'il auoit vn autre desplaisir, se couurant du mescontentement qu'il auoit des Malouins, & du Pere Iesuiste, & de son fils, dōt il se plaignoit grandement, mais la verité estoit que cet homme estoit fort pensif, triste, & melancolique, de se voir mesprisé de sa patrie, abhorré du monde, retenu pour vn perfide & traistre François, qui meritoit vn chastiment rigoureux (& tous ceux qui font le semblable, ne peuuent marcher la teste leuée) & monstré au doit d'vn chacun, mesme les Anglois entr'eux l'appelloient traistre, disant, Voyez cestuy là qui a vendu sa patrie, & autres qui l'ont reniée, pour vn peu de mescontentement qu'ils disent auoir eû en France. Il sçauoit tres-asseuremét que ces discours se tenoient,

Sujet de sa melancolie.

aussi est-ce vn puissant ennemy, que celuy qui a la conscience chargée de si vilaines, detestables meschantes trahisons: il auoit raison d'auoir l'ame bourrelée, & mourir de desplaisir, plustost que suruiure, & fut là le suiet de sa mort, & non ce que Quer & autres disoiét, que c'estoit pour n'auoir donné vn soufflet au Pere Iesuiste qui estoit la mesme sagesse & vertu, ayant bien tesmoigné aux voyages qu'il a fait dans les terres.

Sujet de sa mort.

Le General Quer parlant aux Peres Iesuistes, leur dit, Messieurs vous auiez l'affaire de Canada, pour iouïr de ce qu'auoit le sieur de Caen, lequel auez depossedé. Pardonnez moy Monsieur (luy dit le Pere) ce n'est que la pure intention de la gloire de Dieu qui nous y a mené, nous exposant à tous dágers & perils pour cet effect, & la conuersion des Sauuages de ces lieux: ledit Michel pressant dit, Ouy, ouy, côuertir des Sauuages, mais plustost pour conuertir des castors, ledit Pere respond assez promptement & sans y songer, Cela est faux, l'autre leue la main, en luy disant, Sans le respect du General ie vous donnerois vn soufflet, de me desmentir, le Pere luy respond, Vous m'excuserez, ie n'entend point vous démentir, i'en serois bien fasché, c'est vn terme de parler que nous auons en nos escoles, quand on propose vne question douteuse, ne tenant point cela pour offencer, c'est pourquoy ie vous prie me pardonner, & croire que ie ne l'ay point dit pour vous donner du desplaisir.

Pourquoy Michel accusoit le Pere Brebœuf.

Ie laisse à penser si ce sujet estoit capable de le faire mourir, sans autre plus violent desplaisir, comme j'ay dit cy dessus : aussi Dieu la puny ne luy faisant la grace de se recognoistre à l'heure de la mort, qui a couppé la broche à tous ses desseins pernicieux & & meschans.

Mort de ce Michel sans repentance.

Estant mort il y eut plus de resiouissance entre les Anglois que de regret, neantmoins le General Quer qui voulut luy tesmoigner la derniere preuue de son amitié qu'il disoit luy auoir porté de son viuant, luy fit faire vne châsse où il fut mis, commande à son frere Thomas Quer d'armer quelques 200. hommes, qu'il fait mettre à terre, les met en ordre quatre à quatre, les maistres des vaisseaux prennent la châsse, & la mettét dedãs vne chalouppe, & arriuez sur le bord du riuage, les officiers des vaisseaux prennét le corps sur leurs espaules, & sur sa châsse auoient mis vne espée nuë, deuant le corps marchoit vn homme armé de toutes piéces, auec la rondache & le coustelas, l'autre portoit vne demie picque noircie, les soldats s'ouurirent en deux, par le milieu desquels passa le corps auec tous les Capitaines & autres officiers des vaisseaux, qui l'accõpagnoient marchant deuant, les soldats qui le suiuent comme est la coustume en telles funerailles, il fut porté à la fosse, où estant mis dedans l'on rompit la demie picque en deux, & la mit on dans la fosse, sur laquelle le Ministre fit des prieres s'agenouillant & se leuant plusieurs fois, respondant aux Ministres : leurs prieres acheuées l'on couure le corps de terre, cela fait ils se firent deux escoupetteries de mousquets, des soldats qui estoient rãgez au tour de la fosse. Apres l'on fut tirer le canon de tous les vaisseaux, iusqu'à quelque 80. à 90. coups : cela

Les Anglois se resiouissent plus de sa mort qu'ils ne le regrettent.

Le General luy fait faire vne pompe funebre superbe.

fait chacun s'en retourne en son vaisseau, le pauillon du contre-Admiral estoit à demy destendu, iusques à ce qu'il y en eust vn autre mis en la place, qui fut vn Capitaine Anglois appellé   le dueil n'en dura gueres, au contraire iamais ils ne se resjouirent tant, & principalement en son vaisseau où il auoit quelques barils de vin d'Espagne : le voilà payé de tout ce qu'il auoit fait.

Tout ce que i'ay veu apres sa mort est, l'honneur qu'il ne meritoit pas, ne pouuant esperer, s'il eust vescû, que le chastimét d'vn suplice, si sa Maiesté ne luy eust donné sa grace.

Durant le iour que nous fusmes à Tadoussac, ledit Quer employa ses hommes à couper quantité de mas de sapins, pour batteaux & chalouppes, comme du bois de bouleau pour brusler : ce mesnage estoit tousiours pour payer quelques auaries, & en auoit plus de besoin ceste année la que l'autre, en laquelle il prit 19. vaisseaux François & Basques chargez de moluë, & outre ce qu'il traita auec les Sauuages des marchādises qui estoient aux vaisseaux de la nouuelle societé, où commandoit Roquemont, y ayant aussi quantité de viures & autres commoditez propres à vne habitation, qu'ils r'apporterent ceste année à Québec, & outre la quantité des marchandises de rapport, ils pensoient faire meilleure traite qu'ils ne firent : ils ne traiterent que quelques 5000. castors & quelques 3. à 4. mille qu'ils prirent à l'habitation, & le vaisseau d'Emery de Caen. Ils n'ont eû autre chose qui est peu pour pouuoir rébourser les frais de leur embarquement, en rendant

Vaisseaux Frāçois que les Anglois ont pris.

ce qu'ils ont pris appartenant à de Caen & à ses associez au fort & à l'habitation de Québec, suyuant le traité de paix entre les deux couronnes de France & d'Angleterre.

Quer ne veut permettre aux Catholiques de prier Dieu publiquement.

Pendant ce temps que nous estions à Tadoussac, ledit Quer ne voulut permettre que les Catholiques priassent Dieu publiquement à terre, où il auoit mis tous les François, horsmis deux qui estoient Huguenots, de l'esquippage dudit Emery de Caen, qui les faisoient rire pour auoir ceste preeminéce par dessus les autres, moy & quelques autres passions le temps auec ledit General à la chasse du gibier, qui y est en ceste saison abondante, & principalemét d'allouettes, pluuiers, courlieux, becassines desquels il en fut tué plus de 20000. outre la pesche que les Sauuages faisoient du saulmon & truites qu'ils nous aportoient en assez bonne quantité, & de l'éplan que l'on prit en grand nombre auec des filets, & quelques autres poissons, le tout tres-excellent, iusqu'à nostre partement.

Les François

Partement des Anglois au port de Tadouſſac. General Quer craint l'arriuée du ſieur de Raſilly. Arriuée en Angleterre. L'Autheur y va treuuer monſieur l'Ambaſſadeur de France. Le Roy & le conſeil d'Angleterre promettent rendre Québec. Arriuée de l'Autheur à Dieppe. Voyage du Capitaine Daniel. Lettre du Reuerend Pere l'Allemand de la compagnie de Ieſus. Arriuée de l'Autheur à Paris.

CHAPITRE VII.

Edit General ayant accommodé le fort & habitation de Québec de tout ce qu'il iugea eſtre neceſſaire, il fit donner caraine à ſes vaiſſeaux aſſez legerement, nettoyer, gadomer & ſuiuer, ce qu'eſtant fait, il fit partir vne petite barque de 25. à 30. tonneaux, pour s'en aller porter à Québec ce qui reſtoit, où s'embarquerent mes deux petites Sauuageſſes, nous leuons les ancres & mettons ſous voiles, ce qui n'eſtoit pas ſans bien apprehender la rencontre du Cheualier de Raſilly, d'autant que nouuelles eſtoiét venuës par quelques Sauuages, qui aſſeuroient auoir veu dix vaiſſeaux à Gaſpey, bien armez qui nous attendoiét audit lieu: c'eſt pourquoy l'on paſſa fort proche d'Enticoſty 14. lieuës dudit Gaſpey pour n'eſtre apperceus: toutesfois ledit Quer diſoit qu'il ne les apprehendoit en aucune façon, & que c'eſtoit à faire à ſe bien battre, & que ſi tant eſtoit que les François euſſent le deſſus, qu'il mettroit le feu dans leurs vaiſ-

Les François leuent les ancres.

Nouuelles de l'arriuée du ſieur de Raſilly.

seaux, en faisant mourir beaucoup premier qu'en venir là, & quelques autres discours. Nous fusmes contrariez de fort mauuais temps, auec des brunes jusques sur le grand Ban, qui estoit le 16. du mois d'Octobre, nous eusmes la sonde, & le 18. la cognoissance de Sorlingues: pendant la trauerse moururent onze hommes de la dysenterie, de l'esquippage de Quer.

Le 20. nous relaschasmes à Plemué, où nous eusmes nouuelle de la paix, ce qui fascha grandement ledit Quer. Le 25. sortismes dudit port, rangeant la coste de deux lieuës. Le 27. passasmes deuant Douure, où ledit Quer fit descendre tous nos hommes auec les peres Iesuistes & Recollets, ausquels il donna passage, & à tous ceux qui voulurent aller en France: & moy i'escriuay de ce lieu à Monsieur de Lozon que ie m'en allois à Londres, treuuer Monsieur l'Ambassadeur, pour luy faire le recit de tout ce qui s'estoit passé en nostre voyage, afin qu'il luy pleust faire expedier quelques lettres de sa Maiesté audit sieur Ambassadeur, pour auoir ceste affaire pour recommandée, & y enuoyer vn homme exprés pour cet effect, chose comme tres necessaire & importante pour le bien de la Societé. En continuant nous passasmes par les Dunes, où il y auoit nombre de vaisseaux, & vne remberge de six à sept cens tonneaux que l'on salua, qui rendit le reciproque de trois coups de canon. Entrant en la riuiere fusmes mouiller l'ancre deuant Graueline, où mismes pied à terre laissant les vaisseaux, ledit Quer fréta vn batteau pour aller à Londres sur la riuiere de la Tamise, auquel lieu arriuasmes le 29. dudit mois.

DE CHAMPLAIN.

Le l'endemain ie fus treuuer monsieur l'Ambassadeur, auquel ie fis entendre tout le sujet de nostre voyage, ayant esté pris deux mois apres la paix, qui estoit le 20. Iuillet, faute de viures & munitions de guerre & de secours, ayant enduré beaucoup de necessitez vn an & demy, allant chercher des racines dás les bois pour viure, bien que ie n'eusse retenu que seize personnes au fort & à l'habitation, ayant enuoyé la plus grand part de mes compagnons parmy les Sauuages, pour éuiter aux grandes famines qui arriuent en ces extremitez.

L'Ambassadeur fait rapport à l'Ambassadeur du Roy de son voyage.

Ce qu'ayant entendu ledit sieur Ambassadeur, il se delibera d'en parler au Roy d'Angleterre, qui luy donna toute bonne esperance de rendre la place, comme de toutes les peleteries & marchandises, lesquelles il fit arrester.

L'Ambassadeur tire promesse de restituer tout ce que l'Anglois auoir pris sur les François.

Ie donnay des memoires, & le procés verbal de ce qui s'estoit passé en ce voyage, & l'original de la capitulation que i'auois faite auec le General Quer, & vne carte du pays, pour faire voir aux Anglois les descouuertures & la possession qu'auions prise dudit pays de la Nouuelle France, premier que les Anglois, qui n'y auoient esté que sur nos brisées, s'estans emparez depuis dix à douze ans des lieux les plus signalez, mesme enleué deux habitatiõs, sçauoir celle du Port Royal où estoit Poitrincourt, où ils sont habituez de present, & celle de Pemetegoit appellé autrement Norembeque, le tout saisi & enleué contre tout droit & raison, molestant les sujets du Roy, leur imposans vn tribut sur la pesche du poisson : le tout pour les trauailler, & on sit leur faire quitter la

LI ij

pesche, en se rendant maistre de toutes les costes peu à peu. De plus afin d'obliger les sujets de sa Maiesté à aller prendre des congez en Angleterre, & ont imposé depuis deux ou trois ans des noms en ladite Nouuelle France, comme la nouuelle Angleterre & Nouuelle Escosse. Ils s'en sont aduisez bien tard, ils le deuoient faire auec raison, & non pas changer, ce qu'ils ne pourront iamais faire, on ne leur dispute pas les Virgines, ce qu'auec raison l'on pourroit faire, ayant esté les premiers François qui les ont descouuertes il y a plus de quatre vingts ans, par commandement de nos Roys, cela se iustifie par la relation des histoires tant Françoises qu'Estrangeres. Mais qui a causé qu'ils s'en sont emparez si facillement? c'est que le Roy n'en auoit fait estat iusqu'à maintenant, que les iustes plaintes qui luy en ont esté faites, le fait resoudre à recouurir ce que les Anglois ont anticipé, & le fera toutesfois & quantes que sa Maiesté le voudra.

Ie fus prés de cinq sepmaines proche de mondit sieur l'Ambassadeur, attendant tousiours nouuelles de France, & voyant le peu de diligence que l'on faisoit d'y enuoyer, ou me donner aduis de ce que l'on desiroit faire, ie sçeus de mondit sieur s'il n'auoit plus besoin de mon seruice, que ie desirois m'en re-

L'Autheur obtiét per-mission de l'Ambassadeur de retourner en France.

tourner en France, il me le permit, me donnant lettre pour Monseigneur le Cardinal, m'asseurant que le Roy d'Angleterre & son Conseil luy auoient promis de rendre la place au Roy, il s'y employa fort vertueusement, esperant faire donner vn arrest au Conseil pour la reddition de l'habitation & commoditez qui y auoient esté prises.

Ie partis de Londres le 30. pour aller à Larie treuuer passage, comme plus proche de Dieppe, d'où il y a 21. lieuës: sur le chemin ie rencontray ledit sieur de Caen, qui s'en alloit pour le recouurement de ses peleteries, auquel succinctement luy fis entendre ce qui c'estoit passé, & en quel estat estoient les affaires: arriuant à Larie ie fus quelques iours à attendre le vent pour passer, qui estant deuenu bon, ie m'embarquay le lendemain, & arriuay à Dieppe.

Le iour en suiuant arriua le Capitaine Daniel auec son vaisseau, qui auoit pris vne habitation des Anglois qui s'estoit habitée ceste mesme année à l'isle du Cap Breton par vn Escossois appellé Stuart, qui se disoit parent du Roy d'Angleterre. Ledit Daniel me donna quelques lettres tant de Monsieur de Lozon Surintendant des affaires de la Nouuelle France, que de Messieurs les Directeurs, auec vne Commission qu'ils m'enuoyoient, comme estans pressez du partement de l'embarquement, & ne pouuant si tost auoir celle de sa Maiesté, & de Monseigneur le Cardinal pour m'enuoyer, à cause de l'absence de sa Maiesté, laquelle Commission portoit ce qui s'ensuit. *Son arriuée à Dieppe.*

LEs Intendans & Directeurs de la Compagnie de la Nouuelle France, Au sieur de Champlain l'vn des Associez en ladite Compagnie, Salut. L'experience que vous vous estes acquise en la cognoissance du pays, & des Peuples de la Nouuelle France, pendant le seiour que vous y auez fait, joint la cognoissance particuliere que nous auons de vos sens, suffisance, generosité, prudence, zele à la gloire de Dieu, affection & fidelité au seruice du Roy, nous ayant portez à vous nommer & presenter à sa Maiesté, conformement au pouuoir qu'il luy a pleû nous en donner, pour en l'absence de Monseigneur le Cardinal Commission donnée au sieur de Champlain.

Ll iij

de Richelieu Grand-maiſtre Chef & Surintendāt general des Mers & Commerce de France: commander en toute l'eſtendue dudit pays, regir & gouuerner tant les Naturels des lieux que les François qui y reſident de preſent, & s'y habitueront cy apres: Nous ne pouuons douter que ladite nomination ne ſoit agrée, neantmoins ayant aduis que les vaiſſeaux que nous vous enuoyons, ſous les charges & conduicttes des ſieurs Daniel & Ioubert ſont preſts à faire voile, & craignant que les lettres de prouiſion de ſa Maieſte ne peuſſent eſtre arriuées à temps pour vous eſtre enuoyées par leſdites flottes, eſtant d'ailleurs neceſſaire & tres important de n'en point differer le partement. A ces cauſes Nous par forme de prouiſion ſeulement, & attendant l'urgente & preſſante neceſſité de lachoſe, iugeans ne pouuoir faire meilleure eſtection que de voſtre perſõne, vous auons commis & deputé, commettõs & deputons par ces preſentes, pour iuſqu'à ce qu'autrement ſous le nom de la Compagnie y ayt eſté pourueu, commander pour le ſeruice de ſa Majeſté, en l'abſence de Monſeigneur le Cardinal audit pays de la Nouuelle France, Fort & Habitation de Québec, & autres places & forts qui ſont & ſeront cy apres conſtruits, auſquels vous eſtablirez tels Capitaines que bon vous ſemblera: regir & gouuerner leſdits peuples ainſi que vous iugerez eſtre à faire, & generalement faire en icelle charge tout ce que vous eſtimerez & trouuerrez à la plus grande gloire de Dieu & de cet Eſtat, & vtilité de ladite Compagnie. En foy de quoy auons ſigné ces preſentes: A Paris le 21. iour de Mars 1629. & plus bas ſigné De Lozon, Robineau, Alix, Barthelemy Quātin, Bonneau, Quantin, Houel, Haquenier, Caſtillon.

Ledit Daniel me fit le recit comme il s'eſtoit ſaiſi du Fort du Milor Anglois, ainſi qu'il s'enſuit.

RELATION DV VOYAGE FAIT
par le Capitaine Daniel de Dieppe, en la
Nouuelle France, la presente
année 1629.

LE 22. iour d'Auril 1629. ie suis party de Dieppe, sous le congé de Monseigneur le Cardinal de Richelieu, Grád Maistre, Chef & Surintendant General de la Nauigation & Commerce de France, conduisant les nauires nommez le Grand S. André & la Marguerite, pour (suiuant le commandement de Messieurs les Intendans & Directeurs de la Compagnie de la Nouuelle France) aller trouuer Monsieur le Commandeur de Rasilly en Brouage ou la Rochelle, & delà aller sous son escorte secourir & auictuailler le sieur de Champlain, & les François qui estoient au fort & à l'habitation de Québec en la Nouuelle France : & estant arriué le 17. de May à Ché de Boys; le lendemain l'on publia la paix faite auec le Roy de la Grande Bretagne, & apres auoir seiourné audit lieu l'espace de 39. iours, en attendant ledit sieur de Rasilly, & voyant qu'il ne s'aduançoit de partir, & que la saison se passoit pour faire ledit voyage: Sur l'aduis de mesdits sieurs les Directeurs, & sans plus attendre ledit sieur de Rasilly, ie partis de la radde dudit Ché de Boys le 26. iour de Iuin, auec quatre vaisseaux & vne barque appartenans à ladite Compagnie, & continuant mon voyage iusques sur le Grand Ban, surpris que i'y fus de brunes & mauuais temps, ie perdis la compagnie de mes autres vaisseaux, & fus contraint de poursuiure ma route seul, iusqu'à ce qu'estant enuiron à deux lieuës proche de terre, i'apperceus vn nauire portant au grand Mas vn pauillon Anglois, lequel ne me voyant aucun canon m'approcha à la portée du pistolet, pensant que ie fus totalement desgarny, à lors ie commencé à faire ouurir les sabots, & mettre seize piéce de canon en batterie, de quoy s'estant ledit Anglois apperceu il s'efforça de s'esuader, & moy de le poursuiure iusques à ce que l'ayant approché ie luy fis commandement de mettre son pauillon bas, comme estant sur les costes appartenantes au Roy de France, & de me monstrer sa commission, pour sçauoir s'il n'estoit point quelque forban, ce que m'ayant refusé ie fis tirer quelques coups de canon & l'aborday, ce fait ayant recogneu que sa commission estoit d'aller vers le Cap de Mallebarre trouuer quelques siens compatriotes, & qu'il y portoit des vaches & autres choses, ie l'asseuray que la paix estoit faite entre les deux couronnes, & qu'à ce suiect il ne deuoit rien craindre, & ainsi le laissay aller: & estát le 28. iour d'Aoust entré dans la riuiere nómée par les Sauuages grád Cibou, i'enuoyay le iour d'apres dans mon batteau dix de mes hommes le long de la coste, pour trouuer quelques Sauuages & apprendre d'eux en quel estat estoit l'habitation de Québec, & arriuant mesdits hommes au Port aux Balaines, y trouuerent vn nauire de Bordeaux, le maistre duquel se nommoit Chambreau, qui leur dit que le sieur Iacques Stuart Millor Escossois estoit arriué auditlieu enuiron deux mois auparauant, auec deux grands

grands nauires & vne patache Angloife, & qu'ayant trouué audit lieu Michel Dihourfe de S. Iean de Luz, qui faifoit fa pefcherie & fecherie de moluë, s'eftoit ledit Milor Efcoffois faifi du nauire & moluë dudit Dihourfe, & auoit permis que fes hommes fuffent pillez & que ledit Milor auoit peu apres enuoyé les deux plus grands de fes vaiffeaux, auec le nauire dudit Michel Dihourfe, & partie de fes hommes vers le port Royal pour y faire habitation, comme aufsi ledit Milor depuis fon arriuée auoit fait conftruire vn fort audit port aux Balaines, & luy auoit enleué de force les trois pieces de canon qu'il auoit dans fon nauire, pour les mettre dans ledit fort, mefme donne vn efcrit figné de fa main, par lequel il proteftoit ne luy permettre ny à aucun autre François, de pefcher d'orefnauant en ladite cofte, ny traitter auec les Sauuages, qu'il ne luy fut payé le dixiefme de tout, & que fa commiffion du Roy de la Grande Bretagne, luy permettoit de confifquer tous les vaiffeaux qui iroient aufdits lieux fans fon congé : Lefquelles chofes m'eftant rapportées, iugeant eftre de mon deuoir d'empefcher que ledit Milor ne continua l'vfurpation du païs, appartenant au Roy mon maiftre, & n'exigea fur fes fujets le tribut qu'il fe promettoit. Ie fis preparer en armes 53. de mes hommes, & me pourueus d'efchelles & autres chofes neceffaires pour affiéger & efcalader ledit fort, fi qu'eftant arriué le 18. Septembre auditport aux Balaines, où eftoit conftruict ledit fort, ie mis pied à terre, & fis aduancer fur les deux heures apres midy mes hommes vers ledit fort, felon l'ordre que ie leur auois donné, & iceluy, attaquer par diuers endroits, auec forces grenades, pots à feu & autres artifices, nonobstant la resistance & les mousquetades des ennemis, lesquels se voyant pressez prindiét l'espouuente & se presenterent aussi tost sur leur rampart, auec vn drappeau blanc en la main, demandant la vie & le quartier à mon Lieutenant, ce pendant que ie faisois les approches vers les portes dudit fort, que ie fis promptement enfoncer, & aussi tost suiuy de mes hommes i'entray dans ledit fort, & me saisis dudit Milor, que ie treuuay armé d'vn pistolet & d'vne espée qu'il tenoit en ses mains, & de tous ses hommes, lesquels au nombre de quinze estoient armez de cuirasses, brassarts, cuisarts & bourguignottes, ayás chacun vne harquebuse à fusil en main, & le reste armez de mousquets & picques seulement : Et ayant iceux faict desarmer ie fis oster les estendarts du Roy d'Angleterre, & fis mettre au lieu d'iceux ceux du Roy mon Maistre Puis visitant ce qui estoit audit fort y trouué vn François natif de Brest nommé René Cochoan, detenu prisonnier iusques à ce que son Capitaine (arriué deux iours auparauant en vn port distant de deux lieuës de celuy aux Balaines) eust apporté vne piece de canon qu'il auoit en son nauire, & payé le dixiesme de ce qu'il pescheroit, & le iour suiuant ie fis équiper vne caruelle Espagnolle que ie trouuay eschouée deuant ledit fort, & charger les viures & munitions qui estoient en iceluy, & apres l'auoir fait raser & desmolir, & le tout faict porter à ladite riuiere du grand Cybou, ie fis auec toute diligence trauailler en ce lieu cinquante de mes hommes, & vingt des Anglois à la construction d'vn retranchement ou fort sur l'entrée de ladite riuiere pour empescher les ennemis d'y entrer, dans lequel ie laissay quarâte hommes, compris le R. P. Vimond & Vieupont Iesuites, huict pieces de canon, dix-huict cens de pouldre, six cens de meche, quarante mousquets, dix-huict picques, artifices, balles à canon & mousquets, viures & autres choses necessaires, auec tout ce qui auoit esté trouué dans ladite habitation & fort desdits Anglois, & ayât fait dresser les armes du Roy & de Monseigneur le Cardinal, faict faire vne maison, Chappelle & magasin, pris serment de fidelité du sieur Claude natif de Beauuais, laissé pour commander ledit fort & habitation pour le seruice du Roy, & pareillement du reste des hommes demeurez audit lieu: Suis party le 5. iour de Nouembre, & ay amené lesdits Anglois, femmes & enfans, desquels en ay mis 42 à terre prés Falmuë, port d'Angleterre, auec leurs hardes, & dix-huict ou vingt que l'ay amenez en France auec ledit Milor, attendant le commandement de mondit Seigneur le Cardinal. Ce que ie certifie estre vray, & ay signé la presente Relation. A Paris ce douziesme Decembre 1629.

Aâyt sejourné deux iours à Dieppe ie m'acheminay à Rouën, où ie m'arrestay deux autres iours, & appris comme le vaisseau des Reuerends Peres l'Allemand & Noyrot s'estoient perdus vers les Isles de Canseau, & me fit-on voir vne lettre dudit Reuerend Pere l'Allemand, Superieur de la Mission des Peres Iesuites, en la nouuelle France, enuoyée de Bordeaux au R. P. Superieur du College des Iesuites à Paris, & dattée du 22. Nouembre 1629. comme il s'ensuit.

Mm ij

MON REVEREND PERE,

Pax Christi.

Astigans castigauit me Dominus & morti non tradidit me, Chastiment qui m'a esté d'autant plus sensible que le naufrage a esté accompagné de la mort du R. P. Noyrot & de nostre frere Louys, deux hômes qui deuoient, ce me semble grandemẽt seruir à nostre Seminaire. Or neantmoins puis que Dieu a disposé de la sorte, il nous faut chercher nos contentements dans ses sainctes volontez, hors desquelles il n'y eut iamais esprit solide ny content, & ie m'asseure que l'experience aura fait voir à vostre reuerence que l'amertume de nos ressentiments détrempée dans la douceur du bon plaisir de Dieu, auquel vne ame s'attache inseparablement, perd (ou le tout) ou la meilleure partie de son fiel; Si que s'il reste encore quelques souspirs pour les souffrances, ou passées ou presentes, ce n'est que pour aspirer dauantage vers le Ciel, & perfectionner auec merite ceste conformité dans laquelle l'ame a pris resolution de passer le reste de ses iours; De quatre des nostres que nous estions dans la barque, Dieu partageant à l'esgal, en a pris deux, & a laissé les deux autres. Ces deux bons Religieux tres-bien disposez & resignez à la mort, seruiront de victime pour appaiser la colere de Dieu iustement iettée contre nous pour nos deffauts, & pour nous rendre desormais sa bonté fauorable au succeds du dessein entrepris.

Ce qui nous perdit fut vn grand coup de vent de Suest, qui s'esleua lors que nous estions à la riue des terres, vent si impetueux que quelque soin & diligence que peust apporter nostre Pilote auec ses Matelots, Quelques vœux & prieres que nous peussions faire pour destourner ce coup, iamais nous ne peusmes faire en sorte que nous n'allassions heurter contre les rochers: ce fut le 26. iour d'apres nostre depart, iour de sainct Barthélémy, enuiron sur les neuf heures du soir; De 24. que nous estions dans la barque, dix seulement s'eschapperent, les autres furent estouffez dans les eaux. Les deux nepueux du Pere Noyrot tindrent compagnie à leur oncle, leurs corps ont esté enserrez entre autres celuy du P. Noyrot & de nostre frere, des sept autres nous n'en auons eu aucune nouuelles, quelque recherche que nous en ayons peu faire. De vous dire comment le Pere de Vieuxpont & moy auons eschappé du naufrage, il me seroit bien difficille, & croy que Dieu seul en a cognoissance, qui suiuans les desseins de sa diuine prouidéce nous a preseruez, car pour mon regard ne iugeant pas dans les apparences humaines qu'il me fust possible d'éuiter ce danger, i'auois pris resolution de me tenir dans la chambre du nauire auec nostre frere Louys, nous disposans tous deux à receuoir le coup de la mort, qui ne pouuoit tarder plus de trois Miserere, lors que i'entendis qu'on m'appelloit sur le haut du nauire, ie croyois que c'estoit quelqu'vn qui auoit affaire de mon secours, ie montay en haut, & trouuay que c'estoit le P. Noyrot qui me demandoit derechef l'absolution: Apres luy auoir donnée, & chanté tous ensemble le Salue Regina, ie fus contrainct de demeurer en haut; car de descendre il n'y auoit plus de moyen, la mer estoit si haute, & le vent si furieux, qu'en moins de rien le costé qui panchoit sur le rocher fut mis en pieces, i'estois proche du P. Noirot lors qu'vn coup de mer vint si impetueusement donner contre le costé sur lequel nous estions qui rompit tout, & me separa du P. Noyrot, de la bouche duquel i'entendis ces dernieres paroles, In manus tuas Domine, &c. Pour moy de ce coup ie me trouuay engagé entre quatre pieces de bois, deux desquelles me donnerent si rudement contre la poictrine, & les deux autres me briserent si fort le dos que ie croyois mourir auparauant que d'estre enueloppé des flots, mais voicy vn autre coup de mer qui me desengageant de ces bois m'enleua, & mon bonnet & mes pantoufles, & mist le reste du nauire tout à plat dans la mer: Ie tombay heureusement sur vne planche que ie n'abandonnay point, de rencontre elle estoit liée auec le reste du costé de ce nauire. Nous voilà doncques à la mercy des flots, qui ne nous espargnoient point, ains s'esleuans ie ne scay combien de couldées au dessus de nous, tomboient par apres sur nos testes. Apres auoir flotté long-temps de la sorte dans l'obscurité de la nuict, qui estoit desia commencée, regardant à l'entour de moy ie m'apperceus que nous estions enfermez d'espines & sur tout enuironnez & prest du costau qui sembloit vne isle, puis regardant vn peu plus attentiuement ie contay six personnes qui n'estoient pas fort esloignées de moy, deux desquels m'apperceuans m'exciterent à faire tous mes efforts pour m'approcher, ce ne fut pas sans peine, car les coups que i'auois receus dans le debris du vaisseau m'auoient fort affoiblis : Ie fis tant neantmoins, qu'auec mes planches i'arriuay au lieu où ils estoient, & auec leur secours ie me trouuay assis sur le grand mast, qui tenoit encore ferme auec vne partie du vaisseau, ie n'y fus pas long-temps car comme nous approchions plus prés de cette isle, nos Matelots se lancerent bien-tost à terre, & auec leur assistance tous ceux qui estoient sur le costé du nauire y furent bien tost apres. Nous voilà donc sept de compagnie, ie n'auois bonnet ny souliers, ma soutane & habits estoient tous deschirez, & si moulus de coups que ie ne pouuois me soustenir, & de faict il fallut qu'on me soustint pour aller iusques dans le bois, aussi auois-ie receu deux rudes coups aux deux iambes, mais sur tout à la dextre, dont ie me ressens encore, les mains fenduës auec quelque contusion, la hanche escorchée, la poitrine sur tout fort offencée, nous nous retirasmes donc tous sept dans le bois, mouillez comme ceux qui venoient d'estre trempez dans la mer : la premiere chose que nous fismes fut de remercier Dieu de ce qu'il nous auoit preseruez, & puis le prier pour ceux qui pourroiēt estre morts. Cela faict pour nous eschauffer nous nous couchasmes les vns proches des autres, la terre & l'herbe qui auoient esté mouillez de la pluye du iour n'estoient encore propre pour nous seicher, nous passasmes ainsi le reste de la nuict, pendant laquelle le P. de Vieuxpont (qui graces à Dieu n'estoit point offencé) dormit fort bien. Le l'endemain si tost qu'il fut iour nous allasmes recognoistre le lieu où nous estions, & trouuasmes que c'estoit vne isle de laquelle nous pouuions passer à la terre ferme, sur le riuage nous trouuasmes force choses que la mer y auoit ietté, i'y trouuay deux pantoufles, vn bonnet, vn chappeau, vne soutanne, & plusieurs autres choses necessaires. Sur tout Dieu nous y enuoya pour viures cinq bariques de vin, quelques dix pieces de lard, de l'huile, du pain des fromages, & vne harquebuse, & de la pouldre tout à propos pour faire du feu. Apres qu'on eut ainsi tout retiré, le iour de sainct Louys tous s'employerent à faire le possible pour bastir vne chalouppe du desbris du vaisseau, auec laquelle nous irions rangeant la coste chercher quelque nauire de pescheurs : On se mit doncques à trauailler auec meschans ferremens que l'on trouua, elle estoit bien aduancée le quatriesme iour, lors que nous eusmes cognoissance d'vne chalouppe qui estoit sous voile venant vers le lieu où nous estions, ils receurent dedans vn de nos matelots qui alla tout seul plus proche du lieu où elle deuoit passer, ils le menerent dans leur vaisseau parler au Maistre, auquel il racōta nostre disgrace, le maistre tout aussi-tost s'embarqua dans vne chalouppe & nous vint trouuer, nous offrit à tous le passage: Nous voila en asseurance, car le lendemain tous les hommes coucherent dans son vaisseau: C'estoit vn vaisseau Basque qui faisoit pesche à vne lieuë & demie du rocher, où nous fismes naufrage, & pour autāt qu'il restoit encores bien du temps pour acheuer leur pesche, nous demeurasmes auec eux ce qui restoit du mois d'Aoust, & tout le mois de Septembre. Le premier d'Octobre arriua vn Sauuage qui dist au Maistre que s'il ne s'en alloit il y auroit danger que les Anglois ne le surprissent. Cette nouuelle le disposa au depart: Le mesme Sauuage nous dist que le Capitaine Daniel estoit à vingt-cinq lieuës de là qui bastissoit vne maison, & y laissoit des François auec vn de nos Peres: Cela me donna occasion de dire au P. de Vieuxpont qui me pressoit fort que ie luy accordasse de demeurer auec ce Sauuage dans ceste coste, qui estoit bien l'vn des meilleurs Sauuages qui se puisse rencontrer, Mon Pere voicy le moyen de contenter vostre reuerence, le Pere Vimond sera bien aise d'auoir vn compagnon. Ce Sauuage s'offre de mener vostre Reuerence iusques au lieu où est Monsieur Daniel, si elle veut demeurer là elle y demeurera, si elle veut aller quelque mois auec les Sauuages, pour apprendre la langue elle le pourra faire, & ainsi le R. Pere Vimond & vostre Reuerence auront leur contentement: le bon Pere fut extresmement ioyeux de ceste occasion qui se presentoit, ainsi il s'embarque dans la chalouppe du Sauuage, ie luy laissay tout ce que nous auions sauué, horsmis le grand Tableau duquel le matelot Basque s'estoit saisi, mais i'auois bien pensé au retour de luy faire rendre, si vne autre disgrace ne nous fut arriuée. Nous partismes donc de la coste le 6. Octobre, & apres auoir enduré de si furieuses tempestes que nous n'auions encores experimētées, le quarantiesme iour de nostre depart entrāt dās vn port proche de S. Sebastiē, nous fismes de rechef vn second naufrage, le Nauire rompu en mille pièces, toute la moluë perduë, ce que ie peus faire ce fut de me sauuer dans vne chalouppe, dans laquelle ie me iettay auec des pantoufles aux pieds, & vn bonnet de nuict en teste, & en ceste esquippage m'en aller trouuer nos Peres à S. Sebastien, d'où ie partis il y a huict iours, & suis arriué à Bourdenac proche de Bordeaux le 20. de ce mois. Voila le succeds de nostre voyage, par lequel vostre Reuerence peut iuger des obligations que i'ay à DIEV.

LES VOYAGES DV SIEVR

Arriuée de l'Autheur à Paris.

De Rouën ie m'acheminay à Paris, où ie fus saluër sa Majesté, Monseigneur le Cardinal, & Messieurs les Associez, auquel ie fis entendre tout le sujet de mon voyage, & ce qu'ils auoient à faire, tant en Angleterre qu'aux autres choses qui conuenoit pour le bien & vtilité de ladite nouuelle France, l'on despescha quelque temps apres mon arriuée à Paris, le sieur Daniel le medecin pour aller à Londres treuuer mondit sieur l'Ambassadeur, auec lettres de sa Majesté pour demander au Roy d'Angleterre qu'il eust à faire rendre le Fort & Habitation de Québec, & autres ports & haures qu'il auoit pris aux costes d'Acadie, apres la paix faicte entre les deux Couronnes de France & d'Angleterre : Ce que mondit sieur l'Ambassadeur demande au Roy & à son Conseil, qui ordonna que le Fort & Habitation seroient remis entre les mains de sa Majesté, ou ceux qui auroient pouuoir d'elle, sans parler des costes d'Acadie.

Les associez demandent six vaisseaux au Roy.

Mondit sieur Ambassadeur renuoya Daniel porter la responce, sçauoir si sa Majesté l'auroit pour agreable. Ce qu'attendant lesdits sieurs Directeurs ne laisserent de supplier sa Majesté & Monseigneur le Cardinal leur vouloir octroyer six de ses vaisseaux auec quatre pataches qu'ils fourniroient pour aller au grád fleuue S. Laurens reprendre possession du Fort & Habitation de Québec, suiuant l'accord qui en seroit faict entre leurs Majestes, que si cas aduenant que l'on ne voulust remettre la place entre les mains de ceux qui auroient pouuoir de sa Majesté, ils seroient contraints par toutes les voyes iustes & raisonnables. Ladite Societé fournisant seize mille liures pour l'interest terests de six vingts mille liures, qu'il failloit à mettre les vaisseaux hors. Monsieur le Cheualier de Rasilly fut esleu pour general de ceste flotte, on les esquippe & appareille de tout ce qui estoit necessaire, ce pendant sa Maiesté qui auoit à faire aux guerres d'Italie, ne peust rendre response au Roy d'Angleterre, & mondit sieur l'Ambassadeur qui attendoit la despesche de sa Maiesté.

L'Anglois prend alarme de l'armement de ses vaisseaux, ils en font plainte à mondit sieur l'Ambassadeur, qui leur dit, qu'ils ne deuoient apprehéder sur ce sujet, d'autant que sa Maiesté n'auoit desir que de traitter à l'amiable, puisqu'ils auoient ainsi commencé, que les vaisseaux que l'on armoit n'estoient que pour faire escorte à ceux de la societé, qui auoient interest de reprendre possession de ce qui leur appartenoit, portant ce qui leur estoit necessaire pour les hómes qui deuoient demeurer en ces lieux. Puisqu'ils entroient en ombrage, il feroit qu'à son retour sa Maiesté leur donneroit cótentement, en ostant le soubçon qu'ils pourroient auoir, en traitant de ceste affaire à l'amiable: sur ce de rechef le Roy de la grande Bretagne promet faire restituer ce que ses sujets auoient pris depuis la paix faite. *Les Anglois s'allarment de nostre armement.*

Mondit sieur l'Ambassadeur s'en reuient trouuer sa Maiesté, & módit Seigneur le Cardinal en Sauoye, ausquels il fait entendre tout ce que dessus, ce que ouy l'on contremande le commandement qui auoit esté donné pour les vaisseaux qui deuoient aller audit Québec, le voyage rompu, les affaires demeurent en cet estat, pour le diuertissement que sa Maiesté auoit *Monsieur l'Ambassadeur va en Sauoye treuuer le Roy.*

2. Part. N n

en Italie, & ne fit on responſe attendant la fin de ces guerres, & pendant les Anglois qui ne perdent temps arment deux vaiſſeaux, auec viures & marchandiſes pour porter audit Québec, qui ne croyoient icelle année rendre la place: l'on ne traita rien de ces affaires pour les cauſes ſuſdites.

D'autre part les ſieurs Directeurs font eſquipper deux vaiſſeaux pour le Cap Breton, & ſecourir ceux qui y eſtoient habituez, & deux autres qui furent accommodez à Bordeaux, pour aller faire vne habitation en l'Acadie, où eſtoit le fils de la Tour, qui auoit ſuccedé en la place du feu ſieur Iean Biencour. Nous laiſſerons voguer ces vaiſſeaux tant d'vn coſté que d'autre, pour voir ce qui en reüſſira à leur retour, & quelles nouuelles nous apprendrons du progrez qui y aura eſté fait, & comme les hyuernans tant du Cap Breton, que Anglois auront paſſé le temps à Québec. Le ſieur Tufet fait faire l'eſquippage de ceux de Bordeaux l'an 1630. chargez de cõmoditez neceſſaires, pour aller faire vne habitation à la coſte d'Acadie, où il met des ouuriers & artiſans auec trois Religieux de l'ordre des Peres Récollets, le tout ſous la conduitte du Capitaine Marot de ſainct Iean de Lus, ſe mettent en mer pour auec la grace de Dieu parfaire leur voyage, ayant eſté contrariez de mauuais temps à leur trauerſe près de trois mois, ils arriuent à vn lieu qui s'appelle le Cap de Sable, ſous la hauteur de 44. degrez où ils treuuerent le fils de la Tour & quelques autres volontaires François qui eſtoient auec luy, auquel ledit Marot donna des lettres dudit ſieur Tufet, par leſquelles l'on mandoit audit de la Tour, de ſe maintenir

Voyage du Capitaine Marot.

tousiours dans le seruice du Roy, & de n'adherer ny condescendre aux volontez de l'Anglois, comme plusieurs meschans François auoient fait, lesquels se ruynoient d'honneur & de reputation d'auoir deseruy sa Maiesté, ce qui ne se pouuoit esperer de luy, s'estant tousiours maintenu iusqu'à present, & que pour cet effect il luy enuoyoit des viures, rafreschissement, armes, & hommes pour l'assister, & faire edifier vne habitation au lieu qu'il iugeroit le plus cōmode, & plusieurs autres discours tendant à ce suiet. La Tour tres-aise de voir naistre ce que à peine il pouuoit esperer, qui neantmoins ne s'estoit laissé emporter aux persuasions de son pere qui estoit auec les Anglois, souhaittant plustost la mort que de condescendre à vne telle meschāceté que de trahir son Roy, qui donna du mécontentement aux Anglois, contre le pere de la Tour qui leur auoit asseuré de reünir son fils à leur rendre toute sorte de seruice.

Ce qui luy fut commandé.

Ayant leu ces lettres, & la reception faicte auec le contentement qu'vn chacun pouuoit desirer, & principalement les Peres Recollets de se voir au lieu qu'ils auoient souhaitté tant pour remettre les François au droit chemin de la crainte de Dieu, qui auoiēt esté plusieurs années sans auoir esté confessez, ny receû le S. Sacrement, que pour l'esperance qu'ils se promettoient de faire quelque progrez enuers la cōuersion de ces pauures infideles, qui sont errans le long des costes, menant vne vie miserable, telle que ie l'ay representée cy dessus.

Lesdits de la Tour & Marot aduiserent qu'il falloit donner aduis à la Tour le pere, qui estoit au port

Nn ij

Royal auec lesdits Anglois, de tout ce qui se passoit en ce lieu, le persuadant à le faire reuenir & laisser lesdits Anglois, ce qui fut executé, tant pour le remettre en son deuoir, comme pour sçauoir de luy l'estat des Anglois & leur dessein, pour en suitte se gouuerner selon qu'ils aduiseroient suyuant sa relation.

Ils enuoyerent vn nommé Lestan auec lettre dudit la Tour à son pere, qui l'ayant receuë & leuë aussi tost se mit en deuoir de venir trouuer son fils, ne pouuant ny esperant faire grande fortune auec les Anglois, qui auoient grandement diminué de l'opinion qu'ils en auoient euë: Arriué qu'il fut audit Cap de Sable, il donne à entendre ce que l'Anglois auoit dessein de faire, qui estoit de venir prendre leur fort, c'est pourquoy ils auoient à se fortifier le mieux qui leur seroit possible, pour empescher l'Anglois de son dessein: sçauoir s'il disoit vray & pour se rendre necessaire, ie tiens qu'il n'y auoit pas beaucoup d'apparéce que l'Anglois eust voulu remuer la Paix, estant & sçachant les plaintes que l'on en auoit faites au Roy de la grande Bretagne, qui offroit de rendre & restituer tout ce qui auoit esté pris depuis la Paix faicte: quoy que ce soit, il ne faut pas negliger de se loger fortement, aussi bien en temps de paix, que de guerre, pour se maintenir aux accidents qui peuuent arriuer, c'est ce que ie conseille à tous entrepreneurs de rechercher lieu pour dormir en seureté.

Ledit pere de la Tour fit aussi rapport qu'il estoit mort trente Escossois, de septante qu'ils estoient en cet hyuernement, qui auoient esté mal accómodez: fut resolu tant par le Conseil desdits de la Tour pere

& fils, que Marot, & Peres Recollets, de faire encore vne habitation à la riuiere S. Iean pour plusieurs raisons telles quelles, qui est à quatorze lieuës du port Royal, plus au Nort dans la Baye Françoise: que pour paruenir à l'execution de ceste entreprise, il estoit necessaire d'auoir des hommes & commoditez pour bastir & se fortifier en ladite riuiere.

Pour ne perdre téps il falloit dépescher le moyen vaisseau audit sieur Tufet, & enuoyer promptement des hommes & autres choses necessaires, pour s'opposer aux forces de l'Anglois, qui ne taschoit que de temps en temps à vsurper tout le païs, & qu'en icelle habitation nouuelle le pere de la Tour y commanderoit, le fils au Cap de Sable, qui fit retenir toutes les cómoditez des vaisseaux qu'il iugea luy estre necessaires: Le moyen vaisseau ne fit ny traite ny pesche pour payer les fraiz de son embarquement, & ainsi legerement s'en reuient à Bordeaux auec lettres tant des Peres Recollets que de la Tour, addressantes à Messieurs les Directeurs de la Nouuelle France, qui fut vers la fin du mois d'Octobre: ledit Marot demeura là auec le grand vaisseau, pour essayer à faire quelque chose pour payer le voyage.

Enuoy des choses necessaires pour s'opposer à l'Anglois.

Ceste nouuelle receuë dudit sieur Tufet, par le retour du moyen vaisseau si leger, ne luy peust dóner grand contentement, pour le renuoy estre trop precipitement & legerement fait, sans y auoir du sujet necessaire qui les peust auoir esmeuz à cela.

Car la resolution de ce Conseil qui auoiét plustost leurs inclinations au bien de leur contentement, & autres de leurs affaires particulieres, qu'à conseruer

Nn iij

& employer le bien de ceux qui les employent à leur proffit, pour supporter la despense qui se fait en cet embarquement, que si le mesnagement de ceux qui sont employez n'est fait auec soing & vigilence, accōpagné de fidelité, les voyages se rendent inutils, font perdre courage aux entrepreneurs, qui ne font les rencontres selon leurs volontez, & souuent deceû de ce qu'ils s'estoiēt peû imaginer en ces desseins.

Quelle raison auoit il d'enuoyer ce vaisseau vuide pour demander du secours, lequel quand on l'eust voulu renuoyer à mesme temps, auec les choses necessaires pour cet effect, il se fut passé plus de quatre à cinq mois, qui n'eust peû estre que vers la fin de Feurier ou Mars, dās la rigueur de l'hyuer, où les neges sont de deux à trois pieds, & les trauerses fort fascheuses en ce temps, comme l'on voit assez par experience, qui est fatiguer tous ceux d'vn vaisseau, & quelquesfois courir risque de se perdre, ou estre desmatez & relacher qui se voit assez souuent pour se haster trop tost, encore qu'à l'Acadie l'on peut aborder la terre en tout temps, & y arriuant en l'hyuer l'on ne laisse d'y auoir de grandes incommoditez, comme nous l'auons experimenté.

Que si l'Anglois eust eû volonté d'aller prendre la Tour, & se sentant plus fort comme le representoit le Pere, ils l'eussent emporté s'il n'eust esté bien fortifié & amunitionné, premier que le secours de France luy fut arriué.

Mais ayant des hommes & commoditez que ledit Marot auoit porté, ils n'auoiēt que faire de craindre, estant vn peu fortifiez comme ils eussent peû faire, &

laisser faire la pesche de poisson & traitte aux vaisseaux, & ne le rēuoyer vuide auec vne lettre: sa charge faite reuenant de compagnie auec ledit Marot, il eust apporté dequoy (au moins en partie) payer son voyage, & les lettres fussent venues aussi à tēps pour ce qu'ils desiroient, comme quand ils le firent partir sans rien rapporter, car ils pouuoient s'imaginer que l'on ne renuoyeroit qu'au Printemps, par cōsequent vaine leur resolution inconsiderée & precipitée, qui a fait perdre beaucoup audit sieur Tufet, & des sieurs de la societé qui se fussent bien passés de telle depesche.

Presqu'en ce mesme temps arriua vn vaisseau pescheur du Cap Breton, dans lequel repassoit les Reuerends Peres Vimond & Vieux-pont Iesuistes, par le commandement qui leur en auoit esté faict de leur Reuerend Pere Prouincial, qui dirent qu'à ladite habitation du grand Cibou, en l'isle dudit Cap Breton estoit mort douze François du mal de terre, qui est le securbut, & d'autres malades, le Printemps les remit: Ces maladies comme i'ay dit en mes premiers voyages, ne vient que de manger des salures, pour n'auoir des viandes ou autres choses rafraichissantes, comme nous auons esprouué en nos habitations par le passé. Durant l'hyuernement ils virent peu de Sauuages qui n'y viennent que par rencontre, chercher les vaisseaux François qui y peuuent estre pour traitter auec eux: ces endroits ne sont pas beaucoup plaisans ny agreables que pour la pesche de molue. Ils laisserent les deux vaisseaux que Messieurs les Directeurs auoient enuoyez pour le secours d'icelle habitation, qui auoient traitté quelque nōbre de peaux d'eslans, faisant leur pesche de poisson, comme plusieurs autres vaisseaux qui sont par toutes ces costes.

Vers le 10. Octobre arriuerent à Londres deux vaisseaux Anglois, l'vn du port de deux cens cinquāte tonneaux, & l'autre de cent, qui reuenoient de Québec où ils auoient fait monter leur vaisseau de Tadoussac pour n'estre en la puissance de ceux qui eussent esté plus forts qu'eux, s'il en fut venu comme ils s'imaginoient, en l'vn commandoit le Capitaine Thomas Quer Vis-Admiral au voyage precedent, & le Capitaine Breton Anglois bon marinier, lequel auoit fait bon traittement en son vaisseau aux Peres Iesuistes quand nous retournasmes de Québec auec lesdits Anglois l'année d'auparauant, lesquels ramenerent deux François qu'ils auoient retenus par delà, l'vn charpentier & l'autre laboureur, qui de Londres reuindrent à Paris, lequel nous dit qu'ils auoient rapporté pour Trois cens mille liures de peleterie, & estoit mort quatorze Anglois de nonante qu'ils estoient, de pauureté & misere durant l'hyuer, & autres qui auoient esté assez malades, n'ayant fait bastir ny defricher aucune terre depuis nostre departement, sinon en semencer ce qu'estoit labouré tant la maison des Peres Iesuistes que Peres Recollets, dās lesquelles maisons y auoit dix hommes pour les conseruer, qu'au fort ils n'auoient fait qu'vn parapel de planche sur le rampart, & remply deux plates formes que i'auois fait commencer: de bastiment dedans ils n'en auoiét fait aucun, horsmis vne de charpente contre le rempart, qu'en partie ils auoiét défai du costé de la pointe aux Diamáts pour gaigner de la place, & quelle n'estoit pas encore acheuée. Que dans le fort y auoit quatorze piéces de canon, auec cinq espoirs de fonte verte qu'ils nous auoient pris, & quelques pierriers, estant bien amunitionnées, & estoient restez quelques septáte Anglois. Que le tonnerre auoit tombé dans le fort & rompu vne porte de la chambre des soldats, entrée en icelle, meurtry trois à quatre personnes, passé dessous vne table, tué deux grands dogues qui estoient pour la garde, & s'en estoit allé par le tuyau de la cheminée qui en auoit abatu vne partie, & ainsi se perdit en l'air.

Dit que les mesnages François qui resterent ont esté tres mal traictez, de ceux qui se sont rendus aux Anglois, & principalemét d'vn appellé le Bailly, duquel i'ay parlé cy dessus Pour ce qui est du Capitaine Louis & des Anglois ils n'en ont point esté inquietez : rapporte qu'ils s'attendoient bien que ceste année les vaisseaux du Roy y d eussent aller auec cómission du Roy de la grande Bretagne, pour les en faire desloger, ce qu'ils eussent fait non autrement que par force : Voilà ce que nous auons eû de nouuelles qu'iniustement ils tiennent ceste place, & en tirét les emoluments qui ne leur appartiennent, mais l'esperance que l'on a que le Roy d'Angleterre la fera rendre au Roy auec douceur & non de force, conuenir des limites que chacun doit posseder, & non vouloir des Virgines embrasser toutes les costes qui ne leurs appartiennent, comme il se peut voir & sçauoir par les relations de ceux qui ont premierement descouuert & possedé actuellement & reellement

Oo

ces terres, au nom de nos Roys deuanciers iusqu'à maintenant, sous LOVYS le IVSTE XIII. Roy de France & de Nauarre, que Dieu veuille combler de milles benedictions, & accroistre son regne d'vne heureuse & longue vie.

FIN.

ABREGE' DES DESCOVVERTVRES de la Nouuelle France, tant de ce que nous auons descouuert comme aussi les Anglois, depuis les Virgines iusqu'au Freton Dauis, & de ce qu'eux & nous pouuons pretendre, suiuant le rapport des Historiens qui en ont descrit, que ie rapporte cy dessous, qui feront iuger à vn chacun du tout sans passion.

Les Anglois ne nous disputent point toute la Nouuelle France, & ne peuuent desnier ce que tout le monde a accordé, ains seulement debattent des confins, nous restraignant iusqu'au Cap Breton, qui est par la hauteur de quarante cinq degrés trois quarts de latitude, ne nous permettant pas d'aller plus au midy, s'attribuant tout ce qui est de la Floride iusqu'audit Cap Breton, & ces dernieres années ils ōt voulu s'estendre par vsurpation iusqu'au fleuue sainct Laurent, comme ils ont fait.

Voicy le fondement de leur pretension, qui est qu'enuiron l'an 1594. estant aux costes de la Floride arriuerent en vn lieu que lesdits Anglois appelloient

Mocofa, y ayant treuué quelques riuieres & païs qui leur agrea, ils commencerent à y vouloir baftir, luy impofant le nom de Virgines: mais ayant efté contrariez par les Sauuages & autres accidents, ils furét contrains de quitter, n'y ayant demeuré que deux ou trois ans: neantmoins depuis le feu Roy Iacques d'Angleterre venant à la couronne prit refolution de la recognoiftre, habiter & cultiuer, à quoy ledit Roy fauorifant a baillé de grands priuileges à ceux qui entreprendroient cefte peuplade, & entr'autres a eftendu le droict de leur retenuë dés le 33. degré de l'eleuation iufqu'au 45. & 6. leur donnant pouuoir fur tous Eftrangers qu'ils treuueroient dans cefte eftenduë de terre, & 50. mille auant en la mer. Ces lettres du Roy furent expediées l'an quatriefme de fon regne, & de grace 1607. le 10. d'Auril, il y a 24. ans Voilà tout ce qui fe peut apprendre de leurs commifsions & enfeignements pour ces contrées. Voicy ce que nous leurs refpondons.

En premier lieu, que leurs lettres royaux fur quoy ils fe fondent les dédifent de leur pretenfion, parce qu'il eft dit expreffement dans icelles auec exception fpecifiée, Nous leurs donnons toutes les terres iufqu'au 45. degré, lefquelles ne font point actuellemét poffedées par aucun Prince Chreftien. Or eft il que lors de la datte de ces lettres, le Roy de Fráce actuellement & reellement poffedoit pour le moins iufqu'au quarátiefme degré de latitude defdites terres, où depuis quelques années les Holandois s'y font eftablis, tout le monde le fçait par les voyages du fieur de Champlain imprimez, auec les cartes, ports,

& haures de toutes les costes qu'il fit, qui depuis chacun s'en est seruy, & les ont adaptés sur les globes & cartes vniuerselles, que l'on a corrigées de cet échatillon de terre, & voit on par lesdits voyages qu'en l'an 1604. ils estoient à saincte Croix, & en l'an 1607. au port Royal, auquel ledit Champlain donna le nom, comme à plusieurs autres lieux que l'on voit par ses cartes, le tout habité par le feu sieur de Mons, qui gouuernoit tout ce païs iusqu'au quarantiesme degré, comme Lieutenant de sa Maiesté tres-Chrestienne,

Auparauant l'an precedent 1603. ledit Champlain par commandement de sa Maiesté fit le voyage de la Nouuelle France, en la grande riuiere sainct Laurent, & à son retour en fit rapport à sa Maiesté, lequel rapport & description il fit imprimer deslors, partit de Hondefleur en Normandie le 15. de Mars audit an, en ce mesme temps le feu sieur Commandeur de Chaste gouuerneur de Dieppe, estoit Lieutenant general en ladite Nouuelle France, depuis le 40. degré iusqu'au 52. de latitude.

Si les Anglois disent que seulement ils n'ont pas possedé les Virgines dés l'an 1603. 4. & 7. ains dés l'an 1594. qu'ils treuuerent comme auons dit.

L'on respond que la riuiere qu'ils commençoient lors à posseder est au 36. & 37. degré, & que ceste leur allegation à l'aduanture pourroit valloir, s'il n'estoit question que de tenir ceste riuiere, & 7. à 8. lieuës de l'vn de l'autre costé d'icelle, car autant se peut porter la veuë pour l'ordinaire, mais que s'attribuant par domination l'on s'estende trête & six fois plus loing que l'on n'a recognu, c'est vouloir auoir les bras ou plustost la cognoissance bien monstrueuse. Posons que cela se puisse faire.

Il s'ensuiueroit que Ribaut & Laudonniere estát allez à la Floride en bon esquippage, par auctorité du Roy Charles IX. l'an 1564. 5. & 6. pour cultiuer & habiter le païs y estant edifié la Caroline au 35. ou 36. degré & par ainsi voilà l'Anglois hos des Virgines, suyuant leurs propres machines.

Pourquoy eux estant au 36. ou 37, auanceront plustost au 45. que nous, comme ils côfessent, estant au 46. ne descendrons nous iusqu'au 37. quel droict y ont ils plus que nous, voilà ce que nous respondôs aux Anglois.

Et est tres certain & confessé de tous, que sa Maiesté tres chrestienne, a prins possession de ces terres auant tout autre Prince Chrestien, & asseuré que les Bretons & Normans treuuerent premiers le grád Ban & les terres neufues, ces descouuertures faictes en l'an 1504. il y a 126. ans, ainsi qu'il se peut voir en l'histoire de Niflet & Anthoine Magin imprimé à Douay.

Et d'aduantage tous confessent que par commandement du Roy François, Iean Verazan prit possession desdites terres au nom de France, commençant dés le 33. degré de l'éleuation iusqu'au 47. ce fut par deux voyages desquels le dernier fut fait l'an 1523. il y a 107. ans.

Outre Iacques Cartier entra le premier en la gráde riuiere sainct Laurent, par deux voyages qu'il y fut, & descouurit la plus grande part des costes de

Canadas, à son dernier voyage l'an 1535. il fut iusqu'au Grand Sault sainct Louis de ladite grande riuiere.

Et en l an 1541. il fit vn autre voyage cōme Lieutenant de Mesire Iean François de la Roque sieur de Robert-Val, qui estoit Lieutenāt general audit païs, ce fut son troisiesme voyage où il demeura, ne pouuāt viure au païs auec les Sauuages qui estoiēt insupportables, & ne pouuoit descouurir que ce qu'il auoit fait : il se delibera de s'en retourner au Printemps, ce qu'il fit, en vn vaisseau qu'il auoit reserué, & estant le trauers de l isle de terre neufue, il fit rencontre dudit sieur de Robert-Val qui venoit auec trois vaisseaux l'an 1542. il fit retourner ledit Cartier à l'isle d'Orleans où ils firent vne habitation, & y estant demeuré quelque temps, l on tient que sa Maiesté le manda pour quelques affaires importantes, & ceste entreprise peu à peu ne sortit à aucun effect, pour n'y auoir apporté la vigilance requise.

Presque en ce mesme temps Alfonse Xintōgeois fut enuoyé vers la Brador, par ledit sieur de Robert-Val, autres disent par sa Maiesté, lequel descouurit la coste du Nort de la grande Baye au golphe sainct Laurent, & le passage de l'isle de terre neufue, à la grande terre du Nort, au 52. degré de latitude.

En suitte le Marquis de la Roche de Bretagne en l'an 1598. fut en ces terres de la Nouuelle France, cōme Lieutenant de sa Maiesté, & en suitte les sieurs Chauuin de Hondefleur en Normādie, Cōmandeur de Chaste & de Mons cōme dit est, & le sieur de Poitrincourt, & Madame de Quercheuille, qui eut quelque departement à l'Acadie, y enuoya la Saullaye, auec lequel furent les Reuerends Peres Iesuistes qui furent pris par les Anglois, (comme il a esté dit cy dessus) comme le port Royal, & depuis 28. ans ledit sieur de Cháplain ayant descouuert & fait descouurir plusieurs contrées, plus de quatre à cinq cens lieuës dans les terres, comme il se voit par ses relations cy dessus imprimées depuis l'an 1603. iusqu'à present 1631.

Venons à ce qui se treuue descrit des voyages des Anglois, ce n'est pas assez qu'ils se vantent d'estre des premiers qui ont descouuert ces terres, il est question quelles elles sont. Il est tres certain que quand il se fait quelque descouuerture nouuelle, l'on est assez curieux d'en descrire les temps, ce que les Anglois n'ont oublié, ny les autres nations, suyuant les memoires qui leurs sont enuoyez, ils n'oublient rien de ce qui se fait. mais nous ne treuuons en aucuns autheurs que les Anglois ayent iamais pris possession des païs de la Nouuelle France, qu'apres les Fráçois.

Il est vray que les Anglois ont descouuert du costé du Nort vers les terres de la Brador & Freton Dauis, des terres, isles, & quelques passages depuis le 56. degré vers le Pole Artique, comme il se voit par les voyages qui ont esté imprimez tant en Angleterre, qu'ailleurs, par lesquels il appert dequoy ils se peuuent preualloir sans vsurpation, comme ils ont fait en plusieurs lieux de la Nouuelle France: il faudroit estre aueugle, sás cognoissáce, pour ne voir ce que les histoires nous font cognoistre de veritable.

En premier lieu, Sebastien Cabot, sous le commandement du Roy Henry VII. d'Angleterre l'an 1499. fut pour defcouurir quelques paffages vers la Brador & s'en reuint fans fruict, & depuis és années 1576. 77. & 78. Meſsire Martin Forbichet y fit trois voyages, fept ans apres Honfroy Guillebert y fut, en fuitte Iean Dauis defcouurit vn deftroit appellé de fon nom. Eftienne Permenud fut à l'ifle de terre neufue à la cofte du Nort de l'Eft de l'ifle, en l'an 1585. Vn autre peu apres nómé Rtchard Vvitaaboux N. fut à la mefme cofte, en fuitte vn appellé le Capitaine George y fut en l'an 1590. vers le Nort, de plus fraiche memoire l'an 1612. y fut vn Capitaine Anglois au Nort, où il treuua vn paffage par le 63. degré, come il fe voit par la carte imprimée en Angleterre, & y treuuant des difficultez pour treuuer le paffage que tant de nauigateurs ont recherché, pour aller aux Indes Orientales du cofté de l'Oueft : & depuis 35. ans ils fe font eftendus tant aux Virgines qu'aux terres qui nous appartiennent.

 Or le commun confentement de toute l'Europe & de defpeindre la Nouuelle France, s'eftendant au moins au 35. & 36. degrés de latitude, ainfi qu'il appert par les mapemondes imprimées en Efpagne, Italie, Holande, Flandre, Allemagne & Angleterre, mefme finon depuis qu'ils fe font emparez des coftes de la Nouuelle France, où eft l'Acadie, Etechemains, l'Almonchicois, & la gráde Riuiere de fainct Laurent, où ils ont impofé à leur fantaifie des noms de Nouuelle Angletere, Efcoffe, & autres, mais il eft mal-aifé de pouuoir effacer vne chofe qui eft cognuë de toute la Chreftienté.

F I N.

RELATION DE CE QVI S'EST
passé durant l'année. 1631.

MEssieurs les Associez de la Nouuelle France residens à Bordeaux firent équipper au mois d'Auril de la presente année 1631. vn vaisseau, commandé par vn nommé Laurent Ferchaud, dans lequel vaisseau ils auroient fait charger tout ce qui estoit necessaire pour secourir le Fort & habitation sainct Louys, scitué au Cap de Sable coste d'Acadie, sur l'entrée d'vn bon hâure, & munitionné de tout ce qui luy est besoing pour la defence d'iceluy.

Ayant fait sa nauigation, & donné au sieur de la Tour commandement pour la Compagnie dans ledit Fort, ce dont il estoit chargé par lesdits Associez, fit son retour à Bordeaux à la fin du mois d'Aoust ensuyuant, & repassa le sieur de Krainguille Lieutenant dudit sieur de la Tour, lequel rapporta nouuelle cóme les Escossois ne se resoudoient point à quitter le Port Royal, mais qu'ils s'y accommodoient de iour à autre, & y auoient fait venir quelques mesnages & bestiaux pour peupler ce lieu qui ne leur appartient que par l'vsurpation qu'ils en ont faite, comme a esté dit cy dessus.

Lesdits Associez recognoissant ce qui estoit necessaire sur ce que leur mandoit ledit sieur de la Tour, r'equipperent le mesme vaisseau au mois d'Octobre dernier, monstrant par leur diligence qu'ils n'oubliét rien de ce qui est necessaire pour le peuplemét & con-

P p

seruation de ces lieux, où ils ont enuoyé quantité d'artisans & des Religieux Recollets.

En ceste mesme année messieurs les Directeurs de Paris & Rouen firent équipper deux vaisseaux tant pour aller secourir l'habitation saincte Anne en l'isle du Cap Breton, que pour aller à Miscou & Tadoussac faire traite & la pesche de poisson. Le premier vaisseau cómandé par Hubert. Anselme partit de Dieppe le 25. Mars, accommodé de tout ce qui luy estoit necessaire pour son voyage : apres quelques mauuais temps il fut iusques au trauers du Cap des Rosiers, à quelque dix ou douzes lieuës de Gaspey entrée du grand fleuue sainct Laurent, où estant il apperçeut vers l'eau quelques vaisseaux qu'ils iugerent estre Anglois, qui leur fit changer de routte & aller à Miscou pour faire leur traite auec les habitans du Païs.

Le second vaisseau où commandoit le Capitaine Daniel partit le 26. d'Auril & fut à l'habitation saincte Anne chargé & accommodé de tout ce qui estoit necessaire pour cedit lieu, qui est en tres bonne scituation, sur l'entrée de l'vn des meilleurs ports de ces costes, les contrarietez de mauuais temps luy furét fascheuses & n'arriua sur l'escore du grand Banque le 16. de Iuin, où il vit quantité de glaces : Le 18. terrirét au Cap de Raye, peu apres apperceurent vn vaisseau qu'ils iugerent estre Turc, lequel arriuant sur eux vent arriere, les fit appareiller & mettre en defence, mais le Turc ayant apperceu quátité d'hommes sur le tillac il se retira, & fit porter sur vn nauire Basque, auquel il tira quelques coups de canon & l'aborda : mais cóme ils n'estoient pas bien saisis ils se separerent, & en cesté separation vn matelot Basque qui estoit sur l'arriere de son vaisseau prit l'enseigne qui estoit sur l'arriere de celuy du Turc, laquelle il attira à luy, & aussitost le vaisseau Basque commença à fuir, & en fuyant ne laissoient de tirer forces coups de canons qui estoiēt sur l'arriere dudit vaisseau, de façon qu'il se sauua & emporta ladite enseigne, dans laquelle estoient depeints trois croissans. Le vaisseau du Capitaine Daniel continuant sa routte, fut tellement contrarié de brunes & grand vent, que ne pouuant porter voilles se trouua en vne nuict obscure à huict brasses d'eau, & entendoit la lame qui battoit contre les rochers, aussitost il jette l'ancre attendant le lendemain, pour voir s'ils pourroient cognoistre la terre, ce qu'ayant fait ils recogneurent que les marées les auoient portez aux isles sainct Pierre, où prenant cognoissance de la terre arriuerent au fort & habitation saincte Anne le 24. de Iuin, où ils trouuerent quelque desordre, causez par l'assassinat commis par Gaude qui commandoit audit Fort, en la personne d'vn nommé Martel de la ville de Dieppe, qui estoit son Lieutenant.

Le Capitaine Daniel voyant ce desordre, & que ceux de l'habitation auoient retenu prisonnier ledit Gaude leur Capitaine apres cet assassinat, s'informa de ce faict, tant des hommes de l'habitation que de la bouche dudit Gaude, & apprit que le lendemain de la Pentecoste ledit Gaude & Martel ayant souppé ensemble, l'heure d'entrer en garde estant venuë Gaude donna le mot à Martel, & aussi tost entra dans le Fort où il chargea vne carabine de trois balles qu'il

Pp ij

tira fur ledit Martel, par vne canoniere dudit Fort, ainfi qu'il jouoit aux quilles, & luy donna trois balles dans le corps dont l'vne luy perça le cœur.

Cefte action ainfi lafchement commife ne peut eftre excufable audit Gaude, quoy qu'il foit vray que iamais ils ne fe foient peû accorder enfemble, & que leurs humeurs eftoient du tout incompatibles : Car fi Gaude auoit enuie de chaftier ledit Martel, il deuoit le faire prendre & le tenir prifonnier iufques à l'arriuée des vaiffeaux, ou s'il doutoit qu'il y euft de la difficulté de le faire à caufe des hommes de fa faction qui eftoient en cefte habitation, il deuoit s'armer de patience, & ce faifant il euft trouué que Meffieurs les Directeurs de Paris y auoient donné ordre par leur preuoyance, car ils auoient enioint au Capitaine Daniel de repaffer en France ledit Martel, & laiffer ledit Gaude en fa charge, auec ceux qu'il choyfiroit, tant des hommes de l'habitation que d'autres nouueaux que l'on luy enuoyoit dans le vaiffeau dudit Capitaine Daniel, & ainfi il eut tiré vne honnefte vengeance de fon ennemy, fans fe precipiter dans cefte determinée refolution, qui ne luy peut apporter que du blafme & de la peine s'il eft pris, & s'il n'euft trouué les moyens de s'efchapper dans le païs, il euft couru rifque de fa vie.

Ce pendant il eftoit neceffaire que ledit Capitaine Daniel mit ordre en ce lieu, fur ce qui s'eftoit paffé, pour tenir chacun en fon deuoir : il enuoya fon vaiffeau à Mifcou pour faire la pefche & la traite, & en donna la conduicte à Michel Gallois de Dieppe, & en mefme temps il defpefcha vne pinaffe d'enuiron vingt tonneaux, qu'il donna à vn appellé Saincte Croix pour la commander, & l'enuoya à Tadouffac pour traiter auec les Sauuages: & eftant ledit Gallois arriué à Mifcou, trouua deux vaiffeaux Bafques, l'vn de Deux cens cinquante, & l'autre de Trois cens tonneaux, & vne barque d'enuiron Trente cinq tōneaux, où commandoit le frere du Capitaine du May, qui auoit efté equippée au Haure de Grace, lequel dit audit Gallois qu'il auoit commiffion de Monfeigneur le Cardinal de faire la traite, vifiter les vaiffeaux qui alloient faire la pefche, & recognoiftre les ports & haures de ces lieux, pour luy en faire fon rapport, fans toutesfois luy monftrer fa commiffion: à quoy ledit Gallois monftra bien qu'il eftoit de legere croyance, d'adioufter foy fur des paroles, & partant demeurerét bons amis, & dōna du May aduis audit Gallois, que les deux vaiffeaux Bafques n'auoient aucun congé ny cōmiffion, & que s'il le vouloit affifter en cefte affaire ils les iroient fommer de leur monftrer leurs paffeports, ledit Gallois luy ayant accordé, furent de compagnie abord de l'vn des deux nauires Bafques, ce que le maiftre duquel leur monftra fa commiffion en tres bonne forme, en leurs offrant toutes fortes d'affiftances & de faueurs.

Ce fait ils furent à l'autre vaiffeau, où il ne trouuerent que le Capitaine nommé Ioannis Arnandel de fainct Iean de Lus auec vn petit garçon, (fes gens eftás pour lors tous à terre & en pefcherie,) auquel Capitaine ils demanderent à voir fon congé, mais il n'auoit garde de leur monftrer, car il n'en auoit point: auffi fa refponce fut que les congers n'eftoient neceffaires que pour auoir de l'argent à ceux qui les deliurent, & que pour luy il n'auoit point accoustumé d'en prendre, surquoy ledit du May luy fit responce que luy qui auoit coustume d'aller en mer, ne deuoit point ignorer les ordonnances de France, notamment celles de l'Admiraulté qui declare pour pirates & voleurs, ceux qui vont en mer sans congé ou passeport, & partant que le trouuant ainsi & ne le pouuant iuger autre que forbã, il arrestoit sa personne & son vaisseau pour l'amener en France, & iceluy le faire iuger de bonne prise, à quoy ledit Arnandel ne se pouuant opposer, supplia ledit du May de luy laisser acheuer sa pescherie & qu'il le retint prisonnier pour ostage : laquelle pescherie estant faicte il y auroit moins de dommages & interests si la prise estoit declarée iniuste, & plus de proffit si elle estoit bonne, ce qui fut accordé par ledit du May, lequel aussi tost se saisit de toutes les armes & munitions dudit vaisseau, qu'il fit porter en son bord auec ledit Arnandel.

Ce qu'estant fait du May & Gallois retournent au vaisseau dudit Arnandel auec quelques vns de leurs gens, & comme ils furent entrez dedans, ils appellerent tous les gens de l'equipage de Arnandel qui estoient à terre, pour les aduertir de l'accord & conuention faicte entre leur Capitaine & eux, à quoy vn de ces Basques fit responce, Que la prise & deremption de leur Capitaine n'estoit pas grand' chose, & qu'ils pouuoient faire vn autre Capitaine d'vn petit garçon de leur vaisseau, de quoy du May le voulant reprendre & remonstrer le tort qu'il auoit de parler si desaduantageusement de son chef, ce Basque & tous ses compagnons se mettent tous en fougue, & comme ils ont la teste pres du bonner, gaignent le bas du vaisseau, se saisissát de quelques picques & mousquets qui estoiét restez, & qui n'auoiét esté trouuez par ledit du May, & Gallois, & auec ces armes se defendent & attaquent si courageusemét ledit du May & ses gens, qu'ils le contraignent de se retirer, auec quelques vns des siens qui furent blessez, lesquels il fit promptement embarquer auec luy dans sa chalouppe.

Et cóme ces gens auoiét desia la teste eschauffée, ne se contétans de ce qu'ils auoyent faict, poursuiuerent encores ledit du May, iusques à ce qu'estant retiré en son bord il fut contrainct de faire monter sur son tillac le Capitaine Arnandel, afin qu'il commandast à ses gens de cesser leurs violences : mais le Capitaine se voyant libre se ietta promptement en l'eau, & tout vestu qu'il estoit gaigna à la nage vne chalouppe, où estoient quelques vns des siens, & ainsi se sauua de ses ennemys, desquels il eust tost apres vne bonne raison, car estant rentré dans son nauire, il commença à parler en Capitaine & non pas en prisonnier : & par la faueur & assistance d'vn autre vaisseau Basque, duquel il enuoya emprunter de la poudre & des armes, s'en vint fondre sur ledit du May, & luy tira deux ou trois coups de canon, & luy commanda de luy renuoyer non seulement toutes ses armes & munitions qu'il luy auoit prises, mais encores celles qui estoient en son vaisseau, & de celuy dudit Gallois, autremét qu'il s'en alloit les couler à fond : ce que voyát, furent cótraints de ce faire n'ayát pas des forces pour resister, de façon qu'ils se trouuerent pris par celuy qu'ils venoient de prendre.

En ces entrefaites ariua de Tadouſſac la pinaſſe où commandoit Saincte Croix, lequel auoit eſté rencontré des Anglois, qui luy auoient oſté ſes peleteries, & luy en auoient donné vn mot deſcrit de la qualité & quantité, afin de n'eſtre point obligez à en rendre d'aduantage, attendu le traité de paix d'entre les deux Couronnes, & Thomas Quer General de la Flotte Angloiſe, luy diſt qu'il auoit charge du ſieur Cheuallier Alexander de ſe ſaiſir de toutes les peleteries qu'il trouuerroit aux vaiſſeaux qui contreuiendroiét aux commiſſions du Roy de la grande Bretagne, à qui appartenoient ces lieux, ores qu'ils n'y euſſent iamais eſté que depuis trois ans qu'ils s'en ſaiſirent, contre le traité de paix, & ainſi ledit Saincte Croix fut contrainct de ceder à la force, eſperant neantmoins que les Anglois luy payeroient toſt ou tard ſes peleteries, auec raiſon & Iuſtice.

Arriuant, comme dit eſt, à Miſcou le iour meſme que ſe fit ceſte rumeur d'entre le Baſque & le Capitaine du May, il ſe trouua encores pris du vaiſſeau Baſque, lequel parlant audit Saincte Croix luy fit commandement de le venir trouuer en ſon bord, ce qu'ayant fait, il enuoya querir toutes les armes & munitions de ceſte pinaſſe, auec ces voiles, diſant que tout appartenoit à vn meſme maiſtre, & qu'il vouloit s'aſſeurer d'eux, & les empeſcher de le plus troubler ny faire aucun tort, & tout ce que peuſt faire ledit Saincte Croix fut de proteſter contre ce Baſque de tous ſes deſpens, dommages & intereſts, de ce qu'il le troubloit ainſi en ſon traffic & ſa traite, de quoy ledit Baſque eſtant aucunement intimidé, luy rendit

rendit incontinent ses voiles, & luy enjoignit de sortir du port de Miscou, ce que fit ledit Saincte Croix lequel s'en vint en l'habitation saincte Anne trouuer le Capitaine Daniel, où il arriua le 29. Aoust pour luy donner aduis de ceste procedure des Basques, afin d'y donner ordre, mais desia trop tard, car les Basques d'ordinaire sont presque prests en ce temps là pour s'en retourner.

Ceste disgrace fut encores suyuie d'vne autre, causée par la malice de ces mesmes Basques, lesquels persuaderent aux Sauuages que les François les vouloient empoisonner par le moyen de l'eauë de vie qu'ils leur donnoient à boire, & comme ces peuples sont d'assez facile croyance, ayans rencontré vne chalouppe de François qui estoit proche de terre pour traiter auec eux, ces peuples mutins & barbares se ietterent sur ceste chalouppe, la rauagerent, pillerent ce qui estoit dedans: comme les matelots se vouloient opposer il y en eut vn de tué d'vn coup de flesche, & deux Sauuages qui furent aussi pareillement tuez à coups d'espée, par vn François de ladite chalouppe: & ainsi voilà les François mal traitez des Anglois, des Basques, & encores des Sauuages, & contraincts de s'en reuenir tous auec le vaisseau du Capitaine Gallois au fort & habitation Saincte Anne, auec ce peu de traite & de pesche qu'ils auoient faite. Et pareillement ledit du May ne voulant s'arrester ny destourner pour voir l'habitation Saincte Anne s'en reuint en France, comme fit tost apres le Capitaine Daniel, ayant premier que de partir laissé son frere pour commander en ladite habitation auec tout ce qui estoit necessaire pour les hommes qu'il y a laissez pour hyuerner.

Il ne se faut pas estonner s'il y a des Basques ainsi mutins, & mesprisans toutes sortes de loix & d'ordonnances, ne se soucians de congers ny passeports, non plus que faisoient cy deuant les Rochelois, n'ayans aucune apprehension de Iustice en leur pays, estans proche voisins de l'Espagnol: telles personnes meriteroient vn chastiment exemplaire, qui font plustost le mestier de pirates que de marchands.

Peu de iours apres le partement du vaisseau dudit Capitaine Daniel, pour aller audit pays de la Nouuelle France, partit celuy du sieur de Caen, lequel auoit obtenu vn congé de Monseigneur le Cardinal, pour aller audit pays y faire la traite icelle presente année seulement, pour le redimer en quelques sortes de pertes qu'il remonstroit auoir souffertes, par la reuocquation faicte de la commission qu'il auoit auparauant de sa Maiesté pour la traite dudit pays, & ayant mis son nepueu Emery de Caen pour commander ledit vaisseau, luy donna ordre de monter iusques à Québec, & au dessus s'il pouuoit, pour faire sa traite auec les Sauuages des Hurons: mais comme il fut dedans la riuiere sainct Laurens, il fit rencontre des nauires d'Anglois, les Capitaines desquels luy demanderent ce qu'il alloit faire en ces lieux, ausquels il respondit qu'il y alloit traiter & negotier en toute seureté, conformement au traité de paix fait entre les deux Couronnes de France & d'Angleterre, & qu'ils ne l'en pouuoient iustement empescher, attendu qu'il estoit tout notoire que le Roy de la Grande Bretagne auoit promis au Roy de faire restituer le fort & habitation de

Québec, & qu'en bref il viendroit des vaisseaux de France pour en prendre possession.

Les Anglois luy respondirent que quand ils verroient la commission de leur Roy, que tres volontiers ils laisseroient ces lieux, & qu'ils sçauoient tres bien que cest affaire se traitoit entre leurs Majestez, mais qu'en attendant ils iouyroient tousiours du benefice de la traite, puisqu'ils estoient possesseurs du pays, neantmoints qu'ils luy desiroient monstrer qu'ils ne luy vouloient point faire de preiudice, & qu'ils luy accorderoyét de faire sa traite concurremment auec eux : à quoy ledit Emery de Caen condescendit, & fit monter son vaisseau iusques deuant Québec, où il demeura quelques iours, attendant la venuë des Sauuages qui deuoient descendre audit lieu. Entre ce temps arriua le Capitaine Thomas Quer à Tadoussac auec vn vaisseau de trois cens tonneaux bien equippé, & deux qui estoient à Québec de leur part, vn grand & l'autre moyen.

Mais comme les Anglois recogneurent le peu de Sauuages, & qu'il n'y auoit pas d'apparence de faire grande traite, leur proffit particulier leur fut en plus singuliere recommandation, que celuy d'Emery de Caen, auquel ils dirent qu'il deuoit se resoudre à ne faire aucune traite, puisqu'il n'y en pouuoit auoir assez pour eux, luy accordant de descharger ses marchandises dans le magazin de l'habitation, & y laisser vn commis ou deux pour les luy garder, & les traiter durant l'hyuer à son benefice, &afin qu'il ne peust faire aucune traite, les Anglois luy donnerent des gardes en son vaisseau, iusques à ce que la traite fut faicte, & lors ils s'en reuindrent de compagnie quelque téps enfemble. Ledit Emery de Caen comme ayant fon vaiffeau plus aduátageux que ceux des Anglois, il prit le deuant pour retourner à Dieppe, où il arriua à port de falut.

Les gens de ce vaiffeau rapporterent que le Miniftre auoit fait vne ligue de la plus part des foldats Anglois, pour tuer leur Capitaine auec les François reuoltez du feruice du Roy : cela eftant defcouuert le Capitaine Louys en fit chaftier quelques vns. Le fujet de cefte rebellion eftoit le mauuais traitement qu'il faifoit a fes compagnons qui auoit caufé ce defordre, par le confeil de ces deux ou trois mauuais François, aufquels il adiouftoit trop de foy.

Voilà le fuccez de tous ces voyages de la prefente année, qui tefmoignent affez le peu d'apparéce qu'il y a de pouuoir rien aduancer en la peuplade, ny au commerce de ces lieux, tandis qu'ils feront poffedez par vne autre nation. Les François qui font reftez audit Québec font encores tous viuans en bóne fanté, refiouis du contentement, par l'efperáce qu'ils ont, d'y voir cefte année retourner leurs compatriotes, ce qui eft affez probable, puifque le Roy d'Angleterre follicité par Monfieur de Fontenay Marcuil Ambaffadeur de France, a promis de rechef de faire rendre ce pays, & que pour affeurance de fa promeffe il a enuoyé en France le fieur de Bourlamaky, pour en affeurer fa Maiefté, & en deliurer les commiffiós & toutes lettres neceffaires, fous efperance que fa Maiefté fera le femblable, pour quelques pretenfiós qu'ont les Anglois fur quelques particuliers François, & ainsi il y a grande esperance que cet accommodement se fera, auant que ledit sieur Bourlamaky s'en retourne en Angleterre.

Depuis peu entre sa Majesté & l'ambassadeur d'Angleterre a esté accordé la restitution du Fort & habitation de Québec & autres lieux qui auoient esté vsurpez par les Anglois, contre le traité de paix, entre leurs Maiestez. A ce Printemps Monseigneur le Cardinal sous le bon plaisir de sa Maiesté, ordonne que Messieurs les Associez de la Nouuelle France, y enuoyeront vn nombre d'hommes, lesquels seront mis en possession dudit fort & habitation de Québec par le sieur de Caen, qui en consideration de ce promet auec les vaisseaux du Roy, y passer lesdits hommes. Tant pour ce sujet qu'autres consideratiõs, luy est accordé pour ceste année seulement la traite de peleterie ausdits lieux, apres laquelle escheuë ceux qu'il aura mis de sa part repasseront en France dans les vaisseaux de la societé, ainsi qu'il a esté ordonné par mondit Seigneur le Cardinal Duc de Richelieu.

A ce Printemps sous la conduicte de Monsieur le Commandeur de Rasilly, qui a toutes les qualitez requises d'vn bon & parfait Capitaine de mer, prudent, sage & laborieux, poussé d'vn sainct desir d'accroistre la gloire de Dieu, & porter son courage au pays de la Nouuelle France, pour y arborer l'estendart de Iesus Christ, & y faire florir les lys sous le bon plaisir de sa Maiesté & de Monseigneur le Cardinal, fait à la Rochelle vn embarquement auec toutes les choses necessaires pour y establir vne colonie,

suyuant le traité qu'il a fait auec Messieurs les Associez de la Nouuelle France, sous le bon plaisir de
mondit Seigneur le Cardinal. Il n'y a point de doute
que Dieu aydant il s'y peut faire de grands progrez à
l'aduenir, les choses estant reiglées par des personnes
telles qu'est ledit sieur Commandeur de Rasilly.
Dieu y sera seruy & adoré, lequel ie prie luy faire
prosperer ses bonnes & loüables intentions, comme à celles de ceste Nouuelle Societé, encores que
par les pertes passées elle ne perd courage, estát main-
tenus de sa Maiesté & de mondit Seigneur le Cardinal.

FIN.

TABLE
POVR COGNOISTRE
LES LIEVX REMARQVABLES
EN CESTE CARTE.

A **B**aye des Isles.
B Calesme.
C Baye des Trespassez.
D Cap de Leuy.
E Port du Cap de Raye, où il se fait pesche de moluë.
F Coste de Nordest & Sudouest de l'Isle de Terre Neufue, qui n'est bien recognuë.
G Passage du Nort au 52. degré.
H Isle sainct Paul proche du Cap sainct Laurent.
I Isle de Sasinou entre l'isle des Monts Deserts & les isles aux Corneilles.
K Isle de Mont-real au sault sainct Louys qui contient quelque huict à neuf lieuës de circuit.
L Riuiere Ieannin.
M Riuiere S. Antoine.
N Maniere d'eaue Salée qui se descharge en la mer, où il y a flus & reflus, force poisson & coquillages & des huistres qui ne sont de grande saueur en aucuns endroits.
P Port aux Coquilles, qui est vne isle à l'entrée de la riuiere S. Croix bonne pescherie.
Q Isles où il se fait pescherie de poisson.
R Lac de Soissons.
S Baye du Gouffre.
T Isle des Monts Deserts fort haute.
V Isle S. Barnabé en la grande riuiere proche du Bic.
X Lesquemain où est vne petite riuiere abondante en Saulmon & Truittes, à costé d'icelle est vn petit islet de rocher où autresfois y auoit vn degrast pour la pesche des Balaines.
Y La pointe aux Alloüettes, où au mois de Septembre il y en a telle quantité qu'on ne sçauroit l'imaginer, comme d'autres sortes de gibier & coquillage.
Z Isle aux Liévres, ainsi nommée pour y en auoir esté pris au commencement qu'elle fut descouuerte.

A

2 | Port à Lefquille qui affeche de baffe mer, il y a deux ruiffeaux qui viennent des montagnes.
3 | Port au Saulmon qui affeche de baffe mer, il y a deux petits iflets chargez en la faifon de fraifes, framboifes & bluets, proche de ce lieu y a bonne rade pour les vaiffeaux, & dans le port font deux petits ruiffeaux.
4 | Riuiere platte venant des montagnes qui n'eft nauigeable que pour canaux, ce lieu affeche fort loing vers l'eauë, & le trauers ya bon ancrage pour vaiffeaux.
5 | Ifles aux Couldres qui a quelque lieuë & demie de long, où font quantité de lapins & perdrix & autre gibier en faifon. A la pointe du Sudoueft font des prairies & quantité de battures vers l'eauë, il y a ancrage pour vaiffeaux entre ladite ifle & la terre du Nort.
6 | Cap de Tourmente, à vne lieuë duquel le fieur de Champlain auoit fait baftir vne habitation qui fut bruflée des Anglois l'an 1628. proche de ce lieu eft le Cap Bruflé, entre lequel & l'ifle aux Couldres eft vn chenail de 8. 10. & 12. braffes d'eauë, du cofté du Sud font vazes & rochers, & du Nort hautes terres, &c.
7 | Ifle d'Orleans, de fix lieuës de longueur tres belle & agreable, pour la diuerfité des bois, prairies & vignes qu'il y a en quelques endroits auec des noyers, le bout de laquelle ifle du cofté de l'Oueft s'appelle Cap de Condé.
8 | Le Sault de Montmorency, la cheute duquel eft de 20. braffes de haut, prouient d'vne riuiere venant des montagnes qui fe defcharge dans le fleuue fainct Laurens à vne lieuë & demie de Québec.
9 | Riuiere S. Charles, qui vient du lac S. Iofeph, fort belle & agreable, où il y a des prairies de baffe mer, les barques peuuent aller de pleine mer iufques au premier fault, fur icelle riuiere font bafties les Eglifes & habitation des R. P. Iefuiftes & Recollets, la chaffe du gibier y abonde au Printemps & en l'Automne.
10 | Riuiere des Etechemins, par où les Sauuages vont à Quinebequi, trauerfant les terres auec difficulté pour y auoir des faults & peu d'eauë, le fieur de Champlain en 1628. fit faire cefte defcouuerture, & fut trouué vne nation de Sauuage à 7. iournées de Québec qui cultiuent la terre appellée les Abenaquiuoit.
11 | Riuiere de Champlain proche de celle de Batifquan au Nor-

	doueſt des Grandines.
12	Riuiere des Sauuages.
13	Iſle verte à cinq ou ſix lieuës de Tadouſſac.
14	Iſle de Chaſſe.
15	Riuiere de Batiſquan fort agreable & poiſſonneuſe.
16	Les Grondines & quelques iſles qui ſont proches, bon lieu de chaſſe & de peſche.
17	Riuiere des Eſturgeōs & Saulmons, où il y a vn ſault d'eau de 15. à 20. pieds de hault, à deux lieuës de Saincte Croix, qui tombe en vne forme de petit eſtang, qui ſe deſcharge en la grande riuiere ſainct Laurent.
18	Iſle de ſainct Eloy, il y a paſſage entre ladite iſle & la terre du Nort.
19	Lac S. Pierre tres-beau, y ayant trois à quatre braſſes d'eau fort poiſſonneux enuironné de collines & terres vnies auec des prairies par endroits, & pluſieurs petites riuieres & ruiſſeaux qui s'y deſchargent.
20	Riuiere du Gaſt, fort plaiſante, bien qu'il y aye peu d'eau.
21	Riuiere ſainct Antoine.
23	Riuiere des Yroquois tres-belle, où il y a pluſieurs iſles & prairies, elle vient du lac de CHAMPLAIN qui a cinq ou ſix iournées de longueur, abondāte en poiſſon & gibier de pluſieurs ſortes : les vignes, noyers, pruniers & chaſtaigniers y ſont fort frequents en pluſieurs endroits, comme auſſi des prairies & belles iſles qui ſont dās ledit lac, il faut paſſer vn grand & vn petit ſault pour y paruenir.
24	Sault de la riuiere du Saguenay à 50. lieuës de Tadouſſac, qui tombe de plus de dix ou douze braſſes de hault.
25	Grand Sault, qui deſcend de quelque 15. pieds de hault entre vn grand nombre d'iſles, il contient de longueur demy lieue, & de large trois lieues.
26	Port au Mouton.
27	Baye de Campſeau.
28	Cap Baturier à l'iſle de ſainct Iean.
29	Riuiere par où l'on va à la Baye Françoiſe.
30	Chaſſe des Eſlans.
31	Cap de Richelieu, à l'Eſt de l'isle d'Orleans.
32	Petit banc proche de l'isle du Cap Breton.
33	Riuiere des Puans, qui vient d'vn lac auquel il y a vne mine de Cuiure de roſette.
34	Sault de Gaſton, contenant prés de 2. lieues de large qui ſe

descharge dans la mer douce, venant d'vn autre grandissi-
me lac, lequel & la mer douce contiennent 30. iournées
de canaux selon le rapport des Sauuages.

Retournant au Golfe S. Laurent, & Coste d'Acadie.

35 | Riuiere de Gaspey.
36 | Riuiere de Chaleu.
37 | Plusieurs Isles pres de Miscou, comme est le port de Miscou entre deux Isles.
38 | Cap de l'Isle sainct Iean.
39 | Port au Rossignol.
40 | Riuiere Platte.
41 | Port du Cap Naigré. En ce lieu y a vne habitation de François en la baye dudit Cap, où commande le sieur de la Tour, qu'ils ont nommé le Port la Tour, où sont habitez les R. P. Recollets en l'an 1630.
42 | Baye du Cap de Sable.
43 | Baye Saine.
44 | Baye Courante, où il y a nombre d'Isles abondantes en chasse de gibier, bône pescherie & bons lieux pour les vaisseaux.
45 | Port du Cap Fourchu assez aggreable, mais il asseche presque tout à fait de basse mer, proche de ce lieu il y a quantité d'Isles & force chasse.
47 | Petit passage de l'Isle Longue, en ce lieu y a bonne pescherie de molue.
48 | Cap des deux Bayes.
49 | Port des Mines ou de bassemer, se trouue le long de la coste dans les rochers de petits morceaux de cuiure tres pur.
50 | Isle de Bacchus fort agreable, où il y a force vignes, noyers, pruniers & autres arbres.
51 | Isles proches de l'entrée de la riuiere de Chouacoet.
52 | Isles assez hautes au nombre de 3. à 4. eloignées de la terre de 2. à 3. lieues à l'entrée de la Baye Longue.
53 | Baye aux Isles, où il y a des lieux propres pour mettre des vaisseaux, le païs est fort bon & peuplé de nombre de Sauuages qui cultiuent les terres, en ces lieux il y a force ciprés, vignes & noyers.
54 | La soubçonneuse Isle prés d'vne lieue vers l'eau.
55 | Baye Longue.

56 Les sept Isles.
57 Riuiere des Etechemins.

Les Virgines où sont habituez les Anglois depuis le 36. iusques au 37. degré de latitude Il y a enuiron 36. ou 37. ans sur les costes attenant de la Floride, que les Capitaines Ribaut & Laudonniere auoient descouuertes & fait vne habitation.

58 Plusieurs riuieres des Virgines qui se deschargent dans le Golfe.
59 Coste de fort belle terre habitée de Sauuages qui la cultiuét.
60 Poinct Confort.
61 Immestan.
62 Chesapeacq Bay.
63 Bedabedec le costé de l'Ouest de la riuiere de Pemetegoet.
64 Belles Prairies.
65 Lieu dans le lac Champlain où les Yroquois furent deffaits par ledit sieur CHAMPLAIN l'an 1606.
66 Petit Lac par où l'on va aux Yroquois, apres auoir passé celuy de CHAMPLAIN.
67 Baye des Trespassez à l'Isle de Terre Nefue.
68 Chappeau Rouge.
69 Baye du sainct Esprit.
70 Les Vierges.
71 Port Breton, proche du Cap sainct Laurent en l'Isle du Cap Breton.
72 Les Bergeronnettes, à trois lieues de Tadoussac.
73 Le Cap d'Espoir, proche de l'Isle Percée.
74 Forillon, à la poincte de Gaspey.
75 Isle de Mont-real, au sault S. Louys, au fleuue sainct Laurent.
76 Riuiere des Prairies qui vient d'vn lac au sault S. Louys, où il y a deux Isles, dót celle de Mont real en est vne ; là on y a fait la traite plusieurs années auec les Sauuages.
77 Sault de la Chaudiere, sur la riuiere des Algommequins, qui vient de quelque 18. pieds de hault, se descharge entre des rochers où il fait vn grand bruict.
78 Lac de Nibachis Capitaine Sauuage, qui y a sa demeure, & y cultiue quelque peu de terre où il seme du bled d'Inde.
79 Vnze lacs proche les vns des autres, contenans 1. 2. & 3. lieues

abondans en poiſſon & gibier, les Sauuages prennent quelquesfois ce chemin, pour éuiter le ſault des Calumets fort dangereux : partie de ces lieux ſont chargez de pins qui iettent quantité de reſine.

80 | Sault des Pierres à Calunmet qui ſont comme albaſtre.
81 | Iſle de Teſouac, Capitaine Algommequin, où les Sauuages payent quelque tribut pour leur permettre le paſſage à venir à Québec.
82 | La riuiere de Teſouac, où il y a cinq ſaults à paſſer.
83 | Riuiere par où pluſieurs Sauuages ſe vont rendre à la mer du Nort du Saguenay, & aux trois riuieres faiſant quelque chemin par terre.
84 | Lacs par leſquels l'on paſſe pour aller à la mer du Nort.
85 | Riuiere qui va à la mer du Nort.
86 | Contrée des Hurons, ainſi nommée par les Francois, où il y a nombre de peuples, & 17. villages fermez de trois palliſades de bois, auec des galleries tout au tour en forme de parapel pour ſe defendre de leurs ennemis. Ce païs eſt par les 44. degrés & demy de latitude, tres bon, & les terres cultiuées des Sauuages.
87 | Paſſage d'vne lieue par terre, par où on porte les canots.
88 | Riuiere qui ſe va deſcharger à la mer douce.
89 | Village renfermé de 4. palliſſades où le ſieur de CHAMPLAIN fut à la guerre contre les Antouhonorons, où il fut pris pluſieurs priſonniers Sauuages.
90 | Sault d'eau au bout du ſault ſainct Louis fort hault, où pluſieurs ſortes de poiſſons deſcendans s'eſtourdiſſent.
91 | Petite riuiere proche du ſault de la Chaudiere, où il y a vn ſault d'eau, qui vient de pres de 20. braſſes de hault, qui iette l'eau en telle quantité & de telle viteſſe, qu'il ſe fait vne arcade fort lõgue, au deſſous de laquelle les Sauuages paſſẽt par plaiſir, ſans eſtre mouillez, choſe fort plaiſante à voir.
92 | Ceſte riuiere eſt fort belle, & paſſe par nombre de beaux lacs & prairies dont elle eſt bordée, quantité d'Isles de pluſieurs longueurs & largeurs, abondantes en chaſſe de cerfs & autres animaux, tres bonne peſcherie de poiſſons excellens, quantité de terres defrichées tres bonnes, qui ont eſté abandonnées des Sauuages, au ſujet de leurs guerres. Ceſte riuiere ſe deſcharge dãs le lac S. Louys, & pluſieurs nations vont en ces contrées faire leur chaſſe pour leur prouiſion d'hyuer.

93 Bois des Chaſtaigniers, où il y a forces chaſtaignes ſur le bord du lac S. Louis, & quantité de prairies, vignes & noyers.

94 Maniere de lacs d'eau ſallée au fond de la Bayé Françoiſe, où va le flus & reflus de la mer: il y a des Iſles où ſont nōbres d'oiſeaux, quantité de prairies en pluſieurs lieux, petites riuieres qui ſe deſchargent dans ces manieres de lacs, par leſquels on ſe va rendre dans le golfe S. Laurent proche de l'Iſle S. Iean.

95 Iſle Haute, d'vne lieue de circuit, platte deſſus, où il y a des eaues douces & quantité de bois, éloignée du Port aux Mines & du Cap des deux Bayes d'vne lieue, elle eſt éleuée de tous coſtez de plus de 40. toiſes, fors vn endroict qui va en talluds où il y a vne poincte de cailloux faite en triangle, & au milieu y a vn eſtang d'eau ſalée & forces oiſeaux qui font leurs nids en ceſte Iſle.

8 La riuiere des Algōmequins depuis le ſault S. Louis iuſques pioche du lac des Biſſerenis il y a plus de 80. ſaults tant grāds que petits, à paſſer, ſoit par terre ou à force de rames ou bien à tirer par terre auec cordes, dont aucuns deſdits ſaults ſont fort dangereux, principalement à deſcendre.

Gens de Petun, c'eſt vne nation qui cultiue ceſte herbe de laquelle ils font grand traffic auec les autres nations, ils ont de grands villages fermez de bois, & ſement du bled d'Inde.

Cheueux releuez, ſont ſauuages qui ne portent point de brayer & vont tout nuds, ſinon l'hyuer qu'ils ſe veſtent de robes de peaux, leſquelles ils quittent ſortant de la maiſon pour aller à la Campagne. Ils ſont grands chaſſeurs, peſcheurs & voyageurs, cultiuent la terre & ſement du bled d'Inde, font ſecherie de bluets & framboiſes, dequoy ils font vn grand traffic auec les autres peuples, deſquels ils prennent en eſchange des peleteries, pourcelaines, filets & autres commoditez, aucuns de ces peuples ſe percent les nazeaux, où ils attachent des patenoſtres, ſe deſcouppent le corps par raye où ils appliquent du charbon & autres couleurs, ont les cheueux fort droits, leſquels ils ſe graiſſent & peignent de rouge & leur viſage auſſi.

La nation Neutre, eſt vne nation qui ſe maintient contre toutes les autres, & n'ont aucune guerre, ſinon contre les Aſsiſtaqueronons, elle eſt fort puiſſante ayant 40. villages fort peuplez.

Les Antouhonorons ſont 15. villages baſtis en forte aſſiette, ennemis de toutes les autres nations excepté de la Neutre, leur païs eſt beau & en tres bon climat proche la riuiere S. Laurent, de laquelle ils empeſchent le paſſage à toutes les autres nations, ce qui fait qu'elle en eſt moins frequentée, cultiuent & enſemencent leurs terres.

Les Yroquois auec les Antouhonorons font la guerre par enſéble à toutes les autres natiõs, excepté à la nation Neutre.

Carantouanis, eſt vne nation qui s'eſt retirée au Midy des Antouhonorons, en tres beau & bon païs, où ils ſont fortemét logez, & ſont amis de toutes les autres nations, fors deſdits Antouhonorons, deſquels ils ne ſont qu'à trois journées. Ils ont autresfois pris priſonniers des Flamans, leſquels ils renuoyerent ſans leur mal faire, croyans que ſe fuſſent des François.

Depuis le Lac S. Louis iuſques au ſault S. Louis qui eſt le grand fleuue S. Laurent, il y a cinq ſaults, quantité de beaux lacs & belles Isles, le païs agreable & abondant en chaſſe & en peſche, propre pour habiter, ſi ce n'eſtoit les guerres que les Sauuages ont les vns contre les autres.

La Mer Douce, eſt vn grandiſſime lac où il y a nombre infiny d'Isles, il eſt fort profond & abondant en poiſſon de toutes ſortes, & de monſtrueuſe grandeur, que l'on prend en diuers temps & ſaiſons, comme en la grand' mer. La coſte du Midy eſt beaucop plus agreable que celle du Nort, où il y a quantité de rochers & force caribous.

Le lac des Biſſerenis eſt fort beau, ayãt quelque 25. lieuës de circuit, & quantité d'Isles chargées de bois & de prairies, où ſe cabánent les Sauuages pour peſcher en la riuiere l'eſturgeon, brochets & carpes, de monſtrueuſe grandeur & tres-excellents, qui s'y prennent en quantité, meſme la chaſſe y eſt abondante, quoy que le païs ne ſoit pas beaucoup agreable à cauſe des rochers en la plus part des endroits.

FIN.

TRAITTE' DE LA MARINE ET DV DEVOIR D'VN BON MARINIER.

PAR LE SIEVR DE CHAMPLAIN.

AV LECTEVR.

AMY Lecteur, Apres auoir passé trente huict ans de mon aage à faire plusieurs voyages sur mer & couru maints perils & hasards, (desquels Dieu m'a preserué) & ayant tousiours eu desir de voyager és lieux loingtains & estrangers, où ie me suis grandement pleû, principalement en ce qui despendoit de la nauigation, apprenant tant par experience que par instruction que i'ay receuë de plusieurs bons nauigateurs, qu'au singulier plaisir que i'ay eû en la lecture des liures faits sur ce suiect: c'est ce qui m'a meû à la fin de mes descouuertures de la nouuelle France Occidentale, pour mon contentement faire vn petit traitté intelligible, & proffitable à ceux qui s'en voudrõt seruir, pour sçauoir ce qui est necessaire à vn bon & parfait nauigateur, & notãmẽt ce qui est des estimes, & comme l'on doit proceder à faire des cartes marines selon la boussolle des mariniers, car pour le reste de la nauigation plusieurs bons autheurs en ont escrit assez particulierement, ce qui m'empesche de n'en dire dauantage, te suppliant d'auoir agreable ce petit traitté, & si'l n'est selon tõ sentiment excuse celuy qui l'a fait, ce qu'il a iugé estre necessaire à ceux qui auront la curiosité de le sçauoir plus particulierement, ce que ie n'ay veu descrit ailleurs; demeurant, amy Lecteur,

VOSTRE SERVITEVR.

TRAITTÉ DE LA MARINE
ET DV DEVOIR
D'VN BON MARINIER.

DE LA NAVIGATION.

Il m'a semblé n'estre hors de propos de faire vn petit traitté de ce qui est necessaire pour vn bon & parfait nauigateur, & des conditions qu'il doit auoir : sur toute chose estre homme de bien, craignant Dieu ; ne permettre en son vaisseau que son sainct Nom soit blasphemé, de peur que sa diuine Maiesté, ne le chastie, pour se voir souuent dans les perils, & estre soigneux soir & matin de faire faire les prieres auant toute chose, & si le nauigateur peut auoir le moyen, ie luy cõseille de mener auec luy vn homme d'Eglise ou Religieux ha-

Pieté recommandable sur mer.

bile & capable, pour fair des exhortations de temps en temps aux soldats & mariniers, affin de les tenir tousiours en la crainte de Dieu, comme aussi les assister & confesser en leurs maladies, ou autrement les consoler durant les perils qui se rencontrent dans les hasards de la mer.

Ne doit estre delicat en son manger, ny en son boire, s'accōmodant selon les lieux où il se treuuera, s'il est delicat ou de petite complexion, changeāt d'air & de nourriture, il est suiect à plusieurs maladies, & changeant des bons viures en de grossiers, tels que sont ceux qui se mangent sur mer, qui engendrent vn sang tout cōtraire à leur nature : & ces personnes là doiuent apprehender sur tout le Secubat plus que d'autres qui ne laissēt d'estre frappez en ces maladies de long cours, & doit on auoir prouision de remedes singuliers pour ceux qui en sont atteints.

Doit estre robuste, dispos, auoir le pied marin, infatigables aux peines & trauaux, affin que quelque accident qu'il arriue il se puisse presenter sur le tillac, & d'vne forte voix commander à chacun, ce qu'il doit faire. Quelques fois il ne doit mespriser de mettre luy mesme la main à l'œuure, pour rendre la vigilance des matelots plus prompte, & que le desordre ne s'en ensuiue : doit parler seul pour ce que la diuersité des commandements, & principalement aux lieux douteux, ne face faire vne manœuure pour l'autre.

Doit estre laborieux & vigilant, commāder seul.

Affable à tous.

Il doit estre doux & affable en sa cōuersation, absolu en ses commandements, ne se communiquer trop facilement auec ses compagnons, si ce n'est auec ceux qui sont de commandement. Ce que ne faisant luy pourroit auec le temps engendrer vn mespris : aussi chastier seuerement les meschans, & faire estat des bons, les aymant & gratifiant de fois à autres de quelque caresse, loüant ceux là, & ne mespriser les autres, affin que cela ne luy cause de l'enuie, qui souuent fait naistre vne mauuaise affection, qui est comme vne gangrene qui peu à peu corrõpt & emporte le corps, ny pour auoir preueu de bonne heure, apportant quelque fois à conspirations, diuisions ou ligues, qui souuent font perdre les plus belles entreprises.

S'il se fait quelques prises bonnes & iustes, il ne doit frustrer le droict de l'Admirale, ny de ceux qui sont auec luy, ny celuy de ses compagnons, tant soldats que matelots en quelque façõ que ce soit : que rien ne se dissipe s'il peut, pour à son retour faire fidel rapport de tout. Il doit estre liberal selon ses cõmoditez, & courtois aux vaincus, en les fauorisant selon le droict de la guerre, sur tout tenir sa parolle s'il a fait quelque composition : car celuy qui ne la tient est reputé lasche de courage, perd son honneur & reputation quelque vaillant qu'il soit, & iamais ne met on de confiance en luy. Il ne doit aussi vser de cruauté ny de vengeance, comme ceux qui sont accoustumez aux actes inhumains, se faisant voir par cela plustost barbares que Chrestiens, mais si au contraire il vse de la victoire auec courtoisie & moderation, il sera estimé de tous, des ennemis mesmes, qui luy porteront tout honneur & respect.

Il ne se doit laisser surprendre au vin, car quand

A iij

vn chef ou vn marinier est yurongne, il n'est pas trop bon de luy confier le commandement ny conduite, pour les accidents qui en peuuent arriuer, lors qu'il dort comme vn pourceau, & qu'il perd tout iugemét & raison, demeurant insolent par son yurongnerie, à lors qu'il seroit necessaire de sortir du dáger, car s'il arriue qu'il se treuue en tel estat, il n'aura moyen de cognoistre sa route, ny reprendre ceux qui sont au gouuernail s'il vont mal ou bien, qui luy fait perdre son estime. Il est aussi souuent cause de la perte du vaisseau, remettant son soing sur l'ignorance d'vn qu'il croira estre marinier, côme plusieurs exemples l'ont fait voir.

Ne se fier en son seul iugement. Le marinier sage & aduisé ne se doit tant fier en son esprit particulier, lors qu'il est principalement besoing d'entreprendre quelque chose de cósequence ou changer de route hasardeuse, qu'il prenne conseil de ceux qu'il cognoistra les plus aduisez, & notamment des anciens nauigateurs qui ont esprouué le plus de fortunes à la mer, & sont sortis des dangers & perils, gouster les raisons qu'ils pourront alleguer, toute chose n'estant souuent dans la teste d'vn seul (car comme l'on dit) l'experiéce passe science.

Estre retenu & ne trop hasarder. Il doit estre craintif & retenu sans estre trop hasardeux, soit à la cognoissance d'vne terre, principalement en temps de brunes, mettre coste en trauers selon le lieu, ou mettre vn bort sur autre, d'autant qu'en ce temps de brune ou obscur il n'y a point de pilote : ne faire trop porter de voile pensant auancer chemin, qui souuent les fait

NAVIGATION. 7

rompre, & de mater le vaisseau ou estant foible de coste, & n'estre bien leste comme il doit, met la guille en haut.

Doit faire du iour la nuict, & veiller la plus grãde part d'icelle, coucher tousiours vestu pour prompte- ment accourir aux accidents qui peuuent arriuer, auoir vn compas particulier, y regarder souuent si la route se fait bien, & voir si chacun de ceux qui sont au quart est en son deuoir: doit faire vn roole particulier des matelots qui seront destinez pour le quart, & bien departir les hommes entendus en la nauigation, qui ayent soin sur ceux qui gouuernent, affin qu'il face tousiours bonne route, & les matelots bon quart, s'il y a suffisamment des soldats, l vn sera en sentinelle sur le deuant, l'autre sur l'arriere, & le troisiesme au grand mas auec vne lanterne penduë auec sa chandelle entre deux tillacs, pour voir & accourir aux choses qui quelques fois suruiennent à l'impourueû.

Doit tousiours veiller.

Ne doit ignorer, mais sçauoir tout ce qui depend des manœuures, du moins tout ce qui est necessaire pour appareiller le vaisseau, & mettre en funain prest à faire voile, comme de toutes autres commoditez necessaires pour la conseruation dudit nauire.

Doit estre fort soigneux d'auoir de bons viures & boissons pour son voyage, & qu'ils soient de garde: auoir de bonnes soutes non humides pour la conseruation de la galette ou biscuit, & principalement en vn voyage de long cours, & en auoir plus que moins: car les voyages de merne se font que suiuant le bon ou mauuais temps & cõtrarieté des vents, faut estre bon œconome en la distribution des viures donnant à chacun ce qui luy est necessaire auec raison, autrement cela engendre quelques fois des mescontentements entre les matelots & les soldats, que l'on traitte mal, & qui en ce temps là sont capables de faire plus de mal que de bien : commettre à la distribution des victuailles vn bon & fidel despensier, qui ne soit point yurongne, ains bon mesnager; car vn homme modeste en cet office ne se peut trop priser.

<small>Faut que le despensier soit fidel.</small>

Il doit estre grandement curieux que toutes choses soient bien ordonnées en son vaisseau, tant pour le fortifier que pour la pesanteur du canon qu'il pourroit auoir, que pour l'embellir, à ce qu'il en aye du cõtentement en y entrant & sortant, & en donner à ceux qui le voyent sur son appareil, comme l'Architecte se plaist apres auoir decoré l'edifice d'vn superbe bastiment qu'il aura designé, & toutes choses doiuent estre grandement propres & nettes au vaisseau, à l'imitation des Flamans qui l'emportent pour le commun, par dessus toutes les nations qui nauigent sur mer.

<small>Ordre necessaire en toutes choses.</small>

Doit estre grandement soigneux quand il y a des matelots & soldats, les faire tenir le plus nettement que faire se pourra, & apporter vn tel ordre que les soldats soient separez des matelots, que le vaisseau ne soit point embarassé quand il est question de venir en telles affaires de temps en temps, & souuent faire nettoyer entre les tillacs les ordures qui s'y engendrent, qui occasionnét maintefois vn mauuais air, &
les

<small>Netteté requise entre les matelots & soldats.</small>

les maladies accompagnées de mortalitez, comme si c'estoit peste & contagion.

Premier que s'embarquer il est necessaire d'auoir tout ce qui est requis pour assister les hommes, auec vn ou deux bons Chirurgiens qui ne soient ignorants, comme sont la plus part de ceux qui vont en mer. *Auoir de bons Chirurgiens.*

S'il se peut, faut qu'il cognoisse son vaisseau & l'auoir nauigé, ou l'apprendra, pour sçauoir l'assiette qu'il demande, & le sillage qu'il peut faire en vingt quatre heures, selon la violence des vents, & ce qu'il peut déchoir de sa route costé en trauers, ou à la cappe auec son papefis ou corps de voile pour le soustenir, afin qu'il ne se tourmente, & se soustienne plus au vent. *Faut cognoistre sō vaisseau.*

Apprehender de se voir és perils ordinaires, soit par cas fortuit, où quelques fois l'ignorance ou la temerité vous y engage, cōme tomber auau le vēt d'vne coste, s'oppiniastrer à doubler vn Cap, ou faire vne route hasardeuse de nuict parmy les bans, batures, escueils, isles, rochers & glaces: mais quand le malheur vous y porte, c'est où il faut monstrer vn courage masle, se moquer de la mort bien qu'elle se presente, & faut d'vne voix asseurée & d'vne resolution gaye, inciter vn chacun à prendre courage, faire ce que l'on pourra pour sortir du danger, & ainsi oster la timidité des cœurs les plus lasches: car quand on se voit en vn lieu douteux chacun iette l'œil sur celuy que l'on iuge auoir de l'experience, car si on le voit blesmir, & commander d'vne voix tremblante & mal asseurée, tout le reste perd courage, & souuent on a veu perdre des vaisseaux au lieu d'où ils eussent *Apprehender & euiter les perils.*

B

peû sortir, s'ils auoient veu leur chef courageux & resolu, vser d'vn commandement hardy & maiestueux.

Sonder les costes & les fonds des ports & escueils. Estre soigneux de faire sonder toutes costes, rades, ports, haures, escueils, bans, rochers & batures, pour en cognoistre le fond, les dangers, ancrages si besoin estoit, ou pour se sçauoir arouter si d'auenture l'on n'auoit aucune hauteur ny cognoissance de terre, dont on doit tenir conte sur son papier iournal.

Doit auoir bône memoire pour la cognoissance des terres, caps, montagnes & gisement des costes, transports des marées, leurs gisement où il aura esté.

Mouiller l'ancre en bon fond. Ne mouiller l'ancre qu'en bon fond, s'il n'est côtraint de soulager ses cables par tonnes, poinsons ou autres inuentiôs, afin qu'il ne se coupe sur le fond de rocher gallay ou gros coquillage par laps de téps, & se tenir en ce lieu le moins que l'on pourra, si ce n'est par force, & les faire garnir aux ecubiers, de peur qu'il ne se couppe, d'autât que si le cable venoit à faillir on seroit en danger de perdre la vie: c'est sur quoy il faut bien prendre garde à auoir de bons cables, ancres, grapins, haussieres, & sur tout dôner bonne touée s'il se peut, principalement durant le mauuais temps, afin que le vaisseau soit soulagé, & ne soit trauaillé ou chassé sur son ancre.

Caller le voile de bonne heure. N'estre paresseux de faire caller les voiles bas, quand on apperçoit quelque grand vent qui se forme sur l horison.

Ce qu'il doit faire quand les tempestes arriuent. Prendre garde aussi quâd vne tourmête arriue, & que le vaisseau est costé en trauers, abaisser les matereaux, les verques basses & bien faisies; côme de toutes autres manœuures, demôter le canon si besoin est, & qu'au debat de la mer il ne trauaille & ne rompe ces manœuures, ou autres choses, saisir bien les canons, si on ne les demonte. Il y a des vaisseaux lesquels s'ils n'ont le grand papefis hors, ils ne se tourmentét pas tant que quand il ne l'ont point, l'experience fait cognoistre ce qui est requis en cest affaire.

Sçauoir bien amarer son vaisseau quand il est dans le port, afin qu'il n'en arriue aucun dommage, aussi ne permettre que l'on porte du feu en iceluy qu'auec lanterne, sur tout où est le magazin des poudres : empescher de petuner entre deux tillacs, car il ne faut qu'vne bluette de feu pour bruler tout, comme il arriue souuent par grand mal-heur.

Estre curieux d'auoir de bons canonniers, bien entendus aux artifices, & autres choses necessaires à vn combat, que toutes choses soient bien appropriées, accommodées & ordonnées en leurs châbres, & tout ce qui despend du canon.

<small>Doit auoir de bons canonniers.</small>

Aussi ne doit rien ignorer s'il peut, de ce qui est necessaire pour bastir vn vaisseau non seulement, mais en sçauoir les mesures & proportions requises, en le voulant faire de tel port ou grandeur qu'il voudra, en vn mot n'en rien ignorer pour en sçauoir discourir pertinemment quand il en sera besoin.

Doit estre soigneux à faire estime du vaisseau, sçauoir d'où il part, où il veut aller, où il se treuue, où les terres luy demeurent, à quel rumb de vet, sçauoir ce qu'il deschet & ce qu'il fait à sa route. Il ne se doit point endormir en ceste exercice, qui est grandemet suiect aux defauts, c'est pourquoy à tous change-

<small>Cognoistre d'où sort & où va le vaisseau.</small>

B ij

ments de vents & route, il doit bien prendre garde d'approcher au plus pres de la certitude, car il se voit quelques fois de bons pilotes estre bien decheus en leurs estimes.

Sçauoir l'astrolabe. — Doit estre bon hauturien, tant de l'arbalestrile que de l'astrolabe, sçauoir en quelle partie marche le Soleil, ce qu'il decline chaque iour, pour adiouster ou diminuer.

Et l'esleuation du pole, — Comme de l'arbalestrile prendre la hauteur de l'estoile polaire, mettre les gardes à rumb, y oster ou diminuer les degrés qui sont dessus ou dessous le pole, selon le lieu où l'on est.

La croisade. — Sçauoir cognoistre la croisade, quand l'on est en la partie du Sud, appliquer ou diminuer les degrés, cognoistre si pouuez quelques fois autres estoiles pour prendre la hauteur, perdant les autres, ou ne l'ayant peû prendre au Soleil, pour ne le voir precisement à midy.

Visiter les instrumēts. — Sçauoir si les instruments dont on se sert sont iustes & bien faits, & en vn besoin d'en sçauoir faire d'autres pour son vsage.

Bien pointer la carte. — Doit estre experimenté à bien pointer la carte, cognoistre si elle est iustement faite selon le lieu de son meridien, s'il s'y peut confier, combien l'on conte de lieuës pour chaque rumb de vēt pour esleuer vn degré : sçauoir les cours & marées, les gisements d'icelles, pour entrer à propos aux haures, & autres lieux où il aura affaire, soit le iour ou la nuict : & si besoin est, estre muny de bons compas & routiers pour cet effect, & auoir des mariniers en son vaisseau qui les sçachent, si par aduenture il n'y auoit esté, car cela

NAVIGATION.

quelquesfois sauue la vie à tout vne esquippage, quand on s'en sert en temps & lieu.

Doit tousiours estre muny de bons compas en nombre, principalement és voyages de lõg cours & auoir pour iceux des roses qui Nordestent & Nórrouestẽt, & auters Nort & Sud, auoir quãtité d'orloges de sables, & autres commoditez seruant à cet effect. *Auoir de bons compas.*

Faut qu'il sçache prendre les declinaisons de l'emant, pour s'en seruir en temps & lieu, cognoistre si les aiguilles sont bien touchées & bien posées sur le piuot, la chape droitte, le balensier libre, & si tout n'est bien l'accõmoder, & pour cet effect doit auoir vne bonne pierre d'emant quoy qu'elle couste, oster tout le fer d'aupres les compas & boussoles, car cela est grandement nuisible. *sçauoir les declinaisons de l'émant.*

Qu'il sçache treuuer le pole de la pierre d'emant, non seulement auec les mesmes aiguilles des compas, si vous ne sçauez qu'elles soient bien touchées: mais il y a d'autres moyens faciles, certains & sans erreur, car il y a des aiguilles, qui touchées Nordestent & Norrouestẽt du pole de ladite pierre d'emãt, deux & trois degrés, qui quelques fois engendrent & causent de grands erreurs en la nauigation, & principallement en celles qui sont de long cours. *Treuuer le pole & la pierre d'émant.*

N'oublier souuent, à apprendre les declinaisons de l'aguidemét en tous lieux, qui est de sçauoir combien elle decline du Meridien vers l'Est, & Ouest, ce qui peut seruir aux longitudes ayãt ces obseruations, & retournant au mesme lieu d'où vous les auriez prises, trouuant la mesme declinaison vous sçauriez où

B iij

vous seriez, soit en l'hemisphere de l'Asie ou du Perou, & de ce on ne doit estre negligant, aussi sert pour sçauoir le Meridien du lieu, & appliquer la rose des véts, selon le lieu où vous nauigerez : sçauoir tous les noms des airs de vent ou rumb de la rose du compas à nauiger.

Sçauoir faire des cartes marines.

Sçauoir faire des cartes marines, pour exactement recognoistre les gisements des costes, entrées des ports, haures, rades, rochers, bans, escueils, isles, ancrages, caps, transports des marées, les anses, riuieres & ruisseaux, auec leurs hauteurs, profondeurs, les amarques, balises, qui sont sur les écores des bans, & descrire la bonté & fertilité des terres, à quoy elles sont propres & ce que l'on en peut esperer, quels

Cognoistre les lieux & les habitans.

sont aussi les habitans des lieux, leurs loix, coustumes, & despeindre les oyseaux, animaux & poissons, plantes, fruicts, racines, arbres & tout ce que l'on voit de rare, en cecy vn peu de portraiture est tres necessaire, à laquelle l'on doit s'exercer.

Sçauoir la difference des longitudes d'vn lieu à l'autre, non seulemét sur vn paralelle, mais surtous, & mesme de ceux qui different en degrés de latitude, cóme seroit de Rome au destroit de Gillebratard, & ainsi de tous autres lieux du monde.

La vicissitude des années.

Sçauoir le nombre d'or, la concurrence, le cycle solaire, la lettre Dominicale pour chacune année, quand il est bissexte ou non, les iours de lune de sa conionction, en quel iour entre les mois, ce qu'ils cótiennent de iours chacun, la difference le l'an lunaire & de l'an solaire, l'aage de la lune, ce qu'elle fait chaque iour de degrés, quels signes entrent en chaque

NAVIGATION.

mois, combien il faut de lieuës en vn degré Nort & Sud, ce que contiennent les iours sur chaque paralelle, & ce qu'ils diminuët ou croissent chaque iour, sçauoir l'heure du coucher, & l'heure du Soleil, qu'elle declinaison il fait à chaque iour, soit à la partie du Nort ou du Sud, sçauoir en quel iour entrent les festes mobiles.

Sçauoir qu'est-ce que la sphere, l'axe de la sphere, l'horison, meridien, hauteur de degré, ligne equinoctialle, tropiques, zodiaque, paralelles, longitude, latitude, zenit, centre, les cercles artiques, antartiques, poles, partie du Nort, partie du Sud, & autres choses despendantes de la sphere, le nom des signes, des planetes, & leur mouuement. *Doit sçauoir la sphere.*

Sçauoir quelque chose des regions, royaumes, villes, citez, terres, isles, mers, & autres telles singularitez qui sont sur la terre, partie de leurs hauteurs, longitudes, & declinaisons s'il se peut, & principalement le long des costes où la nauigation se doit estendre, ce que sçachant tant par pratique que par science, ie croy qu'il se pourra tenir au rang des bõs nauigateurs.

Outre ce que dessus, vn bon capitaine de mer ne doit rien oublier de ce qui est necessaire à vn cõbat de mer, où souuent l'on se peut rencontrer: doit estre courageux, preuoyant, prudent, accompagné d'vn bon & sain iugement, recherchant tous les auantages qu'il se pourra imaginer, soit pour l'offensiue ou la deffensiue, s'il peut se tenir au vent de l'ennemy: car chacun sçait combien cela sert pour auoir de l'auantage, soit pour aborder ou non, la fumée des coups de canons ou des artifices, offusquent quelques fois si bien l'ennemy qu'il se met en desordre, faisant perdre la co- *Ce qui est necessaire à vn combat de mer.*

gnoiſſance de ce qu'il doit faire, ce qui s'eſt ſouuent veu en des combats de mer.

<small>Voir ſi les œuures ſõt propres au combat.</small> Le Capitaine doit preuoir que tous les canons, pierriers, balles, artifices, poudres & autres armes neceſſaires à combatre ou à ſe conſeruer ſoient en bon eſtat, maniées & conduittes par gens experimentez & entendus, pour eſuiter aux inconueniens qui peuuent arriuer, & notamment des poudres & artifices: ne les commettre qu'à des hommes ſages & cognoiſſans, qui ſçachent les diſtribuer & en vſer à propos: regarder d'y apporter vn tel reglemẽt à toutes les affaires, que chacun ſuyue ſon ordre, ſoit pour le commandement des quartiers ſelon qu'ils ſeront ordõnés: comme auſſi pour les manœuures du vaiſſeau, que quand chacun ſera en ſon quartier qu'il n'en parte, que ce ne ſoit par le commandement du Chef ou autre qu'il aura ordonné, que pour ce ſuiẽt tous les matelots <small>Faire tenir preſts les matelots.</small> & mariniers ſoiẽt en eſtat & diſpoſez pour auoir l'œil aux manœuures & voiles, les bien ſaiſir, tant par en bas que par en haut. Les pilotes doiuẽt eſtre auſſi ſoigneux des choſes qui deſpendent du gouuernail & de ceux qui y ſeront mis: Auſſi que tous les charpentiers & calfaſteurs auec leurs ferrements, ſoient preparez pour reparer le dommage que l'ennemy pourroit faire au combat: Le vaiſſeau ne doit eſtre embaraſſé, pour pouuoir aller librement viſiter en bas, & refaire le dommage que le canõ pourroit faire ſous l'eauë: L'on doit auoir des vaiſſeaux preparez, pleins d'eauë pour eſteindre le feu, ſi par haſard il arriuoit quelque accident, ſoit pour le ſuiet des poudres, artifices, & autres choſes.

Auoir

NAVIGATION.

Auoir esgard que les blessés soient secourus prómptement par gens destinez à cela, & que les Chirurgiens & quelques aydes soient en estat, & fournis de tous les instruments, qui leurs sont necessaires, comme des medicaments & appareils, auec du feu en vn brasier de fer, soit pour cauteriser ou faire autre chose quand la necessité le requerra.

Que le chef soit tousiours à l'airte tátost en vn lieu tantost en vn autre, pour encourager vn chacun à son deuoir, donner vn tel ordre qu'il n'y aye aucune confusion, d'autant qu'en toutes choses cela apporte des dommages notables, principalement en vn combat de mer. Le sage & aduisé capitaine doit considerer tout ce qui est à son auantage, en demander aduis aux plus experimentez, pour auec ce qu'il iugera estre necessaire & vtile, l'executer: Aux rencontres & aux effects on ne doit estre nouice, mais experimété en l'ordre des combats qui sont de plusieurs façons, d'attaquer & assaillir, & autres choses que l'experience fait cognoistre plus auantageuses les vns que les autres.

<small>Que le Chef soit par tout.</small>

Que les cartes pour la nauigation sont necessaires.

IL n'y a rien si vtile pour la nauigation que la carte marine, d'autát qu'elle dessigne toutes les parties du monde, auec les costes, rades, ports, riuieres caps, promótoirs, ances, plages, rochers, escueils, isles, bans, batures, entrées des haures, les amárques & balisses, & leurs profondeurs, ancrages selon les lieux & dangers qui s'y peuuent rencontrer, les

<small>2. P.</small>

C

hauteurs, distances, & rumb de vent par lesquels l'on nauige. Par la mesme on despeinct aussi les ruisseaux, achenals & terres doubles, qui paroissent dans les terres & le long des costes, parquoy ie dis que les cartes qui sont exactement faites sans erreur, les reduisant pour les distances au mieux qu'il sera possible du rond au plat : encore qu'il y aye quelque difficulté, neaumoins l'on y peut paruenir pour s'en seruir & bien nauiger : il faut que les rûbs de la rose des vents soient iustement & delicatement tracées, que tous les degrés de l'esleuation soiét bien esgaulx, que l'eschelle des lieux corresponde aux degrés de latitude, que tout soit bien en hauteur, & à cecy la portraiture est necessaire pour sçauoir exactement faire vne carte en laquelle quelquefois est necessaire de representer beaucoup de particularités selon les contrées ou regions, comme figurer les montagnes, terres doubles qui paroissent, costoyant les costes; Aussi se peuuent despeindre les oyseaux, animaux, poissons, arbres, plantes, racines, simples, fruicts, habits des nations de toutes les contrées estrangeres, & tout ce que l'on peut voir & rencontrer de remarquable, & ainsi il est bien difficile sans carte marine de nauiger, c'est pourquoy il est besoin que tous mariniers en ayent de bonnes, auec tous les instruments & autres choses necessaires à la nauigation, qu'ils soient iustes & bien graduez, comme aussi faut auoir de bonnes Boussoles selon les lieux où l'on voudra nauiger.

Carte marine sert beaucoup à la nauigation.

Comme l'on doit vser de la carte marine.

Quand il est question d'entreprédre voyage, il faut voir sur vostre carte le lieu de l'éleuation d'où l'on part, & celuy où on veut aller, soit en longitude ou latitude, si c'est en la partie du Nort ou du Sud, & la distance du chemin, les rumbs par où il doit nauiger, & les vents qui luy seront fauorables: Le tout estant bien consideré leuez les ancres, mettez sous voiles, & ayát cinglé quelque espace de temps, s'il arriue quelque contrarieté de temps l'on nauigera par vn autre rumb le plus approchant de la route, & à lors faut considerer le lieu où il se treuue selon l'estime qui sera faite du chemin, tenir bon conte sur le papier iournal du changement de route auec la hauteur s'il peut, ou d'estimer au mieux qu'il luy sera possible: Pointer sa carte si l'on veut sçauoir le lieu où on est, conter les lieuës du chemin, & ainsi l'on cognoistra où l'on sera descendu ou monté, & l'on regardera les rumbs de vent celuy qui a amené le vaisseau d'où il est party, pour quand on voudra faire l'estime: on doit auoir toutes choses bien calculées, pour sçauoir le chemin que l'on aura fait & dechû de la route, comme il sera montré cy apres lors qu'il sera question de pointer la carte marine.

C ij

Comme les cartes sont necessaires à la nauigation, pour tous Mariniers qui peuuent sçauoir le moyen de les fabriquer pour s'en ayder, en figurant les costes & autres choses cy dessus dictes, & la façon comme l'on y doit proceder selon la Boussole des Mariniers.

SVR vn papier ou carton l'on tracera vne rose, ou plusieurs selon l'estenduë de la carte, auec les trête deux rumbs, lesquels seront tirés le plus delicatement & nettement que l'on pourra, sur lequel carton aux costes marquerez la quantité des degrés que l'on voudra estendre sur la carte, lesquels contiédront chacun dix-sept lieuës & demie, & ferez l'eschelle de dix en dix lieuës, qui conuiendra aux lieuës de degrez, ce que ayant esté obserué, ayez aussi vostre Boussole, qui soit selon le lieu de la declinaison du lieu, autrement il y pourroit auoir erreur, prenant vn meridien pour vn autre : si l'on desire tracer vne coste d'vn Cap à l'autre, auec les bayes, caps, ports, riuieres, isles, basses, rochers, & autre chose qui peuuent seruir de marques pour la nauigation desdictes contrées, auec les sondes, ancrages : Ie presuposé qu'vne coste aille d'vn Cap à l'autre selon que montre la Boussole de l'Ouest à l'Est, & que le Cap A, soit à quarante degrés & demy de latitude, poserez vn poinct sur ledit carton, à la mesme hauteur de quarante degrés & demy au poinct A, comme l'aurez treuuée sur l'astrolabe, prenez vostre compas, mettant vne pointe sur le rumb de vent, qui va de l'Ouest à l'Est, & l'autre que metterez au poinct A, &

Comme il faut secourir les distances des lieux où on se trouue.

courût la pointe sur le rumb de vent de l'Ouest à l'Est, iusques au dernier cap vous y marquerez vn poinct B, & tirez vne ligne de A, B, paralelle au rumb Est & Ouest, ce faict estimez combien il y a de lieuës du poinct A, à B, & vous verrez qu'il y a vingt lieuës, lesquelles l'on prendra sur l'eschelle, que rapporterez sur le point A, & l'autre poinct sur le rumb de vent tant qu'il se pourra estendre, de ces vingt lieuës y marquerez B, qui sera l'estenduë d'icelle coste pretenduë.

On portera la Boussole audit Cap B, lequel chemin se fait auec vn bateau, pour recognoistre exactement ce qui sera le long de la coste, où l'on pourra mettre pied à terre pour estre plus asseuré, auoir le gisement de la coste : estant au Cap B, regardez sur la Boussole à quel rumb de vent fuit la coste, prenez qu'elle coure au Suest quinze lieuës, il faut proceder à ceste seconde scituation comme à la premiere : prenez le compas, mettez vne pointe au poinct B, & l'autre sur le rumb de vent qui est Suest & Norrouest, conforme à la coste qui est le gisement, & tirerez vne ligne paralelle au rumb de vent Suest & Norrouest l'on prendra quinze lieues sur l'eschelle & rapporterez vne pointe au poinct B, & l'autre sur la ligne au poinct C, distant de quinze lieues : ce qu'estant obserué, portez la Boussole sur tous les Caps & autres lieux, y procedant comme au commencement, & s'il y auoit quelques isles, rochers, bans, ou batures en mer, estant à l'vn des Caps regardez sur la Boussole à quel rumb demeure l'isle, comme de B, à D, de B, à G, & F, tracez les rumbs des vents esgaux à ceux de la rose des vents, suiuant là forme cy dessus, & estant au Cap C, de rechef regardez

Moyen de faire des cartes marines.

auec la Bouſſole à quels rumbs de vent vous demeurét leſdits caps de l'iſle, c'eſt ce qu'il faut premierement obſeruer: ce qu'ayant veu, vous les tracerez, & où ces rumbs de vent entrecouperont les deux autres, là ſera la ſcituation des Caps de l'iſle D, G, F, & la diſtáce ſera ſelon celle de la coſte B, C, où il y a quinze lieues & de B, à D, onze & demie, & à G, autant, à F, dix-huict, & de C, à F, dix, & à G, huict à D, treize, & ainſi ſelon la diſtance des lieux qui ſerōt eſloignés de la coſte, vous obſeruerez comme auſſi tout ce qui ſe pourra remarquer, faiſant touſiours deux ſcituations, pour ſçauoir combien les iſles, ou rochers, bans, ou batures ſont eſloignées de la coſte & par le moyen des interceſſiōs qui s'entrecouppent aux rumbs de vent, l'on ſçaura la ſcituation des lieux ſoit prés ou loing auec la diſtance. Il ne faut oublier de ſonder ſouuent, & cognoiſtre les ancrages qui ſont marquées en la carte cy deſſous, cōme eſt ceſte marque ♂, faut mettre auſſi le nombre des braſſes en chiffres comme vous voyez audit carton. Reprenant le Cap C, & regardant la Bouſſole à quel rumb de vent fuit la coſte, recognoiſſant qu'elle va à l'Eſt vn quart du Nordeſt vingt & vne lieue & demie iuſques au poinct H, du poinct H, regardez de rechef comme fuit la coſte qui va au Nort au Cap I, prés de dix-huict lieues du poinct I, faiſant l'Eſt vn quart du Sueſt, iuſques au Cap K, dix-huict lieues & demie, & faiſant le Sud vn quart du Surroueſt, iuſques au Cap L, 28. lieues, & dudit Cap faiſant l'Oueſt Surroueſt au Cap M, vnze lieues, & ainſi l'on procedera, cherchant les rumbs de vent ſur la roſe qui eſt tracée ſur le papier ou carton: de ceſte façon ferez toutes

fortes de cartes à nauiger. Ie pourrois bien montrer
d'autres manieres de faire des cartes pour la terre,

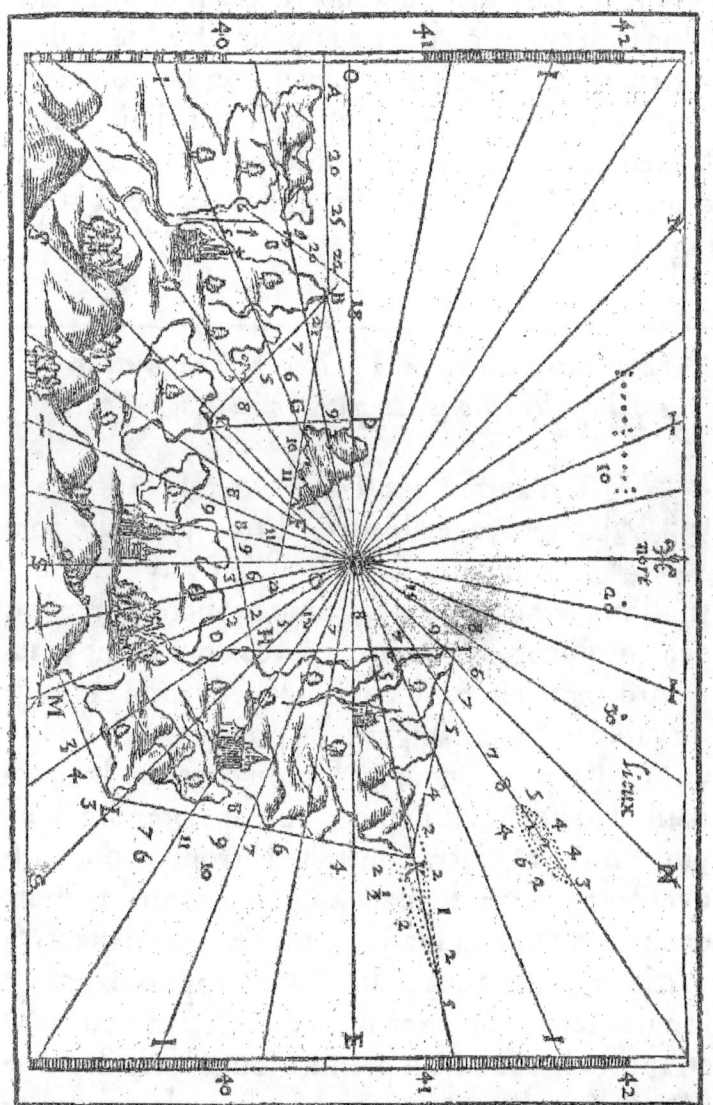

mais elles ne feruiroient pas pour la nauigation, d'autant que l'on n'y applique les rumbs de vent felon

les Bouffoles de la nauigation, comme l'on fait à celle de quoy les mariniers fe gouuernēt, qui doiuent eftre felon la declinaifon des lieux pour eftre bien faites, autrement il y auroit de l'erreur fi l'on prenoit vn autre meridien que celuy qui eft audit lieu d'où l'on fait la carte, que l'on ne laiffe d'obferuer fur la terre, mais d'autre façon que le long des coftes propres à la nauigation.

Des accidents qui arriuent à beaucoup de nauigateurs pour ce qui eft des eftimes, de quoy on ne fe donne garde.

ET d'autant que l'eftime que l'on doit faire aux voyages de mer, eft tres neceffaire pour la nauigation, bien qu'il n'y aye demonftration certaines, qui fait que beaucoup d'erreurs s'en enfuiuent, notamment à ceux qui n'ont beaucoup d'experience, ne cognoiffant bien le cinglage du vaiffeau où ils nauigent, ou prenant vn meridien au lieu d'vn autre, pour ne fçauoir obferuer la declinaifon du lieu où il nauige, voulant prendre rumb pour vn autre qui fera contraire à la route, pour quelques fois y auoir de mauuais gouuerneurs, qui font dechoir le vaiffeau à vau le vent. Tous ces deffauts en partie ne viennēt que pour n'auoir cognoiffance des longitudes comme des latitudes, & croy que pour en approcher faudroit prendre fouuent les declinaifons de l'aiguille d'aimant, qui montre le vray meridien où l'on eft comme i'ay dit cy deffus : de plus fe voit des transports de marée que fi l'on n'y prēd garde de font dechoir le vaiſſeau de ſa route, outre la violence des tempeſtes, qui fait aller à vau le vent le vaiſſeau, prenant vn rumb pour vn autre, en fin vn nombre infiny d'autres accidents qui ſe rencontrent, empeſchent de faire vne eſtime aſſeurée en la nauigation, qui cauſe la perte d'vne infinité de vaiſſeaux, ſãs la mort de pluſieurs hommes, & le tout par l'opiniaſtreté de certains nauigateurs, qui croyent ſe faire tort ſi on les tenoit fautifs en leur eſtime, ne deſirant ſe communiquer à perſonne, de crainte qu'on apperçoiue leur deffaut, voulant par là faire croire qu'ils ont quelque regle plus aſſeurée que tous les autres, & tels nauigateurs font ſouuent de mauuais voyages à leur ruine, & de ceux qui ſont ſous leur conduite.

Ce qui ſe doit obſeruer en l'eſtime.

On ne doit oublier vne choſe en l'eſtime, qui eſt ſe faire plus de l'auant que de l'arriere, comme ſi le vaiſſeau faiſoit deux lieuës par chacune heure, luy en donner demy quart ou plus, conformement au chemin de l'eſtime qu'on fait ſelon la lõgueur des voyages, il vaut mieux eſtre vingt lieuës de l'arriere que trop toſt de l'auant, où l'on ſe pourroit treuuer ſur la terre où en danger de ſe perdre, comme il arriue à pluſieurs vaiſſeaux faute de ne ſe donner garde, qui penſant eſtre bien eſloignez de terre, faiſant porter en l'obſcurité de la nuict, aux temps des brunes, où d'vn grand orage, où ils n'ont point de veuë, & ſe treuuent eſtonnez qu'ils ſe voient à terre, & s'il y a de quoy ſonder au lieu où l'on va, que l'on ſonde vn iour pluſtoſt que plus tard, & ſi l'on eſpere la treuuer ayant iecté le plomb, continuez de quatre horloges en quatre, en la nuict ou temps de brune,

D

c'est le moyen d'euiter les perils, car l'on ne sçauroit trop apprehender ce que l'on ne voudroit voir, d'autant qu'il ne se fait iamais deux fautes en telles nauigations : aufsi si auez à doubler quelque cap ou isle la nuict ou durant la brune, prenez touſiours vn demy quart de vent plus vers l'eauë pour euiter la terre, ou ſi quelque marée portoit deſſus, prenez pluſtoſt vn rumb entier : Le iugement du marinier doit auiſer à cela plus ou moins ſelon la violence des marées, & ſi l'on nauigeoit dans les mers où il y a des glaces, & en doutant, prenez garde tout le iour, & ayez des matelots à la hune pour deſcouurir, & ſi n'en voyez le iour ou la nuict allez à petit voile, & ſi la brune eſt ou qu'il face noir en lieu douteux, mettez à l'autre bort, ou amenez tout à bas, attendant que l'air ſoit clair & ſerain, & ſi vous en voyez, allez diſcrettement, & ne vo'y engagez mal à propos : La nuict ne faites porter pour euiter le danger, iuſqu'à ce qu'en ſoyez hors, & que l'on ne s'opiniatre de le faire inconſiderement parmy ſes dangers, comme quelques fois ie me ſuis veu dix-ſept iours enfermé dans les glaces, & ſans l'aſſiſtance de Dieu nous nous fuſsions perdus, comme d'autres que nous viſmes faire naufrage par leur temerité. C'eſt pourquoy le ſage marinier doit craindre autant les inconueniens qui peuuét arriuer, comme ce qui eſt de l'eſtime, à laquelle les plus anciens nauigateurs ſont les plus experts, pour ce ſuiect ie traitteray de la difference des eſtimes cy apres.

Premier que rapporter les diuerses estimes l'on verra vne chose remarquable de la prouidence de Dieu, des moyens qu'il a donné aux hommes pour euiter les perils de la plus part des nauigations qui se treuuent aux longitudes, puisqu'il n'y a point de reigle bien asseurée, non plus qu'en l'estime du marinier.

DIEV tout sage, tout bon, tout puissant, preuoyant que les hommes qui cinglét par les mers de ce grand Ocean, couroient mil perils & naufrages, s'il ne les afsistoit de quelques enseignements, qui les peussent garantir de la mort, & perte de leurs vaisseaux : puisque l'homme n'auoit des certitudes asseurées en ses nauigations par les longitudes, & que nul ne se doit trauailler en ceste vie pour ce suiect, d'autant que se seroit en vain, comme plusieurs l'ont experimenté de nostre téps, il y a assez de demonstrations & escrits sans effects solides & arrestez. Or Dieu autheur de toutes choses, comme il ne luy a plû donner ceste cognoissance, il a donné vn autre enseignement, par lequel les mariniers se peuuent redresser de leur estime, euitant les perils qu'ils pourroient courir beaucoup plus qu'ils ne font, si ce n'estoit cette prouidence Diuine. C'est chose asseurée que le hauteurs que l'on prend tant par le soleil que par l'estoile polaire & autres, donne vne cognoissance certaine du lieu où l'on part, iusqu'à celuy où l'on va, & où l'on est : pour ce qui est des latitudes qui radressent le marinier, mais non l'espace du chemin qui ne se fait que par eftime horfmis du Nort au Sud, on eftime eftre vne chofe dont on n'eft pas bien certain de la diftãce qu'il y a d'vn lieu à autre, ou de quelque nombre ou chofe femblable : que fi le nauigateur eftoit affeuré de fa route, il ne l'eftimeroit pas, ains diroit pluftoft le poinct de certitude où fe treuue le vaiffeau quand il voudroit poincter la carte.

On vfe encore d'vne autre maniere de parler, qui eft quand l'eftime ne fe treuue bonne, il faut l'amander, & n'y a de regle certaine non plus qu'en l'eftime, c'eft ce que ie n'ay peû fçauoir ny apprédre d'aucuns mariniers, auec lefquels i'ay communiqué, finon que tout fe fait auec des regles de fantaifie, qui font differentes, les vnes meilleures que les autres, dequoy il faut eftre grandement foigneux en la nauigation. C'eft pourquoy les plus experts & anciés nauigateurs, ont cognoiffance plus parfaite aux eftimes, & autres accidents qui arriuent à la mer, que les autres qui fouuent s'en font plus à croire qu'ils ne fçauent. Or comme dit eft, il y a des marques affeurées à la nauigatiõ, qui font opofées aux dangers que l'on pourroit encourir, & fi certains que quand l'on les cognoift, le marinier fe reiouift, & ceux qui font auec luy, cõme s'ils eftoiët ia arriuez au port de falut, foulagé de tous les foins & eftimes paffées, recognoiffant les fautes qu'il auoit peû faire, comme s'il eftoit trop de l'auant ou trop peu de l'arriere, & par ce moyen fe gouuerner & amander vne autrefois fon eftime, & à bien pointer fa carte : peu à peu on fe forme, en pratiquát fouuent l'on fe rend plus certains en la nauigation.

Voyons quelles sont ses amarques & enseignemens, commençons par ceux de la Nouuelle Fráce Occidentale. Il y a entre elle & nous vn lieu qui s'appelle le grand ban, où nombre de vaisseaux tant Fráçois que Estrangers vont faire la pesche de moluë, comme à la terre ferme & isle d'icelle, qui s'y prẽd ẽ partie de ces lieux en toute saison, máne qui ne se peut estimer tant pour la France qu'autres Royaumes & contrées, où il s'en fait de tres grands & notables trafics. Ce grand ban tient du quarante & vniesme degré de latitude iusqu'au cinquante & vniesme sont quatre vingts dix lieuës, il est Nordest & Surrouest, suiuant le rapport des nauigateurs par le moyen des sondes, ce qui ne se pouuoit faire autrement, & sa largeur en des endroits comme sur la hauteur de 44. à 46. degrez à 50. 60. & 70. lieuës quelque peu plus ou moins, selon la hauteur : & de ceste largeur allant au Nort il va en diminuant peu à peu, & du 44. degré au 42. il se forme à peu prés comme vne ouale, où au bout il y a vne pointe fort estroitte, ainsi que le representẽt tous les mariniers du passé, par le nombre infiny des sondes qu'ils y ont iettées, qui peu à peu en ont fait cognoistre la figure, tant de ce ban que d'autres, qui sont à Ouest & Ouest Norrouest d'iceluy comme le banc, auert, & les banquereaux & autres qui sont peu esloignez de l'isle de sable, premier que venir à ce grand ban de 25. & 30. lieuës en mer. Il se voit de certains oyseaux par troupes qui s'appellent marmetes, qui donnent vne cognoissance au pilote qu'il n'est pas loing de l'escore du ban, qui sont les bords, alors l'on appreste le plomb & la sonde pour sonder, iusqu'à ce que l'on paruienne à ceste escore, pour cognoistre quand l'on sera proche d'entrer sur le grand ban, ceste sonde se iette de 6. en 6. heures de 4. en 4. de 2. en 2. ainsi que le pilote en croit estre proche ou esloigné : or il cognoist quand il est à l'escore au fond où il y aura en des endroits 90. 80. 70. 65. 60. & 50. brasses d'eauë, vn peu plus ou moins, selon la hauteur où il se treuuerra, & estant sur ledit ban, il treuuera 45. 40. 30. & 35. brasses d'eauë, vn peu plus ou moins selon la hauteur. A ce deffaut la sonde aux experimētez qui donne cognoissance où il est, & est certain que premier que voir la terre, il doit passer sur ce ban, qui luy fait cognoistre la distance du chemin qu'il a à faire, & asseuré de ce qu'il a fait, bien que son estime fust fautiue, lequel ban est esloigné de la plus prochaine terre de 25. lieuës, qui est le Cap de Rase, sur la hauteur de 46. degrés, & demy, tenant à l'isle de Terre Neufue, & entre le ban & la terre il y a grande profondeur, qui donne cognoissance que l'on est passé l'escore du ban de l'Ouest, Norrouest. De plus qu'estant sur ce grand ban, on y voit des marques certaines, par le nombre infiny d'oyseaux, qui sont comme fauquests, maupoules, huans, mauues, taille vápoingoins ou apois, & quelques autres qui la plus part suiuent les vaisseaux pescheurs qui prennent la moluë, pour manger les testes & entrailles du poisson que l'on iette à la mer : tout cecy se faict cognoistre cōme dit est, où l'on est, qui donne vn grand contentement à vn chacun : Le marinier ayant pris sa hauteur, ce qu'il ne doit negliger en aucune façon, ou s'il n'a bonne hauteur qui reuienne à son estime, ce qu'il pensera auoir fait, ou s'il a cognoissance de la sonde il fera sa route pour gaigner le lieu où il desire aller : & le nauigateur preuoiāt par estime qu'il est proche de débāquer, il fait ietter la sonde iusqu'à ce qu'il ne treuue plus de fond, ou pour le moins grande profondeur, comme de 100. 130. ou 140. brasses d'eauë, faisant quelque chemin, comme 10. en 12. lieuës l'on rencontre le Ban Auert qui conduit la sonde, iusqu'au trauers des isles sainct Pierre, separées de l'isle de Terre-Neufue 5. à 6. lieuës, oubien passerez par autres bans appellez les banquereaux, qui donnent parfaite cognoissance auec la hauteur où l'on est, & ainsi asseurement l'on fait sa route depuis ledit grand Ban.

Mais si la hauteur n'est asseurée que par estime du ban, l'on tasche le mieux que l'on peut d'aller cognoistre la terre pour s'arouter auec certitude, comme le Cap de Rase, saincte Marie, isles sainct Pierre, ou autres caps, attenants à ladite isle de Terre-Neufue, ou quelques batures qu'aucuns cognoissent à la sonde & au poisson qui s'y pesche, & ainsi cherche lieu certain pour s'adresser & asseurer de la route, & allant recognoistre ces terres, que ce ne soit durant la brune ny de nuict : il y faut aller sagement & discrettement faisant faire bon quart, se donner garde des marées suiuant le lieu où l'on est. Ceux qui partent du ban, beaucoup y en a qui auec bonne hauteur vont à la veuë des isles de sainct Pierre ou cap de Raye, tenant à ladite isle de Terre-Neufue, entre l'isle sainct Paul ou Cap sainct Laurent, tenant à l'isle du cap Breton, pour entrer au golphe sainct Laurent, ainsi que chacun desire faire sa route.

Et si l'on defire aller à la cofte d'Acadie, Souricois, Etechemins, & Allemouchicois, l'on peut aller recognoiftre le Cap Breton ou les ifles de Canfeau, l'Ifle Verte, Sefambre, la Heue, Cap de Sable, Menafne Ifle Longue, & celle des Monts Deferts, ou le Cap-blan, proche de Mal Barre terre baffe, à 20. & 25. lieuës vers l'eau on a la fonde à 50. braffes fond attreãt, venant à la terre, marque que Dieu a dónée aux nauigateurs pour ne fe perdre, pourueu qu'ils ne foient point pareffeux ny negligents de fonder.

Toutes cefdites coftes & caps, cy deffus nommez, ne font efloignez dudit grand Ban iufqu'au cap Bretõ que de 100. ou de Canfeau 120. lieues, entre deux eft l'Ifle de Sable, fur la hauteur de 43. degrés & demy de latitude 25. à 30. lieues du Cap Breton, Nort & Sud, fort dangereufe & baturiere, de laquelle l'on fe doit donner garde : les marées portent fur icelle venant du Nort & Nornorroueft.

De façon que la nauigation qui fe fait en ces païs là eft comme affeurée fans courir beaucoup de rifque, encores que les eftimes ne foient bien certaines pour les cognoiffances cy deffus dites, on fçait où l'on eft, refaifant vne nouuelle, comme fi on partoit d'vn port, & l'ignorance d'vn marinier qui a paffé vne ou deux fois feroit bien grande, fi en 125. lieues qu'il y a du grand Ban aux coftes de la Nouuelle Fráce, fit tant d'erreurs en fon eftime, qu'il ne fçeut fe dóner garde d'aborder la terre, où il iroit fouuent fans la cognoiffance dudit grand Ban, qui occafionne que tant de vaiffeaux ne fe perdent, comme ils feroient, fi cela n'eftoit, ce qui r'adreffe le marinier de fon eftime.

Et

NAVIGATION.

Et pour les nauigations qui se font de la Nouuelle France Occidentale, aux costes de France, Angleterre, & Irlande, il y a des marques & enseignements en la mer, de la sonde que l'on l'apporté de 55. & 30. à 25. lieuës en mer en des endroits, suiuant la hauteur où l'on se treuue, donne à cognoistre le lieu où l'on est, le chemin que l'on a à faire & la route que l'on doit tenir, refaisant nouuelle estime, & si la hauteur n'est que par estime, les anciens nauigateurs par vne longue pratique tant du passé que de l'heure presente recognoissent le fond des sondes, si c'est rocher sable d'orloge, ou vaseux, argile, coquillage, autre fond à grain d'orge, pailleteux, petits grauois, & ainsi d'autres noms qu'on donne pour cognoistre la difference des fonds, à ce ioincte la profondeur de tant de brasses, il cognoisse le lieu où ils sont, & la route qu'ils doiuent tenir, soit pour aller aux costes de Fráce, Angleterre ou Escosse, & s'ils ne sont mariniers bié cognoissants à ces sondes, il arriue qu'au lieu d'aller en la manche, ils vont celle de sainct George tresmauuaise, si l'on n'en a la cognoissance qui est au Nort de Sorlingues & costes d'Angleterre : d'ailleurs il est à craindre comme les costes de Bretagne, mais si le temps est beau, il n'y a rien à apprehender, & si en si peu de chemin de 55. 30. & 25. lieuës, on fait vne si mauuaise estime, pour aller aborder la terre : le marinier seroit bien neuf & ignorant en ce qui seroit de la nauigation, & par ainsi le recognoist la prouidéce de Dieu, & enseignements qu'il dône aux mariniers, pour se conseruer & les soulager des estimes.

De plus, ce qui soulage grandement le marinier,

E

est qu'és costes d'Espagne il y a grande profondeur d'eau, & la plus part des terres fort hautes qui se peuuent voir de loing aux mariniers, qui fait que l'on n'en approche que selon que le nauigateur desire il n'y a que la brune ou la nuict qui le pourroit endõmager, & diray qu'en ce temps de brune on en approcheroit de fort prés, pour estre la coste saine, & euiter le peril, & remettre à la mer, que l'on ne feroit si aysement à vne terre basse où l'on seroit dessus premier que se pouuoir garátir, ce qui arriue par l'estime du pilote qui croyoit estre trop de l'arriere, au cõtraire il se faut tousiours faire plus de l'auát. Or quoy que s'en soit l'on a des enseignements, premier qu'arriuer à terre, soit par sondes, hostes, terres, oyseaux, herbiers, qui se rencontrent en d'aucunes mers, poissons, changement de temps, saisons, & plusieurs autres marques, desquelles les nauigateurs ont cognoissáce, qui soulagent fort l'estime du pilote auec de grandes consolations : que si ces marques & enseignements n'estoient en la mer, la nauigation seroit beaucoup plus perilleuse & suiect aux risques qu'elle n'est, car en vn bon vaisseau il n'y a à craindre que la terre & le feu, c'est pourquoy quand on est entre des terres & proche des costes, il faut estre grandement soigneux de dormir plus le iour que la nuict, prendre garde aux transports des marées pour euiter le lieu où elles vous pourroient porter, afin que quand vous arriuerez au port de salut, vous rendiez graces à Dieu.

Estimes des nauigateurs tres necessaires au marinier. Or voions les estimes des nauigateurs tres necessaires au marinier, si on ne les a prises si iustement, au moins en approcher à peu prés, à ce qu'il aye cognoiſſance pour le pouuoir r'adreſſer, pour ce qui eſt des diſtances des longitudes, qui ſeroient tres aſſeurées, s'il ſe rencontroit vn inſtrument ſi iuſte qu'il peuſt enſeigner la vraye eſgalité de l'heure, continuât ſans erreur (comme il ſera dit cy aprés,) que nous aurons monſtré comme ſelon mon ſentiment l'on ſe deuroit gouuerner à dreſſer les papiers iournaux, & celuy de l'eſtime.

Ayez deux liures iournaux, l'vn pour les eſtimes particulieres, & l'autre pour les diſcours des rencontres, & de ce qui ſe paſſera pendant les voyages, celuy des rencontres ſe fera en ceſte maniere.

Le 20. de May, ſommes partis d'vn tel lieu, par la hauteur de 49. degrés de latitude, à quatre heures du matin, ſur les deux heures aprés midy nous auons fait rencontre de quatre vaiſſeaux Holandois, qui nous dirent venir du deſtroit, ayant fait rencontre de deux autres de guerre à 20. lieuës de Ouriſant, & fait chaſſe ſur eux, mais comme eſtant meilleurs voiliers s'eſtoiét ſauuez, croyant eſtre Turcs, & ainſi pluſieurs autres choſes, & qui ſe rencontrent de iour en iour.

Et le papier ou liure iournal des eſtimes doit eſtre particulier, comme il s'enſuit à la table cy deſſous, qui n'apportera nulle confuſion au nauigateur, au contraire vn grand ſoulagement de voir tout par ordre, & pour promptement calculer ſon eſtime, pour les tracer ſur ſa carte ou carton, ainſi que bon luy ſemblera, l'on ne doit manquer de deux heures en deux heures, à arreſter l'eſtime à ladite table cy deſſous, du chemin que fait le vaiſſeau en premier lieu.

E ii

Comme l'on doit dresser la table des estimes de iour en iour au papier iournal.

AV dessus est le long de la premiere colomne, & le long d'icelle escriuerez le mois, le iour & l'heure, que sortira le vaisseau du port ou autre endroit, au premier quarré sont les heures de deux en deux iusques à douze, & recommencer deux iusques à autre douze qui feront 24. heures, d'vn midy à autre, qu'assemblerez les lieuës de vostre estime, & pointer vostre carte pour sçauoir le lieu où sera le vaisseau, au deuxiesme est le rumb de vent sur lequel l'on nauige. Le troisiesme sont les lieuës du chemin de l'estime. Au quatriesme le rumb de vent qui fait cingler le vaisseau. Au cinquiesme, la hauteur où se treuuera le vaisseau : or notez que si partez à quatre heures du matin ou du soir, commencez à côter les lieuës de chemin. Au deuxiesme quarré où est marqué 4. heures, d'autant que de 4. à 6. il y a deux heures, afin de rencontrer le midy ou la minuict, pour se treuuer en l'ordre de douze heures, pour venir à 24. où finira l'estime. Ne faut oublier d'estre soigneux à toutes les fois que l'on peut, de prendre la hauteur & pointer la carte d'vn midy à l'autre d'autant que l'on ne sçauroit estre trop exact & diligent.

Comme si ie sortois du port par les 49. degrés de latitude, à quatre heures du matin, ie recognois que nauigeant à Ouest vn quart au Norrouest, estimant faire deux lieuës par heure, i'escrits deux lieuës en la colomne deuxiesme, & allant estimans iusqu'à douze

NAVIGATION. 37

lieuës lesquelles venuës ie prens la hauteur s'il m'est possible, la prenant ie treuue 48. degrés & 50. minutes, que ie mets à la sixiesme colomne vis à vis de 12. heures, assemblant le chemin de l'estime que i'ay fait depuis 4. heures du matin iusqu'à midy, ie treuue qu'il y a 9. heures qu'il faut doubler & font 18. lieuës de chemin, que marquerez sur la carte. Arrestez le poinct iusqu'au lendemain que ferez le semblable, chose facile si l'on desire s'en seruir, car ie n'ay point veu que fort peu d'estimes qui ne soient en quelque confusion au papier iournal des rencontres, meslant l'vn auec l'autre, ce qui donne de la peine & plus de soing, qu'il faut éuiter en cela le plus qu'il est possible, en mettant le tout par ordre, comme il suit cy dessous en ceste table, qui n'est que pour 24. heures,

	Heures	Rumb pour la route.	Lieuës	Rumb pour le vent.	Degrés
Le 10. de May sortismes du Haure à 4. heures du matin.	2				
	4	A Ouest ¼ au Norrouest.	2	Le vent Nort.	49. de.
	6	A Ouest.	2	Le vent Nort.	
	8	A Ouest ¼ au Surrouest.	1½	Le vẽt Nort ¼ au Nordest.	
	10	A Ouest ¼ au Surrouest.	1¼	Le vent Nornorrouest.	
	12	Au Surrouest ¼ à Ouest.	2	Le vẽt Norrouest ¼ au Nort.	48.50. minutes.
	2	Au Surrouest ¼ à Ouest.	1	Au Norrouest ¼ au Nort.	
	4	Au Surrouest.	¼	Le à Ouest Norrouest.	
	6	A Ouest ¼ au Norrouest.	2½	Le Nort.	
	8	A Ouest.	2½	Le Nortnordest	
	10	A Ouest.	3	Le Nordest.	
	12	A Ouest.	3	Le Est Nordest.	

38　TRAITTÉ DE LA

continuât la route de midy iufqu'à mi nuict, ie treuue auoir fait 12. lieuës trois quarts qu'il faut doubler, & qui font 25. lieuës & demie qu'auez faict, & de mi-nuict l'on continuera iufqu'au l'endemain à midy, qu'arrefterez l'eftime & pointerez la carte, & ainfi toufiours continuerez l'ordre de cefte table cy deffus iufqu'à la fin du voyage.

S'enfuit comme l'on peut fçauoir fi vn pilote a bien fait fon eftime, & pointer la carte.

I vn vaiffeau fortoit d'vn port qui fut fous la hauteur de 46. degrés de latitude, & nauigeât par le rumb de l'OueftSuroueft, il faudroit fçauoir precifement l'heure qu'il fortiroit du port, & au prealable l'heure qu'il feroit quand il voudroit eftimer le chemin qu'il auroit fait, & confiderant le temps qu'il y a entre deux, par quelques bons inftruments ou horloge la difference de ces deux lieux feroit la longitude, & cefte difference de temps reduitte en degrés de l'Efquinoctiale, qui feroit donner pour quatre minutes de téps vn degré, qui en vaut 15. par heure, & en conftant les lieuës des degrés fuiuant le paralelle ou fe treuue le vaiffeau, vous fçaurez s'il a déchû du rumb de vent de l'Oueft Suroueft, foit plus à l'Occident ou moins à l'Orient.

Par exemple vn vaiffeau partant d'vn port de 46. degrés de latitude à midy, & ayant nauigé à Oueft Suroueft 91. lieuës, s'il a faict chemin, il fe treuuera deux degrés plus aual, pofé le cas que l'on ayt eftimé ce chemin, sçachant la hauteur certaine de 44. degrés, il se peut faire qu'il sera plus ou moins sur ledit paralelle, selon le dechef que peut auoir fait le vaisseau. Le soleil estát à son meridien regardez aussi tost à l'instrument ou horloge, le midy de ce lieu, & regardez la differéce qu'il y a du midy où l'on est party, & celuy où l'on se treuue, qui fait la distance du chemin qui sera d'vn tiers d'heure, qui font cinq degrés, qui reuiennent à 66. lieuës à 12. & demie, & quelque peu d'auantage par chaque degré de longitude, sur le paralelle de 44. degrés de l'éleuation où se treuue le vaisseau, il se voit qu'il a déchû du rumb de vent Ouest Surouest, & a cinglé à vn autre, comme au Surouest vn quart d'Ouest, bien que selon la Boussole il sembloit aller à Ouest Surouest, d'autant que si le vaisseau auoit nauigé ce que le pilote auoit estimé, il auroit treuué la differéce du midy d'où il est party, à celuy où il pensoit se treuuer, qui eust esté demie heure, ne s'estant treuué qu'vn tiers & se trouueroit 25. lieuës de l'arriere, moins que ce qu'il auoit estimé : par ce moyen se cognoist le dechet du vaisseau, & la certitude du lieu où il se treuue, mais il est difficile de treuuer des instruments iustes, ou des horloges qui ne s'alterent peu ou beaucoup, ce qui feroit commettre de grandes fautes & erreurs par succession de temps.

Quoy que s'en soit il est tres necessaire au nauigateur se seruir de l'estime pour le soulagement de la nauigation qui se fait en plusieurs manieres, mais aucun ne donne cognoissance de l'erreur que l'on y commet, mais bien comme l'on doit pointer la carte cõme fait Medigne, que la pluſpart des nauigateurs ſuiuent, qui eſt bõne pour pointer, mais non comme l'on doit amander la faute de l'eſtime; laiſſant cela à la ſageſſe & diſcretion du marinier, comme il ſe voit cy deſſous.

De pointer la carte.

QVE l'on regarde d'où eſt party le vaiſſeau, où il ſe treuue, que l'on prène deux compas, mettant la pointe de l'vn d'où eſt party le vaiſſeau, & l'autre ſur le vent qui l'a amené; prenez l'autre compas, mettez vne pointe aux degrés de la hauteur que l'on à treuué, & l'autre pointe ſur le plus proche vent d'Eſt, & s ils viénent à rencontrer les deux compas ſans s'eſgarer, les deux pointes qui viennent ſur les vents, l'vn qui amené le vaiſſeau, & l'autre ſur l'Eſt, où les deux pointes de compas viénent à ſe ioindre, à ſçauoir celle qui fut miſe d'où partit le vaiſſeau, & l'autre en la hauteur où il ſe treuue, conſiderant le poinct auquel il ſe rencontre, & meſurez cõbien de lieuës l'on côte par degrés, & ayant veu combien de degrés il aura monté ou deſcendu depuis le lieu d'où il eſt party, iuſques où il ſe treuue, il contera les lieuës que montent les degrés, & ſi les lieuës des degrés correſpondent aux lieuës du chemin, l'eſtime ſera bonne ſi on regarde d'où vient la faute.

Deux choſes ſont à preſuppoſer, en premier lieu que le nauigateur aye touſiours nauigé droictement ſur le rumb de vét qu'il a eſtimé ſans s'eſgarer, l'autre que

que l'estime conuienne à la hauteur qu'il trouuerra, cela estant asseuré il y aura apparence que tout ira bien, si les lieuës des degrez correspondent au chemin que l'on aura estimé sur ledit rumb, à tant de lieuës pour eleuer vn degré, ce qui arriue peu souuét.

Posons le cas qu'vn vaisseau cinglast par vn mesme rumb, il pourra arriuer que l'on l'estimera auoir fait 50. lieuës, & considerant la hauteur suiuant le chemin, en contant tant de lieuës pour eleuer vn degré, l'on croira estre à ce poinct, prenant la hauteur l'on trouuerra demy degré moins au Sud, & l'on cognoist par là que l'estime n'est bonne, comme si l'on trouuoit en 50. lieuës de chemin, auoir descendu deux degrés par le rumb Surrouest, neantmoins par la hauteur que l'on treuue, il se voit vn tiers de differend, & si on recognoist qu'il a trop estimé l'on doit amander ceste faute, où s'il treuuoit vn tiers de degré plus que les deux degrés, l'on aura assez estimé, ce que recognoissant que l'on voye sur le Surrouest ce que vaut vn tiers, il fera 8. lieuës & vn tiers, que l'on rabatera de 50. qu'il auoit estimé, restera 41. lieues & deux tiers qu'il a fait, & vn degré & deux tiers qu'il aura descendu: si l'on treuue vn tiers pl^9 au Sud que les deux degrés, il faudra adiouter à 50. lieues 8. & vn tiers, pour faire deux degrés & vn tiers, le vaisseau ayant nauigé 58. lieues & vn tiers, qui est 8. lieues & vn tiers qu'il a fait plus qu'il n'auoit estimé, il n'y a point de doute quand le marinier nauigera en asseurance d'vn rumb sans deschoir, en prenant vne asseurée hauteur, conuenant à celle que l'on estime, il aura contentement en sa route, tant en la partie du Nort que du Sud.

Ceste difficulté oftée, il s'en presente vne autre plus penible & difficile, où l'on se treuue bien empesché, pour apprendre quelque regle extraordinaire, qui feroit sçauoir cōbien de lieues on sera decheu d'vn rumb, par lequel on nauige auec contrarieté de mauuais tēps, qui ne se peut iuger que par eftime, comme si on nauigeoit à Ouest par le vent Nornorouest, l'on iugera le dechet felon la violence des vēts plus ou moins, c'eft icy apres auoir fait plufieurs & longues bordées que l'on fait l'eftime qu'on arrefte sur la carte ou papier iournal, prenant vn rumb pour vn autre, le vent venant deuant comme à Ouest du tout contraire à la route, le vaisseau ne peut plus courir que bordes à autres. Au Sud Surroueft, & au Nornoroueft, pour ne s'efgarer de sa route, tenant le mieux que l'on peut sa hauteur. Il ne laiffe en ces côtrarietez de dechoir foit du cofté du Nord ou du Sud, & pourroit deriuer au Sueft ou au Nordeft fi la violence des vents eft fi grāde, au lieu d'auancer chemin reculer de sa route, & eftre contrainct pour ne perdre chemin fous voile, d'amener tout bas, amarer la barre du gouuernail fous le vent, & bien faifir toutes les manœuures qui peuuent trauailler le vaiffeau, comme amener bas les matereaux de hune, & faifir les vergues, roidir quelques fois les hauts bans quand ils font trop lafches, comme le canon qu'il faut bien tenir en eftat, pour euiter tout defordre.

Il y a des vaiffeaux qui ne fe peuuent fouftenir, s'ils n'ont le grand corps de voile au vent, le marinier en cela cognoistra ce qui eft neceffaire pour son vaiffeau, eftant quelques iours, en cet eftat fa-

NAVIGATION. 43

cheux, agité du vent, de pluyes, brunes, & autres contrarietez ennuieuses à la nauigation. Le vent venát à s'adoucir, la mer de furieuse & mauuaise qu'elle estoit se calme, l'air deuient clair, & nettoyé de nebuleuses & orages, le vaisseau se soulage, l'on met les voiles au vent, on reprend sa route, les voiles ne se rompent, & les maneuures n'endurent, le vaisseau fait son cinglage doucement, auec fort peu de dechet, l'estime aisée à faire, l'on n'a soucy comme quand le vaisseau estoit agité, chacun se réiouit sans se resouuenir du passé. Le marinier doit rapporter sur sa carte toutes les routes dont il a deû tenir conte exactement, cóme de ce qu'il aura decheu d'vn bord sur l'autre, & cela fait il doit pointer sa carte pour sçauoir le lieu où il est.

Or comme ces routes se rapportent par l'estime d'vn nauigateur grandemét experimenté, ne se trouuera en la mesme peine que d'autres qui font les entendus, quoy que peu experimentez, qui pour discourir n'en voudroient ceder aux plus experts & anciens nauigateurs, c'est pourquoy on doit bien regarder à qui l'on donne la conduicte d'vn vaisseau, pour les grands perils & dangers qu'il y a, qui s'euitét pluftost par les bons capitaines de mer ou pilotes, qui sçauent comme ils se doiuent gouuerner & les routes qu'il faudroit tenir. Voicy vne maniere de pointer la carte, qui m'a tousiours semblé bonne.

Faut bien regarder à qui on dóne la conduicte d'vn vaisseau.

F ij

Autre maniere d'eſtimer & arreſter le poinct ſur la carte.

PRenez vn carton ou papier blanc, ſur lequel tracerez au coſté des degrés de latitude, ſuiuant le voyage que l'on fera, chacun contenant 17. lieues & demie, & faire l'eſchelle des lieuës conforme à celle des degrés : au milieu du carton tracerez vne ou deux roſes de compas, ſuiuant la diſtance du chemin qu'aurez à faire, pour plus facilement compaſſer quand il en ſera beſoin. Les 32. rumbs de vents eſtans exactement tracés, ayez d'autre part voſtre papier iournal des eſtimes, ſur lequel d'heure en heure & de iour en iour ferez conte du chemin qu'aurez fait, & n'oublier, comme dit eſt, de prendre hauteur tous les iours s'il vous eſt poſsible, ce qui ſert de beaucoup, & de 24. en 24. heures pointer la carte, pour voir le lieu où vous ſerez, ce qui ſe fera en ceſte maniere : Sur le carton où ſeront tracez les rumbs de vents & les degrés, conſiderez la hauteur d'où vous partez, comme celuy où vous deuez aller, & le rumb de vent qui eſt neceſſaire, auec celuy qui fait cingler le vaiſſeau, duquel deuez cognoiſtre l'aſsiette ſi pouuez, ou l'experience vous l'apprendra. Cela fait allez à la grace de Dieu, & ſuiuez voſtre route qui ſera à Oueſt, Norroueſt partant du port qui ſera par 46. degrés de hauteur, ſoit que l'on aye nauigé 91. lieues à ce rumb de vent, qui ſont deux degrés que i'ay monté plus au Nort : me trouuant à 48. de latitude, il arriue que le vent vient à changer, contraire à ma route

NAVIGATION.

ie cherche en ma carte le rumb de vent, le plus proche de ma route pour y nauiger, ayant fait à Ouest Norrouest 91. lieües, ie trace ceste route sur le carton, & d'autant que ie ne puis nauiger par ce rumb, ie vay par celuy du Norrouest, & y fais sur le rumb 25. ce qui me fait monter vn degré de plus : quand de rechef il arriue du changement de temps. Et d'autant qu'il me faut aller par 50. degrés de latitude, & faire 180. lieues pour paruenir du lieu d'où ie suis party, ie prend en vn autre rub la terre où ie veux aller, presque à Ouest vn quart au Norrouest, de hauteur 49. degrés & 65. lieues de chemin à faire, ie fais l'Ouest vn quart au Norrouest, 45. lieües qui m'esleue demy degré, & me treuue de hauteur 49. degrés & demy, reste 23. lieües à faire, le vent se leue du tout contraire, qui fait que ie mets le cap au Norrouest vn quart du Nort, qui ne me vaut que le Nort vn quart au Norrouest, ie cingle sur iceluy 18. lieües, qui fait que i'esleue demy degré plus que 50. qui fait 50. & demy, le lieu où ie desire aller me demeure à Ouest Surrouest 19. lieües, delà vient que le vent se trouue si contraire & violent que ie ne puis soustenir qu'auec le grand corps des voiles mettant le cap au Sud, ne m'auallant que le Suest, ayant demeuré 4. iours en cet estat, ayant fait quelques 50. lieües, ce qui m'a reculé de la route, ie treuue selon l'estime 48. degrés & demy : on veut sçauoir le lieu où l'on est, & ce que le vaisseau à fait de chemin, & où demeure la terre où l'on desire aller, & quelle distance il y a, & du lieu où ie suis party, sçachez qu'à mesure que l'escriuerez au papier iournal, l'on doit tracer toutes les routes que l'on aura faites suiuant l'estime.

Or du dernier point où est le vaisseau qui est 48. degrés & demy, tirez de ce centre ou lieu deux lignes, l'vne d'où vous estes party de 46. degrés, & l'autre où desirez aller à 50. voyez ces deux lignes, quels rumbs de vent ce sont, & combien l'on y conte de lieuës pour eleuer vn degré, suiuant que serõt lesdits deux rumbs, & si les lieuës du chemin faites ou à faire, conuiennent iustement auec la hauteur des degrés l'estime sera bõne, ce que verrez sur le carton, & treuuerez que l'on est esloigné du lieu où l'on se treuue, sçauoir que Ouest Norrouest est la route qu'on doit tenir à peu pres, pour aller au 50. degré & 60. lieues de chemin à faire, & la terre d'où vous estes party, demeure à l'Est Suest de distãce qu'auez fait 125. lieuës n'estant que cinq lieuës plus au midy de la droite route que ie deuois tenir du port de 46. degrés, il faut que vous ayez pris la hauteur, d'autant que cela vous r'adressera si vous auez trop ou trop peu estimé pour amander le deffaut s'il s'en treuue, & par ce petit carton vous verrez toutes vos routes, le chemin & dechet qu'aurez fait en la nauigation, ceste demonstration est facile & bonne quand elle est bien entendue.

Autre maniere d'estimer que font beaucoup de nauigateurs.

Ls tracent sur vn papier ou carton vne rose de compas auec les 32. vents, & s'ils nauigẽt au Nort 20. lieues, ils marquent sur le rũb de vẽt au carton qui est Nort, 20. lieues s'ils nauigent au Nortnorrouest 30. lieues, ils les mettent

NAVIGATION. 47

sur ce mesme rûb de vent, & ainsi consecutiuement à tous les rumbs où ils nauigent, quand ils veulent pointer la carte ils rapportent ce qui est des lieues suiuant les rumbs de leur rose à ceux de la carte.

Autre maniere de pointer apres l'estime faicte.

APres comme dit est, que vous aurez tracé sur le carton tous les degrés & rumb de vent que l'on aura nauigé, marquez le lieu où se trouue le vaisseau selon l'estime qu'aurez faite, & le degré auquel pensez estre, tirez de ce lieu vne ligne iusqu'à celuy d'où vous estes party, considerez à quel rumb de vent il conuient, contant les lieues qu'il faudra pour éleuer vn degré, se rapportant iustement aux degrés qu'aurez descédu ou monté, suiuant l'estime il y a quelque apparence de verité, il faut voir si l'estime est bonne, que l'on prenne hauteur, & si elle se rencontre à celle que l'on aura estimé : le chemin comme dit est conuenant à la quantité des degrés qu'auez monté, l'estime sera bône si auez tousiours nauigé sur ledit air de vent sans dechoir, mais si la hauteur est de demy degré moins que l'on n'a estimé ou demy degré plus, l'on procedera en ceste maniere : du poinct où l'on a estimé estre le vaisseau, tirez vne ligne perpendiculaire qui marquera le meridien du lieu où l'on est : ayant pris la hauteur si treuuez demy degré moins que ce qu'auez estimé, tirez vne ligne paralelle du degré que aurez treuué, & où elle coupera la perpendiculaire sera le lieu où vous deurez estre, tirant vne ligne de ce lieu à celuy d'où vous estes party, fait cognoistre qu'auez nauigé par vn autre rumb plus au Nort que celuy qu'auiez estimé, & s'il se treuue demy degré dauantage tirant comme à la premiere fois vne paralelle, suiuant la hauteur que l'on aura treuué coupant la ligne diametralle, en ce lieu doit estre le vaisseau plus au midy que l'estime qui en sera faite, tirant vne ligne comme cy dessus est dit, vous verrez qu'aurez nauigé par vn autre rumb que celuy qu'auez estimé, laquelle par cõsequent se treuue fautiue, c'est la où le defaut se treuue qui ne se peut amander parfaictement, que par le moyen des instrumẽts ou horloges qui seroyẽt iustes comme i'ay dit cy dessus, ce qui se peut cognoistre quand l'on arriue sur l'ecore du Grãd Ban, ou à la sonde des costes de France & d'Angleterre, & autres enseignements comme dit est, où le marinier se r'adressera pour refaire nouuelle estime, & amander les defauts: quand on nauige le coute largue auec bon vent, les estimes se rencontrent assez souuent meilleures que ceux qui ordinairement nauigent, à la boulline vn bort sur autre, auec contrarieté de mauuais temps qui fait faire maintes erreurs en la nauigation.

Autre

NAVIGATION.

Autre maniere d'estimer, que i'ay veu pratiquer parmy aucuns Anglois bons nauigateurs, qui m'a semblé fort seure au respect des estimes que l'on fait ordinairement.

IL faut auoir vne planchette de 3. pieds de hauteur sur 15. poulces de largeur, qui soit diuisée en 13. parties en sa longueur, & en cinq en sa largeur, au premier quarré les heures, & les quarrez suiuant iusques à 12. recommençant à 2. aller de rechef à 12. autres, qui feront 24. heures aux 12. quarrez comme voyez en la figure suiuante. Au second quarré ensuiuant, seront marquez le nombre des nœuds, au troisiesme les brasses, & au quatriesme & cinquiesme les rumbs de vent sur lesquels on nauige. Il faut vne ligne qui ne soit pas trop grosse, affin qu'elle se file plus promptement, au bout de laquelle faut mettre vne petite palette de bois de chesne d'enuiron vn pied sur six poulces de large, qui soit chargée d'vne petite bande de plomb sur l'arriere, auec vn petit tuyau de bois, qui sera attaché à vne petite ficelle au deux costés de l'extremité de la palette, & vn autre petit bois en façon de fausset qui entre audit tuyau assez douçement, c'est ce qui fait que la palette se tient tousiours droite derriere le vaisseau estant en la mer, & cela ne se defait que lors que l'on tire ladite palette de l'eau.

La ligne attachée à la palette doit auoir quelques 8. ou 10. brasses qui ne soient à rien conter, auant que venir au premier nœud qui pourra estre enuiron plus ou moins la hauteur du lieu où l'on l'a iettée, qui est sur l'arriere du vaisseau iusqu'à ce qu'elle soit en la mer, & que veniez au premier nœud, vn homme doit tenir la ligne, vn autre vne petite horloge de sable, contenant le temps de demie minute, qui peut estre l'interualle de conter iusqu'à 80. vingts sans se haster, à mesme téps que le premier nœud passe par les mains de celuy qui iette la ligne, la laissant librement couler selon la vistesse du vaisseau, faire en vostre presence tourner le petit horloge iusques à ce qu'il soit acheué de passer, à mesme temps l'on doit retenir la ligne & ne la laisser plus filer ou couler: la retirant, voir combien de brasses il y aura iusques au premier nœud de sa main en tirant ladite ligne, côter apres tous les nœuds qui auront coulé en la mer pendant que l'orloge passoit. Notez qu'autant de nœuds & d'espace qu'il y a entre chacun l'on faict 2000. de chemin en deux heures, il y a 7. brasses entre chaque nœud, de deux en deux heures l'on doit ietter en la mer la palette tant le iour que la nuict, & n'oublier 24. heures passées de faire vostre estime, en adioustant vos nombres, pour sçauoir combien on aura fait de mille reduits en lieues, feront 3000. pour lieues.

Par exemple comme l'on se doit comporter en ce conte, ie treuue qu'en 24. heures l'on a nauigé & ietté la ligne de deux en deux heures, & d'autant que le vaisseau va plus ou moins selon la violence des vents ou marées, s'il dechet aussi il y aura plus ou moins de nœuds coulez selon l'aire du vaisseau: desirât supputer combien le vaisseau a fait de chemin, l'on adiouste tous les nombres des nœuds qui sont au 12. quarrés de la tablette, & se voit qu'il y en a 44. nœuds, & de plus

NAVIGATION.

trente six braſſes & demie à 7. braſſes par nœud y aura cinq braſſes, adioutez le tout ſçauoir 44. nœuds & cinq font 49. nœuds, multipliez par deux feront 98. mille à 2000. pour nœuds, les reduiſant en lieues ſe monteront à 32. lieues trois-quarts & quelque peu dauantage, à 3000. pour lieuë qui eſt ce que le vaiſſeau aura fait de chemin en 24. heures, l'on ne doit oublier de prendre hauteur à toutes occaſions, pour r'adreſſer le chemin ou route, & tenir conte ſur le papier iournal, par ce moyen on cognoiſt ce que le vaiſſeau fait de chemin, & le dechet, & où il ſe treuue, & où leur demeure, le lieu où il eſpere aller, & quelle route il faut prendre pour y paruenir, & diray que de 8. vaiſſeaux qui eſtoient de compagnie ſur 500. lieues auoir dit à vne heure & demie pres que l'on auroit fondé, ce qui fut treuué veritable.

G ij

52   TRAITTÉ DE LA

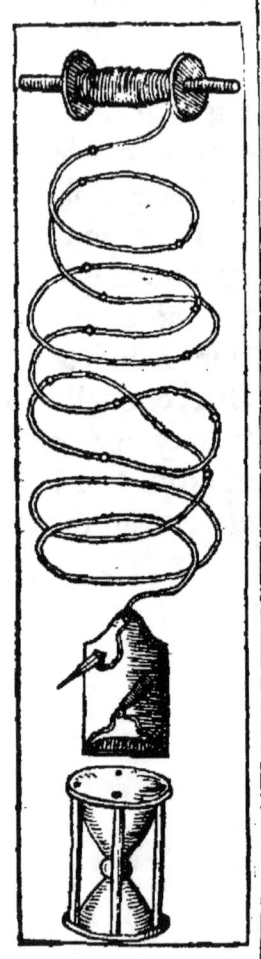

Heures.	Nœuds.	Brasses.	Routes. Rumbs.
2	3	2	Cap au Nort 1/4 du Nordest.
4	2	4	Cap au Nort-nordest.
6	4	2	Cap au Nordest.
8	5	3	Cap au Nordest.
10	2	3 1/2	Cap au Nort 1/4 du Nordest.
12	3	5	Cap au Nort-nordest.
2	2	3	Cap au Nordest 1/4 de l'Est.
4	2	4	Cap au Nordest.
6	6	1	Cap au Nort.
8	6	3	Cap au Nordest 1/4 du Nordest.
10	6	2	Cap au Nort 1/4 du Nordest.
12	3	4	Cap au Nort-nordest.

Autre maniere de sçauoir le lieu ou se treuue vn vaisseau cinglant par quelque vent que ce soit.

Vppoſez qu'vn vaiſſeau parte d'vn port qui ſoit par les 44. degrés de latitude, & nauigé ſur le rumb de vent Surroueſt, faites voſtre eſtime accouſtumée, & ſi vous croyez que le vent aye eſté ſi fauorable qu'il n'aye point fait de dechet, le pluſtoſt que l'on pourra prendre hauteur que l'on le faſſe, ce fait tirez vne ligne parallele ſur ceſte hauteur qui ſe treuuera en la carte de nauiger, tirez auſſi vne ligne meridienne du port d'où vous eſtes party, qui coupe à angle droit la parallele de la hauteur qu'on aura priſe: prenez vn compas & mettez vne pointe au port d'où l'on eſt party, & l'autre ſur la ligne meridienne, qui coupe à angles droits la parallele, ne bougeant ceſte pointe & leuant l'autre du lieu d'où vous eſtes party, la faiſant courir ſur les rumbs de vent que croyriez auoir nauigé, & où la pointe dudit compas coupera le rumb de vent, ſera le poinct du lieu où doit eſtre le vaiſſeau: auec ceſte aſſeurance que le vaiſſeau n'aura fait aucun dechet, autrement n'auriez ce que deſireriez que par eſtime.

Autre façon d'estimer par fantaisie.

C'Est qu'ayant pris la hauteur du lieu où l'on est, comme si l'on se treuuoit en la hauteur de 45. degrés de latitude, & ayant estimé auoir fait 45. lieues plus ou moins sur vn rumb de vent qu'on aura iugé estre necessaire à la route, & pour voir ce qui est veritable l'on prendra les 45. lieues sur l'eschelle de la carte, que mettrez sur le rumb de vent qu'on aura nauigé, & si les lieuës dudit rumb en faisant tant pour eleuer vn degré, respondent à celles qu'on aura estimé que peut auoir fait le vaisseau, l'on cognoistra l'estime estre bonne: mais si les lieuës de l'estime sont moins ou plus que celle du rûb, pour paruenir en la hauteur où l'on se treuue: il est tres certain & asseure que le vaisseau a nauigé par vn autre rumb que l'on ne pensoit, & à ceste obseruation on met le poinct à sa fantaisie, pour lesquelles choses & toutes autres dependantes à la nauigation, le grand soing & continuelle pratique fait beaucoup, tant pour la seureté du vaisseau que de ceux qui y nauigent: c'est pourquoy que les bons & vrais experimentez nauigateurs & pilotes sont à rechercher & en faire estat en les maintenant, pour tant plus leur donner courage de bien faire en cet art de nauigation, lequel est grandement à priser de toutes les nations du monde, pour les grands biens & aduantages qu'en reçoiuent les Royaumes & contrées, pour proches ou esloignées qu'elles soient.

FIN.

DOCTRINE CHRESTIENNE,

DV R. P. LEDESME
DE LA COMPAGNIE
DE IESVS.

Traduicte en Langage Canadois, autre que celuy
des Montagnars, pour la Conuersion
des habitans dudit pays.

Par le R. P. Brebœuf de la mesme Compagnie.

ACHRISTERRONON ochienda chè orrihoüaienstécha.

DV NOM CHRESTIEN, & de la doctrine Chrestienne.

ESCAT AIENSTACOÜA.

PREMIERE LEÇON.

Arrihoüaienstechaens.

Le Maistre.

Ssa Acristerronon chiont?
Ateienstechaens.
Aau, daotan haatarrat Aatio.

Estes vous Chrestien.
Le Disciple.
Ouy, par la grace de Dieu.

M. Sinen Atoñas Acristerronon?

M. Qui est celuy qu'on doit appeller Chrestien?

D. Nihen de hotoain, chiachè hocarratat arrihoüaienstécha Achristehaan, stat onnè atoñachoña.

D. Celuy, lequel ayant esté baptizé croit, & fait profession de la Doctrine Chrestienne.

M. Tout aotan nondée Achristehaan arrihoüaienstecha.

M. Qu'est-ce que la Doctrine Chrestienne.

D. Nen arrihoüaienstechoutan de Assoñaienstandi Oñaoüandio, Aiesus Christ stat ec'ihondhec, chiachè d'assoñaienstan aot Ecankhucoüatè Aoüettrichaens, Apostrechaan, chè Arondcehaan.

D. C'est celle que nostre Seigneur Iesus Christ nous a enseignée, lors qu'il viuoit sur terre, & que la saincte Eglise Catholique, Apostolique & Romaine nous enseigne.

A

M. *Tout chien, endoron darrihoüazeré Achriſtehaan ecarrihoüaienſtechaté?*

D. *Aau, endoron aché, det icoüatoncoüandic ateenguiaens.*

Achriſterronon Oteracata.

Tendi Aienſtacoüa.

M. *Tout eca ateracatoutan Achriſterronon oteracata?*
D. *Nen ateracatour d'Ecaot ecarontaé, dè te hanguiarront, aerhon aſſonenguiaendi Aieſus Chriſt ſtat ahoñatandionti de to.*

M. *Tout ioti Iſaer;*
D. *Con ti ioüaer, aeontreſſonkhtrach anontſiraé chè audochiaentoñe, che eneſſaé ſangoüati oñati, chiaché aienhoüiti oñati, chè Ioüaen. On Ochienda Aiſtan, chè Aen, chè dat aot Esken. Ca ſen ti ioti.*

M. *Tout Ec' ioti condi iſaer?*
D. *Ataahieraha tendi tearrihoüae noñatoaincha dè dat oñattindoroncoüa, Eſcat dat aot Achincachaſt oñaen, on ochienda Aiſtan, chè Aen, chè dat aot Esken. Dindè ſcat, endi Oñaoüandio honheoncha chè oſtaioüancha, dè ahoñatonti arontaé ſtat oñoé ahoton.*

M. *Tout ioti aſſon ec' iſaer;*
D. *Aerhon otorontonc enſtan ieſta aſſoñinont Aieſus Chriſt Oñaoüandio tonnè ſtioti ioñaeren.*
M. *Nahaüe ec' ierha.*
D. *Aſſoñoraoüiè ſtat iecas, tetenrrè ſtat ietas, ſtat Aatio iendiri, ſtat iech, ſtat ierha enſtan, ieſta, chè ſtat iatonnhontaioña, iakerons arra.*

M. *Eſt-il neceſſaire de ſçauoir la doctrine Chreſtienne.*

D. *Ouy, ſi nous voulons eſtre ſauuez.*

Du ſigne du Chreſtien.

Leçon Seconde.

M. *Qvi eſt le ſigne du Chreſtien?*
D. *C'eſt le ſigne de la ſaincte Croix, pour ce que noſtre Seigneur nous a rachetez en icelle.*

M. *Comment le faites vous?*
D. *Ie le faits mettant la main à la teſte & à l'eſtomach, & puis à l'eſpaule ſeneſtre, & dextre, diſant: Au nom du Pere, & du Fils, & du ſainct Eſprit. Ainſi ſoit-il.*

M. *Pourquoy le faites vous ainſi?*
D. *Premierement pour me mettre en memoire les deux principaux myſteres de noſtre foy: l'vn de la treſſaincte Trinité, en prononçant ces parolles. Av nom du Pere, & du Fils, & du S. Eſprit: & l'autre de la mort & Paſſion de noſtre Sauueur lequel s'eſtant fait homme, eſt mort pour nous en vne Croix.*

M. *Et pourquoy encore?*
D. *Pour ce que noſtre Seigneur donne beaucoup de biens & graces en vertu de ce ſigne.*
M. *Quand le faut il faire?*
D. *Le matin quand on ſe leue, le ſoir quand on ſe couche, quand on commence à prier Dieu, quand on veut prendre ſa refection, au commencement de nos œuures, &*

quand on se trouue en quelq; danger, ou bien saisi de quelq; crainte.

Angoüa Noñoè.
Achinc Aienstacoüa.

M. TOut ek ichiatahaoüi ondechaé.
D. Nen ondée dè anonhoüë chè dè arróca Aatio stat asson iondhe, chiachè agniactanhañe Aondechahan d'aescoüandic to et attindarè aot Attisken.
M. Tout ec' ognianechoutan d'aoüandaeratti aronhiaoñe?
D. Nen ondée ooñè acacoüa Aatio, aondechahan achè.
M. To ioua attichoüas Attichristerronon, chia esattingniaens, chè esattion Aronhiaè?
D. Dac, Atoüaincha, Andaeratic, Atatanonhoüecha, chè Aerencoüasti.

Nen Attoüaincha.
Dac Aienstacoüa.

M. TOut ichiatoüain cha Atoüaincha?
D. Aoüetti achè iatoüain dè hotoüain chè hocarratat Noñendoüe nè aot Ecáthucoüatè aoüertichaens, Apostrechaan chè Arrondeehaan, chè anderacti dè ioüat aon nè Credo.
M. Io chihon nè Credo.
D. 1. Iatoüain on Aatio aoüetti Andaourachaens, dè saoteendichiaè Ecaronhiatè chè econde hatè.
2. Chè on Aiesus Christ anhoüa hoen Oñaoüerndio.
3. Dè hokiachiahichien stat ihongoüas dat aor Esken, chè d'asacoüeton Oñariechen Aoüitsinon-

De la fin de l'homme.
Leçon Troisiesme.

M. POur quelle fin auez vous esté mis au monde?
D. Pour aimer & seruir Dieu en ceste vie, & par apres estre à iamais bien-heureux en Paradis.
M. En quoy gist ceste felicité que nous esperons auoir en l'autre vie.
D. A voir Dieu face à face, & iouir eternellement de luy.
M. Combien de choses sont necessaires au Chrestien pour son salut, & paruenir à sa fin?
D. Quatre, Foy, Esperance, Charité, & bonnes œuures.

De la Foy.
Leçon quatriesme.

M. QVe croyez vous par la Foy?
D. Tout ce que tient & croit nostre Mere la saincte Eglise Catholique, Apostolique, & Romaine, & nommément au Credo
M. Dites le Credo?
D. 1. Ie croy en Dieu le Pere tout puissant, Createur du Ciel & de la terre.
2. Et en Iesus Christ son Fils vnique nostre Seigneur.
3. Qui a esté conceu du S. Esprit, né de la Vierge Marie.

haehen.

4. Onsa hotonnhontaioñati stat ahoñandaeratinen nehen d'ahatsinen Ponce Pilate, Ahoñatonti, Aoüenheon, chè ahoñanonhkrahoüi.

5. Ondechon onsa hatesten, Achinc couantaè onsa hatonnhôti.

6. Aronhiaè onsa haoüecti, hoienhoüiti ahiakrandeen Aatio ne Aistan aoüetti Andaoürachaens.

7. To tont ehendiourrandè enondhechaens chè ondiheonchaens.

8. Iatoüain on dat aot Esken.

9. Ne aot Ecankhucoüate aoüettriehaan, attindeia noñe ondatanonhoüecha.

10. Ne Endionrhencha ottirihoüanderacha.

11. Ondiheonchaen ondatonnhôtacoüa.

12. Ecannhoñate dè tatecoüannhoneñtas.

Ca sen ti ioti.

4. A souffert sous Ponce Pilate, a esté crucifié, mort & enseuely.

5. Est descendu aux Enfers, le tiers iour est resuscité de mort à vie.

6. Il est monté aux Cieux, est assis à la dextre de Dieu le Pere tout puissant.

7. De là viendra iuger les viuans & les morts.

8. Ie croy au sainct Esprit.

9. La saincte Eglise Catholique, la Communion des Saincts.

10. La remission des pechez.

11. La Resurrection de la chair.

12. La vie eternelle.

Ainsi soit-il.

Oüich Aienstacoüa.

Leçon cinquiesme.

M. Ichiaton ca, Ichiatoüain on Aatio, tout aotan nondée Aatio?

D. Nen haotan ondée dè hoteendichiaè Ecaronhia tè chè econdechatè, chè dè aoüetti ahoñaoüandiosti.

M. Tandè ne aot Achincacha, tout aotan nondée.

D. Ondée haotan, Aistan, Hoen, chè nè dat aot Esken, achinc iataè, chè sarat Aatio.

M. Tout ichien Aistan Aatio ihout?

D. Aau.

M. Hoen Aatio tondi?

D. Aau.

M. Dat aot Esken Aatio tondi?

M. Vous dites que vous croyez en Dieu, qu'est-ce que Dieu?

D. C'est le Createur du Ciel & de la terre, & le Seigneur Vniuersel de toutes choses.

M. Et la Saincte Trinité qu'est-ce?

D. C'est le Pere, le Fils, & le Sainct Esprit, trois personnes & vn seul Dieu.

M. Le Pere est-il Dieu?

D. Ouy.

M. Le Fils est-il Dieu?

D. Ouy.

M. Le Sainct Esprit est-il Dieu?

D. Aau.
M. Achinc ichien ihenon Atattiō?
D. Taſtan, aerhon Achinc ihenon iataè, oñecichien ſatat ara Aatio.

M. Tout ichiatoüain anderacti dè nè Oñaoüandio Aieſus Chriſt?
D. Iatoüain ca, ondeè Aatio ne Aiſtan hoen, chia tehindaouranchaens d'Aiſtan, chia tehindiontroüane, chia tehindeïa : ondeè d'oñoè ahotoń endindè aſſoñañohoüec, outonrraon aot Aoüitſinouhaehen Oüarricehen, chè ondeè ſti ioti ihout dat atoüain oñoè.

M. Tout aotan aſſon?
D. Iatoüain ca, aſſoñatontaoüa ondechon ottichiatorrecoüa, hōheoncha chè hotonnhontaioñacha, hè aſſoñennhoñaoüa ecannhoñatè dè ra tecoüannhoüentas.

M. Tout aotan endèe Ankhucoüa Aoüettiehaan?
D. Ondèe Ankhucont ecankhucoüatè aoüetti Attichriſteronon attiatoüainchaens.

M. Sinen ankhucoüandiont Ecankhucoüatè, ſinen Aoüandio?
D. Nen Oñaoüandio Aieſus Chriſt, chia nè Pape, dè Aieſus Chriſt ihokhrihont cha ondechaè.

M. Tout eticoüatoüain dè ne ecankhucoüate aoüettiehaan?
D. 1. Nen ecoüatoüain ca, Eſcankhucoüat, ondèe aoüaron, ſatat ara eſcankhucoüat dat atoüain Ankhucoüa.

2. Taſtan tetſeenguiaens oüatſè.

3. Ondèe ahonditeñoüa dat Aot Esken, chè ondèe ſti ioti taſtan teharrihoüanderach, teoüaton.

5

D. Ouy.
M. Sont-ce trois Dieux?
D. Nenny, car encor bien que ce ſoyent trois perſonnes toutesfois ne ſont qu'vn ſeul Dieu.

M. Que croyez vous ſommairement de noſtre Seigneur Ieſus Chriſt?
D. Ie crois que c'eſt le Fils de Dieu le Pere, auſſi puiſſant, auſſi ſage, auſſi bon que le Pere : qu'il s'eſt fait homme pour nous au ventre de la glorieuſe Vierge Marie, & par ainſi qu'il eſt vray Dieu, & vray homme.

M. Quoy plus?
D. Que par ſa mort & paſſion il nous a deliurez des peines d'Enfer, & acquis la vie eternelle.

M. Qu'eſt-ce que l'Egliſe Catholique?
D. C'eſt la congregation de tous les fideles Chreſtiens.

M. Qui en eſt le chef?
D. Noſtre Seigneur Ieſus Chriſt, & ſous luy le Pape qui eſt ſon Vicaire en terre.

M. Que deuons nous croire de l'Egliſe?
D. 1. Qu'elle eſt vne, c'eſt à dire, qu'il n'y a qu'vne ſeule vraye Egliſe.

2. Que hors d'icelle il n'y a point de ſalut.

3. Qu'elle eſt gouuernée par le ſainct Eſprit, & partant qu'elle ne peut faillir.

Andaeratikoüa.

Oüahia Aienſtacoüa.

M. *I Aoüeron nondée tendiṅe, d'at-tiehoüas Attichriſterronon?*

D. *Nen ondée Andaeratikoüa.*

M. *Tout ichiendaerati cha Ecandae raticoüa.*

D. *Nen Ecannhoñatè dę ta tecoüannhoüentas, dę iaoüannhoüaoüas Arrihoüae oñenhoñaoüata.*

M. *Tout eca arrihoutan dat arrihoüata Attirihoüa aouetti?*

D. *Ondeé Pater noſter:*

M. *Tø atti?*

D. *Nen atti horrihoütchiaè nondèe Oñaoüandio, anhoüa achè, chè iendarè Arrihoüaoñè Ecarrihoüatè akhiaondi nè aoüetti dè iaoüachoüas chè iaoüanditi Aatio.*

M. *Io chihon ne Pater noſter?*

D. *Oñaiſtan de Aronhiaè iſtarè.*

Sa ſen tehoñachiendaterè ſachiendaoüan.

Ont' aioton ſa cheoüandioſta endindè.

Ont' aioton ſenchien ſaraſta. ohoüent ſooñè achè toti ioti Aronhiaoñè.

Ataindataia ſen noñenda tara cha Ecantatè aoüantehan.

Onta taoüandionrhens, ſen atoñarrihoüanderacoüi, to chiennè ioti nendi onſa oñendionrhens dè oüa onkirrihoüanderai.

Enon chè chaha atakhioüindahas d'oucaota.

Oñek ichien askiatontaoüahè d'oucaota.

Ca ſen ti ioti.

Soutarrè Aieſſtacoüa.

M. *T Out ichien, atoñenenditi aet Attisken?*

6

De L'Eſperance.

Leçon ſixieſme.

M. *Q Velle eſt la ſeconde choſe neceſſaire au Chreſtien?*

D. L'eſperance.

M. *Qu'attendez vous par l'eſperance.*

D. La vie eternelle, laquelle entr'autres moyens nous obtenons par l'Oraiſon.

M. *Quelle eſt la premiere & principale de toutes les Oraiſons?*

D. C'eſt le Pater noſter.

M. *Pourquoy?*

D. Pource que noſtre Seigneur meſme la fcit, & qu'il contient en ſoy treſparfaitement tout ce que nous deuons demander à Dieu.

M. *Dites le Pater noſter?*

D. Noſtre Pere qui es és Cieux,

Ton nom ſoit ſanctifié.

Ton Royaume nous aduienne.

Ta volonté ſoit faite en la terre, comme au Ciel.

Donne nous auiourd'huy noſtre pain quotidien

Et nous pardonne nos offences, comme nous pardonnons à ceux qui nous ont offencez.

Et ne nous induis point en tentation.

Mais deliures nous du mal Ainſi ſoit-il.

Leçon ſeptieſme.

M. *F Aut il prier les Saincts?*

D. Aau : Nen atti ihaononhoüe nondée Aatio, chè haoñingoüas daotan.
M. Iaoüeron dat iſcoüaenditi d'attindela Attiſken?
D. Oñaoüandio, Oñarie, Esken de ihaacarratat, chia chè echa dè ioüaechiendaetat Ochiendaoüan.
M. Tout ichihoncoüa Oñarié Aoüitſinouha?
D. Ne Auè Maria.
M. Io chihon Aué Maria?
D. Coüay Oüarie onnonrroncoüagnon ichien dè ichiendhi d'anderaoüatacoüi, Iſſadè etádarè d'Aoüandio, ſoñhoüa dar khieſſakhrèdotas ottindekien aoüetti, Ahoñakrendotas eoüa chioutourraè ecochiatè.
Aot Oñarie Aatio Ondoüe, Io ichien Ataihet ſaroñoüandihè oñendi d'icoüarrihoüanderai, onhoüadè, aoüetti heoüa ſtat etecoüaenheondè.
Ca ſen ti ioti.
M. Tout ichihoncoüa ſt ichienditi de Chiesken?
D. Aot Aesken dè iſkiacarratas, ſt iharas Endeia Aatio, taarhatéta ſenchié cha ecantatè aoüantehàn, chè taacarratat chè taenditeñoüa.

Atterrè Aienſtacoüa.

M. Tout ichien atoñattindoroncoüa aot Attiſken ottioüanchaehen?
D. Aau.
M. To atti?
D. Ondée atti dat Aot Esken ahaonratanon nondée, chè araehen etattirandeen ottindeiachaès Ottisken.
M. Tandè aot Attiſken ottionchia?
D. Et ſenonroncoüagnonch tondi

D. Ouy, pour ce qu'eſtans amis de Dieu, ils nous peuuent beaucoup aider, par leurs prieres.
M. Quels entre autres priez vous?
D. Noſtre Dame, mon Ange Gardien, & le Sainct duquel ie porte le nom.
M. Quelle Oraiſon dites vous à noſtre Dame?
D. L'Auè Maria.
M. Dites l'Aue Maria?
D. Ie vous ſaluë Marie pleine de grace. Le Seigneur eſt auec vous. Vous eſtes beniſte entre toutes les femmes, & beniſt eſt le fruict de voſtre ventre I E S V S.

Saincte Marie Mere de Dieu, priez pour nous pauures pecheurs, maintenant & à l'heure de noſtre mort. Ainſi ſoit-il.

M. Quand vous priez voſtre Ange Gardien, quelle Oraiſon dites vous?
D. Ange de Dieu, qui eſtes commis pour me garder, Illuminez moy, preſeruez moy, & me gouuernez auiourd'huy.

Leçon ſixieſme.

M. FAut il honorer les reliques des Saincts?
D. Ouy.
M. Pourquoy?
D. Pource qu'elles ont eſté temples du ſainct Eſprit, & qu'elles doiuent vn iour eſtre reunies à leurs ames glorieuſes.
M. Et leurs Images?
D. Il les faut auſſi honorer, pource

decha, aerhon attiennrata nondée dè akichiendaen.

M. Sinen ichiebierabaſt ichienditi?
D. Endi achè anderacti, chè ataenohonc, chè echa dè ihonnonhoüe, chè hontarrat, chè ankhucoüa aoüetti Attichriſterronon.

M. Stan tetſeehieras Attiſken d'ondibeon?
D. Taierhanto, Aerhon akiatontaoüas nondée d'achoñacoüa, ſtat iaoüanditi.

M. Tout aotan Achoñacoüa aatſi?
D. Ondée echa et attierriſſen attindeiaehen Attiſken, ne andaenrrocha d'ottirihoüanderachaehen.

Atatanonhoüecha.

Enkhon Aienſtacoüa.

M. Tout aotan achinc atont d'attiehoüas Attichriſterronon?
D. Nè Atatanonhoüecha.

M. Tout aotan iaoüanonhoüè Atatanouhoüechaë?
D. Aatio achè anderacti, chia chè atti oüa, titi ioti nendi oüatanonhoüè.

M. Tout aotan ne ondée anonhoüè anderacti Aatio?
D. Nen ondée ſtonnè oerron iaoüanonhoüè noñaoüan, chè noñanohonc, chè noñennhoñaoüan, Aatio dè anderacti.

M. Tout ed'ioti chia techienonhoüè d'oüa titi ioti d'etſonhoüa?
D. Nen ioti, ſtonnè iheras chè iherha aoüetti dè aeanhoüa iaras chè ierha endindè, Aatiochaan chè endionrrachan.

qu'elles repreſentent ceux auſquels nous deuons honneur & reuerence.

M. Pour qui priez vous?
D. Ie prie non ſeulement pour moy, mais auſſi pour mes parens & amis, & bienfaicteurs & pour toute l'Egliſe.

M. Ne faut-il pas auſſi prier pour les ames des Treſpaſſez?
D. Ouy, d'autant que par nos prieres nous les deliurons des peines de Purgatoire.

M. Qu'eſt-ce que Purgatoire?
D. C'eſt le lieu où les ames de ceux qui meurent en la grace de Dieu, acheuent de payer les peines deuës à leurs pechez.

De la Charité.

Leçon neufieſme.

M. Quelle eſt la troiſieſme choſe neceſſaire au Chreſtien?
D. La Charité.

M. Qu'aimons nous par la charité.
D. Dieu ſur toutes choſes, & noſtre prochain comme nous meſmes.

M. Qu'eſt-ce aimer Dieu ſur toutes choſes.
C'eſt l'aimer plus que nos biens, que nos parens, que noſtre vie.

M. En quelle façon aimez vous voſtre prochain comme vous meſme?
D. Luy deſirant le meſme bien que ie me deſire ſelon Dieu & raiſon, & luy procurant ce que ie ferois pour moy meſme.

Attierencoüasti.
Assan arre Aienstacoüa.

M. I Aoüeron ca dac atont dè attiehoüas Attichristerronon?
D. N en att Aerencoüasti, aerhon
onnè d'etsatan ahondiontichien,
stan onnè teeráta to ara Atoüaincha, dè ta tehakhra Aerencoüasti.
M. Anè ihattieron Attierencoüasti?

D. Ocoüendaenchaon Aatio ato-
coüendachaen.
M. Iochihon Atocoüendaëcha Aatio.
D. 1. Escat ito chien hara chechie.
chiendaen Aatio, eoüa chechè
nondée chestonhoüè dat aondi.

2. Stan endea tehechienguiatandè
Aatio Ochienda, oüa arra ondionhiaè.

3. Oüahia arra echientaoüa, chia
stan teechienguiaentakè escoüen-
tat.

4. Ehechiechiendaen dè Hiaistan
chè Sandoüe, detè chierhè a-
chiennhoñetsis.

5. Enon tehechio d'atoüain, stan
tondi tehechiendionrraentons
sescoüaon, aarrio.

9. Stan teechiakhroandè d'a-
toüain, stan tondi teessaens sescoüaon.

7. Stan teechiacoüanrraeha, stan
tondi teechiakheroncoüandè en-
stan iensta.

8. Stan teechiatendoton d'aioi
ondionhiaè, stan heoüa teechi-
hougnahè endea.

9. Ooñè to achaha d'andacoüan-
detaion stat onnè ethienguiaè.

10. Stan tehechiaroncoüan d'aioi
ottioüan dè ta tehiras.

M. Tout aotan essoñattinontan dè
essoncarratat cha Ecoüendaenchatè

Des bonnes œuures.
Leçon dixiesme.

M. Q Velle est la quatriesme chose
necessaire au Chrestien?
D. Les bonnes œuures, car apres
que quelqu'vn est paruenu à l'aage
de discretion, la foy ne luy suffit
plus sans les bonnes œuures.
M. Où sont contenues les bonnes œuures
qu'il nous faut faire?
D. Aux commandemens de Dieu.
M. Dites les commandemens de Dieu.
D. 1. Vn seul Dieu tu adoreras, &
aimeras parfaitement.

2. Dieu en vain tu ne iureras, ny
autre chose pareillement.

3. Les Dimenches tu garderas, en
seruant Dieu deuotement.

4. Pere & mere honoreras, afin que
viues longuement.

5. Homicide point ne seras, de fait,
ne volontairement.

6. Luxurieux point ne seras, de
corps ne de consentement.

7. L'auoir d'autruy tu n'embleras,
ne retiendras à ton escient.

8. Faux tesmoignage ne diras, ne
mentiras aucunement.

9. L'œuure de chair ne desireras,
qu'en mariage seulement.

10. Les biens d'autruy ne conuoite-
ras, pour les auoir iniustement.

M. Qu'elle recompense receuront
ceux, qui garderont les Commande-

B

d'Aatio?
D. Nen eſſoñatinnhoüon Ennhoñoüane ecannhoñatè, dè ta tecoüannhoñentas, chè dè ta tehaoenterei aondi d'ochiatorrè, chè dè hanoñatè akioüacha aoüetti, chè dè aondechahan etannhoñaentaha.

M. Tandè dè attinoncontan tout ekhiottieren?

D. Ihaochienſſeni nondée Aatio, chiachè ondechon ihaotti.

Onditenrrenchaens Attierencoüaſti.
Scat ichè Aienſtacoüa.

M. Tandè Atenrrencoüa, eoüa tondi endoron?

D. Taierhanto, ſtan ichien Achriſterrononte dè tehakerha nondée Atenrrenchaens aerencoüaſti.

M. To atti ihenon Atenrrencoüaè?

D. Nen atti ihenon ſoutarrè Eskeñehaan, chiachè ſoutarrè tondi Erroñeehaan.

M. Io chihon d'Eskeñehaan.

D. 1. Aienſtan dè tehottindiont.
2. Arreoüa dè hottirihoüaderach.
3. Andionhierrita dè hottindiontachen.
4. Arrihoüaienſtan dè hottirihoüaehoüas.
5. Ooñè to akhrihote endandichoncoüagnon.
6. Endionthens ne arrihoüanderacoüa.
7. Enditi chè dè enondhédè, chè dè Aiheondè, chè indè ne dè ha oñeſſata.

M. Io chihon ne Erroñeehaan?

D. 1. Andataia ondacaota d'ondaronniceſta.
2. Aerrata dè hindachiaten.
3. Aennon dè hottihoüachon.

mens de Dieu?

D. La vie eternelle, qui eſt vne vie exempte de tous maux, & remplie de tous biens, & qui doit durer à iamais.

M. Quels maux encourent ceux qui les transgreſſent?

D. L'ire de Dieu, & la damnation eternelle.

Des œuures de miſericorde.
Leçon onzieſme.

M. NE faut-il pas auſſi exercer les œuures de miſericorde?

D. Ouy, & celuy qui ne le fait, ne merite pas le nom de Chreſtien.

M. Combien y a-il d'œuures de miſericorde?

D. Il y en a ſept Spirituelles, & ſept Corporelles.

M. Dites les Spirituelles?

D. 1. Enſeigner les ignorans.
2. Corriger les defaillans.
3. Donner bon conſeil à ceux qui en ont beſoin.
4. Conſoler les deſolez.
5. Porter patiemment les iniures.
6. Pardonner les offences.
7. Prier pour les viuans & trespaſſez, & pour ceux qui nous perſecutent.

M. Dites les corporelles.

D. Donner à manger aux pauures qui ont faim.
2. Dôner à boire à ceux qui ont ſoif.
3. Veſtir ceux qui ſont nuds.

4. Aatontaoüa dè acoñattindà-scoüaen.
5. Andararè dè hiheons.
6. Oüat sechronon arata.
7. Anonkhra dè ondiheon.

4. Racheter les prisonniers.
5. Visiter les malades.
6. Loger les pelerins.
7. Enseuelir les morts.

Arrihoüanderacha.

Tendi tetchè Aienstacoüa.

Des pechez.

Leçon douziesme.

M. Onnè ichien haoüaen dè ecoüakhier, tout aotan nonhoüa ecoüateienstan?

D. Ne Oucaota dè ecoüachiensseni chè ecoüateoüata.

M. Tout eca Oucaochontan d'ecoüateoüata?

D. Ne Arrihoüanderacha.

M. Tout aotan nondée Arrihoüanderacha?

D. Ondée aat aoüetti, dè eatoncoüan, chè dè itseen chè dè ierha, stat teharas Aatio.

M. To hioüa ioüarrihoüanderachaen?

D. Tendi, Adañehaan, chè ne oñionhoüaehaan.

M. Tout eca arrihoüanderachoutan, d'ichias, Adañehaan?

D. Ondée d'icoüahoüa stat tekhioñatondi, chè dè Achoñacha ihochoñas.

M. Tout aotan nondée Oñionhoüaehaan arrihoüanderachà?

D. Ondée nondée arrihoüanderachoutan d'oñionhoüa icoüarrihoüandérach, stonnè oñendiont chè stat oñatechiahaasta.

M. To atti hioüa ioñarrihoüanderachaè oñionhoüaehaan?

D. Tendi, scat arrihoüanderacha arriotacoüa, chè scat ioüarrihoüande iassa.

M. To atti iarrihoüanderachaè d'attioth?

M. Apres auoir veu le bien qu'il nous faut faire, que reste-il maintenant à sçauoir?

D. Le mal qu'il nous faut fuir.

M. Quel mal deuons nous fuir?

D. Le peché.

M. Qu'est-ce que peché?

D. Tout ce qui se dit, qui se desire, ou qui se fait, contre la loy & volonté de Dieu.

M. Combien y a-il de sortes de pechez?

D. Deux, l'originel, & l'actuel.

M. Qu'est-ce que le peché originel?

D. C'est celuy que nous apportons auec nous, quand nous naissons, & qui nous est pardonné par le Baptesme.

M. Qu'est-ce que le peché actuel?

D. Celuy que nous commettons nous mesme apres l'vsage de raison.

M. Combien y a-il de sortes de pechez actuels?

D. Il y en a deux sortes, l'vn est mortel, & l'autre veniel.

M. Combien y a-il de pechez mortels?

B ij

D. Soutarrè, Andetaioüacha, Aoüachata, Akhiechencha, Anonstecha, Anguiataesta, Andacoüanoñacha, Akiengnracha.

M. *Tout aotan assoñendaoüerbaan cha ecarrihouanderachatè d'ihoch?*

D. Nen assoñacoüas Aatio onderaoüatacoüa, chia ne achiendaencha d'assoñastacoüandinen Aronhiaoñè.

M. *Tout ec' ioti ec' ichias arriotacoüa?*

D. Ondée at d'assoñachiah Noñesken, aerhon assoñennhoñacoüan ennhoñatè d'Onderaoüatacoüi, chiachè assoñaios añheoncha dè ta teoüassach.

M. *Tandè ioüarrihoüandeiassa tout aotan nondée assoñendaoüerbaan?*

D. Tastan atoüain teassoñacoüas anderaoüatacoüa stan heoüa ta teassoñati Ondechon, onekichien ihondandousta Aatiodè noñanonhoüecha, chè ondée ioti khioñireoüata eca ondechaè, chè ondée haotan assoñagnions arrihoüanderachaon ecarrihoüanderachatè d'ihoch.

D. *Sept*, c'est assauoir Orgueil, Ire, Enuie, Auarice, Gourmandise, Luxure, Paresse.

M. *Quel mal nous apporte le peché mortel.*

D. Il nous fait perdre Dieu, sa grace, & la gloire qui nous estoit promise.

M. *Pourquoy s'appelle-il mortel?*

D. Pour ce qu'il tuë nostre ame, luy faisant perdre la vie de la grace, & aussi pour ce qu'il nous rend dignes de la mort eternelle.

M. *Et le peché veniel, quel mal nous fait-il?*

D. Il ne nous fait pas perdre la grace, ny meriter l'Enfer, mais il nous refroidit en l'amour de Dieu, & merite des peines temporelles, & si nous meine au peché mortel.

Aot Ondateracata.

Achinc ichè Aienstacoüa.

M. *Tout ichien, aoüaton atti t'aoüateoüata ne arrihouanderacha, chèt'aoüakerha cha ecattierencoüasti dat oñionhoüathon?*

D. Stan aondi ta tecoüandaourachè dè ta tessoñingoüascoüa Aatio Onderaoüatacoüa.

M. *Tout aotan dat ecoüakhier chia ecoüaen Aatio ne Onderaoüatacoüa.*

D. Endeïa ecoüaerata aot Ankucoüaè Atoteracata.

Des Saincts Sacremens.

Leçon treiziesme.

M. *POuuons nous de nous mesme fuir le peché, & faire les bonnes œuures que nous auons dites?*

D. Nous ne les pouuons faire sans l'aide de la grace de Dieu.

M. *Par quels moyens entre autres acquerrons nous la grace de Dieu?*

D. Par le bon vsage & digne reception des Saincts Sacremens de l'Eglise.

M. *To Iouateracatae on Ankhu-*
couat?
D. Soutarrè.
M. *Iaoüeron echa?*
D. Achoñacha, Ahetſaroncoüa,
Endionrhencha, Atoïeſta, On-
dakhiachenta Orenoncoüa,
Anerraeſta, Anguiaéchа.
M. *Sinen nondée éca aberhon?*
D. Aieſus Chriſt Oñaoüandio.
M. *Tout atti nondée.*
D. Nen atti atahaoñenguiaens,
chiachè ti ioti attindeïa ataïonton
Noñesken, chè atahaoñanontan
Aieſus Chriſt Oſtaiouancha ato-
hiattè.

M. *Combien y a-il de Sacremens en*
l'Egliſe.
D. Sept.
M. *Qui ſont-ils?*
D. Bapteſme, Confirmation, Peni-
tence, Euchariſtie, Extreme On-
ction, Ordre, Mariage.
M. *Qui les a inſtituez?*
D. Ieſus Chriſt noſtre Seigneur.
M. *Pourquoy?*
D. Pour la guariſon & ſanctifica-
de nos ames, & pour nous appliquer
les fruicts de ſa Paſſion.

Dac ichè Aienſtacoüa.

Achoñacha.

M. T*Out aotan aſſoñierha endin-*
de Ateracata d'Achoñacha
aatſi.
D. Nen ihachoñas Adañehaan arri-
rihoüanderacha, dè icoüahoüa
ſtat tekhioñatondi, chè ondée ioti Aoüachriſterronon aoüaton,
chè aſſoñeñaſtas Aatio, aerhon
aſſoñanontan Aatio Onderaoüatacoüa.

Leçon quatorzieſme.

Bapteſme.

M. Q*Ve fait en nous le Sacre-*
ment de Bapteſme?
D. Il efface le peché originel, auec
lequel nous naiſſons & nous fait
Chreſtiens & enfans de Dieu, par
le moyen de la grace qu'il nous con-
fere.

Ahetſaroncoüa.

M. T*Andè Ahetſaroncoüa?*
D. Nen aſſoñahetſaron ataiaoüa-
teiatè, chè ataiaoüarrihoüateha
Atoüaincha dè khioñatoüaincha-
oüi, ſtat tekhioñaehoñi.

Confirmation.

M. E*T le Sacrement de Confir-*
mation?
D. Il nous donne force pour con-
feſſer conſtamment la foy que nous
auons receuë au Bapteſme.

Endionrhencha.

M. T*Andè Endionrhencha tout*
aotay eeſt nondée?
D. Ondée echa aſſoñachoñas cha-
ne arrihoüanderacha d'icoüarri-

Penitence.

M. D*Equoy nous ſert le Sacre-*
ment de Penitence?
D. Nous receuons par iceluy la re-
miſſion des pechez que nous auons

hoüanderai ſtat onnè akhioña-chõni.
commis apres le Bapteſme.

Atoñeſta.

M. Tout ichierhè dè ne aot Atoñeſta?

D. Ierhè ca, ſtonnè Aoüane ahohachendi, to tohañè Oñaoüandio Aieſus Chriſt dat atoüain ihenkhon ecaot Endiſcaraè chè Airrataè.

M. Tandèſtonnè abohachendi d'Aoüane, oraſt ihandataront Endiſcaraè, che oraſt ihouchahenontan Airratae?

D. Taſtan, aerhon ſtonnè ihaoüangnrakhia, d'Aoüane, tohañè Ecandataratè aratendi, chè erronè aoüaton d'Aieſus Chriſt, chè Ecouchahendatè engon rondi d'Aieſus Chriſt aoüaton.

M. Tande ne Oñeſſe tout aotan nondée?

D. Ahieraſta haotan nondée, chè iondhéchaens akhracoüa d'Aieſus Chriſt Noñenguiaenchaens Onheoncha chè Oſtaioüancha; chiachè aſſon haotan horrihoutan et anhoüa Aieſus Chriſt hateſtaancoüas dè aondhedè, chè de aiheondè; ondée echa ſti ioti endoron dat eskenoña to taoüakra icoüaoüetti.

Ondakhiachenta Orenoncoüa.

M. Tout aotan eeſt d'ondakhiachenta Orenoncoüa.

D. Aſſoñarrihoüäderachoñas d'oraſt oñarrihoüanderachorè, chè aſſoñakheroncoüaſta ataiaoüahouichegna chè noñakhriochaens, chè noñachiatorrec, chè Ondakiondatoatacoüa.

M. Tout aotan aſſon?

D. Oñaeſt ichien aſſon t'aoüate-

Euchariſtie.

M. Qve croyez vous du tresſainct Sacrement de l'Autel?

D. Ie croy qu'apres la conſecration qu'a fait le Preſtre, noſtre Seigneur Ieſus Chriſt eſt reellement contenu tant en la ſaincte Hoſtie qu'au Calice.

M. Apres que le Preſtre a conſacré, ce qui eſt en l'Hoſtie, eſt-ce du pain, & du vin, ce qui eſt au Calice?

D. Nenny, d'autant qu'en vertu des ſacrées paroles que le Preſtre dit, le pain ſe change au corps de noſtre Seigneur, & le vin en ſon ſang.

M. Qu'eſt-ce que la Meſſe?

D. C'eſt vne memoire & viue repreſentation de la mort & paſſion de noſtre Sauueur Ieſus Chriſt, & outre cela vn Sacrifice, où il s'offre ſoy-meſme pour le ſalut des viuans, & des morts, & par ainſi nous deuons tous y aſſiſter auec grande reuerence.

Extreme Onction.

M. A Qnoy ſert le Sacrement d'extreme Onction?

D. Pour nettoyer des pechez que nous pourrions auoir de reſte, & nous donner force pour reſiſter aux ennemis & douleurs de la maladie, & aux tentations du diable.

M. A quoy plus?

D. Il nous ſert d'auantage pour

enguiaens oñerroñedè dè tetsoraoüan nondée.

Anguiaecha.

M. TOut aotan echa Anguiaecha ihaatsi?

D. Ateracata haotan nondée, tonnè Enguiahan chè Ondekien akhiontataſtacoüan chè akhiontatakhierratan Ankhucoüaoiiè, d'Ahoüatſiraendè chè dè endèa arrihoüaienſtandè ottihoüatſiraoüan, chè deſtan teakhroandè, chè ſtan teandacoüandetaiondè oüatsè.

Anerraeſta.

M. TAndè Anerraeſta tout aotan?

D. Aot Akhucoüaè Oteracataoüã nondée, dè ſt ottien Attioüanens, onnè rondi attindaouras chè akhrendotandè ne aot orroñè Aieſus Chriſt Oüenguiaenchaens, chè arrihoüanderach oreſcaoüandè dè hoüendacarratat, chè ſtan ieſta aerhadè aot Ankhucoüadè. Tandè det attindeiachas Ecoüattioüanés, oont ahoñendaronca nondée.

obtenir la ſanté du corps, ſi c'eſt le meilleur pour nous.

Mariage.

M. QV'eſt-ce que Mariage?

D. C'eſt vn Sacrement auquel l'homme & & la femme ſe ioignent enſemble par la foy & promeſſe mutuelle en la face de l'Egliſe, pour auoir lignée, la bien inſtruire & ſe garder de fornication.

Ordre.

M. QV'eſt-ce que l'Ordre?

D. C'eſt vn Sacrement mis en l'Egliſe, par lequel les Preſtres reçoiuent la puiſſance de conſacrer le precieux corps de noſtre Sauueur, abſoudre ceux qui leur ſont donnez en charge, & faire les autres choſes concernans la police de l'Egliſe. Enquoy il leur faut obeir, ores qu'ils fuſſent de mauuaiſe vie.

FIN.

A la plus grande gloire de Dieu.

L'ORAISON DOMINICALE,

TRADUITE EN LANGAGE DES MONTAGNARS DE CANADA,

Par le R. P. Massé de la Compagnie de Iesus.

 Nostre Pere qui
OVTAOVYNAN. ca
es és Cieux
tayen Ouascoupetz.
Ton Nom soit en e-
1. Kit-ichenicassouin sakitaga-
stime. Ainsi soit que nous soyons
niouisit. 2. Pita ki-ouitapima-
auec toy en ton Royaume.
cou agoué Kit-outénats.
Ainsi soit que ton cõmandement soit
3. Pita Kikitouin touta-
fait en la Terre, comme au
ganiouisit Assitz, ego Ou-
Ciel. Donne nous aujourd'huy
ascouptz. 4. Mirinan oucachi-
nostre nourriture, comme
gatz nimitchiminan, oueché
tousiours. Et aye pitié de nous
teouch. 5. Gayez chouerimé-
si nous t'auons offencé,
ouinan ki maratirinisitá agoué,
ainsi que nous auons pitié de ceux, qui
oueché ni chouerimananet, ca
nous ont donné suject de nous fascher.
kichiouahiamitz,
Aussi ne nous permets
6. Gayeu ega pemitaouinan
t'offenser, lors que nous
machicaouintan, espich neki-
y serons induits. Mais
rakinaganiouiacou. 7. Miatau
conserue nous tousiours. Ainsi soit.
canoueriminan eapech. Pita.

LA SALVTATION *Angelique.*

Salut Marie, toute bon-
Hô hô **MARIE**, missit ca-
té vous accompagne,
touatichouin xit-ouitchecou,
Dieu est auec vous. Vous estes
Dieu kit-ouitapimuc : Ki-ca-

la meilleure de tant   qu'il y a
touachichiriou miſsit è tachi-
de femmes,   & eſt en grand
tau Iſcoueouet, Gayez ſakita-
eſtime   le Fils   de
ganiouiou k'oucouchich kit-
voſtre ventre   IESVS.
touaſcatamitz IESVS.
O   bonne   Marie

O ca catouachichien MARIE
Mere de   DIEV,   priez le
Ouccaouymau DIEV, ahiemia-
pour nous, qui ſommes peſcheurs
ouinan, ca maratiriniouitſiatz
maintenāt, & lors q; nous mourrōs. Ainſi ſ.
anoch, mac eſpich nipiatz, Pita.

LE SYMBOLE
des Apoſtres.

N Ie croy en   Dieu
E-TAPOVITAOVAV DIEV
le Pere,   qui   eſt tout
Outaouymau, ca miſsit Nit-
puiſſant, qui   a fait   le
taouitat ca Kichitat, Ouaſ-
Ciel   &   la Terre.
coupniouy, mac Aſſiriouy.
Auſſi   ie   croy   en
2. Gayez ne tapouitaouau,
IESVS-CHRIST   ſon Fils
IESVS-CHRIST Oucouchichi-
vnique   noſtre Seigneur.
mau, tipan N'okimaminan.
qui   (l'Eſprit   tres-
3. Ca (Iriniſſouymau catoua-

bon   cooperant,) s'eſt
chichíriou eſpich ouitchiat,) Iri-
fait homme   au ventre   de la
nicaſſout ouaſcatamitz Iſcoue-
Vierge   Marie,   qui l'enfanta.
chichay MARIE, ca ki penet.
Il a ſouffert, durant le gouuernement
4. Chibinat, eſpich okimaouitay
de Ponce Pilate,   a eſté cloüé en vn
Ponce Pilate, ki kichtaſcoua-
bois   fait mourir,
ganiouyou, ki-nipahaganiouyou,
&   enterré.
mac ouaſpitaganiouyou.
Eſt deſcendu   aux Enfers,
5. Couraſetet adamiſcamigoutz,
&   apres   trois   iours
mac cabits nichtou kichiganich
reprenant ſon corps,   a derechef veſeu.
minahiauaſſout, caou iriniouit.
Eſt monté   és Cieux,   & eſt
6. Iſparit Ouaſcoupetz, gayeu
aſsis   à la dextre de   Dieu
apit outiſponeſinitanitz DIEV
ſon pere,   tout puiſſant.
outaouyé, ca nitaouitat miſsit.
Derechef   il   apparoiſtra   au
7. Caou ke nougouſit Ouaſ-
Ciel   és nuées,   &
couptz, kticheaſtametz, gayez
là   il receuera   les hom-
ecouta cata opineouet Irinitim-
mes, qui   auront   bien veſcu :
cou, ca xi-catouachichitouau:
auſſi il   precipitera les meſ-
gayeu cata-ouebineouet ochiſta-

C

chans és enfers
ouisitouau adamiscamigoutz
dans le feu. Ie croy

escoutcoutz. 8. NETAPOVI-
pareillement au tres-

TOVAV ego, ca catouachichi-
bon ESPRIT. Aussi

riou IRINISSOVIMAV. 9. Gayez
vne assemblée d'hommes, qui

peiocout Ahiamitoüin, ça ca-
est bonne, en tout le monde bien

touachichit, missimitz sakita-
aymée, l'entresoulagemét de

ganiouyou, Outichioüin oui-
ceux qui sont bons.

rouau, ca catouachichitouau.
La remission des pechez.

10. Outicheouaticinióuin.
Le retout au corps de nos

11. Il Minahiauóuin netchipa-
ames. La vie, qui ne

minanet. 12. Iriniouin, ca nama
peut mourir iamais. Amen.

nittanipin eapech. Pita.

LA CONFESSION
generale.

Ne confesse à DIEV,
NE-OVITEMOVAV DIEV,
qui est tout-puissant, à la tres-

ca missit nitaouitat, Catoua-
bonne Marie, tousiours

chichiriou MARIE, teouch
Vierge, Michel l'Ange,

Iscouechichay, Michel Mani-

qui est bon, pareillement à
tou, cà catouachichiat, ego Iean
Iean Baptiste, Pierre, Paul, & à tous

Baptiste, Pierre, Paul, gayeu mis-
tant qu'ils sont, qui sont bons

sit e tachitau, ca catouati chitou-
au Ciel, aussi ô mon Pere ie

au, Ouascouptz, gayez ô Nouta
vous confesse que i'ay peché

ki-ouytematin ne-ki-maratirinio-
Ie suis meschant, Ie suis meschát,

uitsin Machicaouian, Machicao-
Ie d'ordinaire meschant. Pour ce ie

uian Machicaouissian. Ouay net-
prie la tres-bonne Ma-

ahiemiau catouachichitiou MA-
rie, tousiours Vierge,

RIE, teouch Iscouechichay,
tous tant qu'il y a de bons

missit e tachitau catouachichitau
au Ciel, & vous ô mon Pere que

Ouascouptz, gayez ô Noutaki-
vous priez pour moy Dieu, afin qu'il aye

tahiemiaouinan Dieu, oua cho-
pitié de moy. Ainsi soit.

uerimic. Pita.

LES COMMANDE-
mens de Dieu.

Vn seul Dieu tu
PEIOCOV tipan Dieu kigaa-
prieras, & aymeras.

hiemiau, mac kigasakihihau.
Son Nom tu ne pro-

2. Outichenicassouin nama ki-

nonceras ſans dire la verité.
caouyau ega tapouien agoue.
Tu ne trauailleras és jours

3. Nama ke-atoſcaien kichigatz,
de commandement, mais ſeu-

kitoutaganiouytau, miatau mi-
lement tu prieras. Ton Pere,

couke ahiemiec. 4. K'outtaouy,
auſſi à ta Mere tu croyras,

gayez Ouccaouy kiga tapouetou-
afin que tu viues long temps.

au, ouay ke iriniouien kinouer.
Autruy tu ne tueras,

5. Aouhiez ega kiga-nipahau.
Tu ne ſeras Luxurieux.

6. Ega ke machoueſſien.
Tu ne ſeras Larron. Tu ne

7. Ega ke kimoutiſſien. 8. Ega ke-
feras Menteur pour nuire à autruy.

kiraſſien outamirouien aouhiez.
De ta femme, vnique, ſeulement

9. Kioué, ca peiocout, ochitau
deſireras cognoiſſance.

kigaouy maratchihau.
D'autruy les moyens tu ne

10. Aouhiez out aouyouin ega
deſireras rauir. Ainſi ſoit-il.

kigaouy mamau. Pita.

SOMMAIRE DES
Commandemens de la Loy.

S Virilement & de tout ton pouuoir,
Ovstissi gayeu epiſchian,
tu aymeras Dieu.

ki-ga-ſakihihau Dieu.

Et autruy tu chetitas

2. Gayes aouhiez ki-ga-epiſteri-
toy-meſme.

mau ego ki-hiau.

SOMMAIRE DES
Commandemens de Nature.

N Tu ne feras choſe à au-
Ana ketoutec kecoué aou-
truy laquelle ne veuille au-

hiez ca ega meroueritamen aou-
truy te faire. Comme tu

hiez ketoutiſc. 2. Ouechte ke
voudras qu'on te face

meroueritamen kiga-toutagouin
de meſme feras à autruy.

ego ketoutec aouhiez.

LE SIGNE DV CHRESTIEN.

N Ie croy au
Ne-tapovitaovav Ou-
Pere, au Fils,

taouymau, Oucouchichimau,
& au tres bon Eſprit,

mac catouachichiriou Irmiſſoui-
qui ſont vn ſeul

mau, ca peocouchouet tipan
Dieu. Ainſi ſoit qu'il aye pitié de moy.

Dieu. Pita chouerimic agoué.

POVR SE RECOM-
mander à Dieu.

N Mon Seigneur entre vos mains ie
Okima vatamiez kitichiet

vous donne mon ame : secourez
ki miritin n'itchipay : ouitchihi-
moy vous auez terrassé ce meschant
me. Ki-ouebinau ou machica-
Diable, qui me hayt.
ouen Manitou, ca ouitcherimic.

POVR DEMANDER
pardon de ses pechez.

P**Vueille** quoi pitié de nous,
I t a chouerimiecou agoue,
à Dieu tout puissant donne
ô Dieu ca missit nitaouitat, miri-
nous le pardon de nos pechez,
cou n'outiche ouaticiniouinan,
& nous retire au Ciel, là où
mac opinicou ouascouptz ecouta
nous viuions à iamais. Ainsi soit.
iriniouiacou eapech. Pita.

ORAISON A L'ANGE
gardien.

M**Esprit** qui estes bon,
a n i t o v ca catouatichi-
ainsi que vous enioinct Dieu, mi-
en, ouechté kitotisc Dieu, ca-
sericordieux, aujourd'huy ensei-
chiouatessit, ou cachigats kisno-
gnez moy, secourés moy, & me
hime, ouitchihime mac cano-
conseruez. Ainsi soit-il.
uerime. Pita.

LA BENEDICTION
de table.

O Pere, Fils,
V y a oüymav, Oucouchi-
& tres bon
chimau, mac catouachichiriou
Esprit, seul Dieu, au-
Irinissouimau, tipan Dievv, ouca-
jourd'huy, misericordieux, donne
chigatz, chiouatesiatz, achemi-
nous nostre viure. Ainsi soit.
nan ne-mitchiminan. Pita.

LES GRACES APRES
le repas.

O ô Dieu nous vous remercions, qui
D i e v kinascomitinan, ca
pouuez tout, qui nous auez
nitaouitaien missit, ca ki-ki-mi-
donné nostre aliment. ô Dieu
rinan nemitchiminan. ô Dievv
vueille auoir pitié des
pita chouerimiecou agoue tchi-
ames de feu nos ancestres :
payet Noutaouynausebanit :
& quand nous mourrons des nostres.
mac espich nipiácou netchipa-
O Dieu ! Ainsi soit aussi
minanet. O Dieu ! Pita gayeu
que nous viuions, & soyons
irimouiacou agoue, gayez oui-
en paix à jamais. Ainsi soit.
tassitouiacou eapech. Pita.

FIN.

www.ingramcontent.com/pod-product-compliance
Lightning Source LLC
Chambersburg PA
CBHW061951300426
44117CB00010B/1289